만주지역 한인민족운동의 재발견

박 환

韓國史硏究叢書 75

만주지역 한인민족운동의 재발견

박 환

국학자료원

이 도서의 국립중앙도서관 출판시도서목록(CIP)은 서지정보 유통지원시스템 홈페이지(http://seoji.nl.go.kr)와 국가자료공동목록시스템(http://www.nl.go.kr/kolisnet)에서 이용하실 수 있습니다. (CIP제어번호: CIP2013025999)

머리말

만주지역에서의 민족운동은 식민지 시대 국내외의 항일무장투쟁을 대표하는 것이라 할 수 있다. 그러므로 학계에서도 일찍부터 이 지역에 대하여 깊은 관심을 기울였고, 그 결과 많은 연구성과들이 축적되어 민족운동에 대한 전반적인 사실을 알게 되었다. 특히 봉오동전투, 청산리전투 등 주로 항일무장투쟁과 북로군정서, 정의부, 조선혁명군 등 주요 단체, 김좌진, 홍범도 등 항일영웅들에 대하여는 심도 있는 연구들이 이루어져 이 분야 발전에 기여한 바가 크다고 여겨진다. 그러나 앞으로 만주지역의 민족운동에 대하여 보다 깊은 연구가 이루어지기 위해서는 그 밖의 주요 인물과 단체, 군자금 모금, 한인 희생, 대한민국임시정부 및 국내 독립운동과의 상호관계 등에 대하여도 주목해야 하지 않을까 생각된다. 필자의 생각으로는 이러한 부분들이 보완될 때 만주지역 한인민족운동의 새로운, 전체적인 모습을 올바로 복원할 수 있을 것으로 본다. 이에 본서의 제목을 『만주지역 한인민족운동의 재발견』이라고 하였다.

본서에서는 먼저 최근까지의 만주지역 한인민족운동에 대한 연구성과를 정리하고, 그 성과와 문제점, 앞으로 나아갈 방향에 대하여 고민하여 보았다. 아울러 필자가 만주지역을 연구하게 된 계기와 그동안의 연구성과, 앞으로의 연구방향 등에 대하여도 검토하고자 하였다.

1편에서는 3·1운동 후 만주에서 조직된 단체들에 대하여 살펴보았다. 우선 대한청년단연합회에 주목하였다. 이 단체는 임시정부를 지지한 단체로, 임시정부의 연통제와도 깊은 관련을 맺고 있었으므로 상해임시정부와 만주지역 독립운동과의 관계를 밝히는 데 대단히 중요하다고 생각된다. 서로군정서와 북로군정서의 경우는 대한민국임시정부와의 관계에 비중을 두어 살펴보았다. 대한독립단의 경우 새로운 자료들을 발굴하여 재조명하여 보았다. 신흥무관학교의 경우 임필동 등 새로운 인물들과 졸업생들의 민족운동에 주안점을 두었다.

2편과 3편에서는 만주지역에서 활동한 주요 인물들에 주목하고자 하였다. 2편에서는 대한제국의 군인 출신인 김혁과 김창환, 일본군 출신인 지청천에 대하여 살펴보았다. 김혁은 신민부 중앙집행위원장, 김창환은 대한통군부 총사령관, 지청천은 한국독립군 총사령관을 역임한 만주지역의 대표적인 무장투쟁의 지도자들이었다. 특히 김창환의 경우는 처음으로 조명되는 인물이나, 신흥무관학교의 실질적 지도자로서 그 의미가 크다고 판단된다.

3편에서는 지금까지 조망되지 않은 대련 의거의 중심인물인 한인애국단 유상근, 최흥식에 대하여 집중적으로 살펴보았다. 아울러 대종교 2대 교주 김교헌의 경우는 신앙적인 측면보다는 항일운동적인 측면에 비중을 두었다. 또한 만주지역 항일운동의 어머니 남자현에 대하여도 검토하였고, 국민부 참사 김진성의 무장투쟁을 그의 아들과의 대담을 통하여 보다 생생하게 그려보고자 하였다.

4편에서는 만주와 국내와의 연결 문제를 군자금을 통해서 살펴보고자 하였다. 최근까지의 학계의 연구는 만주지역과 국내를 각각 별도로 연구함으로써 만주지역의 연구를 입체적으로 다루지 못하였다. 이에 신민부, 참의부, 조선혁명군의 군자금 모금 활동을 통하여 국내와의 상호관계를 천착하고자 하였다. 신민부의 경우는 경상도, 대종교와 관련하여, 참의부와 조선혁명군은 경기도와 관련하여 주목된다. 앞으로 보다 다양한 지역과의 연계고리를 밝혀보고 싶다.

5편에서는 먼저 1920년대 만주지역 무장투쟁의 연구성과에 대하여 살펴보고, 이어서 1920년대 중후반 만주지역 한인독립운동을 체계적으로 정리하여 보았다. 아울러 일제의 대륙침략과 한인들의 희생에 대하여도 집중적으로 검토해 보았다. 한인 희생 부분에서는 일제의 민간인 학살과 관련된 개별적 사건에 대한 천착이 앞으로 이루어져야 할 것이다.

6편에서는 만주지역 한인독립운동을 보다 심층적으로 살펴볼 수 있는 자료들에 대하여 검토했다. 일본의 주요 기관에 소장되어 있는『不逞團關係雜件』중 만주지역 부분과 만주지역『本邦人在留禁止關係雜件』등의 일본 측 기록과 강우건, 강상진, 최봉설 등 주요 독립운동가들이 직접 남긴 수기들을 통하여 독립운동의 외연을 확대하고자 하였다. 이들 자료들의 효율적 활용은 만주지역 민족운동을 새롭게 정리하는 데 큰 도움이 될 것이다.

본서를 작성하면서 여러 가지 부족함을 인정하면서도, 이런 글들이 하나하나 모일 때 역사의 전체적인 모습이 밝혀질 수 있지 않을까 자위해 본다. 부친의 건강을 기원하며 저를 위해 항상 애써주시는 가족과 형제, 그리고 국학자료원 식구들과 교정에 애써준 박종연, 박초희, 김다래 양 등 여러분들께 진심으로 고개 숙여 감사드린다.

2013.10 문화당에서 필자

차 례

제4장　독립운동가 후손 면담: 國民府 參士 金振聲의 아들 金世龍

연구성과와 과제

제1장
만주지역 한인민족운동의 연구성과와 과제

Ⅰ. 서언

한중 수교 20주년을 맞이하여 식민지 시대 만주지역에서 전개된 한인 독립운동을 살펴본다는 것은 매우 중요한 작업이라고 생각된다. 왜냐 하면 그동안의 연구성과를 알아보고 그 문제점과 개선 방안을 밝혀보 는 중요한 계기가 될 수 있기 때문이다. 특히 그동안 한국학계의 연구 경향을 보면 한인들 단독으로 이루어진 독립운동의 관점에서 주로 연 구가 이루어져 온 것이 대부분이다. 그러나 사실 한인들이 투쟁을 전개 한 만주지역은 당시 중국영토였고, 중국인들의 적극적인 지원과 원조 가 없었다면 한인들의 항일투쟁은 불가능하였을 것이다. 따라서 한중 수교 20주년을 맞이하여 한국학계에서는 한중우의, 중한우의의 관점에 서 일본제국주의에 대항하여 공통투쟁한 역사에 보다 깊은 관심을 갖 고 연구를 해야 할 것으로 보인다.

본고에서는 먼저 역사학계의 독립운동사 연구동향을 전반적으로 살 펴보고, 이어서 한중 수교 이전과 이후의 연구동향에 대하여 알아보고 자 한다. 아울러 만주사변 이전 시기의 한중 연대투쟁에 대한 연구성과를 밝혀보고자 한다. 이를 통하여 만주지역 한인독립운동사의 실체에 보다 가까이 접근해 볼 수 있을 것이다.

II. 역사학계의 독립운동사 연구경향의 변천

1945년 해방 이후 식민지 시대 독립운동사에 대한 연구는 해방 후 각 정치 세력의 정통성 확보와 밀접한 관련을 맺고 있다. 당시 우파에서는 임시정부의 법통성을 강조하는 입장에서 역사를 서술하였으며, 좌파에서는 노동운동, 농민운동, 조선공산당을 강조하면서, 3·1운동 당시 민족대표 및 임시정부에 대해 비판적인 입장에서 서술하고 있다.

그 후 6·25전쟁을 겪으면서 남한에서의 연구는 냉전논리에 큰 영향을 받게 되면서 우익이념이 강조됐다. 그러한 과정에서 1950년대에 이루어진 대표적인 업적으로는 실제 대한민국임시정부와 만주에서 대한독립단, 참의부 등에서 독립운동을 전개한 김승학이 저술한『한국독립사』애국동지원호회, 1956를 들 수 있다. 이 책은 운동을 직접 전개한 당사자가 서술한 책으로서 일제의 자료에 보이지 않는 항일운동의 생생한 내용들을 보여 주고 있다는 장점을 가지고 있다. 김승학의 후손 김병기에 따르면 김승학은 이 책을 저술하기 위해 많은 애국지사들을 만났으며, 그들과의 대담 속에서 많은 자료를 습득, 나름대로 한국독립운동사를 정리하고자 하였다고 한다. 특히 대한민국임시정부와 만주지역 한인독립운동에 대하여 소상히 기록한 것은 장점이라고 할 수 있다. 그러나 자료의 제한과 시대적 제약 등으로 인해 본서에서는 국내운동은 사건별로 간단히 서술하고 있으며 사회주의 운동은 모두 제외하고 있다.

국사편찬위원회에서는 일찍부터 독립운동사에 대한 자료집을 발간하여 학계에 크게 기여하였다. 즉, 1960년대에『한국독립운동사』를 1권에서 5권까지 간행하여 일제 측 자료를 중심으로 한국독립운동의 전체상을 살펴보는 데 도움을 주었다. 그 이후에도 국사편찬위원회에서는 계속 자료집을 간행하여 오늘에 이르고 있으며 특히 최근에는 대한민국임시정부자료집을 집대성하여 독립운동사 연구발전에 기여하였다.

한편 한국독립운동사연구에 큰 진전은 1969년 4월에 독립운동사편찬위원회가 구성되면서부터이다. 물론 현재적 관점에서 본다면 여러 부족한 점이 있긴 하지만 당시로서 그만한 한국민족운동사 관련 저작과 자료집이 나온 것은 높이 평가할 만하다. 특히 편찬위원회의 구성상 이강훈·이화익·박기성·박영준·장호강 등 독립운동계에서 활동한 인물들과 추헌수, 최영희 등 전문 역사학자들이 공동으로 참여하여 운동사를 서술한 점은 주목할 만한 점이라고 생각된다. 아울러 자료집 간행에 있어서도 일본 측 자료뿐만 아니라 운동당사자들의 자료도 발굴하여 수록하고 있는 점 역시 높이 평가된다.

1960년 4·19혁명 이후 통일 및 민족의식이 고양된 가운데 학계에서는 식민사관을 극복하고자 하는 움직임이 활발히 이루어지면서 독립운동사에 대한 관심이 크게 고조되었다. 그 결과 1960~1970년대에는 자료의 입수 등이 어려운 열악한 조건 속에서도 학자들에 의하여 개척적으로 이 분야에 대한 연구가 이루어진 점은 높게 평가되어야 할 것이다. 이들 초창기 학자들은 바로 일제 시대, 그리고 해방 이후를 거치면서 관심의 대상이 되지 못하였던 독립운동사를 저항적 민족주의 차원에서 학문의 영역으로 발전시켰다. 그 결과 독립운동사에 대한 기초적인 사실들이 실증적으로 다수 밝혀지게 되었다. 이것은 바로 독립운동사 연구를 전개한 1세대 학자들의 공로라고 할 수 있겠다.

그러나 이들의 연구는 초창기 연구라는 점, 자료가 거의 없었다는 점,

냉전 시대였다는 점 등 때문에 일정한 한계를 지닐 수밖에 없었다. 즉 심정적 민족주의 의식이 간혹 보이고 있으며, 자료의 제약으로 주제가 다양하거나 또는 특정 주제에 대한 연구도 깊이 있게 다루지 못하였으며, 우익중심의 연구가 이루어질 수밖에 없었던 것이다. 또한 일제의 식민지통치정책보다는 독립운동사에 초점을 맞춘 개괄적인 연구성과와 자료정리에 박차를 가하는 입장이었다. 그리고 냉정하기보다는 독립된 지 얼마 안 되었던 시대적 분위기 속에서 민족주의가 강조되는 경향을 띠기도 하였다. 이것은 초기 독립운동사 연구의 특징이자 한계라고 할 수 있겠다.

1980년대에는 광주민주화운동을 계기로 민중중심의 민족운동사 연구가 중심이 되었다. 또한 목적지향적 학술운동 차원의 민족운동사 서술, 사회주의운동 중심 또는 노동자, 농민 중심의 역사서술, 그리고 과학성과 실천성을 강조하는 입장의 역사학이 대두하였던 것이다. 이들의 연구는 지금까지 기존학계에서 등한시했던 사회주의운동, 노동운동, 농민운동 등에 대한 연구를 활성화하여 민족운동사의 전체상을 복원하는 데 기여하였다는 점에서, 그리고 역사학의 대중화와 한국민주주의 발전에 노력하였다는 점에서 높게 평가될 수 있다.

1990년대에 들어 동구권의 몰락과 소련의 붕괴는 한국민족운동사 연구방향에도 일정한 영향을 미치게 되었다. 또한 한국의 민주화가 어느 정도 달성되면서 학술운동단체들도 그 지향성을 다양화하고 있다.

2000년대에는 정부적인 차원에서 <한국독립운동의 역사> 총 60권을 발간하여, 이를 집대성하였다. 이 책자들은 모두 독립기념관 홈페이지를 통하여 서비스되고 있다. 아울러 국사편찬위원회에서는 앞서 언급한 바와 같이 2012년 대한민국임시정부자료집 총 51권을 집대성하였다. 이처럼 2000년대에는 정부차원에서 대대적으로 다양한 자료집들이 간행되고 있으나 정작 독립운동사 분야는 연구자들로부터 외면당하는 듯한 느낌이 있다. 이들 간행 책자와 자료집을 바탕으로 연구가 활성화되고 있지 못하며 새로운 연구자들도 거의 등장하고 있지 못한 형편이다. 일단 취업 등으로 인하여 젊은 연구자들이 역사연구에 관심을 보이지 않고 있으며, 또한 연구자들의 관심도 해방 이후 한국현대사, 그리고 근대화, 여성사 등으로 옮겨가고 있는 경향이 강한 듯하다.

21세기에 한국민족운동사 연구가 발전하기 위해서는 다양한 입장에서의 역사서술을 보다 활발히 전개하여야 할 것이며, 아울러 사회주의운동, 농민운동, 노동운동에 대한 연구도 보다 활성화되어야 민족운동사 연구가 발전할 수 있을 것이다. 또한 과학적 분석틀로 사실을 객관적으로 밝히고 올바른 역사평가가 이루어질 때 우리 역사학, 특히 민족운동사 연구가 크게 진보할 수 있을 것이다.

이러한 문제의식하에 학계에서는 활발한 의견교류를 통하여 국내에서의 '분단성'을 극복하고 개방된 역사학, 통일지향의 역사학을 추구해야 할 것이다. 또한 민족운동사연구의 범위를 보다 확대할 필요가 있으며, 일제의 지배정책, 국제관계, 식민지지배를 받았던 다른 국가들과의 운동사 비교 등에 대한 연구도 활발히 전개하여 세계사라는 전체적인 구도 속에서 민족운동사를 바라보아야 할 것이다. 아울러 민족운동사를 식민지 시대에 국한시키지 말고 해방 이후사와의 연결 속에서 파악해야 할 것이다.

즉, 21세기 한국민족운동사연구는 탈이념적, 개방적, 통일지향적, 비교사적 시각에서 인접학문들과의 끊임없는 교류 속에서 자신의 위상을 정립해야 할 것이다.

Ⅲ. 한중 수교 이전 만주지역 한인독립운동의 연구현황

만주지역은 국내와 국경을 접하고 있을 뿐만 아니라 많은 동포들이 거주하는 지역으로서 일찍부터 항일독립운동의 근거지였으므로 이 지역의 민족운동에 대하여 학계에서도 깊은 관심을 기울여왔다. 그 결과 많은 연구성과가 이루어졌다.[1]

만주지역의 한인민족운동사에 대한 연구는 1960년대 후반 윤병석,[2] 김성준 등에 의하여 정의부, 참의부, 신민부 등 독립운동단체와 북간도 민족교육 등이, 고승제 · 오세창 등에 의하여 재만한인의 사회사에 대한 분석이 이루어진 이후 1970년대 전반기에 들어 독립운동사편찬위원회에 의해『독립군전투사』상, 하가 이루어짐으로써 전체적인 모습이 갖추어지기 시작하였다. 이어 박영석[3]이 일제 대륙침략정책의 일환으로서 만보산 사건에 주목하여 1978년에『만보산 사건 연구』아세아문화사를 출간, 재만한인의 토지상조권 문제, 귀화권 문제, 재만한인을 둘러싼 한 중간의 갈등과 대립, 조선인과 중국인간의 수로를 둘러싼 갈등 등에 주목하면서 일본제국주의의 실체를 파악하고자 하는 문제의식을 보여주어 학계의 주목의 대상이 되었다.

그 후 윤병석에 의해 1910년대 독립운동의 특징이 밝혀졌으며, 정원옥에 의해 국민부와 민족유일당운동이, 신재홍에 의해 북로군정서가, 그리고 천경화에 의해 재만한인민족교육이, 그리고 박영석에 의해 대

---

1 만주지역의 독립운동사 연구동향에 대하여 집중적으로 조망한 것은 장세윤에 의해서이다(장세윤,「중국 동북지역 민족운동 연구의 성과와 과제」,『중국 동북지역 민족운동과 한국현대사』, 명지사, 2005). 그러나 최근의 연구사 정리는 이루어지고 있지 못한 형편이다.
2 윤병석은『국외한인사회와 민족운동』, 일조각, 1990;『독립군사-봉오동 청산리의 독립전쟁』, 지식산업사, 1990 등 만주지역 독립운동에 관한 저서를 간행하였다.
3 박영석은 만주지역 민족주의 계열 독립운동사에 대한 다수의 저서를 간행하였다.『한민족독립운동사연구』, 일조각, 1982;『일제하 독립운동사연구-만주 노령지역을 중심으로』, 일조각, 1984;『재만한인독립운동사연구』, 일조각, 1988.

종교의 민족운동 등이 밝혀지는 등 1970년대에는 본격적으로 만주지역 독립운동의 기반과 그 내용들이 단체와 종교, 민족교육 등을 중심으로 점차 밝혀지게 되었다.

만주지역 독립운동사 연구는 1980년대에 들어 보다 본격적으로 이루어진다. 특히 한인이민사와 1910~1920년대에 만주지역에서 전개된 민족진영의 독립운동사 연구는 이 시기에 가장 활발히 이루어진 것이 아닌가 생각된다. 즉 한인이민사와 관련해서는 구체적인 사례연구가 이루어져 이민사 연구를 한 단계 끌어 올리고 있다. 박영석의 「일제하 재만 한국유이민 신촌락형성—울진 경주 이씨 일가의 이주사례—」와 「일제하 재만한인사회의 형성—석주 이상룡의 활동을 중심으로—」『한민족독립운동사연구』, 일조각, 1984는 그 대표적인 성과라고 할 수 있다. 독립운동단체에 대한 연구로는 정원옥의 정의부, 대한통의부, 참의부, 박환의 신민부, 한족총연합회, 재만 한국독립당, 윤병석의 1910년대 서북간도 한인민족운동,4 박영석의 혁신의회, 송우혜의 대한국민회, 유준기의 참의부, 조범래의 국민부, 신용하의 북로군정서와 대한신민단 연구 등이 이루어짐으로써 만주지역에서 활동한 독립운동단체의 전체적인 윤곽이 드러나게 되었다.

아울러 만주지역에서 활동했던 종교단체에 주목한 연구도 많이 이루어졌다. 일찍이 김용국이 대종교에 주목한 이후 대종교의 민족운동에 대하여 박영석이 집중적으로 연구하였으며, 서굉일·채현석 등에 의해 기독교의 민족운동이 그리고 조성윤에 의하여 만주지방의 원종을 중심으로 한 운동사가 밝혀지기도 하였다. 또한 무오독립선언서의 선언시기를 중심으로 조항래와 송우혜의 발전적인 논쟁이 있었으며, 청산리전투와 봉오동전투의 실상이 신용하와 윤병석 등에 의하여 구체적으로

---

4 윤병석, 『이상설전』, 일조각, 1984; 『국외한인사회와 민족운동』, 일조각, 1990.

밝혀지기도 하였다. 아울러 민족유일당운동에 대하여 정원옥과 황민호 등의 연구가 있었다.

IV. 한중 수교 이후 만주지역 한인독립운동의 연구현황

1992년 한중 수교 이후 연구자의 증대, 현장답사의 활발한 추진, 중국 측 당안 자료와, 일본 측 자료의 입수 등을 통해 어느 때보다 만주지역 한인민족운동사 연구가 활성화되었다. 1990년대 들어서 만주지역의 독립운동사에 보다 관심을 기울인 학자로는 윤병석·박영석·신용하· 오세창·신재홍·홍종필·김기훈 등 외에 박환·장세윤·윤휘탁[5]· 임성모[6]·신주백·채영국·황민호 등과 일본의 강재언·김정미 등 재일한국인학자들, 박창욱·황용국·최홍빈·권립·김성호·김춘선· 김태국·손춘일·유병호 등 다수의 연변 쪽 학자들을 들 수 있다. 박환은 그의 학위 논문을 『만주한인민족운동사연구』일조각, 1991로 출간하였고, 장세윤은 『재만 조선혁명당의 민족해방운동연구』성균관대, 1997로, 신주백은 『만주지역 한인의 민족운동 연구(1925~1940)』성균관대, 1995, 황민호는 『1920년대 재만한인사회의 민족운동 연구』숭실대, 1997로 각각 학위를 받았다. 그리고 연변대 출신의 손춘일·김성호·김춘선· 김태국·유병호·김영 등이 한국학중앙연구원과 인하대, 국민대, 중앙대, 서울대 등에서 각각 만주국하의 한인이주와 농업문제, 민생단 사건 연구, 한인이주 및 조선인민회 그리고 한인이주 및 한인농업 등으로 박사학위를 받은 것은 이 분야 연구에 더욱 활기를 불어 넣은 것으로 보인다.

5 윤휘탁, 『일제하 만주국연구』, 일조각, 1996.
6 임성모, 『만주국협회의 총력전체제 구상 연구』, 연세대 대학원 박사논문, 1997.

특히 1990년대는 중국 및 연변 측 학자들과의 교류를 통하여 청산리 전투, 홍범도 장군, 김좌진 장군 등 한인민족운동의 평가문제에 있어서 다수의 논쟁이 있었던 시기이기도 하다. 이러한 가운데 장세윤은『홍범도의 생애와 독립운동』독립기념관, 1997을 간행하여 최초로 홍범도에 대해 체계적으로 정리했다. 또한 소장 학자들의 적극적인 진출로 지금까지 공백으로 남아 있었던 만주지역 사회주의 운동, 1930년대 항일무장투쟁에 대한 연구가 활성화되기도 하였다. 한편 윤병석은『이상설전』일조각, 1998,『간도역사의 연구』국학자료원, 1999를 간행하여 이상설 및 간도지역을 총체적으로 집대성하기도 하였다.

2000년대에는 1990년대 연구성과들이 집대성되어 단행본으로 간행되었다. 채영국이 1920년대 중반 대표적인 독립운동단체인 정의부를 집중적으로 연구하여『한민족의 만주 독립운동과 정의부』국학자료원, 2000를 펴냈으며, 참의부 참의장 김승학의 후손인 김병기는 단국대학교에서『참의부연구』2005로 박사학위를 받았다. 장세윤도 그동안 연구한 내용을『중국 동북지역 민족운동과 한국현대사』명지사, 2005로 간행하였다. 여기서 그는 한인들의 만주망명과 민족운동 전개, 간도봉기와 한중연대 항일무장투쟁에 대하여 집중적으로 다루고 있다. 신주백은『만주지역 한인의 민족운동사(1920~1945)』아세아문화사, 1999를 간행하였는데, 민족운동의 계열별 정립과 통일운동1920~1928, 민족운동의 좌우대립과 세력교체1928~1931, 1930년대의 민족운동의 연대모색과 연대, 항일반만유격대의 소부대 활동과 건국준비 등을 집중적으로 다루고 있다. 황민호는『일제하 만주지역 한인사회의 동향과 민족운동』신서원, 2005,『재만한인사회와 민족운동』국학자료원, 2006 등을 간행하였으며, 특히 지금까지 등한시하였던 신문자료들에 주목하였다. 아울러 전자에서는 기독교, 대종교의 민족운동과 1920년대 재만한인 사회주의운동의 동향과 동만청년총연맹에 관심을 기울였다. 박주신은『간도한인의 민족교육운동사』아세아문화사, 2000를 간행하여 구한말부터 1920년대까지의 민족교육운동을 검토하였다.

만주지역 한인들이 신앙했던 종교에 대해서도 이동언 · 윤선자 · 최봉룡 · 고병철의 연구가 이루어졌다. 특히 이동언은 대종교지도자인 서일에 관심을 기울였으며, 윤선자는 천주교에 대하여 연구하였다. 연변대학 출신의 최봉룡과 그리고 한국학중앙연구원의 고병철은 특히 그동안 등한시되었던 신종교에 주목하였다. 그리하여 전자는『만주국의 종교정책과 재만 조선인 신종교』태학사, 2009를, 후자는『일제하 재만한인의 종교운동』국학자료원, 2009 등을 간행하는 한편, 최봉룡, 고병철 등이『간도와 한인종교』한국학중앙연구원, 2010를 간행했다. 한편 성주현은 천도교에 주목해「일제하 만주지역의 천도교의 포교와 조직 1900~1920」『동학연구 12』, 2002을 발표하였다.

재만한인의 사회경제사적 부분에 대해서도 관심이 기울여졌다. 김태국은『만주지역 조선인 민회연구』국민대학교 박사학위청구논문, 2001를, 김영은『근대 만주 벼농사발달과 이주조선인』국학자료원, 2004을 출판하여 벼농사에 대하여 집중적으로 조망하였다. 김영은 1875~1915년 조선인 이민에 의한 만주지역 벼농사의 전개, 1915~1931년 만주당국의 수전농업시책 및 벼농사의 발달, 1932~1939년 일제의 이민, 미곡통제정책과 쌀생산 증가, 1940~1945년 일제의 수전확대시책과 수탈의 강화에 대하여 살펴보고 있다. 손춘일은『만주국의 재만한인에 대한 토지정책연구』백산자료원, 1999를 저술하였다. 김주용은『일제의 간도경제침략과 한인사회』선인, 2008를 펴내 그동안 주목받지 못했던 일제의 간도경제침략에 주목하여 이 분야 연구에 큰 도움을 주고 있다. 또한 국립민속박물관에서는 명동학교 100주년을 기념하여 명동학교 및 명동촌에 주목하여 논문집『북간도 한인의 삶과 그리고 문화』명동학교 100주년 기념 국제학술회의, 2008 및 사진첩북간도 명동 국립민속박물관, 2008 등을 간행하였다. 이는 이들이 한국사에 끼친 영향이 그만큼 크기 때문일 것이다.

한편 연세대학교 국학연구원에서는 구술 자료의 중요성을 인식하고 김도형 편,『식민지시기 재만 조선인의 삶과 기억』연세국학총서, 2009, 전4권을 간행하였다. 이 자료집의 간행은 때늦은 감은 있으나 앞으로 만주 한인사회를 이해하는 데 많은 도움을 줄 것으로 기대된다.

2009년에는 정부 차원에서『한국독립운동의 역사』총 60권을 발간해, 이를 집대성하였다. 만주지역의 경우 1910년대 국외항일운동윤병석, 3·1운동 직후 무장투쟁과 외교활동황민호, 1920년대 전반 만주 러시아지역 항일무장투쟁반병률, 1920년대 후반 만주지역 항일무장투쟁채영국, 1930년대 만주지역 항일무장투쟁장세윤, 국외항일유적지만주 편-박환 등으로 간행되어 독자들에게 편의를 제공해 주고 있다.

아울러 박환은『대륙으로 간 혁명가들』국학자료원, 2003,『잊혀진 혁명가 정이형』국학자료원, 2004,『김좌진 평전』선인, 2010,『강우규 의사 평전』선인, 2010 등을 간행하여 만주지역에서 활동한 독립운동가들에 대하여 집중적으로 살펴보았다. 일반 논문으로는 황병길「황병길의 생애와 독립운동」,『한국독립운동사연구』37, 2010과 조선혁명군 사령관이었던 이호원에 대한 연구「이호원의 민족운동연구」,『한국민족운동사연구』70, 2012가 김주용과 강진영에 의하여 이루어졌다. 또한 김주용은「경신참변에 대한 중국언론의 반응」『한국민족운동사연구』70, 2012 등 정력적인 연구를 하고 있다. 경신참변에 대하여는 조원기가 최근「일제의 만주침략과 간도참변」『한국독립운동사연구』41, 2012를 발표하였다.

2011년에는 만보산 사건 80주년을 맞이하여 한국사연구회7 및 만주

---

7 만보산 사건과 한중관계 특집(『한국사연구』156, 2012.3) 이준식,「만보산 사건과 중국인의 조

사연구회 등에서 집중적으로 조망하였으며, 특히 신흥무관학교 설립 100주년을 맞이하여 많은 학술발표가 있었다. 신흥무관학교는 박환이 1990년 이 주제에 대하여 처음으로 발표한 이후, 2001년 서중석에 의하여 『신흥무관학교와 망명자들』역사비평사이라는 책을 통하여 집대성되었다. 특히 최근에는 『신흥교우보』가 발굴되어 장세윤 · 김주용으로부터 주목을 받았으며, 인물로는 그동안 주목받지 못했던 윤기섭에 대한 연구한시준 등이 신선함을 더해 주었다. 또한 2012년에도 101주년을 맞이하여 「신흥무관학교 주요 간부와 졸업생의 민족운동」박환, 「신흥무관학교와 안동 출신 독립운동가들」강윤정 등의 발표가 있어 계속적으로 연구되고 있다.

한편 강원도 출신들의 만주 이주와 관련하여 류승열의 연구가 집중적으로 이루어져 지역별 이주연구로 주목된다. 「연변지역 강원도 출신자의 일제강점기 이주사연구」『한국사연구』138, 2007, 「일제강점기 강원도 출신 만주이주자의 이주 재이주실태와 역사적 성격에 대한 고찰」『한국사연구』156, 2012 등이 그러하다. 특히 두 번째 글에서는 목단강 지역의 해림시 신안진 서안촌, 해남향 남라고촌, 해림시 신합촌을, 그리고 영안시의 경우는 와룡현 영산촌, 산령향 삼성촌, 강서촌하촌, 용천촌을, 목단강시의 경우는 시내, 동촌, 강남촌 등을 집중적으로 다루고 있어 주목된다.

한편 만주지역 독립운동 연구가 활발히 진행되면서 국내외에서 많은 관련 자료집이 발간되고 있다. 국내에서는 그동안 이회영 · 김동삼 · 홍범도 · 이동휘 · 정재면 · 김정규 · 김승빈 · 허은과 관련한 자료집(회고록)이 나왔다. 특히 최근에는 안동독립운동기념관에서 다수의 만주관

선인식」; 윤상원, 「만보산사건과 조선인 사회주의자들의 조선인식」; 최병도, 「만보산사건 직후 화교배척사건에 대한 일제의 대응」.

련 문집들을 번역하여 독립운동뿐만 아니라 한중관계 이해에도 큰 도움을 주고 있다. 석주 이상룡의 문집인『석주유고』와 백하 김대락의 일기인『백하일기』가 그것이다. 이들 문집의 번역은 안동사람들의 만주에서의 활동은 물론 당시 만주 독립운동 상황을 전반적으로 이해하는데 큰 도움을 주고 있다. 아울러『안동사람들이 만주에서 펼친 항일투쟁』김희곤, 2011을 비롯하여『만주벌의 호랑이 김동삼』김희곤,『시대의 선각자 혁식유림 류인식』박걸순 등도 간행하여 만주지역 항일운동사 이해에 도움을 주고 있을 뿐만 아니라 만주지역에서 활동한 여성들에 대한 특별전시회도 2012년에 개최하여 여성독립운동에도 주목하는 신선함을 보여주고 있다.

한편 만주지역 항일운동에 있어서 아직까지 연구가 미비한 부분도 적지 않다. 사실 만주에서의 3·1운동은 연변지역보다 먼저 서간도지역에서 일어났다. 즉 3월 12일 柳河 및 通化縣에서 만주 최초로 전개됨으로써 중요한 의미를 남겼던 것이다. 그러나 현재까지 이 지역의 3·1운동을 다룬 연구업적은 거의 없다.

만주지역 연구는 이제 3세대가 연구의 주역으로 나서야 할 시점이다. 1세대는 윤병석·박영석·조동걸·신용하·서굉일·정원옥 그리고 연변의 박창욱·황용국·최홍빈 등이 있었고, 2세대는 장세윤·박환·채영국·황민호·신주백·윤휘탁·김병기 그리고 연변의 김춘선·손춘일·유병호·김태국 등이 그들이다. 최근에는 독립기념관의 김주용이 활발히 연구를 진행하고 있다. 그러나 지속적으로 이 분야를 연구하는 30, 40대 연구진들이 별로 눈에 띄지 않고 있다. 앞으로 연구 주제의 다양성과 후진의 양성이 시급한 것이 아닌가 한다.

또 국가보훈처와 한국학중앙연구원에서 나온 자료집들에는 만주와 연해주 일대에서 활동한 운동주체들의 회고록이 많이 수록되어 있어 자료적 가치가 매우 크며, 기존의 학설을 뒤집을 수 있는 새로운 내용도 있다. 특히 최근에는 내몽고에서 활동한 이자해자전과 더불어 만주지역 본방인재류금지관계잡건도 간행하여 지금까지 알려지지 않은 독립운동사를 밝히는 데 기여하고 있다.

먼저 국가보훈처에서 간행한 『이자해자전』한시준 해제, 2007을 보자. 이자해는 1923년경 북경으로 이주하여 이듬해 8월경 북경 海甸에서 安昌浩 등과 함께 농장을 경영하며 亞新醫院을 열었다. 1919년 3월 平北 中江에서 만세운동 시위를 주도한 후 中國 奉天省 柳河縣으로 망명한 후 대한독립단에 참가하고 유격대를 교육시켜 국내 진공작전을 전개하였으며, 1926년경 南京 國民政府의 北伐軍에 참여한 이후 山西省 大同, 내몽골 河套 · 寧夏 일대에서 國民黨軍에 소속되어 주로 군의관으로 참가하였고, 일본군 및 親日몽골군과의 전투에 참가하고 1944년 8월 이후 光復軍 招募활동을 하였다. 한중연대와 관련하여 주목되는 점은 풍옥상과의 관련이다. 풍옥상 부대의 경우 일본군에서 탈출하여 참의부에서 사령관으로 활동하는 이종혁이 참여하는 등 한국독립운동과 밀접한 관련을 맺고 있다.

다음으로 국가보훈처는 2008년 12월, 일제강점기 동만주지역 일본 영사관이 작성한 재류금지 처분 문건인 「本邦人在留禁止關係雜件」 4천여 매를 수집했다. '본방인'이란 일제강점기에 일본인을 지칭하는 단어이었으며, 재류금지는 특정지역에 거주하지 못하게 추방하는 것으로서 당초 일본인을 통제하기 위해 만들어졌으나 1905년 을사늑약 이후부터는 청국 재류 조선인도 이 제도의 적용대상이 되었다. 조선인의 재류금지는 間島 · 琿春 · 吉林 등의 동만주지역에 집중되어 있었고, 독립운동가를 체포 추방하는 제도로 악용되었다. 그런데 수집된 본방인재류금지관계잡건에는 독립운동 관련 인물 201명이 포함되어 있다. 그러나 사실 이들 자료에는 서간도지역 한인독립운동을 밝힐 수 있는 귀중한 자료들도 다수 있다. 더욱이 본 자료에는 언급되고 있는 인물들의 사진도 수록하고 있어 보다 생동감 있게 당시를 이해하는 데 일조할 것으로 보인다.[8]

특히 본 자료는 3·1운동 이후 군자금 모집에 관한 새로운 구체적인 자료들을 다수 보여주고 있어 더욱 주목된다. 군자금 문제는 그 중요성에도 불구하고 자료가 제한되어 있어 그동안 대한독립단, 참의부, 조선혁명군 정도의 연구가 이루어졌을 뿐이다.[9] 그런데 이번에 발간된 자료에는 그동안 심층적으로 검토 되지 못한 韓族會, 大韓統義府, 正義府, 義成團 등에 대한 것들이 있어 남만주지역의 주요한 독립운동단체들의 군자금 모집 상황을 보다 심도 있게 밝힐 수 있을 것으로 기대된다. 아울러 지역적으로도 그동안 주목하지 않았던 장춘, 무순, 해룡현, 동풍현 등지를 살필 수 있어 도움이 된다.

중국과의 국교가 수립된 이후 연구자들의 대륙 답사가 늘어나면서 윤병석·박영석·조동걸 등 원로학자들이 중국지역 독립운동 유적지를 답사하고 방문기를 저술하는 추세가 증가하고 있다.[10] 이러한 답사기는 풍부한 현장기록을 담고 있기 때문에 우리가 미처 접하지 못했던 생생한 역사의 숨결을 전하고, 또 수준 높은 해설을 곁들이고 있어 연구자와 일반인들의 안내지침서로 매우 가치가 있다.

박환은 1990년부터 2000년대에 이르기까지 20년 동안 만주지역을 답사한 내용을『박환 교수의 만주지역 한인유적답사기』국학자료원, 2008로

---

8 朴桓, 解題,『만주지역 本邦人在留禁止關係雜件』, 국가보훈처, 2009.
9 지금까지 학계의 만주지역 군자금 모금에 대한 연구로는 다음의 연구들이 있다.
　金周溶,「1920년대 만주 독립군단체와 군자금」,『軍史』52, 2004; 朴桓,「1930년대 조선혁명군의 국내 군자금 모금 활동－李先龍 의거를 중심으로」,『한국민족운동사연구』62, 2010.
10 박영석,『항일독립운동의 발자취』, 탐구당, 1990; 윤병석,『한국독립운동의 해외사적 탐방기』, 지식산업사, 1994; 조동걸,『독립군의 길따라 대륙을 가다』, 지식산업사, 1995.

간행하였다. 아울러 그 개정판『개정판 박환 교수의 만주지역 한인유적 답사기』국학자료원, 2012를 간행하여 유적지의 변화상을 보여주고 있다. 양세봉 · 김좌진 장군 흉상 등이 그 대표적인 것들이다.

최근에는 독립기념관의 김주용이 만주지역 답사기를 집중적으로 간행하고 있다.

V. 한중 연대투쟁에 대한 연구현황과 과제

1910~1920년대의 만주지역에서 한중 연대투쟁에 대한 글을 거의 찾아볼 수 없다. 중국 관내지역과는 달리 만주지역에서의 공동투쟁은 대부분 만주사변 발발 이후에 이루어지기 때문이다. 그러므로 본 장에서는 제한된 범위 내에서 한중관계와 관련된 글들에 대하여 살펴보고자 한다.

최근 박영석은 2010년『만주지역 한인사회와 항일독립운동』국학자료원을 간행하였다. 본서는 모두 4장으로 나누어져 있다. 1장에서는 만주지역으로 이주한 한인들을 둘러싸고 있는 여러 가지 여건들에 대하여 검토해 보았다. 재만한인들의 법적지위문제, 장학량 중국동북군벌의 대한인정책 등이 그것이다. 한인들은 국내와는 달리 이국땅의 어려운 여건 속에서 독립운동가로서, 독립운동의 후원 세력으로서 그 역할을 다하였던 것이다.

또 박영석은『화사 이관구의 생애와 민족독립운동』선인, 2010을 간행하였다. 이관구는 중국의 대표적인 학자이자 정치가인 梁啓超 · 康有爲 · 湯化龍 등 주요 인물들과의 만남을 통하여 그의 세계관을 더욱 확대시켜 나가고자 하였던 것 같다. 아울러 절강성 항주에서 항주부 속성

무관학교에서 수학한 후 남경에서 중국 제2차 국민혁명전에 참전하였다는 점이 주목된다.

한편 한중연대와 관련하여 주목되는 것은 만주로 이동한 한인들이 만주지역의 관공서나 관리들에게 협조를 구한 사례들이다. 대표적인 경우로 석주 이상룡의 경우를 들 수 있다. 이상룡은 조선인의 만주 안착과 생존을 도모하기 위하여 중화민국 국회에 다음과 같은 5가지 의견을 제시하여 한국인을 중국인으로 동화시켜줄 것을 요청하였다. 만주거주 중국인의 재력에 도움이 된다. 황무지 개간에 유리하다. 만주지역의 비루한 土俗과 민지의 개발에 도움이 된다. 몽고를 정벌하고 러시아를 막는 데 도움이 된다. 일본과 러시아를 막는 인력으로 활용할 수 있다는 점 등이다. 즉, 이상룡은 한인들의 중국민적 입적에 적극적으로 나섰던 것이다. 이는 1930년대 한중 연대투쟁의 밑거름으로서 주목된다강윤정, 「정재학파의 만주망명과 1910년대 항일투쟁」, 『안동독립운동기념관』, 2011; 박영석, 「일제하 재만한인사회의 형성-석주 이상룡의 활동을 중심으로」, 『한민족독립운동사연구』, 일조각, 1982. 석주 이상룡의 화이관은 일찍이 박영석이 주목하였다박영석, 『석주 이상룡의 화이관, 일제하 독립운동사연구』, 일조각, 1984.

한편 한계 이승희의 경우 공교회 운동을 통하여 중국과 연대하여 독립운동기지를 건설하고자 하였다. 1913년 만주 안동현에 도착한 이승희는 동삼성한인공교회를 창립하고 북경공교회에 편지를 보내 지회로 승인해줄 것을 요청하는 한편, 李文治 등 저명한 중국 학자들과 교유하였다. 이때 이승희의 곁에는 아들 기인과 청도 출신의 이산 예대희 등이 함께 하고 있었다.

청산리전투에 참여했다가 러시아를 거쳐 1920년대 전반기 다시 북만주 湯源縣지역에 있던 이우석은 다음과 같이 한인들이 생활을 언급하고 있어 중국인과의 관계를 적절히 보여주고 있다.

"이원일에게 농자금을 지원해주던 중국인지주도 더 이상 자금을 융자해 주지 않으며, 이 지역에 거주하는 한인들은 식량마저 없는 곤란을 겪게 되었다. 일찍 서리가 내려 곤경에 처한 한국인들은 중국인지주에게 재차 사정하여 겨우 小麥을 借得하여 이 것을 통째로 삶아 먹는데 소금도 없을 정도로 가난하였으며 , 종래 거래해 왔던 중국인 상점마저 외상거래를 단절하였다(박영석, 「일제하 만주노령지역에서의 민족독립운동 일사례연구−북로군정서 독립군병사 이우석의 활동을 중심으로−」, 『일제하 독립운동사연구』, 일조각, 1994).

한중 연대투쟁과 관련하여 주목되는 것은 아나키스트들의 공동투쟁이다. 중국지역에서 활동했던 한인 아나키스트들은 중국인들과 공동투쟁을 전개하였던 것이다. 한인들의 연대투쟁등과 관련하여서는 조세현의 『동아시아 아나키스트의 국제교류와 연대』창비, 2010가 주목된다. 여기서는 특히 대만과의 연대에도 주목하여 눈길을 끈다. 한편 중국에서 해방 이후 생존해 있던 조선인 아나키스트들의 수기가 간행되었는데, 『유자명의 수기−한 혁명자의 회억록』독립기념관, 1999, 오장환해제, 『30년 방랑기 유기석 회억록』국가보훈처, 2010, 최기영해제 등이 그것이다. 후자에는 유기석의 아버지인 유찬희 약전, 그리고 아나키스트였던 심용해 소전 등이 실려 있어 참고가 된다.

VI. 결어

만주지역의 민족운동사연구는 이처럼 많은 성과가 있음에도 불구하고 일정한 한계가 있다고 생각된다. 우선 주목되는 것은 개별 독립운동단체 및 전투, 종교 등을 중심으로 실증적 연구가 이루어져 만주지역 독립운동의 전체상을 살피는 데 일정한 제약이 있었음을 지적할 수 있다. 둘째는 만주지역의 독립운동과 다른 지역, 즉 중국, 러시아, 국내와의 관련성에 별로 주목하지 못한 점을 들 수 있다. 셋째는 개괄적인 연구에 치우쳐 있다는 것이다. 앞으로는 보다 구체적인 사례 연구 및 특정 문제를 집중적으로 연구할 필요가 있다고 생각된다.

넷째는 각 단체의 주도 세력의 성격에 대한 분석이 이루어지고 있지 못하다는 점이다. 다섯째는 운동의 연구가 지나치게 민족진영의 단체들에 집중되어 있다는 점이다. 여섯째는 중국 당안관 자료 등이 거의 사용되고 있지 못한 점을 들 수 있다. 앞으로 이러한 점들은 극복되어야 할 것이다. 아울러 한인들에 대한 연구만이 아니라 한중연대, 한중공동 투쟁에 대하여 보다 깊은 관심을 가지고 연구들이 이루어져야 할 것으로 보인다.

새로운 주제를 꿈꾸며

−만주로의 회귀와 지역사, 유학사−

Ⅰ. 스승님들의 가르침을 따르며

일반적으로 자신의 학문세계를 논하는 것은 원로학자들이나 하는 것으로 알려져 있다. 그분들의 학문세계를 엿보며 나의 공부 방향에 대하여 고민하고 생각해본 적이 한두 번이 아니다. 오늘 부족한 나의 연구 단상에 대하여 간단히 논하면서 나의 정체성을 확인해보고 필자의 연구행로에 여러분의 도움을 받고자 한다. 동료 선학 후배님들의 많은 질정을 바란다. 그리고 비록 젊다고 하더라도 앞으로 많은 분들이 저처럼 연구에 대하여 논하는 자리가 계속 이어지기를 바란다.

1. 부친의 영향으로 역사학에 입문

만주지역에 대한 관심은 부친이신 박영석 교수전 국사편찬위원회 위원장, 건국대교수로부터이다. 부친은 퇴근 후 항상 우리들을 모아놓고 하루 일과를 말씀하시고 자신이 공부하는 내용을 재미있게 옛날 이야기처럼 들려주시곤 하였다. 우리 형제들이 역사학에 관심을 갖게 된 것은 자연스러운 일이었다. 특히 만주 대륙은 어려서부터 하도 많이 들어 항상 동경의 대상이었으며 어느덧 나의 꿈은 대륙을 누비는 것이 되었다. 1990년 처음 만주벌판을 답사하였을 때의 감격은 지금도 잊을 수 없다. 당시 나는 연변지역의 최홍빈 교수와 젊은 학자인 김춘선 · 유병호 · 김태국 등과 만나는 행운을 얻기도 하였다.

부친은 만주지역 한인독립운동사를 공부하면서 중국사, 일본사, 러시아사에도 깊은 관심을 보이셨다. 부친의 이러한 학문적 경향은 막내 동생인 박강 교수부산외대에 의해 계승되고 있다. 동생 박강 교수의 대표적 저술은 『중일전쟁과 아편』지식산업사, 1995 등이다. 필자 역시 부친처럼 한국의 주변국에 대한 충분한 이해를 바탕으로 한국사를 이해하고 싶었다. 그래서인지 일찍부터 동양사, 서양사 전공자와 교류를 갖고자 노력하였으며, 각종 학회 발표 등에서도 이들 전공자와의 유대를 강조해 왔다.

부친은 항상 한문의 중요성을 말씀하셨다. 필자가 일제 시대 유학사를 해보면 어떨까 생각하셨던 것 같다. 부친의 뜻에 따라 서강대에 입학한 후 처음에는 철학과를 지망하고자 하였으나 곧 포기하고 사학을 전공으로 철학을 부전공으로 택하였다. 필자는 부친의 뜻대로 대학교 1학년 때부터 한문공부를 하였다. 조부 박장현과 동학이신 우인조규철 어른께 한문을 배우러 돈암동 댁을 찾아뵌 기억이 난다. 선생께서는 민족문화추진회를 추천해 주셨고, 그 후 동초 이진영 선생님 등 여러 한학자들로부터 한문을 접할 수 있는 기회를 가졌다. 기억에 남는 것은 신호열 선생님으로부터 시경을 배우던 시절이다. 얼마나 시경을 감칠맛 나게 잘 설명해 주시던지 필자 역시 강의를 하면 앞으로 저렇게 해야 하겠구나 결심하기도 하였다. 60세 이후에는 일제하 경상도지역 유학사를 정리해보고 싶은 것이 나의 바람이다.

부친은 부지런하신 분이시다. 지금도 병중이시지만 하루 7~8시간 책상에 앉아 연구를 하고 계신다. 공부가 건강을 해치실까봐 걱정이다. 부친은 필자가 어린 시절에도 항상 아침 일찍 일어나 학문에 몰두하셨다. 잠에서 깨어나 일어나 보면 새벽에도 공부에 열중하시던 부친을 목도해 왔다. 필자가 부족하지만 새벽형 인간으로 살고 있는 것도 모두가 부친의 영향 때문이 아닌가 한다. 아울러 자식들에게 여행의 중요성을 말씀하시며 일찍부터 외국기행을 할 수 있도록 배려해 주셨다. 또한 답사를 다니시면 항상 기행기를 쓰셨다. 신문에도 발표하시고, 기고한 글들을 묶어 책으로 출간하시기도 하였다. 부친의 이러한 습관은 고스란히 필자에게도 이어졌다. 부친은 항상 자신의 글은 묶어 놓아야지 흩어지면 찾을 수 없게 된다고 하시면서 책으로 간행할 것을 권하시었다. 필자가 많은 저서를 간행한 것도 바로 이러한 영향 때문이 아닌가 한다. 필자는 부친의 정서와 학통을 그대로 이어받은 첫 제자가 아닌가 종종 생각하게 된다.

2. 은사님들의 소중한 가르침

러시아에 대한 관심은 서울대 교수였던 고 김철준 교수의 가르침에 의해 확고해졌다. 대학 1학년 때 부친의 심부름으로 서울대학교를 방문하였을 때 선생께서는 필자에게 러시아어와 러시아의 중요성을 강조하셨다. 비록 짧은 만남이었지만 선생의 가르침은 항상 내 마음에 자리 잡고 있다.

1992년 1월 러시아를 기행 할 수 있는 기회가 있었다. 나는 자비로 이 여행에 동행하였고, 처음으로 하바로브스크, 이르크츠크, 모스크바, 상트페터스부르크, 카자흐스탄 알마아타 등 러시아와 카자흐스탄을 방문하였다. 붕괴되는 구소련을 답사한 것은 역사학자로서는 큰 행운이었다. 그 후 1995년에 고려학술문화재단이사장 장치혁의 후원으로 러시아 연해주 및 중앙아시아의 카자흐스탄, 우즈베키스탄, 키르키즈스탄을 답사하게 되어 이 분야에 더욱 흥미를 갖게 되었다. 그 후 지금은 생사를 알 수 없는 고려인 문와짐, 러시아 연해주 블라디보스토크에 있던 유영대 고합지사장, 극동대학교의 양대령 교수, 현대호텔의 남상무 사장 등의 후의로 이 분야 연구를 지속적으로 할 수 있었다. 특히 보훈신문사 노경래 기자는 사진 부분에 많은 도움을 주었다.

러시아에 대한 관심은 만주지역을 보다 잘 이해하기 위한 방편으로 출발했다. 1990년대 초에 연구 분야를 러시아로 옮긴 것은 만주지역 자료를 보는데 일정한 한계가 있어 연구에 제약이 많다고 판단하였기 때문이었다. 아마도 10여 년의 세월이 흐르면 중국 당안 자료들도 자유로이 볼 수 있고, 만주지역 항일운동을 연구하는 데 필수적인 북한 방문 또한 가능하지 않을까 생각하였다. 세월이 흘러 지금은 중국 당안도 많이 접할 수 있게 되었다. 또한 북측의 방문 역시 일정 부분 가능해져, 몇 년 전 백두산 항일 전적지 등 북한지역에 위치한 유적지들을 둘러볼 기회를 가졌다. 아울러 북측 학자들과 만주지역 항일전적지들을 공동답사할 기회도 있었다. 이제 주변에 대한 이해는 어느 정도 이루어졌고, 본격적인 만주지역 연구만이 남아 있는 상황이라고 할 수 있다. 올해 만주지역 독립운동에 대한 저서를 간행한 후 본격적으로 연구에 정진하려고 한다.

학문적 방법론은 서강대 은사이신 이기백, 이광린 교수로부터 큰 은덕을 입었다. 두 원로교수님으로부터는 민족과 진리, 미시사, 생활사, 인간사 및 문헌고증학적 방법론을 배웠다. 항상 새로운 것을 발표하도록 격려하셨던 이기백 선생님의 수업은 '고문' 그 자체였다. 새벽녘에 자다 말고 벌떡 일어나 책상에 앉은 것 역시 헤아릴 수 없으며, 선생님의 싸늘한 눈빛이 보이는 악몽을 얼마나 많이 꾸었는지 모른다. 이광린 선생님의 제자 사랑은 준엄함 그 자체였다. 선생님의 부지런함과 담백함은 아직도 나의 몸에 그대로 체득되어 있다. 선생님처럼 필자도 일찍 출근하여 책상머리에 앉아 있다. 대학시절 아침 일찍 학교 교정에 들어서면 항상 인문대 선생님의 연구실에 불이 켜져 있었다. 그 시절이 그립기만 하다. 차하순 선생님은 석사생 이상은 모두 프로라며 프로근성을 갖도록 질책을 아끼지 않으셨다. 아직도 열심히 학문에 정진하는 선생님의 소식을 간간히 듣고 학문적 호기심과 즐거움으로 가득 찬 선생님의 해맑고 천진스러운 모습을 떠올리게 된다. 학자의 학문적 즐거움은 그런 것인가 보다. 홍승기 교수로부터는 말로 표현할 수 없을 정도의 애정이 담긴 철저한 지도를 받았다. 비록 시대는 다르지만 필자의 영원한 스승이시다. 무엇보다도 홍 선생님으로부터 제자에 대한 애정과 관심 그리고 학문에 대한 열정을 배웠다.

구술의 중요성은 일찍부터 부친을 통하여 배웠으며, 사진의 촬영 및 필요성에 대하여는 고려대학교 최광식 교수로부터 큰 교시를 받았다. 1990년 최광식 교수당시 대구 효성여대 교수와의 만주지역 답사 시 그는 세대의 카메라를 가지고 다니며 촬영에 분주하였다. 당시의 충격과 조언은 지금도 생생하다. 대학원 재학 시 학설이 있는 학자가 될 것을 강조하신 고려대 강만길 교수와의 만남 역시 실사구시적 학문 및 미시사에 치우쳐 있는 필자에게 항상 큰 가르침으로 자리 잡고 있다. 또한 동료인 노경채 교수와의 만남 역시 큰 행운이었다. 선이 굵은 그의 연구와 와우리에서의 수많은 대화는 나의 학문 발전에 스승으로 위치하기에 부족함이 없다. 2011년 6월 갑자기 타계하신 노 교수님의 영전에 큰 절을 올린다.

그동안 여러 큰 스승님들로부터 소중한 가르침을 받아왔지만 이를 실천하는 것은 필자의 몫이다. 앞으로 남은 기간 동안 주옥같은 말씀들을 실천에 옮기고 싶다.

대학원 제자가 별로 없는 수도권대학 교수로서의 단점을 필자는 학회활동을 통하여 보완하고자 하였다. 한국민족운동사학회의 경우 필자에게는 삶의 또 다른 현장이었다. 수많은 학문적 동지들과의 만남은 현실에 안주하지 않고 항상 깨어나 있을 수 있도록 해주었다. 앞으로도 학회를 분신처럼 생각하고 보다 발전하는 학회로 만들어가고 싶다.

II. 저서들

필자는 지금까지 국내외 지역의 독립운동사를 중심으로 연구하여 왔다. 특히 그 가운데서도 만주, 러시아지역 등 해외 한인독립운동과 수원, 화성을 중심으로 경기도지역의 항일운동사에 관심을 기울여왔다. 이념적으로는 민족주의, 아나키즘 등에 주목하였다. 여러 책 중 특별히 애정이 가는 저서는 『경기지역 3·1독립운동사』선인, 2007와 『러시아지역 한인민족운동사』탐구당, 1995 그리고 만주 러시아지역의 답사기들이다. 이 책들은 그 분야의 개척적인 연구서 및 답사기로써 일익을 담당할 수 있을 것으로 보인다.

앞으로는 중앙사보다는 지역사, 운동사보다는 생활사, 가족사, 사진 등 문화콘텐츠, 유학사 등에 관심을 기울여보고자 한다.

1. 첫 저서의 출간: 『만주한인민족운동사연구』1991

부친의 영향으로 어려서부터 만주를 동경하던 필자는 1990년 여름

서강대학교에서 만주지역의 항일독립운동으로 박사학위를 받았다. 그 결과물로서『만주한인민족운동사연구』일조각, 1991를 간행하였다. 이 저서는 1919년 3 · 1운동 이후 만주지역에서 전개된 항일운동을 천착한 것이다. 이 책의 특징은 인물들을 다양한 기준을 통하여 분석하고 있다는 점일 것이다. 혹자는 이것을 집단전기학을 최초로 근현대사에 적용한 저술이라고 평하기도 하였다.

그 이후에도 지속적으로 만주지역의 항일운동에 관심을 기울이고 있으며 여러 편의 논고를 발표하였다. 후속 논문들을 정리하여 만주지역에 대한 단행본을 구상하고 있다. 이번에 간행하는『만주지역 한인민족운동의 재발견』이 그것이다.

2. 시베리아에 대한 동경 1991~현재

만주지역 항일운동을 올바로 이해하기 위해서는 인접한 러시아지역에 대한 이해가 필수적이라는 사실을 깨달았다. 더욱이 앞으로 만주지역에 대한 연구를 보다 심도 있게 하기 위해서도 러시아지역에 관심을 기울여야 할 것이다. 1992년 러시아 탐방 이후 본인의 연구는 러시아지역에 집중되었다. 그 첫 결과물이『러시아한인민족운동사』탐구당, 1995이다. 본서는 러시아지역 한인민족운동에 대한 최초의 본격적인 저서일 것이다.

본서를 간행하기 위하여 화장실 가는 시간도 아까워했던 기억들이 새롭다. 해조신문, 대동공보 등 새로운 자료를 보는 감동은 신대륙 발견 이상의 것임을 누구나 다 짐작할 수 있을 것이다. 그 후『재소한인민족운동사』국학자료원, 1998,『러시아지역 한인언론과 민족운동』경인출판사, 2008 등을 연이어 간행하였다.

2008년은 러시아에서 처음으로 간행된 한글신문『해조신문』의 창간 100주년이고, 사회주의 신문『선봉』의 창간 85주년인 뜻 깊은 해였다. 이에 어둡고 암울했던 시절, 우리 동포들의 길잡이 역할을 하였던 러시아지역 한인언론에 대한 연구가 본격적으로 이루어져야 할 때라고 생각했다. 이것은 지금까지 소외되고 잊혀졌던 한국 언론사의 한 부분을 복원시킨다는 차원에서 일차적으로 그 의미가 크다. 아울러 러시아지역의 한인역사와 한국 근현대사의 복원 그리고 한민족 공동체의 형성과 한민족의 동질성 회복을 위해서도 그러하다.

『러시아지역 한인언론과 민족운동』에서는 러시아 한인언론 100년사를 다루면서 주로 한인들의 민족운동에 주목하고자 하였다. 항일독립운동 시기인 구한말부터 1922년 러시아 내전이 끝나는 시기까지에 더욱 비중을 두게 된 것은 이 때문이다. 그 결과 연해주지역의 의병활동, 안중근 의거, 성명회, 13도의군, 애국계몽운동, 권업회, 대한인국민회 시베리아지방총회 등 이 지역의 독립운동을 좀 더 심층적으로 이해하는데 기여할 수 있을 것으로 판단된다. 그러나 민족운동에 주목한 결과 한인들의 이민, 일상 생활사, 문화, 러시아의 대한인정책 등 다양한 부분들을 간과하는 우를 범하였다.

본서의 간행을 통하여 러시아지역 한인언론의 전체상이 어느 정도 개략적이나마 체계화된 만큼 앞으로 이를 토대로 러시아와 중앙아시아의 한인들의 삶의 모습들을 보다 다양하고 심도 있게 밝힐 것을 다짐해 본다.

한편 현재에는『러시아 조선인민회와 친일파』,『사진으로 보는 러시아지역 한인의 삶과 기억의 공간』등의 간행을 준비하고 있다.

3. 만주 시베리아 대륙 답사의 감동: 답사록 간행1991~2008

만주, 러시아지역에 대한 이해는 문헌자료를 중심으로만 이루어질 수 없는 것이었다. 그러므로 만주와 러시아지역에 대한 수차례의 답사 및 자료수집 여행을 하였다. 그 결과물을 토대로 연구 결과를 보다 풍성하게 하고자 하였다. 답사여행은 단지 여행으로 그쳐서는 안 된다고 생각했다. 답사를 하지 못한 분들과 함께 공유하는 것이 중요하다는 인식을 갖고 있었다.『만주지역 항일독립운동답사기』국학자료원, 2001,『박환의 항일유적과 함께 하는 러시아기행 1, 2』국학자료원, 2002 등은 그러한 생각에서 이루어진 것들이었다. 이들 저서는 몇몇 학자들의 단편적인 여행기를 제외하면 만주, 러시아지역을 따로 나누어 한국 측에서 저술한 본격적인 답사기라고 생각된다. 최근에는 지역별로 보다 체계적이고 시각적인 측면을 고려하여 이들 책자의 개정판 작업에 착수하였다.『박환 교수의 러시아 한인유적답사기』국학자료원, 2008는 이미 출간되었고,『박환 교수의 만주지역 한인유적답사기』는 개정판2012이 벌써 간행되었다. 앞으로 이러한 책을 바탕으로 하여 역사교사들을 대상으로 하는 답사에 참여하고 싶다.

4. 잊혀진 대륙의 혁명가들에 대한 애정1991~현재

만주, 러시아지역을 다루면서 그 지역에서 활동했던 인간들에 주목하였다. 그들이 결국 역사를 움직이는 주체들이었기 때문이었다. 그 결과물로서『나철 김교헌 윤세복』동아일보사, 1992,『대륙으로 간 혁명가들』국학자료원, 2003,『잊혀진 혁명가 정이형』국학자료원, 2004,『시베리아 한인민족운동의 대부 최재형』역사공간, 2008이란 책이 발간되었다. 이 책들은 한 인간에 주목하면서 논문을 보다 일반인들에게 쉽게 접근할 수 있도록 한다는 의도에서 간행한 것이다. 앞으로도 이들의 다양한 인간 상에 접근해보고자 한다. 항일운동을 연구하다보니 항일과 친일의 이분 법 때문에 역사속의 다양한 인간들을 올바로 살펴보지 못한 것 같다. 이 를 위해『김좌진 평전』선인, 2010,『강우규 의사 평전』선인, 2010 등을 간 행하였다. 앞으로『김경천 장군 평전』,『러시아지역 한인민족운동가와 민족운동』등을 간행하고 싶다.

5. 시대적 분위기에서의 방황과 자아의 실현: 한인아나키즘운동 연구1991~2004

1970~1980년대를 살아오면서 어느 한편에 서기를 강요받은 느낌이 크다. 결국 이러한 시대적 분위기는 본인으로 하여금 아나키즘에 관심 을 갖도록 하였다. 아나키즘의 주체적 자주적 성격, 비조직적 성향은 자 연히 역사속의 아나키즘에 심취하도록 하였다. 특히 아나키즘 이론가 인 하기락 선생, 관서흑우회의 중심인물이었던 현장 노동자 겸 이론가 최갑룡 선생, 만주지역 아나키스트였던 이강훈 선생님 등과의 만남은 이 분야 연구에 더욱 매진하도록 하였다. 최갑룡 선생의 경우『한국아 나키즘운동사』를 저술한 인물인데 그가 작고한 후, 그 때의 인연으로 모든 자료를 수원대 도서관에 기증하였다. 지금은 모두 고인이 되셨지 만 이들 운동가들과의 만남은 운동가들의 논리들을 생생하게 이해하는 데 큰 도움이 되었다. 이를 바탕으로 한인 아나키즘에 대한 여러 편의 논고를 집필하였고, 그 결과물을『식민지 시대 한인아나키즘운동사』선 인, 2004로 간행하였다. 가능하다면 앞으로 최갑룡 선생 소장자료를 정 리해 보고 싶다.

오늘날까지 필자가 공동연구를 꺼려하고 자아를 지나치게 강조하는 경향은 아나키즘적 분위기와 관련이 있는 듯하다.

6. 지역사 연구1995~현재

1986년 수원대에 부임한 이후 이 다음에 묘비에 수원유생으로 기록될 수 있도록 생활하겠다고 결심하였다. 그리하여 나른하고 피곤할 때면 학교주변의 역사유적지와 바닷가들을 자주 돌아다니며 자료들과 사진들을 수집하곤 하였다. 만주 시베리아 대륙을 다니는 필자에게 수원, 화성은 아기자기한 느낌을 주는 곳이기도 하였다.

1995년부터 경기도지역사 연구에 본격적으로 관심을 기울였다. 1995년은 광복 50주년을 맞이한 해로서 각 지역마다 자신의 정체성 확보에 관심을 기울였기 때문이었다. 경기도 화성시에 위치한 수원대학교에 봉직하고 있는 본인으로서는 지역사회에도 봉사해야 한다는 인식을 평소에 갖고 있었다. 더구나 벌써 지역대학에 재직한지도 27년이란 세월이 흘렀다. 지역에 대한 연구는 수원지역에서부터 시작되어 화성, 용인, 안성, 인천지역에 까지 확대되었다.

그 결과물이 『경지지역 3·1독립운동사』선인, 2007이다. 공저로『화성 화수리 고주리 삼일운동 유적 실태조사보고서』2002,『화성지역 삼일운동 유적지 실태조사보고서』2004,『화성지역 3·1운동과 항일영웅들』2005,『화성 출신 독립운동가』2006 등을 출간하였다. 2009년에는 삼일운동 90주년을 맞이하여『화성지역 삼일운동 답사기 및 증언록』을 간행하고 싶었으나 필자의 게으름으로 이루어지지 못하였다. 최근에는 『사진으로 보는 수원지역 근대교육 1, 2』2010, 2011을 수원문화원에서 간행하였다. 이들 지역사에 대한 연구는 경기지역사에 대한 개척적인 연구성과들이다. 지역사에 대한 관심은 안동대학교의 김희곤 교수로부터 많은 시사점을 얻었으며, 수원박물관의 한동민 선생으로부터 많은 도움을 받았다.

7. 새로운 돌파구 사진2005~현재

어렸을 때부터 사진에 대한 남다른 관심이 있었다. 초등학교 시절에도 사진기를 들고 찍은 사진이 여러 장 있다. 특히 부친은 일찍부터 사진에 관심이 많으셨다. 아사이펜탁스 등 좋은 사진기들을 많이 갖고 계셨으며, 박사학위 논문을 작성하실 때에는 인화기를 집에 설치하고 피피톨 등을 이용하여 사진을 인화하기도 하였다. 그런 영향 때문인지 필자도 일찍부터 사진을 배우고 싶었다.

『러시아지역 항일독립운동가 추모특별기획전—시베리아의 항일영웅들』국가보훈처, 2003, 『사진으로 본 근대화성의 옛 모습』화성시, 2005 등은 그러한 연속선상에서 이루어진 것들이다.

나의 꿈은 만주 러시아 및 경기도지역에 대한 사진아카이브를 만드는 것이다. 이를 토대로 문화콘텐츠 부분에 좀 더 관심을 기울이고자 한다. 아울러 다른 학문분야 학자들과도 유기적인 관계를 지속적으로 발전시켜 나가고 싶다.

8. 잔잔한 재미를 주는 기획 전시2005~현재

근현대 계통의 박물관을 방문하다 보면 가끔 역사적 내용과 다른 설명문이 붙어 있는 것을 보고 당황하는 경우가 있었다. 이에 필자는 이점들을 수정해 보고 싶었다. 방법은 전공학자들이 사진 및 자료를 제공하고 이에 대한 설명문을 작성하는 것이다.

『인천 계양구 3·1운동 전시자료 수집 보고서』2004, 『중국 흑룡강성 한중우의공원 전시자료 수집보고서』2005, 『러시아 한인독립운동 기념관 전시자료 수집보고서』2008 등은 이러한 생각에서 작성된 것들이다.

만주 흑룡강성 해림에 지어진 한중우의공원 내 전시관을 가보면 가슴 뭉클하다. 조규태 교수와 황민호 교수의 도움이 컸다. 러시아지역 독립운동기념관은 2009년 초에 연해주 우수리스크에서 완공되어 고려인 문화센터에 있다.

III. 청도 유생의 바람과 희망

지금까지 살펴본 바와 같이 본인은 만주, 러시아지역의 한인민족운동, 독립운동가들, 한인아나키즘운동, 경기도지역 항일민족운동 등 식민지 시대 국내외 독립운동에 주로 관심을 기울이고 있다. 얼핏 보면 다양해 보이기도 하지만 한인민족운동을 입체적으로 살피기 위해서는 필수적인 작업들이라고 할 수 있다. 2000년에는 본인의 연구성과를 점검해보고 앞으로의 연구방향을 검토하기 위해 『20세기 한국근현대사 연구현황과 쟁점』국학자료원, 2001이란 졸저를 간행하였다.

약 20여 년 가까운 세월동안 발간한 졸저들을 검토해 볼 때 만주, 러시아지역의 항일민족운동과 해외 아나키즘운동, 경기도지역사 등 미개척분야에 도전장을 내어 조금이나마 견인차 역할을 한 것 같다. 앞으로의 연구 역시 이러한 연구들을 토대로 이루어질 것이다.

나의 고향은 경북 청도군 이서면 수야리 산골이다. 어려서 대구로, 서울로 이사를 와 고향에 대한 기억은 별로 없지만 장남이라는 무게 때문인지 일찍부터 고향에 애착을 가져왔다. 2007년 9월에는 경북 청도지역의 항일독립운동에 대한 학술회의도 개최하였고, 2010년에는 『청도의 독립운동사』권대웅 편, 청도군, 2010에 고향에 대한 글을 써보기도 한 것은 큰 보람이었다.

2005년 개인적인 아픔은 가족과 조상들에 대한 깊은 애정을 갖도록 하였다. 그 결과 『훨훨 바람이 되어 날고 싶어 했던 당신 ─ 장은미 추모집』2005, 『경북 청도 수야와 가족이야기 ─ 할머니 탄신 100주년 기념』중산 박장현기념사업회, 2006 등의 책들을 비매품으로 간행하였다. 올해에는 조부 박장현의 문집인 『중산전서』의 번역 발간 및 연구에 매진할 예정이다. 아울러 집안에 남아 있는 조부 관련 자료들과 만주지역 관련 자료, 아나키즘 관련 자료, 경기도 관련 자료, 청도지역 자료들을 정리하는 데 힘을 기울일까 생각하고 있다.

퇴직 후에는 교사들을 대상으로 "박환 교수와 함께하는 러시아, 만주, 수원, 화성, 경북 청도" 등의 문화유적 해설사로 일하고 싶다.

필자는 다른 분들과 달리 역사학자의 집안에서 태어났다. 3대에 걸쳐 역사학을 하고 있고 누님과 동생들도 나의 딸과 아들 역시 역사학을 하고 있다. 역사학이 가학家學이라는 부분은 항상 나에게 중압감으로 다가온다. 무엇인가 달라야 하지 않겠는가. 조금 더 남에게 양보하고, 학자들 간에 동지로서의 이해심과 유대감을 갖는 것이 그 첩경이 아닐까 한다.

1편

3 · 1운동 이후 만주지역 한인독립운동단체

제1장
대한청년단연합회의 성립과 활동

I. 서언

　1919년 3 · 1운동 이후 만주지역에는 수많은 독립운동단체들이 조직
되었다. 그중에는 이념상 공화주의 이념과 복벽주의 이념을 각각 표방
하는 단체들이 있었다. 특히 공화주의를 지향하는 단체 가운데 상해 임
시정부를 지지하는 단체가 다수 있었다. 그중에서 가장 대표적인 단체
로서 서간도 安東縣에서 조직된 대한청년단연합회를 들 수 있다. 이 단
체에서는 1920년 4월 19일에 개최된 제2차 정기 총회에서 임시정부를
지지할 것을 결의하였을 뿐만 아니라, 임시정부의 재정을 원조하고자
하였다. 또한 임시정부의 교통 사무도 적극 후원하였으며, 임시정부의
연통제와도 깊은 관련을 맺고 있었다. 따라서 대한청년단연합회에 대
한 연구는 만주지역 독립운동단체에 대한 연구, 나아가 상해 임시정부
와 만주지역 독립운동과의 관계를 밝히는 데 대단히 중요하다고 생각
된다. 그럼에도 불구하고 학계에서는 이 단체에 대하여 거의 주목하고
있지 않다.
　이에 본고에서는 대한청년단연합회에 대하여 살펴보고자 한다. 먼저

성립 배경과 관련하여 그 선행 단체인 대한독립청년단에 대하여 알아보고, 이어서 대한청년단연합회로의 발전에 대하여 검토해보고자 한다. 다음에는 조직과 구성원의 성격에 대하여 밝혀보고, 아울러 활동에 관해서도 살펴보고자 한다.

II. 대한독립청년단의 조직

1919년 국내에서 3·1운동이 전개되자 다수의 한국인이 거주하고 있던 만주지역에서도 만세운동이 전개되었다. 그리고 그 결과 만주지역에 수많은 독립운동단체들이 조직되었는데 그 가운데 안동현에서 조직된 대표적인 독립운동단체가 대한독립청년단이다. 이 단체는 1919년 3·1운동 당시 국내에서 활약하던 학생 趙在健·咸錫殷·吳學洙·池仲振·朴永祐 등이 만주로 피신하여[1] 1919년 4월[2]에 중국 안동현 舊市街 豊順錢에 모여 조직한 것이다.[3] 그들은 독립을 성취하기 위하여 투쟁하기로 결의하고 安秉瓚을 총재로 추대하였다.[4] 안병찬은 구한말부터 항일투쟁에 있어서 명망이 있던 인물이었다. 그는 평북 義州 출신으로

---

1 蔡根植, 『武裝獨立運動秘史』, 대한민국공보처, 1949, 58쪽.
2 위와 같음. 그러나 대한독립청년단은 1919년 6월에 조직되었다는 주장도 있다. 1919년 9월 24일 일경에 체포된 박영우 등의 진술에 의하면 대한독립청년단이 1919년 6월 상순에 조직되었다고 한다(國會圖書館, 『韓國民族運動史料(三一運動篇其二)』, 1978, 399쪽). 그리고 朝鮮總督府 警務局, 『高等警察關係年表』(1930)의 1919년 8월 29일조 7쪽에서도 1919년 6월에 대한독립청년단을 조직하였다고 기록하고 있다. 그런데 대한독립청년단에서 활동하였던 지웅진, 함석은 등은 자신들이 청년단에 1919년 4월, 5월에 각각 입단하였다고 한다(國史編纂委員會, 『韓國獨立運動史』 3, 1968, 826~828쪽). 이러한 사실을 통해서 볼 때 대한독립청년단은 6월 이전에 조직된 것이 아닌가 한다. 그렇다면 1919년 4월로 보는 것이 타당할 것이다.
3 채근식, 앞의 책, 58쪽.
4 朴殷植, 『韓國獨立運動之血史』 하, 서문당 192, 1979, 169쪽.
　朝鮮總督府 警務局, 『高等警察關係年表』, 7쪽.

伊藤博文을 저격한 安重根의 변호에 참여하였고, 1915년 10월부터는 평
북 新義州府 眞砂町에서 변호사업을 개업하였으며, 1919년에는 3·1운
동에 참가한 후 같은 해 안동현으로 망명하였다.[5] 대한독립청년단의 간
부진을 보면 총재 안병찬, 단장 함석은, 간사는 박영우, 서기는 張子一
이었으며 회원수는 30여 명이었다.[6]

대한독립청년단에서 활동한 주요 인물을 도표로 작성하면 다음과 같다.

<표 1> 대한독립청년단 주요 인물 일람표

성명	생몰연대	직위	출신지	학력	구한말의 활동	1910년대의 활동	종교
安秉瓚	?	총재	평북 의주	한학	대한제국 법부주사	변호사	
咸錫殷	1892~1928	단장	평북 용천	早稻田大 정치과			
張子一	1898~	서기		信聖中學			
朴春根	1890~		평북 선천	信聖中學			
尹衡保	1894(5)~		평북 선천	信聖中學			
吳昌殷	1894~						
吳東振	1889~1936		평북 의주	大成學校			
曺奉吉	1894(5)~			養正學校			
朴永祐	1888~	간사	평북 의주				
鄭尙彬	1892(3)~		평북 의주	崇實大學			
金基俊	1894(5)~		평북 정주	信聖中學			
趙在健	1894(5)~		서울				

대한독립청년단은 그 단체의 명칭에서 보는 바와 같이 청년들이 중

---

5 國會圖書館, 『韓國民族運動史料(三一運動篇其二)』, 306쪽.
　안병찬은 상해 임시정부의 법부차장, 임시법률기초위원회 위원장을 역임하기도 하였다(國會
　圖書館, 『韓國民族運動史料(三一運動篇其一)』, 1977, 915쪽, 1920.9.29 상해, 조선민족운동연감).
　그러나 1920년대 초반부터 안병찬은 공산주의 운동에 전념하였다(金昌順·金俊燁 共編, 『韓國
　共産主義運動史料 Ⅰ』, 1979, 278쪽).
6 國會圖書館, 『韓國民族運動史料(三一運動篇其二)』, 400쪽.

심을 이루고 있다. 총재인 안병찬?을 제외하고[7] 단장인 함석은을 비롯하여 장자일·윤형보·오정은·오동진·조봉길·정상빈·김기준·조재건 등이 모두 20대인 것이다.[8] 안병찬이 이와 같이 젊은층으로 구성된 청년단의 총재가 될 수 있었던 것은 그가 자신의 나이에도 불구하고 새로운 사상에 대하여 폭넓게 수용하려는 적극적인 자세를 가졌던 때문이 아닌가 한다.

학력을 보면 대부분이 근대적인 학교 출신들이다. 단장인 함석은은 와세다대학 정치과를 졸업하였으며, 장자일·박춘근·윤형보·김기준 등은 평북 宣川에 있는 기독교 계통의 신성중학을,[9] 오동진은 평양에 있는 사립 대성학교 속성 사범과를 졸업하였고,[10] 조봉길은 의주에 있는 양정학교를, 정상빈은 기독교 계열의 평양 숭실대학을 졸업하였다.[11]

출신지역을 보면 대부분이 평북 출신이다. 함석은·장자일은 평북 용천이며, 박춘근·윤형보·오정은 등은 평북 선천이며, 안병찬·오동진·조봉길·박영우 등은 평북 의주, 정상빈·김기준 등은 평북 정주이다.[12]

즉 대한독립청년단은 20대 청년들이 그 중심을 이루었으며, 또한 그들은 근대적인 교육기관에서 공부하였고, 그 출신지는 대부분이 평북 지방이었다.

대한독립청년단의 주도적인 인물은 이들 가운데서 특히 안병찬·박영우·함석은 등이 아니었나 생각된다. 앞에서 본 바와 같이 안병찬은

---

7 金厚卿, 『大韓民國獨立運動功勳史』, 627쪽.
8 國會圖書館, 앞의 책, 400쪽.
9 國會圖書館, 앞의 책, 400쪽.
  신성학교 동창회, 『信聖學校史』, 1980, 38쪽.
10 國史編纂委員會, 『韓國獨立運動史』 3, 812쪽.
11 國會圖書館, 앞의 책, 400쪽.
  숭전대학교 80년사편찬위원회, 『숭전대학교 80년사』, 1979, 109~110쪽.
12 위와 같음.

일찍부터 항일운동에 종사한 인물이었으며, 박영우 역시 항일운동과 관련, 1912년 10월에 징역 6월을 언도받았던 인물이었다.[13] 뿐만 아니라 안병찬은 최고 연장자였으며, 박영우는 젊은이들 가운데서는 제일 나이가 연장자였던 것이다. 함석은은 학력과 관련하여 주목된다. 그는 구성원들 가운데 유일하게 일본에 유학한 인물이었으며, 또한 그의 전공은 정치학이다. 그리고 그는 단장의 지위를 맡고 있었다.

대한독립청년단의 주요 구성원은 대체로 정치이념상 공화주의를 추구하였을 것으로 생각된다. 왜냐하면 그들은 대부분 청년들이었으며, 또한 근대적인 학교 출신들이었기 때문이다. 특히 단장인 함석은이 와세다대학 정치과 출신이었으므로 근대적인 정치체제에 대해 구성원들에게 많은 지식을 제공하였을 것으로 보인다. 대한독립청년단이 1919년 4월 상해에서 조직되어 공화주의를 내세운 대한민국임시정부를 적극 지지하였던 것도 이러한 맥락에서 이해할 수 있다. 또한 대한독립청년단의 다음과 같은 주요 사업을 통해서도 짐작해볼 수 있다.

1) 상해 임시정부에 대하여 운동비를 조달하는 일.
2) 운동비를 모집하는 일.
3) 독립운동원으로서 강화 회의에 파견된 대표자를 후원하는 일.
4) 상해 임시정부의 정책, 법령 등의 철저를 기하는 일책으로서 청년단의 기관신문을 발행하는 일.[14]

대한독립청년단은 이러한 사업을 적극적으로 추진하기 위하여 노력하였던 것 같다.

첫째, 임시정부에 대한 운동비 조달에 적극적으로 협조하였다. 그 예로서 박영우가 상해 임시정부의 교통차장이며[15] 신성학교 수학교사였

---

13 위와 같음.
14 위와 같음.

던 鮮于赫[16]이 운동비 모집을 위하여 안동현에 파견되었을 때 이에 적극 협조하였던 것을 들 수 있다.[17]

둘째, 『半島青年報』라는 신문을 한글 등사판으로 간행하여 임정의 입장을 널리 선전하였다.[18] 이 신문의 주필은 함석은이었으며, 처음에는 1주에 1회 간행하였고, 그 다음에는 1주에 2회 발행하였으며, 5호까지 발행하였다. 뿐만 아니라 대한독립청년단에서는 상해 임시정부에서 간행한 『독립신문』을 평북 의주 등 국내 각지에 배포하기도 하였던 것이다.[19] 대한독립청년단의 이와 같은 임정과의 밀접한 관계는 안동현 구시가 홍륭가에서 영국인 쇼우C. L. Show가 경영하는 怡隆洋行을 매개로 하여 활발히 이루어졌다.[20]

한편 중국 영토 안에서 활동하고 있던 대한독립청년단은 1919년 8월에 안병찬 외 28명의 연서로 '중화민국 官商報 學界諸君에 고함'이란 제목으로 성명을 발표하였다.[21] 이 성명에서 민족의 요구가 국제연맹회의에서 원만한 해결을 얻지 못하면 혈전을 도모할 것이라고 주장하였으며 韓中攻守同盟을 주장하였다.[22]

이처럼 활발한 활동을 전개하였던 대한독립청년단은 총재 안병찬이 1919년 8월에 체포된 것을 계기로 하여[23] 계속된 체포 사건으로 인하여[24] 세력이 점차 약화되었다.

---

15 國史編纂委員會, 앞의 책, 13쪽.
16 신성학교 동창회, 『信聖學校史』, 66~67쪽.
17 國會圖書館, 앞의 책, 401~402쪽.
18 위의 책, 400쪽.
19 위의 책, 369, 400쪽.
20 한철호, 「조지 엘 쇼의 한국독립운동 지원활동과 그 의의:체포와 석방과정을 중심으로」, 『한국근현대사연구』 2006년 가을호 38, 14~17쪽.
21 국회도서관, 위의 책, 308~309쪽.
22 『독립신문』 1919년 9월 2일자.
23 안병찬, 崔昇勤, 李道成, 조재건, 承奉賢 등 5인이 1919년 8월 29일부터 30일에 걸쳐 안동현에서 일제에 검거되었음(國會圖書館, 『韓國民族運動史料(三一運動篇其二)』, 306쪽).

III. 대한청년단연합회로의 발전

대한독립청년단을 조직하여 활동하던 안병찬은 국내외에서 다수의 청년단체들이 조직되자 이를 통일하여 청년단연합회를 조직, 활동을 적극적으로 추진하고자 하였다.[25] 그러나 안병찬의 그러한 계획은 그가 체포됨으로써 무산되고 말았다.

이에 대한독립청년단의 金承萬·金時漸 등은 안병찬의 뜻을 이어 1919년 11월 1일 대한청년단연합회를 조직하고자 취지서를 발표하였다. 이를 보면 다음과 같다.

> 대한청년단연합회 취지서
> 청년은 국민의 중심이요 국가의 기초라. 今此 我 대한광복사업의 秋를 당하야 아국의 흥망과 아족의 자유되고 노예됨은 아청년의 활동여부에 專在함은 실로 多言을 不待할지라. 於是乎 각지 각처에 애국청년단체의 조직됨에 실로 此에서 出함이나 각기 임의의 방향을 취하야 노력하면 실로 충돌 멸살함을 未免할지라. 고로 자에 記名 등은 내지 각처에 청년단체를 연합하야 일심일체의 유력한 통일적 대청년단을 형성하야 일면 아민족의 목전에 橫한 대사업 難事業을 당하고 일면 영구적 이상적 민족을 作하기 위하야 내지 각처 청년단연합회의 성립을 주장하는 바이오니, 愛我청년제단체난 此衷을 遺棄치 마시고 동성상응하야 각기 대표를 파송하야 天의 대사업을 성취케 하시기 바라나이다.
> 단 장소, 기일은 특파원 비밀에 부함
>
> 대한민국 원년 11월 1일

---

24 1919년 9월 12일에 薛命和, 金永善, 李庸鉉, 朴小用 등이 체포되었으며(앞의 책, 368~369쪽), 동년 9월 24일 박영우, 李永華 등 2명이 체포되었고(앞의 책, 399쪽), 동년 10월에는 金元國 등 6명이 체포되었음(앞의 책, 388쪽).

25 國史編纂委員會, 앞의 책, 826쪽.
   안병찬이 대한청년단연합회를 조직하고자 한 것은 그 당시 러시아에서 조직된 대한청년단연합회의 영향을 받은 것이 아닌가 한다. 당시 1919년 5월경 상해에서 발기되어 같은 해 9월 러시아 蘇王營에서 각 청년대표들이 모여 대한청년단연합회가 조직되었던 것이다(『독립신문』 1920년 1월 13일자). 또한 제47호, 대한민국 원년 8월 18일자로 되어 있는 사설 「대한청년단연합회를 축하함」이 있었던 것으로 보아도 역시 그렇게 짐작해볼 수 있다(國會圖書館, 『韓國民族運動史料(三一運動篇其二)』, 306~307쪽).

발기인
김시점 김승만 오능조 오학수 박춘근 李永植 宋連周 張載舜 郭尙夏
함석은 장자일 車敬信 오동진 池仲振 白日鎭 李愛施 金昌洙[26]

즉 대한독립청년단에서는 "청년은 국민의 중심이며 국가의 기초이므로 청년이 중심이 되어 조선의 국권을 회복하여야 한다"고 주장하였다. 아울러 각지의 청년단을 통일하고 동일 방침하에 독립운동을 계속할 것을 계획하였다. 또한 각지의 청년단체들을 연합하여 통일적 대청년단체를 형성, 독립운동을 전개하기 위하여 이 단체를 조직하고자 하였던 것이다. 그리하여 1919년 11월 대한독립청년단연합회로 발전적으로 개편되었던 것이다.

대한청년단연합회에서는 1919년 12월 25일경[27] 寬甸縣 香爐溝에서 50여 명이 참가한 가운데 제1회 총회를 개최하였다. 그리고 내외에 있는 각 청년단을 연합할 것, 단원은 매년 금 2원씩을 출금할 것, 제 규칙의 제정, 역원을 선거할 것 등을 결의하였다. 그리고 간부로서 총재에 김승만, 부총재 박춘근, 총무 김찬성, 편집부장 함석은, 통신부장 오학수, 교육부장 최지화, 서기 오능조 · 유건혁, 서기보조 지웅진, 재무부장 김시점 등이 각각 임명되었다.[28]

---

26 『독립신문』 1920년 1월 13일자.
27 國史編纂委員會, 앞의 책, 821쪽. 「조선민족운동연감」, 『독립운동사자료집』 7, 1972, 1,186쪽에는 11월 26일이라고 함.
28 위와 같음.
   대한청년단연합회 결성시 국내외에서 얼마나 많은 단체가 참여하였는지는 알 수 없다. 다만 1920년 4월 19일에 개최된 제2차 정기총회시 69개 단체 중 59개 단체가 참여하였다는 기록(「조선민족운동연감」, 1920년 4월 19일)을 통하여 볼 때 이를 짐작해볼 수 있을 뿐이다. 1920년 7월 오학수 등의 재판 기록에는 대한청년단연합회에서 중국과 조선에 있는 80여 개의 청년단을 통괄하고 있었다고 한다(國史編纂委員會, 『韓國獨立運動史』 3, 826쪽). 그러나 주도적인 역할을 한 단체는 대한독립청년단인 것 같다. 왜냐하면 청년단연합회에서 주요한 역할을 담당하고 있는 김승만(총재), 김시점(재무부장), 함석은(편집부장), 오학수(통신부장), 오능조(서기) 등이 모두 대한독립청년단 단원이었기 때문이다(『독립신문』 1920년 1

Ⅳ. 조직과 구성원

1. 조직

1) 중앙조직

대한청년단연합회는 본부를 관전현 향로구에 두었으며[29] 조직은 크게 중앙조직과 지방조직으로 나눌 수 있다. 중앙조직은 창립 당시의 조직과 안병찬이 관전현으로 탈출해와[30] 조직을 재편했을 당시의 것으로 크게 대별해볼 수 있을 것 같다. 우선 연합회 창립 당시 부서를 보면 다음과 같다(1919년 12월 25일).[31]

〈표 2〉 대한청년단연합회 창립 당시 부서와 간부일람표

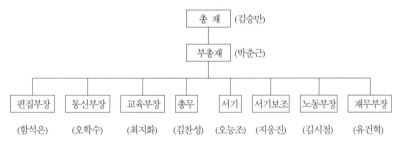

<표 2>에서 보는 바와 같이 연합회의 조직은 편집, 통신, 교육, 노동, 재무 등으로 이루어져 있다. 즉 연합회에서는 임시정부의 교통기관인 임시 안동현 교통사무국에 통신원으로 근무하고 있는 오학수를[32] 통

월 13일자).

29 國史編纂委員會, 앞의 책, 821쪽.

30 안병찬은 1919년 8월에 체포된 후 평양법원에서 1년 6개월의 금고형을 언도받았는데, 그후 병 보석이 된 틈을 이용, 관전현 홍통구로 탈출하였다(國史編纂委員會, 『韓國獨立運動史』 3, 821쪽 및 朴殷植, 『韓國獨立運動之血史』, 169쪽).

31 國史編纂委員會, 앞의 책, 821~822쪽.

신부장에 임명하여 임정과의 연락업무 등을 담당토록 하였다. 또한 편집부장을 두어 선전물을 작성, 국내외에 조선의 독립을 주장하고자 하였으며, 또한 교육에도 주안점을 두고자 하였던 것 같다. 즉 이 조직은 청년조직의 연합이므로 특히 교육사업 등에 비중을 두었던 것으로 여겨진다. 아울러 회의 운영을 위하여 자금의 모집, 또는 임정을 지원하기 위한 자금 모집 등을 위하여 재정부를 두기도 하였다.[33] 즉, 연합회에서는 직접적인 무장투쟁보다는 통신, 교육, 선전, 군자금 모집 등의 사업에 힘을 기울인 것으로 보인다.

다음으로 안병찬이 총재로 임명된 이후의 조직 상황 및 간부 명단을 보면 다음과 같다.[34]

〈표 3〉 대한청년단연합회 부서와 간부일람표

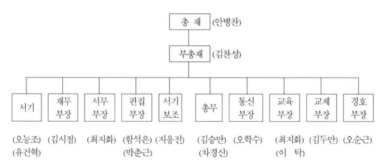

<표 3>에서 보는 바와 같이 첫째로, 총재, 부총재 등 핵심 인물들이 바뀌었다. 창립 당시 총재였던 김승만이 총무, 부총재였던 박춘근이 노동부장이었다가 함석은에 이어 편집부장에 임명되었다. 그리고 새로이

32 위의 책, 829쪽.
33 「조선민족운동연감」, 1,186쪽.
34 國史編纂委員會, 앞의 책, 822쪽.

안병찬, 김찬성 등이 각각 총재, 부총재에 임명되었다. 당시 안병찬은 최고 연장자이며, 김찬성은 49세였다. 이에 비하여 김승만은 33세, 박춘근은 31세로서 30대였다. 그러므로 2차 총회에서 간부진의 개편을 통해 항일운동을 주도했던 안병찬이 다시 총재의 지위에 오른 것은 그의 항일경력이나 연륜으로 보아도 자연스러운 것이었을 것이다. 또한 김찬성 역시 연륜으로 보아 부총재에 임명되었을 것으로 짐작된다. 그러나 실제 모든 일을 관장하고 시행하는 총무의 자리는 창립 당시 회장인 김승만이 담당하고 있다. 이러한 사실은 김승만이 청년단연합회에서 중추적인 역할을 담당하였음을 짐작케 한다.

둘째는 노동부가 폐지되고 새로이 서무부가 신설되었다는 점이다.

셋째는 교육부장에 李鐸이 새로이 임명되었다는 사실이다. 이탁1889~1930은 평남 성천군 출생으로 구한말에는 新民會, 1910년 이후에는 만주로 망명하여 新興講習所, 扶民團, 韓族會, 西路軍政署, 新興武官學校 등에서 항일운동을 전개한 독립운동 지도자였다.[35] 그는 특히 교육에도 관심을 가져 1907년 19세 때에는 향리인 성천, 개천군 등지에서 지방유지들과 협력하여 소학교를 설립하고 교육사업에 주력하였다. 또한 1910년에는 남만주지역으로 망명하여 신흥무관학교 등을 통하여 교육 사업에 참여하였던 인물이었다.[36] 이러한 인물을 교육부장에 임명한 것은 연합회가 무장투쟁을 위한 교육에 중점을 두고자함을 나타내는 것이라고 할 수 있다. 그러므로 연합회에서는 1920년 제2차 정기총회 비밀회의에서 교육부 예산을 6만 5천 원으로 책정하였던 것이다.[37]

넷째는 창립 당시에는 보이지 않던 경호부장직의 설치. 경호부장은 구한말의 군인으로서 의병에 참여하였던 오순근이 담당하였다. 이

---

35 金厚卿, 앞의 책, 869~873쪽.
36 위의 책, 869~870쪽.
37 「조선민족운동연감」 1920년 4월 20일자.

러한 사실은 연합회가 창립 당시에 비하여 군사적인 측면에서 보다 적극적인 활동을 전개하고자 하는 의도를 엿보게 하는 것이 아닌가 한다.

2) 지방조직

대한청년단연합회는 만주 및 국내에 있는 80여 개의 청년단체들로써 조직된 단체다.[38] 연합회에 가담한 주요 청년단체는 만주에 위치한 것과 조선 국내에 위치한 것으로 나누어볼 수 있다.

만주에 위치한 것을 보면 안동현에 위치한 대한독립청년단, 관전현에 위치한 廣濟靑年團 등이 그 대표적인 것이다.[39] 국내는 황해도, 경기도, 평안남·북도에 두루 위치하고 있다.[40] 그 가운데서도 주로 평안도에 다수가 있었는데 의주 龍灣청년단, 江界청년단, 渭原청년단, 강계여자청년단, 楚山청년단, 의주 山亭청년단, 碧潼청년단, 昌城청년단, 신의주청년단,[41] 평양여자청년단, 평양청년단[42] 등이 그것이다. 그 밖에 황해도지역의 단체로는 鐘山청년단,[43] 安岳郡청년단[44] 등을 들 수 있다.

---

38 국사편찬위원회, 앞의 책, 826쪽.
　　대한청년단연합회의 조직에 대하여는 이와 다른 견해도 있다. 「조선민족운동연감」, 186쪽에는 안동현, 경기도, 평안남·북도, 황해도 등지에 20여 개 단체를 통괄하는 조직으로서 파악하고 있다. 그리고 회원 수는 2만 명에 달하였다고 한다. 『武裝獨立運動史』 58쪽과 『韓國獨立運動之血史』 대한청년단연합회조에는 산하에 50여 개의 단, 3만 명의 단원이 있었다고 전하고 있다.
39 문일민, 『韓國獨立運動史』, 260쪽.
40 「조선민족운동연감」, 1,186쪽.
41 蔡根植, 앞의 책, 58쪽.
42 「조선민족운동연감」, 1,186쪽.
43 朴殷植, 앞의 책, 170~171쪽.
44 蔡根植, 앞의 책, 58쪽.

2. 구성원 분석

안병찬이 대한청년단연합회에 오자 연합회의 간부진은 개편되었다.[45] 이를 도표로 작성하면 다음과 같다.[46]

〈표 4〉 대한청년단연합회 주요 간부일람표

성명	생몰연대	직위	출신지	학력	경제적 지위	구한말, 1910년대의 활동	종교	향배
安秉瓚	?	총재	평북의주	한학		변호사 대한독립청년단		공산주의, 임정
金燦星	1871~1929	부총재	평남안주	평양 신학교		安東縣臨時議事會 平北督辦府	기독교	광복군 총영
車敬信	1892~1978	총무	평북선천	일본 橫濱여자 신학교			기독교	애국부인회
金承萬	1888~1935	총무	평북의주			안동현임시의사회 평북독판부		광복군 참리부, 대한통의부
金時漸	1882~	재무부장	평북정주	한문	300석의 토지	105인 사건 안동현임시의사회 평북독판부	기독교	
咸錫殷	1892~1928	평집부장	평북용천	와세다대학		대한독립청년단		
吳學洙	1885~	통신부장	평북정주	廣東學校 度支部 量地課		105인 사건 안동현임시의사회 대한독립청년단	기독교	광복군 총영
崔志化		교육부장, 서무부장	평남평양	숭실대학		조선국민회 안동현임시의사회 임시정부		
金斗萬		교제부장	평북의주			안동현임시의사회 평북독판부 임시정부		중한호 조사 노병회
朴春根	1890~	부총재, 노동부장, 편집부장	평북선천	신성중학		안동현임시의사회		대한의용군사회
吳淳根	1876~1946	경호부장	평남중화			의병, 육군 참위, 대한독립단, 안동현임시의사회 임시정부		광복군 사령부, 대한통의부
吳能祚	1889~	서기	평남중화			안동현임시의사회	기독교	
柳建赫		서기						
池仲辰	1891~1974	서기보조	평북정주					
李鐸	1889~1930	교육부장	평남성천	대성학교 속성 사범과		신민회, 경학사, 부민단, 신흥무관학교, 한족회		광복군 사령부

---

45 朴殷植, 앞의 책, 170쪽.
46 간부 명단은 國史編纂委員會,『韓國獨立運動史』3, 821~822쪽 및 蔡根植,『武裝獨立運動秘史』, 58쪽과 金承學,『韓國獨立史』, 355쪽 등을 참고하였음.

대한청년단연합회 회원의 출신지역을 보면 평안북도와 평안남도 출신이 다수를 이루고 있음을 알 수 있다. 평북 출신으로는 안병찬[47] · 김승만[48] · 김시점[49] · 함석은 · 오학수 · 지응진[50] · 김두만[51] · 박춘근[52] · 차경신 등을 들 수 있으며, 평남 출신으로는 김찬성[53] · 최지화[54] · 여순근[55] · 오동진[56] · 이탁 등을 들 수 있다. 이와 같은 사실은 동 연합회의 본부가 평안도지역의 대안인 관전현에 위치하고 있다는 사실과 밀접한 관련을 맺고 있는 것이 아닌가 생각된다. 또한 관전현 등 서간도지역에는 평안도지역 출신의 한인들이 다수 거주하고 있다는 점을 생각해볼 때 연합회는 재만동포들 가운데서도 특히 평안도 출신의 주민들을 바탕으로 이루어진 조직체라고 할 수 있겠다. 또한 그들의 국내 활동 역시 그들의 출신지인 평안도 등지를 중심으로 이루어졌을 것이라는 사실은 짐작하기 어렵지 않을 것이다. 그렇다고 하여 평안도지역 주민들이 지도자들이 그들과 같은 지역 출신이라는 사실 때문에 무조건적으로 지지하지는 않았을 것으로 생각된다. 그러므로 연합회에서는 2차 총회에서 "단원은 일체 행동을 삼가며 품격을 단련하여 국민의 모범과 중추가 되자는 본단 주지를 실천할 것"[57]을 결의하였던 것이라 생각된다.

학력을 보면 근대적인 학교 출신이 다수를 이루고 있다. 김찬성은 평양신학교를,[58] 함석은은 일본 와세다대 정치과를, 최지화는 숭실대학

47 獨立有功者功勳錄編纂委員會, 『獨立有功者功勳錄』 4, 1987, 555쪽.
48 김후경, 앞의 책, 627~628쪽.
49 『獨立有功者功勳錄』 4, 558쪽.
50 國史編纂委員會, 앞의 책, 820쪽.
51 『獨立有功者功勳錄』 5, 486쪽.
52 『獨立有功者功勳錄』 4, 672쪽.
53 위의 책, 601쪽.
54 위의 책, 949쪽.
55 위의 책, 740쪽.
56 위의 책, 745쪽.
57 國史編纂委員會, 앞의 책, 822쪽.

을,59 오학수는 광동학교와 탁지부 양지과60를, 여순근은 육군무관학교를,61 박춘근은 선천의 신성중학62을, 이탁은 대성학교 속성 사범과63를, 차경신은 일본 橫濱여자신학교를 각각 졸업하였던 것이다. 이와 관련하여 주목되는 점은 근대적인 학교 가운데 기독교 계통 학교 졸업자가 다수 보이고 있다는 점이다. 김찬성은 평양신학교를, 최지화는 숭실대학을, 박춘근은 신성학교, 차경신은 신학교를 각각 졸업했던 것이다.

경제적인 지위를 알 수 있는 인물은 거의 없다. 다만 김시점이 300석 정도의 토지를 소유하고 있다고 알려져 있다.64 그리고 이탁은 成川郡을 위시하여 인근 价川, 江東 등 3개 군에 걸쳐 광대한 토지를 소유한3년 3개월 향 대지주의 장남이었다고 한다.65 구한말의 활동단체를 보면 신민회 관련 인사들이 몇 명 보이고 있다. 김시점 · 오학수 · 이탁 등이 그들이다.66

3 · 1운동 이후 안동현 임시의사회에서 활동한 인물들이 다수 보이고 있다. 김승만 · 여순근 · 김두만 · 오능조 · 박춘근 · 김시점 · 오학수 · 김찬성 · 최지화 등 대다수가 그러하다.67 평북독판부에 참여한 인물도 다수 보이고 있다. 김찬성 · 김승만 · 김시점 · 김두만 등이 그들이다.68

58 『獨立有功者功勳錄』 4, 601~602쪽.
59 위의 책, 949쪽.
60 國史編纂委員會, 『韓民族獨立運動史資料集』 4, 1987, 94쪽.
61 金厚卿, 앞의 책, 667쪽.
62 『獨立有功者功勳錄』 4, 672~673쪽.
63 金厚卿, 앞의 책, 869쪽.
64 國史編纂委員會, 『韓民族獨立運動史資料集』 1, 1986, 100쪽.
65 金厚卿, 앞의 책, 809쪽.
66 尹敬老, 『105人事件과 新民會硏究』, 一志社, 1990, 26~27쪽.
　　이들 외에도 회원인 백일진도 신민회 회원이었다(國史編纂委員會, 『韓民族獨立運動史資料集』 1, 238~239쪽).
67 박환, 『만주한인민족운동사연구』, 132쪽.
68 李延馥, 「대한민국임시정부(1919~1948) 연구―그 조직과 활동을 중심으로―」, 경희대학교 대학원 박사학위논문, 1982, 135쪽.

종교를 알 수 있는 인물은 5명에 불과하다. 김찬성,[69] 김시점,[70] 최지화, 오능조, 차경신 등이 기독교 신자이다. 특히 이 가운데 김찬성은 평안도 安州에서 목사로 활약하였던 인물이며,[71] 오능조,[72] 최지화[73] 등은 장로교회 助事였다.

대한청년단연합회가 해체된 뒤의 주요 인물들의 향배를 보면 주로 만주지역에서 임정 계열의 독립운동단체에서 활동하였다. 김찬성·김승만·오학수·여순근 등이 광복군사령부에서 활동하였던 것이다.[74] 그리고 안병찬은 상해로 가서 임시정부 법부차장으로 일하였다. 그 뒤 그는 공산주의자로 활동하였다.[75]

대한청년단연합회에서는 공화주의 정치이념을 추구하였던 것 같다. 구성원의 다수가 근대적인 교육기관 출신이었다는 사실이 이를 뒷받침해주고 있다고 생각된다. 그러나 동 연합회에서 공화주의 정치이념을 추구하기 위해서 재만동포들에게 행한 여러 시책이나 기구 등에 관한 구체적인 모습들은 알 수 없다.

V. 대한청년단연합회 활동

1. 활동계획

대한청년단연합회의 활동계획은 1920년 4월 19일에 개최된 제2차 정

69 獨立有功者功勳錄編纂委員會,『獨立有功者功勳錄』4, 601~602쪽.
70 『韓民族獨立運動史資料集』1, 100쪽.
71 『獨立有功者功勳錄』4, 601~602쪽.
72 『獨立有功者功勳錄』4, 745~746쪽.
73 앞의 책, 949쪽.
74 「조선민족운동연감」1920년 9월 29일.
75 金厚卿, 앞의 책, 627~628쪽.

기 총회에서 총재인 안병찬이 행한 진행 방침의 연설에 잘 나타나 있다.

1. 임시정부를 愛戴, 옹호, 복종함(임정의 지지).
2. 각 지방에서 의용단을 조직케 하고 그 대표 1인 이상을 본단에 모아 導議함(의용
   단의 조직).
3. 대규모의 독립전은 정부의 명령을 기다릴지나 우선 적의 長傀와 관공리, 적에게
   아첨하는 재산가 등을 토벌하기 위하여 相當手段에 出함(일인과 반역자 처단).
4. 국내 선전에 관하여 기관보『대한청년보』를 발간하여 세계의 대세, 民國의 國是,
   임시 정부의 방침, 본회의 주의를 선전하며, 또한 폭탄의 轟聲도 크게 선전에 有效
   하리라 함(선전활동).
5. 교통기관은 불완전하나마 정부로서 임의 周密히 조직된지라. 일시 교통사무국이
   적에게 피해를 입은 후 본단에서 임시 처리하였으며, 그 후 본단 직원 이하 모씨는
   정부의 敍任으로 계속 視務중이다(임시정부 교통기관의 후원).
6. 각 단체에 본단 대표자를 보내어 의사소통과 연락을 圖하였음(다른 독립운동단체
   와의 연결활동).
7. 중국관헌이 근래에 我人士를 종종 浦捉하야 일인에게 주는 적이 있는지라 본단은
   평북독판부와 협의하여 교섭하고자 하난 중이다(대중교섭활동).
8. 단원은 일체 행동을 삼가며 품격을 단련하여 국민의 모범과 중추가 되고자 본단
   主旨를 실천할 것(수양활동).[76]

이상의 진행방침 연설을 몇 가지로 정리하여볼 수 있을 것 같다. 임정
지지, 의용단 조직, 일인과 반역자 처단, 선전활동, 임정 교통기관의 후
원, 만주지역과 국내에 있는 독립운동단체와의 연계활동의 전개, 대중
교섭 활동, 단원의 수양 활동 등이 그것이다.

이와 같이 대한청년단연합회에서는 다양한 활동을 전개하고자 하였
다. 그러나 그중에서도 특히 의용단 조직, 일본인과 반역자 처단 등 일
제와의 무장투쟁이 주된 관심사였던 것 같다. 그것은 동 연합회 제2회
총회 비밀회의에서는 의용단 대원의 양성 및 그에 필요한 경비 등에 대
하여 구체적으로 언급하고 있는 것이다.[77] 또한 동 연합회에서 배포한

---

76 『독립신문』 1920년 5월 15일자; 「조선민족운동연감」 1920년 4월 19일.
77 「조선민족운동연감」 1920년 4월 20일.

포고문에도 잘 나타나 있다. 의용군대를 조직하고 무기를 정비하여 대동일치하여 속히 최후의 결전을 실행하여 조국의 부흥을 도모하자고 주장하는 것이다.[78]

따라서 대한청년단연합회는 임시정부를 지지하는 독립운동단체로서 군자금모집, 무기구입, 의용단 조직, 독립달성이라는 활동계획을 세우고 있었다고 하겠다.

이러한 계획은 서로군정서, 신흥무관학교 등에서 활동한 이탁, 대한제국 군인이었으며 의병에도 참여한 바 있는 여순근, 그리고 광제청년단원으로서 군사이론에 남달리 관심을 갖고 있던 오동진 등에 의하여 더욱 세련화되었을 것이다. 특히 그 가운데서도 '소장 급진파'로 표현되는 오동진[79]을 중심으로 한 광제청년단원들이 그 대표적인 인물들이었을 것으로 보인다. 그러므로 2차 정기총회 비밀회의에서 광제청년단 대표 오동진·金冠鳳 등은 각 단에서 10인분 이상씩의 의용대원 경비를 부담할 것을 제의하기도 하였던 것이다.[80] 또한 오동진은 실제 상해에 간 이탁을 통하여 권총, 폭탄 등을 적극 구입하고자 하였다.[81]

2. 활동계획의 추진

1) 군자금 모집

대한청년단연합회에서는 독립전쟁을 하기 위한 군자금의 대부분을

---

78 國會圖書館, 『韓國民族運動史料(三一運動篇其三)』, 602~603쪽.
79 광제청년단원으로는 백봉집, 朴泰烈, 趙泰煥, 尹河振, 張德震 등을 들 수 있다(『獨立有功者功勳錄』 4, 684~685, 677~678, 908, 780~781, 861~862쪽). 그들 중 박태열, 장덕진을 제외한 3인은 모두 평북 의주인이다.
80 「조선민족운동연감」 1920년 4월 20일.
81 國史編纂委員會, 『韓國獨立運動史』 3, 826쪽.

재산가의 기부금으로 충당하고자 한 듯하다.[82] 그러나 이러한 계획은 뜻대로 이루어지지 못한 것 같다. 그리하여 동 연합회에서는 국내와 만주지역의 동포들로부터 군자금을 모집하고자 하였다.

우선 국내의 모집 상황을 보면, 만주의 대한청년단연합회 회원이 직접 국내에 파견되어 모집하는 경우와 그 지역의 독립운동단체들이 모집하는 경우로 나누어볼 수 있을 것 같다. 우선 전자의 경우를 보면, 1920년 5월에 걸쳐 관전현에 거주하는 대한청년단 단원 白龍瑞·黃宗華·孫重韓 등이 평북 벽동군 吾北面 上洞에서 이 지역의 유지 金俊胃 등으로부터 군자금 77원 90錢을 모금하였다.[83] 후자의 경우로는 평양청년단, 평양共成團 등의 사례를 들 수 있다.[84] 다음으로 만주지역을 보면, 대한청년단연합회의 구성원들이 재만동포들로부터 군자금을 징수하였다는 기록은 보이지 않는다. 그러나 동 연합회가 관전현 향로구에 본부를 두고 있었고, 관전현 小雅河, 萬寶蓋子, 不大遠 등에 몇몇 지부를 두고 있었던 것으로 미루어볼 때[85] 그 지역의 주민들로부터 일정량의 군자금을 징수하였을 것으로 보인다.

한편 대한청년단연합회에서는 회원들에게 회비를 갹출하여 그 비용을 군자금에 충당하기도 했다. 그리하여 1차 총회에서 단원은 매년 금 2원씩 출금할 것을 의결했던 것이다.[86] 그 밖에 회원 중 이탁과 김시점 등은 재산가였으므로 이들이 상당한 비용을 제공했을 것으로 짐작된다.

한편 동 연합회에서는 국내외의 각 청년단들에게도 일정한 경비를 내

---

82 위의 책, 822쪽.

83 國會圖書館, 앞의 책, 686~687쪽.

84 평양청년단은 朴履俊이 중심이 되어 평남 강서군에서 1919년 12월 말일 조직되었다(『韓國民族運動史料(三一運動篇其三)』, 629~630쪽). 그리고 공성단은 1919년 음력 11월 중 평안도 개천군에서 유인석의 제자인 玄基正 등이 조직하였다(앞의 책, 51~652쪽).

85 國會圖書館, 앞의 책, 686쪽.

86 國史編纂委員會, 앞의 책, 821쪽.

도록 하였을 것이다. 2차 정기총회 비밀회의 때 의용단 조직 경비를 각 청년단에게 할당한 것이[87] 그 대표적인 사례이다.

2) 무기의 구입과 의용단 조직

대한청년단연합회에서는 일찍부터 무기를 구입하고자 하였다. 그리하여 1919년 12월에 개최된 1차 총회에서도 무기를 구입할 것을 결의하였던 것이다.[88] 그러나 동 연합회에서는 2차 총회가 개최된 1920년 4월 중순까지 무기를 구입하고 있지 못한 형편이었다.[89] 그러므로 동 연합회에서는 2차 총회 비밀회의에서 역시 무기 구입을 재삼 의결하였으며, 이를 적극적으로 추진하고자 하였다.[90]

한편 상해 임시정부에서도 우유부단한 수단으로는 조선의 독립을 달성할 수 없다고 판단하고, 독립전쟁을 일으켜 무력에 의해 조선의 독립을 달성하고자 했다. 이에 1920년 1월 이래 그 취지를 선언하고 각종 단체의 규합, 군사교육의 진흥, 군자금, 병기, 탄약, 기타 군수품의 조달 등에 착수해 독립전쟁 개시의 준비를 하고 있었다. 임정을 지지하고 있던 대한청년단연합회에서는 이와 뜻을 같이하고 전쟁을 통해 독립을 이룰 것을 계획했다. 그리하여 1920년 4월 독립전쟁에 사용할 무기를 구입하기 위하여 이탁을 상해에 파견했다. 이탁은 상해에 도착하여 권총과 폭탄을 구하게 되었다. 이에 교육부장 대리 오동진은 동지들로부터 모금한 660원을 지응진에게 주어 상해로 향발케 하였다. 지응진은 같은 해 5월 19일경 관전현을 출발하여 임시정부의 교통기관인 안동현 이륭양행 내에 설치한 교통사무국을 경유, 상해로 도항했다. 그러나 동 연합

---

87 「조선민족운동연감」 1920년 4월 20일. 『武裝獨立運動秘史』, 58쪽.
88 國史編纂委員會, 앞의 책, 826쪽.
89 위의 책, 827쪽.
90 위의 책, 822쪽.

회의 이러한 노력은 실패하고 말았다. 같은 해 7월 무기가 안동현에 도착한 후 일제의 탐지로 오학수·지웅진 등 다수가 체포되었던 것이다.[91]

대한청년단연합회에서는 2차 총회에서 독립전쟁에 대비하기 위하여 의용대를 조직하고자 하였다. 이를 위하여 각 지방단에서 단원 중 용기 있는 자를 선발하였다.[92] 이어 오후 1시부터 개최된 제2회 정기총회 비밀회의에서는 각 단에서 의용대원을 양성할 인원수 및 부담 경비를 다음과 같이 정하였다.[93]

〈표 5〉 대한청년단연합회 각 단에서 양성할 의용단 수 및 부담경비 일람표

단명	인원수	경비
황해도 신천 종산단	20	(2,000)
평북 의주 용만단	10	2,000
평북 강계단	4	2,000
평북 위원단	2	2,000
평북 강계 여자단	1	2,000
평북 초산단	3	2,000
평북 의주 산정단	2(1)	300(3,000)
평북 신의주단	2(0)	(800)
평북 벽동단		3,000
평북 창성단	0	800

즉 대한청년단연합회에서는 국내외에서 청년들을 모아 수십 명의 의용대원을 양성하고자 하였다. 그들 가운데에는 만주, 그중에서도 관전현에서 활약하고 있던 청년들이 그 중심이 되었을 것이다. 그 밖에 표에서 보는 바와 같이 평안도, 황해도지역의 청년 단원들이 의용대에 다수 참여하고 있다.

---

91 위의 책, 826~827쪽.
92 「조선민족운동연감」 1920년 4월 19일.
93 위의 책, 1920년 4월 20일.

한편 대한청년단연합회에서는 국내외에 선전을 위하여 기관지 『대한청년보』를 간행하였다. 그 내용은 세계의 대세, 임시정부의 국시·방침, 대한청년단연합회의 주의를 선전하는 것이 주된 것이었으며,[94] 오능조가 주필을 담당하였다.[95]

3) 임정의 지지 활동

대한청년단연합회에서는 상해 임시정부를 적극 지지했다. 그 이유에 대하여 안병찬은 동 연합회 2차 총회에서 다음과 같이 밝히고 있다.[96]

> 1. 통치의 기관이 없으면 국민이 생활을 부득하나니, 정부 설립의 필요와 국민이 그 정부에 복종할 의미가 있으므로
> 2. 10년간의 적의 학정에서 벗어나 2천만이 한 뜻으로 거룩하게 세운 임시정부이므로
> 3. 부분적 행동을 버리고 조직적·통일적으로 행동키 위하여
> 4. 교전단체의 승인은 최고 주권자가 있은 뒤에야 득할 수 있으므로
> 5. 국가를 대표하여 외교함에는 정부가 필요함으로

즉 대한청년단연합회에서는 임시정부가 국민의 지지하에 설립된 정부이며, 국민의 생활, 조직적·통일적 행동, 교전단체로서의 승인, 외교활동 등을 위하여 정부가 필요하다고 판단하고 임정을 지지하고 있었던 것이다. 상해 임정을 지지하는 동 연합회에서는 임시정부의 재정을 원조하고자 하였다. 그리하여 1차 총회에서 상해 임시정부의 재정 원조를 결의하였을 뿐만 아니라,[97] 2차 총회에서도 임시정부에 매년 금 6만 원을 송부할 것을 결의하기도 하였던 것이다.[98] 또한 실제 1920년 총무

---

94 『독립신문』 1920년 5월 15일자.
95 金承學, 『韓國獨立運動史』, 355쪽.
96 國史編纂委員會, 앞의 책, 822쪽.
97 國史編纂委員會, 앞의 책, 826쪽.
98 위의 책, 822쪽.

인 김승만은 상해로 가 8,040원을 임시정부에 교부하기도 하였다.[99]

대한청년단연합회에서는 임시정부의 교통사무도 적극 후원하였다. 상해 임시정부는 국내, 만주 등지의 연락 사무를 위하여 1919년 10월 17일에는 임시 안동교통사무국을 안동현에 설치하여 평안남·북도와 황해도지역을 관장하도록 하였다.[100] 또한 江邊 8郡交通局朔州, 창성, 벽동, 초산, 위원, 강계, 慈城, 厚昌도 설치하여 압록강 부근의 정보 통신을 담당하였으며,[101] 관전통신국도 설치하였다.[102]

이와 같은 상해 임시정부의 교통기관에는 대한청년단연합회의 주요 인물들이 참여하여 적극적으로 활동하였다. 동 연합회의 교통부장인 오학수는 안동교통사무국의 통신위원으로, 편집부장인 張德櫓는 참사로서 활동하였으며,[103] 오동진은 강변 8군 임시지방교통사무국 참사로서 일하였다.[104] 그리고 교제부장인 김두만은 관전통신국에서 활동하였다.[105] 그중 안동교통국은 1920년 1월 24일 국장인 洪成益, 서기 黃大觀, 사무원 金基濬·장재순 및 홍성익의 형 洪貞益 등이 체포되자 그 활동이 일시 침체되었다.[106] 이에 대한청년단연합회에서는 이를 일시 대행하였고,[107] 그 후 통신부장 오학수참사, 편집부장 장덕로, 통신원 高俊澤, 안동단원 金昌義 등이 안동교통국의 참사로서 활동하였다.[108] 특히 장덕로는 선우혁·홍성익·梁濬明 등에 이어 국장으로 활동하였다.[109]

---

  99 위의 책, 823쪽.
100 「조선민족운동연감」 1919년 10월 17일.
101 李延馥, 앞의 책, 113쪽.
102 「조선민족운동연감」 1919년 7월 30일.
103 國史編纂委員會, 앞의 책, 825쪽.
104 「조선민족운동연감」 1919년 10월 26일.
105 위의 책, 1919년 7월 30일.
106 위의 책, 1920년 1월 72일.
107 『독립신문』 1920년 5월 15일자.
108 「조선민족운동연감」 1920년 4월 19일.
109 독립운동사편찬위원회, 『독립운동사 자료집』 9, 835쪽.

대한청년단연합회에서는 임시정부의 연통제와도 깊은 관련을 맺고 있었다. 연통제는 대한민국임시정부가 국내에서 실시한 지방행정제도로서 임정의 국내에 대한 기본 조직이었다.[110] 이러한 임시정부의 연통제 조직 중 평안북도 조직에는 대한청년단연합회 주요 간부들이 주도적인 역할을 하였다. 안병찬·김시전·김승만·김두만·여순근·오동진·오학수 등이 독판, 內務司, 재무사, 교통사, 경무사, 경감 등의 직책을 각각 담당하였던 것이다.[111]

이처럼 대한청년단연합회와 평북독판부는 인적 구성면에 있어서 거의 동일하였으나 실제는 다른 단체였다. 일본 측에서도 "대한청년단 및 평안북도 독판부는 一見同種단체인 것 같으나 그 실은 세력의 과장과 타인을 기만하는 수단으로서 전혀 異名의 단체다"라고[112] 하고 있듯이 같은 조직인 것 같으나 사실은 다른 조직체였던 것이다.

한편 1920년 5월 16일 日警이 관전현 弘通溝에 있는 동 회의 본부를 습격하여 총재인 안병찬을 위시하여 서기 오능조·朴道明·金仁弘·梁元模 등 5명이 체포되었으며, 함석은은 사망하였다.[113] 이어 1920년 7월 대한청년단연합회 회원인 오학수 등이 독립전쟁을 일으키기 위하여 상해로부터 무기와 탄약을 이륭양행 범선 桂林號로 운반하여 안동 교통사무국 燕窩出張所에 보관하였다가 발각되어 오학수·지응진 등 대한청년단연합회 회원 다수가 체포되는 사건이 발생하였다. 계속된 검거 사건으로 동 연합회는 심대한 타격을 받게 되었다.[114] 그 후 탈출

---

110 李延馥, 앞의 책, 128~131쪽.

111 김시점(내무사장), 김승만(재무사장)(「조선민족운동연감」 1920년 1월 20일), 안병찬(독판), 김두만(교통사장), 김승만(재무사장)(앞의 책, 1920년 12월 말), 오동진, 오학수(앞의 책, 1920년 2월 12일).

112 國會圖書館, 앞의 책, 807쪽.

113 蔡根植, 앞의 책, 60쪽. 한편 『독립신문』 1920년 5월 27일, 5월 29일자에는 안병찬, 朴禮玉, 오능조, 梁允謨, 金應七등 5명이라고 되어 있다.

114 國史編纂委員會, 앞의 책, 820~829쪽.

한 안병찬, 김찬성 등 지도자들이 각각 상해와 북경 등지로 근거지를 이동하였다.[115] 이에 관전현을 중심으로 하여 활발히 활동을 전개하던 대한청년단연합회의 활동은 그 세력이 약화되기 시작하였다.

이후 대한청년단연합회의 초대 회장이었던 김승만은 단독으로 연합회를 이끌다가 1920년 민국독립단과 연합하여 광복군사령부로 발전적인 해체를 하였다.[116]

VI. 결어

지금까지 대한청년단연합회의 결성, 조직, 구성원, 활동 등에 대하여 살펴보았다. 이를 요약함으로써 결론에 대신하고자 한다.

대한청년단연합회는 1919년 3·1운동 이후 같은 해 11월 김승만·김시점 등이 대한독립청년단을 모체로 하여 관전현에서 조직된 단체이다. 본부는 관전현 향로구에 두었으며, 조직은 중앙조직과 지방조직으로 나누었다. 주요 구성원의 출신지역을 보면 평안북도와 평안남도 출신이, 학력을 보면 근대적인 학교 출신이 다수를 이루고 있다.

대한청년단연합회에서는 공화주의 정치이념을 추구하였던 것 같다. 구성원의 다수가 근대적인 교육기관의 출신이었다는 사실이 이를 뒷받침해주고 있다. 그러나 동 연합회에서 공화주의 이념을 추구하기 위해서 재만동포들에게 행한 여러 시책이나 기구의 설치 등에 관하여는 구체적인 모습을 알 수 없다.

---

115 金承學, 앞의 책, 355쪽.
　　안병찬은 중·일 양국 군경에게 체포되었다가 일경이 독살하고자 하였으나(『독립신문』 1920년 6월 1일자) 탈옥하여 상해로 망명하였다(김승학, 앞의 책, 355쪽).
116 金承學, 앞의 책, 355쪽.

대한청년단연합회에서는 임시정부를 지지하는 독립운동단체로서, 군자금 모집·무기의 구입·의용단의 조직·독립 달성이라는 활동 계획을 세우고 있었다. 특히 대한청년단연합회의 활동과 관련하여 임시정부의 지지활동이 주목된다. 그 대표적인 것으로는 임시정부의 교통사무의 후원과 연통제의 후 등을 들 수 있다.

대한민국임시정부와 서북간도 독립군의 활동: 서로군정서와 북로군정서

Ⅰ. 서언

3·1운동 직후 서북간도지역에서는 이전까지 시기에 비하여 수적으로 훨씬 많은 독립운동단체들이 조직되었다. 1910년대에 서북간도지역에서는 서간도지역의 경학사와 부민단 등, 그리고 북간도지역의 간민회 등 여러 독립운동단체들이 조직되어 있었다. 이에 비하여 3·1운동 이후에는 이 지역에 무려 70여 개에 달하는 독립운동단체가 조직되었던 것이다.

1919년 3·1운동 이후 만주지역에서 조직된 독립운동단체들 가운데 대표적인 단체로는 서간도의 대한독립단과 서로군정서, 북간도의 대한국민회와 북로군정서 등을 들 수 있다. 이들 단체들은 주민들의 자치와 더불어 국내진공작전 및 친일파 척결 등 다양한 활동을 전개했다. 특히 이들 단체들은 이념적 요소보다는 학연, 혈연, 지연, 종교 등의 요소에 따라 이합집산하는 경향을 보이고 있었다. 또한 단체에 따라서는 공화주의를 추구하는가 하면 대한제국의 재건을 부르짖는 단체도 있었다. 이러한 때인 1919년 3·1운동 후 중국 상해에서는 대한민국임시정부가 수립되었다. 임시정부는 정부 수립 이후 무장투쟁의 본거지이며 다수의 한인이 거주하고 있는 만주와 노령지역의 독립운동단체들에 대하여 자신들의 입장을 지지해줄 것을 요청했다. 만주지역의 독립운동단체들 역시 초창기 임정이 국민적 지지하에 성립되었기 때문에 이를 지지하였다. 그러나 만주지역은 중국 상해와 거리적으로 멀리 떨어져 있으며, 투쟁노선상의 차이, 주민들의 임정에 대한 태도, 국제정세의 변화 등에 따라 임시정부와 다양한 관계를 형성하면서 독립운동을 전개하였다.

본고에서는 그 가운데 특별히 3·1운동 이후 만주지역에서 활동한 대표적인 무장독립운동단체인 서로군정서와[1] 북로군정서[2]를 중심으로 임시정부와 서북간도 독립군의 활동에 대하여 살펴보고자 한다. 이들 단체에 대하여는 선구적인 업적들이 다수 있으며, 본고는 이들을 바탕으로 특별히 임시정부와 관련하여 주목하고자 한다.[3]

본고의 작성에 있어서는 일본 외무성 사료관에 소장되어 있는 『불령단관계잡건 재만주부』를 활용하였다. 이 자료는 기존에 거의 활용되지 못하였고, 서로군정서와 북로군정서에 대한 일부 새로운 내용들을 담고 있기 때문이다. 전자와 관련하여서는 서로군정서의 성립과정과 임원, 한족회의 임원들에 대한 상세한 내용을 담고 있다. 후자와 관련하여서는 대한군정부령, 북로군정서 계통도임정과 관련하여, 대한국민회와의 무장충돌 등의 내용을 담고 있다.

---

1 서로군정서에 대한 연구는 박환의 「서로군정서」(『만주한인민족운동사연구』, 일조각, 1991) 가 있을 뿐이다.
2 북로군정서에 대한 연구는 선구적인 업적이 다수 있다. 그중 직접적으로 북로군정서에 대하여 다른 논고로는 박환의 「북로군정서」(『만주한인민족운동사연구』)와 신용하, 「대한(북로) 군정서 독립군의 연구」, 『한국독립운동사연구』 2, 1998 등이 있으며 특히 후자는 북로군정서에 대하여 심도 있게 다루고 있다.
3 만주지역 독립운동과 임시정부와의 관계를 다룬 대표적인 논고로는 윤병석의 글을 들 수 있다. 윤병석, 「대한민국임시정부와 만주지역 독립운동」, 『대한민국임시정부 수립 80주년기념논문집』, 한국근현대사학회편, 국가보훈처, 1999.

II. 서로군정서의 성립과 독립군

1. 서로군정서의 성립

1919년 3월 1일 국내에서 만세운동이 전개되었고 그 영향은 곧 만주지역에도 미치게 되었다. 그리하여 1919년 4월 초순에는 柳河縣 孤山子에서 독립전쟁을 실현할 군사 정부인 軍政府가 李相龍 등에 의하여 기존 단체를 바탕으로 하여 조직되기에 이르렀다. 그와 같은 당시의 상황은 『石洲遺稿』의 「行狀」을 보면, 재만한인들이 혈전을 준비할 것을 의논하고 南廷燮, 宋鍾根 등을 이상룡에게 파견하여 군정부를 설립하였다고 하는 데서 잘 알 수 있다.

국내에서의 3·1운동의 영향으로 서간도지역에서 조직된 군정부는 무장투쟁을 위한 군사 정부였다. 따라서 군정부에서는 군대를 편성하고 압록강을 건너 국내로 진공할 계획을 수립하였다. 아울러 무장투쟁을 전개하기 위한 조직체계도 완비하였다. 그 결과 이상룡이 최고 책임자인 總裁에 임명되고 呂準이 副總裁, 그리고 李沰이 參謀長을 각각 담당하게 되었다.[4]

또한 군정부에서는 재만동포들이 자치 기관을 설치하고자 하였다. 그것은 이 기관을 통하여 독립전쟁을 효과적으로 전개하기 위한 인적, 물적 자원을 제공받기 위해서였다. 따라서 군정부에서는 1919년 4월 초순[5] 부민단, 자신계, 교육회 등을 중심으로 유하현, 통화현, 환인현, 집안현, 임강현, 해룡현 등 각 현의 지도자들을 모아 韓族會라는 재만동포

---

4 李相龍, 「행장」, 『石洲遺稿』, 244, 336쪽.
5 한족회는 1919년 3월 이탁의 발의로 1919년 3월 중 유하현 삼원보에 본부를 두는 한편 부하 수백 명을 통화, 해룡, 유하, 흥경, 임강, 환인현 등에 파견하여 지부 46개소를 설치하였다는 기록도 있다(불령단관계잡건 재만주부 1920년 10월 1일, 한족회참조).

의 자치 기관을 설치하도록 하였던 것이다.6

한족회에서는 재만동포에 대한 자치 활동을 효과적으로 전개하기 위하여 三源堡 市街의 南瑞에 본부인 中央總府를 두고 그 최고 책임자로 군정부의 참모장인 이탁을 임명하였다. 그 밖에 분담 업무에 따라 암살대장, 헌병특무조장, 헌병조장, 庶務司長, 査判司長, 學務司長, 財務司長, 商務司長, 軍務司長, 外務司長, 內務司長, 檢査監, 신문 주필, 편집자, 군자금 징수위원장 등을 두어 재만동포의 치안, 재무, 사법, 행정 등을 담당하게 하였다.7

한편 군정부가 수립되었을 무렵 중국 상해에서도 역시 대한민국임시정부가 수립되었다. 임시정부 측에서는 서간도지역에도 정부가 수립된 것을 알고 呂運亨을 군정부에 파견하여 임시정부에 통합할 것을 요청하였다. 이에 군정부에서는, 처음에는 반대하였으나 이상룡이 하나의 민족이 어찌 두 개의 정부를 가질 수 있겠냐고 설득하였다.8 그리하여 군정부에서는 1919년 12월 상해 임시정부의 명령에 의해 유하현 太平溝 三光學校에서 회의를 개최한 결과 군정부를 군정서로 개칭하였다. 아울러 보통 행정은 그대로 한족회란 명의를 사용하기로 하였다. 그리고 서로군정서는 중화민국 동삼성에 거주하는 한민족을 관할한다고 하였다. 아울러 기관으로서 독판부, 정무청, 내무사, 법무사, 재무사, 학무사, 군무사, 참모부, 사령부, 署議會, 참모처, 軍政分署를 두었다.

군정서 중앙 임원으로는 독판부 독판 이상룡, 부독판 여준, 부관 李章寧, 정무청장 이탁, 내무사장 郭文 , 법무사장 金應燮, 재무사장 南廷燮, 학무사장 金衡植, 군무사장 梁圭烈, 참모부장 金東三, 사령관 지청천을

---

6 『독립신문』 1919년 11월 1일자.
7 불령단관계잡건 재만주부 1920년 10월 1일 불령선인행동에 관한 건, 한족회. 이 자료에는 한족회의 연혁과 중앙 및 지방 간부들의 명단이 상세히 적혀 있다.
8 행장, 『석주유고』.

임명하였다. 또한 군정서에서는 독립군 모집을 위하여 중앙모집위원을 두었는데, 위원장에 鄭錫熙, 총무 騰雲相, 서기관 沈常春 등이 담당하였다. 선전위원은 朴一 등 19명이 맡았다. 理財委員은 지역별로 두었는데 樺西지역은 金東滿 등 7명이, 樺東은 張宗河가 위원장으로, 海南은 金益洙, 東豊은 權鐘哲, 通北은 方李孝, 通東은 金榮根, 通南은 申基礎, 興東은 金基甸, 興西는 池炳俊, 홍남은 金錫異, 桓東은 朴致文, 집안현 朴昌善, 吉南은 李炳熙 등이 담당하였다.[9] 지방의 경우는 제1구역, 快大茂子 총장 崔汝明, 제2구역 金斗北溝 區正 朴永赫, 제3구 金斗南溝 區正 林鳳喜, 제4구 英額布 구정 金景河, 제5구 雙峼溝 구정 鮮于魯, 제6구 二密 李京俊, 제7구 蛤呢河 구정 權奇, 제8구 구정 蛤蟆河子 李溶錫, 제9구 구정 李應俊, 제10구 虎馬嶺 구정 李永斌, 제11구 쾌대무자 남구 구정 張弘敏 등이다.[10]

2. 서로군정서의 활동

1) 투쟁노선

서로군정서는 조직 당시 서간도지역에서 동시기에 조직된 길림군정사 등 대부분의 독립운동단체들과 마찬가지로 무장독립운동단체로서 무력을 통하여 국내로 진입, 조선의 해방을 달성하고자 하였다. 서로군정서는 무장투쟁의 전개에 앞서 1919년 1월 18일에 파리에서 개최된 파리강화회의에 기대를 걸고 있었던 것 같다. 즉 임시정부와 마찬가지로 윌슨의 민족자결주의에 힘입어 제국주의의 침략을 받아 신음하고 있던 약소국가들의 해방이 이루어질 것이라고 믿었던 것이다. 서로군정

---

9 불령단관계잡건 재만주부 1920년 5월 24일, 불령선인단조직변경에 관한 건.
10 불령단관계잡건 재만주부 1920년 5월 1일, 보고 간도지방 불령선인의 동정.

서에서는 파리강화회의에서 조선의 독립이 이루어지지 않을 경우 국내로 진공하고자 하였던 것이다. 따라서 서로군정서에서는 파리강화회의가 폐회되기 전까지 독립전쟁의 준비에 박차를 가하고자 하였다.

그러나 서로군정서의 파리강화회의에 대한 기대는 이루어질 수 없었다. 왜냐하면 이 회의에서는 1919년 6월 폐회될 때까지 월슨의 민족자결주의 원칙 같은 것은 안중에도 없었고 오로지 전승국의 이권만을 도모하였으며 기타 약소국의 의견은 전적으로 무시하였던 것이다.[11]

그럼에도 불구하고 서로군정서는 국내 진공작전을 전개하지 않았다. 국제 외교를 통한 조선의 독립 달성에 대한 기대를 버리지 못하였기 때문이었다. 『독립신문』 1919년 9월 16일 자에,

> 第一로 平和會議에 의거 獨立承認請願을 提出하였고 第二로 多數한 社會有力한 政治家의 同情을 求하라. 結果는 우리 일이 平和會議에 提出할 案件이 안이라하야 國際聯盟으로 넘어가고

라고 있듯이, 조선의 독립에 대한 문제가 파리강화회의의 의제가 아니었으므로 국제연맹에 이관되었다고 생각하였던 것 같다. 그러므로 이상룡이 동지 趙貞奎에게 보낸 글에서, 국제연맹의 개최가 임박하였으므로 회의가 시작되기 전에 열심히 독립운동을 전개하면 독립을 달성할 수 있다고 얘기하고 있는 것이다. 즉 서로군정서는 이 기회를 이용하여 독립전쟁을 전개, 하나의 교전 단체로서 인정받음으로써 국제연맹에 가입, 국제연맹의 일원이 되어 국제연맹 규약의 보호를 받고자 하였던 것이다.[12]

그러나 1919년 9월경에 개최되리라고 생각한 국제연맹 회의는 1919

---

11 신재홍, 「대한민국임시정부의 외교활동—구미외교를 중심으로」, 『사학연구』 22, 1973, 87~88쪽.
12 『독립신문』 1919년 10월 11일자.

년 10월경에 1920년 2월로 연기되었다. 이에 서로군정서에서는 국제연맹 등 국제회의를 이용하여 조선의 독립을 달성하는 것은 불가능하다고 판단하게 되었다. 따라서 한족회의 기관지인 『한족신보』를 통하여 1919년 12월과 1920년 1월에는 군사력이 뒷받침되지 못한 외교에 대하여 신랄히 비판을 가하였던 것이다.13

이에 서로군정서에서는 국제연맹과 관련없이 1920년부터는 독립전쟁론을 적극적으로 주장하였다. 즉 1920년 2월 11일부터 4일간 유하현 籃山三源浦의 西南 四里에서 국민대회를 개최하고 조선 국내로 진격하여 혈전을 전개 할 것을 결의하였던 것이다.14 그러나 서로군정서의 이러한 독립전쟁론은 임시정부를 등한시하고 이루어진 것은 아니었다. 도리어 임시정부와의 긴밀한 연락하에 전개하고자 하였던 것이다. 그러므로 1920년 2월 11일에 시작된 회의에서

> 1. 군비는 국민대회에서 부담하지만 또한 상해정부의 원조를 요청할 것
> 2. 이러한 계획의 수행을 용이하게 하기 위해 대표를 상해로 보내서 협의할 것

등을 결의하였던 것이다. 아울러 이의 실천을 위해서 서로군정서의 중심인물인 윤기섭과 이진산을 상해로 파견하였다.15

상해에 도착한 이들은 임시의정원 의원의 자격으로서 李裕弼·金弘敍 등과 함께 임시의정원에 군사에 관한 건의안을 제출하고 군사기관을 만주에 설치할 것과 금년 내에 혈전을 개시할 것을 주장하였다.16

이러한 서로군정서의 투쟁 노선은 당시 일본과 대립관계에 있던 미국과 중국의 도움이 있을 것이라는 전제하에 이루어진 것이었다. 서로

---

13 『한족신보』 1919년 12월 11일자 논설, 「민족통일문제에 대하여」.
14 국회도서관, 『한국민족운동사료』(3·1운동 편 2), 1978, 791쪽.
15 위와 같음.
16 『독립신문』 1920년 4월 3일자.

군정서의 이러한 독립전쟁론은 상해 임시정부에 표면적으로는 수용되었으나 결국 실시되지 못하였다. 상해 임시정부에서는 계속 외교를 강조하고 있었기 때문이었다. 따라서 서로군정서와 상해 임시정부는 점차 투쟁노선 등의 차이로 거리가 멀어지기 시작하였다. 급기야는 1920년 겨울 朴容萬·申蕭 등이 상해 임시정부의 외교 노선에 반대하여 군사통일회의를 개최하자 여기에 서로군정서에서는 이진산, 宋虎, 成駿用 등을 파견하였다. 그리고 '進戰'과 '準備'를 결의하였다.[17] 아울러 1921년 4월 27일에 임시의정원과 임시정부의 불신임 결의안을 제출하는 데에도 참여하였다.[18] 더구나 동년 4월 23일에는 이들에 의하여 대조선공화국이 건설되자 서로군정서의 최고책임자인 이상룡이 대통령에 추대될 정도였던 것이다.[19]

2) 군자금의 모집

서로군정서는 1919년 11월에 성립된 이후 실제 무장활동을 전개하는 데 있어서는 상당한 어려움이 있었다. 군자금이 절대적으로 부족하였기 때문이었다. 그러므로 서로군정서에서는 군자금의 모집을 위하여 절치부심하였다. 우선 서로군정서에서는 관할 지역에 살고 있는 재만 한인의 자치기구인 한족회로부터 군자금을 얻고자 하였다. 그리하여 한족회에서는 유하현, 통화현, 해룡현, 홍경현, 집안현, 관전현, 임강현, 환인현 등 한족회 관할구역에서 거주하고 있는 한인들로부터 군자금을 갹출하고자 하였다. 戶당 壹元五角이었으며 1만여 호가 그 대상으로 포함되었다. 그러나 한족회의 이러한 군자금 모집은 큰 성과를 거두지 못하

17 행장,『석주유고』.
18 채근식,『무장독립운동비사』, 대한민국공보처, 1949, 92~93쪽.
19 김정명,『조선독립운동』II, 원서방, 1967, 479~480쪽.

였을 것이다. 왜냐하면 이 지역에 살고 있는 한인들이 대부분 가난한 농민들이었기 때문이다.

다음으로는 국내에 특파원을 파견하여 군자금을 획득하고자 하였다. 군자금의 모집 활동은 주로 1919년과 1920년에 이루어지고 있었다. 그리고 실제 모금액도 그 기간 동안 상당한 액수에 이르고 있었다. 그러나 1921년 이후에는 거의 나타나고 있지 않았다. 전자는 1919년 3·1운동 이후 국내 인사들의 민족의식의 고취와 관련이 있을 것이다. 후자는 뒤에 언급되는 바와 같이 1920년 말부터 일제의 間島出兵으로 서로군정서의 대원들이 密山을 거쳐 러시아의 自由市로 이동한 것과 관련이 깊을 것이라고 생각된다. 아울러 본부 역시 일제의 침략을 피하여 북만주 額穆縣으로 이동하였고 세력 역시 약화되었기 때문일 것이다.[20]

군자금 모금장소와 관련하여 우선 주목되는 곳은 평안도지역이다. 이곳에서의 모금 활동이 가장 활발히 이루어졌던 것이다. 그것은 평안도와 서간도와의 지리적인 밀접성에서 연유한 것일 것이다. 다음으로는 경상북도지역이 주목된다. 이는 서로군정서의 지도부 대다수가 경상북도 출신이었던 점과 관련이 있을 것이다. 그리고 평안도지역은 대개 평안도 출신이, 경상도지역에는 경상도 출신이 파견되었던 특징 또한 보이고 있다. 그들은 자신의 출신지역에 대하여 누구보다도 잘 알고 있었을 것이므로 서로군정서에서는 그들을 해당 연고지에 파견하는 정책을 시행하였던 것이라고 생각된다.

3) 新興武官學校의 설립과 독립군의 양성

1919년 국내에서 3·1운동이 일어나자 많은 애국청년들이 압록강을 건너 安東, 輯安, 柳河, 興京, 通化 등지로 탈출하여 왔으며 이들은 대개

---

20 박환, 위의 논문, 44~45쪽.

신흥중학에 입교하기를 원하였다. 그러므로 서로군정서에서는 확장의 시급함을 인정하고 즉시 유하현 고산자 河東지역에 40여 간의 광대한 병사와 수 만평의 연병장을 부설하여 이들의 교육에 박차를 가하였다.

더구나 1919년 3 · 1운동 후에 일본육군사관학교를 졸업하고 일본군에서 활동하던 일본군 보병 중위 지청천, 기병 중위 金擎天 등이 만주지역으로 망명해 이 학교의 교육에 참여함으로써 신흥중학은 날로 발전하였다.[21] 그리하여 1919년 5월 3일에는 학교이름을 신흥무관학교로 개칭하기에 이르렀다.[22]

1919년 3 · 1운동 이후 신흥무관학교는[23] 유하현 고산자에 2년제 고등군사반을 두어 고급간부를 양성하고자 하였다. 그리고 통화현 합니하, 七道溝, 快大帽子, 快當帽子 등에는 분교를 두어 초등 군사반을 편성, 3개월간의 일반훈련과 6개월간의 후보훈련을 담당케 하였다.[24]

한편 신흥무관학교에서는 수업시간 이외에도 「新興學友報」를 통하여 재학생 및 졸업생에게 군사학에 관한 지식을 제공하였다. 군사이론 교육을 받은 학생들은 실제 훈련을 통하여 독립군으로 성장해 나갔다. 군사교육뿐만 아니라 신흥무관학교에서는 학생들의 민족의식 함양에도 노력하였다. 그것은 투철한 민족의식을 가진 학생들의 양성이 일제를 물리칠 수 있는 중요한 방법의 하나라고 인식하였기 때문일 것이다. 따라서 이 학교에서는 이를 위한 구체적인 방법으로 국어, 국사, 지리, 노래 교육 등을 실시하였다.[25]

민족의식 함양을 위한 노래 교육 가운데 대표적인 것은 이 학교의 교

21 박환, 「시베리아의 항일영웅 김경천」, 『대륙으로 간 혁명가들』, 국학자료원, 2003.
22 원병상, 「신흥무관학교」.
23 신흥무관학교에 대한 대표적인 저작으로 다음을 들 수 있다. 서중석, 『신흥무관학교와 망명자들』, 역사비평사, 2001.
24 위와 같음.
25 박환, 위의 논문, 49~50쪽.

가 제창이다. 학생들은 교가를 부르며 조국광복의 맹세를 거듭 다짐하였던 것이다. 교가 중 그 3절을 보면,

칼춤차고 말을 달려 몸을 달련코
새론지식 높은 인격 정신을 길러
썩어지는 우리민족 이끌어내어
새나라 새울이 뉘ー뇨
우리 우리 배달의
우리 우리 청년들이라
두팔들고 고함쳐서 노래하여라
자유의 깃발이 떳다.[26]

라고 하여, 문무교육을 겸비하고 민족정신을 길러 조국을 구하고자 함을 나타내고 있다.

4) 무장활동

서로군정서에서는 모집한 군자금과 양성된 독립군을 바탕으로 국내 및 서간도지역의 친일 세력을 제거하는 한편 국내로 들어가 적 주재소와 관공서를 습격, 파괴하는 활동을 전개하였다.

친일 세력의 제거는 서간도와 평북지역에서 1919년부터 1922년까지 4년간 간헐적으로 이루어졌다. 그리고 그 대상은 국내의 친일파 관료, 적의 밀정 및 서간도지역의 친일단체인 保民會, 居留民會 등의 간부였다.[27] 이러한 친일 세력의 제거는 주로 서로군정서의 핵심 부대인 義勇軍 제1중대에 의하여 이루어졌다. 이 부대는 1914년 통화현에서 무장 부대인 白西農場을 운영하던 蔡燦, 辛容寬 등에 의해 조직되었다. 그 후 채찬ㆍ張基礎 등에 의하여 세력이 확충되어 병력이 900명에 달하였으

---

26 원병상,「신흥무관학교」.
27 국회도서관,『한국민족운동사료』(3), 810~811쪽.

며 본부는 輯安縣, 通化縣 등지에 두었다.28

한편 일제는 서로군정서의 계속적인 무장 활동을 제거하기 위하여 일본군을 서간도지역에 파견하고자 하였다. 이에 서로군정서에서는 천연림이 가득한 白頭山 기슭에 제2의 군사기지를 정하고 만약의 사태에 대비하고자 하였다. 아울러 북로군정서와 연계를 맺고 무장 활동을 효과적으로 추진하고자 하였다. 그리하여 1920년 5월 29일에는 다음과 같은 사항에 합의하기에 이르렀던 것이다.29

　一. ○○, ○○兩者에 있는 군정서는 원래 동일한 취지인 군사기관으로써 쌍방대표자가 합의한 결과 업무진행상 협동을 일치하기 위해 다음의 조약을 체결한다.
　一. 兩機關은 임시정부를 절대 옹호한다. 萬一 非分的인 奢望 혹은 不道的인 야심으로 정부에 반항하는 자가 있을 때는 이를 合力聲討하여 正義에 歸一케 할 것.
　一. 兩機關은 誠信 親睦은 물론이나 군사상 일체의 중요 안건은 상호 協謀하여 추호도 저촉 혹은 挨違하는 欺恨이 없도록 할 것.
　一. 兩機關의 사관 양성, 무기구입에 대하여 혹 미비할 때에는 상호 부조하여 光復大業의 萬全을 완성할 것.
　一. 兩機關은 發籍한 軍人이 몰래 이탈한 자에 대하여 서로 조회하여 반환함은 물론 이미 연합된 제3기관이 암암리에 스스로 아부하려고 할 때에는 상호 징계하여 後日를 杜絶할 것.
　一. 본 조약은 兩代表 날인한 날로부터 실효가 있다.

大韓民國 二年 五月 二十九日
○○軍政署 代表 司令官 金佐鎭
○○軍政署 代表 憲兵隊長 成駿用

양 군정서의 합의문에서 일차적으로 주목되는 것은 양 기관이 임시정부를 절대 옹호한다고 밝히고 있는 점이다. 이는 양 군정서가 임시정부를 지지하고 있음을 재확인할 수 있는 것으로 주목된다. 아울러 임시정부에 반항하는 자가 있을 때에는 합심하여 성토할 것임을 밝히고 있

---

28 애국동지원호회, 『한국독립운동사』, 263, 289~290쪽.
29 국회도서관, 『한국민족운동사료』(3), 732쪽.

다. 또한 서로군정서와 북로군정서는 군사상 일체의 안건, 사관 양성, 무기 구입 등에 관하여 서로 협조하고자 하였다. 그리고 실제 이 합의에 의하여 서로군정서 소속 신흥무관학교 출신들이 북로군정서 사관연성소에 교관으로 파견되어 독립군 양성에 기여하기도 하였다.

1920년 10월 23일 일제는 東三省巡閱使 張作霖의 양해 아래 鐵嶺주재 보병 제19연대 및 公主領주재 기병 12연대를 출동시켜 서간도지역의 독립운동가들을 체포하였다. 이에 서로군정서에서는 본부를 북만주지역 액목현으로 이동시켰으며 安圖縣지역에 있던 독립군들은 蘇滿國境地域인 密山으로 이동하였다. 그리고 다시 일제의 추격을 피해 소련의 자유시로 이동하였으나 러시아군에 의해 무장해제를 당하게 되었다. 그 후 서로군정서는 점차 와해되었으며, 1924년 11월 25일 正義府 결성에 참여함으로써 그 발전적 해체를 도모하였다.[30]

III. 북로군정서의 성립과 독립군

1. 북로군정서의 성립

북로군정서대한군정서는 북간도에서 조직된 중광단, 대한정의단 등이 발전적으로 해체되어 조직된 단체이다. 대한정의단의 대종교인들은 1919년 8월 공교도들과 결별한 후 대종교인들을 중심으로 조직을 재정비하였다. 아울러 군사 경험이 많은 인사들을 영입할 필요성을 느끼게 되었다. 왜냐하면 1919년 8월 이후 만주지역의 독립운동단체들이 무장독립투쟁을 본격화하고 있었기 때문이었다.[31] 아울러 일반 재만동포들에

---

30 박환, 위의 논문, 60~62쪽.
31 국회도서관, 『한국민족운동사료』(1), 724쪽.

게 結氷期를 이용하여 무장투쟁을 전개하겠다는 명분으로 독립군 및 군자금 모집을 주장해 왔던 것이다.32

이에 대한정의단 단장 徐一은 1919년 가을 吉林軍政司의 일부 인사를 영입하기로 하였다. 길림군정사는 1919년 2월에 대한독립선언서를 발표한 大韓獨立義軍府의 후신으로서 무장투쟁을 주창하고 있는 단체였다. 더구나 이 단체의 金佐鎭·曹成煥·朴贊翊·朴性泰 등은 대종교인이었으며, 특히 조성환은 구한말에 육군무관학교를 졸업한 인물이었다. 그러나 이처럼 대종교인 군사전략가들이 많이 참여하고 있던 길림군정사는 사실상 무장투쟁을 뒷받침해 줄 대중적 기반을 갖추고 있지 못하였다. 반면, 대한정의단은 북간도의 왕청현을 중심으로 재만한인사회에 그 기반을 두고 있었다. 그러나 그들에게는 무장투쟁을 지도해 나갈 뛰어난 역량을 지닌 독립운동가들이 거의 없었다. 따라서 대한정의단의 구성원과 길림군정사의 몇몇 군사전략가들은 상호의 필요에 의하여 기능적인 결합을 하기에 이르렀던 것이다. 1919년 10월에 조직된 軍政府가 바로 그것이었다.33

군정부는 명칭에서 알 수 있는 바와 같이 군사 정부이다. 따라서 정부라는 명칭이 문제가 되었다. 당시 상해에는 대한민국임시정부가 조직되어 있었던 것이다. 결국 정부라는 명칭을 사용한 것은 상해 임시정부를 인정하지 않겠다는 의지의 표명이라고 할 수 있다. 그러므로 1919년 11월에 대한국민회에서는,

> 아! 同胞여 一致奮起하야 各團體의 聯合 督促하라. 萬一 聯合을 不肯하면 各小團體를 破壞하라. 先頭로 軍政府를 破壞하라. 軍政府의 名稱은 一時刻이라도 存立을 容恕치 못하리로다. 一國內에 二個의 政府가 有치 못할지니라. 그네의 말이 軍政府는 臨時政府의 指揮를 受한다하나 此는 人을 欺罔함이니라. 政府二字는 法律上 絕對最

32 국사편찬위원회, 『한국독립운동사』 3, 636쪽.
33 박환, 「북로군정서」, 99쪽.

高機關이니 아모리 軍政府라도 他政府의 命令을 受치 못하리니라. 地方團體의 不統
一도 容恕하기 難하거던 況最高機關의 不統一이리오. 此를 外國人이 知하면 絕對로
獨立을 承認치 안이하리라. 아! 同胞여 一致奮起하여 各團體를 破壞하라.[34]

라고 있듯이, 군정부가 법률상 최고 절대기관을 뜻하는 정부라는 명칭
을 사용하는 점을 통렬히 비판하고 있었다.

1919년 11월 李東輝 등이 상해 임시정부에 참여함으로써 상해임정이
독립운동의 최고 기관으로서 그 지위가 어느 정보 확보되자, 동년 12월
군정부에서는 상해 임시정부에 산하 독립군 군사기관으로 공인을 신청
하였다. 임시정부는 1919년 12월에「국무원 제205호」로서 명칭을 대
한군정부로부터 대한군정서로 변경할 것을 조건으로 이를 승낙하였다.
이에 따라 대한군정부는 임시정부의 명칭변경 요구를 받아들여 "대한
군정서"로 공식이름을 바꾸고, 이 뜻을 임시정부에 보고하여 그 이후부
터는 공식적으로 대한군정서가 되었다.[35]

2. 북로군정서의 이념

북로군정서의 조직은 중앙조직과 지방조직으로 나누어 볼 수 있다.
중앙조직은 총재부와 사령부로 구분해 볼 수 있다. 총재부는 북로군정
서 관내의 전반적인 일들을 지휘, 통괄하는 한편 사령부의 군사활동을
후원하는 일을 담당하였다. 그 본부는 왕청현 춘명향 덕원리에 있었는
데 그 까닭은 그곳이 재만동포들과 보다 밀접하게 관련을 맺을 수 있는
장소였기 때문이었다. 총재부의 주요 간부는 서일총재, 현천묵부총재, 정
신인사국장 등이었다. 이들 총재부 인사들은 대한정의단 출신이고, 종교

---

34 『독립신문』 1920년 1월 10일자.
35 신용하,「대한(북로)군정서 독립군의 연구」, 위의 책, 246쪽.

적으로는 대종교를 신봉하고, 근대적인 교육기관인 함일학교에서 교육 받은 함경북도 출신의 인물들에 의하여 주도되어 나갔다고 할 수 있다.

사령부는 군사적인 활동을 담당한 기관이었다. 따라서 그 본영은 군사활동을 준비하기에 편리한 삼림지대인 왕청현 춘명향 서대파에 두었다. 주요 간부로는 총사령관 김좌진, 참모장 이장녕, 연성대장 이범석 등을 들 수 있다. 사령부에는 경기, 충남 출신과 길림군정사, 신흥무관학교, 대한제국군인 출신, 신민회 출신들이 다수를 이루고 있었다.[36]

북로군정서의 주요 구성원의 대부분은 대종교를 신봉하고 있던 인물들이었다. 대종교인들은 조선인의 민족정신, 즉 檀君을 중심으로 한 민족정신을 배양하여 일제를 물리치고 이상국가인 倍達國을 地上에 再建하고자 하였다. 이러한 그들의 생각은 국가의 흥망이 외래 종교인 유교와 불교의 성쇠와 밀접한 관련이 있다는 생각에 기초한 것이었다. 그러므로 나철이 1909년에 대종교를 창시하면서 발표한 「檀君敎佈明書」를 보면, 유교와 불교의 폐해를 지적하고 "古今의 消長"과 "歷代의存廢"가 대종교의 성쇠에 달려있다고 강조하고 있었다.

따라서 지도부가 주로 대종교 신자들로 구성되어 있는 북로군정서에서는 북로군정서의 구성원 및 관할구역에 거주하고 있는 동포들에게 대종교 이념을 심어주며 민족의식을 고양시키고자 하였다. 이의 실천을 위해 총재인 서일은 독립군을 지휘, 통솔하는 와중에도 언제나 檀珠를 목에 걸고 다녔으며, 수도 생활과 대종교의 교리연구에도 적극적이었다고 한다.

한편 북로군정서에서는 대종교인들이 추구하는 이상국가인 배달국의 政體를 공화주의로 하고자 하였던 것 같다.[37] 그러므로 1919년 12월

---

36 박환, 「북로군정서」, 위의 책, 100~108쪽.
37 박환, 위의 논문, 109쪽.

에는 공화주의를 주장하는 대한민국임시정부를 지지하였던 것이다.[38]

이처럼 북로군정서가 공화주의를 추구하게 된 배경은 무엇이었을까. 이와 관련하여 총재부 및 사령부의 중심인물들이 모두 근대적인 교육을 받았다는 사실을 우선 고려할 필요가 있을 것 같다. 그들은 근대적인 교육기관인 함일학교, 대한제국의 육군무관학교, 신흥무관학교 출신들이었다. 따라서 그들은 군주가 국가의 주인인 군주제보다 일반 국민이 국가의 주인인 공화주의를 지지하게 되었던 것이 아닌가 한다. 또한 해외인 북간도에서 일반 주민들의 적극적인 지원 하에 독립운동을 효과적으로 수행해 나가기 위해서도 공화주의의 표방이 절실하지 않았을까 생각된다. 재만동포들 가운데에는 조선봉건체제, 즉 군주체제 하에서 살기 어려워 만주로 망명한 인물들이 다수를 차지하고 있었기 때문이다. 특히 북로군정서의 관할 구역에는 타 지역에 비하여 조선 정부로부터 더 많이 차별대우를 받던 함경도인들이 주류를 이루고 있었다.

그러므로 북로군정서의 입장에서도 재만동포들의 힘을 결집하여 독립운동을 효과적으로 전개하기 위해서는 공화주의를 추구해야 했을 것이다. 북로군정서에서 지방에 軍政會 議員을 두어[39] 지방인들의 의견을 수렴하고자 하였던 것은 그 노력의 일환이었다고 보여진다.

결국 북로군정서에서 청산리전투 등 대일항쟁에서 승리를 거둘 수 있었던 것은 이와 같이 대종교 이념과 공화주의를 추구한 결과 재만동포들의 높은 지지를 받았기 때문이었을 것으로 생각된다.

---

38 『독립신문』 1920년 4월 22일자.
39 김정명, 『조선독립운동』 Ⅲ, 142쪽.

3. 북로군정서의 활동

북로군정서는 북간도지역 대부분의 독립운동단체들과 마찬가지로 무장투쟁단체였으므로 그 활동은 군자금 모집과 무기의 구입, 사관연성소의 설치와 독립군 양성 그리고 무장활동 등으로 나눠 살펴볼 수 있다.

1) 군자금 모집과 무기의 구입

북로군정서에서는 독립군의 유지, 무기의 구입 등을 위하여 무엇보다도 군자금이 필요하였다. 따라서 총재부의 재무부 산하에 모연국, 탁지국, 경리국 등을 두어 군자금의 모집 및 효율적인 사용에 노력을 경주하였던 것이다.[40] 특히 군자금 모집과 관련하여 주목되는 것은 북로군정서가 군자금 모집시 서두에 임시정부의 인가를 받은 단체임을 밝히고 있다는 사실이다. 1920년 3월 16일자 군정서 발표 제8호에,[41]

> 본서가 임시정부의 인가를 經하야 군수기계에 供하기를 위하야 일반인민에게 군자금 부담을 명함은 相應知悉할 바이라.

라고 있는 것이다.

북로군정서에서는 모연대를 통하여 군자금을 모금하고자 하였다. 모연대는 8隊로 구성되어 있었으며, 各隊는 대장 1명, 대원 12명으로 이루어져 있었다. 북로군정서에서는 먼저 세력이 미치고 있는 관할구역의 주민들로부터 군자금을 징수하고자 하였다. 그리고 모연국에서는 재만동포들의 자산을 적절히 고려하여 징수하는 신중성을 보였다. 북로군정서의 이러한 만주지역에서의 모금활동은 대체적으로 성공적이었던

---

40 위의 책, 278쪽.
41 불령단관계잡건 재만주부 1920년 3월 23일 군자금 모지에 관한 건, 署發 제8호.

것 같다. 1920년 1월 5, 6일까지 延吉, 和龍 두 개 현에서만도 이십여 만원을 모금할 정도였다.[42] 이처럼 성공적인 모금활동을 할 수 있었던 것은 그들의 대종교 이념과 공화주의가 재만동포들로부터 공감대를 형성할 수 있었기 때문이 아니었을까 한다.

한편 북로군정서의 모연국에서는 국내에서도 군자금을 모금하고자 하였다. 당시 재만동포의 대부분은 가난한 소작농들이었기 때문에 군자금 모집에 한계가 있었기 때문이었다. 따라서 모연국에서는 모연대를 조선 국내에 파견하고자 하였다. 그들은 파견 인물의 선정에 신중을 기하여 상당한 학식이 있고 또 신망이 있는 자들을 그의 原籍 지방에 파견하고자 하였는데, 그렇게 해야 그곳 주민들로부터 적극적인 호응을 받아 군자금을 징수할 수 있다고 생각하였기 때문이다.[43]

북로군정서에는 무장투쟁을 통하여 조선의 독립을 달성하고자 하였다. 따라서 무기의 구입은 중요한 문제였다. 그러므로 총재인 서일이 직접 노령에 가서 무기의 구입을 추진하였다. 1920년 7월경 서일은 金氷學, 崔禹益 등의 알선에 의해 러시아의 블라디보스토크 및 니콜스크 방면의 러시아 과격파로부터 軍銃 3만 정을 입수하기로 계약하였던 것이다.[44] 나아가 무기의 인수를 위하여 사령부 산하에 운반대를 편성하였다. 그리고 이들을 노령지역에 파견하여 무기를 운반해 왔던 것이다.[45]

그 결과 1920년 7월에 북로군정서는 군총 약 1,300정, 탄약은 군총 1정에 300발 내외, 권총 150정, 기관총 7문, 기타 수류탄 다수를 보유하는 만주지역 최대의 독립운동단체가 되었다. 이처럼 북로군정서가 많은 무기를 보유할 수 있었던 것은 재만동포 및 국내 동포들의 헌신적인

---

42 국사편찬위원회, 『한국독립운동사』 3, 633~634쪽.
43 박환, 「북로군정서」, 111~112쪽.
44 국회도서관, 『한국민족운동사료』(3), 738쪽.
45 「진중일지」, 『독립운동사자료집』 10.

군자금 납부와 재만동포들의 무기 운반에 의하여 이루어진 것이었다고 할 수 있겠다.[46]

2) 사관연성소의 설치와 독립군의 양성

북로군정서에서는 독립군의 양성에도 심혈을 기울였다. 우선 독립군을 지휘할 간부의 양성이 일차적인 목표였다. 그러므로 이를 위해 1920년 2월 초에 왕청현 서대파 十里坪에 사관연성소를 설치하였던 것이다.[47] 그리고 15세 이상 40세까지의 청장년자를 대상으로 사관생도를 모집하였다.[48]

북로군정서 사관연성소에서는 사령관인 김좌진이 연성소의 교장을 겸임하였다. 그리고 생도들에게 6개월 동안 사관교육을 실시하였다. 교육 내용을 보면 민족정신의 함양을 위한 역사교육이 특히 강조되었다. 그중에서도 일본의 조선침략에 관한 것과 세계 각국의 독립에 관한 역사가 주된 것이었다. 아울러 근대적인 학문 교육을 통하여 공화주의 사상이 주입되었을 것으로 짐작된다.[49]

1920년 9월 9일에 왕청현 十里坪의 삼림에서 제1회 사관연성소 졸업식이 거행되었는데 이 때 298명의 사관이 배출되었다. 그중 80명은 소위로 임명 배치되었고, 나머지 200여 명을 중심으로 敎成隊를 조직했다.

한편 북로군정서에서는 일반 병사들도 양성하고자 하였다. 이를 위해 우선 징모국에서 장정을 모집하고자 하였다. 북로군정서에서는 특히 징모를 중요시 여겨 사령관이 징모국을 직접 관장하였다.

북로군정서에서는 국내에서도 장정을 모집하였는데 주로 함경북도

---

46 국사편찬위원회, 『한국독립운동사』 3, 630쪽.
47 『독립신문』 1921년 3월 1일자.
48 국사편찬위원회, 『한국독립운동사』 3, 630쪽.
49 박환, 위의 논문, 113~115쪽.

지역의 출신들이 모집에 응하였다. 또한 러시아지역에서도 장정을 다수 모집하기도 하였다. 북로군정서에서는 모집된 장정들을 중심으로 보병대를 조직하였다. 이들은 약 400명 정도였다. 그리고 이들에게 속성으로 군사교육을 실시하였다. 아울러 대종교 이념과 공화주의 사상 역시 교육시켰을 것이다. 군사교육을 마친 이들은 유사시에는 전투에 출전하였으나, 평상시에는 관할 구역 내의 안녕 질서에 힘썼다.[50] 바로 이와 같은 과정을 통하여 북로군정서는 간부 및 병사를 합하여 1920년 10월경에는 약 1,600여 명의 군대를 보유한 만주지역에서 가장 강력한 무장독립운동단체로 발전하였다.[51]

3) 무장활동

북로군정서에서는 일제를 물리치고 이상국가인 배달국을 건설하고자 하였다. 그 방법으로써 무장투쟁을 추구하였으며, 관할구역에 살고 있는 재만동포들 역시 血戰을 주장하였다. 그러므로 북로군정서에 있어서 무장투쟁의 수행은 대단히 중요한 과업이었다.

따라서 북로군정서에서는 이의 실현을 위하여 조직 직후부터 총재부의 군자금 모집, 무기 구입, 사령부의 사관연성소의 설치를 통한 우수한 군인의 양성 등을 적극 추진하였던 것이다. 그리고 관할구역의 각처에 경찰사무와 정보연락을 담당하는 警信分局 등을 두어서 군정서의 무장활동을 효율적이고 체계적으로 전개하고자 하였다.

아울러 사령부를 설치하여 무장활동을 전담하게 하는 한편 대종교 이념과 공화주의를 강조함으로써 독립군 병사들이 자발적으로 조국의 광복을 위해 노력할 수 있도록 하고자 하였던 것이다. 또한 軍法局, 憲

---

50 박환, 「북로군정서」, 116~118쪽.
51 국사편찬위원회, 『한국독립운동사』 3, 630쪽.

兵隊 등도 두어 군기를 엄히 하고자 하였다. 이것은 군대 내부의 기율과 아울러 일반 재만동포들에게도 피해를 주지 않고자 하는 이유에서였을 것이다.

이를 통하여 북로군정서에서는 재만동포를 위한 재만동포의 군대로서 그 위상을 정립할 수 있었다. 청산리전투에 직접 연성대장으로 참가하였던 이범석이 그의 회고록 『우등불』에서,

마을 아낙네들이 치마폭에 밥을 싸가지고 빗발치는 총알 사이로 산에 올라와 한 덩이 두 덩이 동지들의 입에 넣어 주었다.[52]

라고 하고 있고, 또한 청산리전투에서 승리할 수 있었던 요인의 하나로써

마을 사람들의 열렬한 협조가 있었던 것[53]

등을 들고 있음을 통하여 잘 알 수 있다. 즉 북로군정서는 재만동포들의 적극적인 지지를 받고 있던 무장독립운동단체였으므로 그들의 국내외에서의 무장활동이 성공할 수 있었던 것이다.[54] 아울러 우수한 무기와 김좌진·서일 등 지도자의 지도력 역시 간과해서는 안 될 것이다. 1920년 10월에 있었던 청산리전투는 그러한 대표적인 예라고 할 수 있다.[55]

청산리전투에서 패배한 일제는 재만동포들을 학살하고 촌락과 학교, 교회 등을 방화하는 만행을 자행하였다. 그리고 독립군을 '토벌'하고자 하였다. 이에 북로군정서는 부득이 소만 국경 지역인 밀산에서 대한독립군, 대한국민회 등 10여 개 단체와 통합하여 대한독립군단을 결성하

---

52 이범석, 『우등불』, 사상사, 1971, 69쪽.
53 앞의 책, 83~84쪽.
54 신용하, 「대한(북로)군정서 독립군의 연구」, 320~321쪽.
55 위와 같음.

고 노령지역으로 이동하였다.[56]

1921년 3월에는 러시아지역으로 이동한 다른 독립운동단체들과 연합하여 대한의용군 총사령부(일명 대한총군부)를, 1921년 4월 12일에는 대한독립단을 조직하여 활동하였다.[57] 그러나 이러한 활동도 1921년 6월에 발생한 자유시사변으로 인하여 좌절당하게 되었다. 그 후 북만주로 돌아온 북로군정서 출신들은 1922년 8월에는 동녕현에서 대한독립군단을, 1924년 3월에는 同賓縣을 근거로 해서 대한독립군정서를 조직하여 무장투쟁을 전개하였다.[58]

IV. 결어: 대한민국임시정부와 만주독립군

지금까지 3·1운동 이후 만주지역에서 활동한 대표적인 독립운동단체인 서로군정서와 북로군정서를 살펴보았다. 이들 내용을 토대로 만주 독립군과 임시정부에 대하여 알아보도록 하겠다.

첫째, 임시정부는 성립 초부터 만주지역 독립운동단체들을 지휘 통할하고자 하였다.[59] 임시정부 수립을 전후해 만들어진 만주지역의 독립운동단체들은 대부분 임정의 권위를 인정, 지지하였다. 그러나 완벽하게 지휘 통솔을 받는 형태는 아니었고, 산하 단체로서 그 기능과 역할을 하였다. 한편 파리강화회의에 걸었던 기대가 무너진 후 임시정부는 군무부를 만주지역으로 이전시켜서라도 만주지역의 독립군을 지휘 통할하려고 하였다. 1920년 3월 임시의정원 회의에서 尹琦燮, 王三德 등이

---

56 신재홍, 위의 논문, 82쪽.
57 신용하, 「대한(북로)군정서 독립군의 연구」, 315~320쪽.
58 박환, 「신민부」, 『만주한인민족운동사연구』, 165쪽.
59 임시정부의 1920년대 독립전쟁준비방략에 대하여는 김기승의 논문이 참조된다. 김기승, 「대한민국임시정부의 독립운동 방략」, 693~704쪽.

제안한 "군사에 관한 건의안"이 그 계획이었다. 이 건의안은 의정원에서 만장일치로 통과되었으나 재정 등의 문제로 실현되지 못하였다.[60] 한편 임시정부에서는 만주지역에 李鏞·鄭載冕·안정근·왕삼덕·趙尙爕 등을 특파원 또는 시찰로서 파견하여 정보활동을 전개하기도 하였다.[61]

둘째, 만주지역의 독립운동단체들은 3·1운동 이후 군사정부를 조직하는 특징을 보이고 있다. 그들은 군정부를 조직하여 재만한인들을 토대로 무장투쟁을 전개하고자 하였다. 그러나 상해에서 임시정부가 조직되었다는 소식을 접하고, 상해에서 요인에: 여운형 등을 파견하여 협조를 구하자 이에 따라 임시정부 산하에 편입하여 독립투쟁을 전개하였다. 양 군정서의 임정 편입은 무장투쟁력이 약한 임시정부의 위상 정립에 크게 기여하였을 것으로 보인다. 또한 양 군정서 역시 임시정부의 산하기관임을 강조하며 군자금 모집, 모병 등에 도움을 받고자 하였다.

셋째, 서로군정서와 북로군정서는 임시정부와 밀접한 관련을 맺고 만주지역에서 독립운동을 전개한 단체이다. 특히 북로군정서는 임시정부와 가장 긴밀한 관계가 있는 단체로 일본 측 정보보고에 언급될 정도로 밀접한 단체였다. 그러므로 북로군정서의 경우 임시정부 군무총장 노백린 산하기관으로 계통도가 작성되기도 하였다. 또한 대한민국 원년 9월 9일자로 대한군정부가 발표한 대한군정부령 제1호에 본 군정부는 대한민국임시정부의 통치하에 있는 대한군정회 의결에 의해서 군사기관을 조직했다고 밝히고 있다.[62] 그밖에 서간도의 대한청년단연합회,

---

60 윤병석, 「대한민국임시정부와 만주지역 독립운동」, 위의 책, 430~432쪽.
61 한시준, 「대한민국임시정부의 국내정보활동」, 『한국근현대사연구』 15, 2000년 겨울, 72~73쪽.
62 불령단관계잡건 재만주부 1920년 3월 현재, 간도에 있는 불령선인단체와 그 동정에 관한 보고서.

대한광복군총영,[63] 북간도의 대한국민회 등도 임시정부산하 단체로서 활동하였다.[64] 그러나 만주지역에는 대한독립단, 광복단, 보황단 등 의병 계열의 단체로서 대한제국의 재건을 주장하며 임시정부를 봉대하지 않은 단체들도 있음에 주목할 필요가 있다. 이들 단체들은 의군부 등 복벽주의적 단체로 변화 발전하나 1920년대 중반 그 세력은 약화되어 역사 속에서 사라진다고 할 수 있다.

넷째, 만주지역에서 활동하고 있던 임정산하의 이들 단체들은 서로 협조관계를 유지하고 있다. 1920년 5월에 체결한 북로군정서 사령관 김좌진과 서로군정서 대표 성준용헌병대장 사이의 양 부대의 협조방안 및 서로군정서 간부들의 북로군정서 방문 등은 이러한 모습을 보여주는 예라고 할 수 있다.

다섯째, 서로군정서와 북로군정서에는 대종교인들이 중심을 이루고 있다. 하지만 만주지역의 독립운동단체들 중엔 기독교, 천도교, 원종교, 천주교 등 다양한 종교 세력도 항일운동에 참여하였고, 이 사실을 간과할 수 없다. 특히 북간도에서 기독교 세력에 의하여 조직된 대한국민회의 경우 북로군정서와 쌍벽을 이루며 항일운동을 주도해 나갔던 것이다.[65] 또한 이 단체는 북로군정서와 경쟁을 벌이며 임시정부에 자신의 역량을 인정받고자 하였다.

여섯째, 임시정부 산하 독립군의 활동 중 가장 대표적인 것은 청산리 전투임은 주지의 사실이다. 이 전투를 주도한 북로군정서의 총재 서일

---

63 대한광복군총영은 임시정부 직속기관으로 알려져 있다(이연복, 「대한민국임시정부의 군사정책」, 23쪽). 불령단관계잡건 재만주부 1922년 10월 19일 대한광복군총영의 대회개최, 1922년 10월 26일, 대한광복군총영 제1회 총회회의록.

64 윤병석, 위의 논문, 433쪽.

65 1920년 9월 27일 연길현 상의향 동불사 북구에서 북로군정서 부대와 대한국민회 군대 사이에 무장충돌이 발생하기도 하였다. 이에 북로군정서에서는 동년 9월 30일자로 대한국민회에 대한 성토문을 발표하기도 하였다(불령단관계잡건 재만주부 1920년 10월 24일 군정서 국민회의 충돌에 관한 건).

은 청산리전투 직후에 상해 임시정부에 공식적인 보고서를 제출하였던 것이다. 여기에 따르면 일본군 전사자가 연대장 1명, 대대장 2명, 기타 장교이하 사병 1,254명으로 되어 있다. 한편 당시 상해 임시정부가 간도에 파견하였던 간북시찰원 安定根이[66] 청산리전투 때 독립군에 종군하면서 임시정부에 비밀보고서를 제출했는데 이에 따르면 독립군 부대들은 10월 22일부터 3일간의 전투에서 300명의 전사자와 부상자를 내었다고 한다.[67] 임시정부는 청산리전투의 승리를 임정 군무부 발표와 상해의『독립신문』, 미주의『신한민보』등을 통해 독립군 부대의 전과와 일제의 만행을 선전하는 활동을 전개하였다. 한편 임시정부는 이를 계기로 임시정부를 중심으로 하는 대독립당 결성을 통하여 독립전쟁방략을 실천하고자 하였다.[68]

---

66 안정근의 임정의 북간도파견위원으로서의 활동은 다음 논문이 참조된다. 송우혜,「독립운동가 안정근의 생애」, 수촌박영석교수화갑논총, 759~768쪽.
67 신용하, 위의 논문, 312~313쪽.
68 김용달,「청산리대첩에 대한 임시정부의 대응」,『한국근현대사연구』15, 2000년 겨울호, 137~140쪽.

제3장

대한독립단의 조직과 활동에 대한 재조명

Ⅰ. 서언

1905년 일제에 의하여 조선의 외교권이 강탈당하자 국내에서 활동하고 있던 일부 인사들은 만주와 러시아 등 해외로 망명, 독립운동의 근거지를 마련하여 항일투쟁을 전개하고자 하였다. 만주의 용정 일대의 서전서숙, 러시아의 동의회 의병 등이 대표적이다. 특히 이 가운데 러시아로 망명하였던 유인석 계열은 러시아 연해주지역을 중심으로 동의회, 13도의군, 성명회 등을 조직하여 러시아지역 한인 민족운동을 주도하기도 하였다. 그 후 만주로 이동, 1910년대 만주지역 민족운동 전개의 산파역할을 하였던 것이다. 특히 이들은 강원도 춘천 일대의 산과 강을 연상케 하는 만주지역의 관전, 통화, 유하현 등지의 산악 지대를 중심으로 강을 교통로로 이용하면서 그들의 조직을 보호, 양성하며 최대한의 독립투쟁을 전개하였던 것이다.

대한독립단은 1919년 3·1운동 이후 서간도지역에서 활동하고 있던 유인석 계열의 유림들에 의하여 조직된 대표적인 독립운동단체이다. 이 단체는 시기적으로는 1919년부터 1922년까지 4년 동안에 걸쳐서, 공간

적으로는 만주와 국내, 러시아에 걸쳐 활발한 운동을 전개한 독립운동
단체이다. 특히 이 단체는 3·1운동 이후에도 대한제국의 복원을 주장
한 복벽주의단체라고 하는 점에서도 서간도지역에서 활동한 서로군정
서와 차별성을 보이고 있다.

대한독립단에 대하여는 일찍이 이 단체의 조직과 활동[1] 그리고 국내
지단의 활동 등에 대한 검토가 있었다.[2] 본고에서는 이를 토대로 기존
자료 및 그 후 새로이 입수된 자료들을 보완하여 대한독립단의 조직과
활동에 대하여 살펴보고자 한다.

II. 대한독립단의 성립

1910년 일제에 의하여 조선이 강점당하자 국내에서의 무장투쟁에 곤
란함을 느낀 의병들은 만주지역과 노령등지로 망명하여 무장투쟁을 지
속적으로 전개하고자 하였다. 그리하여 유인석 부대[3]는 서간도의 通化
縣과 輯安縣으로, 李鎭龍·趙孟善·朴長浩 등은 長白縣·撫松縣, 집안
현, 임강현 등지로, 趙秉準·全德元 등은 寬甸縣과 桓仁縣 등으로 각각
이동하였다.[4]

---

1 박환, 「대한독립단」, 『만주한인민족운동사연구』, 일조각, 1991.
2 권대웅, 「大韓獨立團 國內支團의 組織과 活動」, 『교남사학』 5, 1990, 영남대 국사학회.
3 유인석은 1913년 블라디보스토크에서 근거지를 만주로 옮겼다. 그 후 西豐縣·興京縣을 거쳐
1915년에는 관전현 芳翠溝에 이르러 신병으로 신음하다가 74세를 일기로 타계하였다. 관전현
에서는 1994년 5월 유인석이 이곳에 은거했다는 사실을 기려 기념비를 설립하였다. 큰 자연석
을 기단으로 삼아 그 위에 가로 90센티, 세로 70센티의 비석에 100여 자의 글씨를 새겨 유인석
의 행적을 기렸다. 이 毅菴記碑에는 "이조말기 조선유림 宗匠 저명 의병장 유인석 호 의암, 만년
에 이곳에서 은거하였다. 1915년 3월 14일 병사. 향년 73세. 遺著 『의암선생문집』이 관전에서
간행됨. 공은 세상에서 '守華終身'을 실천하였다. 관전 만족자치현 민족사무위원회 史志辦公室
1994년 5월 일 세움"이라고 되어 있다. 비석이 서 있는 이곳은 소들이 방목되어 평화로이 풀을
뜯고 있는 골짜기로 멀리 혼강이 내려다보이는 명당자리라고 할 수 있다.

이처럼 서간도지역으로 이동한 의병 부대들은 생계유지를 도모하는 한편 독립군양성, 무기조달, 군자금 마련을 위해 각각 자치기관 겸 독립운동단체를 결성하기에 이르렀다. 그 대표적인 것으로는 유인석 부대의 보약사, 白三圭, 전덕원 등의 농무계, 향약계 그리고 조맹선 등의 포수단을 들 수 있다.

이러한 독립운동단체들은 1910년대에 국내에 진공하여 독립운동을 전개하였다. 1916년 10월에 포수단의 조맹선·이진룡[5] 등이 평북 雲山에 진입하여 군자금을 확보하기 위해 운산금광의 송금차를 습격했던 것은[6] 가장 두드러진 활동일 것이다. 그러나 포수단 등의 국내 진공작전은 그리 활발히 전개되지 못하였다. 이 단체들은 보다 효과적인 무장투쟁을 전개하기 위하여 독립운동의 기지 건설에 더욱 주력하였기 때문이었다.

그러한 가운데 1919년 3월 1일 이후 국내에서 만세운동이 전개되었고, 그 영향은 곧 서간도지역으로 파급되었다. 그리하여 동년 3월과 4월중에 서간도의 유하현, 통화현, 집안현, 興京縣, 관전현, 장백현, 安圖縣, 무송현 등지에서 만세운동이 전개되었다.[7] 이를 계기로 이 지역에서 활동하던 의병 세력들은 독립운동단체의 통합 필요성을 느끼게 되었다. 그렇게 되야 효과적인 대일투쟁을 전개할 수 있을 것으로 생각하였기 때문이다.

그 결과 1919년 4월 15일에 각 현에 흩어져 있던 보약사, 농무계, 향

---

4 金承學, 『韓國獨立史』上, 統一問題研究所, 1972, 340쪽.
5 만주 관전현 청산구에는 이진룡의 열비와 부인 우씨 열녀비가 현존하고 있다. 이진룡이 평양 감옥에서 순국하자 1919년 雅河□에 있는 가족과 독립운동가들이 돈을 내어 비를 세웠다. 이진룡의 비석은 가로 37, 높이 96, 두께 16cm이다. 그리고 우씨부인 비는 가로 37, 높이 95, 두께 14cm이며, 화강암으로 되어 있다. 우씨 부인 비석에는 <有朝鮮國烈婦孺人禹氏墓> 그 옆에 <永歷五 己未 三月 日立>이고 새겨져 있다.
6 國會圖書館, 『韓國民族運動史料』(三一運動篇其三), 1978, 293쪽.
7 서굉일, 「중국 만주의 3·1운동」, 『한민족독립운동사』3, 국사편찬위원회, 1988, 440~454쪽.

약계, 포수단 등의 대표 및 기타 의병 계열의 인사 560여 명이 모여 각 단체를 해체하고[8] 유하현 삼원보 서구 대화사에서 대한독립단을 조직하였다.[9] 대한독립단은 본부를 유하현 삼원보에 두었으며 이를 總裁所라고 하였다.[10]

대한독립단은 창립총회에서 설립의 규범이 되는 통칙을 채택 통과시켰는데 이는 다음과 같다.

대한독립단의 통칙

1. 명칭 : 대한독립단이라 함.
2. 목적 : 남북만주와 조선내부에 기맥을 상통하야 조선독립의 완전한 성취를 도모할 것.
3. 조직 : 대한독립단의 본부를 중국 유하현 삼원보에 두어서 이를 총재소라 하고 도총재로 박장호, 부총재로 백삼규, 총단장으로 조맹선을 임명하고 서울에 전국 중앙 기관을 두고 각 도에는 총지단 각군·각면에는 군·면지단을 설치할 일.
4. 방법 : 각도에 소집전권의원을 특파하여 일동의 전권을 급속히 위임할 일.
5. 전권위원의 사무는 아래와 같음.
(가) 독립운동의 자금을 징수할 일.
(나) 만주에 있는 본단에서 동병하여 압록강을 건너올 때에는 일제히 내응할 일.

---

8 『이자해자전』은 대한독립단의 조직에 대하여 다른 의견을 보이고 있다. 처음에는 조맹선을 단장으로 한 대한독립단이 조직되었고, 이후 박장호와 전덕원 등의 의병 출신들이 참여한 것으로 되어 있다(한시준, 『이자해자전』 해제, 국가보훈처, 2007, 39쪽).
9 金承學, 『韓國獨立史』上, 340쪽. 대한독립단의 조직은 1919년 3월에 조직된 한족회의 노선이 전투적이지 못한데서도 찾아볼 수 있다. 1919년 국내에서 3·1운동이 전개되자 동년 동월 17, 8일경 만세운동 소식이 유하, 통화현 등지에도 전해지게 되었다. 당시 동년 3월 13일 한족회는 발회식을 거행하고 있었다. 이와 거의 때를 같이 하여 국내에서의 만세소식이 전해지게 되었던 것이다. 이에 한족회에서는 만세운동을 주도하는 한편 자금 모집에 전력을 기울였다. 그 결과 4월 상순까지는 통화현을 중심으로 부근 7-8현에서 만세운동이 전개되는 한편 독립축하회가 개최되었다. 4월 중순이 되자 한족회원 중에 독립이 이루어진 것이 아님을 알게 되었다. 그런데 한족회에서는 독립사상의 선전, 열국의 동정에 의하여 독립을 희구하였다. 이에 일부 인사들은 급진적인 방법으로 독립을 추구해야 한다고 인식하고 한족회에서 분리하여 급진무장단체인 대한독립단을 조직하기에 이르렀다(국회도서관, 『한국민족운동사료』 3권, 563쪽).
10 『동아일보』 1920년 9월 19일자.

(다) 독립단이 개전할 때에는 군인 군속과 군수품을 징발하여 운수해 보낼 일.

(라) 기타 적병 일본군과 적국의 경찰관 배치상황과 적국의 간첩과 친일하는 관리의 조사표를 꾸밀 일.

(마) 행정관리에 대한 경고문을 본부의 명령으로 선포할 일.

(바) 지방청년으로 의용단을 조직하여 군에는 200명으로 조직한 중대를 두고, 도에는 400명으로 조직한 대대를 두고, 중앙에는 800명으로 조직한 연대를 설치할 일.

(사) 의용단 중에서 용감한 사람을 선발하여 암살단과 방화대를 조직하여 암살단은 중앙기관의 명령을 받아서 관리와 친일하는 사람을 암살하고, 방화대는 일이 일어날 때에 경찰서 근처에 불을 놓아 경관이 소방하러 나간 틈을 타서 무기를 탈취하고 경관과 싸우는 동시에 중앙으로부터 대병을 출동시키어 전투를 개시할 때 각소에 있는 감옥을 파괴하여 갇히어 있는 죄수를 해방할 일. 군수품은 물론 철도와 전신을 파괴 절단할 기구를 준비하여 둘 일.[11]

대한독립단은 통칙에서 보는 바와 같이 남북만주와 국내를 하나의 운동권으로 보고 독립운동을 추진한 단체이며, 의병의 전통을 계승하여 무장투쟁을 추진하고 있음을 알 수 있다. 또한 이 단체는 국내진공작전을 목적으로 하고 있음도 알 수 있다.

대한독립단은 무장투쟁을 통하여 조선의 독립을 이루고자 하였다.[12] 이를 위하여 각자의 능력에 따라 군자금을 갹출하여 무기를 구입하는 한편 청장년을 모집, 독립군을 양성하고자 하였던 것이다.[13] 아울러 대한독립단에서는 이러한 목적을 달성하기 위하여 도총재부와 總團, 그리고 支團과 남만주 제1사단 등의 조직을 갖추었다.

대한독립단에서는 최고 책임자인 도총재 아래에 자의부장, 사한장, 총참모 등을 두어 대한독립단의 모든 활동을 지휘하도록 하였다. 이어서 도총재부 아래에 실무기관인 총단을 두었다. 아울러 대한독립단에서는 효과적인 무장투쟁을 전개하기 위하여 총무, 재무, 사업, 교통, 선전, 검찰, 서무, 소모 등의 부서를 두었다. 특히 무장투쟁단체인 대한독

---

11 『동아일보』 1919년 9월 9일.

12 金承學, 『韓國獨立史』 上, 341쪽.

13 國會圖書館, 『韓國民族運動史料』(三一運動篇其三), 563쪽.

립단에서는 군자금의 모집을 위해 재무 그리고 독립군의 모집을 위해 소모 그리고 실제 군사활동을 전개하는 군사부 등에 더욱 역점을 두었던 것으로 생각된다.

이와 같이 중앙에 도총재부와 총단을 조직한 대한독립단에서는 서간도 및 국내 지역에 지단을 설치하기로 하였다.[14] 우선 서간도지역을 보면 처음에는 공화주의 계열인 서로군정서의 세력이 미약한 홍경, 환인 방면에서 활동을 개시하여 점차 집안, 관전현 등지에 지단을 설치하였다.[15] 그리하여 1920년대에는 세력을 보다 확장하여 桓仁縣, 長白縣, 撫松縣, 臨江縣, 寬甸縣, 輯安縣, 興京縣, 通化縣, 柳河縣, 本溪縣 등 10개 현에 지단을 갖추기에 이르렀던 것이다.[16]

아울러 대한독립단에서는 국내에도 지단을 설치하여 서간도와 국내와의 상호 협조하에 한국의 독립을 이루고자 하였다. 따라서 서울에 전국의 중앙기관을 두고 각 도에는 총지단, 각 군과 각 면에는 군과 면의 지단을 설치하고자 하였다.[17] 대한독립단의 이러한 노력은 상당한 성과를 거두어 국내지단은 평안도, 황해도, 경기도, 충청도, 경상도, 전라도

---

14 대한독립단에서는 1920년 6월 조직명칭을 변경하였다. 단장을 지사, 총관을 참사, 서기를 군서기로, 검찰을 면장으로 하였다(불령단관계잡건, 재내지, 1920년 6월 11일, 독립단 역원의 역원변경).

15 國會圖書館, 『韓國民族運動史料』(三一運動篇三其), 1978, 766쪽.

16 金正明, 『朝鮮獨立運動』 II, 原書房, 1967, 926~928쪽; 장백현, 홍경현, 유하현(國會圖書館, 『韓國民族運動史料』(三一運動篇三其), 706~707쪽, 328쪽, 838~839쪽); 무송현(독립운동사편찬위원회, 『독립운동사자료집』 10, 1976, 261쪽); 본계현(독립운동사편찬위원회, 『독립운동사』 5, 1973, 247쪽); 안동현, 관전현, 집안현, 유하현, 통화현, 환인현, 임강현(『齊藤實文書』 1, 고려서림, 173~193쪽).

한편, 대한독립단 조직 당시의 만주지역의 지단 조직은 다음과 같다. 寬甸支團長(尹昌壽), 寬西總官(金仲亮), 寬西財務(金熙震), 寬南總官(崔亨俊), 寬東支團長(吳仁善), 興本總管(文碩寬), 興西支團長(李義桂), 本溪湖地團長(朴守陽), 本溪湖總管(金景煥), 輯北支團長(川種敏), 輯北總管(朴昌善), 輯東總管(崔日?), 輯西支團長(崔碩淳), 輯安桓仁總支團長(孟喆鎬), 仁西支團長(鮮于雄), 仁西總管(承永俊)(金承學, 『韓國獨立史』 上, 341쪽).

17 『東亞日報』 1920년 9월 19일자 3면, '대규모의 대한독립단'이란 기사에서 살펴 볼 수 있다.

등 여러 지역에 설치되었다.[18] 특히 주목되는 것은 당시의 민심이 도시나 기독교인이 많은 곳은 연통제를 환영하고 유교나 천도교인 많은 곳에서는 독립단을 환영하였다는 점이다.[19]

한편 대한독립단에서는 남만주 제1사단이라는 독립군 부대를 두었는데, 독립군 본부는 유하현 大花斜에 두는 한편 제1중대는 大沙灘에, 제2중대는 藍山에, 제3중대는 前 三道溝에, 제4중대는 大牛溝에 각각 설치하였다. 남만주 제1사단은 본부와 4개 중대로써 이루어져 있다. 본부는 團總 1명, 本部 隊長 1명으로 구성되었고, 中隊에는 隊長 1명, 中隊長 1명, 小隊長 1명(2명), 聯隊長 1명 등으로 이루어졌다. 주요 인물의 연령을 보면 40, 50대의 중년층이 중심이 되어 있으며, 출신지역은 평안도 출신이 다수를 점하고 있다.

III. 대한독립단의 주도 세력

대한독립단의 성격을 이해하기 위해서는 대한독립단의 주도 세력에 대하여 분석해 보는 것이 중요한 작업의 하나일 것이다. 이를 위해 주도 세력을 도표로써 작성하면 다음과 같다.[20]

---

18 대한독립단의 국내지단에 대하여는 앞서 언급한 권대웅의 상세한 연구가 있다. 아울러 최근 독립기념관에서 간행한 김승학 회고록에는 김승학의 국내 평안도, 황해도 등지의 지단 조직과정에 대하여 잘 살펴볼 수 있다. 또한 독립기념관 소장 자료에는 1920년에 대한독립단 도총재 박장호 명의로 발행한 전라도지단에 대한 군자금모금 전단이 있으며, 1920년 2월에 대한독립단 경무부장 朴雨東을 충청북도에 근무하도록 명한 임명장이 소장되어 있다. 아울러 1919년 7월 대한독립단 총단장 조맹선 이하 756명의 명의의 경고문 또한 소장되어 있다.

19 김승학 회고록 국내에서의 지하활동 참조.

20 대한독립단의 간부 명단은 자료에 따라 약간의 차이를 보이고 있다. 『武裝獨立運動秘史』, 55쪽에는 총재 박장호, 총무부장 金有聲, 부총재 백삼규, 총단장 조맹선, 군사부 전덕원, 재무부장 康世憲, 서무 金逸, 고문 안병찬이라고 되어 있고, 『韓國民族運動史料』(三一運動篇其

<表 1> 대한독립단 주도 세력 일람표

番號	姓名	職位	大韓獨立團 가담 이전 활동단체	生沒年度	出身地	學歷	出身身分	備考
1	朴長浩	都總裁	江原道洪川義兵(1906)	1850~1922	京畿道 加平	漢學	지방양반	밀정에게 암살
2	白三圭	副總裁	平安道義兵(1895)	1851~1920	平北 泰川	漢學(朴文一의 문인)	지방양반	일본군에게 총살
3	朴治翼	諮議部長	平安道義兵(1896)		平北 宣川	漢學(柳麟錫의 문인)	지방양반	
4	金起漢	司翰長	黃海道平山義兵(1905)	1884	平南 德川(安州)	漢學(柳麟錫의 문인)	지방양반	옥사
5	朴陽燮	副參謀長	平北龍川義兵(1896)		平北 龍川	漢學(柳麟錫의 문인)	지방양반	병사
6	趙秉準	總參謀	平北昌成義兵(1895)	1862	平北 義州	漢學(朴文一의 문인)	지방양반	
7	宋尙奎	參謀	黃海道義兵		黃海道 隆安	漢學(柳麟錫의 문인)	지방양반	
8	康圭黙	參謀		1884	平北 寧邊			
9	趙膺杰	參謀			平南 龍岡	漢學(柳麟錫의 문인)	지방양반	
10	李廷根	參謀						
11	趙孟善	總團長	黃海道平山義兵(1905)	1872~1922	黃海道 平山	漢學	지방양반	병사
12	崔永浩	副團長			平北義州?楚山?			
13	金元燮	副團長			江原道			
14	金平植	總務部將	大東鄕約	~1933	平北 義州	漢學	지방양반	병사
15	康有富(康世懿)	副總務部長			平北 義州			
16	全德元	財務部長	平安道義兵(1905)	1870	平北 龍川	漢學(柳麟錫의 문인)	지방양반	
17	洪疇	會計		1897~1954	平北 義州			
18	李雄海	司法部長		1879	咸南 咸興			
19	梁基暇	交通部長		1878~1929	忠南 公州		지방양반	
20	邊昌根(邊東植)	宣傳部長		1878	黃海道 延白			
21	李泰勳	機察長						

三), 806쪽. 1920년 12월 보고에는 부단장 최영호, 총무 김원섭, 서기장 강창선, 소모장 겸 사법장 李雄悅, 검찰장 黃炳文, 통신장 韓尙俊, 재무장 吳仁善이라고 되어 있다.

<표 1>을 통하여 먼저 대한독립단에 가입하기 이전의 활동 상황을 보면 의병 출신이 다수를 이루고 있었음을 알 수 있다. 박장호(1),[21] 백삼규(2), 김기한(4), 박양섭(5), 조병준(6), 송상규(7), 조맹선(11),[22] 전덕원(16)[23] 등 8명이 의병 출신이었다.[24] 이와 관련하여 주목되는 점은 대한독립단의 중요 직책인 도총재, 부총재, 총단장 등을 모두 의병 출신인 박장호 · 백삼규 · 조맹선 등이 차지하고 있었다는 점이다.[25] 이러한 점을 통해 볼 때 대한독립단은 의병 계열이 중심이 되어 조직한 단체였다고 할 수 있겠다. 특히 이 단체는 평안도와 황해도 출신 의병들이 그 중심을 이루고 있다고 생각된다. 백삼규 · 박양섭 · 조병준 · 전덕원 등은 평안도지역의[26] 김기한 · 송상규 · 조맹선 등은 황해도지역의 의병 출신이었던 것이다.[27]

학력을 보면 대부분이 한학을 공부한 인물들이었다. 박장호 · 백삼규 ·

---

21 『이자해자전』, 77쪽에서 박장호는 의병운동에 참여한 적이 있으며, 손자 오자의 병법에 아주 익숙하다고 하고 있다. 박장호의 생애와 가계에 대하여는 『대한독립단 도총재 박장호 실기』(장삼현편저, 가평문화원, 2007) 참조.

22 『이자해자전』, 77쪽에서 조맹선은 중국과 남북만 및 노령 일대에서 광범위한 호소력이 있는 인물로 높이 평가하고 있다. 또한 89쪽에서는 조맹선 단장은 비록 60세에 가까운 노인이지만 신체가 아주 건강하며 절대로 술과 담배를 하지 않는 인물로, 광복사업을 위하여 밤낮 없이 노심초사하면서 적당한 휴식도 없이 늘 일반동지들과 함께 숙식하고 동고동락한다고 서술하고 있다.

23 전덕원 등은 완고하였으며, 忠君安國, 生財有道, 삼강오륜의 예의 범절을 강조하였다(『이자해자전』, 91쪽).

24 박장호, 백삼규(獨立有功者功勳錄編纂委員會), 『獨立有功者功勳錄』 4, 665~666, 685쪽), 김기한(金厚卿, 『大韓民國獨立運動功勳史』, 光復出版社, 1983, 383쪽), 박양섭, 조맹선(金承學, 『韓國獨立史』 下, 144, 269쪽), 조병준(義州郡誌編纂委員會, 『義州郡誌』, 義州郡民會, 1975, 164~165쪽), 송상규(독립운동사편찬위원회, 『독립운동사자료집』 1, 1970, 111, 539쪽).

25 金承學, 『韓國獨立史』 上, 341쪽.

26 백삼규(獨立有功者功勳錄編纂委員會, 『獨立有功者功勳錄』 4, 685쪽), 박양섭(金承學, 『韓國獨立史』 下, 144쪽), 조병준(義州郡誌編纂委員會, 『義州郡誌』, 164~165쪽), 전덕원에 대하여는 독립운동사자료집 1권에 있는 <小醒行蹟>이 참조된다.

27 김기한(金厚卿, 『大韓民國獨立運動功勳史』, 383쪽), 송상규(독립운동사편찬위원회, 『독립운동사자료집』 1, 111, 539쪽), 조맹선(金承學, 『韓國獨立史』 下, 269쪽).

박치익 · 김기한 · 박양섭 · 조병준 · 송상규 · 조맹선 · 김평식 · 전덕원 등이 그러하였다.[28] 그런데 특별히 주목되는 점은 이들 사이에 유인석의 문인들이 많았다는 사실이다. 박장호는 화서 이항로, 중암 김평묵, 성재 유중교의 문인이었으며,[29] 백삼규 · 박치익 · 김기한 · 박양섭 · 송상규 · 조응걸 · 전덕원 등은 유인석의 문인이었다.[30] 이와 같은 점을 통하여 대한독립단의 주도 세력은 유인석의 문하에서 공부한 유학자들이었음을 알 수 있다. 이들이 유인석의 문인이 된 것은 1900년부터 1906년 경까지 유인석이 황해도 平山山斗齊, 殷栗興道書社, 평안도의 价川崇華齊, 龍川玉山齊 등을 중심으로 각지에서 講會를 개최[31]하여 이 지역의 유림들에게 큰 영향을 주었기 때문이라고 생각된다.

대한독립단의 주도 세력은 주로 국내에서 의병활동을 한 인물들이었으며, 나이는 70대부터 20대까지 다양하였고, 출신지는 평안도와 황해도, 학력은 한학, 그 가운데서도 유인석의 문인들이, 출신 신분면에서는 지방의 양반 출신들이 중심을 이루고 있었다고 하겠다.

대한독립단에서 활동했던 李慈海는 그의 『이자해자전』에서, 그의 동지 延秉來의 말을 빌어 박장호 · 조병준 · 백삼규 등에 대하여 이들 "학

---

28 백삼규(國會圖書館, 『韓國民族運動史料』(三一運動篇其一), 1977, 779쪽; 柳麟錫, 「行狀」, 『毅菴集』下, 景仁文化社, 1973, 711쪽), 박장호, 박치익, 김기한, 박양섭, 송상규, 조응걸(柳麟錫, 「行狀」, 687, 699, 706, 709, 711쪽), 양기하(金厚卿, 『大韓民國獨立運動功勳史』, 689쪽).

29 장삼현, 「대한독립단 도총재 박장호 세기록, 홍천 서석서 의병활동」, 『월간 태백』, 1988.3, 83쪽.

30 박장호, 백삼규, 박치익, 김기한, 박양섭, 송상규, 조응걸, 전덕원 등에 관한 것은 주30)과 같음. 한편 백삼규, 송상규 등은 1890년 말에 유인석과 함께 요동으로 간 것으로 보아 유인석 부대가 1896년 5월 26일 宣諭使 張基濂이 지휘하는 관군과 일본군의 공격으로 提三城을 상실하고 재기를 위해 서북지역으로 이동하였을 때 유인석과 학연을 맺은 것으로 생각된다. 그리고 박양섭, 이진룡, 김기한 등은 1908년 7월 유인석과 함께 블라디보스토크로 망명했던 인물들이다(앞의 책, 年譜, 700쪽).

31 柳麟錫, 「行狀」下, 682~696쪽. 유인석은 평안도 鐵山, 安州, 宣川, 泰川, 平陽, 龍岡, 瑞興 지역과 황해도 海州 등지를 부단히 왕래하였다.

자파”는 경제적인 실력뿐만 아니라 아주 탄탄한 단결력도 있고, 충효절의를 유난히 강조하고 있다고 서술하고 있다. 또한 “우리가 학자파로부터 배워야할 부분은 적에 대한 적개심이 특별히 강하다는 것이다”라고 하였는데[32] 이는 적절한 평가가 아닌가 한다.

한편 대한독립단에서는 공화주의를 주장하고 있던 상해 임시정부를 반대하고 복벽주의를 주장하였다. 1919년 7월음력에 대한독립단의 도총재 명의로 발표된 ‘남만주 거류동포에게 경고한다’에,

> 대한제국의 신성한 독립을 회복하여 父老兄弟는 凱歌를 고창하여 태평양상에 국위를 선양하고 동아의 평화를 유지하여 世界文名을 증진시키고, 자손만대에 무궁한 복리를 향유할 날이 있을 것을 원하기 때문이다. 가엾다. 아 동포여 一心으로 나가고자 하면 一心으로 지키라. 단연코 목적이 도달하려는 결심으로 힘을 다하라.[33]

라고 있듯이, 대한제국의 독립을 회복하고자 하였던 것이다.

일본 측 정보보고에서도 “대한독립단은 북간도에 있어서의 서일 일파의 군정서와 서로 대비할 만한 과격한 일단으로서 상해 임시정부와의 연락은 또한 대체로 농후하지 않은 것 같다. 곧 상해 임시정부의 政見인 공화정치는 조선의 민도에 부적합함으로써 이씨 왕가를 받들고 조선독립을 도모하려고 한다. 이에 따라 그 행동이 대체로 상해 임시정부의 의도를 考量해 넣지 않은 사실이 많다”고 보고하고 있음을 통해서도 알 수 있다.[34]

대한독립단에서 이처럼 복벽주의를 주장한 것은 이 단체의 주도 세력이 유인석의 문인들이었던 만큼 유인석의 복벽주의 정치이념의 영향이 크게 작용하고 있었기 때문일 것이다.

---

32 『이자해자전』, 76쪽.
33 國會圖書館, 『韓國民族運動史料』(三一運動篇其二), 554~555쪽.
34 국회도서관, 『한국민족운동사료』 3, 608쪽(1920년 12월 27일 보고).

IV. 대한독립단의 무장활동

1. 군자금

대한독립단은 서간도지역의 대부분의 독립운동단체들과 마찬가지로 무장독립운동단체였다. 그러므로 무기 및 군수품을 구입하는 것은 대단히 중요한 일이었다. 이를 위해 군자금의 모집은 중요한 것이 되었다. 따라서 대한독립단에서는 유하현 삼원보에 위치한 본부 및 국내, 서간도의 각 지단에 재무부를 설치하고 군자금의 모집 활동을 적극 추진하였다.[35]

대한독립단에서는 우선 서간도지역에 거주하고 있는 동포들로부터 군자금을 모집하고자 하였다. 그러나 이러한 군자금의 모집액은 모든 재만동포들에게 일률적으로 부과되는 것은 아니었다. 그들의 재산 정도에 따라 그 액수를 달리하였던 것이다.[36] 즉 興京 東方 七里 旺清邊에 있는 독립단 지부의 경우, 가옥을 소유하고 있는 자에게는 25圓을, 그렇지 않은 경우에는 15圓을 각각 징수하고자 하였던 것이다.[37]

그런데 대한독립단의 이러한 군자금 모집의 성과는 시기에 따라 차이를 보이고 이다. 즉, 3·1운동 직후부터 동년 5월 말까지는 군자금 3만 원을 모금하는 큰 성과를 거두었다.[38] 이러한 현상에 대해서는 파리강화회의에 대한 재만동포들의 기대와 3·1운동 직후의 민족의식의 고양에서 그 원인을 찾아볼 수 있다.

1919년 6월부터 동년 10월 말까지 대한독립단의 군자금의 모집 성과

---

35 본부(國會圖書館, 『韓國民族運動史料』(三一運動篇其三), 703쪽), 국내(『東亞日報』 1921년 10월 19일자), 서간도지역(姜德相, 『現代史資料』 27, 朝鮮 3, 1977, 183쪽).
36 金正明, 『朝鮮獨立運動』 III, 884쪽.
37 國會圖書館, 『韓國民族運動史料』(三一運動篇其二), 220쪽.
38 위와 같음.

는 1차 모금시1919.4~1919.5에 비하면 큰 것이 못되었다. 다만 2만 원을 모금하는 데 그쳤던 것이다.39 이것은 대한독립단이 무기의 구입과 독립군 양성 등에서 별다른 성공을 거두지 못하게 되자 민심이 대한독립단에서 멀어져 갔기 때문이었다.40 더구나 이틈을 이용하여 일제가 애국회, 安民會, 濟愚敎 등 친일기관을 조직하여 대한독립단을 탄압하기에 이르렀다.41

사태가 여기에 이르자 대한독립단에서는 군자금 모집을 위하여 부심하였다. 이에 정부를 반대하던 대한독립단에서는 전술상 임시정부를 인정하고 그 산하 단체가 됨으로써 복벽주의를 거부하는 재만동포들로부터 지지를 얻고자 하였다.42 아울러 대한독립단에서는 국제연맹의 개최를 이용하고자 하였다.43 1919년 9월 상순 및 하순에 집안현에서 의무금을 징수할 때 "10월의 국제연맹의 회의에서 독립이 승인될 것이고, 독립할 때는 다액의 국비를 필요로 하므로 미리 준비해 두는 것이 필요하다"44라고 한데서도 잘 알 수 있다.

1919년 11월부터 1920년 2월까지 대한독립단은 더욱 고전하였다. 우선 1920년 1월 14일에는 일제의 사주를 받은 중국관헌들이 대한독립단의 해산을 명령하였던 것이다.45 아울러 기대를 걸었던 국제연맹회의 역시 무기 연기되고 말았던 것이다.46

---

39 앞의 책, 564쪽.
40 위와 같음.
41 위와 같음. 대한독립단에서는 1919년 12월 11일과 12일 양일에 걸쳐 집안현 子溝 金准榮의 집에서 독립단 지단장회의를 열고 제우교 등 친일단체를 제거할 것을 결의하였다(國會圖書館, 『韓國民族運動史料』(三一運動篇其二), 641쪽).
42 國會圖書館, 『韓國民族運動史料』(三一運動篇其三), 564쪽.
43 國會圖書館, 『韓國民族運動史料』(三一運動篇其二), 420쪽.
44 金正明, 『朝鮮獨立運動』 II, 884쪽.
45 앞의 책, 913쪽.
46 國會圖書館, 『韓國民族運動史料』(三一運動篇其三), 565쪽.

대한독립단에서는 세력 만회를 위한 대책을 강구하지 않을 수 없었다. 그리하여 1920년 3월 5일에 유하현 삼원보에서 대한독립단 전체 총회를 개최하고 방법을 모색하였다.[47]

본 회의에서는 각 지방의 간부들에게 그 지방의 정황을 보고케 하여 이를 상호 양지하고, 또 현재 간부 중 사업에 열심히 하지 않는 자들을 면책하고, 새로이 간부를 임명하고자 하였다. 또한 새로운 지방조직支團管區에 관한 협의, 종래의 지방조직의 변경 등을 추진하고자 하였다. 즉 대한독립단에서는 총회를 통하여 조직을 일신함으로써 조직을 보다 강화하고자 하였던 것이다.

본 회의에는 다수의 사람들이 참여하였다. 장백, 임강, 집안, 통화, 유하, 홍경, 환인, 관전 등 서간도지역의 각 현에서 지단장 이상의 간부 전원, 기타 유력자를 권유하여 다수 참여하도록 하여 약 450명이라는 대규모 인원이 참여하였다. 또한 상해, 시베리아 등 중국 관내 및 러시아 그리고 서울, 평양에서도 각각 4명의 대표가 참여하였다. 그밖에 유하현 삼원포 부군의 각 부락에서 모인 방청자가 150명이나 되었다.

회의가 개최되자 중앙간부들은 의결할 사항에 대하여 설명하였다. 그리고 상해, 러시아지역 등에서 온 대표자들은 각 지역의 운동상황을 설명하였다. 특히 서울에서 온 대표자는 李太王毒殺, 李堈公 出奔 사건, 국내동포들의 어려운 상황 등에 대하여 설명하여 많은 청중들을 감읍시켰다. 또 연설에 뒤이어서는 고종황제에 대한 추도식도 있었다.

본 회의에서는 다음과 같은 사항을 결의하였다.

1. 내외가 상응할 것.
2. 각처에 지방 조직을 완성할 것.
3. 捐助金징수에 노력하여 상해 정부를 지원할 것.

---

47 國會圖書館, 『韓國民族運動史料』(三一運動篇其二), 839~840쪽.

4. 밀정의 침입 방지에 노력하되, 이를 체포 감금하고 살해하지 말 것.

5. 각 지단 소재지에서 본 단으로부터 2명씩의 조사원을 출장시켜 사무진행 정황을 시찰·선도할 것.

첫째 항의 경우 타파와의 협조를 긴밀히 하여, 실추한 신망을 회복하고자 하는 뜻에서 결의한 사항이었다. 둘째 항은 지단을 증설하여 자금모집 구역을 확장하려는 의지를 표현한 것이다. 이는 한족회를 비롯하여 다른 독립운동단체와의 갈등을 야기할 수 있는 부분이라고 하겠다. 셋째 항은 표면상 임시정부를 내세움으로써 자금모금에 편의를 제공받기 위한 것인지 신중한 검토가 요청된다. 넷째 항은 대한독립단에서는 밀정을 살해한 경우가 종종 있었다. 그러나 이들 가운데 양민을 잘못 살해한 경우도 있었다. 이런 경우는 대한독립단에 치명적인 피해를 입히게 된다. 이에 대한독립단에서는 밀정의 경우 살해하기보다는 종신토록 이를 감금하는 방안을 추진하였다. 현재 대한독립단 본부가 있는 삼원보에는 1일 1식하고 감금되어 있는 혐의자가 십수 명이 있다고 한다. 다섯째 항은 중앙의 통제를 통하여 지단에서 잘못되는 사항들을 미연에 방지함으로써 주민들의 신망을 얻기 위한 방안의 일환이라고 볼 수 있다.[48]

한편 서간도지역에서의 군자금 모집이 여의치 않자[49] 대한독립단에서는 국내에서 군자금을 모금하고자 하였다. 그리하여 본부에서 각도에 소집전권위원을 파견하여 독립운동 의무금을 징수하려고 노력하였다.[50] 특히 재산이 많으면서 군자금을 내지 않는 국내의 부호에게는 경고문을 내어 재산의 3/10을 헌납할 것을 요구하였다.[51] 이러한 대한독

---

48 國會圖書館,『韓國民族運動史料』(三一運動篇其二), 838~840쪽.

49 앞의 책, 335쪽.

50 『東亞日報』1920년 9월 19일자.

51 國會圖書館,『韓國民族運動史料』(三一運動篇其三), 703쪽; 독립운동사편찬위원회,『독립운동사자료집』10, 1976, 338~339쪽.

립단의 활동은 평안도, 황해도, 서울 등지에서 활발하게 이루어졌다.[52]
이 가운데 평안도지역에서의 모금 활동은 상당한 성과를 거두었다. 평
북의 덕천, 운산, 태천, 귀성, 자성, 창성, 삭주 영유, 안주, 희천, 영변, 의
주, 강계 등지와 평남의 평양 등지에서 다액의 군자금을 모집하였던 것
이다.[53]

한편 대한독립단은 유인석의 문인들이 국내에서 조직한 단체들을 통
하여 군자금을 모집하기도 하였다. 그 대표적인 것으로서 1919년 11월
음력 유인석의 문인인 玄基正이 평양에서 조직한 共成團을 들 수 있다.
공성단에서는 대한독립단과 연락하면서 군자금의 모집 활동을 활발히
전개하였던 것이다.[54]

2. 독립군 양성

대한독립단에서는 무장투쟁을 지속적으로 전개하기 위하여 독립군
을 양성하고자 하였다. 그러나 당시 대한독립단의 능력으로는 자체적
으로 국내에서 망명해오는 청년들과 만주지역의 청년들을 무장시키고
훈련을 진행할 수 있는 역량이 되지 못하였다. 그러한 때에 1919년 2월
러시아 연해주지역에서 조직된 대한국민의회에서는 만주 러시아지역

---

52 1920년 3월 평북 박천군 출신인 玄建柱, 玄炳初 등은 충청남도 성환에서 군자금을 모금하려
   다가 체포되었다(불령단관계잡건 조선인부, 在內地, 1920년 4월 26일 권총휴대결사대원 체
   포에 관한 건).
53 대한독립단의 활동상황을 보면 다음과 같다. 平北 德川(『東亞日報』 1921년 10월 28일자), 平
   北 雲山(『東亞日報』 1921년 11월 28일자), 平北 泰川(『東亞日報』 1921년 4월 8일자, 불령단관
   계잡건 조선인부, 재내지, 1920년 4월 26일 권총휴대결사대원 체포에 관한 건), 平北 龜城
   (『東亞日報』 1921년 4월 20일자), 平北 慈城(『東亞日報』 1921년 4월 7일자), 平北 昌城, 朔州, 永
   柔, 安州, 熙川, 寧邊, 義州, 平南, 平壤, 黃海道 開城, 서울(金承學, 『韓國獨立史』 上, 343~344쪽),
   平北 江界(金正明, 『朝鮮獨立運動』 II, 864쪽), 黃海道 海州(『東亞日報』 1921년 10월 19일자).
54 金正明, 『朝鮮獨立運動』 II, 943~944쪽.

에 있는 청년들을 규합 이동시켜 러시아 백군의 후원하에 독립군 양성을 추진하고자 했고, 이를 추진한 사람은 국민의회 군무부장 대리인 金夏錫이었다. 김하석은 전 총독이자 옴스크의 콜챠크정부에 의해 원동지역의 최고 전권위원으로 임명된 호르바트와 계약을 체결해 약 3,000명의 한인청년들을 중동철도 연선지역의 에호掖河에 주둔한 중동철도수비대에 편입시켜 훈련시키고자 하였다. 호르바트는 백위파가 소비에트 정부를 전복하게 되면 한인청년들에게 무기를 공급하여 한인독립운동을 지원하겠다고 약속하였다.[55]

하얼빈에는 1919년 5월경 미하일 원 소위가 인솔하는 조선인국민대대조선인 독립대대, 조선인특별대대가 있었다. 그런데 동년 5월경 같은 부대의 김 뽀또르 이바노비치 2등 대위가 중심이 되어 미하일 원 소위에 반대하여 새로이 부대를 중동철도선 에호에 편성했고, 부대이름을 제2조선 국민대대라고 불렀다. 이 부대의 중심인물은 김 뽀드르 이바노비치 대위, 파아웰 엘세에윗치 한 소위, 소시리 비바노비치 김 중위 등이었다. 이들은 당시 미국의 후원을 받아 미국식 군복을 착용하고 있었다.[56]

제2조선 국민대대는 블라디보스토크에 본부를 두고 있던 대한국민의회와 협의하여 병사를 모집하였다. 대한국민의회는 이에 적극 협조하여 선전하였으므로 국내와 만주 노령의 청년들이 다수 이에 호응하였다. 이때 대한독립단의 경우도 이에 적극 동참하였던 것이다. 특히 이를 위해 총단장 조맹선은 하얼빈에 주둔한 白系 러시아군사령관 세미노프와 교섭하였다.[57] 그리하여 한때는 에호에 조선인 수가 500여 명[58]

---

55 반병률, 『성재 이동휘 일대기』, 범우사, 1998, 164~165쪽.
56 國會圖書館, 『韓國民族運動史料』(三一運動篇其三), 1919년 5월 24일 제2선인국민대대에 관한 건, 532쪽.
57 金承學, 『韓國獨立史』 上, 342쪽.
58 선봉 1930년 2월 8일자 김하석의 글 「리동휘 동무의 쓰쁘랍까를 부인한다」에는 600명이라고 기록하고 있다. 『이자해자전』, 80쪽에서는 2천여 명으로 언급하고 있다.

에 달하였으며, 사기도 왕성하여 모두 일본군과 조선에서 싸우기 위하여 금방이라도 두만강을 넘으려고 하는 기세를 과시하고 있었다.[59] 또한 1919년 5월에 시작된 이 계획은 철도수비대의 무장을 가지고 국내 진공작전을 전개하고자 하였다.[60]

그러나 대한독립단의 이러한 노력은 성공할 수 없었다. 모집한 군인들과 사관생도들이 스스로 해산하며 빨치산 부대들이 활동하는 연해주 지역으로 이동하였기 때문이었다. 그것은 에호가 일본군대가 활동하고 있는 철도선이란 점 등이 작용하였다.[61] 또한 러시아 백계군이 군사훈련은 실시하지 않고 장정들에게 무리한 사역을 실시했기 때문이었다.[62] 그리하여 장정 가운데 대다수가 도망하는 사태가 발생했던 것이다.[63] 이에 대대의 명칭을 없애고 제26, 27중대로 명명하였다. 26중대장는 미하일 이바노비치 원 소위가, 27중대장은 미하일 니꼴라이비치 김 중위가 담당하였다.[64] 이와 같은 사태는 대한독립단에 큰 타격을 주었다. 대한독립단에서 발표한 「남만주 거류 대소 동포에게 경고한다」라는 경고문의[65] 다음과 같은 내용은 이를 짐작케 한다.

> 근일 북방으로부터 逃來하는 소수의 청년의 訛言을 선포한 것으로 인한 인심해이로서 虛로서 虛를 전하여 듣는 자로 하여금 震駭하지 않음이 없다. 도대체 이들 소수 청년배는 원래 강고한 의지를 갖고 있지 않으며, 단순히 다른 소문을 듣고 出脚한 자 또는 적의 탐정으로서 쿰人의 기관이 있는 땅으로 渾入한 자들이 그 사이를 타고 逃出

---

59 國會圖書館, 『韓國民族運動史料』(三一運動篇其二), 1919년 10월 3일 재하얼빈 조선인특별대대의 정황, 383~384쪽.
60 선봉 1930년 2월 8일, 김하석, 「리동휘 동무의 쓰쁘랍까를 부인한다」.
61 김규면, 「노병 김규면 비망록」, 『재소한인민족운동사』, 박환, 국학자료원, 289쪽.
62 國會圖書館, 『韓國民族運動史料』(三一運動篇其三), 335, 438~439쪽.
63 위와 같음.
64 國會圖書館, 『韓國民族運動史料』(三一運動篇其二), 1919년 10월 3일 재하얼빈 조선인특별대대의 정황, 383~384쪽.
65 國會圖書館, 『韓國民族運動史料』(三一運動篇其二), 553~554쪽.

한데 불과하다. 더욱이 이들의 徒輩가 사방으로 유언을 퍼뜨리고 大事를 방해하는
자 적지 않다.

그리하여 대한독립단은 연해주지역 한인독립운동 세력과 연계를 맺
고자 하였다. 그리고 청년들을 연해주로 파견하였다. 이 점은 1969년 2
월 5일에 이인섭이 김세일에게 보낸 편지에 상세히 기록되어 있다. 이
를 보면 다음과 같다.

> 윤철규(조선 105인 사건 참가자)동지는 회상하기를 독립단 간부 조맹선, 양지택, 최
> 영호 기타들의 사명을 받아가지고 연해주에 당도하여 수이푼 다재어골서 홍범도를
> 만나니 해삼 신한촌 돌막거리 백초시내 집에 이동휘가 있으니 찾아가라 하여 해삼가
> 서 이동휘를 만났다. 그는 남만에 있는 독립단 군대 전부를 연해주로 이전시켜 홍범
> 도를 총사령관으로 하고 조선 빨지산 군대를 조직하여 가지고 러시아 빨지산들과 합
> 세하여 소비에트를 옹호하는 전투를 하자고 하였다. (중략)
> 독립단 간부에서는 이동휘, 홍범도의 지시를 실행하기 시작하였다. 제1회로 윤철규
> 와 이종학의 지도하에 단원 400여 명을 노동자로 가장하여 그로제꼬프 구역에 와서
> 그 지방에서 비밀공작을 하던 최태열 동지에게 인계하고 돌아갔다. (중략) 제2회로
> 윤철규동지가 영솔하여 오던 300여 명은 에호역에 당도하여 대한국민의회 부대들
> 에게 억류를 당하고 윤철규는 남만에 돌아가서 일경에게 체포되었다. 제3회로 윤세
> 호동지 영도하에 300여 명이 떠났던 부대는 하얼빈 역에 와서 억류되었다.

라고 하여 대한독립단에서는 연해주에 파견하여 항일운동을 전개하고
자 하였다. 그러나 일부는 에호역에서 대한국민의회 세력에 억류되기
도 하였던 것이다. 이에 조맹선은 청년들을 하얼빈 중동철도를 경유하
지 말고 훈춘 상부로 동녕현 지방으로 연해주로 이동하게 하였다. 그래
서 둘째 번 이동 부대는 동녕현 상부 우잔으로 넘어서 그로제꼬보지방
장재촌에 당도하였다. 조맹선은 이어 본 부대를 끌고 연해주 추풍 재피
거우 지방으로 이동하여 채영 부대와 함께 활동하였다. 이때 조맹선은
하얼빈 호르바트 군대에 붙잡혀 있는 군인들도 유인하여 탈출해오도록
하였다.[66] 한편 이 사건에 대하여 한족회의 기관지 『한족신보』에서 일

정한 비판이 있었다고 한다. 이에 대하여 대한독립단의 항의가 있어 신문에 게재된 내용을 전부 삭제하면서 갈등은 해소되었다.[67]

결국 1920년에 러시아 백계군 내에 있던 한인특설부는 해체되고 말았다.[68] 그러나 이에 굴하지 않고 조맹선은 다시 中露國境지대인 五站등지에 새로이 한인 부대를 설치하여 독립군을 양성하고자 하였다. 그러나 이러한 계획 역시 일제의 간섭으로 실패하고 말았다.[69]

3. 국내와의 연계투쟁, 무장활동

대한독립단에서는 군자금의 모집과 독립군의 양성을 통하여 국내에 진공하여 무력으로 조선의 독립을 달성하고자 하였다. 그러므로 각도에 소집전권위원을 파견하여 다음과 같은 사업을 추진하였다.[70]

> 1. 독립운동 의무금을 징수할 일
> 2. 만주에 있는 본 단에서 動兵하여 압록강을 건너올 때에는 일제히 대응할 일
> 3. 독립단이 개전할 때에는 군인, 군속과 군수품을 징발하여 운수해 보낼 일
> 4. 기타 적병(일본군)과 적국의 경찰관 배치 상황과 적국의 간첩과 친일하는 관리의 조사표를 꾸밀 일
> 5. 행정 관리에 대한 경고문을 본부의 명령으로 선포할 일
> 6. 지방 청년으로 의용군을 조직하여 부에는 이백 명으로 조직한 中隊를 두고 道에는 400명으로 조직한 연대를 설치할 일
> 7. 의용단 중에서 용감한 사람을 선발하여 암살단과 放火隊를 조직하여 암살대는 중앙 기관의 명령을 받아서 관리와 친일하는 사람을 암살하고 방화대는 일이 일어날 때에 경찰서 근처에 불을 놓아 경관이 소방하러 나간 틈을 타서 무기를 탈취하고 경관과 싸우는 동시에 중앙으로부터 대병을 출동시키어 전투를 개시하고 또

---

66 김규면, 노병 김규면 비망록, 299~230쪽.
67 『이자해자전』, 81~82쪽.
68 金承學, 『韓國獨立史』 上, 342쪽.
69 위와 같음.
70 『東亞日報』 1920년 9월 19일자.

각 소에 있는 감옥을 파괴하여 각 처에 있는 죄수를 해방할 일, 군용품은 물론 철
도와 전신을 파괴 절단할 기구를 준비하여 줄 일 등이오.

즉 대한독립단에서는 국내와의 적극적인 연계 하에 무장활동을 전
개, 일제를 몰아내고자 하였던 것이다. 그러나 실제 대한독립단의 활동
은 만주와 국내에서의 일본인 및 친일파 숙청 그리고 일제의 기관 파괴
등을 산발적으로 추진하는 데 그쳤다.

먼저 만주지역과 국내 지역의 친일파 제거활동을 살펴보면 어느 정
도 성공적이었다고 할 수 있겠다. 즉 대한독립단에서는 1919년 4월에
는 통화현으로 부임하는 일본 領事를 사살하였다.[71] 또한 동년 음력 6월
24일에는 일본 밀정 李秉東평북 초산 출신, 49세를 양기하가 유하현 삼원
보에서 제거하였다.[72] 1920년 2월 23일에는 집안현 太平溝에 있는 民團
의 支部長 姜達周 등을 사살하였던 것이다.[73] 또 동년 3월에는 일본 밀
정 姜達秀를 사살하는 등[74] 일본인 및 친일파의 제거에 큰 성과를 거두
었던 것이다.

한편 대한독립단에서는 국내의 평안도, 황해도 등지에서도 친일파를
제거하는 활동을 하였다. 1920년 3월 평북 楚山部 桃源面에서의 순사 암
살,[75] 평북 의주경찰서 순사 김명수 제거 등을[76] 대표적으로 들 수 있
다. 황해도지역에서는 殷栗郡守 崔丙赫을 1921년 8월에 암살하였던 것
이다.[77] 아울러 1919년 12월 11~12일에는 집안현 砬子溝에서 독립단
지단장회의를 개최하여 친일조직인 제우교의 박멸과 조선인조합의 해

---

71 金承學, 『韓國獨立史』上, 343쪽.
72 불령단관계잡건 조선인부 재내지, 1919년 12월 29일 보통보 제22호.
73 金承學, 『韓國獨立史』上, 343쪽.
74 위와 같음.
75 『東亞日報』1921년 10월 11일자.
76 蔡根植, 『武裝獨立運動秘史』, 56쪽.
77 『東亞日報』1921년 8월 19일자.

산을 추구하였다. 독립단에서는 제우교가 동단의 활동을 방해하므로 그 책임자를 처단하고자 하였다. 또한 조선인조합은 일본영사관 관헌의 감독 하에 본부를 안동영사관 안에 두고 지방행정 사무를 담당하고자 하여 독립단과 마찰을 일으키고 있었던 것이다.[78]

대한독립단에서는 일제의 기관파괴에도 노력을 경주하였다. 1919년 9월 24일에는 함경남도 甲山郡 同仁面에 있는 駐在所를 습격하였으며, 아울러 營林廠과 面事務所를 방화하였다. 그리고 1920년 3월에는 평북 碧潼郡에 있는 면사무소와 주재소를 전소시켰던 것이다.[79]

대한독립단에서는 압록강 대안인 八道江에 팔도강 특파대를 조직하였다. 이 단체의 조직에는 李慈海가 수고하였다. 이자해는 조맹선이 몇 년간 준비한 무기를 무송현에 숨겨논 사실을 알고, 安丙雲이 지단장으로 있는 팔도강에 특파대를 조직할 것을 제의하였다. 그 결과 이자해 자신은 구호의무인원을 양성하기로 하고, 金東範을 대장에, 金天斗를 부대장에 임명하여 팔도강에서 훈련이 시작되었다. 이 팔도강 특파대는 압록강을 건너 국내로 진입하여 활동하였다.[80]

한편 대한독립단은 만주 관할지역에 사립학교를 설립하여 단원의 자제들을 입학시켜 민족의식을 고취시켰다. 또한 1920년 10월경 金碩靑·崔燦範·金漢洙 등을 국내의 평안도 의주, 선천, 철천, 구성지방에 파견하여 지방민의 민족의식 고취에 노력하였다.[81]

---

78 불령단관계잡건 조선인부 재내지, 1919년 12월 독립단지단장 회의에 관한 건.
79 金承學, 『韓國獨立史』上, 343쪽.
80 『이자해자전』, 83~90쪽.
81 불령단관계잡건 조선인부 재내지, 1919년 10월 5일, 독립운동선동체포.

V. 대한독립단의 해체 –紀元獨立團과 民國獨立團

　대한독립단은 복벽주의 계열의 세력이 다수를 점하고 있었지만 이와
는 다른 정치노선을 주장하는 세력도 엄존하고 있었다. 따라서 대한독
립단은 연호의 사용 문제를 계기로 단체가 양분되다시피하는 사태가
발생하게 되었다. 즉 檀紀 또는 대한제국의 연호인 隆熙의 사용을 강력
히 주장하는 세력과 대한민국임시정부의 연호인 民國의 사용을 주장하
는 세력 사이에 의견의 대립이 있게 되었던 것이다. 그리하여 1920년 1
월경에 이르면 전자는 기원독립단을, 후자는 민국독립단을 각각 조직
하여 대한 독립단은 양분되기에 이르렀다. 당시의 분열 상황에 대하여
김승학은 자신의 회고록『망명객행적록』에서82 다음과 같이 기술하고
있다.

　　　나는 다시 국내(國內)에 들어가 의주(義州) 선천(宣川) 귀성(龜城)의 각(各) 기관(機關)
　　　을 다녀서 안동현(安東縣)에 돌아오니, 내지(內地)로부터 도래(渡來)한 많은 청년(靑
　　　年)들과 금전(金錢)이 모여 있었으므로 금전(金錢)과 청년(靑年)들을 대동(帶同)하고
　　　관전현(寬甸縣)으로 돌아왔다. 그러나 독립단(獨立團)의 실정(實情)에는 큰 변동(變
　　　動)이 생겼으니, 그것은 종전(從前)에 국내(國內)에서 건너 온 청년(靑年)들과 삼원포
　　　(三源浦) 도총재부(都總裁府)와의 간(間)에 연호(年號) 문제(問題)로 분열(分裂)이 일
　　　어난 것이다.
　　　당시(當時)에 독립단(獨立團) 총단장(總團長) 조맹선(趙孟善)은 청년(靑年)들에게 군
　　　사훈련(軍事訓鍊)을 실시(實施)하기 위(爲)하여 합이빈(哈爾濱)의 노서아백당(露西亞
　　　白黨) "세메노푸" 군중(軍中)에 가서 있고, 도총재부(都總裁府)에는 노인(老人)들만
　　　있었으므로 이 노소(老少)간에 생긴 의견(意見)의 충돌(衝突)을 조정(調定)할 인물(人
　　　物)이 없었다. 노인층(老人層)에서는 기원 연호(紀元 年號)를 고집(固執)하고, 청년파
　　　(靑年派)에서는 대한민국(大韓民國) 연호(年號)를 써야 한다고 주장(主張)하다가, 필
　　　경(畢竟)에 의견(意見)이 합치(合致)되지 못하여 청년층(靑年層)에서는 민국(民國) 연
　　　호(年號)를 사용(使用)하기로 결정(決定)하고 노파(老派)와 분립(分立)하게 되어, 독
　　　립단(獨立團)에는 기원파(紀元派) 민국파(民國派)로 갈리게 되었다. 그리하여 민국파

---

82 김승학의 자서전,『망명객행적록』(『한국독립운동사연구』12, 1998).

(民國派)에 속(屬)하는 청년(靑年) 다수(多數)는 나를 찾아서 관전현(寬甸縣)으로 집중(集中)하여 조국동(趙菊東)을 총재(總裁)로, 신자운(申紫雲)을 단장(團長)으로 모시고, 별개(別箇)의 사무기관(事務機關)을 설치(設置)한 것이다.

즉 당시 국내에서 들어온 청년들과 대한독립단 도총재부와의 갈등으로 묘사하고 있다.

기원독립단은 박장호 · 백삼규 · 이웅해 · 김평식 · 전덕원 · 강규묵 · 김정희 · 백진해 · 채원개 · 백경수 · 조맹선 · 최형준 등이 주요 세력이었다. 이 가운데 대한독립단의 총재부의 중심인물이었던 박장호, 백삼규 등이 그 핵심 인물이었다. 이들은 대부분 유인석의 문인으로서 60대와 50대였음을 알 수 있다. 출신지역을 보면 평안도 출신이 주류를 이루고 있었다. 그리고 학문적인 면에서 볼 때 대부분 한학을 공부한 인물들이었다. 박장호 · 백삼규 · 김평식 · 전덕원 · 조맹선 등이 그러하였다.

민국독립단은 조병준 · 변창근 · 조정환 · 신우현 · 유응하 · 백기준 · 홍식홍문산 · 여순근 · 양기하 · 고율수 · 김시형 · 김승학 등이 중심인물이었다. 민국독립단의 중심 세력은 기원독립단의 핵심 세력에 비해 젊은 세대였다. 학력을 보면 한학을 공부한 인물과 신학문을 공부한 인물로 나누어짐을 알 수 있다. 한학을 공부한 인물로는 조병준 · 신우현 · 고득수 · 조정환 등을 들 수 있다. 조병준은 평북 泰川지역의 대표적인 위정척사론자인 朴文一1822~1894의[83] 제자였다.[84] 신우현은 조병준의 처남으로 평북 의주군 月華面 奏音洞 會谷齊에서 조병준으로부터 공부한 인물이었다.[85] 그는 1905년 조병준과 함께 의병을 일으키기도 하였

83 이광린,「舊韓末 關西地方 儒學者의 思想的 轉回 – 雲菴, 誠菴의 弟子를 中心으로」,『斗溪李丙燾博士九旬紀念韓國史論』, 지식산업사, 1987, 725쪽.
84 義州郡誌編纂委員會,『義州郡誌』, 164~165쪽.
85 앞의 책, 154쪽. 조병준의 손자 조동만의 <나의 회고> 해제(김병기 작성,『한국독립운동사연구』 14집, 2000년).

다.[86] 고득수 · 백기준 · 김승학 역시 조병준의 문인이었다.[87] 즉 한학을 공부한 인물은 박문일의 제자인 조병준 그리고 조병준의 문인들이었음을 알 수 있다. 특히 여기서 주목되는 점은 조병준이 박문일의 문인이었다는 사실이다. 박문일의 문인들 가운데에는 상당수가 1900년에 들어서 사상적 轉回를 하여 위정척사 사상을 버리고 계몽운동에 참여하였다.[88] 이러한 맥락 속에서 보면 조병준이 신학문에 대하여 유연한 입장을 보여 신학문을 한 인물과 행동을 같이 한 이유를 이해할 수도 있을 것이다.

민국독립단의 구성원 가운데에는 평북 의주 출신들이 많이 보인다. 조병준 · 신우현 · 백기준 · 고율수 · 김시형 · 김승학 등이 그들이다. 그리고 이들 중 신우현 · 백기준 · 김승학 등은 1923년 조병준을 따라 내몽고 포두로 이동하여 활동하였다.[89]

대한독립단은 연령별, 또는 그들이 배운 스승과 학문의 내용구학문, 신학문 등의 차이, 그리고 대한민국임시정부에 대한 입장의 차이로 기원독립단과 민국독립단으로 나뉘어졌던 것이다. 그리하여 민국독립단원들은 1920년경부터 대한청년단연합회의 회원들과 연합하여 상해 임시정부를 지지하는 광복군사령부를 결성하여 활동하였다.[90] 그리고 기원독립단원들은 1922년에 光韓團 등 독립운동단체들과 회합, 대한통의부로 발전적인 해체를 하였으나 대한통의부의 구성원들과도 이념상의 문

---

86 金厚卿, 『大韓民國獨立運動功勳史』, 635쪽.
87 『義州郡誌』, 140쪽, 나의 회고 해제(김병기).
88 이광린, 앞의 논문, 735~740쪽.
89 나의 회고 해제(김병기); 민국독립단의 조병준 등 다수의 인사들은 1923년 말경 내몽고의 포두로 이동하여 義民府 등을 조직하여 독립운동을 전개하였다(한시준, 「내몽고지역의 한국독립운동」, 『한국독립운동과 몽골』, 한몽공동학술회의, 한국근현대사연구회 주최, 2001, 31~35쪽).
90 독립운동사편찬위원회, 『독립운동사』 5, 264~286쪽. 광복군 사령부의 조직에 대하여는 『이자해자전』, 103~104쪽에 자세히 서술되어 있다.

제로 갈등을 겪게 되었다.[91] 그 결과 1923년 2월 환인현 大荒溝에서 복벽주의 단체인 의군부를 조직하게 되었다.[92]

VI. 결어

대한독립단은 1919년 3 · 1운동 이후 만주에서 조직된 대표적인 독립운동단체 가운데 하나이다. 특히 서간도지역에서는 서로군정서와 함께 대표적인 항일무장단체로서 대중적인 지지를 받기도 하였다. 이 단체의 특징을 몇 가지 언급함으로서 결어에 대신하고자 한다.

우선 대한독립단은 유인석 계열 유학자들이 중심이 되어 조직된 단체라는 특징을 보이고 있다. 유인석 계열은 국내, 만주, 러시아 등지에서 지속적인 의병투쟁을 전개하였으며, 1910년 이후에는 서간도지역으로 이동하여, 독립운동 근거지를 마련하고 최후의 투쟁을 준비하였다. 그러나 1910년대 상반기 그들의 구심점이 되었던 유인석이 사망하였다. 그럼에도 불구하고 그들은 지속적인 투쟁을 전개하였던 것이다. 그리고 그 마지막 모습이 바로 대한독립단이라고 할 수 있다. 즉 대한독립단은 유인석 계열 운동의 연계선상에서 평가될 수 있는 단체라고 할 수 있겠다.

둘째, 대한독립단은 대한제국의 재건을 주장하는 복벽주의단체였다는 점이다. 3 · 1운동 이후 대한민국임시정부가 수립된 이후에도 복벽주의적 사고와 단체들은 상존하였다. 바로 대한독립단은 그러한 단체의 전형을 보여주는 것이라 할 수 있다. 결국 기원독립단과 민국독립단으

---

91 丁原鈺, 「在滿 大韓統義府의 抗日獨立運動」, 『韓國學報』 36, 1984, 135~136쪽.
92 독립운동사편찬위원회, 『독립운동사』 5, 435~436쪽.

로의 분열은 복벽주의 계열의 3·1운동 이후의 향배를 보여주는 것이라고 할 수 있다.

셋째, 대한독립단은 독립군 양성을 위해 러시아 백군과 연합하고자 하였다. 이러한 측면은 지금까지 별로 밝혀져 있지 않았다. 이점 역시 대한독립단의 복벽적 특성과 관련이 있는 것이다. 대한독립단 출신 가운데 러시아로 이동한 세력은 연해주 한인 빨치산과 연계하여 백군과 일본군에 대항하며, 투쟁을 전개하였던 것이다.

넷째, 대한독립단은 만주지역, 러시아지역, 그리고 국내 지역을 중심으로 여러 독립운동 단체들과 다양한 연대투쟁을 전개하였다. 아울러 각 지역에 살고 있는 주민들과도 군자금 모집, 친일파 숙청 등 여러문제로 긴밀한 연락관계를 취하였다. 앞으로 이러한 부분들이 좀더 밝혀질 필요가 있을 듯하다.

결국 대한독립단은 3·1운동 이후 국민들의 독립운동에 대한 관심 부족과 대중적 지지의 약화, 복벽적 사고 등으로 인한 자체 분열 등으로 해체의 길을 걷게 된다. 그리고 1922년 대한통군부로 발전적 해체를 하게 된다고 하겠다.

제4장

신흥무관학교에 대한 새로운 사료와 졸업생들의 민족운동

Ⅰ. 서언

신흥무관학교는 1911년 6월 만주 유하현 삼원보에서 신흥강습소로 출발한 이후 유하현, 통화현 등 여러 지역에서 학교를 개교하여 독립군 양성에 크게 기여하였다. 그 결과 신흥무관학교 졸업생인 원병상이 1911년 추가가 제1회 졸업생에서부터 1919년 11월에 이르기까지 본교 분교 지교를 통틀어 그 졸업생 수가 3천 5백 명에 달할 것으로 추산할 정도로 많은 수의 독립군을 배출하였다. 그리고 이들 졸업생들은 그 이후 국내외 항일운동의 중추적인 역할을 담당하였던 것이다. 1930년대 중국 지역에서 활동한 독립운동단체인 韓國國民黨의 기관지 『韓民』3호 1936.5.25에 실려 있는 「西間島 初期 移住와 新興學校時代 回顧記」에,

만주 기타 각 방면에 있어서 활동하고 있던 투사 중 이 학교 출신이 가장 많은 수를 차지하고 있어서 일본에서도 이 학교를 질시했다.

라고 있듯이, 신흥무관학교의 출신들은 日帝를 물리치는 데 큰 역할을 하였던 것이다.

그러므로 학계에서도 일찍부터 신흥무관학교에 주목하여 많은 성과가 이루어졌다.[1] 특히 2011년에는 신흥무관학교 설립 100주년을 맞이하여 그 연구성과들이 집대성되기도 하였다.[2] 그렇다고 하여 신흥무관학교의 모든 것이 밝혀진 것은 아닌 것 같다.

본고에서는 신흥무관학교에 관하여 그동안 등한시했던 부분들에 대하여 일차적으로 주목하고자 하였다. 우선 임필동이란 인물에 대해 살펴보고자 한다. 임필동은 신흥무관학교로 추정되는 양성중학교 교장으로 활동한 인물이다. 아울러 일본 육사 출신인 김경천의 회고록인 『擎天兒日錄』과 지청천의 일기인 <자유일기>를 통하여 신흥무관학교에 대하여 알아보고자 한다.

다음으로는 신흥무관학교 졸업생들의 졸업 후 활동상에 대하여 살펴볼 것이다. 해방 전의 경우는 중국에서 활동한 인물, 국내에서 활동한 인물, 공산주의 활동을 한 인물 등으로 나누어 밝혀보고자 한다. 해방 후에는 대한민국이나 북한에서 활동한 인물에 대하여 알아보고자 하였다. 또한 가능하면 그동안 밝혀지지 않은 인물들의 활동을 중심으로 살펴보고자 하였다.

---

1 박환, 「만주지역의 신흥무관학교」, 『만주한인민족운동사연구』, 일조각, 1991.
　서중석, 『신흥무관학교와 망명자들』, 역사비평사, 2001.
2 『신흥무관학교와 항일무장독립운동』, 신흥무관학교 100주년 기념 학술회의, 신흥무관학교 100주년 기념사업회, 2011.
　독립기념관, 『한국독립운동사연구』 40, 2011.12. 한시준, 김태국, 김주용의 논문이 실려 있다.

II. 신흥무관학교에 대한 새로운 사료

신흥무관학교 연구자들은 이회영3을 중심으로 한 기독교계 인물, 이
상룡, 김동삼, 김대락4 등 경북 안동 출신 인물들을 중심으로 그동안 관
심을 기울여왔다. 아울러 최근에 여준5 · 윤기섭6에 대하여 주목하고 있
다. 그러나 사실 신흥무관학교에 관여한 중심인물들은 많다. 우선 우당
이회영 6형제 가운데 이시영에 좀 더 주목할 필요가 있을 것 같다. 그는
조선의 거물 정치인이었으므로 만주지역에서 일본 측의 주된 감시의
대상이 되었다. 아울러 이동녕에 대하여도 보다 주목할 필요가 있을 것
같다. 『신한민보』 등에서는 신흥무관학교와 관련하여 이동녕에 대하여
자주 언급하고 있다.7 그 외에 이세영 · 김창환 · 채찬 · 이장녕8 · 장도
순 · 장한순 형제9 등에 대하여도 연구가 이루어져야 할 것이다.10

---

3 이회영에 대하여는 박환, 이덕일 등에 의하여 다수의 연구가 있다. 최근에는 우당 이회영 일가
 망명 100주년을 맞이하여 기념학술회의가 있었다. 『우당 이회영일가의 망명과 독립운동』
 (2010, 우당기념관).

4 안동독립기념관에서 최근 이상룡과 김대락의 문집인 『석주유고』와 『백하일기』가 번역 간행
 되어 이 분야 연구에 크게 기여하고 있다. 안동 출신들에 대하여는 김희곤의 집중적인 연구가
 있으며, 김대락을 중심으로 강윤정의 연구가 돋보인다. 김희곤, 『안동사람들의 항일투쟁』, 지
 식산업사, 2007; 강윤정, 「백하 김대락의 현실인식과 민족운동」, 『백범과 민족운동』 7, 2009.

5 김태근, 「여준의 구국교육운동」, 『용인향토문화연구』 6, 2005.

6 신흥무관학교 설립 100주년과 윤기섭선생 학술회의, 2011.

7 신한민보 이동녕사략(홍언찬) 1940년 5.30, 6.6, 6.13, 6.27, 7.4, 7.18, 7.25.

8 이장녕에 대하여는 기초적인 연구들이 있다. 이덕선, 최동원, 「백우 이장녕 장군 부자－독립
 운동약전」; 이석희(이장녕의 손자), 「백우 장녕 선생 독립투쟁사」. 이장녕은 김대락의 백하일
 기에 자주 등장하나 구체적인 내용은 별로 언급되고 있지 않다. 이상룡의 손부 허은 여사 회고
 록인 『아직도 내 귀엔 서간도 바람소리가』(정음사, 1995)에도 간단한 언급이 있다. 이장녕은
 만주로 처음 이주할 때 도운 이병삼의 아들이다. 이장녕의 아들 이의복도 신흥무관학교 출신
 이다. 이동녕과는 4촌간이다.

9 장도순, 장한순 형제는 개성 남산 출신들이다. 만주 이주 초기에 유하현 삼원보로 이주하여 합
 니하에서도 독립운동에 참여하였다. 장한순의 경우는 1922년 1월 봉천성 무순현에서 대한독
 립군비단에서도 활동하였다(『한민』 1936.5.25, 불령단관계잡건 재만주부, 국외용의전조선인
 명부).

본 장에서는 그동안 주목받지 못한 신흥무관학교에 대하여 알아보고자 한다. 양성중학교 교장으로 알려진 임필동, 아울러 김경천과 지청천의 수기를 통하여 신흥무관학교에 대한 새로운 사실들에 대하여 알아보고자 한다.

1. 양성중학교 교장 林必東(林勉洙)

姜德相이 편한 『현대사자료』 27 조선3 160~161쪽에는 <재외조선인경영 각 학교 서당일람표> 1916년 12월 조사, 조선주차헌병대사령부 압록강대안지방의 부 2라는 항목에 다음과 같은 기록이 있다.

養成中學校 哈泥河 南溝 四㖅 排日主意 1915년 4월 양성이라고 개칭

교장 임필동, 校首 李世英, 교사 車貞九 金長五 史仁植 李文學 申基禹 尹振玉, 재무감독 李東寧
기숙생 21, 통학생 41 학생 연령 15세부터 28세까지
중등교과산술, 國語文典, 高等小學讀本, 新訂산술, 最新高等學理科書 교육학 大韓新地誌 초등윤리과, 新選박물학, 중등산술 新選理化學, 幼年必讀, 보통경제학, 윤리학 교과서 대한국사, 사범교육학 新編화학 등
종래의 유지법을 일변해서 생도의 공비 등은 각자 지불하게 하고 단지 수업료는 없음
처음에 대동중학교라고 칭하다가 후에 신흥학교라고 고쳤다가 다시 양성중학교라고 개칭

필자가 주목하고자 하는 있는 인물은 위의 기록에 양성중학교 교장으로 언급되고 있는 임필동이다. 임필동의 경우 필동은 호이고, 이름은 면수이다. 국내에서는 임면수라고 불리웠다. 그는 1874년 6월 13일 수

---

10 앞으로 신흥무관학교 설립에 참여한 인물들이 학교 건립에 기부한 자금에 대한 검토가 심층적으로 이루어져야 할 것이다(박영석 교수 교시, 2012.5.25).

원군 수원면 梅香里에서 출생하였다.[11] 부친은 林鎭曄洙이고 어머니 宋씨 사이에 2남이다.[12]

임면수는 향리에서 전통교육을 받았다.[13] 그 후 그는 개항 이후 조선이 근대화되자 누구보다도 발 빠르게 근대적인 실용 학문에 관심을 기울인 것으로 보인다. 황성신문 1903년 6월 18일자에는 그가 양잠학교를 졸업한 기록이 보여 관심을 끈다.

황성신문 1903년 11월 06일 (1513호) 잡보 ⊙華校蠶業
水原養잠學校秋期卒業榜이 如左니 優等은 梁載純 崔錫圭 二人이오 **及第난 林勉洙**
洪璟裕 等 六人이오 進級生은 李容默 等 四人이더라

위의 기록에서 볼 수 있는 바와 같이, 임면수는 1903년 수원양잠학교 추기 졸업 명단에 기록되어 있다. 당시 우등은 양재순과 최석규였으며, 임면수는 홍경유 등 5명과 함께 졸업하였다.

한편 양잠학교를 졸업한 임면수는 당시 시세를 보아 일어 공부를 위하여 화성학원에 진학한 것 같다. 황성신문 1905년 5월 9일 華校卒業에,

華校卒業
水原華城學校에서 去月二十六日에 第一回卒業式을 擧行卒業生은 林勉洙 等 七人이오 三學年進級證書를 受者李容勳 等 十餘人이오 二學年은 羅弘錫 等 二十餘人이오 一學年은 羅景錫 等 二十餘人이오 豫科生은 池閨喜 等 三十餘人인合 八十餘名이라더라

이라 있는 바와 같이, 임필동은 1905년 4월 26일 수원화성학교를 6명의 동료들과 함께 졸업하였다. 그런데 임필동은 일어에 능하였음에도 불

---

11 『광복선열 고필동임면수선생약사』, 1963년 2월 25일 許英伯.
12 임면수 호적등본 참조.
13 『광복선열 고필동임면수선생약사』.

구하고 상동청년학원에서 민족교육을 받고, 수원에 남아 구국운동을, 그리고 만주로 망명하여 독립운동을 전개하였다는 점에서 그의 인물됨을 짐작해 볼 수 있을 것 같다.

임필동의 상동청년학원에서의 공부에 대한 기록은 허영백이 작성한 그의 비문에만 등장한다. 비문을 보면 다음과 같다.

> 당시 구한말 선생은 뜻한 바 있어, 수원에서 서울로 상경하였다. 상동감리교회 안에 설립되어 있는 청년학원에서 영어와 일어와 측량을 공부하면서 기독교에 입교하였다. 상동청년학원은 상동교회의 담임목사 전덕기 목사가 설립하였다. 당시 이곳은 기독교 중견인물들의 집합소이며 애국자들의 총집합소였다. 임면수는 서울에 유학하면서 교회와 독립협회가 주최하는 강연회니 토론회니 정부탄핵 연설장이니 강습회니 빠짐없이 따라다니며 식견을 넓히고 인격 향상에도 노력하였다. 특히 강화에서 사학을 30여 처나 설립하고 독립교육에 매진하고 있는 이동휘 씨의 감화를 많이 받았다. 그리하여 선생은 국가민족의 항로를 계몽하고 선도하는 지침이 오직 교육부터라는 것을 절감하고 행리로 돌아와 신교육을 개척하고자 하였다.[14]

1907년 전국적으로 국채보상운동이 일어나자 상동청년학원에서 민족의식을 고취한 임필동은 김제구, 이하영 등과 함께 국채보상운동에 적극적으로 참여하였다.

> 『대한매일신보』 1907년 3월 9일자 3면 잡보
> **奮發意氣**
> 수원사는 이하영 · 임면수 · 金台濟 3씨가 國債報償事에 대하여 先爲倡論하여 使府內人民으로 咸有愛國經財之心케 하고 국한문 취지를 자비발간하여 逢人輒給에 以啓其奮發之心하여하엿다더라.

라고 하여, 이하영 · 임필동 · 김태제 3인이 국한문 취지서를 자비로 발간하여 주민들의 동참을 호소하였음을 밝히고 있다. 아울러 1907년 3월 26일 3면 잡보 <三氏奮義>에서는 취지서 수백 장을 발간하여 수원

_____
14 『삼일학원 65년사』, 79~80쪽.

뿐만 아니라 경기 각 군에 배포하였음을 보여주고 있다. 김제구 · 이하영 · 임필동 등이 배포한 국채보상 취지서는 『대한매일신보』 1907년 3월 29일자에 잡보 <국채보상취지서>에 실려 있다.

한편, 1903년 임필동은 즉시 젊은 동지들과 함께 수원에 삼일학교를 설립하였다. 1909년에는 삼일학교 교장으로서 관내 사립학교설립운동을 주도하거나 후원하는 등 교육가로서 면모를 유감없이 발휘하였다. 주민들 칭송은 그를 이곳 계몽운동을 대표하는 인물로서 부각시켰다.[15] 『대한매일신보』 1909년 1월 9일자 <학계헌신>이란 제목 하에 다음과 같이 보도하고 있다.

> **수원부 내 삼일학교 교장 임면수**씨는 本以名望才藝로 多士心腹하는 바 이어니와 수년전부터 교육계에 전심전력하여 학교가 處處設立하고 일일확장한다 하니 **유지인사의 대모범이 되리라고 물불칭송한다고 한다.**

아울러 기호흥학회월보 제7호 1909년 2월 25일발행, <學界彙問>에서도 임필동의 활동을 다음과 같이 높이 평가하고 있다.

> △ 學界獻身 水原府內 三一學校校長 林勉洙氏는 素以德望才藝로 多士가 心服ᄒᄂᆫ 바이어니와 數年前부터 敎育界에 專心積力ᄒ야 學校를 處處設立ᄒ고 日日擴張ᄒᆫ다 더라.

라고 하고 있는 것이다. 임필동은 삼일학교에서 활동하는 한편 1908년 기호흥학회 수원지부에서도 중추적인 역할을 하였다.

임필동은 1910년 나라가 망하자 1911년 2월 가족을 이끌고 만주 서간도로 망명하였다.[16] 이에 그는 삼일학교를 나홍석에게 위탁하였다.

---

15 기호흥학회, 「학계휘문, 學界獻身」, 『기호흥학회월보』 7, 39쪽.
16 임면수 호적 참조.

극비리에 가족을 이끌고 1910년 10월 초 봉천성 회인현 횡도촌으로 망명하여 그곳에서 독립운동을 시작하였다.[17] 그의 부인 전현석은 수시로 닥치는 별동대, 특파대 각양 인원의 식사를 하루에 5~6차례씩 밥을 지어야 했고, 각인각색의 보따리와 총기를 맡으며, 챙겨주어야 하는 혁명투사의 아내로써 그 고역은 필설로 표현할 수 없을 정도였다.[18]

한편 불령단관계잡건 재만주부 1914년 12월 28일 <불령자처분>자료의 별첨자료 <서간도재주 불령선인조사> 총 54명 중에 보면 임필동은 다음과 같이 기록되어 있다.

> 在住地:통화현
> 원적지: 경기 수원
> 성명: 林弼東
> 연령추정: 50
> 비고: 객주업을 하는 유력자[19]

표에는 통화현, 유하현, 회인현, 해룡현 등지에 총 54명의 독립운동가가 거주하는 것으로 되어 있다.[20] 그중 통화현 합니하에 거주하는 인물이 다수이나, 임필동은 통화현에 거주하는 것으로 되어 있다. 총 54명 중 대부분이 신흥학교 관련 학자 및 교사들이다. 임필동처럼 객주업에 종사하는 인물은 모두 4명이다. 통화현의 경우 李啓東충청도인, 50세, 객주업으로서 유지자, 임필동, 통화현 추가가의 경우 李時中평안도인 36~37세, 객주업유지가, 통화현 快當帽子의 경우 崔時明평안도인 42~43세, 객주로서 유

---

17 임면수 선생약사.

18 『삼일학원 65년사』, 82쪽 비문에는 다음과 같이 기록하고 있다. 그 당시 독립운동가로 선생 댁에서 잠은 안 잔이가 별로 없고, 그 부인 전현석 여사의 손수 지은 밥을 안먹은 이가 없었으니 실로 선생댁은 독립군 본영의 중계 연락소이며, 독립운동 객의 휴식처요, 무기보관소요, 회의실이며 참모실이며 기밀 산실이었으니.

19 국사편찬위원회, 『한국독립운동사 자료』 39, 중국 동북지역 편 1, 2003, 481쪽.

20 국사편찬위원회, 『한국독립운동사 자료』 39, 중국 동북지역 편 1, 2003, 480~482쪽.

지자 등이다. 이중 임필동만을 "유력자"로 표현하고 있다.

임필동이 독립운동가로서 여관업에 종사하였음을 일본외무성문서 불령단관계잡건 재만주부 <1916년 8월 5일자 배일선인 비밀단체 상황 취조의 건>을 통해서도 짐작해 볼 수 있다. 부민단에서는 1916년 3월 16일 회의결과 독립운동가들의 근거지가 날로 위험해지고 있다고 판단 하였다. 당시 부민단 총장은 許爀, 서무장 李沰, 경무장 任範鎬, 실업장 李喆, 외교장 廓文, 학무장 李相龍, 강습소장 李喆, 교육회장 呂準, 교육 회 부회장 李鐸 등이었다. 그 결과 200명으로 구성된 결사대일명 山獵隊 를 편성해서 통화현에 영사관 분관 등을 설치하는 것에 강력히 저항하 고자 하였다. 이러한 계획하에 이미 7~8명은 통화현 시가에 잠입하였 다. 일본 측 자료에서는 일찍이 통화현 東關大街 거주의 여관영업자 경 기도 수원부생 林必東은 이러한 종류의 무리라고 기록하고 있다.

불령단관계잡건 재만주부 1916년 9월 9일자 재안동영사가 일본외무 대신에게 보낸 <재만조선인비밀결사취조의 건에 대한 회답>에도 임 필동이 언급되고 있다. 본 자료에서는 당지통화현의 배일자 중 유력자인 결사대원 林必東또는 林弼東이라고 쓰기도 한다라고 표현하고 있어, 1916년 당시 임필동이 통화현지역의 유력 항일운동가임을 살펴볼 수 있다.

임필동은 1920년 10월 일본군의 간도 출병 이후 해룡현 北山城子에 서 일본군 토벌대에 체포되었다. 그는 鐵嶺으로 압송 도중 밤에 중국인 여관에서 번잡한 틈을 타서 한국인 경찰 柳泰哲의 도움으로 탈출에 성 공하였다. 낮에 숨고 밤에는 걸어서 14일 만에 길림성 伊通縣 구유수孤 楡樹 한인 농촌 박모의 집에 은둔하였다가 장춘을 거쳐 부여현에서 겨 울을 보냈다. 1921년 2월경에 길림시내에 잠입하여 남북연락과 활동을 하다가 밀정의 고발로 길림영사관에 체포되었다.[21] 일제의 체포 사유

---

21 임면수 선생약사.

등은 일본 측의 다음의 기록을 통하여 알 수 있다.

임필동은 체포된 후 평양감옥으로 압송당하였다. 가족들은 이 사실
을 늦게 알고 1년 후에 수원으로 귀향하였다. 병보석으로 가족에 의해
수원에 돌아왔으나 거처할 방이 없었다. 1930년 11월 29일 56세의 나이
로 순국하였다.[22]

2. 『경천아일록』에 보이는 신흥무관학교와 김경천

김경천은 지청천과 함께 3·1운동 후 만주로 망명하여 신흥무관학교
교관으로 활동한 인물로 널리 알려져 있다.[23] 최근 발굴된 김경천의

---

22 『삼일학원 65년사』, 1968, 83쪽.
23 박환, 「시베리아의 항일운동가 김경천」, 『대륙으로 간 혁명가들』, 국학자료원, 2003.

『擎天兒日錄』24에 지금까지 알려지지 않은 내용이 있어 소개하면 다음과 같다.

(3・1운동 당시－필자 주) 청년회관에 있을 때도 知友들이 나에게 칼을 빼시오, 이제는 별수 없으나 칼을 빼시요하며 여럿이 권한다. 여러 붕우의 말대로 내가 칼을 빼자면, 서간도 북간도 아령 3곳으로 出奔하는 문제다. 나 자신도 국외에 臥薪 한지 15년에 오늘날을 기다렸다. 또 나의 책임인가 한다. 天賦의 識分이다. 나를 빼고 적당한 자가 없음을 나도 안다. 연일 회의가 나의 정원에서 있었다. 마침 李應俊, 池大亨 二君이 来到하였다. 더욱 일이 결행을 요구하게 된다. 池君은 本意로 응낙하며, 外地로 出奔하게 되나, 李君은 마지 못하여 대답하는 것이다.

즉, 김경천은 지청천과 함께 망명하기 전 사직동에 있던 자신의 집 정원에서 망명 논의를 진행하였음을 알 수 있다. 또한 김경천의『경천아일록』의 기록을 통하여 1919년 6월 당시 신흥무관학교 분위기를 짐작할 수 있을 것 같다.

우리(지청천, 김경천 등－필자 주)의 고난이 끝이 있어 약 15일 만에 봉천성 유하현 고산자 대두자에 있는 서간도 무관학교에 도착하여 南一湖君家에 정착하였다. 본 무관학교는 본년 3월까지 보통교육을 실시하였다가 독립선언 이후로 그것을 전폐하고 군사학을 시작하니 매우 모든 일에 유약하더라. 胡人家에 차입하였고, 방 건축도 하는 중이더라. 학생은 내지로서 독립선언 한 이래로 일인의 압박으로 인하여 出境한 청년과 서간도 각지에서 온 사람이 모두 200명이 될락말락하다. 이것으로 세계강국의 하나가 되는 일본을 대적코자 함은 너무도 小하더라. 그러나 남만주에 있는 우리 힘이 原弱하다. 그러므로 적을 대적하는 것은 불가능이다. 더구나 지방 주민이 가난하므로 이에 더 요구할 도리가 없다.

나보다 몇일 먼저 도착한 申英均 씨가 있다. 경성 무관학교 2회 출신이요. 사람됨이 군인적 군인이므로 우리 국가에 難得之人이니드라. 새로 온 사람이 우리 3인(지청천, 김경천, 신영균－필자 주)이 되자 옛날부터 교육하던 사람들이 자연 우리를 실어하여 그 사이에 자연 학생까지도 신구의 구분이 생기니 우리 民性이 실로 가련하다. 이러하므로 충분한 교육도 못하고 사고에 사고로 인하여 분파가 많이 생겼다. 남일호 씨는 오직 공평하게 사무에 헌신하드라. 오호라 내가 동포를 위하여 일점의 사사

24 김경천,『경천아일록』, 학고방, 2012.

로움도 없이 자기의 安平을 불구하고 처자의 哀訴를 돌아보지 않고, 위함한 행동을 가지고 북쪽 땅으로 왔더니, 금일에 이르러 보니 너무도 世人은 냉랭하도다.

본 학교에 원래부터 있던 사람들은 지식도 없고 主心도 없으면서, 명예와 주권(변변치도 않은 주권)을 가지고, 우리를 일종의 기계로 사용하고자 한다. 자기들의 능력이 능히 나를 기용할만 하면 모르겠다. 하지만은 그들은 군사학은 물론 보통학도 모르는 愚夫요, 인격도 없나니라. 소인배의 행동으로 옛날에 온 학생들을 우리에게 반항토록 추키는 일도 있다. 이와 같이 우매한 지방, 인민을 아지 못하고 나는 너무 중요시함이 나의 부족이다. 나는 생각한다. 이 모양으로는 도저히 최후최대한 목적을 못 실행하리라 한다. 이상과 같으므로 학과며, 기타 모든 것이 無爲하게 세월을 보냄도 있다.

즉, 김경천 등 일본 무관학교 및 일본군에서 활동하다 조국의 광복을 위하여 청운의 꿈을 갖고 만주로 망명한 이들에게 신흥무관학교의 당시 모습은 안타까움 그 자체였을 것은 자명한 것이라고 할 수 있다. 더구나 마적의 출몰 등은 군사교육을 실시하는 데 있어 큰 장애가 되었던 것으로 보인다. 『경천아일록』에 다음과 같은 기록이 보인다.

거기다가 마적의 襲來가 많다. 만주의 賊이 부대를 지여가지고 각 도시라도 백주에 습래하여 여러 萬金을 奪去하며, 혹 人子人女를 수용하여 산중에 웅거하여 大金을 징수하며 인가에 들어가면 豚牛의 종자도 아니 남긴다. 그 무리는 작으면 수십이며, 크게는 기천이라. 소위 官兵이란 것은 방관적이요. 오히려 월급이 지체되면, 총을 가지고 도적이 된다. 올 여름에 고산자 무관학교에 2번이나 야간에 내습하여 학생, 교사 몇 명을 잡아갔다. 어떤 학생은 그 적과 格투하여 다치기도 하였다. 이러하므로 군사교육은 자연히 충실치 못하였다.

한편 이러한 어려움 속에서도 김경천은 한민족으로서의 자부심과 자긍심을 갖게 되었던 것 같다. 바로 신흥무관학교 근처에 고구려 무덤들이 있어 우리의 역사에 대한 인식들을 갖게 되었을 것이다. 특히 일본에서 공부한 김경천, 지청천 등에게 있어서 고구려 유적들은 큰 감동으로 다가 왔을 것으로 보인다. 『경천아일록』에 다음과 같은 기록이 보인다.

孤山子에는 孤山이라는 一獨山이 있어 그 산 남쪽 경사에 우리나라 사람의 古冢이 많다. 이는 틀림없이 고구려왕조의 유적인가 하노라. 田野에서 石造한 방아확, 古器 등이 근년에는 얻은 것이 많다. 大韓民이 다수가 移入한 이래로 사적이 분명하다 한다. 또한 만주인도 말하기를 한인이 만주를 回有하자는 吞兆라고 한다. 우리 역사를 보아도 이 만주는 본시 우리의 영토가 분명하다. 漢唐 이후로 점차로 요동 만주를 빼앗겼다. 현재 우리가 이땅에서 활동함에 우리 선조가 이미 웅거하던 그 後蹟을 밟고 있다. 枯木이 生花하는 격이라고 한다. 그런데 나의 의문이 많다. 아는 분에게 고하니, 이 넓은 만주지방에 살던 우리 부여족이 엇지 되고, 현재는 그 분묘만 남았는가, 압록강을 넘었나?, 胡族에 동화하였나, 다른 지방으로 이주하였나, 우리 역사가의 연구를 기대하노라

6월에 만주로 망명한 김경천 등은 가을이 되기 전에 압록강을 넘어 국내로 진격하고자 하는 꿈을 이루기를 기대하여 신흥무관학교에서 항일운동을 전개하고 있던 것 같다. 『경천아일록』에 다음과 같은 기록이 보인다.

여름이 다가고 초가을이 올려고 한다. 여러 유지들은 낙엽이 떨어지면 군사행동이 불리하니 무기를 준비하여 가지고 압록강을 한번 넘기가 소원이라 한다. 나도 그러하게 생각하나 현재의 형편으로는 압록강은 고사하고 개천도 못건너겠다고 생각한다. 그러나 이에 무기문제가 생겨 혹은 무송현으로 가자며, 혹은 러시아령으로 가자고 한다. 회의한 결과로 러시아령 니코리스크로 가기로 하였다. 위원을 정하니 나와 신영균 두사람이다.

위에서 보는 바와 같이 신흥무관학교가 독립전쟁을 추진하기 위해서는 무엇보다도 무기의 구입이 급선무였다. 그러므로 무기에 정통한 김경천과 신영균을 러시아로 파견하기로 결정하였던 것이다. 다만 지청천은 신흥무관학교에 계속 남아 학교와 운명을 같이하게 된다. 지청천이 신흥무관학교에 계속 남게 된 것은 신식 군사훈련을 받은 두 사람 모두 자리를 비울 수 없는 상황과 학생들에 대한 애착과 현지 독립운동가들과의 적응문제 등이 언급될 수 있을 것 같다.

3. <자유일기>에 보이는 지청천과 신흥무관학교

지청천은 일본 육군사관학교 출신으로서 일본군을 탈출하여 식민지시대 항일무장투쟁을 이끈 대표적인 인물로 널리 알려져 있다.[25]

지청천은 만주로 망명한 이후 신흥무관학교 교관, 자유시 참변 이후에는 고려혁명군 사관학교 교장, 1920년대 중반에는 정의부 중앙집행위원, 군사부장, 의용군 사령관, 1930년대 전반기에는 한국독립군 사령관, 조선민족혁명당 군사부장, 1940년대에는 임시정부 군무부장, 한국독립당 중앙집행위원 등으로 활동하였다. 즉, 그는 중국지역에서 1920년대부터 1940년대에 이르기까지 20여 년에 걸쳐 중국에서 전개된 항일무장투쟁의 대표적인 지도자이다.[26]

1935년 11월에 중국 杭州에서 결성된 민족주의진영의 대표적인 독립운동정당인 한국국민당의 기관지인 『한민』 15호1937.7.30에서는 지청천의 망명과 신흥무관학교에서의 활동 부분에 대하여는 다음과 같이 간단히 언급하고 있다.

> 본래 조국광복에 높은 뜻을 갖은 선생은 삼일독립선언 당년 오월에 현역군관을 내버리고 만주에 망명하여 신흥학교의 군사교관이 되었다가 이듬해에 학교를 교성대로 개편하고 대장이 되어 장교 양성에 전력하던 중

지청천 장군의 망명 이전 상황과 망명과정 등에 대하여는 지청천 장군이 쓴 <자유일기>[27] 1951년 3월 1일자, 1952년 3월 1일자, 1953년 2월 16일자 등에 잘 나타나 있다. 그중 1952년 3월 1일자를 보면 다음과 같다.

---

25 박환, 「만주에서의 항일무장투쟁과 지청천」(미발표 논문).
26 지청천 장군의 개인 이력에 대하여는 『신한민보』에서도 2회에 걸쳐 자세히 보도하고 있다.
　　홍언찬, 「이청천사략」, 『신한민보』 1940년 10월 24일자 및 1940년 11월 7일자.
27 자유일기 원본은 현재 민족문제연구소에서 보관하고 있는 것으로 알려져 있다.

나는 이때에(3 · 1운동 시―필자 주) 천도교의 손병희씨와 연락하고 재일 우리 유학
생을 지도하고 있었다. 자3월 1일 이후로 일본당국의 나에 대한 감시는 더욱 심하여
졌다. 4월 중순 경 현역장교의 직을 帶한 채로 압록강을 넘어 만주로 망명할 때까지
도 혁명의 길을 찾노라고 苦心慘憺하였다.

지금까지 자료들에는 지청천의 망명 후 신흥무관학교 도착과 그곳
에서 느낀 점들, 활동 등에 대하여는 기록들이 보이고 있지 않다. 다만
1951년 11월 1일자 <자유일기>에서 훈련당시의 일단을 짐작해 볼 수
있다.

어 국제구락 오후 6시 쾌락한 가운데 창가 등 여흥이 있을 새, 나는 이십여 년 전 백
두산 북록에 신흥학교생 훈련시 作歌한 시조를 吟詠한다. 여차
백두산 천지변에 칼을 집고 우뚝서서
조국강산을 바라보니 기쁨보다 눈물겨워
언제나 千兵萬馬 거느리고 짓쳐볼까 하노라.

III. 신흥무관학교 졸업생들의 향배

신흥무관학교 폐교 후의 졸업생들의 활동상에 대하여 주목해 보자.
졸업생들의 활동 지역을 보면 주로 만주 · 중국본토, 러시아, 국내 등지
로 나누어 볼 수 있다. 학교의 위치가 만주였으므로 이들 대부분은 만주
지역에서 활동하고 있다.

신흥무관학교 졸업생들이 활동했던 대표적인 무장 독립운동단체로
서는 서로군정서와 북간도지역의 북로군정서를 들 수 있다. 서로군정
서는 한족회의 군사조직으로서 權啓煥 · 金東植 · 金重漢 · 金宇權 · 金
鐵 · 金河成 · 金學奎 · 朴明鎭 · 白狂雲 · 白基煥 · 辛容寬 · 吳光鮮 · 李
德秀 · 李秉鐵 · 玄基甸 등이 여기에 가담하여 일하였다. 이러한 현상은

신흥무관학교가 서로군정서의 소속 무관학교였기 때문일 것이다.[28] 그중 이병철의 경우를 판결문을 통하여 살펴보기로 하자.

> 본적 평안북도 자성군 자하면 청동(淸洞)
> 주소 중국 봉천성 임강현 홍토작(紅土雀)
> 무직 이병철(李秉鐵) 25세
> 대정 8년 음력 4월 27일 이미 사 놓았던 조(粟)를 운반하려고 중국 간도 통화현에 갔던 바 동 지방의 한족회(韓族會) 총관 권병무(權秉武)의 권유에 따라 부득이 동년 음력 5월 6일 **통화현 합니하(哈泥河) 신흥학교(新興學校)에 입학하고** 동년 8월 20일경에 이를 졸업하고 그 후 동년 음력 9월 10일경 중국 유하현 삼원포에서 학우단(學友團)에 가입하고 동년 10월 4일경 만주 서로군정서(西路軍政署)의 명에 따라 제2연대 제2대대 제4중대에 편입되어 중대장 신광재(申光在)의 부하가 되어 그의 명령에 따라 중국 집안현 대청구, 추피구, 석호구 지방에서 군자금을 모집하고 또 중대의 사무에 종사 중, 소집에 응하여 대정 9년 음력 1월 5일경 통화현 합니하에서 특별 강습을 받고 동년 음력 3월 5일경 교성대장(敎成隊長) 이청천의 명에 의하여 중국 통화현 통동 지방에 주재하는 중대장 신광재에게 서류를 전달하고 동지에 체제중 발병하여 1개월간 체류 중, 독립군을 토벌한다는 말을 듣고 중국 임강현 홍토 애통구의 이병수(李秉洙)의 집으로 옮겨 피난하는 한편 병을 치료하고 대정 10년 음력 2월 15일까지 그 집에 체재하였다. 동년 음력 2월 16일 중대원의 임시회의에서 피고는 중대부 내무반장에 선임되어 그 사무에 종사하였다.[29]

라고 있는 바와 같이, 이병철은 신흥무관학교 졸업 후 신흥학우단에 가입, 다음에 서로군정서에서 활동하였던 것이다. 이병철의 경우는 신흥무관학교 졸업생들의 졸업 후의 일반적인 행로가 아닌가 추정된다. 이 학교를 졸업한 원병상은 그의 회고록에서 "본교 졸업생들은 교칙에 따라 모교가 지정해주는 임무에 2년간 의무적으로 복무해야 한다. 그밖에 교포학교의 훈도로 근무하기도 하였다"[30]라고 하고 있는 것이다.

한편 북로군정서에는 姜化麟 · 金春植 · 朴寧熙 · 白鍾烈 · 吳祥世 · 李

---

28 박환, 「서로군정서」, 『만주한인민족운동사연구』, 일조각, 1991 참조.
29 『독립운동사자료집』 10, 1,036~1,038쪽.
30 원병상, 「신흥무관학교」, 『독립운동사자료집』 10, 242쪽.

雲崗·崔海 등이 교관으로서 활동하였다. 이들이 훈련시킨 독립군들이 청산리전투를 승리로 이끈 주역이었던 것이다. 아울러 金京俊·金重漢 등 많은 수의 신흥무관학교 출신들이 이 전쟁에 참여하였던 것이다. 그밖에 만주지역의 大韓統義府·正義府·新民府·國民府 등 주요 무장 독립운동단체에서 활동하였다.

중국본토 지역에서 주목되는 단체는 義烈團과 임시정부 산하의 光復軍이다. 의열단은 의열 투쟁을 전개한 대표적인 무장단체로서 여기서 활동한 인물로는 단장인 金元鳳을 비롯해 姜世宇·權晙·金玉·朴泰烈·裵重世徐相洛·申喆休·尹輔漢·李成·李鍾岩·崔允東·韓鳳根·韓鳳仁 등을 들 수 있다. 光復軍에 참가한 인물로는 權晙·金學奎·申東烈·吳光鮮 등을 들 수 있다.[31]

신흥무관학교 출신으로 대한민국임시정부에서 활동한 인물들로는 우선 黃一淸을 들 수 있다.[32] 그는 안중근의 딸인 安賢生의 남편이다. 신흥무관학교를 졸업한 그는 1919년 6월 상해에서 구국모험단을 조직하였고,[33] 1920년 2월에는 대한민국임시정부 군무부 참사에 임명되어 육군사관학교 교관으로 활동하였다.[34] 1921년 1월에는 만주 봉천에서 군자금 모금 활동을 전개하였으며, 1935년에는 상해에서 한국독립당원으로 활동하였다.[35] 1941년 중국 소주에서 교민단 단장으로 일하였다고 전해지기도 한다.

신흥무관학교를 중퇴하고 대한민국임시정부 특파모금원으로 활동한 인물도 있다. 대표적인 인물로는 嚴俊과 劉得信을 들 수 있다. 대한민국임시정부 특파모금원 嚴俊은 군자금 모금 중 동대문경찰서에 체포

31 박환, 「만주지역의 신흥무관학교」, 『만주한인민족운동사연구』 참조.
32 『독립운동사자료집』 10, 33쪽.
33 『독립운동사자료집』 7, 1,180쪽.
34 『한국민족운동사료』(중국), 151쪽. 『한국독립운동사자료』 2, 국사편찬위원회, 176쪽.
35 『사상정세시찰보고서』 1, 249쪽.

되었고,36 劉得信도 다음날 세브란스병원 내에 피신 중 체포되었다. 嚴
俊은 新興郡 私立永春學校를 卒業 후 역시 신흥무관학교에 입학, 중퇴
하였고, 劉得信은 培材學堂 졸업 후 柳河縣 孤山子 新興武官學校에 입학
하였다가 중퇴하였다.37 엄준엄우룡은 王基西 · 金鳳源 · 尹世柱 등과 함
께 1919년 9월 10월에 걸쳐 평양에 잠입하여 독립운동가금 및 독립군
을 모집하기도 하였다.38

　한편 신흥무관학교 출신으로 중국공산당에서 활동한 인물들도 있다.
김훈(양림)과 김산 등이 그 대표적인 인물들이다. 하얼빈에 위치하고 있
는 동북열사기념관에서는 김훈을 양림이라는 이름하에 그의 사진을 크
게 전시하고 있다. 아울러 그의 부인 李秋岳의 항일역사와 그녀가 작곡
한 음악도 역시 전시하고 있다. 양림에 대한 역사는 우리 측 기록39과 약
간 차이를 보이고 있다. 우선 생몰연도를 1898~1936년으로 보고 있다.
아울러 운남 강무당 입학시기를 1921년 6월로 보다 구체적으로 언급하
고 있다. 1925년 중국공산당에 가입하여 황포군관학교 교관이 되었으
며, 1927년에는 소련에 파견되어 공부한 것으로 되어 있다. 1930년에는
중국공산당 만주성위 군사위 서기로 일하였으며, 1932년에는 요녕성
반석현에 이르러 항일투쟁을 전개하였고, 1937년 7월에는 江西 중앙변
구에서 활동하였으며, 1934년 10월에는 장정개시 때, 홍군간부단 참모
장에 임명되었다. 그리고 1936년 2월 황하를 건너는 전투를 하던 중 순
국하였다고 한다.40

---

36 엄준 즉, 嚴雨龍의 경우는 『韓民族獨立運動史資料集』36(獨立軍資金募集 5) 검사신문조서(國
　漢文) 문서제목 嚴雨龍 신문조서에서 살펴볼 수 있다.
37 『韓民族獨立運動史資料集』36(獨立軍資金募集 5)에 실려 있는 경찰신문조서(國漢文) 문서제
　목 劉得信 신문조서(1921.1.17)에서 유득신에 살펴볼 수 있다.
38 『독립운동사자료집』9, 366~367쪽.
39 『大韓民國 獨立有功者 功勳錄』第 12卷, 國家報勳處, 1996年, 519~521쪽.
40 민족문화대백과사전에는 <양림[楊林]>이라는 항목하에 다음과 같이 기술하고 있다.
　출생－사망 1901~1936년, 중국공산당원. 평북 출신. 본명은 김훈이며 양녕, 피스더라고도

신흥무관학교 출신들은 만주와 인접한 러시아 연해주지역에서도 활발한 항일운동을 전개하였을 것으로 보인다. 대표적인 인물로는 許承煥1893~1938을 들 수 있다.[41] 그는 경남 통영 항북 출신으로 1910년대 신흥무관학교를 졸업하였다. 1922년 10월 러시아 군대에 의해 무장해제당한 독립군 부대들을 수습해 고려혁명군을 조직하고 특립대장으로 활동하였으며,[42] 1923년 4월경에는 고려혁명당 결사대장으로 활동하였다.[43] 1937년 6월 17일 스탈린에 의해 일본 밀정혐의로 체포되어 동년 6월 29일 총살당하였다.[44]

신흥무관학교 학생들의 활동으로는 국내에서의 활동도 들 수 있다. 文相直은 신흥학교 군사과를 졸업 후 안동현에서 表面 穀物商을 영위하면서 독립운동에 정진하였다. 그는 1919년 8월 곡물상을 폐점하고 신흥학교 학우단에 가입하여 국내 주요 관공서를 폭파하여 독립목적을 달성하려고 1919년 9월 18일 대구에 도착하여 동지인 徐榮均 宋貞得과 협의하고 폭탄을 제조하려다 체포되었다.[45]

다음으로는 申亨燮의 경우를 들 수 있다. 그는 만주에서 활동 후 국내에 파견된 대한통의부 특파원들을 지원하였다.[46] 고등경찰요사에는 <24. 申亨燮 사건>이라는 제목 하에 다음과 같이 기록하고 있다.

불렸다. 1932년 가을, 강서성 중앙소비에트 구역으로 전임된 뒤 1934년 1월에 열린 소비에트 제2차 대표회의에 참가하였다. 그해 10월 홍군이 장정을 시작할 때 중앙군사위원회 간부단 참모장이 되었고, 1936년 2월 15일 5군단 75사 참모장이 되었다. 1936년 2월 22일 황하를 건너는 작전을 진행하다 복부에 총상을 입고 죽었다.

41 허승환에 대하여는 불령단관계잡건 재시베리아부와 이인섭수기류(독립기념관 소장)에 다수 언급되고 있다.
42 불령단관계잡건─재시베리아부, 서노령에서 고려혁명군의 해산에 관한 건(하얼빈 총영사관, 1924.11.9).
43 『동아일보』 1923년 4월 25일자.
44 러시아 삼일문화원, 『스탈린 시대(1934~1938년) 정치탄압 고려인 희생자들』 9, 241쪽.
45 『고등경찰요사』 <44. 암살음모단 사건>.
46 『고등경찰요사』 신형섭 사건.

본적 : 경북 영천군 영천면 교촌동 18
주소 : 중국 奉天省 開原 역전
신형섭(28세)

위의 자는 前 폭도들의 수괴 申東曄의 장남인데, 항상 조국의 광복을 몽상하여 1918년 3월 가족동반으로 중국 奉天 開原縣 淸河溝에 이주하였다. 때마침 그곳 지방의 불령조선인 등에 의해 신흥무관학교新興武官學校가 설립되자, 거기에 입학하여 1919년 12월에 졸업하자 곧 북만주군정서 소속으로 불령운동에 종사하던 중 그 단체가 해산됨에 따라, 1923년 5월경 조선에 돌아와 대구부 시장 북쪽 거리에서 상업에 종사하였다. 그 후 다시 만주로 건너갔다가 그해 10월경 또다시 조선에 돌아온 것을, 본도 경찰부에서 발견하여 조사했다. 그 결과, 그자는 그해 5월 조선에 왔을 당시에, 군자금 모집을 위해 조선에 들어온 대한통의부 특파원 李東健으로부터 자동권총 3정·실탄 100발과 군자금수령서 등의 은닉을 부탁받고 이를 승낙하여 자택의 한 방에 넣어 보관하고 있었다. 다음달 6월 상순경, 역시 대한통의부 특파원이고 전에 무관학교 재학 중의 동창생이며 본적이 본도 안동군 남후면 수상동인 李宣雨 곧 李德淑(이동건의 부하이고 영덕군 창수蒼水사건의 범인으로 1923년 9월에 체포되어 신병은 이미 송치하였다)이 찾아왔다. 그리하여 이동건이 몰래 맡겨둔 권총과 실탄을 이덕숙에게 주고 그들의 자금모집 모의에 관여하는 등 여러 가지 편익을 도모한 것이 판명되어, 1924년 12월 19일 총포·화약류 단속령 위반으로 이 사건을 검사국에 송치하였다.

金成國은 국내에서 군자금 모금 활동을 전개하다 대구에서 체포되었다. 평양에서 출생한 김성국은 5살 때부터 서간도에 거주하던 중 19세에 신흥강습소를 졸업하였다. 그 후 그는 만주와 러시아에서 독립운동을 전개하던 중 1920년 10월 일제의 간도 토벌로 신흥무관학교의 운영이 어렵게 되자 군자금을 마련하기 위하여 1921년 11월 말일 경 평양에 도착하여 동지로부터 미국식 권총을 마련하였다. 이후 그는 서울에서 군자금 모금 활동을 전개하는 한편 대구로 가 활동 영역을 넓히고자 하다가 대구검사국에 체포되어 징역 3년에 처해졌다.[47]

이외에도 신흥무관학교 출신들은 국내에 잠입하여 독립운동을 전개하기도 하였다. 권원하·김종엽 등은 신흥학교 출신으로 경북 칠곡 등

---

[47] 김성국 판결문, 대구지방법원 1921년 7월 18일 <간도사관학교를 出한 김성국은 遞逮捕>.

지에서 군자금 모집을 위한 활동을 벌였다.[48]

이시영 · 지청천 · 이범석 등 신흥무관학교 설립자 및 교관으로 활동한 인물들은 대한민국정부의 주요 요직에서 활동하였다. 이들 외에 신흥무관학교 출신자로서 해방 후 대한민국정부에서 활동한 인물로는 다음을 들 수 있다.

金勳은 1901년 경기도 富川郡 蘇萊面 桂壽里 출생이다. 그의 학력을 보면, 평안북도 乾中農蠶學校 졸업, 柳河縣 신흥무관학교 졸업, 켄터키주 애스베리대학 예과 졸업, 시카고시 크레인그대학 경제학과 졸업, 桑港市 南美監理敎役者 지도강습 수료로 되어 있다. 해방 전 중국, 인도, 프랑스를 경유 도미, 시카고西北大學 토지경제연구실에서 도시 및 농촌 토지이용학을 연구하고, 시카고 한인학생회 회장, 시카고市에서 무역회사 중역, 桑港市 東洋茶都賣會社 전무를 역임하였다. 1934년 귀국, 1934년 만주 안동에서 곡물가공회사 상무, 제2차 세계대전 후 고향에서 과수원을 하였으며, 해방 후 상공부 장관, 대한석탄공사 총재를 역임하였다. 좀더 구체적으로 살펴보면, 해방 후 農商部 행정과장, 韓美協會 이사 및 英語學校 교장, 美 군정청 農務部 차장, 遣美敎育使節團으로 6개월간 농업상업방면 기술원 · 공장 · 시험장 등을 견학하였다. 1947년 軍政長官 輔佐官, 1948년 8월 기획처 차장, 1949년 기획처장, 1950년 상공부 장관국무위원, 1952년 대한석탄공사 총재, 1953년 시드니 총령사, 1957년 필리핀주재 전권대사, 1958년 필리핀주재 특명전권대사를 역임했다.[49]

裵憲은 1896년 전라북도 裡里府 珠峴洞 출생이다. 그는 1913년 만주 신흥무관학교를 졸업하였다. 다년간 상업에 종사했으며, 商工會 전라북도 상공회의소 부회장, 裡里府廳 고문, 裡里中學院 이사장을 역임하였고, 1948년 제헌의원지역구 전라북도 裡里市, 소속정당 무소속으로 당선되었

---

48 『고등경찰요사』 <무관학교 학생모집사건>.
49 국사편찬위원회, 한국근현대인물자료, 김훈.

다. 2대 국회의원 선거에 대한국민당으로 입후보했으나 낙선되었다.[50]

해방 후 북한에서 활동한 인물도 있다. 미군정에서 조사한 <대한민국임시정부 주요 지도자들의 간단한 개인 이력>에 보면 성주식에 대하여 다음과 같이 기록하고 있다.

이름 : 성주식(JOO−SIK SUNG, JOO−SIK SIRNG, Sŏng Chu−Sik,Sŏng Chusik)
나이 : 56세
원 주소 : 온양, 충청남도
교육 : 만주에 있는 한국독립군 양성기관인 신흥무관학교를 1910년 졸업
정치이력 : 1919년 한국의 자유를 되찾기 위한 노력을 계속하기 위해 상해 남부로
이주. 1935년 조선민족혁명당을 조직하고 상임집행위원회 위원이 됨
현재 지위 : 대한민국임시정부 국무위원회 위원[51]

즉, 성주식은 신흥무관학교 출신으로 대한민국임시정부 국무위원으로 활동하였던 것이다. 그는 8 · 15해방 후 귀국하여 1945년 8월 반일운동자원호회 위원장이 되었다. 김원봉과 함께 민족통일전선의 결성에 노력했으나 결렬되자 임시정부 중심의 비상국민대회에서 탈퇴하여 1946년 조선민주주의민족전선에 참가했다. 조선민족혁명당의 조직부 책임자를 지냈으며, 1947년 5월 조선민족혁명당의 후신인 인민공화당의 중앙부위원장이 되었다. 그 뒤 북한으로 가서 1948년 8월 실시된 선거에서 제1기 최고인민회의의 남한대표 대의원으로 선출되었으며, 9월에는 최고인민회의 상임위원회 위원이 되었다. 1949년 6월 조국통일민주주의전선 중앙위원이 되었으며, 1957년 8월에 제2기 최고인민회의 대의원함남 신창, 9월에 최고인민회의 상임위원회 위원에 재선되었다. 1959년에 사망한 것으로 알려져 있다.[52]

---

50 국사편찬위원회, 한국근현대인물자료, 배헌.
51 국사편찬위원회, 『대한민국임시정부자료집』 26, 2008.
52 국사편찬위원회, 한국근현대인물자료, 성주식.

Ⅳ. 결어

신흥무관학교를 이끌어갔던 수많은 중요 독립운동가들이 있었다. 그러나 이들 중 대표적인 인물들은 알려져 있으나 그렇지 않은 인물들도 있다. 필자는 이에 주목해 임필동에 대하여 우선적으로 살펴보았다. 임필동은 수원지역의 대표적인 독립운동가로 만주로 망명하여 부민단, 양성중학교 등에서 활동하였다. 한편 김경천의 수기인 『경천아일록』을 통하여 3·1운동 이후 신흥무관학교의 상황을 짐작해 볼 수 있었다. 고구려 무덤 등이 있던 주변환경, 일본 육사 출신인 김경천이 보고 느낀 한국독립운동의 산실 신흥무관학교에 대한 감회 등이 그것이다.

신흥무관학교는 3천여 명이나 되는 독립군과 학교 교사 등 다양한 민족독립운동가를 배출하였다. 이들이 주로 활동한 지역은 만주지역이었다. 졸업 후 신흥학우단, 서로군정서 등이 일반적인 형태였던 것으로 보인다. 그러나 그들은 서간도지역에만 그치지 않고 북간도에 있는 북로군정서에서도 활동하였다. 특히 북로군정서에는 교관으로 다수의 인물이 파견되어 독립군 양성에 기여하였다. 중국본토에서는 대한민국임시정부, 광복군, 의열단 등에서 활동하였으며, 러시아 연해주에서 독립군으로 활동하였고, 국내에 파견되어 군자금 모금 활동도 전개하였다. 한편 이념적으로는 사회주의 계열에 참여한 인물들도 있었다.

2편

군인 출신 만주지역 한인민족운동가들

제1장

만주지역에서의 金赫의 민족운동 전개

I. 서언

1910년 일제에 의하여 조선이 강점된 이후 수많은 애국지사들이 항일운동을 전개하였다. 그 가운데에는 관료 출신, 농민 출신, 군인 출신 등 다양한 직업과 신분의 사람들이 참여하였다. 그중에서 구한국군인 출신들은 1907년 군대해산 이후 의병에 참여하거나, 해외로 망명하여 항일투쟁을 전개하거나 현실에 안주하는 등 다양한 모습을 보여주고 있었다. 본고에서 다루고자 하는 김혁은 대한제국무관학교 출신으로서 구한국에서 正尉라는 고급 장교 출신이었다. 그는 1919년 3·1운동 직후 40대 중반의 나이에도 불구하고 만주로 망명한 인물이며 그 지역에서 홍업단 부단장, 대한통의부 군무부감, 신민부 중앙집행위원장과 성동사관학교 교장, 고려혁명자후원회 회장을 역임하는 등 1920년대에 남북만주의 대표적인 항일운동단체의 중추적인 역할을 한 독립운동가이다.

그러므로 학계에서도 일찍부터 그에 대하여 주목하였다. 그러나 자료가 극히 제한되어 학문적인 연구성과는 미미한 편이라 최근에 이르러서야 개척적인 연구가 이루어진 정도였다.[1] 본고에서는 그의 만주지역에서의 독립운동을 중심으로 살펴보고자 한다.

II. 만주로의 망명: 군자금 마련을 위한 중국화폐 위조 활동

김혁은 1907년 군대해산으로 해직된 후[2] 만주로 망명하였다. 스승인 孟輔淳과 향리의 일가친척인 金學祖[3]가 만주에서 활동하고 있었기 때문이었다. 김혁은 1914년 만주 안동현으로 이동하여 독립운동 방안을 모색하며 이곳저곳을 다녔다.[4] 최근 발굴 자료에 따르면, 동년 7월 하순 김혁은 동지 芮大囍경북 청도 출신, 洪承國충남 천안 출신 등과 함께 집안현 通溝에서 서북방으로 3리 떨어진 刀折嶺 기슭 조선인집에서 중국 화폐를 위조하여 군자금 마련을 추진하기도 하였다.[5]

만주에서 귀국한 김혁은 동지들에게 만주지역에서의 독립운동을 권유하기도 하였던 것 같다. 후에 서로군정서와 신민부, 광복군 등에서 활동한 黃學秀는 이때 무관학교 동기인 김혁으로부터 만주 일대에서 독립운동가들이 활동하는 상황과 함께 그곳이 지리적으로 독립군을 양성하는데 적합하다는 이야기를 듣게 되었다. 그리고 이것이 계기가 되어 황학수는 만주로 망명하여 독립운동을 전개하게 되었던 것이다.[6] 이처럼 1910년대 해외에서의 독립운동을 모색하고 있던 시절, 국내에서 만세운동이 전개됐고 이는 그가 본격적으로 만주로 망명하는 계기가 됐다.

---

1 김생기, 「오석 김혁의 생애와 활동에 대한 일고찰」, 『한국민족운동사연구』 26, 2000; 박환, 「만주지역 항일무장독립운동가 김혁」, 『대륙으로 간 혁명가들』, 국학자료원, 2003.
2 『동아일보』 1928년 3월 22일자.
3 김학조는 김학소와 같은 항열로 당시 기호흥학회 본회 찬무원이었다.
4 김혁 가출옥문서(이하 가출옥문서로 약함).
5 불령단관계잡건 재만주부(4) 불량선인의 지나화폐 위조에 관한 건.
6 한시준, 「몽호 황학수의 생애와 독립운동」, 『사학지』 31, 단국사학회, 1998, 545쪽.

Ⅲ. 만주지역 대종교 계열 독립운동단체인 흥업단 · 북로군 정서에서의 활동

김혁은 국내에서 3 · 1운동이 전개되자 만세운동에 참가한 후 단신으로 1919년 5월 만주 柳河縣으로 망명하였다.[7] 당시 유하현 三源堡 등지에는 한족회, 신흥무관학교, 서로군정서, 대한독립단 등 여러 독립운동단체들이 활동하고 있었다.[8] 유하현에 도착한 김혁은 대종교도였으므로 자연히 대종교인들이 조직한 단체를 찾아 나섰을 것이다. 당시 백두산 서남쪽 奉天省 撫松縣 河北에서 興業團이 조직되어 활동하고 있었다. 이 단체는 백두산하 和龍縣에 있던 대종교총본사와 백두산 동북쪽인 汪淸縣에 있던 북로군정서와 긴밀한 연락을 취하며 활동하였다. 1919년 8월 김혁[9]은 바로 이 흥업단에 가입하여 부단장[10]으로서 단장 金虎, 총무 尹世復, 재무 李元一, 경호 吳濟東, 교섭 李顯翼 등과 함께 활동하였다.[11]

무송지역의 산간지대를 중심으로 자리잡은 흥업단은 농민과 군민의 구별 없이 낮에는 밭을 갈고 밤에는 군사훈련을 행하는 병농겸행시책을 취하며, 동포사회의 안녕질서를 확립하는 데에도 공헌하였다.[12] 김혁은 이 흥업단에서 1920년 7월까지 독립운동을 전개하였다.[13]

1920년 8월 이후 김혁은 흥업단을 떠나 북로군정서에서 활동하게 된다. 김혁이 활동한 북로군정서는 1919년 10월 북간도 왕청현에서 대한

---

7 가출옥문서.
8 박환,『만주한인민족운동사연구』참조.
9 가출옥문서.
10 『동아일보』1928년 10월 29일 해외풍상 10년, 00 위해 활동.
11 독립운동사편찬위원회,『독립운동사』5, 국가보훈처, 325쪽.
12 『독립운동사』5, 327쪽.
13 가출옥문서.

정의단과 길림군정사가 연합하여 조직된 무장독립운동 단체이다. 주요 구성원은 대부분 대종교신자로서 단군을 중심으로 한 민족정신을 배양하여 일제를 물리치고 이상국가인 배달국을 지상에 재건하고자 하였다. 대표적인 활동으로는 청산리전투에서의 승리를 들 수 있다.[14]

김혁은 1920년 8월 북로군정서에서 李成奎를 국내로 보내어, 대한제국 시대의 육군 장교로 활약하던 전 副尉 金奎植·전부위 洪忠熹·전 參尉 金燦洙·朴亨植 등을 동반하여 올 때 그도 柳佑錫과 함께 무송현으로부터 북로군정서에 왔다.[15] 당시 이 단체에서 김혁이 주로 어떠한 활동을 하였는지 구체적으로 알려진 바 없다. 다만 그가 홍업단의 부단장이었고, 대한제국 육군무관학교 출신이며 또한 대한제국의 정위까지 한 인물이므로 군사적 자문과 사관양성 등에 도움을 주지 않았을까 추정된다.

1920년 8월 孟富德의 중국군이 독립군을 수색 「토벌」한다고 했을 때, 김혁은 徐一·金佐鎭·玄天黙·羅仲紹·李天乙·尹昌鉉·尹友鉉·金載龍 등과 함께 북로군정서의 중심인물로 중국 측에 의하여 평가되었다. 특히 여기서 조련상황과 관련하여 구한국육군식의 操鍊方法을 채택하고 있음을 볼 때[16] 김혁은 군대조련과 관련하여 일정한 역할을 하였을 것으로 보인다.

한편 북로군정서에서는 1920년 2월 초 사관연성소를 왕청현 西大坡 上村에 설립하였다. 소장은 사령관 김좌진이 맡고, 교수부와 학도단을 두어 교수부장에는 나중소, 본부교사에는 李範奭, 학도단장에는 朴寧熙를 임명하였다. 북로군정서 사관연성소의 제1회 졸업식은 1920년 9월 9일 군정서 본영에서 성대하게 거행되었다. 이때 김혁은 曺成煥과 함께

14 박환, 「북로군정서」, 위의 책, 97~120쪽.
15 『독립운동사』 5, 365쪽; 김정명, 『조선독립운동』 2, 원서방, 1967, 976~977쪽.
16 강덕상편, 『現代史資料』 27, 「朝鮮」 3, 371쪽.

축사를 하여 학생들의 민족의식 고취에 기여하였다.[17]

1920년 10월 김혁은 북로군정서원들과 함께 청산리전투에 참여하였다는 기록은 보이지 않고 있다. 그러나 당시 그의 위치나 입장으로 보아 전투에 참여하여 청산리전투를 승리로 이끄는 견인차 역할을 한 것으로 보인다.

IV. 청산리전투 후 대한독립군단 등에서의 활동

청산리전투 후 김혁은 1920년 음력 10월 중 봉천성 安圖縣 三人坊에서 洪範圖, 李青天 등 수백 명과 함께 조선독립을 목적으로 의용군이라 칭하는 결사를 조직하고 동시에 이 조직의 副官으로서 동년 음력 12월까지 활동하였다.[18] 그 후 그는 1921년 음력 1월 중 吉林省 倒木溝에서 김좌진, 서일 등 수십명과 기존의 서로군정서, 북로군정서를 합쳐서 조선의 독립을 목적으로 하는 대한독립군단을 조직함과 동시에 이 단체의 군사부장으로서 1921년 음력 5월까지 활동하였다.[19]

그 후 북만주 密山으로 이동한 김혁은 그곳에서 대한독립군단을 재조직하여 참여한 후,[20] 러시아로 이동하였으나 1921년 6월의 자유시참변으로 큰 타격을 받게 되었다. 그러나 독립군들은 만주로 재이동하여 1921년부터 조직을 정비하며 재기하였다. 그리하여 1922년 8월 30일에 桓仁縣 南區 馬圈子에서 서로군정서, 대한독립단, 韓僑會, 대한광복단

---

17 「진중일지(陣中日誌)」, 1920년 9월 9일자, 『독립운동사자료집』 10, 58~59쪽; 신용하, 「대한(북로)군정서 독립군의 연구」, 『한국독립운동사연구』 2, 독립기념관 한국독립운동사연구소, 1988, 223쪽.
18 가출옥문서.
19 가출옥문서.
20 채근식, 『무장독립운동비사』, 대한민국공보처, 98~101쪽.

군영, 대한정의군영, 대한광복군총영, 평북독판부대표 및 통군부 대표 등 8개 단체 대표 71명이 참석하여 大韓統義府를 조직하였다. 김혁은 이때 군사부감으로 선출되어 군사부장 梁圭烈, 사령장 金昌煥 등과 함께 항일투쟁에 적극 참여하였다고 한다.[21] 그러나 당시 상황으로 보아 김혁이 대한통의부에서 활동하였다는 사실은 좀더 구체적인 검토가 필요할 것 같다.

V. 새로 밝혀진 1920년대 전반 김혁의 활동: 영안현 동양학원 원장

한편 새로 발굴한 자료에 따르면, 김혁은 1922년 봄 이래, 대한독립군 총재대리로서, 간도지역에 있는 군정서 사관학교 출신들에게 군사탐사원이라는 사령서를 발급하고 일본군의 동정을 살피도록 했다.[22] 1922년 7월에는 당시 대종교 교주 김교헌, 정신 등과 더불어 영안현 영고탑 시내에 있는 불령선인 수뇌자로 일본 측에서 예의주시하고 있다.[23] 또한 1922년 10월의 정보보고에 따르면, 수분하의 독립군 부대에서 활동하고 있는 것으로 되어 있다.[24] 아울러 김혁은 1923년 1월 5일 중동선 인근에 살고 있는 주민 대표인 黃公三과 독립운동가인 양구열, 현천극 등과 더불어 중동선 조선중학교 설립취지에 동감하고 발기인으로 서명하고 있다.[25] 또한 영안현에서 학생 80여 명의 동양학원의 원장으로서

---

21 『독립운동사』 5, 431쪽.
22 불령단관계잡건 조선인부(34) 대한독립군 군사탐사원의 행동에 관한 건.
23 불령단관계잡건 조선인부(33) 간도지방 불령선인 상황에 관한 건.
24 불령단관계잡건 조선인부(34) 수분하의 독립군 편성에 관한 건.
25 불령단관계잡건 조선인부(35) 중동선에서 선인중학교 설립계획에 관한 건.

도 활동하였다. 부원장에는 현천묵, 학감에는 梁白憲, 권학부장 崔圭和, 교원으로 桂和 · 李範錫 등이 일하였다.[26]

VI. 북만주 동빈현에서의 대한독립군정서 활동

김혁은 북로군정서를 재건하기 위하여 1924년 3월 북만주 동빈현을 근거로 하여 대한독립군정서를 조직하였다.[27] 당시 총재 현천묵, 군사부장 조성환, 서무부장 나중소, 재무부장 桂和 등이었으며 그는 참모로서 김규식 · 李章寧 · 金弼 · 權寧濬 등과 함께 활동하였다.

대한독립군정서는 1924년 4월 하순에 寧古塔에 있는 大倧教堂에서 대한군정서 연합총회를 열고 다음과 같은 사항을 결의하여 항일독립전쟁을 준비하게 되었다.[28]

① 본부를 同賓縣에 두고 지부를 寧安縣에 둔다.
② 통신기관을 하얼빈 · 帽兒山 · 一面坡 · 烏吉密河 · 海林 · 牧丹江 · 穆陵 · 小綏芬 · 東寧에 설치한다.
③ 至急히 군인 모집에 착수하고 募捐사무를 개시하여 무기 · 군복을 준비한다.
④ 재정을 긴축하여 기금을 공고히 하며 각 지방과의 통신연락을 일층 신속 확실하게 한다.
⑤ 조선민족으로서 왜노의 밀정이 되는 자는 곧 살륙한다.
⑥ 본년은 갑자년에 해당하고, 조선독립 실현의 기운이 익어오고 있다. 두만강을 건너 삼각산 상에 태극기를 세우고 만세를 높이 부르며 우리 민족이 倭奴의 壓政을 제거하고 열국에 우리의 독립을 선포하는 최초 시기가 되는 것이다. 우리의 행동을 방해하는 군법에 의하여 엄히 처벌할 것이요, 우리 민족된 자는 이 때를 당하여 전력을 다해서 후원하여야 할 것이다.[29]

---

26 불령단관계잡건 조선인부(37) 불령선인 행동에 관한 건.
27 『독립신문』 1924년 3월 29일자, 「북로군정서총선거(北路軍政署總選舉)」 참조; 박환, 「신민부」, 위의 책, 165~166쪽.
28 『독립운동사』 5, 452~453쪽.

즉 대한독립군정서는 자금을 모집하여 무기를 구입, 이를 바탕으로 일제의 밀정을 사살하는 한편 국내로 진격하여 일제를 완전히 축출하고자 하였다. 또한 이 단체는 이의 실현을 위하여 흑룡강성 烏雲縣에 사관학교를 설치하여 군인을 양성하고자 하였다.[30]

VII. 새로이 조망되는 김혁과 국민대표회의

최근 발굴된 자료에 따르면, 김혁은 1923년 상해로 가 대한민국임시정부의 진로에 대하여 깊이 고민하였다. 그리하여 그는 국민대표회의에 참여하여 임시정부를 해소하고 새로운 조직을 만들어 항일운동에 매진하자는 창조파에서 활동하였다. 그러나 그는 1923년 6월 7일 지청천 등과 함께 더 이상 창조파 회의에 참여하지 않을 것임을 선언하였다.[31] 아울러 국민대표회의 국민위원회 공보 제1호에 발표된 바와 같이 국민위원[32]으로 활동하지 않을 것임을 분명히 하였다. 즉, 김혁은 자신이 허락하지 않았음에도 불구하고 이름이 임의로 들어간 사례임을 『독립신문』에서 밝히고 있다.[33] 그의 국민위원 탈퇴선언은 미주에서 발행된 『신한민보』 1923년 8월 30일자에 「국민위원 김혁씨의 성명사」라는 제목으로 실리기도 하였다. 이를 보면 다음과 같다.

  (전략) 본인은 지난 4월 8일 국민대표회의 제군에게 대하여 현 시국에 창조가 전민족
  의 의사에 위해되며 독립운동 전도에 장애가 된다하여 서고문을 발부한 44인중 1인

29 『독립운동사』 5, 452쪽.
30 박환, 「신민부」, 위의 책, 165~166쪽.
31 『독립신문』 1923년 6월 13일자 대표회의 결렬진상.
32 국민위원회 공보 제1호 송부의 건(불령단관계잡건, 상해가정부-5).
33 『독립신문』 1923년 7월 21일자 창조파기관 소식.

이어늘 금애 국민위원으로 선거함은 그 이유를 양해할 수 없으며, 또한 현금 위란의 국을 수습하기로 목적한 제군이며, 전민족의 정신을 통일하기로 사명을 받은 제군이 어늘 불과 수십인의 의견이 불일치하여 다만 소수의 반감으로 대회가 결렬되어 국부가 병립됨은 2천만 민중의 위탁한 사명에 대하여 막대한 죄과를 면하기 어려울지로다. 제군이여 속히 전비를 반성하여 민중의 요구와 갈망에 위반된 과실을 명시할지오. 따라서 본인은 중의가 안이오, 민의가 안인 위원의 탈퇴를 서명하노라(이상은『독립신문』).

VIII. 신민부에서 중앙집행위원장으로 활동

1924년 7월에 길림에서 개최된 전만주통일회의주비회의 결과 남만주지역을 통괄하는 통일체인 정의부가 성립되었다. 이에 북만주지역의 독립운동단체들도 독립운동단체의 통합을 위하여 1925년 1월 穆陵縣에 모여 부여족통일회의를 개최한 결과 동년 3월 10일에 영안현 영안성 내에서 新民府를 조직하게 되었다. 창립총회 때 서명한 단체와 지역 대표의 명단을 보면, 단체대표로는 대한독립군단의 김좌진 · 南星極 · 崔灝 · 朴斗熙 · 劉賢, 대한독립군정서의 김혁 · 조성환 · 鄭信 등을 들 수 있다. 즉 김혁은 신민부 조직 당시 대한독립군정서의 대표의 1인으로 참석하고 있다.34

신민부의 조직은 3권분립제도로서 중앙집행위원회행정기관, 검사원사법기관, 참의원입법기관 등으로 이루어져 있다. 그러나 검사원은 대한민국임시정부와 정의부에서도 그랬던 것처럼 실제 운영할 수는 없었다. 또한 참의원도 독립전선에서는 유명무실하였다. 따라서 중앙집행위원회에 모든 권력이 집중되어 있었다. 조직 당시의 중앙집행위원회 위원들

---

34 신민부 선포문에는 김혁, 정신, 조성환이 대한독립군 대표로 되어 있다(공산주의 선포문 入鮮에 관한 건, 1925년 4월 10일, 국내외항일문서, 국사편찬위원회 소장). 이 문서에는 신민부 선포문이 들어있다.

을 보면, 김혁이 중앙집행위원장을 맡고, 민사부위원장 최호, 군사부위원장 김좌진, 참모부위원장 나중소, 외교부위원장 조성환, 법무부위원장 朴性泰, 경리부위원장 兪正根, 교육부위원장 許斌, 선전부위원장 許聖黙, 연락부위원장 정신, 실업부위원장 李一世, 심판원장 金燉, 총사령관 김좌진, 보안사령관 박두희, 제1대대장 白鍾烈, 제2대대장 吳祥世, 제3대대장 文宇天, 제4대대장 朱赫, 제5대대장 張宗哲, 별동대장 문우천 등이다. 이들 주요 구성원을 신민부 가입 이전 가맹단체, 종교, 학력, 신분, 출신지역 등 몇 가지 기준에 의해 살펴보면, 출신단체로는 북로군정서 출신이, 종교적으로는 대종교 신자가, 학력상으로는 무관학교 출신들과 전통적인 한학을 공부한 인물들이, 출신지역 별로는 경기도, 충청도, 함경도 출신 등이 다수였다.35 김혁은 바로 신민부의 핵심기관인 중앙집행위원회의 최고 책임자인 위원장이었던 것이다. 그가 위원장이 될 수 있었던 것은 그의 나이50세, 항일 경력, 인품, 통솔력 등이 다양하게 검토되었을 것이다.

한편 김혁은 1926년 4월 15일 김좌진 등과 함께 미국에 있는 이승만에게 서찰을 보내어 내정, 경제, 무력준비 등 여러 방면의 지도를 요청하기도 하였다.36 또한 전 서로군정서 군사부장 황학수를 맞아들여 중앙집행위원 겸 참모부위원장으로 임명하였다.37 김혁은 자신을 찾아 中東線 二道河子에 온 황학수를 만나 기뻤고 그의 군사적 경험으로 신민부는 더욱 활기를 띠었다.38

또한 신민부에서 군인의 질적 향상을 위하여 목릉현 小秋風에 城東士官學校를 설립하자 교장에 임명되어 부교장 김좌진, 교관 박두희 ·

---

35 박환, 「신민부」,『만주한인민족운동사연구』, 169~175쪽.
36 김혁, 김좌진 등이 이승만에게 보낸 서한(1926년 4월 15일자),『운남 이승만문서 동문편 제16권 간찰 1』, 중앙일보사 연세대학교 현대한국학연구소, 1998, 423~426쪽.
37 채근식,『무장독립운동비사』, 108쪽.
38 한시준, 위의 논문, 558~560쪽.

오상세 · 백종열 등과 함께 신민부 군인 양성을 위하여 노력하였다.[39] 성동사관학교는 전후 5백여 명의 졸업생을 내어 독립군 간부로서 활동하게 하였다.[40] 학교운영에는 그의 대한제국 육군무관학교 시절의 교육내용과 항일투쟁 경험 등이 큰 기여를 하였을 것으로 보인다.

김혁은 나이에도 불구하고 신민부 시절 젊은 운동가들과도 깊은 유대를 가졌던 것으로 보인다. 당시 신민부의 젊은 혁명가였던 李康勳에게 그의 호인 청뢰청구반도의 우뢰 또는 청천백일하의 우뢰라는 뜻를 손수 지어 주었던 것이다. 김혁은 직접행동으로 적괴를 무찌르고 세상에 큰 충격을 줄만한 기회를 만들고 싶다는 이강훈에게,

> 젊은 혁명가의 당연한 포부일 것이나, 군은 교육가로서 많은 혁명투사를 배출시키고 마지막에 지금 말하는 직접행동을 실천하도록 의지를 굳히고 있음이 어떨까

라고 말했듯이, 그는 혁명투사의 양성에 심혈을 기울였던 것이다.[41]

중앙집행위원장었던 김혁은 본부에만 있는 것이 아니라 직접 운동의 현장을 다니며 운동을 지도하기도 하였으며, 독립운동 근거지인 각 지역을 탐방하기도 하였다. 1926년에는 嚴宇泳을 대동하고 밀산 平陽鎭으로 가 그곳의 현황을 살펴보고 이강훈을 동반하고 밀산현 전역을 순회하기도 하였다.[42] 당시 신민부에서는 屯田制를 실시하고자 하였다. 훈련을 받으며 농사도 지어 자급자족하고자 하였던 것이다. 둔전지역으로 신민부에서는 밀산을 택하였다. 이곳은 서일, 김좌진 등이 중심이 되어 대한독립군단을 결성하였던 곳으로 독립운동이 활발하였던 지역이었다. 그러므로 신민부에서는 1926년 5월에 심판원장인 김돈과 그의 비

---

39 채근식, 위의 책, 108쪽.
40 위와 같음.
41 「김구, 김좌진 그리고 육삼성 의거」, 『신동아』 1993년 6월호, 625쪽.
42 『신동아』, 627쪽.

서겸 수행원으로 이강훈을 파견하였다. 그러나 이 지역의 상황이 과거와 달라져 계획은 실패로 돌아가고 말았다.[43]

IX. 살왜단 조직과 고려혁명자후원회 위원장으로 활동

김혁은 韋河縣 石頭河子에서 송상하, 이철우 등과 협의하여 상해의 살왜단 李在熙와 연락하여 살왜단을 조직하기도 하였다. 이 단체의 대원은 약 200명이고 회비는 매인 1角이며 기타 자금을 모금하여 유지하기로 하였다. 총단장은 金準이 맡았으며, 각 지방의 단장은 신민부의 구장이 맡기로 하였다.[44]

또한 김혁은 고려혁명자후원회를 조직, 그 위원장으로 선출되어 책임을 맡기도 하였다. 고려혁명자후원회는 연도미상 8월 석두하자 한인학교에서 각 단체의 대표자들이 모인 가운데 총회를 통하여 창립되었다. 이 단체의 주요 내용을 보면 다음과 같다.

<목적>
혁명자로서 물질과 정신으로 후원한다. 예를 들면 혁명자가 체포, 구금되었을 때, 혁명자의 가족이 빈곤에 빠졌을 때, 교전하거나 사변으로 하여 혁명자가 부상을 입었을 때 원조한다.

<조직>
1. 조직은 남북만주에 둔다.
2. 회원은 15세 이상으로 인격이 정직한 고려인으로 한다. 매 개인은 입회시 금 5십전을 납부하고 매월 회비로 5전을 납부한다. 黨들은 월급의 5%를 납부한다.
3. 본부는 석두하자에 둔다.

---

43 林墹,「北滿新民府」, 1945, 필사본, 18~21쪽.
44 길림성 당안관『신민부의 일반상황』살왜단의 조직. 자료상에 김혁은 金革이라고 언급되고 있다.

4. 지회는 회원이 3명 이상인 지역에 설치한다.

5. 會制는 위원제로 한다.

6. 회원은 현재 약 천 명이다.

7. 정기총회는 매년 7월로 한다.

8. 각 지방분회의 通常會는 매월 1회, 위원회는 매주 1회로 한다.

9. 위원장은 烏石,[45] 각 위원은 신민부 구장이 겸임한다.[46]

고려혁명자후원회는 혁명자가 체포, 구금되었을 때, 혁명자의 가족이 빈곤에 빠졌을 때, 교전하거나 사변으로 혁명자가 부상을 입었을 때 원조하는 조직으로서 당시 사회주의계통의 국제혁명가후원회모플의 영향에 의해 조직된 것으로 보인다.[47]

X. 김혁의 체포와 투옥

1928년 1월 25일 일제는 음력 정초[48]를 기하여 위하현 중동선 석두하자 역 고려촌에서 신민부 총회를 한다는 첩보를 입수하였다.[49] 이 마을은 길림성 중동선 해림 정거장에서 300리 떨어져 있는 조그마한 조선인 마을이어서 일명 고려촌이라고도 하였다. 이곳은 조선인이 많이 사는 곳이며, 신민부의 주요 간부의 생활근거지였으므로, 중요 간부의 출입이 잦았고, 한자리에 모일 수 있는 까닭으로 연락 편의도 제일 좋았으

---

45 오석은 김혁의 호이다.

46 길림성당안관 자료,『신민부 일반상황』, 고려혁명자후원회.

47 1930년대 초 사회주의 계열의 원로 이동휘도 원동변강의 국제혁명가후원회 위원으로 활동하고 있는 점으로 보아 김혁 역시 신민부의 원로로서 이일을 담당한 것으로 보인다.

48 김혁의 체포일자에 대하여는 이견이 있다.『동아일보』1928년 1월 28일자와 2월 4일자,『조선일보』1월 28일자에서는 1월 25일이라고 하고 있고,『동아일보』3월 7일자,『조선일보』3월 7일자에서는 1월 15일경이라고 하고 있다. 그리고『동아일보』3월 22일자에서는 음력 정월경, 10월 30일자에는 음력 정월 초 5일경이라고 하고 있다.

49 『동아일보』1928년 2월 4일 하얼빈으로 검거 호송된 신민부 중요간부.

므로 신민부의 근거지로 활용되고 있었다.[50]

이에 하얼빈 주재 일본 총영사관에서는 高野, 岡島 등 두 순사부장 이하 순사 10명과 중국 순경 32명의 응원을 얻어 새벽에 극비리에 석두하자 역에 당도하였다.[51] 그리고 오전 8시경 조선인부락 17호를 일제히 포위하고 수색한 결과 권총 탄환 80여 발, 태극기, 상해, 광동 등지의 독립운동단체와 연락한 문서, 미국 하와이 독립운동단체에서 발행한 신문, 러시아 과격문서 등을 다수 압수하였다. 아울러 신민부 주요인물 10명을 검거한 후 하얼빈 영사관으로 엄중 경계 속에 호송하였다. 당시 마을로 순행을 나갔던 김좌진만은 화를 면하였다.[52] 당시 체포된 명단은 다음과 같다.

1.
김혁(54세, 김학소) 아호: 오석
본적: 경기도 용인군 기흥면 농서리
현 주소: 북만주 석두하자
직책: 집행위원장

2.
兪正根(41세)
본적: 충청남도 천안군 갈전면
주소: 석두하자
직책: 경리부 및 민정부 심판부장

3.
黃處俊(36세)
본적:평안남도 선천군 신창면 신창리
직책:별동대원

---

50 『동아일보』 1928년 3월 22일자. 신민부 본부 습격 김혁 등 체포 경로.
51 『동아일보』 1928년 2월 4일자. 『동아일보』 1928년 3월 22일자에서는 길림영사관 경찰서 경관 30여 명이 중국 경관 100여 명의 응원대를 얻어 총 150여 명의 인원을 동원하여 검거하였다고 밝히고 있다.
52 『동아일보』 1928년 1월 28일자, 1928년 2월 4일자.

4.

李春燮(31세)

본적: 함경남도 풍산군 천남면 유평리

현 주소: 석두하자

5.

李元學(21세)

본적: 강원도 금화군 금화면

현 주소: 석두하자참

직책: 문화부장

6.

尹永順(48세)

본적: 함북 회령군

현 주소: 석두하자

직책: 별동대장

7.

金鳳勳(43세)

본적: 평안북도 희천군 장동면 관동리

현 주소: 석두하자

8.

朴東春(23세)

본적: 함경북도 고원군 상산면 봉현리

현 주소: 석두하자

9.

朴春載(24세)

본적: 함경북도 경흥군 웅기면 연상동

10.

金允熙(55세)

본적: 평안북도 후창군

현 주소: 석두하자[53]

---

53 『동아일보』 1928년 2월 4일자.

신민부는 독립운동단체로 그 근거지는 절대 비밀로 부쳐 단원 이외에는 아는 사람이 없고, 또한 오래 동안 일정한 곳에 두는 법이 없이 시세와 형편에 따라 아무도 모르게 장소를 바꾸는 까닭에 신민부는 일제의 습격을 당한 일이 없었다. 그러던 중 1927년 여름 국내에 잠입하여 활동하던 이모 등 몇 명의 부원이 체포되어 내부 비밀의 일부가 드러나면서 경찰당국의 주목을 받게 되었다. 신민부의 근거지를 알게 된 일제는 신민부의 본부를 습격하고자 기회를 엿보고 있었다. 그때 마침 김좌진이 부하 전부를 통솔하고 모처로 출진하였음을 파악하고 그 틈을 타일시에 습격을 가하였던 것이다.[54] 당시의 상황을『동아일보』1928년 3월 22일자에서는 다음과 같이 묘사하고 있다.[55]

> 때는 음력 정월 초 엿새날 아침 여섯시! 공교히 한 곳에 모여 있다가 한자리에서 잠을 자던 신민부의 중요 간부 열두 사람은 불의의 습격을 당하여 미처 대항도 못하고 뒷문으로 나왔으나 이곳저곳에 매복하여 있는 것은 경관 뿐이요, 김좌진은 그림자도 안보이매 최후수단으로 각각 헤어져서 피신코자 하였으나 나는 새도 벗어날 수 없이 경관대는 겹겹이 에워싸고, 그들은 전기 석두하에 있는 고려소학교(조선인 자영)로 길을 열고 맹렬히 습격하므로 전지 12인은 할 수 없이 전기소학교로 은신을 하려 할 때에는 벌써 철통같은 포위망은 갈수록 견고하여 12인 전부가 체포된 것이다.

　석두하자에서 하얼빈으로 잡혀간 김혁이 하얼빈 유치장에 갇혀 있을 때의 한 일화가 있다. 그는 한 청년이 석두하자에서 체포되어 같은 감방에 들어오자 일경을 불러 크게 화를 내며 <내가 아무리 체포된 몸일망정 혁명 운동자도 아닌 청년을 같은 방에 가두느냐> 하고 외쳤다. 일경도 이 말을 듣고 즉시 그 청년을 다른 방으로 옮겼다가 농민으로 알고

---

54 『동아일보』 1928년 3월 22일자.
55 김혁 신민부원들의 체포기사는 정의부의 선전지를 통하여도 동포들에게 알려지게 되었다. 조선 2천 3백만 동포에게 고함(정의부, 1928년 4월)(국내외항일독립운동문서, 국사편찬위원회 소장).

수일 후에 석방하였다고 한다.[56]

하얼빈에서 김혁은 1928년 3월 10일 신의주경찰서로 이송되었다.[57] 그 후 취조를 거듭받다가 4월 4일 신의주 검사국으로 회부되어[58] 신의주 지방법원 예심판사 佐藤에 의해 6개월 동안 조사를 받던 중 황처준은 폐병으로 사망하고 말았다. 그리고 동년 10월 동지들과 함께 예심을 마쳤는데 14명의 동지 중 김혁을 포함하여 9명만이 유죄가 확정되었다.[59] 유죄가 확정된 9명의 명단은 김혁54세, 김학소 · 유정근 · 남준희본적 충남 홍성군 , 석두하자 거주, 약종상, 55세 · 李春燮31세 · 金鳳勳43세 · 김윤희 · 윤영순 · 서광수34세, 강원도 고성군 현남면 마원리, 영안현 입참 · 박광원가원도 홍천군 남면 신대리 등이다. 무죄로 방면된 사람은 박동춘 · 이원학 · 박춘재 · 이성덕 · 이원화 등이다.[60]

김혁은 1929년 6월 5일 신의주지방법원에서 대정 8년 제령 제7호 치안유지법 위반으로 7년형을 구형받았으며,[61] 1929년 6월 12일 신의주지방법원의 구형보다 3년 많은 징역 10년형을 언도 받았다. 그 외 동지들인 유정근은 15년, 김봉훈은 6년, 박광원, 남중희는 각 4년, 서광수, 김윤희, 이춘하는 각각 2년을 언도 받았다.[62] 동년 7월 8일 평양복십법원에 공소를 취하하여 10년형이 확정되었다.[63] 그 후 그는 7년여의 수형생활 끝에 1936년 8월 25일 서대문형무소에서 가출옥하였다.[64]

출옥 후 김혁은 경기도 용인군 기흥면 농서리 254번지에 살고 있는

---

56 『무장독립운동비사』, 117쪽.
57 『동아일보』 1928년 3월 7일, 3월 16일자, 10월 30일자.
58 『중외일보』 1928년 4월 7일자. 신민부 간부 김혁 등 송국, 신의주서 취조는 완료.
59 『동아일보』 1928년 10월 30일자.
60 『동아일보』 1928년 10월 30일자.
61 『동아일보』 1929년 6월 9일자, 『중외일보』 1929년 6월 10일자.
62 『동아일보』 1929년 6월 14일자.
63 『동아일보』 1929년 6월 29일자. 가출옥문서.
64 가출옥문서.

장남 金龍基29세 집으로 가서 거주하였다. 그의 아들은 가족 4인 김혁의 부인 魚裕順, 장남 용기의 부인 申雙喜, 장녀 鎭順, 김혁의 차남 麟基과 함께 소작농으로 어려운 생활을 영위하고 있었다.[65]

출옥 후 김혁의 행적에 대하여 알려진 것은 거의 없다. 다만 1937년 4월 13일 만주에서 활동하던 金東三이 마포형무소에서 옥사한 후 서울 심우장에서 5일장을 지냈는데, 이 때 문상을 다녀간 것이 알려져 있을 뿐이다.[66] 결국 김혁은 옥고로 인한 병환으로 완쾌되지 못하고 1939년 4월 23일 용인 농서리 자택에서 순국하였다.[67]

XI. 결어 — 한국독립운동선상에서의 김혁의 위상

지금까지의 검토를 바탕으로 김혁의 항일투쟁 특징을 살펴보는 것으로 결어에 대신하고자 한다.

김혁은 용인지역의 양반가정에서 태어나 대한제국무관학교를 졸업하였고, 구한국군인 장교로서 복무하였던 조선 시대의 기득권 계층이라고 할 수 있다. 그런 그가 현실에 안주하지 않고 조상의 선산이 있고 부모와 가족이 있는 용인을 떠나 40대 중반의 나이에 독립운동을 위하여 망명하였다는 것은 운동의 크고 작음을 떠나 주목할 만한 것이라 생각된다. 그가 이처럼 떠날 수 있었던 건 바로 경주 김씨 갈천공파의 시조인 김원립의 애국정신, 스승 맹보순의 구국교육, 대한제국 무관학교의 군인정신, 대종교의 민족의식 등이 중요한 역할을 하였다고 생각된다.

---

65 김용기는 1951년 1·4후퇴 시 중국군에 의하여 기흥에서 총살당하였다고 한다(김혁의 장손 김진홍, 「1935년생, 용인시 원삼면 좌항리 황골 203번지」과의 면담에서 청취).
66 서중석, 『신흥무관학교와 망명자들』, 역사비평사, 2001, 422~423쪽.
67 김승학, 『한국독립사』하, 95쪽; 장손 김진홍과의 면담에서 청취; 가출옥문서.

첫째, 김혁은 구한국의 군인으로서 항일운동에 참여했다는 특징을 갖고 있다. 그런 그였으므로 그는 자연히 무장투쟁의 성지라고 할 수 있는 만주로 망명하였으며 무장투쟁의 대표적인 단체인 북로군정서와 항일투쟁을 같이 했으며, 그 후신인 신민부의 최고 책임자인 중앙집행위원장으로 활동하였던 것이다.

둘째, 대한제국 무관학교 출신이라는 특징 또한 갖고 있다. 그런 그였으므로 신민부에서 설립한 성동사관학교 교장으로서 독립군 배출에도 크게 기여하였던 것이다. 또한 북로군정서 사관양성에도 큰 기여를 하였던 것으로 보인다.

셋째, 김혁은 대종교인이었다. 그러므로 그는 만주에서 대종교단체에서 주로 활동하였다. 홍업단, 북로군정서, 대한독립군정서, 신민부 등이 모두 대종교적 민족주의자들로 구성된 단체들이며 대종교적인 이상국가의 건설을 추구하였던 것이다.

넷째, 김혁은 살왜단을 조직하는 등 실제적으로 행동하는 지성의 모습을 보여주었으며 일면 고려혁명자후원회의 책임을 맡아 독립운동 중 희생된 동지들의 후원에도 적극적인 관심을 기울였던 것이다.

결국 김혁은 대종교인으로서 만주지역에서 활동한 구한국군인 출신 무장투쟁론자로서 높이 평가되는 인물이라고 할 수 있다. 특히 그는 직접적인 현장의 투사라기보다는 참모로서 책임자로서 무장투쟁의 방향성과 무관의 교육에 심혈을 기울였던 독립운동가라고 할 수 있겠다.

제2장

만주에서의 항일무장투쟁과 池青天

Ⅰ. 서언

지청천은[1] 일본 육군사관학교 출신으로서 일본군을 탈출하여 식민지시대 항일무장투쟁을 이끈 대표적인 인물로 널리 알려져 있다. 그의 항일운동의 전체적인 모습은 광복군총사령부 정훈처에서 발행한 『광복』제1권 제1기1941에 잘 나타나 있다.

이청천(李青天) 장군의 약력

자는 백산(白山), 경성인, 현재 53세, 25세 일본 육군사관학교 보병과를 졸업, 일본군에서 복무했다. 대위의 신분으로 청도(青島)의 역에 참가하였으며, 후에 군대를 나와 요녕성(遼寧省) 유하현(柳河縣)에 이르러, 한인이 설립한 신흥군사학교에 교직원으로 일했다. 34세 고려혁명군 사관학교 교장에 임명되었으며, 정의부 중앙 집행위원

---

[1] 지청천은 항일운동 당시 일제의 감시를 피하기 위하여 이청천으로 개명하였다가 1948년 12월 대한민국을 유엔이 승인한 것을 계기로 본명인 池大亨으로 復名하였다고 한다(『동아일보』 1948년 12월 22일자). 그리고 『동아일보』 1950년 1월 29일자에는 동년 동월 27일 지대형으로 개명하였다는 기사가 보이고 있다. 이를 통해서 볼 때 지청천 장군은 자신의 뿌리에 대한 강한 자부심과 자긍심을 갖고 있었음을 짐작해 볼 수 있다. 한편 『동아일보』 1957년 1월 17일자 부고에는 <지청천 씨 별세>라고 표현하고 있다. 이로 볼 때 지청천이 지청천 장군을 표현하는 대표적 이름이 아닌가 생각된다.

에 임명되었으며, 군사부장 겸 조선의용군 사령을 겸하였다. 군사를 거느리고 압록강 연안 각지에서 전투하였으며 9·18 후 한국 독립군 군사령으로 임명되었다. 동북의 항일군을 연합하여 공동 작전을 벌였으며, 길림성(吉林省) 왕청현(汪淸縣)에서 독립운동을 계속하면서 무덤을 도굴하려는 일본군을 전멸시켰다. 1933년 낙양 군사학교의 초빙에 응하여 한국인 군관들을 훈련시키고, 아울러 조선혁명당 군사부장과 임시정부 군무부장, 한국독립당 중앙 집행위원 겸 훈련부 주임을 맡았다.

위에서 보는 바와 같이, 지청천은 만주로 망명한 이후 신흥무관학교 교관, 자유시 참변 이후에는 고려혁명군 사관학교 교장, 1920년대 중반에는 정의부 중앙집행위원, 군사부장, 의용군 사령관, 1930년대 전반기에는 한국독립군 사령관, 조선민족혁명당 군사부장, 1940년대에는 임시정부 군무부장, 한국독립당 중앙집행위원 등으로 활동하였던 것이다. 즉, 그는 중국지역에서 1920년대부터 1940년대에 이르기까지 20여년에 걸쳐 중국에서 전개된 항일무장투쟁의 대표적인 지도자이다.[2]

그러므로 일찍부터 학계에서는 지청천 장군의 항일투쟁에 주목하여 많은 연구들이 이루어졌다. 그의 일생을 다룬 연구로는 지헌모[3]·박영석의 연구를 시발로[4] 따님이신 지복영 여사의 『역사의 수레를 끌고 밀며-항일무장독립운동과 백산 지청천 장군』문학과 지성사, 1995를 통하여 전체적인 모습이 알려지게 되었다. 특히 지복영 여사는 지청천의 따님으로 부친과 더불어 광복군에 참여하는 등 항일투쟁의 길을 걸었으며, 부친의 역사 또한 집대성하였다. 그 후 노경채는 「일본 육사 출신 광복군 총사령 지청천」『내일을 여는 역사』 1, 2000이란 글을 통하여 지청천 장군의 일본 육사 출신독립운동가, "만주 삼천"으로 불린 독립군 지도자, 광복군 총사령의 대명사, 대동청년단을 이끈 우익 정치가 등의 단락을

---

2 지청천 장군의 개인 이력에 대하여는 『신한민보』에서도 2회에 걸쳐 자세히 보도하고 있다. 홍언찬, 「이청천사략」, 『신한민보』 1940년 10월 24일자 및 1940년 11월 7일자.
3 지헌모, 『청천 장군의 혁명투쟁사』, 삼상출판사, 1949.
4 박영석, 「백산 이청천」, 『한국현대인물론』 2, 을유문화사, 1987.

통하여 지청천의 항일운동과 더불어 해방 이후의 활동까지 포괄하여 실천적 항일무장투쟁가로서의 면모와 해방 후 "현실론적" 우익정치가의 성격을 보여주고 있다. 또한 이기동은 「이청천－일본 육사 출신의 항일무장투쟁지도자」『한국사시민강좌』 47, 2010를, 김수자는 지청천이 해방 후 활동한 대동청년단에 대하여 집중적으로 연구하였다.5

또한 2006년도에는 한국근현대사학회에서『이청천과 한국독립운동』이란 주제로 장세윤 · 김광재 · 한시준 · 김수자 등의 집중적인 연구가 있었다. 또한 최근에는 한시준의 광복군 총사령관으로서의 지청천 장군에 대한 심도 있는 글을 발표하였다.6 아울러 장세윤은 만주사변 이후 한국독립군에 대한 논문을 통하여 대전자령전투 등 지청천 장군의 무장투쟁의 의미를 보다 재평가해야 함을 강조하고 있다.7 그리고 최근에는 이현주가『한국광복군 총사령 지청천』독립기념관 한국독립운동사연구소, 2010을 간행하여 기존의 성과를 전체적으로 재조명하였다.

기존의 이러한 연구들을 통하여 지청천 장군에 대한 대체적인 연구는 이루어졌다고 할 수 있다. 특히 2011년 2월에는 서울신문을 통하여 지청천의 육필수기인 <자유일기>가 공개되어 해방 후 지청천 장군의 정치노선과 해방정국에 대한 생각들을 밝히는 데 큰 도움을 주고 있다. 그러나 전문이 공개되지 않아 학자들이 연구하는 데 일정한 한계를 보이고 있다.

기존의 연구를 통하여 지청천 장군의 모든 것이 밝혀졌다고 보기에는 어려운 측면이 있다. 일단 지청천 장군이 군인이어서 그런지 남긴 글이 그리 많지 않다. 따라서 그의 정치노선과 사상 등을 밝히는 데 아직까지 부족함이 있는 것 같다. 아울러 그의 대표적인 항일업적인 한

---

5 김수자, 「대동청년단의 조직과 활동(1947~1948)」, 『역사와 현실』 31, 1999.
6 한시준, 「이청천과 한국광복군」, 『한국근현대사연구』 56, 2011.3.
7 장세윤, 『1930년대 만주지역의 항일무장투쟁』, 독립기념관, 2009.

국독립군에서의 무장투쟁 또한 조경한[8]·신숙[9] 등 일부 인사들의 회고록 외에 자료들이 제한되어 있다. 앞으로 보다 많은 자료 발굴을 통하여 지청천 장군의 모습이 보다 명확히 드러나야 할 것이다.

필자는 이러한 연구사적 검토 하에 지청천 장군의 만주에서의 항일운동에 대하여 집중적으로 살펴보고자 한다. 이 시기에 있어서 가장 중요한 부분은 만주사변 이후 지청천 장군이 전개한 수많은 항일전투들일 것이다. 그중 대표적인 전투가 대전자령전투이다. 이 부분에 대하여는 장세윤의 선구적인 업적이 있다. 다만 필자는 이러한 기존 업적들을 바탕으로 만주지역에서의 지청천의 항일운동에 대하여 살펴보고자 한다. 그 가운데서도 지금까지 알려지지 않았던 신흥무관학교에서의 상황을 함께 망명한 김경천의 회고록 『擎天兒日錄』을 통하여, 한국독립당에의 참여와 그 단체에서의 활동 부분을 당시 한국독립당에서 활동한 李圭彩의 신문 조서를 통하여 보다 깊이 밝혀보고자 한다. 아울러 지청천이 남긴 <자유일기>도 적극적으로 활용하도록 하겠다.

II. 지청천과 신흥무관학교

1935년 11월에 중국 杭州에서 결성된 민족주의진영의 대표적인 독립운동정당인 한국국민당의 기관지인 『한민』15호1937.7.30에서는 지청천의 망명과 신흥무관학교에서의 활동 부분에 대하여 다음과 같이 간단히 언급하고 있다.

본래 조국광복에 높은 뜻을 갖은 선생은 삼일독립선언 당년 오월에 현역 군관을 내

8 조경한, 『백강회고록』, 한국종교협의회, 1979.
9 신숙, 『나의 일생』, 일신사, 1963.

버리고 만주에 망명하여 신흥학교의 군사교관이 되었다가 이듬해에 학교를 교성대로 개편하고 대장이 되어 장교 양성에 전력하던 중

　최근 지청천 장군의 외손자 이준식은 서울 신문 2011년 2월 28일자에서 조부의 망명에 대하여 다음과 같이 집안에서 들은 이야기를 전하고 있다.

　　이준식 전 친일재산조사총 위원
　　→ 외손자로서 기억하는 지청천 장군의 모습은?
　　─ 내가 태어난 지 몇 달 되지 않아 돌아가셔서 직접적으로 기억하는 모습은 없다. 대부분 어머니를 통해 들었는데 강직하고 약속을 중히 여기는 분이셨다. 일본 육사에 들어가 독립운동에 헌신할 것을 결의하면서 육사 내 동지들과 '아오야마의 맹세'라는 것을 하셨다고 들었다. 이후 김경천 장군과 외조부는 그 약속을 지키기 위해 독립운동에 투신했다. 하지만 홍사익이란 분은 일본군 중장까지 지내다 전범으로 처형되기도 했다.
　　→ 지 장군이 독립운동을 하면서 겪은 일 가운데 알려지지 않은 부분은?
　　─ 외조부가 항일투쟁을 위해 만주로 가려 했는데 이게 쉽지 않았다. 그래서 일부러 식음을 전폐해 몸을 초췌하게 해 일제의 감시를 피했다고 한다. 그렇게 한 뒤 요양을 한다며 귀국했다가 만주로 넘어가셨다. 이후 제일 먼저 찾아가신 곳이 신흥무관학교였다.

　이준식의 증언을 통하여 지청천은 일본 육사에 들어가 독립운동에 헌신할 것을 결의하면서 육사 내 동지들과 '아오야마의 맹세'를 한 점, 그리고 망명을 단행하기 위하여 몸을 초췌하게 해 일제의 감시를 피하여 망명한 흥미있는 사실들을 알 수 있다.
　한편 지청천 장군의 망명 이전 상황과 망명과정 등에 대하여는 지청천 장군이 쓴 <자유일기> 1951년 3월 1일자, 1952년 3월 1일자, 1953년 2월 16일자 등에 잘 나타나 있다. 그중 1952년 3월 1일자를 보면 다음과 같다.

나는 이때에(3 · 1운동 시 - 필자 주) 천도교의 손병희 씨와 연락하고 재일 우리 유학 생을 지도하고 있었다. 자3월 1일 이후로 일본당국의 나에 대한 감시는 더욱 심하여 졌다. 4월 중순 경 현역장교의 직을 帶한 채로 압록강을 넘어 만주로 망명할 때까지 도 혁명의 길을 찾노라고 苦心慘憺하였다.

아울러 함께 탈출한 김경천의 면담록이 실린『동아일보』1923년 7월 29일자에도 상세하게 기록되어 있다. 다만 최근 발굴된 김경천의『경 천아일록』에 지금까지 알려지지 않은 내용이 있어 소개하면 다음과 같다.

(3 · 1운동 당시 - 필자 주) 청년회관에 있을 때도 知友들이 나에게 칼을 빼시오, 이제 는 별수 없으나 칼을 빼시오하며 여럿이 권한다. 여러 붕우의 말대로 내가 칼을 빼자 면, 서간도 북간도 아령 3곳으로 出奔하는 문제다. 나 자신도 국외에 臥薪 한지 15년 에 오늘날을 기다렸다. 또 나의 책임인가 한다. 天賦의 識分이다. 나를 빼고 적당한 자가 없음을 나도 안다. 연일 회의가 나의 정원에서 있었다. 마침 李應俊, 池大亨 二 君이 來到하였다. 더욱 일이 결행을 요구하게 된다. 池君은 本意로 응낙하며, 外地로 出奔하게 되나, 李君은 마지못하여 대답하는 것이다.

즉, 김경천은 지청천과 함께 망명하기 전 사직동에 있던 자신의 집 정 원에서 망명 논의를 진행하였음을 알 수 있다.

지금까지 자료들에는 지청천의 망명 후 신흥무관학교 도착과 그곳에 서 느낀 점들, 활동 등에 대한 기록들은 보이고 있지 않다. 다만 1951년 11월 1일자 <자유일기>에서 훈련당시의 일단을 짐작해 볼 수 있다.

어 국제구락 오후 6시 쾌락한 가운데 창가 등 여흥이 있을 새, 나는 이십여 년 전 백 두산 북록에 신흥학교생 훈련시 作歌한 시조를 吟詠한다. 여차
백두산 천지변에 칼을 집고 우뚝서서
조국강산을 바라보니 기쁨보다 눈물겨워
언제나 千兵萬馬 거느리고 짓쳐볼까 하노라.

또한 김경천의『경천아일록』의 기록을 통하여도 당시 분위기를 짐 작할 수 있을 것 같다.

우리(지청천, 김경천 등-필자 주)의 고난이 끝이 있어 약 15일 만에 봉천성 유하현 고산자 대두자에 있는 서간도 무관학교에 도착하여 南一湖君家에 정착하였다. 본 무관학교는 본년 3월까지 보통교육을 실시하였다가 독립선언 이후로 그것을 전폐하고 군사학을 시작하니 매우 모든 일에 유약하더라. 胡人家에 차입하였고, 방 건축도 하는 중이더라. 학생은 내지로서 독립선언 한 이래로 일인의 압박으로 인하여 出境한 청년과 서간도 각지에서 온 사람이 모두 200명이 될락말락하다. 이것으로 세계강국의 하나가 되는 일본을 대적코자 함은 너무도 小하더라. 그러나 남만주에 있는 우리 힘이 原弱하다. 그러므로 적을 대적하는 것은 불가능이다. 더구나 지방 주민이 가난하므로 이에 더 요구할 도리가 없다.

나보다 몇일 먼저 도착한 申英均 씨가 있다. 씨는 경성 무관학교 2회 출신이요. 사람됨이 군인적 군인이므로 우리 국가에 難得之人이니드라. 새로 온 사람이 우리 3인(지청천, 김경천, 신영균-필자 주)이 되자 옛날부터 교육하던 사람들이 자연 우리를 실어하여 그 사이에 자연 학생까지도 신구의 구분이 생기니 우리 民性이 실로 가련하다. 이러하므로 충분한 교육도 못하고 사고에 사고로 인하여 분파가 많이 생겼다. 남일호 씨는 오직 공평하게 사무에 헌신하드라. 오호라 내가 동포를 위하여 일점의 사사로움도 없이 자기의 安平을 불구하고 처자의 哀訴를 돌아보지 않고, 위험한 행동을 가지고 북쪽 땅으로 왔더니, 금일에 이르러 보니 너무도 世人은 냉냉하도다.

본 학교에 원래부터 있던 사람들은 지식도 없고 主心도 없으면서, 명예와 주권(변변치도 않은 주권)을 가지고, 우리를 일종의 기계로 사용하고자 한다. 자기들의 능력이 능히 나를 기용할 만 하면 모르겠다. 하지만은 그들은 군사학은 물론 보통학도 모르는 愚夫요, 인격도 없느니라. 소인배의 행동으로 옛날에 온 학생들을 우리에게 반항토록 추키는 일도 있다. 이와 같이 우매한 지방, 인민을 아지 못하고 나는 너무 중요시함이 나의 부족이다. 나는 생각한다. 이 모양으로는 도저히 최후최대한 목적을 못실행하리라 한다. 이상과 같으므로 학과며, 기타 모든 것이 無爲하게 세월을 보냄도 있다.

즉, 지청천 등 일본 무관학교 및 일본군에서 활동하다 조국의 광복을 위하여 청운의 꿈을 갖고 만주로 망명한 이들에게 신흥무관학교의 당시 모습은 안타까움 그 자체였을 것은 자명한 것이라고 할 수 있다. 더구나 마적의 출몰 등은 군사교육을 실시하는 데 또한 큰 장애가 되었던 것으로 보인다. 『경천아일록』에 다음과 같은 기록이 보인다.

거기다가 마적의 襲來가 많다. 만주의 賊이 부대를 지여가지고 각 도시라도 백주에 습래하여 여러 萬金을 奪去하며, 혹 人子人女를 수용하여 산중에 웅거하여 大金을 징수하며 인가에 들어가면 豚牛의 종자도 아니 남긴다. 그 무리는 작으면 수십이며,

크게는 기천이라. 소위 官兵이란 것은 방관적이요. 오히려 월급이 지체되면, 총을 가지고 도적이 된다. 올 여름에 고산자 무관학교에 2번이나 야간에 내습하여 학생, 교사 몇 명을 잡아갔다. 어떤 학생은 그 적과 格투하여 다치기도 하였다. 이러하므로 군사교육은 자연히 충실치 못하였다.

한편 이러한 어려움 속에서도 지청천 등은 한민족으로서의 자부심과 자긍심을 갖게 되었던 것 같다. 바로 신흥무관학교 근처에 고구려 무덤들이 있어 우리의 역사에 대한 인식들을 갖게 되었을 것이다. 특히 일본에서 공부한 지청천 · 김경천 등에게 있어 고구려 유적들은 큰 감동으로 다가왔을 것으로 보인다. 『경천아일록』에 다음과 같은 기록이 보인다.

孤山子에는 孤山이라는 一獨山이 있어 그 산 남쪽 경사에 우리나라 사람의 古冢이 많다. 이는 틀림없이 고구려왕조의 유적인가 하노라. 田野에서 石造한 방아확, 古器 등이 근년에는 얻은 것이 많다. 大韓民이 다수가 移入한 이래로 사적이 분명하다 한다. 또한 만주인도 말하기를 한인이 만주를 回有하자는 吉兆라고 한다. 우리 역사를 보아도 이 만주는 본시 우리의 영토가 분명하다. 漢唐 이후로 점차로 요동 만주를 빼앗겼다. 현재 우리가 이땅에서 활동함에 우리 선조가 이미 웅거하던 그 後蹟을 밟고 있다. 枯木이 生花하는 격이라고 한다. 그런데 나의 의문이 많다. 아는 분에게 고하니, 이 넓은 만주지방에 살던 우리 부여족이 엇지 되고, 현재는 그 분묘만 남았는가, 압록강을 넘었나?, 胡族에 동화하였나, 다른 지방으로 이주하였나, 우리 역사가의 연구를 기대하노라

6월에 만주로 망명한 지청천과 김경천 등은 가을이 되기 전에 압록강을 넘어 국내로 진격하고자 하는 꿈을 이루기를 기대하여 신흥무관학교에서 항일운동을 전개하고 있던 것 같다. 『경천아일록』에 다음과 같은 기록이 보인다.

여름이 다가고 초가을이 올려고 한다. 여러 유지들은 낙엽이 떨어지면 군사행동이 불리하니 무기를 준비하여 가지고 압록강을 한번 넘기가 소원이라 한다. 나도 그러하게 생각하나 현재의 형편으로는 압록강은 고사하고 개천도 못건너겠다고 생각한다. 그러나 이에 무기문제가 생겨 혹은 무송현으로 가자며, 혹은 러시아령으로 가

> 자고 한다. 회의한 결과로 러시아령 니코리스크로 가기로 하였다. 위원을 정하니 나
> 와 신영균 두사람이다.

위에서 보는 바와 같이 신흥무관학교가 독립전쟁을 추진하기 위해서
는 무엇보다도 무기의 구입이 급선무였다. 그러므로 무기에 정통한 김
경천과 신영균을 러시아로 파견하기로 결정하였던 것이다. 다만 지청
천은 신흥무관학교에 계속 남아 학교와 운명을 같이하게 된다. 지청천
이 신흥무관학교에 계속 남게 된 것은 신식 군사훈련을 받은 두 사람 이
모두 자리를 비울 수 없는 상황과, 학생들에 대한 애착과 현지 독립운동
가들과의 적응문제 등이 언급될 수 있을 것 같다.

III. 정의부와 지청천

『광복』제1권에 실려 있는「30년 이래 중국 동북에서의 한국 혁명운
동후속」에서 金學奎는 지청천의 정의부에서의 활동을 다음과 같이 언급
하고 있다.

> 1925년, 양기탁(梁基鐸), 이택(李) 등은 통의부(統義府), 의성단(義成團), 광정단(匡正
> 團) 등 8개의 단체를 대한정의부(大韓正義府)로 통합하자고 제의하였다. 대한정의
> 부(大韓正義府) 본부는 길림(吉林)의 화전(樺甸)에 두기로 했는데 이곳에 본부를 두
> 면 거의 동북삼성의 각지에 영향을 미칠 수 있기 때문이었다. 당시 의무금(義務金)납
> 부자는 10만(戶)에 달하고 정의부(正義府)의 모든 제도는 마치 공식 정부와 같았다.
> 흥경(興京) 왕청문(旺門)에 화흥중학교(化興中學)를 설립하고 유하(柳河) 삼원포(三
> 源浦)에 동명학교(東明學校)를 설립하였다. 이 밖에 기타 학교들을 설립하고 교포 및
> 자손들의 교육하였다. 또한 화전성(樺甸城)에 화성의숙(華成義塾)을 설립하고 혁명
> 간부들을 전문적으로 훈련시켰다. 왕청문(旺門)에는 남만학원을 설립하고 혁명에 필
> 요한 각종 학문을 연구하였고 무장한 부대는 계속하여 대한의용군으로 명명하였다.
> 대한의용군은 오동진(吳東振)과 이청천(李天) 등 사령관의 지휘 하에 혁명활동을 적
> 극적으로 전개하였다.

즉, 지청천은 1920년대 중반 만주에서 조직된 정의부에서 오동진과 더불어 사령관으로서 혁명활동을 적극적으로 전개하였던 것이다.

대한통의부가 의군부, 참의부 등으로 분열된 뒤 통의부는 새로운 방향을 설정하지 않으면 안 되었다. 金東三[10]을 비롯한 대한통의부의 중진들은 1923년 상해에서 개최된 국민대표회의를 통하여 항일독립운동의 대통일을 이룩하려던 꿈이 깨어지고 오히려 서간도지역의 통합 세력인 대한통의부마저 재분열하기에 이르자 만주지역만이라도 재통합을 이루고자 하였다. 그리하여 김동삼, 李震山 등 수십 명은 吉林에서 각 단체의 통합을 도모하였으나 실패하고 말았다.[11] 한편 국민대표회의에서 임시정부를 전면부인하고 새로운 정부를 만들고자 했던 창조파인 尹海 · 申肅 · 文昌範 등은 북만주 寧安縣 寧古塔에 모여 독립운동단체의 통합을 역시 꾀하였으나 그 뜻을 이루지 못하였다. 이러한 과정에서 대외적으로는 張作霖의 봉건군벌과 이에 결탁한 일본 영사관 측의 탄압이 가중되고 있었다.[12]

이러한 때에 통의부를 탈퇴한 梁起鐸이 길림지역의 유력자인 지청천과 李章寧과 朴觀海 등을 설득하여 찬성을 얻은 후 全滿統一會議籌備會를 열기로 하고 이장녕을 주비회장으로 추대하고 준비한 결과 1924년 7월 10일 길림에서 주비발기회를 개최하기에 이르렀다. 그리고 이어 회의를 거듭하여 12월 25일 독립운동단체의 통합을 의결하고, 단체의 명칭을 정의부라고 명명하였다.[13]

아울러 지방치안유지를 위해서 무장대를 둘 것, 정의부의 구역은 당분간 하얼빈, 額穆, 북간도의 선을 劃하고 그 이남의 만주 전부를 포옹

10 지청천의 외손자 이준식에 따르면, 지청천은 김동삼을 가장 존경하였다고 어머니 지복영으로부터 들었다고 증언하였다(2011.11.25).
11 경상북도 경찰부, 『고등경찰요사』, 1934, 111쪽.
12 박영석, 「정의부연구」, 『일제하 독립운동사연구』, 일조각, 1984, 65쪽.
13 정원옥, 「재만정의부의 항일독립운동」, 『한국사연구』 34, 1981, 120쪽.

할 것, 유지비로서 매호에서 해마다 6원과 별도로 소득세를 부과할 것 외 3개항을 의결하고 헌장 및 선언을 발표하였다. 또한 중앙행정위원으로 이탁 · 吳東振 · 玄正卿 · 金履大 · 尹德甫 · 金容大 · 李震山 · 金衡植 등을 선임하였는데 이때 지청천도 중앙행정위원으로 선임되었다.14

정의부는 중앙본부를 처음에는 유하현 삼원보에 두고 참의부의 세력권인 관전현, 집안현, 桓仁縣, 통화현 등 4개현의 일부를 제외한 지역에 10개의 地方總管所를 설치하였다. 정의부는 이후 본부를 柳河縣 三源堡에서 樺甸, 吉林의 新安屯, 盤石 등으로 옮기면서 1926년 말 경에는 17개 지방총관소를 설치하고 奉天省과 吉林省에 살고 있는 한인 1만 7천여 호, 8만 7천 명을 관할하였다.15

정의부는 1924년 조직 이후부터 1925년 말까지는 자치활동에, 그리고 1926년 초 군민대표회의가 조직되어 무장파가 특세하였을 때는 군사활동을, 그리고 1926년 말 다시 民政으로 이양되었을 때부터 1929년 3월 해체될 때까지는 자치활동에 좀더 비중을 두었다.

정의부는 중앙행정위원회에 군사부를 두고 사령관 아래 중대와 소대를 두었다. 지청천은 이곳에서 대한제국 군대 출신의 金昌煥, 그리고 오동진 등과 함께 지도부를 형성하였다.16 그리고 정이형 · 문학빈 · 양세봉 등 평안도 출신들이 주로 중대장과 소대장의 직책을 맡았다. 지청천은 1950년대 이때 함께 활동했던 정이형의17 죽음을 안타까워하며 그의 <자유일기> 1956년 12월 11일자에 다음과 같이 기록하고 있다. 특히 이 기록은 지청천의 일기 중 마지막 부분이라 더욱 감회가 새롭다.

---

14 경상북도 경찰부, 『고등경찰요사』, 118쪽.
15 변승웅, 「정의부」, 『한민족독립운동사』 4, 243쪽.
16 『중외일보』 1928년 2월 8일자에서는 지청천이 오동진이 일제에 체포된 이후 정의부 총사령이 되었다고 보도하고 있다.
17 정이형에 대한 논고로는 다음의 저서가 있다. 박환, 『잊혀진 혁명가 정이형』, 국학자료원, 2004.

쌍공 정이형 동지가 서세하다. 정동지는 哈家 정의부 조선혁명총사령관으로 있을 때에 문학빈과 같이 5개 중대장 중의 1인인 직계부하이다. 적에 피포된 이래 근 20년 의주, 평양, 서을 감옥으로 전전하다가 미군에 의해 석방되어 출옥하였는데, 금년에 60세 가까이 되었다. 12월 15일이 발인인데 시간은 오전 10시 반 20년 영어 생활한 진정한 애국자 독립군이다. 在來內地 인간들은 此等 애국자를 애지중지할 줄 아는 사람이 부족. 대의명분에 밝지 못한 까닭이겠지. 민족영웅으로서 천당에 가서 깊이 평안하고 영화롭기를 축원하노라. 만수를 다 잊고 고히 잠드소서.

정의부의 군대활동은 국내에서의 군자금 모집활동, 독립선전공작, 주구 암살, 일본 관리의 사살, 적기관 방화공작 등이었다. 한편 정의부는 부내의 모든 장정에 대하여 의무병제를 실시하였으며, 상비군으로서는 8개 중대와 民警隊를 두었고, 1927년에는 700명 이상의 병력을 가지고 모젤과 뿌로닝 권총 그리고 소총 등으로 무장하고 있었다. 한편 농촌에는 군사보급회를 설립하여 모든 장정과 재향군인들에게도 군사훈련을 실시하였다.[18]

IV. 혁신의회, 민족유일당재만책진회와 지청천

1926년 北京에서 한국독립유일당북경촉성회가 조직된 이래 만주지역에서도 민족유일당운동이 개최된 결과, 그 조직 방략상에 있어서 개인본위조직론과 단체본위조직론이 대립하여 유일당 조직운동은 실패로 끝나고 말았다.[19]

이에 정의부는 3부만의 통합이라도 추진하고자 하였다. 그리하여 1928년 7월 신민부와 참의부에 3부통일회의의 개최를 제의하고 대표의 참가를 권유하였다. 그러나 이 회의 역시 정의부의 주도권 장악에 대한

18 채근식, 『무장독립운동비사』, 137~138쪽.
19 정원옥, 「재만 항일독립운동단체의 전민족유일당운동」, 『백산학보』 19, 1975, 190~202쪽.

신민부, 참의부 측의 반대, 신민부 군정파와 민정파간의 대표권 인정 문제로 인한 양파의 대립, 참의부 대표의 소환 문제 등으로 인하여 정식회의를 개최하지도 못하고 3부통일회의는 실패로 돌아가고 말았다.[20]

이러한 가운데 1928년 12월 하순 길림에서 신민부와 참의부가 각 단체의 명의를 취소하고 여기에 지청천 등 정의부 탈퇴파를 합쳐 새로이 과도기적 임시기관으로서 혁신의회를 조직하였다.[21] 이 단체는 신민부 군정파가 주도한 것으로 그 존속기간을 1년 이내로 하였다.

혁신의회에서는 임원을 결정하였는데, 의장에 김동삼, 중앙집행위원장 김원식, 군사위원장 黃學秀, 민정위원장 김승학 등이었다. 이때 지청천은 15명의 동지들과 함께 위원으로 참여했다.[22] 한편 혁신의회에서는 자신들의 통치구역을 잠정적으로 설정하기 위해 南一區, 中一區, 北一區 등 세 구역으로 크게 나누었다. 남일구는 참의부의 관할구역, 중일구는 정의부에서 탈퇴한 김동삼, 지청천 등의 관할 구역, 북일구는 신민부의 관할 구역이다.[23] 이와 같은 혁신의회의 행정구역은 잠정적인 것으로 앞으로 1년 후에 조직될 군정부를 위한 터전이라고 할 수 있겠다.[24]

혁신의회가 수행할 중요한 과제 중 하나는 대당촉성의 적극적 봉조였다. 그러므로 혁신의회에서는 그 실현을 위하여 민족유일당재만책진회를 결성하였던 것이다. 이 유일독립당재만책진회는 중앙집행위원장에 김동삼, 위원에 지청천·김좌진·全盛鎬 등을 선출하였다.[25]

지청천이 참여한 혁신의회는 유일독립당재만책진회를 결성하고 다음에 그 존속만기인 1929년 5월 이전에 군정부를 조직해야만 했다. 그

---

20 독립운동사편찬위원회, 『독립운동사자료집』 10, 407~408쪽.
21 박영석, 「혁신의회연구」, 앞의 책, 197~198쪽.
22 채근식, 『무장독립운동비사』, 151쪽.
23 위와 같음.
24 박영석, 「혁신의회연구」, 앞의 책, 200쪽.
25 독립운동사편찬위원회, 『독립운동사자료집』 10, 409~410쪽.

런데 1929년 4월 1일 길림지방에서는 정의부가 신민부 군정파와 참의부의 심용준파와 함께 국민부를 조직하였다. 이에 혁신의회는 1929년 5월 1년 만기가 되어 자연 해체되고 유일독립당재만책진회만 남게 되었다. 그런 가운데 지청천은 五常縣으로, 김좌진은 북만주로, 김승학은 남만주로 떠나, 책진회는 정의부에서 탈퇴한 김동삼·김원식·金尙德 등만이 지키게 되었고, 세력 만회를 위하여 노력하였으나 뜻대로 되지 못하였다.[26]

V. 한국독립당의 성립과 지청천

오상현으로 떠난 지청천은 동지들과 함께 生育社를 조직하고 활동하고 있었다.[27] 지청천은 1929년 五常懸 沖河를 근거로 洪震·황학수 등과 더불어 생육사를 조직하였는데 이것은 농업주식회사와 같은 것이었다. 여기는 당초 김좌진도 가입해 있었으며 1930년 2월 13일 길림 春登河에서 제2회 정기 총회를 개최한 때는 1백 90株를 모아 농토를 조차하여 경영했다고 한다. 이 생육사의 사장은 홍진이 계속 맡았는데 생육사는 후일 한국총연합회와 같이 한국독립당의 모체가 되었다는 데서 주목을 끈다.[28]

지청천이 생육사에서 활동하고 있을 무렵, 당시 북만주지역에는 공산주의 세력이 상당히 성장하여 이들 민족주의단체들은 심한 위협을 받게 되었다. 이러한 가운데 1930년 1월 24일 한족총연합회의 위원장인 김좌진이 공산주의자 박상실에게 암살당하는 사태가 발생하였다. 이 사

---

26 독립운동사편찬위원회, 『독립운동사』 5, 581~582쪽.
27 박환, 「재만한국독립당」, 앞의 책, 229쪽.
28 『독립운동사』 5, 597쪽.

건은 북만지역의 민족진영에 큰 충격을 주었다. 김좌진은 한족총연합회의 가장 핵심적인 인물이었기 때문이었다. 이와 같은 김좌진의 암살을 계기로 북만주지역에서 활동 중이던 지청천 등 민족주의자들은 그 지역의 공산주의자들인 화요회파에 대하여 보다 효과적으로 대처하는 한편 재만동포들의 지지를 얻기 위한 방안을 모색하게 되었다. 그리하여 1930년 7월에 中東線 철도 東部線의 연변인 葦河縣街에 위치한 金光澤의 집에서 한국독립당을 결성하였던 것이다. 이때 참가한 인물로는 생육사의 지청천·洪震·황학수·이장녕·신숙, 한족총연합회의 정신, 閔武, 南大觀, 同賓縣住民會의 최호·朴觀海 등을 들 수 있다.[29]

김학규는 「30년 이래 중국 동북에서의 한국 혁명운동(후속)」(『광복』 1)에서 지청천의 한국독립당에서의 활동을 다음과 같이 언급하고 있다.

> 1929년 유일당조직운동이 실패한 후, 각 지역의 동지들은 단독으로 당을 결성하는 운동을 전개했다. 안창호(安昌浩), 이동녕(李東寧), 김구(金九), 조소앙(趙素昻) 등은 상해에서 임시정부를 중심으로 하여 한국독립당을 조직하고 이청천(李天), 홍진(洪震) 등도 중동로(中東路) 일대에서 한국독립당을 조직하였다.

한국독립당에서 군사부 참모장으로 활동한 이규채는 1934년 12월 26일 신문 조서에서 지청천과의 만남과 1930년 7월 한국독립당 결성에 대하여 다음과 같이 언급하고 있다.

> 소화 三년(1928년-필자 주) 七월(음력 六월 하순) 吉林省 吉南大屯, 同省 五常縣 冲河 등지를 전전하던 중에 그 곳에서 독립운동을 하고 있던 李靑天, 곧 池大亨과 알게 되어 동인과 연락 활동 중에 소화 五년(1930년-필자 주) 五월 초순경에 朴觀海, 閔武, 鄭信, 申肅, 崔韓永觀 등과 협의하고, 그 무렵 滿洲國 吉林省 賓江縣 二道河子 朴觀海의 집에서 조선의 절대독립을 목적으로 하는 결사 한국독립당을 조직하고, 동지 획득의 결과 소화 五년 七월 一일부터 五일까지(양력 八월 초순) 吉林省 葦沙縣, 中東線 葦河驛前 崔모의 집에서 조직대회를 개최하고, 동지 100여 명이 회합하여 동당

---

29 『外事警察報』 124, 1932년 11월, 74쪽.

수령에 洪震을 선정하고, 李靑天 곧 池大亨은 군사위원장에, 집행위원에는 朴觀海
외 二五명을 선정했다.

라고 하여 1928년 오상현 충하에서 생육사에서 활동하던 지청천을 만
나게 되었음을 알려주고 있다. 아울러 1930년 7월 위하현에서 조직된
한국독립당에서 지청천이 군사위원장에 선임되었음을 보여주고 있다.
　이규채의 1935년 1월 9일 제2회 신문조서에는 한국독립당 결성과 주
의 주장에 대하여 보다 구체적으로 살펴볼 수 있다. 이를 보면 다음과
같다.

　　문: 한국독립당은 언제 조직했는가.
　　답: 내가 도착해서 함께 준비에 관하여 상의했는데, 각 지방에 통신으로 선전하여 참
　　　　석하도록 한 뒤에, 예정대로 葦河縣 성내에서 조선인 농업자 崔모의 집에서 창립
　　　　대회를 열고, 나도 참석했다.

　　문: 출석자는 누구누구인가.
　　답: 전부 각 지방 대표자는 100여 명이 있었으나, 전부는 기억하지 못하고 생각나는
　　　　대로 말하면 준비위원 외에 姜百瑞 葦沙縣 대표, 崔鐘元 濱州縣 대표, 李應民 阿
　　　　城 대표, 閔武 寧安縣 대표, 朴世晃 延壽縣 대표 등인데 그 외는 잊었다.

　　문: 대회에서 어떤 것을 토의하고 결정했는가.
　　답: 대회에서 사회자로 申肅을 선정하고, 임시서기로 閔武를 선정한 뒤에 선언으로
　　一. 백의동포는 소련공산당에 속지 말자.
　　一. 백의대중은 일치 협력하여 조국의 광복을 도모한다.

　　강령으로서, 一. 조선의 정치독립, 一. 조선의 경제독립, 一. 조선의 문화독립을 제정
　　하고, 이에 六대 강요로서 一. 입헌민주국으로 한다. 二. 토지와 대생산기관은 국유로
　　한다. 三. 신문화 학술을 수입한다. 四. 약소민족과 제휴한다. 五. 각지의 민족단체와
　　연합한다. 六. 국민의 교육은 의무적으로 한다 등을 결정한 뒤에 조직은 집행위원제
　　로 하고, 부서로 정치부, 경제부, 문화부, 군사부, 선전부, 조직부를 설치하여 중앙기
　　관으로 하고, 그 아래에 각지의 당부, 지부반을 조직하여 각각 집행기관을 설치하여
　　운동하기로 결정했다.
　　그래서 중앙기관 이하의 지방부 집행기관의 조직은 一. 지방당부는 중앙기관과 마찬

가지고 상무위원 六명을 둔다. 一. 지부에는 군사부만 두지 않고, 다른 五부를 두며 상무위원 五명을 선임한다. 一. 반에는 문화, 경제, 조직의 三부를 설치하고 상무위원 一명을 선임하여 각각 집행을 담당하는데, 중앙기관에는 집행위원 30명이고, 그중 상무위원은 12명으로 되어 있었다.

문: 임원의 선정은 어떻게 했는가.
답: 獨立黨 수령 洪冕熙, 정치부장 위 겸임, 동부 위원 李圭彩(나), 경제부장 崔. 문화부장 申 肅, 군사부장 李靑天, 동 참모장 李圭彩(나), 선전부장 鄭 信, 조직부장 朴觀海, 그 외에 각부에 위원이 함께 三一명이었는데, 성명은 각부장이 알고 있다. 그리고 각부 장 외에 閔武, 李章寧, 崔岳 등 三인의 위원을 넣어서 중앙 상무위원회를 조직했다.

위의 기록을 통하여 지청천이 한국독립당에서 성립 당시 군사부장으로 활동하였으며, 군사부 참모장으로 이규채가 일하였음을 알 수 있다. 또한 한국독립당이 조선의 정치·경제·문화의 독립과 더불어 그들이 추구했던 이상국가론을 짐작해 볼 수 있다. 즉 지청천은 한국독립당이 추구하였던 입헌민주국을 지향하며 토지와 대생산기관의 국유화에 동의하고 있음을 알 수 있다. 즉, 지청천은 당시 만주지역의 민족주의 단체들이 추구했던 사회민주주의에 동의하였던 것 같다. 다만 지청천은 자유시참변 등을 겪으면서 소련공산당에 호의적일 수 없었으며, 한국독립당이 내세웠던 "백의동포는 소련공산당에 속지말자"에 긍정적인 생각을 가졌던 것으로 보인다.

VI. 한족자치연합회, 한국독립군과 지청천

한국독립당은 북만주지역에서 조직된 민족진영의 독립운동단체였다. 따라서 이 단체에서는 독립운동을 전개하는 것 외에 이 지역의 공산주의단체들에 대항하고자 하였다. 이러한 목적을 효과적으로 수행하기 위하여 1930년 7월 당의 결성과 함께 표면적인 기관을 조직할 것을 결의하였다. 그들은 "조선민족의 생활 안정, 自治體의 완성을 기할 것"을 표면의 목적으로 하는 합법적인 단체를 만들 것을 결의하였던 것이다. 그 결과 1931년 2월에 珠河縣 烏吉密河에서 韓族自治聯合會라는 단체가 성립되었다. 그리고 주요 간부를 선임하였는데, 지청천은 白雲峰 · 박관해 등과 함께 군사부였고, 책임간부 崔松悟, 실업겸 재무부 신숙, 교육부 申明善, 조직겸 선전부 李靑山, 집행위원 홍진 등이었다.[30]

이 한족자치연합회는 자치활동을 하는 지방주민회의 연합체였다. 한국독립당의 결성에 주요한 세력의 하나로 참여하였던 동빈현주민회와 그 밖에 珠河縣 주민회와 阿城縣 주민회 등도 여기에 가담하였다. 그러나 한족자치연합회는 단순히 자치활동만을 하는 단체는 아니었다. 지청천 · 박관해 등을 중심으로 군사활동도 전개하고자 하였던 것이다. 그러므로 한족자치연합회에서는 군사부, 실업부, 재무부, 교육부, 조직부 등을 두어 군사 및 자치활동을 효과적으로 수행하고자 하였다. 이러한 한족자치연합회는 한국독립당에 의하여 지도 · 육성되었다. 즉 한국독립당은 한족자치연합회라는 군사 및 자치기관을 지도 육성하는 정당인 것이다. 이러한 한국독립당의 성격은 조선혁명당과 비교된다. 조선혁명당은 당군으로서 조선혁명군을, 그리고 표면적인 자치기관인 국민부를 지도 육성하는 정당이었던 것이다.[31] 한족자치연합회의 군사부에 이어 한국독립당에서는 당의 군대인 한국독립군을 조직하였다. 이것은 지청천과 신숙 등이 1931년 11월에 아성현 大吉河에서 남대관, 權秀貞 등과 함께 결성하였던 것이다. 그리고 주요 간부를 임명하였는데 이를 보면 다음과 같다.[32]

30 『在支滿本邦警察統計及管內狀況報告雜纂』, 1932, 36~37쪽.
31 박환, 「재만한국독립당」, 앞의 책, 241~242쪽.
32 『재지만본방경찰통계급관내상황보고잡찬』, 1932, 84~86쪽.

총사령관 지청천
부사령장관 남대관
참모관 신숙
재무겸 외무장관 安也山
의용군 훈련대장 李光雲
의용군 중대장 吳光善[33]
의용군 소대장 李春正
암살대대장 李禹正
별동대대장 韓光彬
헌병대대장 襄成雲
통신부장 겸 검사장 申元均
구국군후원회장 권수정[34]
서기장 홍진
先戰隊 겸 결사대장관 沈重根
고문 겸 구국회 회장 徐日鳳

한국독립군은 한국독립당의 군대로서 당의 지도를 받았다. 이러한 한국독립당의 당군의 조직은 조선혁명당의 조선혁명군의 조직과 일치하는 것이다. 한편 한국독립군은 총사령과 부사령 밑에 의용군 및 암살대, 선전대, 결사대, 별동대, 헌병대 등을 두어 효과적인 대일항쟁을 추구하였다. 이와는 별도로 당내에 구국군후원회라는 것을 조직하여 군자금을 모집하는 동시에 항일운동도 전개하였다.[35]

---

33 오광선은 지청천을 모시고 신흥무관학교 교관으로 일한 이래, 지청천의 예하 단위 부대장 또는 고급 참모로써 그를 평생동지이자, 상관으로 모시게 되었다(김명섭, 「오광선의 민족운동과 한국광복군」, 『한국독립운동사속의 용인』, 용인향토독립운동기념사업회, 2009, 406쪽).
34 권수정의 다른 이름은 이종영이다. 그는 만주 한국독립당에서 선전부장을 역임하였다. 홍진과 선포문을 작성하는 과정에서 충돌하여 탈당하였다. 만주사변 이후에는 일본군 헌병 특무 촉탁이 되었다고 한다(<자유일기> 1954년 2월 2일자).
35 박환, 「재만한국독립당」, 앞의 책, 243쪽.

Ⅶ. 만주사변 후 지청천의 활동

1. 한국독립당 이규채의 신문조서 통해 본 지청천의 활동

만주사변 이후 지청천 장군의 활동은 주로 조경한과 그의 회고록인 『백강 회고록』 등을 중심으로 알려져 있다. 이 장에서는 한국독립당에서 활동한 이규채의 신문조서(3회)를 통하여 살펴보고자 한다.[36]

> 문: 그동안 독립당 본부와의 연락은 하지 않았는가.
> 답: 사생활의 근거를 구축하면서도 계속 본부와의 연락은 끊지 않고 있었는데, 소화 七
> 년(1932년 – 필자 주) 一월경에 吉林省 阿城縣 大石河에서 독립당의 임시대회가
> 개최된다는 통지를 받았으나, 당시 滿洲사변이 일어나서 교통이 두절되어 나는
> 출석하지 못했다. 그런데 동년 二월 중순경의 임시대회에서 임원을 개선한 결과,
> 나는 본부의 총무위원장으로 선임되었다는 통지를 받았다.
>
> 문: 왜 임시대회를 개최했는가.
> 답: 당시 소화 六년 九월 一八일에 滿洲사변이 일어난 이래 일본군의 토벌에 의하여
> 패산한 反滿軍, 즉 중국군이 각 지방의 조선인 농촌부락에 와서 너희들은 일본에
> 속해 있는 소일본인이라고 하면서 무단히 학살, 강간, 약탈을 가하여, 이로 인하
> 여 조선인 동포는 생사의 선상에서 살수가 없었다. 이것을 어떻게 구제할 수 없겠
> 느냐 하여 임시대회를 개최했었다. 그 결과 독립당은 동포를 구하기 위해서는 중
> 국군에 양해를 구하지 않고, 그들이 자연 양해하여 그런 행동을 하지 않도록 본부
> 에서 공작을 시작하기로 결정했다. 공작은 군사위원장 李靑天에게 일임하여 각
> 지에 산재해 있는 독립군을 소집하여 중국군 제三군과 연합하여 反滿, 항일의 작
> 전공작을 하기로 결정했다.

위의 기록에 따르면, 한국독립당은 1931년 만주사변 이후 재만동포들을 위하여 1932년 1월경 길림성 아성현 대석하에서 한국독립당 임시대회를 개최하였다. 즉, "중국군이 각 지방의 조선인 농촌부락에 와서

---

36 『韓民族獨立運動史資料集』 43, 韓國獨立黨 관련 李圭彩事件 청취서 제3회(1935년 1월 21일), 신문조서(제三회).

너희들은 일본에 속해 있는 소일본인이라고 하면서 무단히 학살·강간, 약탈을 가하여, 이로 인하여 조선인 동포는 생사의 선상에서 살수가 없었다. 이것을 어떻게 구제할 수 없겠느냐" 하여 임시대회를 개최했었다. 그리고 이 대회에서는 군사위원장인 지청천 장군에게 앞으로의 활동 일체를 일임하고 각지에 산재해 있는 독립군을 소집하여 중국군 제3군과 연합하여 반만·항일을 전개하기로 결정하였다고 되어 있다. 이러한 이규채의 진술은 당시 무장투쟁보다는 민생의 안정을 우선시하는 이규채를 비롯한 간부들의 시각을 보여주는 것으로 판단된다. 그러나 당시 지청천 등은 민생적 측면보다는 항일무장투쟁을 우선시하는 입장이 아니었을까 추측된다.

아울러 본 대회에서는 비상사태이므로 이를 해결해 나갈 수 있는 임원을 선임하였다. 역시 신문조서 3회를 통하여 보면 다음과 같다.

> 문: 그 밖에 어떤 것을 협의했는가.
> 답: 그 밖에 특별히 협의한 것은 중국군과 연합하여 反滿, 항일의 전투공작을 하기로 결정했으며, 비상시이므로 간부를 개선하여 실지 활동할 임원을 선임했다. 그것은 독립당 수령 洪冕熙, 총무위원장 李圭彩(나), 위원 李靑天, 위원 申肅, 위원 韓東根, 위원 崔岳, 위원 鄭藍田, 총무비서 安一淸, 군사위원장 겸 독립군 총사령 李靑天 위원 黃鶴秀, 위원 金尙德, 위원 申肅, 재정부위원장 崔00, 문화부위원장 申肅, 선전부위원장 鄭信, 조직부위원장 朴觀海 등이었다.

위에서 보는 바와 같이 지청천은 군사위원장겸 총사령으로 임명되어 모든 전권을 갖고 반만 항일투쟁을 전개하게 되었다. 군사위원장 겸 총사령인 지청천의 길림자위군과의 한중 연합활동을 이규채의 신문조서를 통해 보면 다음과 같다.

> 문: 그 뒤 독립당 본부에서는 어떤 행동을 했는가.
> 답: 임시대회에서 중국군과 합작하기로 결의한 뒤, 독립군 총사령 李靑天은 각 지방에 산재해 있는 재래의 독립군을 소집한 결과 인원 60명에 달했으므로 그것을 우

선 一대로 조직 편성하여 吉林省 자위군 王之維가 인솔하는 약 10만군과 연합하여 전투하여 黑龍江으로 향하여 퇴각하는 도중에 중국군의 王之維는 귀화하고, 잔병 약 5만군과 함께 黑龍江까지 가서는 할 수 없이 日ㆍ滿군의 토벌을 받아서 승산 없이 패산하여, 소화 七년 八월에 阿城으로 李靑天은 약 400여 명의 독립군을 인솔하고 되돌아왔다. 그동안 나는 소화 七년 二월경 조선인 동포에게 피난을 포고함과 동시에 中東維 帽兒山으로 옮겼다.

문: 帽兒山으로 옮겨서는 어떤 활동을 했는가.
답: 帽兒山으로 옮겨서는 농사를 시작했으므로 역시 중국 패잔병의 폭압 난폭이 여전히 혹심했다. 李靑天이 吉林自衞軍과 연합해서 한 것을 다른 자위군이 모르고 여전히 혹심하게 난동을 부렸으므로 그것에 대한 전후 책을 강구해야 한다고 결의하고, 소화 七년 五월 초순 경에 독립군 중대장이 되어 있던 安海崗을 데리고 阿城에 있는 吉林자위연합군 총지휘관 중국인 楊曜鈞을 방문했다.

즉, 지청천은 처음에는 길림성 자위군 왕지유의 약 10만군과 연합하여 전투를 전개하였다. 이어 그는 이규채에게 길림자위연합군 총지휘관 양요조를 방문하여 한중연합을 추진토록 하였다고 한다. 이규채의 다음 신문내용은 이를 확인해 준다.

문: 왜 楊曜鈞을 방문했는가.
답: 그것은 中ㆍ韓합작으로 反滿, 항일을 하고, 조선인 동포를 안정시키기 위해서였다.
문: 楊曜鈞을 방문하여 어떤 것을 협의 약정했는가.
답: 楊曜鈞과 면회하여 내가 조선인의 상황과 입장을 설명하고, 조선인이 조직한 조선독립당의 존재를 명백하게 말하고, 독립당 소속의 독립군과 합작하여 일본제국을 타도하고, 조선의 독립 및 중국의 실지 회복을 도모하자고 설명하고 간원한 결과, 楊曜鈞도 받아들여서 상호 합작할 것을 승낙한 뒤, 독립군은 몇 사람이며 어떤 책무를 가지고 있느냐고 물으므로, 나는 독립군의 참모로 되어 있는데 군은 수백 명이 있으니 그것을 자위대에 편입하고 연합하자고 했더니, 상대방도 그것을 승낙했다. 그러면 중국 자위연합군 제三군의 중교참모의 소임을 맡아서 활동해 달라고 하므로 나는 그것을 승낙하고, 그로부터 그 군에 근무하게 되었다.

위의 신문내용에서 알 수 있는 바와 같이, 한국독립군은 일본제국주의를 타도하고 조선의 독립을 이루는 한편, 중국에 살고 있는 조선동포들을 안정시키기 위하여 한중연합작전을 추진하였던 것이다.

다음은 이규채(신문 3회)가 진술한 당시의 독립군 편제이다. 여기에서도 지청천은 한국독립군 총사령으로 활동하고 있다. 이를 보면 다음과 같다.

> 문: 독립군의 편대는 어떻게 되어 있었는가.
> 답: 평소 상비군의 편대 조직은 다음과 같았으나, 사변의 경우는 수시로 편성 교체하게 되어 있었다. 즉
> 한국독립군총사령 李靑天, 부사령 金昌煥, 참 모 李圭彩, 참 모 申 肅, 회 계 韓東根 대대장 吳光善, 중대장 崔 岳, 중대장 安海崗으로 되어 있는데 1소대는 50명으로 3개 소대가 1중대, 3개 중대가 1대대로 되어 있었다.

이어 이규채(3회)의 신문조서는 지청천 장군의 활동을 추적해 보는데 도움을 주고 있다.

> 문: 그대가 중국연합군 제3군 참모로 임명되고서 어떤 활동을 계속했는가.
> 답: 소화 7년 5월 중순경에 李靑天이 黑龍江省에서 돌아오기 전인데, 대대장 吳光善은 黑龍江省에서 먼저 돌아왔으므로 吳光善과 부사령 金昌煥을 불러서 잔류하여 독립군을 소집하라고 명했던 바, 군인 약 60명을 모집해 왔으므로 제三군 내의 한국군인 부대를 편성했다. 우선 李靑天이 귀환할 때까지 훈련을 하고 있었다. 그리고 阿城을 지키고 있었다. 그런데 동년 8월 1일경에 李靑天이 黑龍江省에서 약 400여 명을 인솔하여 귀환했으므로 그것과 함께 편성하여 제3군과 연합하여 阿城을 방비하는 임무를 맡고 있었다.

즉, 1932년 8월 1일경 지청천의 흑룡강성에서 약 400명의 독립군을 인솔하고 아성으로 와서 제3군의 독립군을 편성했다고 한다. 그리고 그 편성내용은 이규채의 진술에 따르면 다음과 같다.

> 문: 제3군의 독립군의 편대는 어떤가.
> 답: 한국독립군 총사령 李靑天(일명 池大亨), 부사령 金昌煥, 참 모 李圭彩 申 肅 회계 韓東根 대대장 吳光善 중대장 崔 岳 중대장 安海崗 중대장 崔寬容[47] 소대장 車

轍 소대장 尹必韓 소대장 李 艮 소대장 公興國 소대장 朴泳默 외의 4명은 성명을
잊었다. 대대부관 安圭元 군수처장 韓阿江 군수정 沈萬湖 수종원 崔晩翠 영 장
吳光善 영부관 李鳳林(중국인) 영부관 安一淸 등으로 되어 있었다.

　　한편 이규채는 당시 중국 자위연합군은 총 지휘 楊曜鈞, 제1군장 孫
慶林, 부하 3만 명, 제2군장 李福亭 부하 약 4만 명, 제3군장 考鳳林 부하
약 1만 수천 명이었다고 한다. 당시 우리 독립군은 약 500명 정도라고
한다.[38]

　　이규채는 1932년 9월과 11월 2회에 걸친 지청천이 이끄는 한국독립
군의 쌍성보전투 활동상에 대해 다음과 같이 상세히 언급하고 있다.[39]

　　문: 한국독립군은 제3군과 연합하여 어떤 전투행위를 했는가.
　　답: 阿城을 방비하고 있었는데, 소화 7년(1932년-필자 주) 음력 8월 15일 오후 6시
　　　　경에 자위군과 연합하여 雙城縣을 습격하여 滿洲國 군경과 전투한 결과, 다수의
　　　　금품과 총기, 탄약 등을 강탈하여 그 곳 商務회장 滿洲國人 車軹分을 표면상 인
　　　　질로 납치하고 귀환했는데, 그 실제 내용은 車軹分이 자원하여 제3군에 들어
　　　　오기 위하여 표면상 납치되는 형식으로 왔던 것이다.
　　　　다음으로 그 해 9월 하순경에 다시 雙城縣을 습격하여 그 곳에 주둔한 일본군과
　　　　교전했으나, 다음날 아침 일본군 비행기의 폭격을 받아서 대항하지 못하고 퇴각
　　　　하여 제1군, 제2군은 同賓縣으로, 제3군은 五常縣으로 피하고, 독립군은 額穆縣
　　　　으로 피했다. 그래서 나는 군과 함께 가지 않고, 阿城縣 老道店에 남아 있었다.

　　문: 왜 그대는 老道店에 남아 있었는가.
　　답: 이야기 전후가 바뀌었으나, 雙城縣을 제1회 습격하고 귀환했을 때에 회의를 열
　　　　었다. 그 회의는 전후책을 강구하기 위한 독립군 장교회의도 되고, 독립군 간
　　　　부회의도 되는 것인데, 거기에서 총사령 李靑天은 아직도 계속해서 額穆縣 중심
　　　　으로 자위군의 王德林軍이 있으니, 계속해서 그들과 연합하여 싸우자고 주장했
　　　　고, 나는 지금은 독립당에서는 그런 행동을 했기 때문에 자위군에서도 양해하고
　　　　조선인 동포에는 위해를 가하지 않아서 조선인 농부는 모두 수확을 끝내고 식량

---

37 지청천은 자유일기 1953년 8월 15일자에서 보고 싶은 인물 가운데 한 사람으로 최관용을 언
　급하고 있다.
38 이규채 신문조서 3회.
39 위와 같음.

을 수습하여 피난했기 때문에 생활에는 도움이 되었고, 또 정세를 보더라도 日・滿軍과 싸워도 승산이 없고 참패할 것이 틀림없으니, 그것을 중지하고 중국본토로 들어가서 적극적으로 운동을 하자고 주장했다. 李靑天 등 장교들은 참패로 끝날 때까지 반항하여 싸우자고 주장하므로, 그러면 나는 먼저 중국본토로 가서 자금을 조달해 보낼 것이니 끝까지 싸우다가 패배하거든 본토로 도피해 오라고 약속하고 결정했던 것이다.

그래서 제2차 습격을 하고는 일본군과 대항한 결과 퇴각하고 李靑天은 독립군을 인솔하고 王德林과 연합하여 싸우려고 額穆으로 피해 가고, 나는 남았던 것이다.

위의 내용을 통하여 1, 2차 쌍성보전투와 1차 전투 이후의 지청천의 전투 방향을 살펴 볼 수 있다. 즉 지청천은 최후까지 남아서 자위군인 왕덕림군과 연합하여 항쟁하고자 하였던 것이다. 반면 이규채는 "나는 지금은 독립당에서는 그런 행동을 했기 때문에 자위군에서도 양해하고 조선인 동포에는 위해를 가하지 않아서 조선인 농부는 모두 수확을 끝내고 식량을 수습하여 피난했기 때문에 생활에는 도움이 되었고"라고 하여 만주에 정착한 조선인 농민의 이해관계를 중시하는 인식을 보여 주고 있음을 알 수 있다. 이와 더불어 정세를 보더라도 일본군과 만주군과 싸워도 승산이 없고, 참패할 것이 틀림없으니, 중국군과의 연합을 중지하고 중국본토로 이동할 것을 주장하였다. 이를 통해서 볼 때, 한국독립군 안에서도 "민정"을 중시하는 측과 군사활동을 중시하는 측의 견해 차이가 존재하고 있었음을 짐작해 볼 수 있다. 이러한 이규채 등의 시각에 대하여 지청천 등은 참패로 끝나더라도 끝까지 항전할 것을 주장하였던 것이다.

이규채는 중국인들이 독립군들에게 군수품과 식량을 제공하여 주었음을 다음과 같이 언급하고 있다.[40]

문: 독립군의 군수품, 식량 등은 어디에서 나왔는가.

---

40 신문조서 3회.

답: 중국인 민중의 집에서 전부 제공해 주었다. 그것은 중국인 병사가 횡포를 가했으므로 동정을 하지 않았지만, 독립군은 중국인을 보호하고 절대로 횡포는 금하고 있었기 때문에 중국농촌에서 중국 민중은 기쁜 마음으로 식량, 기타 필요한 군수품을 제공해 주었다.

이규채는 지청천의 쌍성보전투 후의 만주에서의 활동에 대하여 다음과 같이 언급하고 있다.

문: 독립군의 그동안의 활동은 어떠했다고 들었는가.
답: 李青天 일행이 와서 보고를 들으니, 독립군은 額穆으로 퇴각하고, 그 곳에서 군인은 증가하여 약 70~80명에 달했으나, 王德林은 도중에 러시아령 방면으로 도망하고, 나머지 병사는 마적이 되어 도저히 정식으로 연합하여 싸울 수도 없어 혼란하게 흩어지고 일본군의 공격을 도처에서 받아서 산중으로 도망쳐 들어가 전전하면서 악전고투를 계속 중, 공산군과 조우하여 독립군은 모조리 무장 해제를 당하여 하는 수 없이 곤경에 빠졌을 때에 마침 나와 연락이 닿아서 여비가 왔는데, 거기에서 독립군대는 해산을 명하고 각자가 생업에 나아가라고 명하여 전부 사방으로 흩어져 귀화하고 각자 생업에 나아갔다는 것이다. 그런데 끝까지 귀화하지 않고 초지를 관철하려고 귀환한 李青天 외 부하 13명은 도망하여 北平으로 왔던 것이다.

문: 그동안 전투는 어디에서 했다고 들었는가.
답: 寧安縣에서 조선인의 친일자위단을 습격하여 교전하고, 다음은 王家屯 滿洲軍을 습격하여 교전했다는 것이나, 상세한 것은 지금 기억하지 못한다.

문: 그러면 독립군은 해산했는가.
답: 그렇다. 앞에서 말한 대로 하는 수 없이 참패했기 때문에 해산했다.

이규채의 증언에 따르면, 지청천은 쌍성보전투 이후 영안현에서 조선인 친일자위단을 습격하고, 왕가둔에 있는 만주군을 공격하였다. 학계의 연구성과에 따르면, 한국독립군은 그밖에 동만으로 이동하여 1933년 1월에는 경박호전투에, 1933년 9월에는 동년현성전투에 참가한 것으로 알려져 있다.[41] 그 후에도 지청천은 전투를 지속적으로 전개하던 중, 공산군에게 무장해제를 당하여 곤경에 처하자 하는 수 없이 부대를 해산하였다. 이에 지청천은 중국본토로 장소를 옮겨 투쟁을 전개하기 위하여 13명의 동지들과 함께 북경으로 이동하였다.

이규채는 지청천 장군의 중국 관내로의 이동에 대하여 다음과 같이 소상히 진술하고 있다.

> 문: 吉林에 도착한 후 독립군과는 어떻게 연락했는가.
> 답: 吉林에 도착 후 신변이 위험하므로 농가를 전전하면서 額穆縣으로 간 李靑天 일행의 독립군 소식을 알려고 李靑天과 함께 가 있는 李艮의 집이 있는 五常縣 向陽山으로 통신을 보냈다. 그 내용은, 나는 지금 와 있는데 李艮이나 李靑天의 소재를 알면 그 곳으로 사자나 통신을 보내서 누군가가 내가 있는 곳에 연락을 취하러 오도록 하라고 써 보냈더니, 그 연락이 되어서 독립군에게서 崔秉權이라는 사람이 사자로 왔으므로 돈 300원을 주면서 이것을 여비로 하여 李靑天은 빨리 南京으로 가도록 전하라고 명했더니, 뒤에 대대장 吳光善과 李椿 2명이 돌아왔다. 그러나 여비가 부족하여 모두 돌아올 수가 없어서 吳光善, 李椿을 선발해서 자금을 더 많이 조달하려고 급하게 소화 八년(1933년) 7월 13일경에 도보로 출발하여 新京에서 철도편으로 奉天 경유, 營口에 도착하여 선편으로 天津 경유, 北平에 도착했다. 그리고 北平의 西城巡捕廳胡同15호 중국인 집에 하숙하면서 잔여 부대의 구출자금을 조속히 조달해야하므로 吳光善에게 소개장을 써 주어 南京의 朴南波에게로 보냈다. 그 내용은 吳光善은 믿을 수 있는 동지이니 구출자금이 부족하니 좀 더 가급적 자금을 조달하여 보내라고 써 주었다. 그리고 吳光善에게는 자금을 받거든 직접 吉林으로 가서 李靑天 등 일행을 구출하여 데리고 南京으로 직행하라고 명해서 보냈다.
> 그런데 吳光善은 그것을 받아가지고 朴南波를 찾아가서 자금 중국화폐 1,200원을 받아서 吉林으로 직행하여 소화 8년(1933년) 9월 22일에 李靑天 일행을 데리고 北平 우리들이 있는 곳으로 도피해 왔다.
>
> 문: 구출되어 도망쳐 온 사람은 李靑天 외의 누구누구인가.
> 답: 李靑天, 吳光善, 洪冕熙, 金昌煥, 南鎭湖, 公興國, 李東滿, 金泰山, 李達洙, 黃海情, 沈京參, 王潤, 李義明 등 一三명이다.

---

41 신주백, 「만주시변 이후 만주한인 항일운동 세력의 동향과 변천」, 『만주사변과 한국독립운동』 만주사변 80주년 기념학술대회, 2011, 주최 한국근현대사학회, 6~7쪽.

즉, 지청천은 이규채가 언급하고 있듯이, 1933년 9월 22일 홍진, 오광선 등과 함께 북경에 도착하였던 것이다. 그 후 지청천은 북경을 중심으로 당세의 확장에 노력하는 일면 중국 중앙군관학교의 洛陽分校에 설치된 한국 군사간부 훈련반에서 교관 및 생도로서 활동하였다. 그리고 1934년에는 한국혁명당과 제휴하여 동년 4월에 신한독립당으로 발전하였다.[42]

2. 대전자령전투와 지청천

지청천 장군이 이끈 한국독립군의 활동은 북만주 및 동만주지역에서 행해진 일제와 한국독립군의 무장투쟁으로서 대표될 수 있다. 大甸子 嶺戰鬪는 그 대표적인 예라고 할 수 있다. 한국독립군이 행한 대부분의 전투는 한·중연합군에 의한 것이었다. 그 이유는 중국군과 연합전선을 형성하면 중국군으로부터 보급지원을 받을 수 있었기 때문이었다. 또한 대일전에서 승리했을 경우 강화회의를 통하여 독립할 수 있을 것으로 확신하였기 때문일 것이다.

1933년 6월 28일 한·중연합군 전 부대는 老松嶺을 거쳐 진군하였는데, 이때 綏芬河 大甸子에 주둔하고 있는 일군 飯塚 연대는 한·중연합군을 공격하려고 주야 겸행의 급진군으로 7월 1일 저녁에는 대전자(따덴즈)의 북방 5리 지점에 있는 노모제하(老母諸河 : 노무주허)에 도착하였다. 확신할만한 정보에 의하면 일군은 3일에 총공격을 개시할 예정이라는 것이었다. 이 정보를 접한 한·중연합군은 2일 오후 6시에 대전자령 요충지를 향하여 출발, 다음날 새벽 3시까지는 전투 준비가 완료되

---

42 박환, 「재만한국독립당」, 241~253쪽.

었다. 이 대전자령의 지형은 을乙자 모양으로 구비친 고개인데 길이가 약 30리쯤 되는 골짜기이다. 양편에 솟아 있는 절벽은 기어 올라갈 수도 없게 험악하며 높이는 8백 미터에서부터 1천 미터 가량 되는 심산 밀림 지대이었다.

대전자령에 매복한 아군 부대의 병력은 한국 독립군 약 5백 명, 중국 군 2천 명인데 이를 3분하여 한·중연합군을 각 요지에 혼합 배치했다. 주동력은 숫자상으로는 소수일망정 우리 독립군이 장악하고 있었다.

이때에 일본군은 이런 사실은 아랑곳없다는 듯이 천연스러운 행동으로 자연을 즐기듯이 꽃을 꺾어 들고 노래를 부르며 행진하였다. 자동차에도 마차 뒤에도 한아름 꽃뭉치뿐이었다. 어떤 병정들은 전투모를 벗어 없애고 수건을 질근 동여매고 고개를 올라오기도 하였다. 과연 밤낮을 가리지 않고 진군하는 적 일본군이 이같이 꽃놀이 가는 듯한 행동을 할 수 있을까가 의문이다.

어쨌든 일본군 부대가 복병을 전혀 모르고 대전자령을 넘은 것은 사실이었다. 일군이 대전자령을 반쯤 넘어 행렬의 끝이 산 중턱에 이르렀을 때 한·중연합군은 일제히 공격을 개시하였다. 불의의 공격을 만난 적군 부대는 항전할 겨를도 없이 불과 4시간 만에 전멸당하고 도망한 수는 극히 소수였다. 이 전투에서 얻은 전리품은 다음과 같다.

1. 군복 3,000벌
1. 대포·박격포 10문
1. 군량·문서·군용품 200여 마차
1. 담요 300장
1. 소총 1,500정[43]

한국독립군 총사령 지청천은 적에 대한 공격을 개시하기 전에 아래

---

43 『독립운동사』 5, 631~632쪽.

와 같은 주의사항을 장병들에게 하달하여 엄격한 지휘체계와 질서유지를 당부하였다. 이러한 지시시항을 통해 한국독립군의 중요한 전투 목표 중의 하나가 군수물자 획득에 있었음을 알 수 있다.

① 공격개시는 적군의 후방이 태평령고개 3분의 2 이상의 지점에 도달할 때 총사령의 신호에 의해 개시할 것.
② 일본군에게만 공격하고 적재된 군용품에는 손해가 없도록 극히 주의할 것.
③ 탄환은 풍부하니 각자 300발 이상을 준비하여 사격개시 전에는 침묵을 지킬 것.
④ 적군의 전멸 후에 군용품 몰수에는 명에 따라 차례차례 정리에 착수할 것.

대전자령전투는 4~5시간에 걸쳐 치열하게 전개된 대격전이었다. 한국독립군은 시세영 부대와 연합하여 약 2개 대대 병력의 일본군을 완전히 격파하는 빛나는 승전을 거두었다. 일본군은 이 전투에서 많은 병력 최소한 130여 명 이상이 살상되고 다수의 병력이 사산·도주하는 치명적 손상을 받고 일부 부대가 빠져 나가는 데 그쳤다. 뿐만 아니라 막대한 군수물자를 연합군에게 탈취당하여 커다란 손실을 입고 말았다.

군수물자 노획이란 측면에서 볼 때 한국독립군 최대의 승전이 바로 대전자령전투 '대전자대첩'라 할 수 있다. 이 전투 이전의 전투대상이 주로 일제의 '괴뢰' 만주국군이었음에 비하여 이 전투는 일본군을 상대로 벌인 대규모 작전이었다.

한국독립군은 대전자령전투에서 비록 길림구국군 시세영 부대와 연합, 한중합작의 형태를 취하였다고는 하지만, 전투의 주역으로서 크게 활약하였다. 전과로 볼 때 대전자령전투는 청산리대첩·봉오동전투에 버금가는 빛나는 대첩이라고 할 수 있는 것이다.[44]

---

44 장세윤, 『1930년대 만주지역 항일무장투쟁』, 독립기념관, 2009.4. 한국독립군 최대의 군수물자 획득 승전─대전자령전투.

Ⅷ. 결어

지청천은 식민지 치하에서 항일무장투쟁을 성공적으로 이끈 항일독립운동가이다. 주지하는 바와 같이 그는 봉오동전투, 청산리전투와 더불어 항일무장투쟁의 대표적인 승리로 알려진 대전자령전투를 이끈 지도자이다. 또한 일본 육사 출신의 독립운동가로서, "만주 삼천"으로 불린 독립군 지도자로서, 광복군 총사령의 대명사로, 실천적 독립운동가의 표상으로 남아 있다. 그럼에도 불구하고 지청천은 김좌진, 홍범도 등에 비해 널리 알려져 있지 못한 것 또한 사실이다. 본 장에서는 1920～1930년대 지청천의 항일운동의 특성을 살펴봄으로써 결어에 대신하고자 한다.

첫째, 지청천은 충주 지씨[45]로서의 자부심과 자긍심이 대단하였던 것 같다. 그러므로 그는 1920～1930년대 독립운동과정에서 별명으로서 池龍基란 이름을 사용하기도 하였던 것이다. 이러한 사례로 1925년 4월 9일에 발표된 정의부 포고령 제5호에 중앙집행위원으로 지용기란 이름이 등장하고 있다.[46] 아울러 조선총독부 고등법원 검사국에서 1935년 8월 31일 발행한 『사상휘보』 4호 「의열단 경영의 남경군관학교 전모」에, <지대형·이청천·지용기>란 이름으로 등장하고 있다. 특히 여기서 우리의 주목을 끄는 것은 "지용기"란 이름이다. 池勇奇 장군은 소년시절 그의 우상이었던 15대조이다. 지용기는 고려말 우왕때 다년간 왜구토벌에 종사하여 상원수에까지 오른 이름난 군인으로, 그는 이 군공으로 門下贊成事와 判三司事라는 재상직에까지 올랐던 것이다.[47] 지청

---

45 지헌모, 『청천 장군의 혁명투쟁사』, 1～2쪽.
46 『독립운동사』 5, 485쪽;『독립운동사자료집』 10, 523쪽;『신한민보』 1925년 6월 11일, 「정의부소식」에도 지용기란 이름이 등장하고 있다.
47 이기동, 「이청천－일본 육사 출신의 항일무장투쟁지도자」, 『한국사시민강좌』 47, 2010, 184쪽.

천은 왜적을 물리치는 데 큰 공을 세운 지용기 장군을 항상 흠모하고, 집안의 명예를 지키고 선양하고자 하였을 것으로 보인다. 바로 이러한 그의 집안의식이 만주벌판에서 고난과 고초 속에서도 항일투쟁을 지속적으로 전개할 수 있는 원동력이 되었던 것이 아닌가 한다.

지청천의 집안의식은 어머니의 교육에 의하여 더욱 강화된 것으로 보인다. 그가 쓴 <자유일기> 1951년 9월 12일 내용을 보면 다음과 같은 기록이 있다.

> 녹번리 親山에 성묘하니 잡초가 무성에 전란시에 爲子之道를 못함에 흉중에 抑塞함을 불금하였다. 우리 부친과 우리 모친의 사랑, 특히 과부로서 5세된 외아들을 가빈한 환경에서 教養하시느라고 고심하심과 항상 말씀이 너는 내가 니 5세에 과부가 되어 오직 외아들인 너를 키우는 것은 내가 네 덕을 보려는 것이 아니오, 너는 훌륭한 사람이 되어서 나라에 충성한 영웅이 되어 門戶를 빛내도록 하면 너는 부모의 뜻을 받드는 효자가 될 것이다. 이 말씀은 내가 생평에 잊지 못하는 遺訓이었다.

둘째, 지청천은 지도자로서 수많은 청년들의 존경을 한 몸에 받고 있었던 점을 지적하고 싶다. 그가 대전자령전투에서 승리할 수 있었던 결정적 요인 가운데 하나는 부하들의 지청천 장군에 대한 믿음과 신뢰라고 생각한다. 부하들의 신뢰와 관련하여 우선 주목되는 것은 그가 일본 육사 출신의 독립운동가라는 점이다. 주지하는 바와 같이 수많은 젊은 이들이 자신의 꿈과 영달을 위해 일본육군사관 학교에 입학하였다. 그리고 일본군 장교로서 부와 영예를 얻었다. 그러나 지청천은 현실적인 유혹을 뿌리치고 일본 육사 선배인 김경천과 함께 만주로 탈출하여 시대적 과제를 외면하지 않고, 역사적 삶을 위해 험난한 독립운동 전선에 뛰어들었던 것이다. 그의 이러한 행동은 당시 국내외의 수많은 젊은이들을 감동시켰을 것이며, 독립운동에 참여하는 큰 계기를 마련해 주었던 것이다. 아울러 지청천이 1919년 이후 신흥무관학교, 서로군정서, 정의부, 한국독립당, 광복군 등에서 활동하는 데 큰 힘이 되었을 것이다.

셋째는, 지청천은 실전 경험이 풍부한 독립운동가였다. 그러므로 그는 1931년 만주사변 이후 수많은 전투들을 승리로 이끌었던 것으로 보인다. 지청천은 1914년 5월 일본 육사를 졸업하고 소위로 임관한 다음 일본군 제10사단에 배속되어, 일선 지도자로 이른바 청도전쟁을 겪었다. 즉, 그는 당시 독립군 가운데 유일하게 전투다운 전투에 참여했던 인물이었던 것이다. 또한 1920년 일본의 간도 출병 이후 만주 러시아 등지에서 온갖 고난을 무릅쓰면서 현장을 경험한 독립군 지도자였던 것이다. 이러한 그의 전투 경험은 만주사변 이후 여러 전투들을 승리로 이끄는 주요한 요인으로 작용하였을 것으로 보인다.

넷째, 지청천은 전략 전술에 능한 독립군 지도자였다. 그는 김좌진, 홍범도 등 무장투쟁 지도자와는 달리 일본 정규 육군사관학교를 졸업한 인물이었다. 재학시절 공부한 그의 군사교육은 일본군을 상대로 한 전투에서 큰 도움이 되었을 것이다. 아울러 그는 1920, 1930년대 정의부, 한국독립군 등에서 총사령관으로서 그의 전략 전술들을 독립군들에게 전수하기도 하였을 것으로 보인다. 그러므로 그의 군사적 능력은 한국독립군의 승리의 견인차 역할을 하였다고 해도 지나친 표현은 아닐 것이다.

다섯째, 지청천은 무장투쟁노선을 끝까지 견지한 대표적인 인물이다. 일찍이 독립운동 노선에는 무장독립론, 외교독립론, 실력양성론, 의열투쟁론 등 다양한 노선이 있었다. 그 가운데 지청천은 끝까지 무장투쟁을 통한 조선의 독립을 추구한 독립전쟁론의 대표적 인사였다. 그런 그였으므로 여러 독립운동단체의 총사령관으로서 활동하였고, 만주사변 이후에는 현장에서 수많은 전투들을 지휘하였던 것이다. 대전자령 전투에서의 승리는 그의 이러한 투쟁노선의 총결집이라고 표현할 수 있을 것이다. 그는 최후까지 독립전쟁의 현장을 떠나지 않고 그들과 동고동락하며 조국 광복의 꿈을 이루려고 하였던 것이다. 그의 이러한 노력은 1940년대에는 중국 관내로 이동하여 독립군양성과 광복군 총사령으로서 실천되고 있다. 즉, 지청천은 실천적 독립운동가로서 평가할 수 있다.

여섯째, 지청천 장군은 1920년대 사상적 광풍을 겪으면서도 해방이 될 때까지 그리고 그 이후 해방공간에서도 민족주의노선을 견지한 대표적인 인물 가운데 한 사람이라고 할 수 있다. 그러므로 그는 정의부, 한국독립군, 대한민국임시정부 등에서 활동하였으며, 해방 후에는 대동청년단을 이끈 우익정치가로 활동하였던 것이다. 그러나 그는 열린 민족주의자였다고 할 수 있다. 1930년대 한국독립당에서 사회민주주의 추구에 동참하였다. 또한 최근 발굴된 지청천의 일기인 <자유일기>에서 그는 '노동신성인데 금일은 노동자의 날이다. 전 세계 노동 문제, 노동자의 복리 보호 등등이 전 세계 중대한 사회문제이며 세계 평화의 관건이다. 이것을 잘 처리하는 자는 금일의 능한 정치가일 것이다'(1952년 5월 2일)라고 하고, 또한, '헌법 중 경제에 관한 건으로 정부 측으로부터 제출되어 이미 공포한 지 월여에 금일 장정 질의전이 시작되었는데 찬성자 극소. 우리 헌법은 경제에 관하여 세계 대조류에 순응하여 사회주의적 경제 체제를 취하였던 바 현 정부에서는 자유경제 체제를 취하려는 것인데 원칙상 시대 위반이고 아국의 부흥 재건과 전쟁 추진 등을 위하여서도 통제경제의 방침을 취할 시기임에도 불구하고 여사한 개헌을 시도하자는 이면에는 혹은 자유주의 경제체제를 취하여 외자 도입을 유도하려거나 혹은 미국 측 원조를 순조로히 속독速得하자는 목전 필요감에서 나오는 정책적 변경이 아닌가 추측된다'(1954년 2월 25일)라고 하여 당시 임시정부의 경제정책을 지지했던 지청천의 시각이

고스란히 녹아 있다.[48]

또한 지청천은 1956년 12월 11일 <자유일기>의 마지막 페이지에서, 정의부에서 총사령으로 있을 때 자신의 부하로서 중대장으로 활동하였을 뿐만 아니라 고려혁명당을 조직하는 데 중추적인 역할을 담당했던 진보적 민족주의자인 정이형[49]의 죽음에 대하여 안타까워하는 모습을 보여주고 있다. 아울러 애국자를 애지중지할 줄 모르는 세태를 한탄하였던 것이다. 지청천은 한 달 후인 1957년 1월 15일 숨을 거뒀다.[50]

일곱째, 지청천은 정치군인이 아닌 강직한 참 군인이었다고 평가할 수 있다. 그의 이러한 모습은 해방 후 그가 남긴 <자유일기>에서 그 일단을 살펴볼 수 있다. 제헌의원과 2대 의원을 지낸 지청천은 3대 총선을 앞두고 <자유일기>에 다음과 같이 쓰여 있다.

> 5 · 30 총선거에 출마를 포기…… 1. 나는 첫째 6년간 국회의원 생활에 염증이 났소. 모략을 모르고 협잡을 체득하지 못한 우리 무인으로서 좀처럼 지탱하기 어려운 생활이오. 2. 둘째 후진에 양보함으로써 보다 참신한 민주정치를 기대하고 싶은 마음이오. 3. 셋째 솔직한 고백인데 선거 비용의 조달이 막연한 것. 4. 나의 일평생의 목적은 국가의 완전 자주독립이요, 민주정치 도의정치의 구현이었소. 그러나 모든 것이 마음대로 되지 않아 양심대로 되지 않는 것이 이놈의 '노름'이란 말이야. 5. 당년 67세의 노군략(軍略) 정치가로서 6년의 국회 생활을 회고하면서 뚜렷하고 이렇다 할 업적을 남기지 못함을 국민 앞에 사과할 뿐……(1954년 5월 1일).

즉, 지청천은 자신을 "무인", "노 군략가" 등으로 규정하고, 해방 후 모략중상으로 상징되는 정치상을 무인으로서 좀처럼 지탱하기 어렵다고 술회하고 있다. 이러한 그의 회고는 강직한 군인으로의 자주독립을 위하여 전투현장에서 살아온 장군의 고뇌를 보여주는 가슴 아픈 절규의 목소리라고 생각된다.

---

48 『서울신문』 2011년 2월 28일자 자유일기 관련 기사.
49 박환, 『잊혀진 혁명가 정이형』, 국학자료원, 2004 참조.
50 『서울신문』 2011년 2월 28일자 자유일기 관련 기사.

여덟째, 지청천 장군은 만주사변 발발 후 중국의 길림자위군, 길림구국군 등과 합작하여 공동투쟁을 전개함으로써, 한인독립운동에 크게 기여하였을 뿐만 아니라 일본의 만주침략에도 큰 타격을 가하였다. 이러한 지청천 등 한국독립군의 연합전선은 한중 양 민족의 연대와 상호 이해 증진에 도움을 주었을 뿐만 아니라 그 이후 한중 연대투쟁의 밑거름이 되었다.

아홉째, 지청천이 승리로 이끈 대전자령전투는 1920년대 봉오동전투, 청산리전투 등과 더불어 만주 독립군의 대규모 일본군 섬멸이라는 측면에서 평가된다. 특히 독립군 토벌로 악명이 높았던 일제의 간도파견군을 섬멸하고 수많은 군수물자를 확보하였다는 측면에서 더욱 의미가 크다고 볼 수 있다.

열 번째, 지청천이 이끈 항일무장투쟁과 민족종교의 관계이다. 지청천 자신이 대종교 신자로서의 정체성을 갖고 있었다. 대종교뿐만 아니라 천도교 등 이른바 민족종교에 대해서도 호의적인 태도를 보이고는 했다. 해방 뒤 그가 쓴 일기에 손병희에 대한 언급이 여러 차례 등장하는 데서도 그런 정황을 읽어낼 수 있다. 대표적으로 <자유일기> 1951년 3월 1일자에서는 "이 거대한 운동을 준비하고 영도한 거물은 손병희 선생이었다"라고 손병희를 높이 평가하고 있다. 아마도 만주에서의 무장투쟁 경험과 민족종교에 대한 인식 사이에는 일정한 연관성이 있을 것으로 보인다. 이와 관련해 지청천이 이끈 독립군 부대에는 실제로 대종교는 물론이고 김중건이 창건한 원종 등 민족종교의 배경을 갖는 대원들이 상당수 참여하고 있었다.[51]

결국 지청천은 일본 육군사관학교 출신의 일본군 현역 장교로서 독

---

51 2011년 11월 25일 서울시역사박물관에서 개최된 삼균학회 주최 지청천 장군 학술회의에서 박환이 발표한 논문에 대한 이준식의 토론문.

립군에 참여한 특별한 이력을 갖고 있고, 식민지 시대부터 해방이 될 때까지 항일무장투쟁 노선을 견지하고 실천한 대표적인 독립군 지도자로서 높이 평가할 수 있다. 특히 1910년대 신흥무관학교 등에서 수많은 독립군을 배출한 점, 1920, 1930년대 서로군정서, 정의부, 한국독립군 등 만주지역의 대표적인 독립운동단체에서 총사령관으로서 조금도 굴하지 않고 항일무장투쟁을 실천한 군사이론가이면서 실천적인 지도자였다는 점, 한중연대를 통하여 동아시아민중의 반제국주의 연합전선을 형성, 대전자령전투를 승리로 이끈 점, 광복군 총사령으로서 해방이 될 때까지 끝까지 항일무장투쟁을 지속하였던 점은 지청천만의 특성이라고 할 수 있을 것이다.

1953년 8월 15일 지청천 장군의 <자유일기>에는 대륙에서 함께 투쟁한 수많은 항일열사들을 그리워하는 노혁명가의 마음과 민족적 과제에 대한 고민과 울분이 다음과 같이 남겨져 있다.

> 금일은 악랄한 일제의 패망, 투항한 날. 우리 민족이 해방된 지 8년째의 날, 대한민국이 건립된 지 만 5년째의 날이다. 아－감개무량이다. 독립운동에 같이 종사하던 영수급이 거게 별세하였다. 여를 지극히 敬愛親信하던 서일, 김좌진, 홍범도, 김동삼, 김오석, 이동녕, 이시영, 양기탁, 孫晦堂, 김백범, 김추당, 최중산, 이춘정, 이우정, 최관용, 문창범 등 노소전후배가 불가승수라. 여 일인만 고독히 남아서 더 고생하여 우수사려에 주름살이 늘어가고 있도다. 每逢佳節에 倍思舊日 眞字同志라. 含淚傷心일뿐. 건국사업에 심중포부를 施展치 못하고 답답한 其日을 허송하는 금일의 신세여. 남북통일의 방법은? 사상통일의 방법은? 민생고 해제의 처방은? 민주주의의 正軌的? 전은?, 정부 입법 사법 등 국민과의 단결과 盡責은? 진정한 구국강병은? 세계일가의 구현은 何時? 忍之待之하라. 설마 생전에 그때가 오겠지!

제3장

잊혀진 만주지역 독립운동가 金昌煥의 민족운동

Ⅰ. 서언

김창환은 대한제국의 군인으로 출발하여 일제가 조선을 강점하자 신민회의 해외 독립군 기지 건설을 위하여 만주로 망명한 후 끊임없이 만주벌판에서 항일투쟁을 전개한 대표적인 무장투쟁론자이다. 그는 신흥무관학교 교관으로서 독립군 양성에 기여하였을 뿐만 아니라 서로군정서, 대한통의부, 정의부, 생육사, 한국독립군 등 만주지역의 대표적인 독립운동단체에서 중요한 역할을 담당하였다. 특히 그는 신흥무관학교에서 尹琦燮 등과 함께 가장 어려운 시절 10년 가까이 신흥무관학교를 유지하며 독립군 양성에 일익을 담당하였다. 그의 이러한 노력은 많은 신흥무관학교 졸업생들의 존경을 한 몸에 받게 되었을 것이다. 그가 이후 서로군정서와 대한통의부의 총사령으로서 1920년대 만주지역 항일무장투쟁을 이끌 수 있는 원동력이 되었던 것으로 추정된다. 이후 정의부 총사령, 한국독립군의 부사령 등 독립군 지도자로서 큰 기여를 하였다. 1931년 만주사변 이후에는 池靑天[1]과 함께 한국독립군으로서 항일

---

1 지청천은 당시 이청천으로 자료에 주로 나오고 있으나 본인이 해방 후 자신의 본래 성씨인 지

투쟁을 전개하던 그는 더 이상 만주에 머물 수 없게 되자 중국본토로 이동하여 신한독립당, 민족혁명당, 조선혁명당 등에서 항일투쟁을 지속하다 순국하였다.

김창환은 대한제국군인에서 출발하여 참 군인으로서 만주와 중국본토에서 군인으로서의 책무를 다하였다. 그가 순국한 후 1935년 11월에 중국 杭州에서 결성된 민족주의진영의 대표적인 독립운동정당인 한국국민당의 기관지 『韓民』 12호(1937년 3월 1일자)에서는 그의 죽음을 추도하여 「秋堂 김창환 선생 별세」라는 글을 싣고 있다.

> 이월 십이일 남경 객창에서 뇌일혈 병으로 불행히 별세.
>
> 저간 남경에 와서 계시던 추당 김창환 선생은 2월 12일 상오 구시 반에 뇌일혈로 혼도되어 인사불성이 된 채로 당지의 모 병원에 입원하여 응급 치료를 하였으나 효험이 없이 그날 하오 십시 십오분에 불행히 별세하여 15일 하오 일시에 당지 모 묘지에 장례하였는데 향년이 육십오 세이시다.
>
> 추당 선생은 본시 경성 출생으로 이십오 세 때에 장교가 되어 시위대에서 십년간 복무하다가 을사년 보호조약이 체결되어 나라가 장차 망하게 되는 것을 보고 곧 군대에서 나와 이동녕, 전덕기, 이상설 씨들과 결탁하여 구국 운동에 참가하고 당시 각지에서 일어난 의병과도 연락하여 활동하다가 경술년 합방까지 된 후에는 서간도로 가서 신흥학교에서 군사교육사업에 종사했고 삼일운동 이후에는 군사 운동에 진력하여 서로군정서의 요임을 띠고 군대를 영솔하고 백두산과 압록강 일대에서 맹렬히 활동하다가 일인의 직접 출병으로 인해 서북간도에 있던 군대들이 모두 중동선 연안에 집합되었는데 여기에서는 김규식, 김좌진, 홍범도, 이청천의 각 군대가 연합해 다시 독립군을 편성할 때에도 선생이 역시 요임을 띠고 자유시까지 갔다가 러시아 군대에게 무장해제를 당한 뒤에는 다시 서간도로 돌아와 통의부 군대의 총 사령이 되어 활동했다. 그러다가 동족 간에 알력이 생겨서 살육까지 생기게 되매 드디어 직임을 사면하고 북만에 가서 홍진 이청천 씨들과 함께 한국독립당을 조직하였던 바 9·18 만주사변 이후 무장동지를 영솔하고 이청천과 함께 중국의용군과 연합해 각지에서 항일운동에 종사하며 고생을 많이 하였다 한다. 그러다가 선생은 수년 전 모지에 와서 활동하고 있다가 불행히 병마에 걸려 한 많은 최후를 맞았는데 본국에는 그의 부인과 두 아들이 간곤한 생활을 하고 있다 한다.

씨를 사용하여 지청천이라고 하였음으로 본고에서는 지청천으로 하고자 한다.

아울러 1937년 4월 30일자 『한민』 13호 「吊 추당 一松 兩先生」에서도 金東三과 더불어 김창환의 죽음을 추도하고 있다. 그리고 『신한민보』 1937년 5월 20일자에서도 「고 추당 김창환 선생을」이라는 기사에서 애도하고 있다. 그는 이처럼 항일독립운동의 대표적인 인물임에도 불구하고 지금까지 그에 대하여 주목하지 못하였다.

김창환에 대한 연구가 부족했던 것은 자료 때문이 아닌가 한다. 그는 한번도 일제에 체포된 적이 없다. 그러므로 판결문이나 신문조서 등이 남아 있지 않은 것이다. 또한 그는 무인 즉 군인이었으므로 글을 별로 남기지 않았다. 더구나 항상 전쟁터인 만주벌판에서 활동하였으므로 그에 대한 기록이 제한되어 있는 것이다. 그러나 그는 만주지역 무장투쟁사에 있어서 가장 대표적인 독립운동가임을 부인할 수 없다. 자료가 부족하다고 하여 이들 독립운동가들의 삶을 역사에 기록하지 않는다면 이는 또 다른 역사왜곡을 불러오는 단초를 제공하는 것일 것이다. 그리고 이들 잊혀진 독립운동지도자들이 있었기에 조국의 독립이 가능하였다고 생각된다. 이에 필자는 잊혀진 만주벌이 무장투쟁 지도자 김창환의 항일투쟁에 대하여 살펴보고자 하는 것이다.

특히 본고에서는 김창환의 구한말의 활동에 일차적으로 주목하고자 한다. 그에 대하여 기존에 밝혀진 것이 거의 없기 때문이다. 1910년대에는 신흥무관학교에서의 그의 역할에 대하여 살펴볼 것이다. 지금까지 신흥무관학교의 경우 초창기 설립에 주목하여 李會榮 등 6형제와 경북 안동 출신의 李相龍 그리고 최근에는 윤기섭 등에 대하여 집중적으로 조망되고 있다.[2] 그런데 이들 연구에서 간과하고 있는 것이 신흥무관학교가 바로 무관학교란 점이다. 그러므로 무관학교에서는 일차적으

---

2 최근 특히 이회영과 윤기섭에 대한 조망이 집중되고 있다. 『우당 이회영일가의 망명과 독립운동』(우당 이회영일가 망명 100주년 기념학술회의, 2010), 『신흥무관학교 설립 100주년과 윤기섭선생 학술회의』(대한민국임시정부 기념사업회, 윤기섭기념사업회, 2011).

로 학생들을 훈육하는 교관이 누구보다도 중요하다고 판단된다. 김창환은 대한제국 군인 출신으로서 이들 학생들과 동고동락하며 교육시킨 교관이었던 것이다. 본고에서는 신흥무관학교에서의 그의 역할에 특별히 주목하고자 한다. 아울러 남만주지역의 대표적인 통합단체인 대한통군부와 대한통의부의 총사령으로 활동한 점에 관심을 기울이고자 한다. 또한 김창환의 경우 조선의 독립을 위하여 누구보다도 독립운동단체의 통일에 힘을 기울이고자 하였다. 결국 남만주에서 독립운동단체들의 통합이 뜻대로 이루어지지 않자 실망한 그는 북만주로 이동하여 생육사, 한국독립당 등에서 활동하다 만주사변 시 전투에 참여한 후 중국본토로 이동하여 조선혁명당 등에서 활동하였던 것이다.

II. 구한말 국내에서의 활동 – 상동청년회와 신민회

김창환(1872~1937)의 별명은 錫桂, 호는 秋堂. 서울 청진동 출신이다. 정2품 군인이었던 啓鉉의 둘째아들이다.[3] 어려서부터 한문을 배웠다.[4] 김창환은 대한제국 육군무관학교 출신인 것 같다. 이회영의 부인 이은숙의 『민족운동가 아내의 수기 – 서간도시종기』(정음사, 1983)에 보면 다음과 같은 기록이 있다.[5]

> 이장녕 씨, 이관직 씨, 김창환 씨 세 분은 고종 황제 당시에 무관학교의 특별 우등생으로 승급을 최고로 하던 분이다. 만주 와서 체조 선생으로 근무하는데, 대소한 추위에도 새벽 3시만 되면 훈령을 내려 만주서 제일 큰 산을 한 시간에 돌고 오는지라, 세 분 선생을 <범 같은 선생이라>하더라

---

3 김창환의 11번째 자식인 金埈浩의 부인 黃明秀(1929년생)의 증언. 김계현의 첫째 아들은 金明煥이며, 김창환의 부인은 채 씨라고 한다.
4 한국역대인물종합시스템 김창환 .
5 이은숙, 『민족운동가 아내의 수기 – 서간도시종기』, 정음사, 1983, 24쪽.

김창환은 1899년(광무 3) 대한제국 육군에 입대하여 1905년에는 副尉로 복무하다가 그해 을사조약이 체결되자 신민회에 가입하여 국권회복에 노력하였다.[6] 『한민』 12호(1937년 3월 1일자)에 「추당 김창환 선생 별세」에,

> 추당 선생은 본시 경성 출생으로 이십오 세 때에 장교가 되어 시위대에서 십 년간 복무하다가 을사년 보호조약이 체결되어 나라가 장차 망하게 되는 것을 보고 곧 군대에서 나와 이동녕, 전덕기, 이상설 씨들과 결탁하여 구국 운동에 참가하고 당시 각지에서 일어난 의병과도 연락하여 활동하다가

라고 있는 바와 같이, 김창환은 25세에 장교가 되어 시위대에 10년간 복무하였던 것이다. 그러던 중 1905년 을사조약이 체결된 것을 보고 군대에서 나와 李東寧 · 全德基 · 李相卨 등과 함께 구국운동에 참여하였다. 이를 통해 볼 때, 김창환은 이들과 함께 상동청년회에서 활동한 것이 아닌가 추정된다. 상동청년회에서는 1904년 10월 15일 상동청년학원을 개교하였다.[7] 이 학교는 신민회의 부설학교 같은 성격을 띤 것으로 민족학교라고 할 수 있을 것이다. 김창환은 상동청년학원에서 전덕기 목사가 교장으로 있던 시절 체조교사로 일한 것으로 보인다. 그가 언제부터 교사로 일했는지는 정확히 알 수 없으나 그는 항상 이동녕, 이회영, 曺成煥 등과 함께 활동하였으므로 그렇게 보는 것이 자연스러울 것으로 보인다.[8] 한편 김창환은 1907년 4월에 조직된 것으로 알려진 신민회에도 참여한 것으로 알려지고 있다.[9]

신민회 및 상동청년회에 참여했던 김창환은 1909년 12월 일진회가

---

6 한국역대인물종합시스템 김창환.
7 한규무, 「상동청년회에 대한 연구 1897~1914」, 『역사학보』 126, 1990, 88쪽.
8 위의 논문, 105쪽.
9 위의 논문, 99쪽.

고종과 統監, 그리고 총리에게 合邦上奏文과 한일합방청원서를 제출하는 등 매국행위를 자행하자, 裵東鉉·李昇圭·吳祥根 등과 함께 일진회를 성토하는 글을 발표하여 국민의 각성을 촉구하였다.[10] 여기에 등장하는 배동현·이승규·김진호 등은 상동청년회와 인연을 맺고 있던 인물들이다.[11] 이를 통해 볼 때, 김창환은 상동교회 및 청년회 등과 함께 구국운동을 전개한 것 같다.

Ⅲ. 만주로의 망명, 신흥무관학교 교관으로 독립군 양성

1910년 일제에 의하여 조선이 강점되자 상동교회를 중심으로 활동하던 김창환은 신민회의 독립운동 기지 건설 계획에 따라 이회영·이동녕 등과 함께 만주에 독립전쟁 기지를 설정하는 일을 추진해나갔다. 그리고 만주로 망명하였는데, 당시 김창환과 함께 柳河縣 三源浦지역에 모인 인사는 이회영 등 6형제와 그 외 이동녕·이상룡·김동삼·朱鎭洙·윤기섭 등이었다.

『독립운동사자료집』10에 실려 있는 신흥무관학교 교관이었던「신흥무관학교, 元秉常 수기」를 살펴보면, 김창환은 신민회의 독립운동기지 건설계획에 따라 제1착으로 만주 유하현 삼원포 추가가로 망명해 온 인사로서 주목된다. 그러나 그가 언제 누구와 함께 만주로 이동했는가에 대한 구체적인 기록은 찾아볼 수 없다.

한편 김창환 등의 만주 망명 목적은 신민회 사건 판결문에도 '서간도

---

10 통감부문서 8권 문서제목 (42) 合邦문제에 관한 기독교도의 행동, 문서번호 警秘第二四八號, 발송일 隆熙三年十二月八日(1909.12.8), 발송자 警視總監 若林賚藏, 수신자 統監 子爵 曾荒助에 잘 나타나 있다.
11 한규무,「상동청년회에 대한 연구 1897~1914」,『역사학보』126, 1990, 참조.

에 단체적 이주를 기도하고 조선 본토에서 상당한 재력이 있는 다수의 인민을 동지同地에 이주시켜 토지를 구매하고 촌락을 만들어 새로운 영토를 삼고 다수의 교육 있는 청년을 모집하여 同地에 보내어 民團을 일으키고 학교 및 교회를 設하고 進하여 武官學校를 설립하고 교육을 施하여 기회를 타서 獨立戰爭을 일으켜서 구한국의 국권을 회복코자 한다'라고 기록되어 있는 바와 같이 최후의 목표를 국권 회복, 즉 독립 정취에 목표를 두고 이를 달성하기 위하여 기지를 개척하고 무관 학교를 설립하여 독립군을 양성하는 데 있었다.[12]

일차적으로 김창환은 한인자치기구인 경학사의 설립에 진력을 기울였다. 이 단체는 이주한 인사들이 공동으로 발기하는 형식으로 이루어졌다. 김창환은 윤기섭 · 이회영 · 이상룡 · 이동녕 등과 함께 발기인으로 되어 있다.[13]

김창환 등은 독립군 양성의 일환으로 신흥강습소도 만들었는데 이때 그는 교관으로서 독립군 양성에 참여하게 된다.[14] 즉, 김창환은 자치기관으로서 경학사를 만들고,[15] 독립군을 양성하기 위하여 1911년 6월에[16] 농가 2칸을 빌어서[17] 신흥강습소를 만들 때, 군사교육을 담당하는 교관으로서 일하게 되었던 것이다.

1912년 가을, 서간도로 탈출해 나오는 동포의 수가 나날이 늘어가자 경학사는 발전적 해체가 되고 다시 扶民團이 조직되어[18] 초대 단장에는

---

12 독립운동사편찬위원회, 『독립운동사』 5, 166쪽.
13 서중석, 『신흥무관학교와 망명자들』, 역사비평사, 2001, 94쪽.
14 『독립운동사자료집』 10, 12쪽.
15 경학사를 1912년 여름에 해산하였다고 하고 있다. 『신한민보』 1940년 6월 13일 이동녕사력(3).
16 『신한민보』 1915년 12월 23일 신흥강습소 정형(1).
17 위와 같음.
18 『신한민보』 1940년 6월 27일 이동녕사략(4)에서는 부민단이 1915년 봄에 교육회를 변경하여 부민단을 조직하였다고 하고 있다. 일본 측 기록에는 1915년 富民團이라고 하였다가

許赫이 추대되었고, 2대는 이상룡이 되었다. 그리고 교포들의 안녕 질서를 위한 자치 단체로서 교육의 쇄신과 행정 기구를 다시 정비하려는 중앙기관을 추가가에서 동남쪽으로 90리 거리에 떨어진 永春源을 거쳐서 통화현 합니하로 옮기는 동시에 신흥 강습소도 이곳으로 이전 하였다.19

1913년 봄에 학교가 이전된 뒤 황림 초원에 수만 평의 연병장과 수십 간의 내무실 내부 공사는 전부 생도들 손으로 이루어졌던 것이다. 그리고 동년 5월에는 그동안 열망하던 교사 낙성식이 있었다. 또한 '신흥 강습소'란 이름도 '신흥무관학교'로 승격하였으니, 이는 우리 겨레의 일대 경사였고 독립 운동 사업의 일보 전진이었다. 이로부터 통화현 합니하는 우리 독립군 무관 양성의 대본영이 되고 구국 혁명의 책원지로서의 새 면모를 갖추게 되었다.20

1913년 당시 재직한 교직원의 명단을 보면, 교장 呂準, 교감 윤기섭, 후임교감 이상룡, 학감 李光祖, 후임 李圭鳳, 교사 이규봉, 교사 徐雄, 교사 閔華國(중국어 교사), 교관 成駿用, 교관 金興, 교관 李克(격검 · 유술 교관), 생도대장 김창환, 반장 원병상 등이었다. 원병상은 반장이었으므로 생도대장인 김창환에 대하여 많은 것을 보고 느꼈을 것으로 보인다.

당시 원병상은 여기서 3년간 전교 생도반장으로 복무하였다. 그가 기록한 교육훈련 부분을 보면 다음과 같다.

5. 교육 훈련 학과로는 주로 보(步) · 기(騎) · 포(砲) · 공(工) · 치(輜)의 각 조전(操典) 과 내무령(內務令) · 측도학(測圖學) · 훈련 교범(訓鍊敎範) · 위수 복무령(衛戍服 務令) · 육군 징벌령(陸軍懲罰令) · 육군 형법 (陸軍刑法) · 구급 의료(救急醫療) ·

1916년 扶民團 이라고 하고 주역은 통화 유하현 일대라고 한다(1916년 7월 17일 배일선인비 밀단체상황 취조의 건).
19 『독립운동사자료집』 10, 13쪽.
20 위의 책, 14~15쪽.

총검술(銃劍術)·유술(柔術)·격검(擊劍)·전략(戰略)·전술(戰術)·축성학(築城學)·편제학(編制學) 등에 중점을 두고 가르쳤다. **술과로는 넓은 연병장에 김창환 교관의 명랑 쾌활한 구령 아래 주로 각개교련(各個敎練)과 기초 훈련을 해 왔다.** 야외에서는 이 고지 저 고지에서 가상적에게 공격전·방어전·도강·상륙작전 등 실전 연습을 방불하게 되풀이하면서 이 산 저 산 기슭에서 '돌격 앞으로'를 외치던 나팔 소리가 아직도 귓전에 들려 오는 것 같다. 체육으로는 엄동설한 야간에 파저강(婆猪江) 70리 강행군을 비롯하여 빙상 운동·춘추 대운동·축구·목판·철봉 등 강인 불굴의 신체 단련을 부단히 연마해 왔다.[21]

즉, 김창환은 교관으로서 연병장에서 학생들에게 군사훈련을 담당하였던 것이다. 신흥학교의 군사교육은 3·1운동 이전에는 구한국 시대의 참령 양규열·부위 이장녕과 하사 김창환 등이 담임하여 한국의 구식 군사제도에 의하여 교수되었다. 그러나 3·1운동 이후에는 당시에서는 최신식의 군사기술을 소유한 일본 사관학교 출신인 지청천·金擎天과 조선보병대 출신인 金承斌과 또 얼마 후에 중국 雲南軍官學校 출신인 裵天澤, 李範奭 등이 신흥학교로 모여온 후에는 최신 군사기술에 의한 교육을 실시하였다.[22]

한편 신흥무관학교는 이후 시기는 분명하지 않지만, 윤기섭이 교장을, 김창환은 학감을 맡게 되었다.『국민보』1914년 4월 8일자를 보면 이를 짐작해 볼 수 있다.

중앙교육회의 죠직된 연원을 간략히 말하건대 서간도부로 형뎨의 협력 일치한 결과로 최초에 신흥강습소를 설립하고 **소쟝 윤긔섭 학감 김창환 등 제씨의 모험 분발하는 능력을 인하야 몇해의 셩상을 지내오다가** 작년 11월 14일에 이르러는 강습소를 유지할 목적으로 유지인사 49인이 회동하야 신흥교육회를 죠직하고 회장 리석 씨 이하 각 임원을 션뎡하며 회원에게 매년 60전의 의무금을 쟉뎡한 후 금년 2월 5일에 데 1회 뎡기총회를 열때에 회원은 벌써 4백 명에 달하엿스니 석달 동안에 회원은 십배

---

21 『독립운동사자료집』10, 23~24쪽.
22 김승빈의 회고(독립기념관 원문 정보) 中領(중국령)에서 進行된 朝鮮解放運動, 1958年 5月 2日에 김승빈한테 받은 자료. 朝鮮民族의 解放을 爲한 武裝의 鬪爭.

나 늘엇고 회금은 5백여 원에 달한지라. 인하야 그 범위를 확장하기 위하야 회명을
중앙교육회라 하고 각 임원을 선뎡하야 크게 활동하기를 준비[23]

아마도 이때는 김창환·윤기섭 등이 신흥무관학교를 위하여 크게 기
여한 때가 아닌가 한다. 『신한민보』1940년 5월 30일자 <윤기섭과 추
당 김창환―신흥학교를 유지>에 잘 나타나 있다. 약간 길지만 김창환
을 이해하는 데 큰 도움을 주므로 인용하면 다음과 같다.

서간도 혁명사업의 대본영인 경학사와 신흥학교의 창설은 이동녕 선생과 및 그 동지
들이 하였고, **그 후 신흥학교를 폐지할 경우에서 유지하여 9개년 동안 분투한 자는
윤기섭과 추당 김창환 두 건장이니, 오늘 우리가 이동녕 선생의 서간도 사업을 생각
하는 때에, 선생의 서업을 도운 두 건장을 공을 가리울 수 없는 것이다.**
신흥학교는 가난한 가운데 잇해 반동안을 유지하고 4245년 여름에 이르러 할 수 없
이 폐지하게 된 것은 두가지 큰 연고가 있으니 1. 동지 다수가 왜적에게 잡혀서 사로
돕는 힘이 적어지고, 2. 수토불복과 실농을 말미암아 먹고 살수 없는 형편에 학교 유
지가 어려운 것이다. 이때 모든 동지들이 신흥학교 존폐문제를 의논하는 가운데, 누
구나 비분 강계한 어조로 부르짖는 말이, "우리가 망국의 비통을 당한 후 경가파산하
여 늙은이를 붙들고 어린이는 업고 강을 건너 북으로 온지 잇해동안 고생을 참으면
서 악렬한 환경과 싸우다가 우리의 가장 요긴한 사업인 군사양성 기관 신흥학교를
유지하지 못하고 폐지한다면, 이난 즉, 우리의 강건넌 목적을 잃어버리는 것이며, 서
간도 경영의 실패를 선언하는 것이니, 경학사의 허명을 두어서 무엇하랴", 드디어 경
학사까지 해산하니 경학사의 해산이 즉, 서간도 한인 혁명단결의 해산이라. 그들은
본래 강철심장의 분투 건장이므로 눈물겨운 이 시각에 눈물은 뿌리지 않았지만은 회
중의 광경은 참으로 비장이요, 침통이다. 이 회의에 처음부터 끝까지 참석한 25세의
청년 하나와 40세의 장년 하나 있으니 청년은 즉, 신흥학교의 교감인 윤기섭이요, **장
년은 즉, 동교 교사 중 1인인 김창환인데 그는 본디 광무군인으로 동년 가을에 서간
도 신흥학교에 와서 군사훈련을 담임한 교원이다.** 그들이 백척간두에 일보를 나와
서, 신흥학교 유지를 결정하고 이듬해 4246년 계축 춘기로부터 교사 생도가 용기를
떨쳐서 전도 개척에 분투할 적에 그 고생은 이간 붓이나 혀를 가지고는 다 기록할 수
없는 것이다. 윤기섭과 김창환이 9개년 동안 신흥학교 복무 시대의 간난 상황을 회상
한 가운데 이런 말이 있다.
사흘을 굶으면서 매일 5, 6시간 교수하고 또 5, 6시간은 군사학을 번역하여 이튿날
과정을 준비하고 밭 갈고 나무하고 밥 짓고, 땅 쓸고 빨래하고 목수 미장이까지 겸해

23 『국민보』1914년 4월 8일자(음력 3월 13일), 「신흥교우보를 위하야 중앙교육회를 죠직」.

서 7, 8가지 잡무를 보았는데, 이틀까지는 여상하더니 제3일 저녁에는 현기증이 가끔 나더라.

15일 동안 간 소금을 못 먹어 보았는데, 7, 8일 까지는 잘 가꾸어 기른 푸성귀 국맛이 여전하더니 그 후부터는 맛이 점점 감해지더라.

겹옷을 입고 밀짚모자에 여름 신을 신고 칙설이 싸인 가운데 전투연습을 가르쳐보니 추위를 참지 못한 것은 없으나. 수족과 귀가 좀 시리더라.

하절난 하학후에는 각급학교 언덕아래로 홀으난 강에 가서 입은 고이 적삼을 빨아널고, 맑은 물에 몸을 잠아두었다가 빨아 짤닌 옷을 거더입고, 오는 것도 또한 일종의 운치스러운 일더라."

이상이 서간도 혁명강계사 가운데 시려 있는 윤기섭·김창환 두 건장의 분투생활이다.

위에서 보는 바와 같이, 김창환은 윤기섭과 함께 신흥무관학교가 어려운 시절 무관학교를 유지 발전시킨 대표적인 인물이었던 것이다. 특히 그는 현역 군인 출신이었으므로 독립군을 실질적으로 양성하는 데 큰 기여를 한 것으로 보인다.

1919년 10월 16일 관동군 참모부 보통보普通報 제2호에[24] 따르면,

<독립군 무기연습>
통화현내 한족회에서는 목하 유하현 삼원포 은양(恩陽)학교와 합니하 신흥지(新興支)학교 생도로부터 신체건강한 학생 400명을 뽑아서 합니하에 있는 **김창환이 주임이 되어 수명의 교사와 함께 군사교련 훈련에 임하고 있다.** 이들 훈련생은 국제연맹회의 전후를 기해서 홍범도 등의 습격대와 상호응해서 도강하여 조선내지로 침입할 생각을 하고 있다.

라고 보고 하고 있다. 이를 통해 3·1운동 이후에도 김창환은 지속적으로 학생들에게 군사훈련을 시켰음을 짐작해 볼 수 있다.

---

24 1919년 10월 16일 관동군 참모부 普通報 제2호.

IV. 서로군정서에서의 활동

1919년 3월 1일 국내에서 만세운동이 전개되었고 그 영향은 곧 만주지역에도 미치게 되었다. 그리하여 1919년 4월 초순에는 유하현 孤山子에서 독립전쟁을 실현할 군사 정부인 軍政府가 이상룡 등에 의하여 기존 단체를 바탕으로 하여 조직되기에 이르렀다. 이상룡이 최고 책임자인 총재에 임명되고 여준이 부총재, 그리고 李沰이 참모장을 각각 담당하게 되었다.[25]

한편 군정부가 수립되었을 무렵 중국 상해에서도 역시 대한민국임시정부가 수립되었다. 임시정부 측에서는 서간도지역에도 정부가 수립된 것을 알고 呂運亨을 군정부에 파견하여 임시정부에 통합할 것을 요청하였다. 이에 군정부에서는, 처음에는 반대하였으나 이상룡이 하나의 민족이 어찌 두 개의 정부를 가질 수 있겠냐고 설득하였다.[26] 그리하여 군정부에서는 1919년 12월 상해 임시정부의 명령에 의해 유하현 太平溝 三光學校에서 회의를 개최한 결과 군정부를 서로군정서로 개칭하였다. 아울러 보통 행정은 그대로 한족회란 명의를 사용하기로 하였다. 그리고 서로군정서는 중화민국 동삼성에 거주하는 한민족을 관할한다고 하였다. 아울러 기관으로서 독판부, 정무청, 내무사, 법무사, 재무사, 학무사, 군무사, 참모부, 사령부, 署議會, 참모처, 軍政分署를 두었다. 군정서 중앙 임원으로는 독판부 독판 이상룡, 부독판 여준, 부관 이장녕, 정무청장 이탁, 내무사장 郭文, 법무사장 金應燮, 재무사장 南廷燮, 학무사장 金衡植, 군무사장 양규열, 참모부장 김동삼, 사령관 지청천을 임명하였다.[27]

---

25 李相龍, 「행장」, 『石洲遺稿』, 244, 336쪽.
26 행장, 『석주유고』.
27 불령단관계잡건 재만주부 1920년 5월 1일 보고 간도지방 불령선인의 동정.

한편 1919년 국내에서 3·1운동이 일어나자 많은 애국청년들이 압록강을 건너 탈출하여 왔으며 이들은 대개 신흥중학에 입교하기를 원하였다. 그러므로 서로군정서에서는 확장의 시급함을 인정하고 즉시 유하현 고산자 河東지역에 40여 간의 광대한 병사와 수 만평의 연병장을 부설하여 이들의 교육에 박차를 가하였다.

더구나 1919년 3·1운동 후에 일본육군사관학교를 졸업하고 일본군에서 활동하던 일본군 보병 중위 지청천, 기병 중위 김경천 등이 만주지역으로 망명해 이 학교의 교육에 참여함으로써 신흥중학은 날로 발전하였다.[28] 그리하여 1919년 5월 3일에는 학교이름을 신흥무관학교로 개칭하기에 이르렀다.[29]

1919년 3·1운동 이후 신흥무관학교[30]는 유하현 고산자에 2년제 고등군사반을 두어 고급간부를 양성하고자 하였다. 그리고 통화현, 합니하, 七道溝, 快大帽子, 快當帽子 등에는 분교를 두어 초등 군사반을 편성, 3개월간의 일반훈련과 6개월간의 후보훈련을 담당케 하였다.[31]

신흥무관학교에서는 1920년 1월에 3개 학도대의 졸업생 중 성적이 우수한 자들로써 敎成隊를 조직하여 좀더 고급의 군사교육을 실시하고자 하였다. 그러던 중 1920년 6월에 중국 관헌이 일본의 강경한 교섭에 의하여 한족회 간부들에게 신흥학교의 위치를 일본의 정찰이 미치지 못하는 오지로 이전하라는 제의에 따라 교성대와 학도대의 학생 중 약 120명이 安圖縣 三人坊으로 이동하였다.[32]

---

28 박환, 「시베리아의 항일영웅 김경천」, 『대륙으로 간 혁명가들』, 국학자료원, 2003.
29 원병상, 「신흥무관학교」.
30 신흥무관학교에 대한 대표적인 저작으로 다음을 들 수 있다. 서중석, 『신흥무관학교와 망명자들』, 역사비평사, 2001.
31 위와 같음.
32 김승빈의 회고(독립기념관 원문 정보) 「中領(중국령)에서 進行된 朝鮮解放運動」, 1958年 5月 2日에 김승빈한테 받은 자료. 「朝鮮民族의 解放을 爲한 武裝의 鬪爭」.

그 후 1920년 10월 청산리전투 후 일본군들의 재만조선인들에 대한 탄압이 이루어지자 독립군 부대들은 러시아령으로 이동하기 시작하였다. 이때 김창환도 함께 부대를 러시아로 이동시켰다.[33]

한편 러시아에서 자유시참변을 겪은 후 만주로 다시 돌아온 김창환은 서로군정서가 재조직되자 이 단체에 소속되어 독립군 양성에 힘을 기울였다. 서로군정서 의용대는 사령관 白狂雲(본명 : 채찬) 및 李炳哲 · 張昌憲 · 白雪嶺 등의 과감하고 끈기 있는 활동으로 그동안 일부 흩어졌던 장병을 재수습하고 또 노령 방면으로부터 무기도 구입해, 도처에서 날뛰는 소위 民團 · 保民會 등 적 앞잡이들의 준동을 분쇄하고 1922년 6월에 유하현의 옛 진영을 갖추게 되었다. 이에 추당 김창환을 총지휘관으로 맞이하여 크게 사기를 진작하게 되었다.

『독립신문』 1922년 7월 22일자에는 <我軍界의 好人物>이란 제목으로 서로군정서 총사령이 된 김창환을 높이 평가하고 있다.

> 軍政署附 義勇隊의 總指揮官 金秋堂氏
> 이번 우리 軍政署 義勇隊의 總指揮官으로 된 金秋堂先生는 일즉 舊韓國時代의 陸軍 出身으로서 十餘年前 南滿洲에 渡하야 新興學校에서 敎鞭을 잡은지 八九星霜에 敎導에 熱心한 結果 七百餘名의 將校를 産出하엿던바 民國二年度에 敎成隊를 率하고 安圖로부터 俄領까지에 出差하엿다가 以後 水陸萬餘里를 登山渡涉하야 지금 某地方에 至하야 我義勇隊의 總指揮官이 되엿는대 本來 軍人界에 對하야 熱達한 手腕이 잇는 이로서 이제 其任에 當하엿스니 그가 親히 指揮하는 軍隊에만 優秀한 成績이 잇슬 뿐 아니라 一般 我軍人界에도 죠흔 影響이 잇슬 터이더라.

1920년 이후 김창환의 행로는 『독립신문』에서 "民國二年度에 敎成隊를 率하고 安圖로부터 俄領까지에 出差하엿다가 以後 水陸萬餘里를 登山渡涉하야 지금 某地方에 至하야"라고 있는 바와 같이 백두산 안도현

---

33 김승빈 기록 독립기념관 원문 자료실 참조 김승빈의 회고(독립기념관 원문 정보) 中領(중국령)에서 進行된 朝鮮解放運動, 1958年 5月 2日에 김승빈한테 받은 자료. 朝鮮民族의 解放을 爲한 武裝的 鬪爭.

에서 시작하여 러시아로 이동하였다가 다시 만주로 돌아오는 긴 여정이었다.[34]

V. 대한통군부와 대한통의부 총사령

대한통군부는 1922년 1월 당시 서간도지역의 가장 큰 항일단체인 한족회, 서로군정서, 대한독립단 등과 연합하여 대한통군부를 결성하였는데, 김창환은 사령관으로 임명되었다.[35]

대한통군부는 1922년 6월 3일의 중앙직원회의에서 "문호를 대개방하고 각 다른 기관과 더불어 무조건으로 통일하되 일체 公決에 복종한다"는 것을 천명하고 타 단체에 위원을 파견, 가입을 교섭하였다. 이에 서로군정서의 의용대 총지휘관 김창환은 7월 25일 의용대 지휘부의 결의를 촉구하는 諭示를 발표하였는데, 이날 의용대 제1중대장 백광운 등 18명이 참여찬성의 결의안을 제출하였다. 당시 김창환은 南滿統一 문제에 관해 본서에 보고하였으나 회답이 없자 7월 28일로 계획된 南滿統一會를 연기시키고 자체적으로 참여를 결정하였다.[36]

드디어 1922년 8월 23일 군정서·대한독립단 등 이른바 8團 9會 대표 71명이 桓仁縣 馬圈子에 모여 統義府 결성 등 6개항을 결의하고 8월 30일 南滿韓族統一會長 金承萬 명의로 발표하였다. 당시 간부는 모두 73명이었는데, 주요간부는 總長 김동삼, 부총장 蔡相惠, 사령장 김창환 등이었다.[37]

---

34 『한민』 15호(1937년 7월 30일자)는 「李靑天先生」의 해당 부분을 통하여도 충분히 짐작해 볼 수 있다.
35 『독립운동사』 5, 427~428쪽.
36 박걸순, 「대한통의부 연구」, 『한국독립운동사연구』 4, 1990.
37 남만한족통일회 결의사항 및 직원포고문 입수에 관한 건(1922년 9월 22일), 남만한족통일

남만주지역 독립운동단체의 통합은 독립운동계의 큰 환영을 받았다.
『독립신문』 1922년 9월 30일자 「南滿各團體 大統一別報」에서도 환영
하는 글을 실었다. 한편 대한통의부는 1923년 1월 15일 대한통의부 중
앙의장 孫昊憲 명의로 간부를 발표했다. 이는 다음의 『독립신문』 1923
년 3월 1일자에 잘 나타나 있다.

<大韓統義府의 第一回 中央議會 經過>
南滿에 在한 我大韓統義府에서는 總長代理 副總長 蔡相德氏의 名義로써 第一回의
中央議會를 召集하야 昨年 十二月二十九日부터 今年 一月八日까지 凡十一日間 桓
西第○區○○○에서 會議를 行하고 決議된 事項을 지난 一月十五日 附大韓統●府
中央議會議長 孫昞憲氏의 名義로써 公佈하엿는대 몬져 同議會에 參席하엿던 人員
은 左와 如하더라 (중략) 一. 職員은 左와 如히 總改選하다. 總長 金東三, 民事部長 李
雄海, 軍事部長 李天民, 財務部長 吳東振, 學務部長 李炳基, 高等 査判長 玄正卿, 義
勇軍 司令長 金昌煥

군사부장이 양규열에서 李天民으로 바뀌었다. 김창환은 의용군사령
관 직책을 그대로 유지하고 있다.[38] 이는 통군부에서 통의부로 명칭을
변경함과 함께 군사활동과 한교자치를 더욱 강화한 것으로 볼 수 있다.
1923년 12월 일제가 조사한 의용군 편성내용을 보면 사령장 김창환, 副
官 金昌勳 휘하에 대대단위로 편성되어 5개 중대 등으로 조직되었다.[39]

VI. 김창환의 국민대표회의 참가

1921년 2월 국민대표회의가 주창되자 西間島에서는 1921년 5월 6일

회 결의 포고문 입수(1922년 10월 4일).
38 회의에 대하여는 다음 자료에 잘 나타나 있다. 대한통의부 중앙의회 의결문 공포(1923년 2
월 21일).
39 『독립운동사자료집』 10, 507~508쪽. 불령선인단 대한통의부에 관한 건(1923년 12월 24일).

이른바 額穆縣會議를 통해 임시정부의 改造 등 5개항을 결의하였다. 또한 이듬해 5월 15일에는 桓仁縣에서 국민대표회의의 南滿促成會를 발기하였고, 8월 2일 제2회 회의를 열어 17개 조항을 토의한 결과 통의부는 독립단·군정서·광복군총영·한교민단과 함께 그 임시경비를 공동부담하기로 하였다.

통의부는 중앙의회를 열어 국민대표회의에 白南俊, 金履大를 대표로 파견키로 하고 여비는 각호에서 2角씩 부담키로 하였는데, 김창환40도 대한통의부 대표로 참석하였으며, 자격대표 심의를 거쳤다.41

통의부계는 국민대표회의에서 주도적 역할을 하였으나 여러 계파간의 아집으로 성과가 없자, 김동삼을 소환함으로써 국민대표회의와 절연하였고, 이를 유감으로 여겨 더욱 무장투쟁을 강화하였다. 또한 1923년 말 개최한 군사통일회의도 이러한 맥락 속에서 이해할 수 있다.42

1923년 2월 12일에는 상해에서 개최된 국민대표회의에 통의부 대표로 金利濟와 함께 참석하여43 여러 대표들과 같이 민족의 주권확립, 독립운동 노선의 통일 등을 위하여 노력하였으나, 뚜렷한 효과를 보지 못하고 만주로 돌아왔다.

한편 상해에 간 김창환은 상해에 있는 인성학교 졸업식에 참석해 지청천과 함께 축사를 하였다. 그가 신흥무관학교에서 오랜 경험을 쌓았

---

40 국민대표회의 경과에 관한 건(1923년 3월 16일).

41 고경(高警) 제835호 아세아국 제3과 대정 12년 3월 16일 국민대표회의 경과에 관한 건 2월 12일(제9일).
2월 12일 오후 1시 의장 김동삼(金東三)이 개회를 선포하였고 출석대표는 90인이었다. 대표자격 심사위원으로 정광호(鄭光好)가 등단하여 아래에 기록한 각 대표의 자격심사의 결과를 보고하고 통과하였다. ㄱ) 부인단대표 이홍래(李鴻來), ㄴ) 한국 의용군사대표 박춘근(朴春根), ㄷ) 조선 천주교 청년회대표 곽연성(郭然盛), ㄹ) 경상북도 지방대표 윤자영(尹滋英), ㅁ) 대한통의부 대표 김창환(金昌煥), 김이제(金利濟).

42 박걸순, 「대한통의부 연구」, 『한국독립운동사연구』 4호, 1990.

43 국민대표회의 의사 상황 및 선언서(4) 선언서에 첨부된 대표명단.

기 때문일 것이다. 『독립신문』1923년 7월 21일자를 보면 다음과 같다.

> 上海에 在한 我仁成學校애서는 今年 第四回의 卒業式과 進級式을 지난 九日 下午二
> 時 同地三一堂에서 擧行하엿는대 校長 都寅權氏의 司會로 卒業證書, 進級證書, 誠勤
> 證書及賞品의 授與가 잇고 學校職員의 學事報告와 來賓中 李靑天, 金昌煥 兩氏의 祝
> 辭가 잇고 閉式하엿은대 卒業生의 姓名은 左와 如하더라 玄保羅(一三) 鄭興淳(一三)
> 金永愛(一三) 玉仁變(一二)

또한 상해에서 1923년 8월 25일, 26일 여러 동지들과 함께 수재구제
회 발기회에 참여하여 발기인으로 참여하였다. 『독립신문』1923년 9월
1일자 「上海에서도 水災救濟會發起」 기사를 보면 다음과 같다.

> 本國同胞의 水害慘狀에 對하여 在外한 者로서도 同情의 意로써 此를 救濟치 안을 수
> 업다 하야 上海에 在留하는 人士中 金承學, 李始榮, 金九, 金東三, 金履大, 李裕弼, 呂
> 運亨, 崔濬, 鄭信, 金昌煥 等 三十餘人이 지난 二十五日과 二十六日에 모혀 救濟會를
> 發起한 後 同發起人으로 委員會를 組織하고 다시 委員中으로부터 金承學, 李裕弼,
> 金九, 呂運亨, 崔濬 等 五人을 幹事로 推薦한 後 簡章을 制定하고 趣旨書를 發하기로
> 하엿는대 上海와 밋 近接한 南京 其他 멧 곳의 在留同胞에게는 上海救濟會에서 救濟
> 金을 募集하야 보내고 西北間島와 其他 遠隔한 地方에서는 各該地方에서 따로 募集
> 하여 直接 國內에 送致하는 것이 便利하게 생각한다는바 同趣旨書와 簡章은 如左하
> 더라

VII. 정의부와 생육사에서의 활동

김창환은 1925년 吉林에서 통의부 · 吉林民會 등을 토대로 正義府가
조직되었을 때에는 재무위원으로 활약하는 한편[44] 동포사회의 치안확
보 및 독립군의 국내 진격을 추진하였다.

정의부의 군대는 동포사회의 치안 확보와 독립군으로서 국내 진격을

---

44 『독립운동사』 5, 498쪽.

통한 일제 세력을 공격하는 일이 주 임무였다. 만주의 독립군은 일반적으로 의용군이라 불리웠는데 정의부의 의용군은 김창환·지청천·오동진·李雄·李振卓이 차례로 총사령 혹은 군사 위원장을 맡아 활약하였으며, 정이형·김창헌·양세봉·문학빈·이규성·장철호·안홍·김종원 등이 중대장 또는 유격 대장으로 직접 독립전선에 참가하고 있었다. 상비군으로서 8개 중대 및 헌병대와 民警隊를 두어 1927년 당시 7백 명 이상의 병력을 가지고 모젤과 뿌로닝 권총 그리고 소총 등으로 무장하고 있었다.[45]

한편 김창환은 1920년대 후반에는 북만주로 이동하였다. 그는 길림성 五常縣 沖河에 근거를 둔 생육사에 참여하였다. 이 단체는 1929년 봄 김창환과 더불어 洪震·黃學秀·지청천·김좌진·이장녕·朴一萬 외 수명의 발기에 의하여 창립된 것이었다. 그 취지는 표면 친목·殖産·수양을 목적으로 하는 것이라고 約章에 규정되어 있었으나, 실제는 상해 임시정부 國務領을 지낸 홍진을 사장으로 하고 기타 간부는 모두 독립운동의 중심인물을 망라한 비밀 결사로서, 생산 저축을 장려하고 이에 따라 독립운동가금의 충실을 꾀하며, 나아가서는 혁명적 인재를 양성하기 위하여 조직된 것이었다.[46]

생육사는 1930년 2월 13일 길림현 春登河에서 제2회 정기 총회를 개최하고 제반 결의를 하였다. 이때, 김창환은 유수지역 대표로 참석하였으며, 중앙집행간사로 선출되었다.[47]

---

45 『독립운동사』 5, 502쪽.
46 『독립운동사자료집』 10, 488~489쪽.
47 『독립운동사자료집』 10, 490쪽.

Ⅷ. 한국독립당 조직과 한국독립군에의 참여

1930년 북만주 韋河縣에서 鄭信, 이장녕, 申肅 등이 모여 한국독립당이 조직되었다.[48] 이 단체는 一, 백의동포는 소련공산당에 속지 말라. 一, 백의대중은 일치 협력하여 조국광복을 도모한다고 선언하고, 一, 조선의 정치독립 一, 조선의 경제독립 一, 조선의 문화독립을 강령으로 결의했다. 조직은 정치부, 경제부, 문화부, 군사부, 선전부, 조직부 등 6부를 두고, 각 부는 5명의 위원으로 조직하고, 위원장, 비서를 위원 중에서 호선했다. 그리고 위원장, 비서를 상무위원으로 하여 상무위원회를 조직하였다. 상무위원회는 당의 최고 의결기관으로 하고, 상무위원회에는 위원장 1명을 두고, 임기는 1년으로 하였다.

총회는 1년에 1회씩 개최하고, 활동에 대한 토의 결정, 간부 선거, 개선 등을 하였다. 그리고 상무위원회에 집행위원회를 두고, 집행위원회는 집행위원장이 총리하고, 집행위원회는 상무위원회의 의결에 기초하여 사무를 집행하였다. 제1회 창립 당시 간부 부서는 정치부 부장 홍진, 위원 李圭彩, 경제부 부장 崔○○, 문화부 부장 신숙, 군사부 부장 지청천, 참모장 이규채, 선전부 부장 정신, 조직부 부장 朴觀海 등이었다. 그리고 집행위원회는 회장 홍진, 위원은 각 부 부장 및 이규채, 閔武, 이장녕, 집행위원장 비서 崔岳 등 총 31명이었다. 본부는 창립 후 얼마 후에 길림성 同濱縣으로 이전했다.[49]

김창환은 1930년 지청천 등과 함께 한국독립당을 창당하였다. 이는 『한민』 15호(1937.7.30)에 실린 <이청천 선생> 글에 보인다. 1931년 9

---

48 『한민족독립운동사자료집』 43, 중국지역 독립운동 재판기록, 한국독립당 관련 이규채 사건 청취서(제2회).
49 『한민족독립운동사자료집』 43, 중국지역 독립운동 재판기록, 한국독립당 관련 이규채 사건 청취서(제2회).

월 18일에 일제가 만주사변을 일으켜 만주를 공격하자 1932년 한국독
립군은 중국의 항일반만군抗日反滿軍과 연합하여 큰 전과를 올렸는데 이
때 그는 총사령 지청천을 도와 부사령을 맡아 큰 승리를 거두었다.[50]
『한민족독립운동사자료집』43(중국지역 독립운동 재판기록 1) 한국독
립당 관련 이규채 사건, 이규채 청취서 제3회를 보면 다음과 같다.

(1) 한국독립군 부서
총사령 李靑天(池大亨)
부사령 金秋堂(金昌煥) 京城 출신, 당 六四세, 작년 九월에 李靑天과 남하하여 현재
南京에 있음.
참 모 李宇精(李圭彩)
참 모 申 肅(申泰痴)
회 계 韓荷江(韓東根)
대대장 吳翠松(吳光善) 京畿道 龍仁 출신, 금년 七월경에 남하하여 北平에 있을 것
임. 당 四二세.
중대장 崔 檀(丹)舟(崔 岳) 慶尙道 출신, 1932년 1월경에 귀화했음.
소대장 車 轍平安道 사람, 당 五五세쯤, 현재 아직도 滿洲에 있을 것임.
소대장 겸 군의 尹必韓 大邱 출신, 당 五五세쯤, 아직 滿洲에 있을 것임.
소대장 李 艮 京畿道 坡州 출신, 당 三六세, 작년 11월에 남하하여 洛陽군관학교 학생
으로 들어감.
소대장 公震遠(公興國)
대대 부관 安一淸 곧 安圭元

(2) 吉林省 자위연합군 제三군 부서
군 장 考鳳林(중국인)
참모장 趙麟(중국인)
군수처장 吳純肅(중국인)
고 문 李靑天(池大亨)
참 모 李宇精(李圭彩)
찬 의 申 淑(申泰痴)
찬 의 金秋堂(金昌煥)

---

50 『독립운동사』 5, 627쪽.

라고 하여, 김창환은 한국독립군 부사령겸 길림성 자위연합군 찬의로 활동하고 있음을 알 수 있다.

한국독립군에서의 김창환의 활동에 대하여 김학규는『독립운동사자료집』7,「혁명 운동의 회고 (하)」에서 다음과 같이 술회하고 있다.

> 그때에 독립당 총본부는 이청천 부대와 잠시 동안 연락이 끊어지매 곧 金昌煥을 추천하여 총사령을 대리케 하고 적 괴뢰군과 일면으로 작전하고 일면으로 군대를 훈련하였다. 선후로 쌍성현의 拉林場·永林屯 등지에서 괴뢰군 于煥章 부대를 격파하여 한인군의 성세를 다시 떨쳤다.
> 이후에 이청천 부대는 다시 한인군의 주력으로서 연락을 취하게 되었다.
> 한인군은 마침내 이청천을 총사령으로 임명하고 김창환을 부사령으로 임명하였다.
> 동년 말에 중·한 연합군은 2회에 걸쳐서 길림·흑룡 양성의 교통 중심지인 쌍성을 공략하여 함락시켰다.[51]

1932년 3월 2일 쌍성에 위치하고 있던 한국독립당 제3지부 간부 公心淵 등은 마침 쌍성에 머물고 있던 중앙간부 몇 명과 帽兒山에서 비상 연석회의를 개최하였다. 이 자리에서 부근 여러 곳에 사람을 보내서 병력을 증모하고 아군의 상황을 조사하기로 하였다. 이때 조경한·李圭輔·안종선 등은 阿城縣의 永發屯에 파견되어 길림자위군의 고봉림 및 참모장 趙麟과 재합작의 방법을 논의하도록 하였다. 이 회동에서 양측은 의견의 일치를 보았다. 계속해서 영발둔에 머문 조경한과 이규보 등은 한인 교포가 많이 거주하고 있는 곳에 사람을 보내 동지들을 규합하고 부대를 수습·정비하였다. 그 결과 채 한 달이 되지 않아 사방에 흩어져 있던 동지들이 소식을 듣고 운집하여 이전과 같은 규모를 갖출 수 있게 되었다.[52]

---

51 『독립운동사자료집』7,「혁명 운동의 회고 (하)」, 172~173쪽.
52 一青,「'九一八'後韓國獨立軍在中國東北殺敵略史」,『광복』2-1, 54쪽. 혁명공론 창간호, (4266년 7월 1일 발행) 東北特訊, 韓國獨立軍與中國義勇軍聯合抗日記實, 71쪽.

이에 따라 조경한·권오진 등이 거느리는 한국독립군의 한 부대와 합류한 김창환·이규보·公昌俊·鄭藍田·韓海岡·車澈 등 일부 간부들은 1932년 5월 1일 아성현 大石河, 당지부 소재지이며 제1대대장 오광선의 농장에서 한국독립군 비상회의를 열고 "군사운동을 다시 정돈하되 대석하를 임시 중심지대로 정하여 이미 분산된 부대와 사병을 수습하는 한편, 신병을 계속 모집·훈련할 것" 등 4가지 사항을 결정하였다. 이밖에도 곧 사람을 파송하여 지청천 총사령 및 소속직원과 직속 부대를 대석하로 맞아오도록 할 것, 처음 군사협정을 체결한 李杜의 군대는 행방을 알 수 없으므로 현재 대석하 부근에 주둔하고 있는 유력대 길림자위군 제7려 고봉림과 합작교섭을 전개할 것, 김창환을 부사령으로 추대하여 임시로 총사령의 임무를 대리하게 할 것 등을 결정하였다. 이후 조경한 등 '한국독립군 유격독립여단'은 지청천이 이끄는 한국독립군 부대에 합류하여 공동보조를 취하게 되었다.[53]

일제의 괴뢰국인 '만주국'이 1932년 3월 성립한 이후 탄압이 가중되는 상황에서 사실상 한국독립군은 해체상태에 빠졌고, 간부들은 다른 방도를 모색하기 시작하였다. 한국독립군이 이처럼 곤경에 처해 있을 때 관내에 있던 金九와 의열단을 이끌었던 金元鳳 등은 1932년 4월 말 윤봉길 의거 이후 중국 국민정부의 지원을 받아 한인 청년들을 중국 군관학교에 입학시켜 군사교육을 실시함으로써 조국 독립전쟁을 위한 핵심인력을 양성코자 하였다. 이에 따라 중국정부는 중앙육군군관학교 洛陽분교에 '한국청년군사간부 특별훈련반'을 설치하고 만주에서 활동하고 있던 독립군의 주요 간부들과 청년들을 관내로 이동시켜 교육시키려고 하였다. 이 계획에서 한국독립군 사령관 지청천이 교관 겸 책임자로 지정되었다.

---

53 장세윤, 제51권 1930년대 만주지역 항일무장투쟁─제4장 1930년대 재만 한국독립당·한국독립군의 항일무장투쟁─ 2. 한국독립군의 조직과 항일무장투쟁의 전개.

김구의 군사훈련 계획은 1933년 10월 초순 이규보 · 오광선 등을 통해 한국독립군에 전해졌다. 이에 따라 10월 20일경 한국독립당 당수 홍진 및 총사령 지청천 · 김창환 등 한국독립군 주요간부들과 병사 가운데서 선발된 군관학교 입학지원자 등 40여 명은 북경을 거쳐 낙양, 남경 등 중국 관내로 먼저 가게 되었다.[54]

IX. 남경에서의 활동: 신한독립당, 민족혁명당, 조선혁명당

남경으로 이동한 김창환, 홍진 등 여러 동지들의 상황은 이규채 신문조서(3회)[55]를 보면 짐작해 볼 수 알 수 있다.

> 문: 南京에서 교제한 인물 및 그 정황은 어떤가.
> 답: 금년(1934년 − 필자 주) 음력 六월 초순에서 말까지 20여 일 동안에 교제한 사람은 다음과 같다.
> (2) 金秋堂 곧 金昌煥(독립군 부사령) 전술한 작년(1933년 − 필자 주) 음력 九월에 李靑天과 함께 남하하여 北平埠 城門內 小南街 宗帽胡同 一호 중국인 집에서 申肅과 함께 거주 중, 금년 음력 二월에 南京으로 가서 위 洪武路 尹琦燮의 집에서 동거하면서 신한독립당에 관계하고 있음.

위에서 보는 바와 같이, 남경으로 이동한 김창환은 신한독립당에서 활동하였다. 신한독립당은 1930년에 만주에서 결성된 한국독립당과 남경에서 1929년에 결성된 한국혁명당이 합당하여 결성한 독립운동 정당이다. 한국혁명당은 1929년에 閔丙吉 · 윤기섭 · 成周寔 · 申翼熙 등을 중심으로 남경에서 결성된 정당이다. 당의 목표로 사상의 정화와 독립

---

54 장세윤, 「한국독립군의 해체와 관내지역이동」, 『1930년대 만주지역 항일무장투쟁』, 한국독립운동사연구소, 2009.
55 이규채 신문조서(3회).

운동진영의 단결을 내세웠다. 한국독립당은 일제의 만주사변과 괴뢰 만주국의 건설로 인하여 만주에서의 활동이 곤경에 처하게 되자 1932년 11월에 본부를 北京으로 이전하고 새로운 활로와 당세확장을 위해 노력하던 중, 당시 남경에 본부를 두고 활동 중이던 한국혁명당과의 합당을 협의하였다. 그 결과 1933년 2월 25일에 한국독립당의 대표 홍진·金元植과 한국혁명당의 대표 윤기섭·延秉昊가 南京에서 모임을 갖고 양당을 발전적으로 해체하고 신한독립당으로 합당하기로 합의하였다.

1933년 3월 1일부터 8일까지 개회된 대표자회의에서 당수에 홍진, 상무위원에 金尙德·신익희·윤기섭 등을 선임하고 당의 행동방침을 결정하였다. 신한독립당이 표방한 黨義와 강령을 보면, 먼저 당의에서 '본당은 민족주의를 기초로 하는 정권·생계·문화의 독립과 민주적 신건설을 완성하고 전세계 인류의 평등과 행복을 촉진한다'라고 민족주의에 기초한 민주국가의 건설을 목표로 하고 있음을 분명하게 밝히고 있다. 또한 강령에서는 '중앙집권제의 민주공화국을 건설할 것', '토지와 대생산기관은 국유로 하고 국가경영의 대작업을 실시할 것', '국민의 생산·소비 등 일체의 경제활동은 국가가 통제하고 재산사유권을 한정하고 생활의 평균을 확보할 것', '민족의 고유문화를 발양하고 국민의 기본교육과 전문인재양성을 국가가 부담할 것', '국민의 자유권을 보장하고 병역·조세·受學·就工 등의 절대의무를 勵行할 것', '국방자위상 채용하는 징병제와 국민무장제를 병행할 것' 등을 주장하고 있다. 토지와 대생산기관의 국유화 및 국가경영제, 생산·소비의 국가통제, 국민의 기본교육권 등은 1930년 상해에서 결성된 한국독립당 당의에서 채택된 이후 대한민국임시정부의 지도이념이자 이후 각종의 독립운동 정당에서 채택한 삼균주의의 기본 골격이었다. 신한독립당은 결성 이후 독립운동정당으로 활동하다가 1935년 7월 5일에 민족유일당으로

결성된 민족혁명당에 참여함으로써 해체되었다.[56] 이규채 신문조서(제 五회)에 보면,

> 문: 한국독립당과 한국혁명당과 합병하여, 신한독립당을 조직했을 때의 간부는 누구 누구였는가.
> 답: 수령 洪冕熙 간부 尹琦燮, 延秉昊, 金昌煥, 金尙德, 金源植, 成周植, 廉雲同, 부 王 海公 등인데 부서나 그 이전의 간부 등 당원 수는 잘 모른다.
>
> 문: 신한독립당의 목적은 무엇인가.
> 답: 역시 대중운동에 의하여 조선을 일본 제국의 굴레에서 이탈시켜 완전한 독립을 도모하려고 한 것이다.[57]

라고 하여 김창환이 홍면 · 윤기섭 등과 함께 신한독립당에서 활동하고 있음을 알 수 있다.

『한민족독립운동사자료집』 44 중국지역 독립운동 재판기록 2 국한문, 남경중앙육군군관학교 전봉남全奉南 사건(2) 전봉남 신문조서(4회)에,

> 一, 尹琦燮은 본명인데, 금년 50세쯤이며, 본적은 京畿道 長端郡 長道面 中里 1157 번지인데, 普成전문학교 재교 중 대정 8년 사건에 연루되어 만주로 도주하여 한때 만주 산골에서 서당을 열고 있다가 그 뒤 상해로 와서 임시정부에 관계하고, 뒤에 남경으로 와서 신한독립당에 참가하여 재정부 위원장이 되었고, 민족혁명당으로 되어서는 중앙위원이 되어 있었다. 가족은 滿洲 유랑 중에 아내를 잃고, 10세쯤이 되는 딸이 1인 있는데, 王海公에게 맡기고, 자신은 당본부 사무소에 金秋堂, 玄園, 安一淸의 三명과 있다가 민족혁명당이 되어서는 이 三인이 함께 南京城花露岡一호에 집을 빌려서 살고 있다고 작년 九월 초순경에 宋海山에게서 들었다.
>
> 一, 金秋堂은 본명이 金昌煥으로 금년 60세쯤인데, 京畿道 京城 이하 미상의 사람으로 들었다. 구한국 시대의 사관학교 출신이라 한다. 滿洲에서 오래 있으면서 동북의 용군에 참가했고, 李靑天과 함께 南京으로 왔다고 하는데, 신한독립당의 간부이나, 어떤 임원인지 모른다. 민족혁명당이 되고서도 간부이나, 임원명은 중앙검사위원 후

---

56 『독립운동사사전』, 신한독립당, 조범래 집필.
57 이규채 신문조서(5회).

보위원인데 가족은 없다.[58]

라고 있어서 김창환이 지청천과 함께 남경으로 왔으며, 신한독립당에서 활동하고 있음을 알 수 있다. 아울러 윤기섭, 玄圜, 안일청 등과 함께 당 본부 사무소에서 살고 있음을 알 수 있다. 또한 민족혁명당이 되어서는 윤기섭 등 이들 동지들과 함께 南京城 花露岡 1호에 집을 빌려서 살고 있었다고 한다.

1935년 여름 한국독립당 · 신한독립당 · 조선혁명당 · 의열단 · 미주 대한인독립당 등이 통합하여 민족혁명당이 조직되자 김규식 · 양기탁 · 지청천 · 신익희 등과 협력하여 군사부 위원 및 중앙검사후보위원으로 활동하였으며, 1937년 2월에는 玄益哲 · 양기탁 · 李復源 등과 합의하여 전당 비상 대표회의를 개최하고 한국민족혁명당이라고 하였다[59]가 뒤에 조선혁명당이라 개칭하고 독립운동을 계속하다가 이역에서 숨을 거두었다.

X. 결어

김창환은 만주지역을 대표하는 항일무장독립운동가 가운데 한 사람이다. 그럼에도 불구하고 그는 우리 역사 속에서 그동안 주목받지 못하였다. 그러나 사실 김창환은 구한말에는 대한제국의 군인 출신으로서 상동청년회에서 활동했고, 1910년대에는 만주로 망명하여 신흥무관학교의 교관으로서 독립군 양성에 지대한 공헌을 한 인물이다.

---

58 『韓民族獨立運動史資料集』 44 中國地域獨立運動 裁判記錄 2 국한문, 南京中央陸軍軍官學校 全奉南事件(二)(國漢文) 전봉남 신문조서(4회).
59 『독립운동사』 4, 746쪽.

김창환은 3·1운동 이후 만주지역의 대표적인 독립운동단체인 서로 군정서, 대한통군부, 대한통의부, 정의부 등에서 무장투쟁의 선봉으로서 사령관으로 활동한 인물이다. 그리고 만주사변이 발발한 이후에는 북만주 벌판에서 한국독립군의 부사령관으로서 사령관인 지청천 장군과 함께 반만항일투쟁을 전개한 독립운동가이다.

만주에서의 활동이 더 이상 어렵게 되자 김창환은 중국 관내로 이동하여 독립운동을 지속적으로 전개하다 결국 남경에서 순국하게 된다. 만주 무장투쟁의 산 중인인 노혁명가는 조국의 독립을 보지 못한 채 외롭고 쓸쓸한 삶을 마감하였던 것이다.

결국 김창환은 대한제국의 군인 출신으로서 만주로 망명하여 독립군을 양성하고 항일무장투쟁을 끝까지 전개한 참 군인의 표상이라고 할 수 있겠다.

3편

만주에서 활동한 민족운동가들

제1장
대종교 2대 교주 金教獻의 민족운동

Ⅰ. 서언

　김교헌은 1868년 고종 5년 경기도 수원군 鷗浦里[1]에 있는 외할아버지 趙熙弼의 집에서 출생하였다.[2] 본관은 경주이며, 자는 伯猷, 당명은 普和이며, 뒤에 이름을 獻이라고도 하였다. 그는 신분적인 면에서 양반 가운데서도 명문거족의 자제로서, 그리고 경제적인 면에서도 상당히 부유한 집안에서 출생하였다. 고위 관리를 지낸 그는 일제의 침략이 노골화되자 1910년 정월 대종교를 신봉하게 되었으며,[3] 1916년 8월 15일

---

1 김교헌의 집은 서울 안국동에 있는 조계사 자리였다. 영조가 즉위 후 仁元왕후와 왕후의 부친 인 경은부원군에 대한 보은의 표시로 당시 왕자궁으로 쓰였던 3백 40간에 이르는 큰 저택을 하사하였던 것이다. 김교헌은 그가 만주로 망명하기 전 이 집을 매각 처분하고, 동생들과 가솔 들을 경기도 광주군 언주면 역삼 2리(현 서울 강남구 역삼동)으로 이사시켰다고 한다(조항래, 「김교헌의 생애와 사상」,『경기사학』8, 경기사학회, 2004, 396~398쪽).
2 김교헌의 원적은 경기도 광주군 彦州面 驛三里 55이다(독립유공자 평생이력서 참조, 손자 김방 경 작성).
3 김교헌은 합방찬성의 상소를 한 縉紳儒生 명단에 "소론 김교헌"이란 기록이 있다. 이 부분에 대 하여는 객관적인 검토가 요망된다(『친일반민족행위관계사료집』2권, 3. 합방청원운동). 다만 해방 후 반민특위에서 조사를 받은 성원경은 구한말에 존경받는 인물들로서 나철, 김교헌, 양 기탁, 양한묵 등을 들고 있다(반민특위조사기록 성원경).

대종교 교주 羅喆의 유명에 의하여 1916년 9월 1일 대종교의 최고 책임자인 都司敎에 취임하였다. 한편 그는 단군 및 조선의 역사에 깊은 관심을 가져 1910년대에 조선광문회에 참여하는 한편,4 1914년에는 『神檀實記』,5 1923년에는 『神檀民史』를 저술하여 국학진흥에도 크게 기여하였다. 그러므로 1923년 12월 25일 김교헌이 북만주 寧古塔에서 사망하자 상해 임시정부 기관지 『독립신문』 1924년 1월 19일자에서는 <茂園 金敎獻先生 長逝>라는 제목 하에,

大倧敎 都司敎 茂園先生 金獻은 中國 吉林省 寧古塔에 在한 大倧敎總本司 修道室에서 去十二月 二十五日 上午 一時 四十五分에 長逝하엿더라
●●는 紀元 四二〇一年에 生하야 今年이 五十六歲인데 四二一八年에 文科로 出身하엿고 四二二〇年에 翰林의 選에 參하야 史官이 되엿고 四二二五年에 大司成이 되며 儒者師가 되엿고 其後에 司法官 外交官●을 歷하엿고 四二三四年으로 四年間을 東國文獻備考續纂員으로 纂輯의 主任이 되엿고 四二四二年에 大倧敎를 信奉하야 四二四四年으로부터 四二四八年까지 典務로 都司敎의 職務를 代●하야 大倧敎에 總●가 되엿고 四二四九年에 故 弘岩 羅先生喆이 殉敎할 때에 都司敎로 敎主의 職에 就하엿고 四二五〇年에 北間島로 出住하야 汪淸 和龍 密山 寧安 등지에 巡住하엿던바 氏는 진실로 一團體이나 個人의 長者宿德이 안이라 全民族의 哲人模範이오 國學上의 둘이 업는 大學者라. 性格은 溫良明剛하며 行藏은 實踐躬行을 하야 平居에 말이 업스며 不煩不撓이 凡百이 整然하엿고 東洋史學과 國史上에 考攷가 ● 步이라 其瞻富함을 짝할 이 업스니 先生은 다만 우리나라에서만 딸으리가 업슬 뿐 안이라 所謂 日本의 大學者라고 有名한 者도 어림이 업다하는 公評이 有하며 우리나라의 史學의 壞誤함을 드러내고 校正하야 今日 史學者의 무엇이라 引導함이 全혀 ●의 功이라. 近日에 神檀民史와 倍達族史를 撰述 刊行한 것이 氏의 一部 史學이며 또 八年間 域外에 栖屑하며 한검의 眞●를 探攷發揚하야 毅力과 寶光을 깁히 全民族에게 支配하여 줌이 限量이 업는 터이라. 名家의 後裔로 少年에 騰達하엿건만은 謙虛와 信仰이 類流에 뛰여나오며 惡衣와 寒●가 粹然이 無累하야 勸勸懇懇이오. 즉 그것인 丹心을 누구나 崇慕敬仰치 안이하리 업는 事實上 民族的 泰斗이라 勞와 衰弱이

---

4 오영섭, 「조선광문회연구」, 『한국사학사학보』 3, 2001.
5 신단실기에 대하여는 다음의 논문이 참조된다. 조인성, 「한말 단군관계 사서에 대한 재검토: ≪신단실기≫, ≪단기고사≫, ≪환단고기≫를 중심으로」, 『국사관논총』 3, 국사편찬위원회, 1989; 조인성, 「단군에 대한 여러 성격의 기록」, 『한국사시민강좌』 27, 2000; 박광용, 「대종교 관련 문헌에 위작 많다 2:신단실기와 단기고사의 성격에 대한 재검토」, 『역사비평』 16, 1992.

晶潔한 大歸를 아올나 다시 警咳를 得지 못하게 됨은 진실로 民族的 大悲痛이오 國學上 더 업는 損失이라 안이할 수 업도다.●는 慈親侍下오 二子一女가 有하니 長子는 今番 東洋學院事件에 關係되엿든 正琪君이더라

라고 하여, 그의 죽음을 민족적 대비통이요, 국학상 더 없는 손실이라고 하여, 김교헌이 민족독립운동선상에서 그리고 국학에 있어서 차지하는 비중을 높이 평가하고 있다.

아울러『동아일보』에서는 1924년 1월 24일자 제1면 제1단 기사에서 <무원 김교헌선생>의 업적을 크게 다음과 같이 보도하고 있다.

> 선생은 無言한 애국자였섯다. 그가 말이 없으나 조선과 조선인을 어떻게 깊히 사랑하였던 것은 그의 일생 생활이 증명한다.
>
> 선생은 可謂 文翰家의 裔로 한학에 자못 조예가 깊었음은 지인이 모두 敬仰하여 하는 바이어니와 그에게는 한학은 그리 중요한 것이 아니었고, 오직 그의 사랑하는 조선민족의 역사와 사상과 문학을 탐구하고 표창한만이 그에게 의미가 있었다.
>
> 조선의 역사에 관한 것이면, 천리를 멀다 아니하고 수집하였고, 조선인의 저작이라 하면, 片言隻句라도 등한히 아니하여 그 속에서 조선인의 생명과 정신을 찾으려 하였다. 그가 빈한하여 의식을 구하기에 분망한 동안에도 조선광문회의 조선고서간행에 수년간 편찬과 교정의 激務를 사양치 아니함도 실로 이 ≪無言의 民族愛≫에서 나온 것이다.
>
> 대세가 變하고 민심이 날로 浮薄하여져서 祖宗의 정신을 잊으려함을 볼 때에, 그의 痛心함이 얼마나 하였스랴. 그는 조선을 가장 잘 연구한 학자요, 가장 잘 이해하고 사랑한 애국자이게 때문에, ≪조선정신≫의 美點도 가장 잘 捕捉하고 愛着하였다. 이것이 그로 하여금 조선정신의 시조인 단군에 대한 歸依讚仰의 종교적 열정으로 化한 것이다.
>
> 전교도의 崇仰을 받던 선생의 長逝에 대하여 대종교의 애도하여 말할 것도 없고, 진정한 애국자요, 다시 구하기 어려운 국학자를 잃은 것에 대하여는 전민족적 손실로 애도의 뜻을 표할 것이다. 진실로 선생은 애도할 만한 ≪참된 조선사람≫이었다.

라고 하여, 김교헌의 죽음에 대하여 "대종교의 애도하여 말할 것도 없고, 진정한 애국자요, 다시 구하기 어려운 국학자를 잃은 것에 대하여는 전 민족적 손실로 애도의 뜻을 표할 것이다. 진실로 선생은 애도할 만한

≪참된 조선사람≫이었다"라고 하며 전 민족적 손실이라고 표현하고, ≪참된 조선사람≫이라고 높이 평가하고 있다.

또한 미주에서 발행되는 『신한민보』에서도 1924년 2월 7일자에서 ≪원동소식≫ <대종교 도사교 김교헌 선생 별세, 최고 기관의 중심인물 잃어, 영고탑에서 부음을 본국에 보내>라는 기사를 통해 재미동포들에게 그의 죽음을 알리고 애도하였다.

한편 일본 측은 『滿洲地域 本邦人 在留禁止關係雜件』에서, 김교헌의 아들 金正琪에 대하여 언급하면서,

> 교주(校主) 김정기(金正琪)는 일찍이 『동아일보』(경성 발행 유일의 배일신문)의 간도지국장이었으나 사임하고 본교를 경영하고 있는 자로 그다지 대단한 인물은 아니지만 감정이 강하게 움직이면 과 격한 언사를 농하는 성향이 있다고 함. 동인의 부친 김교헌(金敎獻)은 원래 대종교(大倧敎)의 주뇌자(主腦者)로 격렬한 배일 사상을 품고 여러 가지 불령한 계획을 실행한 적이 있으며 현재 영고탑(寧古塔) 부근에 잠복해 있다는 정보임.

라고 하여, 김교헌을 "대종교의 주뇌자로 격렬한 배일 사상을 품고 여러 가지 불령한 계획을 실행한 적이" 있는 항일적인 인물로 평가하고 있다. 아울러 일본 측은 김교헌의 죽음에 대하여 1923년 12월 28일 하얼빈 총영사는 외무대신에게 다음과 같이 보고하고 있다.[6]

> <대종교주 김교헌 병사에 관한 건>
> 대종교 2세 교주 김교헌은 수년 동안 영고탑에 거주하면서 신도와 비신도 또는 불온사상을 가지고 있거나 그렇지 않은 사람들을 불문하고 일반 조선인 사이에 신망이 있었다. 작년 말부터 1923년 봄에 이르기까지 영안현, 海林 密江 鐵嶺河와 하얼빈에도 지부를 설치하였다. 영고탑에는 中央本司와 東二道本司를 두고, 밀강의 동일도본사, 경성의 서도본사, 충청도의 남도본사, 간도의 북도본사를 두고, 통괄하면서 교세 신장에 노력을 경주하고 있었다.

---

6 국사편찬위원회 소장 국외문서.

> 근래 위세가 기울어지면서, 敎會의 유지는 물론 교주 김교헌의 생활에도 자유롭지 못하게 되자, 병에 걸려 심하게 되자, 결국 12월 25일 영고탑에서 사망하였다고 한다. 그는 생전에 독립운동의 중심인물이기도 하지만, 기맥이 서로 통하는 독립운동가 사이에도 상당히 존경을 받았고, 일반 조선인 사이에서도 그의 종교가 조선의 始宗인 단군을 조술하는 관계와 그가 조선의 역사에 대하여 정통한 학자로서 존경을 받고 있는터라. 오늘날 그의 부음이 전해지자 각지로부터 대표자를 영고탑에 보냈다고 전해진다.
> 이상과 같은 관계상 그의 죽음은 금후 영고탑을 중심으로 하는 북만 일대의 조선인에게 영향을 미칠 것으로 보이므로 주의 중임.

즉, 일본 측에서도 그를 신앙과 관계없이 조선인이 존경하는 인물이라고 평가하고 그의 죽음이 미칠 영향에 주목하고 있음을 알 수 있다.

한편 김교헌은 역사학자로서도 주목된다. 김교헌이 저술하여 1923년 7월 상해에서 간행한[7]『신단민사』는 만주 일대 우리 학생들의 국사교과서로도 널리 사용되어 민족의식 교취에도 기여했다.『동아일보』1923년 11월 24일자에서는 <간도 각 중학의 역사 新敎科書 신단민사를 사용>이라는 제목 하에,

> 북간도에 있는 東興학교와 기타 중학교에서는 본국 역사의 교과서로 대종교 都司 김교헌 씨의 새로 저술하여 근일에 출판한 신단민사를 쓰기로 결정하여 불일간부터 실행할 듯 하다더라(상해).

라고 하여, 간도 일대 각 중학교에서 국사교과서로 사용하고자 하였던 것이다. 아울러 북만주지역에서도 학교 교재로 사용하고자 하였다.『동아일보』1923년 12월 2일자 <목릉현 교육회의 경영하는 학교 제도를 일신하고 력사교수에 주중>이라는 보도에 따르면, 吉林省 穆陵縣에 한인이 조직한 교육회 산하의 교육기관은 중학교 1, 소학교 6개인 바 중학교 교장에 黃公三, 교육부장에 尹昌鉉이 취임하였으며 교육방법을 쇄

7『독립신문』1923년 7월 21일자.

신, 國粹에 관한 것에 置重하여 歷史敎科書로 神檀民史를 채택할 것이라고 한다.

만주지역에서 교재로 사용되던 신단민사는 자연히 상해에서 발간하여 만주전역으로 전달되었을 것이며, 일제는 이를 압수하는 데 혈안이되어 있었다. 『동아일보』 1923년 11월 26일자 <신단민사를 다수 압수, 길림성 왕청현>이라 하여 다음과 같이 보도하고 있다.

> 길림성 왕청현에서는 리함 여사의 남편되는 鄭信씨가 상해에서 보낸 신단민사 130
> 권을 압수하여 갔는데 경찰은 왕청현 백초구 영사관 분관에서 온 것인듯 하다더라

지금까지 살펴본 바와 같이 김교헌은 민족운동가로 국학자로 널리알려진 인물이다. 그러므로 학계에서도 일찍부터 김교헌의 대종교 활동과 역사인식 등 국학활동에 대하여 깊은 관심을 갖고 많은 연구가 이루어져 왔다.[8] 그러나 지금까지는 주로 종교활동과 국학활동에 치우쳐진 나머지 그의 만주지역에서의 민족운동에 대하여는 집중적인 검토가이루어지지 못하였다. 이에 본고에서는 김교헌의 만주지역에서의 활동을 중심으로 살펴보고자 한다. 이는 김교헌을 입체적으로 살펴보는 데도움을 줄 수 있을 것으로 보인다.

II. 만주로의 망명과 독립운동 구상

1916년 9월 1일 제2대 도사교에 취임한 김교헌은 1917년 봄 가족 ·

---

8 박영석, 「대종교의 민족의식과 독립운동―김교헌 교주 시기를 중심으로」, 『한민족독립운동사연구』, 일조각, 1984; 박환, 『나철 김교헌 윤세복』, 동아일보사, 1992; 조항래, 「김교헌의 생애와 사상」, 『경기사학』 8, 2004; 한영우, 「1910년대의 민족주의적 역사서술―이상룡, 박은식, 김교헌을 중심으로」, 『한국문화』 1, 서울대 한국문화연구소, 1980.

동지들과 함께 만주로 향하였다.9 그러나 그것은 결코 간단하고 쉬운 일이 아니었다. 일제 경찰들은 대종교를 항일독립운동단체라고 하여 엄밀히 감시하고 있었던 것이다. 이에 김교헌 등은 몰래 경성(서울)을 탈출하여 갖은 고생 끝에 두만강을 넘었다. 지금까지 태어나서 고관대작의 후손으로서, 또는 국내의 높은 관리로서 한 번도 고생을 해보지 않았던 김교헌으로서는 몹시도 힘들고 어려운 길이었다.

김교헌은 이윽고 대종교 총본사가 있는 和龍縣 三道溝에 도착하였다. 다수의 동포들과 동지들이 따뜻하게 맞아주었다. 그리고 그들은 앞으로의 대종교 활동에 관하여 김교헌과 여러 날에 걸쳐서 토의를 진행하였다.

우선 김교헌은 동지들로부터 현지의 상황과 대종교의 현황 등에 관하여 보고를 들었다. 1910년 초부터 대종교의 포교활동을 전개하였으나 아직까지 큰 영향력을 행사하고 있지 못하다는 것이었다. 더구나 연길현 등에는 具春先 · 金躍淵 등이 이끄는 기독교인들이 다수 있었다. 그 밖에도 천주교, 청림교, 공교 등 여러 종교들이 제각기 자기네 종교를 전도하고 있는 중이었다. 그러므로 대종교도 체제를 정비하고 재만동포들에 대하여 보다 적극적인 포교활동을 전개하여야 한다고 생각하게 되었다.

아울러 항일독립운동에 대하여도 토의하였다. 당시 대종교에서는 汪淸縣에 重光團이라는 독립운동단체를 지도하고 있었다. 김교헌은 중광단과 대종교 총본사를 통합하는 데 반대하였다. 그는 총본사는 화룡현에 두고 여기서는 주로 포교활동을 전개하고, 중광단은 지금의 위치인 왕청현에 두면서 재만동포들에게 민족의식을 고취시키는 한편, 군사훈련을 전개하도록 하는 것이 바람직하다고 생각하였다. 그래야만 만일

---

9 대종교총본사, 『대종교 중광 60년사』, 1971, 210쪽.

의 경우 일제나 중국 당국에 탄압의 구실을 제공하지 않을 것이라고 생각하였던 것이다. 그러나 비밀리에 중광단과 대종교 총본사는 유기적인 연락관계를 취하는 것이 좋겠다고 생각하였다.

또한 김교헌은 만주지역에 있는 동포들에게, 특히 소학교와 중등학교 학생들에게 민족의식을 심어주어야 한다고 생각하였다. 그들이 바로 독립군의 근간이 될 것이며 조국이 해방된 후에 건설될 배달국의 주인공이 될 것이기 때문이었다. 따라서 그는 마음속으로 소학생과 중학생용 교과서의 집필도 구상하였다.

Ⅲ. 대한독립선언서에 서명

김교헌은 1919년 1월 월슨에 의하여 민족자결주의가 주창되자 조선의 독립을 위한 선언서 발표의 필요성을 느꼈다. 이 때 1919년 음력 1월 27일에 吉林의 呂準의 집에서 조직된 대한독립의군부로부터 대한독립선언서를 발표하자는 요청이 왔다. 이에 김교헌은 이를 쾌히 승낙하고 대한독립의군부의 재만독립운동가들에 의하여 작성된 선언서에 38명의 동지들과 함께 서명하였다.[10] 그럼으로써 김교헌은 선언서의 내용에 공감을 표시하였다.[11]

대종교 교주 김교헌이 대한독립선언서에 서명하자 다수의 대종교 신자들도 이에 적극 서명하였다. 선언서를 주도한 대한독립의군부의 총재인 여준, 총무 겸 외무를 담당하고 있는 朴贊翊, 군사를 담당한 金佐

---

10 대한독립선언서의 발표시기 등에 대하여는 다음의 논문이 참조된다. 송우혜, 「대한독립선언서(세칭 무오독립선언서)의 실체: 발표시기의 규명과 내용분석」, 『역사비평』 창간호, 1988; 조항래, 「무오대한독립선언서의 발표경위와 그 의의에 관한 검토」, 『윤병석교수 화갑논총』, 1990.
11 조항래, 앞의 논문, 409~411쪽.

鎭[12] 역시 대종교 신자였다. 만주지역 외에도 중국본토, 러시아 등지에서 활동하던 대종교 신자들도 참여하였는데, 즉 중국본토의 申圭植, 러시아지역의 李東寧 등을 들 수 있다.

이처럼 다수의 대종교인들이 대한독립선언서에 서명한 것은 그들 개인의 역량과도 밀접한 관련이 있지만 김교헌의 역할 또한 컸다고 생각된다. 교주인 김교헌은 이념적인 측면에서 그들 사이에 중추적인 역할을 하고 있었기 때문이다.

대한독립선언서는 모두 35행, 1,725자로 이루어져 있다.[13] 선언서에서는 우선 "대한민주의 자립을 선포하노라"라고 하여 민주공화제에 기반을 둔 근대적인 민족국가를 건설해야 한다고 서두에서 밝히고 있다. 이어서 외세의 지배는 절대로 받을 수 없다는 강력한 의지를 표방하고 세계 각국에 대해 소위 '한일합방'이 무효임을 강조하였다. 아울러 한민족 전체에게 5가지 사항을 호소하였다.

첫째는 일체의 방편을 다하여 일제의 식민통치를 물리치고 민족의 평등을 전 세계 인류에게 알리는 것이 우리 독립의 제일 큰 뜻이라고 강조하였다. 둘째는 무력겸병을 근절하여 천하의 공도를 펴는 것으로서 우리 독립의 본령으로 삼고자 하였다. 셋째로 몰래 맺은 맹약이나 사사로운 전쟁을 엄하게 금지하고 대동평화를 선전할 것을 우리나라 독립을 되찾는 사명으로 보고 있다. 넷째는 부와 권리를 모든 동포들에게 동등하게 베풀고, 남녀빈부의 차별을 없애고, 지혜로운 자와 어리석은 자, 늙은이와 어린이를 평등하게 해주어 사해인류를 구제할 것을 우리나라 입국의 기치로 삼았다. 다섯째는 나아가 국난 불의를 감독하여 우주의

---

12 김좌진에 대하여는 다음의 저서가 참조된다. 박환, 『김좌진 평전』, 선인, 2010.
13 대한독립선언서의 내용에 대하여는 다음의 논문이 참조된다. 박영석, 「대한독립선언서연구」, 『산운사학』 3, 1989; 김기승, 「대한독립선언서의 사상적 구조」, 『한국민족운동사연구』 22, 1999.

진 · 선 · 미를 체현하는 것이다. 이것이 우리 한국민족의 독립이 가지는 이 시대의 궁극적 의의라고 하고 있는 것이다.

선언문에서는 일제를 구축할 수 있는 방략으로서 독립전쟁을 강조하여 독립군의 궐기를 제창하였다. 이를 강조하기 위해 선언문에서는 인간은 누구든지 한번 죽는 것을 피할 수 없는데, 개 · 돼지같이 구차하게 목숨을 부지하느니보다는 나라를 위해 죽는 것이 보다 가치 있지 않겠느냐며 독립전쟁에의 참가를 호소하고 있는 것이다. 즉 선언문에서는 일제에 대항해서는 독립전쟁을, 해방 후 건설할 국가상으로는 민주공화제를 주장하고 있다.

김교헌 역시 선언문에서 제시하고 있는 바와 같이 민주공화제와 독립전쟁론을 표방한 것 같다. 김교헌은 해방 후 건설할 국가상으로서 민주공화제의 바탕 위에 만주와 한반도를 영토로 하여 단군의 후손들이 중심이 된 배달국을 건설하고자 하였다. 이러한 국가건설은 대종교 이념을 통한 민족의식의 고취로써만 가능하다고 생각하였다. 다수의 국민들이 대종교 의식을 가질 때 비로소 보다 효과적인 무장투쟁 역시 가능하리라고 생각하였을 것이다.

이와 같이 독립의식이 투철했던 김교헌은 1919년 3월 국내에서 3 · 1운동이 전개되었다는 소식이 전해지자 곧 이 운동에 참여하였다. 즉 그는 1919년 3월 24일 安圖縣에서 대종교도들과 함께 3 · 1운동에 참여하였으며, 안도현 16도구 덕수동에 있는 자신의 집을 방문한 대종교도 및 학생 50여 명과 함께 독립운동에 대한 대책을 논의하기도 하였다.14

---

14 김병기, 반병률, 『국외 3 · 1운동』, 독립기념관, 2009, <서간도의 3 · 1운동>.

IV. 적극적인 포교와 북로군정서 조직의 토대 마련

1917년 봄, 동만주로 이동한 김교헌은 대종교의 포교활동을 적극적으로 추진하고자 하였다.[15] 김교헌의 시교당 설치 정책은 매우 중요한 의미를 갖는다고 생각된다. 일차적으로 대종교 시교당은 종교적으로 중요한 의미를 갖는다는 것은 주지의 사실이다. 그런데 이와 관련하여 우리가 특별히 주목해야 하는 점은 외국에 거주하고 있는 동포들은 일주일에 한 번씩 시교당에 감으로써 일차적으로 이국에서 느끼는 외로움을 달랠 수 있었을 것이며, 같은 민족끼리 만남으로써 우리가 모두 단군의 후손이라는 민족애를 느낄 수 있다는 점이다. 이처럼 시교당은 신앙공동체로서 중요한 의미를 가질 뿐만 아니라 생활공동체, 경제공동체로서의 의미도 갖고 있었다. 즉 대종교의 신자들은 시교당을 중심으로 그들의 생활을 영위하였던 것이다.

그들의 자녀 교육은 시교당 또는 시교당에서 건립하였거나 관할하는 교육기관 등에서 이루어졌다. 또한 그들이 짓는 농사도 대종교 신자들과의 협력에 의하여 이루어질 수 있었을 것으로 보인다. 아울러 그들의 경제생활 역시 시교당이 중요한 역할을 하였을 것으로 짐작된다. 따라서 이 시기에 김교헌이 시교당 설치운동을 활발히 전개하였다는 사실은 대종교의 포교 차원을 넘어 재만동포의 생활 안정과 민족의식의 성장에 대단히 중요한 역할을 하였을 것으로 생각된다.

김교헌의 적극적인 포교활동의 결과 대종교 신도가 크게 증가하였다. 그리하여 이를 토대로 북간도지역에서는 북로군정서라는 무장 독립운동단체가 조직되기에 이르렀다. 이 단체는 청산리전투를 승리로

---

15 김교헌의 포교활동과 교단조직에 대하여는 박영석의 논문에 자세히 언급되어 있다(박영석, 「대종교의 민족의식과 독립운동―김교헌 교주 시기를 중심으로」, 『한민족독립운동사연구』, 일조각, 1982, 159~172쪽).

이끈 대표적인 항일조직이었다. 이 단체 조직의 밑거름을 김교헌이 닦았던 것이다.

북로군정서는 대종교 단체인 중광단, 대한정의단 등이 발전적으로 해체되어 조직된 단체이다. 김교헌의 지도 아래 서일 등 대한정의단의 대종교인들은 1919년 8월 공교도들과 결별한 후 대종교인들을 중심으로 조직을 재정비하였다. 아울러 군사 경험이 많은 인사들을 영입할 필요성을 느끼게 되었다. 이에 대한정의단 단장 徐一은 1919년 가을 吉林軍政司의 일부 인사를 영입하기로 하였다. 吉林軍政司는 1919년 2월에 대한독립선언서를 발표한 大韓獨立義軍府의 후신으로서 무장투쟁을 주창하고 있는 단체였다. 더구나 이 단체의 김좌진 · 曹成煥 · 朴贊翊 · 朴性泰 등은 대종교인이었다.

아울러 북로군정서의 주요 구성원의 대부분은 대종교를 신봉하고 있던 인물들이었다. 따라서 지도부가 주로 대종교 신자들로 구성되어 있는 북로군정서에서는 그 구성원 및 관할구역에 거주하고 있는 동포들에게 대종교 이념을 심어주며 민족의식을 고양시키고자 하였다. 이의 실천을 위해 총재인 서일은 독립군을 지휘, 통솔하는 와중에도 언제나 檀珠를 목에 걸고 다녔으며, 수도 생활과 대종교의 교리연구에도 적극적이었다고 한다.[16]

V. 청산리전투 이후 북로군정서의 재건과 항일운동의 전개를 위한 노력

1919년 대한독립선언서에 서명한 이후 김교헌은 활발한 항일운동을

---

16 박환, 「북로군정서」, 『만주한인민족운동사연구』, 일조각, 1991, 100~110쪽.

전개하였다. 다음의 기록은 이를 반증해 주고 있다.

1919년 8월 15일 재훈춘 부영사가 외무대신에게 올린 보고서
제목: <배일선인 孫一民, 김교헌 등의 행동에 관한 건>
왕청현 나자구 거주(훈춘현과의 경계의 산곡부락) 李成烈의 실지 견문담에 의하면,
본월 13일 손일민, 김교헌 외 1명(상해 거주 조선인 유력자로서, 약 1개월 전 상해 임
정의 명령에 의해서 상해를 출발하여 훈춘지방으로부터 시베리아를 순회하고 소추
풍에서 사람들과 회견하고)은 소추풍지방으로부터 약 50명의 장정을 인솔하고 나자
구 중 삼도하자에 이르러 체재, 15일 崔正國방에서 동지방민의 초청행사에 임해서
술과 안주 등 향응을 제공받으면서, 앞의 두명은 서로 교대해서 조선의 독립은 우리
들의 열성과 결단으로 실행해야 한다고 하였다. 그 후 일반 지방민들을 격려한 후,
17일 오전 大坎子를 경유해서 서간도로 출발했다.

위의 기록을 통해 1919년 8월경 김교헌은 손일민과 임시정부에서 파
견된 동지와 함께 훈춘지방에서부터 시베리아를 순회했다. 그리고 러
시아 소추풍 지방으로부터 약 50명이 장정을 인솔하고 나자구 삼도하
자에 도착하여, 손일민과 함께 주민들에게 조선의 독립은 우리의 열성
과 결단으로 실행해야 함을 강조했다. 김교헌과 함께 활동한 손일민은
그와 함께 대한독립선언서에 서명한 독립운동계의 중진인물이었다.[17]

만주에서의 김교헌의 활동 중 주목되는 것은 청산리전투를 승리로
이끌었던 북로군정서를 새로이 복원시키고자 하는 움직임이다. 김교헌
은 1922년 청산리전투 이후 이합 집산되어 있던 대종교인들을 모아 북
로군정서를 재건하고자 하는 강한 의욕을 보였다. 이를 위하여 그는 본
부를 중러 국경지대인 密山에서 영안현 영고탑으로 옮겼던 것이다. 이
는 다음의 일본 측 정보를 통하여 짐작해 볼 수 있다.

1922년 9월 12일 재하얼빈 총영사가 외무대신에게 올린 보고서 <대종교 음모계획
에 관한 건>

17 『독립유공자공훈록』, <손일민>.

앞에 언급한 건에 대하여 영고탑으로부터 온 조선인 李林크의 정보는 다음과 같다.
대종교는 지금으로부터 20년 전 조선인 학자 나철(호 홍암)이 조직한 것으로서 중국
간도 백두산을 중심으로 해서 동지역에 본부를 두고, 백두산 이남 조선반도를 남도
본사라고 칭하고 (경성에 본사를 둠), 동북간도 북만주 블라디보스톡 연선을 동도본
사라고 하고, 영안현 영고탑에 본사를 두고 일시회원 2만 5천인에 달한다. 그러나
1919년 3월 조선내지에서 독립운동이 발발하자 대종교도는 대한독립군정서를 조직
하고 본부를 밀산에 두고, 북간도 일원에 걸쳐서 활동을 개시하고, 총지휘관 서일은
약 1만의 교도를 거느리고, 暴威를 드러내었지만, 일본군이 간도에 출병하자 그는 여
러 전투 끝에 마침내 패전해서, 밀산으로 도주한 이래 집단은 사방으로 흩어지고, 자
연히 해산된 상태이다. **그러나 대종교 도사교 김교헌은 최근 동교 부활의 목적으로
서 밀산현으로부터 영안현 영고탑으로 와서 본부를 동지역에 설치하고, 일반의 신
도들에 대하여 정식으로 발표하고 事務를 개시함에 따라서 각 지역에 산재해 있던
군정서 간부들은 이 본부에 출입하고 무엇인가를 획책하고 있다.** (중략)
신최수는 대종교 도사교 김교헌과는 원래 친밀한 관계이며, 대종교가 군정서를 조직
할 때, 스스로 나아가서 분주하게 활동하였다. 김교한과 모의해서 병기 탄약구입방
면을 담당하였다. 신최수는 러시아 과격파 병기담당 육군 중좌를 속여서 저렴한 가
격에 다수 무기 탄약을 구입했다. 신최수는 경성 남도본사와 밀의를 하고 만주로 돌
아오지 않고, 대한군정서는 구체적으로 실현하는 것을 하지 않았다.
군정서 간부로서 현재 영고탑에 모인자는 참모 李章寧, 모연대장 趙白, 梁白堂 등이
다. 대한군정서의 무기 탄약은 해산당시 밀산현에 러시아식 보병 총 700정, 탄환 5만
발, 폭탄 50개, 권총 100정, 동탄환 2천발을 은닉했다. 군정서원 尹斗植에게 감시하
도록 하였는데, 동 군정서를 부활할 때 이 병기들을 사용하려고 한다고 한다.

　　김교헌의 지시를 받아 국내에 간 신최수는 명동중학교 교사로 일했
던 것 같다.[18] 아울러 그는 1914년 연길시 국자가 小營子에 있는 光成학
교 교사로도 일하였다.[19] 이 학교는 1912년 3월에 개교한 吉東基督學堂
이 확대개편된 학교였다.[20]
　　김교헌 교주의 북로군정서 재건 움직임과 관련하여 북로군정서 간부
들은 적극적으로 단체의 재건을 위하여 대종교를 부흥시키고자 노력하
였다. 『한국독립운동사 자료 38』(종교운동 편) <대한군정서 잔당의 대

18 회상기(아령과 중령에서 진행되던 조선민족해방운동) 2(독립기념관 소장).
19 배일선인 행동에 관한 건(1914.1.24)(국사편찬위원회).
20 한국독립유공자협회, 『중국 동북지역 한국독립운동사』, 집문당, 1997, 72쪽.

종교포교에 관한 건>(재간도총영사가 외무대신에게 보내는 문서, 1922년 4월 11일)을 보면 김교헌 교주 시기에 북로군정서 출신들이 얼마나 대종교 포교를 위해 노력하고 있는가를 살펴볼 수 있다. 이를 보면 다음과 같다.

영안 액목 돈화현 지방에 산재하는 대한군정서 잔당은 간도 출병후 각지에 四散해 있는 동지들의 규합과 대종교의 확장을 도모할 목적으로 각지에 학교를 세울 계획을 세우고, 서로 연락을 함으로써 활동을 개시하고 있다.

영안현 蔡信錫(전 군정서 경찰과장), 徐壽(전 보전과장)이하 수명은 3월 16일 간도 왕청현 柳樹河에 와서 포교에 분주하고 다수의 찬성자를 얻어 이곳에 동일도 제1지사를 창립하고 역원 曲司 李敏赫(60세), 감독 韓承黙 40세. 巡敎司 趙白 35세, 黃文吉 30세를 선임하였다. 돈화현에 있는 전 군정서원 李京烈, 李春南, 咸熙 등 3명은 대종교교회 설치와 포교를 위해 3월 25일 밀산현으로 갔다. 전 군정서원 李燮, 尹鋌 등은 본년 음력 1월 15일 大倧敎創起文을 각지 동포에게 배포하고, 영안현 영고탑에 본부를 두고, 밀산 액목 돈화 서북간도와 기타 지방에 지사(지부)를 두고, 본사와 지사에는 각각 학교를 부설할 예정임.

즉, 북로군정서원들은 영안, 액목, 돈화현 등지에서 대종교의 부흥을 위해 노력하였던 것이다. 또한 1922년 1월 이래 전 북로군정서 총무과장이었던 金奎植이 영고탑에 있는 자신의 집에 북도본사를 두고 대종교의 진흥을 위해 노력하기도 하였다. 이는 왕청현에서 활발한 활동을 전개하였던 간도지방 포교본부 주간인 서일이 죽은 후 교세가 위축되었기 때문이었다.[21] 이를 구체적으로 살펴보면 다음과 같다.[22]

대종교는 종래 경성에 총본사를 두고, 동서남북의 4도에 道本司를 다시 그 아래 지사와 시교당을 설립하고, 단군을 숭배하고 민족의 사상단결을 계획하는 일면 배일 사상의 고취에 노력하고 있다. 당시에는 북도지사를 왕청현에 두고 고 서일은 宗理監으로서 그것을 주재하고 대종교의 포교에 종사한 결과 간도지방에 신자 총수는 일시

21 『한국독립운동가료 38』(종교운동편), 김규식의 대종교진흥책에 관한 건(1922년 5월 2일).
22 위와 같음.

1만 5천 명이나 되었다. 만세운동이 일어나자 교도의 다수는 모두 불령단에 참여하였으나, 서일의 사망으로 인하여 교세가 갑자기 쇠퇴하고 교도의 대부분이 流離四散되기에 이르렀다.

원래 군정서 총무과장이었던 김규식은 그것을 유감으로 생각하고, 본년 1월 이래 경성의 총본사와 협의한 결과, 자기의 소재지인 영고탑에 북도본사를 설치하고 각지에 지사 또는 시교당을 설립하였다.

지난 3월 용정촌에 시교당을 설립하고, 李喆, 嚴柱東, 嚴柱馴 등이 주재자가 되고, 기본금 또는 기부금으로서 가까운 기일내에 교회당을 건축할 예정이고, 용정촌의 주요 지점에 시교당을 두고, 부속학교를 경영하고, 학도의 단결과 사상의 통일을 도모하고, 그것을 실현하기 위해 4월 25일 이철은 왕청현 방면에, 엄주동은 삼도구 방면으로 향하였다. 일찍이 용정촌의 시교당은 장래 지사로 승격하고, 간도지방 일대의 포교본부로 예정하고 있다.

한편 일제는 1923년 5월 21일자 재하얼빈 총영사가 외무대신에게 보낸 보고서 <조선인이 신앙하는 종교유사단체인 대종교에 관한 건>에서 대종교의 교세에 대하여 다음과 같이 보고하고 있다.

조선인이 일부 신앙하는 대종교는 기왕에는 동녕현 삼차구, 영안현 영고탑 지방에 살고 있는 조선인 일부가 신앙하고 있었으나, 지난 겨울 이래 교세가 확장을 위해 노력하여 해림, 하얼빈 기타의 지방에 포교기관을 설치하고 관내에 신도수 약 500명에 달하고 있다. 신도 중에는 왕왕 조선인 가운데 지식계급자가 있고, 또 부녀자에 대해서는 부인전도자가 있어서, 詠歌에 의해서 포교를 하고 있다. 신도가 점차 증가하는 경향이 있는데, 재주선인의 風敎上 상당한 주의를 할 필요가 있다고 인신된다.

1. 교지 및 기원 (생략)
2. 대종교의 기관
중앙도본사 – 도본사 – 지사 – 시교당의 4단계로 이루어져 있다., 백두산을 중심으로 동서남북에 도본사를 두고, 도본사중 동교의 최고 司敎者인 敎司敎가 재임하는 도본사를 중앙도본사라고 한다. 현재 각 기관의 소재는 다음과 같다.

都司敎본사(백두산) – 중앙도본사(영고탑) – 동일도본사(북간도), 동2도본사(영고탑), 서도본사(미정 – 예정지 상해), 남도본사(경성), 북도본사(미정 – 예정지 하얼빈)
본교의 최고 사교자인 도사교 김교헌은 영고탑에 있고, 參敎 申最秀, 동 이장녕, 모연계 趙文白, 梁白堂은 유력한 부하이고, 해림 시교당의 중심인물은 李在根으로서 동지역 金榮璿, 元豊 등은 신도로서 이 지역의 신도는 30명이다.

하얼빈 시교당은 4월 하순에 개시했는데, 시교당으로서 특히 會堂을 설치하는데, 埠頭區『동아일보』북만지국장 崔鍾聲집을 임시 빌려서 사용하고, 임원은 典務 우덕순(하얼빈 조선인 회장), 賛務 최종성, 姜允善이고 현재 신도는 15~16명이라고 한다.

위의 내용 중 특별히 주목되는 부분은 대종교에서도 부인 전도자를 두어 영가를 바탕으로 포교를 하고 있다는 점이다. 아울러 교세 역시 본사를 영고탑으로 이전한 후 더욱 강세를 보이고 있는 점이다. 이에 따라 청산리전투 후 해산되었던 북로군정서원들을 모아 영고탑을 중심으로 대종교 계열의 독립운동단체를 통합하고자 하였다. 이러한 노력의 결실이 바로 新民府의 조직이라고 할 수 있다.

VI. 추모사업과 육영사업의 전개

김교헌은 재만동포들과 유족들의 신앙심을 고취시켜 민족의식을 고양시키기 위하여 대종교 활동을 하다 돌아가신 분들에 대한 각별한 예우를 다하고자 하였다. 그는 우선 서일에 대하여 1923년 정월 15일에 東二道 제2지사구 密山縣 산하 대일시교당에서 그의 신앙심과 항일운동에 대하여 높이 치하하였다. 그리고 그의 영원한 명복을 기원하는 뜻에서 교우들로 하여금 일백 오십 원을 갹출하여 밀산현 대흥동에 있는 묘소에 원방각의 목책을 건립하게 하였다. 뿐만 아니라 祭田을 구입하여 鄕祀費에 충당케 하였다. 서일의 묘소는 1927년 5월 2일 10여 개 단체 400여 명이 참여한 가운데 나철, 김교헌이 묻혀 있는 청파호로 이장하였다. 그리고 9일 연길 銅佛寺 부근 天英학교에서 추도회를 개최하였다.[23] 그리하여 현재 나철, 김교헌, 서일의 묘소가 청파호에 나란히 안

---

[23] 『중외일보』1927년 5월 21일, <서씨 유해 반장 청파호 近地로>.

장되어 있다. 아울러 김교헌은 1922년 8월 5일 신규식이 상해 자택에서 자결하자 그의 죽음을 슬퍼하는 제문을 짓기도 하였다.

김교헌은 육영사업에도 각별한 관심을 갖고 있었다.[24] 그는 청년들에게 민족교육을 실시하는 것만이 조국의 독립을 보다 빨리 이룰 수 있다고 생각하였던 것이다. 그러므로 그는 일찍부터 교육 사업에 전념하였던 것이다.

한편 그는 1922년 2월에 경성의 남일도본사 내에 음악강습소를 설치하고 자매교우 50명에게 神歌를 강습 보급하게 하였다. 즉 김교헌은 노래를 통해 민족의식의 고취에 진력하고자 하였던 것이다. 아울러 1922년 3월에 해삼위의 동촌 동흥학교 내에 여자 야학부를 설치하여 문맹퇴치운동을 전개하였다. 즉 김교헌은 여성들이 일반적으로 교육을 받지 못하여 글을 알지 못함을 안타깝게 여기고 있었다. 그리하여 그는 저녁 시간을 이용하여 야학부를 개설하기도 하였다.[25]

김교헌은 교리강좌와 더불어 국사교육에도 진력하였다. 1922년 10월부터 2개월간 동이도본사에서, 그리고 1923년 6월에는 동일도본사에서 교리와 국사를 각각 강의하였다. 김교헌의 국사강의는 자신이 1923년 7월 상해에서 간행한 『신단민사』의 내용이 중심이 되었을 것은 자연스러운 일일 것이다. 『신단민사』의 주요 목차는 다음과 같다.

제1편 상고(上古)
1장 신시 시대, 2장 배달 시대, 3장 부여 시대, 4장 종교, 5장 제도 , 6장 문학과 기예, 7장 풍속

제2편 중고(中古)

---

24 김교헌의 육영사업에 대하여는 박영석의 논문에 상세하다(박영석, 「대종교의 민족의식과 독립운동−김교헌 교주 시기를 중심으로」, 『한민족독립운동사연구』, 일조각, 1982, 172~183쪽).
25 조항래, 위의 논문, 406~407쪽.

1장 열국 시대, 2장 남북조 시대, 3장 종교, 4장 제도, 5장 문학과 기예, 6장 풍속

제3편 근고(近古)
1장 려요 시대, 2장 고려와 금나라, 3장 고려 시대, 4장 종교, 5장 제도
6장 문학과 기예, 7장 풍속

제4편 근세
1장 조선 시대, 2장 조선과 청나라 시대, 3장 종교, 4장 제도, 5장 문학과 기예, 6장
풍속

즉, 신단민사에서는 저자가 "이 책은 國代를 限하지 않고 민족을 표준하여 단군민족의 전체를 統擧함으로 책명을 신단민사라 稱함"이라고 하였듯이 단군의 자손으로 이룩되는 민족 전체의 통합적인 역사에 관한 책이다. 桓因이 강림한 上元甲子年부터 神市時代의 역사를 포함하면서 개천 4351년, 즉 1894년 갑오경장까지의 내용을 담고 있다. 위의 목차에서 보는 바와 같이, 상고ㆍ중고ㆍ近古ㆍ근세의 시대에 따라 編을 나눈 다음 각 편마다 시대ㆍ종교ㆍ제도ㆍ학예ㆍ풍속 등으로 章을 나누었다. 또 이를 각각의 사항에 따라 節로 나누고 있는데, 민족의 고유한 정신과 미풍양속에 중점을 두어 민족적 긍지를 높이는 데 힘쓰고 있음이 특징이다.

이처럼 김교헌은 노래와 한글, 교리와 역사 특히 한국사 강좌 등을 통하여 민족의식의 고취에 노력하고자 하였다. 이러한 교육은 앞서 언급한 시간 외에도 거의 항상 시교당을 통하여 재만동포들을 위하여 이루어지고 있었다.

한편 김교헌은 청년운동에 대해서도 많은 관심을 갖고 있었다. 그는 청년은 앞으로 나라의 주인이 될 인물들이며, 이들에 의해 독립의 여부가 달려 있다고 인식하였던 것이다. 따라서 그는 1922년 3월 해삼위와 용정에서 각각 해항청년회와 용정청년회를 결성, 청년운동에 진력했다.

Ⅶ. 김교헌의 순국

1917년 만주지역으로 와서 도사교로서 교단조직과 포교 활동 그리고 독립운동에도 적극적인 활동을 전개했던 김교헌의 노력은 1920년 일본군의 간도 출병과 독립군 및 한인 학살로 큰 시련을 겪게 되었다. 1920년 10월 일본군은 화룡현 청산리에서 대종교인들로 구성된 북로군정서원들에게 크게 패배하였다. 이에 격분한 일본군은 대종교 신자들을 무조건 학살하는 한편, 그들의 거주지와 아울러 시교당을 파괴하였다. 이에 화룡현 靑坡湖 등지에서 대종교 포교활동을 전개하던 김교헌은 일본군을 피해 화룡현으로부터 북만주의 영안현을 거쳐 밀산으로 갔다가 다시 영안현으로 이동하는 등 북만주지역을 전전하면서 그들의 추격을 피하고자 하였다. 그러한 가운데서도 그는 끊임없는 포교활동을 전개함과 아울러 시교당의 설치 활동도 적극 전개하였다.

온갖 난관을 극복하며 고초를 참고 견디던 김교헌에게 비보가 연이어 전달되었다. 대종교 전통의 전수를 약속했던 서일이 1921년 가을 밀산 當壁鎭에서 자결하였다는 소식이 전해졌던 것이다. 그의 죽음은 김교헌에게 보통 큰 충격이 아니었다. 설상가상으로 1922년 가을에는 중국에서 활동하던 예관 申圭植 역시 상해에서 자결하였다. 또한 김교헌의 가장 가까운 벗이었던 韓基昱과 그의 일가가 토비들에게 참화를 당하는 불상사까지 발생하였다.

이들의 계속된 죽음에 충격을 받은 김교헌은 곧 화병이 생겼으며 1923년 11월 18일 영안현 南關 총본사 수도실에서 尹世腹에게 도사교의 지위를 물려준다는 유서를 남기고 56세의 나이로 순국하였다.[26] 김교헌의 장례는 유언에 따라 영안현 黃旗屯에서 화장식을 거행한 후 나철

---

26 대종교총본사, 『임오십현 순교실록』, 1971, 12쪽.

의 유해 봉장지인 화룡현 청파호에 유해를 안치하였다.

김교헌이 순국 당시 경기도 광주군 향리에 80세 노모가 생존해 있었으며, 2남 1녀를 두었는데 장남 正琪는 간도 동양학원 사건으로 청진 형무소에 갇힌 몸이었다. 그의 죽음에 대하여『동아일보』1923년 12월 28일자에서는 <대종교의 도사교 영고탑에서 장서>라는 제목 아래 다음과 같이 애도하고 있다.

> 대종교 도유사 김교헌 씨는 25일 중국 길림성의 영고탑에서 세상을 떠났다는 전보가 26일 밤 경성 부계동의 남도본사에 도착하였는데, 김 씨는 금년 56세로 15년 전부터 대종교 제1세 대종사인 나철 씨를 도와 대종교의 발전에 노력하다가 8년 전 나철 씨가 세상을 떠난 후 그의 유언으로 도사교의 도통을 계승하였고, 그 이듬해에 조선이외에 있는 다수 동포에게 대종교를 포교하기 위하여 조선을 떠나 간도 용정시에 일시 거주지를 정하였으나 여러 가지 불편한 사정이 있어 다시 활동의 중심을 영고탑으로 하고 그 곳에 총본사를 두고 각도본사를 아울러 통합하여 교세의 발전에 노력하여 대종교로 하여금 금일 해외에서 위대한 세력을 얻게 되기까지는 고심이 실로 참담하였더라.
>
> 김 씨는 구시명가의 출신으로 겸하여 총명이 비범하였으므로 대종교 관계 이전 관직에 있었을 때에도 명성이 높았으며, 특별히 역사와 제도에 밝아 최남선 씨의 주간으로 일어난 조선광문회의 고서간행 사업에는 김 씨의 조력이 실로 많았더라. 김 씨는 경기도 광주군 향리에 80노모가 계시고 망자 정기 씨는 간도 동양학원 사건에 관련되어 지금 천진 형무소에 갇힌 몸이 되었으며, 만리타국에 외로운 부인만 비통함을 당하여 실로 비극 중의 인물이라 하겠더라.

또한 1924년 1월 13일에는 상해에서 김교헌의 추도식이 거행되었다. 이때의 정황에 대하여『동아일보』1924년 1월 23일에서는 <고 김무원 추도식>이라는 제목 하에 다음과 같이 보도하였다.

> 1924년 1월 13일 오후 2시에 상해에 있는 대종교 서이도본사 안에서 작년 12월에 세상을 떠난 대종교 도사교 무원 김교헌 씨의 추도회를 개최하였는데, 조완구 씨의 사회로 시작하여 정신 씨의 원도가 있은 뒤에, 박은식 씨의 추도문과 김두봉 씨의 역사의 낭독이 있었고, 그 다음에 김교헌 씨와 평일에 관계가 있던 사람들이 감상담을 시작하여 조완구 씨는 "나는 무원 도형을 참으로 인인이요, 군자로 생각할 뿐 아니라

평소에 남이 빼앗지 못할 굳게 잡은 마음이 있는 어른으로 생각 한다" 하고, 정신 씨는 "나는 이 어른을 종교가나 문학가만으로 보지 아니하고 군사가로도 보는데 이는 북간도에서 우리가 군사행동을 할 때에 이 어른이 미리 말한 것이 수차례 있는데 그 뒤 모두 이 어른의 말대로 되었다"라 하고, 그 다음에 김두봉 씨는 "나는 이 어른과 10여 년을 같이 있었는데 내가 본 것으로는 우리나라의 역사에 관한 공부와 발견이 제일 많다. 그러므로 광문회에서 고서를 많이 발행하였으니 거기에도 이 어른의 공이 많으며, 또 오늘의 우리가 이만큼이라도 역사에 대한 생각을 가진 것은 이 어른의 공이라 할지니 그 공의 위대함은 중국의 사마천이 쌓은 공보다 큰 것이다" 하였고 그 다음에는 일반이 모두 비참한 안색으로서 묵상이 있은 후 헤어졌다더라.

위와 같이 이 추도식에서 趙琬九, 정신, 朴殷植, 金枓奉 등이 김교헌의 죽음을 추모하였다.

김교헌은 명문거족의 자제로서 구국운동에 헌신하다가 타국에서 쓸쓸히 작고한 항일독립운동가이다. 1910년 일제에게 조국이 강점당할 때, 대다수 고위 관직자들은 일제로부터 은사금을 받고 친일의 길로 들어섰으나 김교헌은 끝내 이에 굴하지 않고 독립운동전선에 나섰다. 이 한 가지 점만 보아도 김교헌의 일생은 높이 평가받아야 하리라 생각된다. 더구나 만주지역 등 해외에서 독립운동을 전개한 인물 가운데 김교헌과 같이 종2품의 벼슬을 했던 인물이 자신의 선산과 조상의 근거지를 버리고 만주로 망명하여 독립운동을 전개한 인물이 거의 없기 때문에 그의 위대함이 더욱 돋보이는 것이다.

VIII. 결어: 김교헌의 아들 김정기 - 용정 동양학원 교주

김교헌의 아들 金正琪는 부친이 대종교 교주로서 만주로 망명하게 됨에 따라 그도 역시 만주로 망명하였던 것 같다. 그는 龍井 제4구에 거주하였다. 김정기는 1923년 3월 용정촌에 사회주의 계열의 동양학원을 설립하였는데, 이 학교는 남녀공학제로 중학 정도의 교육을 표방하고, 공산주의를 교육시키고자 하였다.[27] 특히 이 학교는 서울 청년회의 외곽단체로 사회주의자의 "양성소", "소굴"로 불리워졌다고 한다.[28] 이로 보아 김교헌의 아들 김정기는 당시 유행하던 사회주의 사상을 통하여 독립을 꿈꾼 인물이었던 것으로 보인다.

그러나 김정기의 이러한 꿈은 1923년 7월 일제의 탐지로 좌절되고 말았다.[29] 사전에 김정기를 감시한 일본 측은 다음과 같이 보고하고 있다. 1923년 8월 27일 재간도총영사가 외무대신에게 보낸 보고서 <동양학원 학생 조사에 관한 건>에는,

> 사립 동양학원은 1923년 3월 간도 용정촌에서 설립되어, 남녀공학제로 중학 정도의 교육을 표방하고, 음으로는 공산주의를 교육시키려고 하고 있다고 의심되는 바, 사찰중인데, 동학원 강사 方漢旻과 교사 그리고 학생들이 불령음모를 꾸민다는 것을 탐지하고, 7월 초순 그들을 검거했다. 여기에 수록되어 있는 <동양학원 경영자와 강사 기타 관계자명부>에 따르면,
> 김정기 32세, 원적−경기도 광주군 彦州面 驛三里 55, 현주소−간도 용정촌 第4區

라고 있고, <만주지역 본방인재류금지관계잡건>에 따르면,

> 1923년 6월 16일 調査
> 東洋學院에 관하여
> 所在 : 間島 龍井村
> 開校 : 1923년 3, 4월 무렵
> 校主 : 朝鮮人 김정기(金正琪)
>
> 교주(校主) 김정기(金正琪)는 일찍이 『동아일보』(경성 발행 유일의 배일신문)의 간

---

27 1923년 8월 27일 재간도총영사가 외무대신에게 보낸 보고서 <동양학원 학생 조사에 관한 건>.
28 신주백, 『만주지역 한인의 민족운동사(1920~1945)』, 아세아문화사, 1999, 71쪽.
29 1923년 8월 27일 재간도총영사가 외무대신에게 보낸 보고서 <동양학원 학생 조사에 관한 건>.

라고 하여, 그가 동양학원 교주이며, 『동아일보』 간도지국장이었음을 밝히고 있다. 아울러 "과격한 언사를 농하는 성향이 있다"고 하여 그가 항일적인 인물이었음을 지적하고 있다.

동양학원 학생들은 일찍부터 공산주의를 선전하였다. 이에 일본 경찰의 주목을 받아 왔는바, 1923년 5월에는 위에 언급한 3명의 학생이 재류금지처분을 받게 되었던 것이다. 이에 일제는 더욱 동양학원에 대한 감시를 계속하였고, 방한민 등 김정기의 동지 12명이 체포되었고, 김정기도 동지들과 함께 청진 형무소에 투옥되었다.[31]

---

30 『만주지역 본방인재류금지관계잡건』, 국가보훈처, 2010, 178~179쪽.
31 『동아일보』1923년 12월 21일자, 29일자 <방한민 일파의 판결> 법정에서 공산당 만세 불러.

제2장

1930년대 초 柳相根, 崔興植의 대련 의거

Ⅰ. 서언

1931년 만주사변 이후 일제의 중국침략이 본격화되면서 한인들의 항일투쟁도 더욱 적극적으로 전개되었다. 특히 한인들은 일제의 요인 암살을 통하여 일제를 응징하는 한편 한민족에게 민족적 자긍심과 자부심을 심어주고자 하였다. 아울러 중국인들에게도 한국과 중국의 공동의 적이 일본이며, 한국인은 중국인과 더불어 일본제국주의자들을 몰아내기 위하여 열심히 투쟁하고 있음을 보여주고자 하였다. 이를 통하여 한중, 중한간의 공동투쟁을 유도하고, 한중, 중한 국민간의 연대를 더욱 공고히 하고자 하였던 것이다.

만주사변 이후 가장 주목되는 한인의열투쟁은 주지하는 바와 같이 한인애국단의 윤봉길 의거였다. 아울러 일본지역에서 전개된 이봉창 의거를 들 수 있다. 이들 의거는 그동안 학계 및 일반인들의 주목을 받아 크게 알려지게 되었다. 그러나 정작 한인애국단의 3대 의거 가운데 하나로 알려진 대련 의거는 그 중요성에 비하여 거의 알려져 있지 않다. 물론 의거를 실행하기 전에 중심인물인 유상근 · 최흥식 등 두 의사가 체포되었기 때문일 것이다. 그럼에도 불구하고 대련 의거는 한인애국단이 만주지역 대련에서 진행하고자 했던 의거로서 높이 평가된다. 특히 그 중심인물인 유상근은 안타깝게도 1945년 8월 14일 여순 감옥에서 참살당하였다.

유상근, 최흥식 등이 중심이 된 대련 의거에 대하여는 대한민국임시정부에서 엄항섭이 『도왜실기』를 통하여 윤봉길, 이봉창 의거와 더불어 한인애국단의 대표적인 활동으로서 높이 평가하고 있다. 그러나 이 의거에 대한 본격적인 연구는 학계에서 전혀 이루어지고 있지 못한 형편이다. 다만 국내에서 신용하가 한인애국단의 활동을 언급하면서 간단히 서술하고 있을 뿐이다.[1] 그것은 대련 의거의 심문 조서 및 재판 기록 등이 아직 발굴되지 못하였기 때문이다. 이번에 필자가 논문을 준비하는 과정에서 독립기념관 수장고 사료실에서 2005년 3월 일본 방위청 문서보관소에서 수집한 『유상근, 최흥식 심문조서』를 입수하게 되었다. 이 자료는 최근 2007년도 6월에 간행된 『백범과 민족운동연구』 5집(백범학술원)에 김희곤에 의하여 자료해제로서 소개되기도 하였다.[2] 본고에서는 이 자료와 신문, 일본의 첩보기록 등을 통하여 보다 깊이 있게 대련 의거를 재구성하여 보고자 한다.

II. 유상근과 최흥식의 대련 의거 준비와 체포, 투옥

1931년 만주사변 이후 일제의 침략이 노골화되자 대한민국임시정부에서는 1931년 11월 한인애국단을 조직하여 의열투쟁을 전개하고자 하

---

1 신용하, 「백범 김구와 한인애국단의 의열투쟁」, 『백범과 민족운동연구』 1, 2003.
2 김희곤, 「<윤봉길판결서>와 <김구체포를 위한 한인애국단원 심문조서> 해제」, 『백범과 민족운동연구』 5, 2007.6, 백범학술원.

였다. 윤봉길 의거, 이봉창 의거 등은 그 대표적인 것들이다. 이와 궤를 같이 하여 대련에서 계획된 것으로 유상근, 최흥식의 本庄繁 관동군사령관, 山岡萬之助 관동청장관, 內田康哉 만철총재들을 처단하고자 한 것들을 들 수 있다. 그러나 이 의거에 대하여는 본격적인 검토가 이루어지지 못하여 우리에게 알려진 바가 거의 없다. 그러나 1936년 5월 25일 간행된 한국국민당 기관지『한민』3호「대련 炸彈사건의 추억」에서도 언급하고 있듯이, 이 의거는 한인애국단의 3대 의거 가운데 하나로 꼽힐 정도로 중요한 의미를 갖는 것이다.

당시 한민기사를 보면 다음과 같다.

民國 十四年 四月에 韓人愛國團長 金九(김구) 先生의 使命을 받아가지고 大連에 가서 國際聯盟 調査團『리튼』卿一行이 通過하는 機會를 타서 中國東北을 侵掠하는 日本의 元凶本莊關東軍司令 及 山岡關東廳長官과 內田滿鐵總裁 等을 屠하려다가 不幸히 密이 脫露되어 崔興植 柳相根 李盛元 李盛發 四人이 五月 二十四日과 二十五日에 敵에게 잡힌 事件은 實로 同年 一月 八日에 東京炸案 및 四月 二十九日의 虹口炸案과 아울러 韓人愛國團 計劃의 三大炸案이라는 것이니 이 大連事件도 成功이 되었다면 그 成績이 虹口炸案만 못하지 않을 뻔 하였다.

當時 그 事件의 計劃顚末을 보건대 그해 四月 一日에 먼저 崔興植(최흥식) 氏를 大連에 보내어 同地北大山通五號韓人漁夫組合內 金正順(김정순)家에 處所를 定하고 奉天 長春 哈爾濱(하얼빈) 等地로 潛行하면서 敵의 行을 探査하게 하고 뒤로 五月 四日에 柳相根(류상근) 氏에게 交付하였던 것이다.

萬般의 準備가 다 되어가고 五月 二十六日의 調査團이 大連을 通過할 時에 日本의 首魁者들이 停車場에 出迎할 機會를 利用하여 擧事하려고 하였던 노릇인데 大連郵便局에서 發覺된 暗號電報가 端緒가 되어 五月 二十四日에 崔興植氏가 먼저 잡히고 그 다음날 二十五日에 柳相根 李盛元 李盛發 三氏가 모두 잡히게 된 것이다. 敵은 一時 이 事件이 聯盟調査員을 殺害하려 하였던 것이라고 捏造하여 世人의 視聽을 惑하게 하려 하였으나 그 赤水泡에 돌아가고 말았다. 본래 爆彈 外에 短銃까지 準備하였던 것은 爆彈으로는 敵에게 던지고 短銃으로는 自己가 죽으려 하였던 것이다. 柳相根氏는 잡힐 때에 그가 爆彈과 短銃을 넣어두었던 行爲까지 敵의 警察署로 가져갔는데 柳相根氏가 警察署에서 自己 손으로 箱子를 열고 炸彈을 꺼내어 敵의 앞에 던지고 短銃으로 몇 놈을 쏘려 하였으나 敵警의 制止로 그것까지도 目的을 達하지 못하였다 한다.

그때 잡힌 이들이 모두 敵의 앞에서 審問을 當할 때에 조금도 屈하지 않고 强硬한 態

度로 自己들의 目的하였던 것을 快히 말하고 아울러 不幸히 成功치 못한 것이 遺恨 이라고까지 豪語하여 敵의 銳氣를 壓倒하였다. 敵裁判所에서는 柳相根氏에게 終身 崔興植氏에게 十年懲役으로 判決하였다.

특히 이 가운데 유상근은 여순감옥에 투옥되어 해방되기 하루 전인 1945년 8월 14일 처형 순국한 인물3이었으므로 특별히 우리의 주목을 끈다. 여순감옥의 경우 지금까지는 안중근, 신채호의 순국에 대해서만 알려져 왔기 때문이다.

1931년 만주사변을 일으킨 일제는 1932년 3월 1일 만주국을 건국하여 만주를 식민지화하였다. 이에 중국정부는 무력의 한계를 절감하고 국제연맹에 일본을 제소하여 문제를 해결하고자 하였다. 이에 국제연맹에서는 리턴Litton조사단을 파견하여 진상을 파악하고자 하였다. 리턴조사단은 1932년 5월 26일 만주 대련에 도착하여 조사활동을 하고, 5월 30일 대련을 출발하여 타 지역으로 이동하고자 하였다.4

김구를 중심으로 한 한인애국단은 이 기회를 이용하여 리턴조사단을 환영 나올 本莊 관동군사령관, 山岡 관동청장관, 內田 만철총재 등을 처단하고자 하였다. 그리고 이를 위해 단원인 유상근과 최흥식5을 대련에 파견하여 현지의 李盛元과 李盛發 형제의 도움을 받아 의거를 진행하고자 하였다.

김구는 그의 부하 가운데 제일 민첩한 최흥식을 4월 1일 바다길로 대련에 잠입시켰다. 그 후 최흥식은 北大山通 5호에 있는 조선인어부조합 숙소 金正順 방을 거점으로 비밀리 여순 대련의 경비상황과 봉천, 장춘, 하얼빈 등지에 잠행하여 각지의 경비를 상세히 조사하고 기회를 기다리고 있었다.

---

3 국가보훈처, 『독립유공자공훈록』 유상근조.
4 박영석 역, 『리턴보고서』, 탐구당, 1986.
5 『도왜실기』에 최흥식, 유상근 지사가 태극기 앞에서 찍은 사진이 있다.

유상근은 4월 27일 윤봉길 의사가 사용하였던 것과 같은 위력을 가진 폭탄을 가지고 상해를 출발하여,[6] 5월 4일 대련에 도착, 이성원과 이성발의 도움을 받아 폭탄과 권총 등을 반입하였다. 폭탄의 중량은 一貫 300兩이나 되었다고 한다.[7] 그리고 동년 5월 26일 오후 7시 40분 국제연맹조사단이 봉천에서 대련역에 도착하면 환영 나온 일본 고관들을 처단하고자 하였다. 그러나 이 계획은 실패하고 말았다. 1932년 5월 1일 사전 준비차 대련에 온 최흥식의 전보가 단서가 되어 일제의 포위망에 걸려들고 말았기 때문이었다. 그는 5월 중순 자금이 부족하자 대련우편국에서 상해로 중국식 숫자 암호를 상해의 安恭根의 주소에 郭潤(가명) 앞으로 "부족 70 전송하라"라는 전문을 보냈다.

이를 수상히 여긴 대련경찰서에 의해 최흥식이 김정순 방에서 5월 24일 새벽 체포되고, 이어서 유상근이 아옥정 만철기숙사 아옥료내 만철사원 한인 모씨의 침실에서 체포되는 한편 권총과 폭탄도 압수당하였다. 그리고 이성발·이성원 형제도 5월 25일 체포되어 계획은 수포로 돌아가고 말았던 것이다.[8]

유상근 등의 체포에 대하여 1932년 6월 6일자로 재상해일본총영사는 외무대신에게 <김구가 밀파한 암살단원 체포>라는 제목 하에 다음과 같이 보고하고 있다.[9]

> 5월 19일 당지 일본 전신국 게시판에 배달 불능 전보의 수취인이 게시된 것 중에 <法界 具勒路 新天祥里 20호 郭潤>이라는 것이 있는 것을 발견하였는 바, 수취인의 주소는 현재 한인 안공근의 주소이며, 김구가 만주방면에 밀파한 사람들의 통신연락소로 사용하고 있는 곳이므로, 곧 통신국장에게 조회하여 전문을 가져오게 하였다.
> 그 내용은 <부족 70 전송하라>라고 되어 있었다. 발신인은 불명이나 5월 1일 대련

6 유상근 심문조서(일본 방위청 방위연구소 소장).
7 『동아일보』1932년 7월 3일 ,『조선일보』1932년 7월 4일, 김정명,『조선독립운동』2, 584쪽.
8 『동아일보』1932년 7월 3일, 국회도서관,『한국민족독립운동사료(중국 편)』, 732~733쪽.
9 국회도서관,『한국민족독립운동사료(중국 편)』, 732~733쪽.

전신국에서 발신한 것으로 판명되었다. 이것은 김구로부터 밀파된 암살단원의 통신일 가능성이 농후하여 5월 20일 발신인을 수사 체포할 것을 관동청에 전보 수배하였다.

관동청에서는 곧 이 전보에 근거하여 수배한 결과 5월 23일 대련에서 그 발신인은 자칭 본적 경성부 황금정 2정목 32번지 무직 최흥식(당년 22세)을 체포하고 그 진술에 따라 또 24일 본적 강원도 통천군 순금면 오류리 유상근을 체포하였다.

최흥식과 유상근은 앞서 황해도에서 체포된 김구 부하인 암살단원 兪鎭萬, 李德柱의 진술에 의해 판명된 바와 같은, 김구의 명에 의해 일본과 만주국의 대관 암살의 목적으로 잠입을 기도한 인물임이 명료하며, 특히 유상근은 수통형의 폭탄과 권총(실탄 25발)을 소지하고 있고, 이 폭탄은 상해 홍구공원에서 윤봉길이 김구의 명에 따라 투척한 것과 동일한 형이다. 그리고 잠입한 목적은 현재 만주를 방문중인 국제연맹조사단 일행과 관동군 사령관, 관동청장관 등의 일본대관을 암살하여 국제적인 이대충동을 주려고 하는 데 있다고 한다.

최흥식은 대련으로 온 이후 김구로부터 전후 수차례에 걸려 580원의 지급을 받고 있고, 그간 밀접한 통신 연락이 있어 관동청에서는 최를 이용하여 김구에게 통신을 계속 시키고 있으므로 김구로부터 무엇인가의 통신을 접할 것으로 기대되며, 따라서 김구 외 소재 조사와 체포상 상당히 얻을 것이 있을 것이라 사료된다.

즉, 일제는 최흥식 등의 체포를 통하여 한인애국단의 책임자이며 독립운동계의 거물인 김구의 체포에 혈안이 되어 있었던 것이다. 이와 관련하여 일제는 5월 30일자로 한글로 김구가 최흥식에게 보낸 자필 편지에 주목하였다. 편지 내용은 다음과 같다.

흥식군에게
그간 상해는 일대수라장이 되어 출입이 크게 불편하며 교통은 단절되고 상업은 부진이나 그곳에서라면 영업이 되지 않을까 생각하고 일화 200원을 보내 두어 小商業이라도 경영하게 했으나 아직 돈을 받았는지 못받았는지 분명하지 않아 심히 焦慮하고 있다.
상품은 君이 기초를 정하고 통신하던지 군이 와서 가지고 가던지 형편이 좋을 대로 해라. 졸자는 이번 전쟁 하에서 투기영업을 하여 대성공하였다. 지금부터는 좀더 대규모의 영업을 경영 중이나 군들에게는 상업의 기초가 정해져야만 큰 신용이 있는 것이다. 무엇이던 생각대로 잘해 보아라. 반드시 신용에 중점을 두지 않으면 안 된다.
5월 30일 郭生

김구는 상업상의 통신인 것처럼 만들어 독립운동 상황과 의거 내용을 지시하고 있음을 알 수 있다. 일제는 이처럼 최흥식 등이 체포된 이후에도 김구와 계속 서신을 통하도록 하여 김구를 체포하고자 하였다.[10] 또한 일제는 金佐卿(金兢鎬)을 체포하였음에도 관동청과 협의하여 계속 김구와 연락하도록 하였다.[11] 김좌경은 1931년 3월 하순 김구의 밀명을 띠고 상해로부터 안동현으로 파견된 여성독립운동가였다. 그녀는 안동현에서 활동 중 5월 9일 안동경찰서에 체포되었던 것이다.[12]

유상근은 이 사건으로 관동주법원에서 치안유지법 위반, 살인예비, 총포 화약취체위반 등의 죄명으로 무기 징역을 언도받았다. 그리고 최흥식은 징역 10년을 언도받았다.[13]

유상근, 최흥식 등 한인애국단의 활동 목적에 대하여 최흥식은 진술에서 다음과 같이 언급하였다.

> 이번에 이 일을 기도한 목적은 조사단의 눈 앞에서 동방의 평화를 파괴하는 놈은 엄격히 징계해 보이고, 아울러 한국민족이 강국 일본에 반항하는 것은 중국과 동일한 전선을 취하는 것이며, 일본이 기만적으로 세계에 선전하여 세인의 視聽을 흐리게 하는 것과는 전혀 다르다는 것을 국제적으로 명료히 하자는 데 있다고 한다.

즉, 유상근 등은 의거를 통하여 동양의 평화를 파괴하는 일제를 철저히 응징하고자 하였던 것이다. 아울러 공동의 적인 일본에 대하여 중국과 연대하여 투쟁하고자 하였으며, 일본의 한국에 대한 기만적인 선전에 대하여 역사적 진실을 밝히고자 하였던 것이다. 이에 대하여 일본은

---

10 1932년 6월 8일 대련경찰서에서 있었던 최흥식 제3회청취서에서도 이에 대하여 철처히 추궁하고 있다.
11 국회도서관,『한국민족독립운동사료(중국편)』, 732~733쪽.
12 위의 책, <안동에서 체포된 김구의 밀사 한국인 여자 김경호에 관해 1932년 9월 30일자로 재상해총영사가 외무대신에게 보고한 요지>.
13 『동아일보』 1933년 4월 9일, 11월 3일.

오히려 유상근, 최흥식 등이 국제연맹조사단을 폭사시키려고 한 것처럼 왜곡하여 일본신문에 대대적으로 보도하게 하였다.[14]

III. 유상근과 최흥식의 이력

유상근과 최흥식은 상해한인청년당 및 한인애국단 소속이다.[15] 전자는 한국독립당의 청년부분 별동대이다. 동당이사회에서 1932년 1월 상해한인독립운동청년동맹을 개조하여 상해한인청년당을 조직하였다. 이사장은 金哲이다.[16]

유상근과 최흥식의 이력에 대하여 『한민』 1936년 5월 25일에 실린 것을 보면 다음과 같다.

> 柳相根氏의 略歷
> 氏는 江原道 通川郡 出生으로 九歲까지는 家庭에서 공부하고 十四歲까지는 通川 公立普通學校에서 공부하다가 그 해에 父親을 따라 中國 吉林省 延吉縣二道溝에 왔다가 다시 同縣蜂蜜溝畢山村에 와서 約 一年 半 農務를 돕고 十六歲에 龍井村 東興中學校에 入學하여 一年間 공부하고 後에 다시 和龍縣에 移舍하고 十九歲 時에는 哈爾濱(하얼빈)에 와 있다가 路資를 얻어가지고 大連을 거쳐서 上海에 와서 白凡先生의 感化를 많이 받고 그의 紹介로 公共汽車의 査票員이 되어 生活을 支持하다가 九個月後에는 그 職을 내놓고 廣東方面에 旅行하던 中 白凡先生의 부름을 입어 上海로 와서 우리 民團의 義警隊員이 되어 많은 信任을 받고 있다가 愛國團의 重大使命을 받고 大連에 갔다가 不幸히 事前에 잡혔는데 當年이 二十二歲요 無期役의 判決을 받고 지금 旅順敵刑務所에서 服務 中이다.
>
> 崔興植(최흥식)氏의 略歷
> 氏는 本來 京城出生으로 七十二歲의 老父의 得子로써 어려서 兩親을 다 잃고 그의

---

14 신용하, 위의 논문, 105쪽.
15 김정명, 『조선독립운동』 2, 원서방, 514쪽.
16 김정명, 『조선독립운동』 2, 원서방, 504, 507쪽.

兄 光植)氏의 집에 依托하여 있었으나 그 兄도 遺이 蕩盡되어 家勢가 末由하므로 十四歲부터는 공부도 못하고 或 他鄕에서 乞生活을 하기도 하고 或時는 商店의 雇傭이 되기도 하여 온갖 艱苦한 中에서 그 意志는 더욱 堅强하여지고 나중에는 우리의 運動機關을 찾아서 自身을 犧牲하여서라도 祖國을 光復하고 民族을 救活하겠다는 覺悟가 생겨서 海外로 나오기로 決心하고 艱辛히 路資를 만들어 가지고 上海에 와서 品公司의 職工이 되었다가 東京에서 李奉昌氏가 擧事하였다는 消息을 듣고 그를 欽慕하여 自己도 그런 일을 하리라는 決心을 하고 곧 白凡先生을 찾아 愛國團의 重大使命을 받아가지고 大連에 갔다가 不幸히 事前에 敵에게 잡혔는데 當年이 二十二歲요 懲役十年의 判決을 받고 지금 旅順敵刑務所에서 服役 中이다.

이를 토대로 다른 자료를 참조하여 유상근과 최흥식의 이력을 보면 다음과 같다.

1. 유상근

유상근의 원적은 강원도 통천군 순금면 오유리이다. 현주소는 만주 길림성 화룡현 명신사 부흥평 2호이다. 당시 22세이며 역시 미혼이다. 그의 학력을 보면, 6세부터 9세까지 집에서 공부하였으며, 10~14세까지 통천공립보통학교에 재학하였다. 16세부터 17세까지 연길현 용정촌에서 동흥중학교에 재학하였다.

10세 때 통천보통학교에 들어가 공부하던 중 14세 때였다. 1923년 가족이 북간도로 이주함에 따라 吉林省 延吉縣 二道溝로 들어갔다가 다시 蜂密溝 甲山村으로 옮겨 약 1년 반 동안 거주하며 농사를 지었다. 16세 때에 다시 龍井村으로 옮겨 동흥중학교에 들어가 1년간 수업하다가 가정형편으로 중도 포기하고 夜學을 설치하여 거류동포들의 계몽사업에 나서기도 하였다. 그 후 다시 和龍縣으로 이사하여 19세 때에는 하얼빈에 있는 이모부 李鍾玏의 집에 寓居하게 되었다. 21세 되던 1930년 이모

부에게서 약간의 노자를 얻어 하얼빈을 떠나 상해로 갔다.[17]

상해에서 공동조계 五思路에 있는 여관에 투숙한 후 프랑스조계 勞新父路에 있는 인성소학교를 방문하였다. 그곳에서 申 선생의 소개로 프랑스조계 普慶里 4호에 있는 교민단을 방문하고 단장인 김구를 만났다. 김구에게 자신을 소개하고 취직을 부탁하였는데 김구는 당장은 어려우니 당분간 민단에 거주하라고 하였다. 민단 건물 3층에 2주간 체제하였고, 그 때 한국독립당 당원인 白溪俊 등과 함께 3명이 있었다. 백계준은 50세 정도로, 본적은 신의주이며, 상해 독립신문사에서 일했었고, 몽고방면에서도 활동하였다. 유상근은 그 후 교민단의 義警隊에 가입하여 활동하였다. 이 단체는 교민단의 한 기관으로 상해거류 조선인의 질서를 유지하고 반역자를 교정하는 일종의 경찰기구였다. 대장은 김구였다.[18]

유상근은 1932년 2월 24일 김구의 권유로 한인애국단에 가입하였고 그와 함께 프랑스조계 貝勒路 新天祥里 20호 2층 안공근의 집에서 사진을 촬영하였다. 이때 최홍식도 동석하였다. 사진은 모두 3장 촬영하였다. 1장은 김구와 함께, 한 장은 유상근 혼자, 한 장은 왼손에는 폭탄을, 오른손에는 권총을 들고 태극기를 배경으로 촬영하였다. 아울러 선언문을 가슴에 달았다. 내용은 일본으로 가서 군 수뇌부에게 폭탄을 투척한다는 것이었다. 그리고 동년 2월 27일경 의경대를 그만두었다.[19]

1932년 4월 25일경 보경리 4호 입구에서 김구로부터 물통형 폭탄 2개와 권총, 탄환 25발을 받고, 27일 상해를 출발하였다. 하얼빈에 도착 후 역에 나가서 경계상황을 돌아보고 대련이 좋은 장소라고 판단하였다. 5월 4일 대련으로 가서 兒玉町에 있는 滿鐵 기숙사 안 어느 동포의

---

17 『도왜실기』 중 유상근 의사의 이력.
18 유상근 청취서(대련경찰서 1932년 6월 1일).
19 유상근 청취서(대련경찰서 1932년 6월 1일).

방에 은거하면서 연락책임을 맡은 최흥식, 무기 반입 등의 책임을 맡은 李盛元, 李盛發 등과 비밀리에 연락을 취하였다.[20]

유상근은 관동청재판소에서 무기징역을 선고받고 여순감옥에서 13년간 옥고를 치르던 중 1945년 8월 14일 옥중에서 일제에 의해 참살당하여 순국하였다.[21]

2. 최흥식

최흥식의 원적은 서울시 황금정 2정목 22번지이고, 주소지는 서울 광희정 1정목 14번지이다. 1932년 사건 당시 미혼이며, 22세였다. 그의 학력을 보면, 7~10세까지 집에서 문자 학습을 하였으며, 11세 때 서울 수하동 공립보통학교 입학하였다가 학비 곤란으로 14세에 중퇴하였다. 그는 그 후 가정적으로도 불행하였고 경제적으로도 어려운 입장이었다. 1931년 4월 봉천을 거쳐 대련에서 일본인 상점 외무원으로 일하였다.[22]

1931년 11월 상해로 와 12월부터 1932년 2월 말경까지 피혁회사인 鬃品公司(말총으로 모자와 일용품을 만드는 공장, 자본금 1만 원의 합자회사)에서 근무하였다. 출자자의 대부분은 중국인이며, 조선인으로는 朴震이 있었다. 이 회사의 직공의 대부분은 중국인이었고, 15명만이 조선인이었다.[23] 그는 프랑스조계 薩坡賽路 188호 2층에 거주했고, 유지만 · 이덕주 · 김동우 등이 2, 3층에 살았다.

1932년 1월 이봉창 의사 의거에 영향을 받아 김구를 찾아가 한인애국단에 가담하였다.[24] 그 역시 2월 10일경[25] 패근로 신천상리 20호 안

---

20 『도왜실기』 중 유상근 의사의 이력.
21 국가보훈처 공훈록 유상근 조, 『김구선생혈투사』, 57~70쪽.
22 『도왜실기』 중 최흥식 의사의 이력.
23 최흥식 청취서(1932년 6월 2일 대련경찰서).

공근의 집에서 유상근과 같은 식으로 사진 3장을 촬영하였다. 그리고 의열투쟁을 전개할 것을 선서하였다.

또 3월 24, 25일경에 유상근이 사진을 찍을 때, 최흥식도 동시에 사진을 촬영하였다. 한 장은 김구와 함께, 한 장은 단독으로, 마지막 한 장은 선서문을 가슴에 붙이고 촬영하였다. 두 번째 촬영시에는 권총과 폭탄을 들지 않았다. 선서문은 김구가 작성해왔고, 타원형 수류탄과 브라우닝 2호형 권총 등 무기도 김구가 조달하였다. 첫 번째 촬영은 유상근과 함께, 두 번째는 최흥식 혼자 촬영했다.[26]

1932년 3월 27일 상해에서 대련으로 출발하였다.[27] 그가 대련 의거에 참여한 것은 대련에서 일본인 상점에서 일한 경험이 중요하게 여겨졌을 것으로 보인다.

IV. 결어

1931년 만주사변 이후 1932년 일본이 만주에 만주국이라는 괴뢰국을 건국하자 독립운동 세력들은 보다 활발히 대일투쟁을 전개하였다. 이는 일본이 조선에 이어 만주를 점령하자 독립운동 세력들이 큰 위협을 느꼈기 때문일 것이다. 독립운동 세력들의 위기의식은 일제에 대한 직접적인 무력투쟁과 군자금 모금 등 다양한 방식으로 이루어졌다. 김구를 중심으로 한 한인애국단은 의열투쟁을, 만주지역의 민족주의 계열 무장투쟁 세력들은 조선혁명군, 한국독립군 등을 조직하여 무장투쟁

---

24 『도왜실기』 중 최흥식 의사의 이력.
25 유상근은 심문조서에서 1932년 2월 24, 25일경으로 언급하고 있다.
26 김희곤, 앞의 글, 456~457쪽. 최흥식 청취서(1932년 6월 2일 대련경찰서).
27 최흥식 3회 청취서(1932년 6월 8일 대련경찰서).

을 전개하였고, 사회주의 세력들은 유격대를 조직하여 반만항일투쟁을 전개하였다.

유상근, 최흥식 등 한인애국단의 대련 의거는 만주사변 이후 일제의 침략에 대한 강력한 경고를 위한 의열투쟁 시도였으나 안타깝게도 실패하고 말았다. 그러나 그들의 의열투쟁 시도는 일제의 대륙침략에 대한 조선민족의 강력한 경고를 통하여 한중연대를 도모하고자 한 것이었다. 또한 우리 민족에게 조선민족이 살아 있음을 보여줌으로써 민족의식을 고취시키기 위함이었을 것이다. 이러한 시도는 양세봉이 이끄는 남만주의 조선혁명군에서도 보여 진다. 조선혁명군은 1932년 한 해 동안 16차에 걸쳐 101명의 대원을 국내로 침투시켜 군자금의 모집과 일제기관의 습격, 친일파 처벌 등의 투쟁을 벌였던 것이다.[28] 그 대표적인 투쟁으로 1932년 3월 30일에 있었던 장호원 동일은행 지점 권총 의거 군자금 모집활동을 들 수 있다.[29] 이처럼 1932년 만주국 건국 이후 독립운동 세력들은 국내외에서 보다 활발한 투쟁활동을 전개하여 우리 민족에게 민족적 경각심을 고취시키고자 노력하였던 것이다.

---

28 장세윤, 『중국 동북지역 민족운동과 한국 현대사』, 명지사, 2005, 229~230쪽.
29 박환, 「장호원 동일은행 권총의거: 조선혁명군 국내 특파원 이선룡의 군자금 모금 활동」, 미발표 논문.

제3장

만주지역 항일투쟁의 어머니 南慈賢

I. 서언

남자현은 1934년 1월에 간행된 한국독립당 기관지 『震光』 창간호^중_{국 항주 발행}「여걸 남자현 선생전」에서,

> 경술국치 이후에는 비록 김섬·애향·계월향 같은 의기가 나오지 않았지만, 신혼의 여운을 버리고 조국을 위해 의병을 조직하여 국내와 만주를 돌며 백절불굴의 정신으로 적과 맞서 수십 년을 일관되게 투쟁한 여걸이 출현하였다. 이 여걸을 중국의 문단에서는 '혁명의 어머니'라 칭하였고, 적의 신문에 게재된 평론에서는 '전율할 노파'라 하였다. 그가 바로 근대 한국의 여걸로 손꼽히는 남자현이다.

라고 평가하고 있듯이, 한국 여성독립운동을 대표하고 상징하는 인물로 널리 알려져 있다.[1] 특히 그녀는 경상도 출신들이 일반적으로 항일운동

---

[1] 박영석, 「남자현의 민족독립운동─중국 동북지역에서의 활동을 중심으로」, 『한국학연구』2, 숙명여대 한국학연구소) 1992; 박영석, 「여성독립운동가 남자현의 민족독립운동」, 『만주지역 한인사회와 항일독립운동』, 국학자료원, 2010; 박용옥, 「윤희순의사와 남자현 여사의 항일독립투쟁」, 『의암학연구』6, 2008; 임해리, 『남자현─만주벌에 떠도는 여성독립투사의 붉은 혼』, 가람기획, 2007; 이상국, 『남자현 평전─나는 조선의 총구다: 일제의 심장을 겨눈 독립투장 만주의 女虎』, 2012, 세창미디어; 김희곤 외, 『영양의 독립운동사』, 영양문화

가의 아내로서 그 소임을 다하는 경향과는 달리 현장의 투사로서 일제에 항거하였다는 측면에서 특이한 경력을 갖고 있다고 볼 수 있다. 아울러 그녀는 기독교인으로서 의열투쟁뿐만 아니라 만주지역의 교육운동도 추진한 계몽운동가이기도 하였다.

남자현은 국내에서 3·1운동에 참여하는 한편 만주에서 국내로 잠입하여 齊藤實을 암살하고자 하였고, 만주사변 이후에는 長春에서 주만 일본전권대사 武藤信義 육군대장의 폭살을 시도하는 등 국내외에서 활발한 항일투쟁을 전개하였다. 그럼에도 불구하고 사실 그녀의 항일운동의 실체, 만주지역에서의 활동을 밝힐 수 있는 자료들은 매우 제한되어 있다.

필자는 먼저 남자현의 항일운동에 대해 살펴보고, 이어서 남자현의 만주지역에서의 항일운동을 객관적 자료를 중심으로 하나하나 살펴보고자 한다. 지금까지 학계에서는 『독립혈사』김무근, 서울문화정보사, 1949에 나오는 『남자현 여사약전』, 『헌사−남자현 여사 遺芳을 추모하여』, 『조선중앙일보』, 『동아일보』, 아들 김성삼과 손자 김시연의 증언, 『부흥』 등을 중심으로 검토하였다. 필자는 이와 더불어 그동안 등한시하였던 국내외의 보도를 통하여 남자현에 보다 가까이 접근해 보고자 한다. 우선 『조선일보』, 『동아일보』, 『조선중앙일보』를 통해 남자현에 대하여 알아보고자 한다. 다음으로는 한국독립당 기관지 『震光』 창간호에 보이는 남자현, 미주 『신한민보』와 『국민보』에 보이는 남자현에 대하여 밝혀보도록 하겠다. 끝으로 만주지역에서의 남자현의 활동의 역사적 위상에 대하여 검토하도록 하겠다.

원, 2006.

II. 남자현의 민족운동

1. 국내에서의 활동

남자현은 1872년 12월 7일을 慶尙北道 英陽郡 石保面 地境洞에서2 通政大夫인 南挺漢과 부인 이 씨 사이의 둘째 딸로 태어났다. 어릴 때부터 천품이 좋고 재질이 남다르며 총명하여 공부하기를 좋아하였다. 19세 되던 1891년에 영양군 석보면 답동에 거주하는 의성 김씨 가문 金永周와 결혼하였다. 그러나 불행하게도 남편이 金道鉉의진에 참여하여3 1896년 7월 11일 진보군 진보면 홍구동전투에서 전사하고 말았다. 그 때 남자현의 나이 24세의 청춘이었다. 당시 임신 중이던 남자현은 유복자인 아들 金星三을 1896년 12월에 낳아 키우게 되었다. 아울러 그녀는 시어머니를 극직히 봉양하였고, 진보군 진보면에서 효부상을 받기도 하였다고 전해진다.4 남편을 잃고 난 후의 일제에 대한 남자현의 사무친 원한은 새삼 언급할 필요조차 없을 것이다. 유복자를 볼 때마다 또한 고된 생활을 영위할 때마다 나라의 원수이며 남편의 원수를 갚는 일은 더욱 절실하였다. 1907년 남자현은 친정 아버지 남정한이 궐기하자 의병전쟁에 앞장서서 참여하였다고 한다.

---

2 출생지와 관련하여 해방 후 간행된 「남자현 여사 약전」, 『독립혈사』와 박용옥 교수의 논문에는 경북 안동군 일직면 일직리라고 기술하고 있다. 『조선중앙일보』 1933년 8월 26일자에서는 안동군 일직면 귀미동으로 표현하고 있다. 『동아일보』 1948년 3월 3일자에서 남자현의 장남 김성삼은 본적은 경북 안동 일직면 구미동이라고 하고 있다. 이는 남자현의 남편 김영주의 본적지를 언급한 것으로 보인다(김희곤 외, 「만주를 울린 열혈여장부 남자현」, 『영양의 독립운동사』, 354쪽).
3 위의 책, 356쪽.
4 「독립운동사상 홍일점 남자현 여사」, 『부흥』 8호, 1948년 12월호.

2. 만주에서의 기독교 신앙

3·1운동 당시 남자현은 서울로 올라와 남대문교회를 중심으로 한 만세시위계획에 참여하였다. 당시 민족대표 33인 중의 1인이었던 李甲成이 경상도지역 만세시위 조직책임을 맡게 되었는데 그는 대구에서 목회하던 이만집 목사와 김태련 조사에게 독립선언서를 전달하여 경북지역의 만세시위를 추진했던 것이다. 따라서 남대문교회는 경북지역 만세시위의 지휘본부처럼 이용되었다. 이 과정에서 남자현이 간여하게 된 것으로 보인다. 그러나 그때까지 그녀는 교인이 아니었다. 남자현이 기독교인이 된 것은 만주에서였다.5

1948년 3월에 간행된 『부흥』제2권 2호, 「독립운동사상의 홍일점 – 여걸 남자현 여사 – 」의 다음의 기록이 참조된다.

> 선생은 자기 일신의 파란많은 생애로 보든지 민족의 비참한 정경을 보든지 조국광복운동 노선에 서 있는 자기의 입장을 보든지, 종교에 귀의하는 것이 필요한 것이란 것을 느끼었고, 특히 3·1운동에 많은 신자들과 접척하고 연락하는 중에, 그 감화와 희생정신을 받아 예수를 믿게 되었다. 예수의 희생정신과 애타 사상과 민족관념과 그 참되고 거룩하고 영원한 소망을 내다보며 용감히 싸워나가는 정신이 자기마음에 아주 부합하고 만족하였다.

아울러 『국민보』 1959년 5월 20일자의 다음의 기록도 참조된다.

> 한국동포의 농촌을 개발하며 건국독립정신을 고취하였고 다시 북만주로 가서 활동하던 중 어느 날 우연히 전도사를 만나서 토론하던 차에 마침내 기독 신도자가 되기로 하였다. 남 여사는 열심히 신앙생활을 하는 중 북간도에서 교회를 十二 개소나 설립했고 여성 계몽운동으로 十 처소에 여자교육회를 조직하여 지도와 양성에도 노력하였다.

---

5 이덕주, 「여류무장독립운동가 – 남자현」, 『한국교회의 처음 여성들』, 기독교교문사, 1990, 103쪽.

당시 만주에는 장로교에서 많은 전도사들을 파송해 전도하고 있었는데,[6] 길림성지역은 남만노회가 있어 1921년 5월 현재 교회가 34곳, 교인수는 3,327명이었다. 목회자로는 한경희,[7] 최봉석, 장관선, 안경호 목사 등이 시무하였다.[8] 만주에서 세례를 받은 남자현은 1921년 길림성 액목현 납법거우(拉法站)로 이동하여 인근지역 12곳에 교회를 설립하였다.

3. 1920년대 서로군정서, 참의부 등에서의 활동

서울로 상경하여 만세운동에 참가한 이후 국내에서의 활동이 불가능하다고 판단한 남자현의사는 3월 9일 중국 遼寧省 柳河縣 삼원보로 망명하였다. 그리고 그곳 尾洞 金起周[9]의 집에 아들을 남겨 두었다. 당시 안동, 영양 등 경북인들은 1910년 일제에 의하여 조선이 강점된 이후 유하현, 通化縣 등을 중심으로 경학사, 부민단, 한족회, 서로군정서, 신흥무관학교 등 주요 단체에서 중심적인 역할을 하고 있었다. 그러므로 남자현은 이 지역으로 망명하여 항일투쟁을 전개하고자 한 것은 자연스러운 귀결이 아닌가 한다.

만주로 망명한 남자현은 안동인들이 중심이 되어 조직한 서로군정서에서 국내에서와는 달리 좀 더 자유스러운 분위기 속에서 항일운동을 구상할 수 있게 되었다. 서로군정서에서 항일투쟁을 전개하던 남자현

---

6 서간도지역 기독교인들의 민족운동에 대하여는 다음 논문이 참조된다. 박영석, 「일제하 재만한국인 기독교도의 항일민족독립운동—1910년대 서간도지역을 중심으로」, 『재만한인독립운동사연구』, 일조각, 1988.
7 강용권, 「한경희목사」, 『죽은자의 숨결, 산자의 발길』 하, 장산, 1996, 153~157쪽.
8 이덕주, 앞의 논문, 103~104쪽.
9 남자현의 남편의 이름이 김영주인 것으로 보아 김기주는 혹시 친척이 아닌가 추정된다.

은 일본군의 독립군 대토벌작전으로 인하여 1920년 서로군정서군이 백두산 기슭 안도현을 거쳐 북간도지역으로 이동하게 되자 함께 이동하였다. 이 과정에서 남자현은 후방에서 부상병을 간호하는 일을 맡기도 하였다.[10]

남자현은 1921년 길림성 額穆縣 나인구에서 주로 20여 개가 넘은 교육단체를 조직하였다. 그리고 1923년에는 桓仁縣에서 女子勸學會를 조직하였다.[11]

1926년 12월 남자현은 이관린, 이양숙 등 여성운동가들과 함께 조선혁명자후원회에서 활동하였다. 특히 그녀는 金尙德, 高豁信, 李光民위원장, 李寬麟, 權進華, 金保國, 朴根植, 朴東初, 金球 등과 함께 중앙집행위원으로 활동하였다.

1927년 4월, 남자현은 국내로 잠입하여 齊藤實을 암살하고자 하였다. 길림시가의 한 중국집에서 蔡燦, 朴靑山, 金文居, 李靑守 등과 함께 조선총독을 암살할 계획을 세웠던 것이다. 그달 중순 김문거로부터 권총 한자루와 탄환 8알을 가지고, 서울시내 혜화동 28번지 성명미상인 고씨집에 머물면서 거사 일을 기다렸다. 그러나 상황이 허락하지 않아 좀처럼 기회를 포착하지 못한 채 남자현은 만주로 돌아가게 되었다.[12]

한편 남자현은 여성들을 중심으로 한 항일운동에도 참여했다. 『신한민보』1928년 3월 15일자 <길림여자교육회 부흥>이라는 제목 하에,

길림에 있는 유지부인 제씨는 적만한 길림여성계를 위하여 봉화를 들고 일어났다. 길림에 있는 여성을 한 깃발아래 뭉치고 모르는 것을 알게 하고 , 여성운동의 역할을 다하기 위하여 길림여자교육회를 부흥시켰다. 1월 15일 길림교당에서 부흥총회를 열고 , 남자현 씨의 사회 하에 의미 깊은 취지 설명과 각종 결의가 있은 후 회원 제씨

---

10 박영석, 위의 논문.
11 『조선중앙일보』 1933년 8월 26일자.
12 『조선중앙일보』 1933년 8월 26일자.

는 금후의 발전을 위하여 많은 기대와 축복을 하며 당선된 간부 제씨는 적극적으로
활동한다.

라고 있듯이, 1928년 길림에 길림여자교육회를 만들어 여성들에게 민
족의식을 고취시키기 위하여 노력하였던 것이다.

4. 만주사변 이후의 활동

만주사변의 발발 이후 일제가 만주지역을 강점함에 따라 독립운동 세
력이 크게 위축되었는데, 그러한 와중에 1931년 10월 김동삼이 하얼빈
에서 한국인 밀정의 제보에 따라 일본영사관 경찰에 체포되는 사건이
벌어졌다. 김동삼은 이후 신의주 감옥으로 이감되게 되었다. 남자현은
김동삼이 남편과 인척간이었고 더욱이 그를 독립운동의 지도자라고 생
각하고 있었기 때문에 그가 갇혀 있는 하얼빈 감방에 자주 출입하면서
구출할 기회를 엿보았다. 그러던 중 김동삼이 신의주로 이감된다는 소
식을 접한 남자현의사는 김동삼의 딸인 김영애와 몇몇 청년들과 더불
어 구체적인 계획을 세웠으나 일제의 철저한 감시로 성공할 수 없었다.
한편 1931년에는 만주사변이 국제적으로 문제가 되어 국제연맹에서
는 현지 조사단을 파견하였다. 리턴조사단이라고 불리는 이 조사단은 일
본의 동경, 서울과 중국의 북경, 상해, 심양봉천, 하얼빈 등지에 대한 조
사에 착수하였다. 이에 한국인은 국내에서도 리턴조사단에게 독립을
청원하는가 하면 하얼빈 등지에서도 일제의 감시를 피해가며 그들에게
한국의 상황을 알렸다. 남자현도 하얼빈에 도착하여 우리나라의 독립
청원을 세계만방에 알리고자 왼손무명지 손가락 두 마디를 잘라 혈서
로 "韓國獨立願"이라고 썼다. 그리고는 그것을 두 손가락 마디와 함께

조사단에 전달하고자 하였다. 하지만 경계가 너무 엄중하여 일을 성사시킬 수 없게 되자, 남자현은 인력거를 끄는 사람에게 대양 1원을 주어 전해달라고 맡겼으나 실패하고 말았다.[13]

리턴조사단의 보고서 제출에 따라, 1933년 2월 국제연맹에서는 만주국 불승인을 선포하고 일본에 대해 동삼성의 원상회복을 권고하였다. 그럼에도 일제는 3월 1일을 기하여 新京장춘에서 만주국 건국 1주년 기념식을 성대히 거행하도록 괴뢰정권을 사주하였다. 남자현은 李圭東 등 동지들과 협의하여, 건국기념식장에서 주만 일본전권대사 武藤信義 육군대장 등을 폭살키로 결정하였다.

남자현은 1933년 1월 20일 부하 鄭春奉을 비롯하여 중국인 동지들과 함께 무기조달방법을 논의하였다. 마침내 권총 한자루, 탄환, 폭탄 두 개 등을 조달하기로 하였다. 그 내용은 27일 오후 4시 남강 길림가 4호 馬技遠 집 문 앞에 표시한 붉은 천을 암호로 삼고 무기가 든 과일상자를 전달한다는 것이었다. 남자현은 2월 22일 道外承德街 114호 원내 9호 權守僧으로부터 대양 3원을 빌려 도외구도가 무송사진관에 가서 최후 기념사진을 찍었다. 그리고 다음날 오전 10시에 장춘 거사 장소를 확인한 뒤, 다시 노파로 변장하고 무기와 폭탄을 운반하러 길을 나섰다. 하지만 남자현은 밀정의 밀고로 거사 직전인 2월 27일 하얼빈 도외정양가에서 일제 경찰에 검거되고 말았다.[14]

『조선일보』 1933년 6월 11일자 석간 2쪽에서는 다음과 같은 기사를 통하여 남자현의 의거와 체포에 대하여 최초로 보도하고 있다.

亡夫의 雪冤하고저 武藤全權 암살 미수, 20년간 ○○운동에 종사한 61세 노파 남자현. 기사 게재 금지중 7일 解禁

---

13 『조선중앙일보』 1933년 8월 26일자.
14 『조선중앙일보』 1933년 8월 26일자.

<하얼빈> 자기 남편의 원수를 갑기 위하여 몸에 폭탄을 품고 무등전권을 암살하고자 하다가 바로 결행할 예정의 전날인 지난 2월 29일에 하얼빈 영사관 경찰에 붙들린 금년 61세 나는 노파 남자현에 관한 암살미수 사건은 그동안 기사게재금지 중이던 바, 지난 7일에 해금되었다.

남자현이란 노파는 지금으로부터 20여 년 전에 XX운동자인 자니 남편이 일본인의 손에 죽은 것에 한을 품고, 원수를 갚는다고 하여 여자의 몸으로 전후 20년 동안을 두고 조선과 만주를 걸쳐 드나들며 XX운동에 종사하던 중, 소화2년(1927년 - 필자 주) 4월에는 경성에서 재등총독을 암살코저 하다가 뜻을 이루지 못하고 그 후에 만주로 건너가 하얼빈을 근거로 하고 활동 중에 금년 봄에는 무등전권의 암살을 계획하고 폭탄과 권총을 손에 넣게 된 후, 죽은 남편의 의복을 몸에 갖고, 단신으로 新京(장춘 - 필자 주)에 잠입하여 3월 초하루날을 기하여 무등전권을 암살하고자 지난 29일에 하얼빈을 출발코저 할 즈음에 하얼빈영사관경찰의 손에 붙들리게 된 것이라고 한다.

체포 이후 남자현은 모진 고문과 간교한 회유에도 굴하지 않고 모든 일은 자신이 꾸민 것이라고 주장하여, 다른 두 동지가 석방되게 만들었다. 감방에 수감된 지 6개월 후인 8월부터 남자현은 단식하면서[15] 투쟁하였다. 그리고 감방에서도 일본사람만 보면 호통을 치며 욕을 하며 끝까지 저항하였다. 결국 남자현은 8월 17일 오후 1시 30분에 인사불성인 채 병보석으로 가족에게 인계되었다. 그녀는 적십자병원을 거쳐 하얼빈 地段街의 한국인 조 씨가 경영하는 여관에서 아들과 여러 동지들의 간호를 받았다. 여기서 남자현은 아들에게 다음과 같은 유언을 남기고 순국하였다. "첫째, 가지고 있던 돈 200원을 조선이 독립되는 날 축하금으로 바치라. 둘째, 손자 시연을 대학까지 공부시켜 내 뜻을 알게 하라. 셋째, 남은 돈 49원 80전의 절반은 손자가 공부하는 데 쓰고 나머지 반은 친정의 증손자에게 주어라" 하는 것이었다. 그리고 마침내 남자현은 숨이 끊어지는 순간까지 조선독립만세를 부르며 운명하였다. 1933년 8월 22일의 일로 만 60세의 나이였다. 후손들은 남자현의 유언에 따라

---

15 단식기간에 대하여도 9일설, 17일설 등 다양하다.

독립축하금을 1947년 서울 운동장에서 김구와 조각산에게 전달했다. 남자현의 유해는 1933년 8월 23일 하얼빈 南崗 외국인 묘에 안치됐다.[16]

Ⅲ. 국내외 자료들에 보이는 남자현

남자현에 대하여는 그 명성에 비해 자료는 많지 않은 편이다. 일차적으로 본인이 작성한 글이 존재하지 않는다. 안중근 의사의 경우는 자신이 직접 작성한 <안응칠역사>, <동양평화론> 등이 있어 그의 일생과 인생관, 세계관을 이해하는 데 큰 도움을 주고 있다. 그러나 남자현의 경우, 독립운동 전개 당시의 절박성과 단식, 순국 등으로 이어지는 숨막히는 상황 속에서 이러한 저서들을 기대하는 것은 지나친 낭만이라고 보여진다. 일반적으로 만주지역에서 활동한 독립운동가들의 경우 중국본토 등과 비교해 볼 때, 상대적으로 글을 남긴 경우는 매우 드물다. 특히 여성의 경우 더욱 그러하다. 다만 남자현은『남자현 여사약전』에 "7세에 국문에 능통하고 성장함에 따라 소학과 대학에 통달하여"라고 있는 기록을 통하여 볼 때, 본인이 직접 작성한 글이 있을 개연성은 있어 보인다. 앞으로 좀더 조사할 필요가 있다고 생각된다.

남자현의 경우는 본인이 직접 남긴 글은 없지만 그녀의 독립운동상에 있어서 위상 때문에 신문, 잡지 등에서 그녀의 생애와 항일투쟁에 대한 부분들을 종종 접할 수 있다. 당시의『조선일보』,『동아일보』,『조선중앙일보』,『신한민보』등이 그것들이다. 해방 이후에는『동아일보』, 미주의『국민보』등에서도 그녀의 항일투쟁의 역사를 살펴 볼 수 있다. 특히 그중 주목되는 것은 그녀가 순국한 다음해인 1934년 1월 중국 杭

---

16 김영범의 글 참조.

州에서 간행된 한국독립당 기관지『진광』창간호에 그녀의 전기가 중국인 文士에 의하여 집필되어 실려 있다는 사실이다. <女俠南慈賢先生傳>이 그것이다.

한편 1949년에 간행된『獨立血史』에「남자현의사약전」과「헌사」와 사진들이 실려 있어 남자현을 이해하는 데 도움을 주고 있다. 그러나 이러한 글들에는 연대와 사실들에 적지 않은 오류들이 있어 면밀한 검토와 분석이 요망된다. 다만 일본 측 기록으로는 조선혁명자후원회 발기인 명단에 남자현 여사가 이관린, 이양숙 등과 더불어 나타나고 있을 뿐이다. 앞으로 남자현에 대한 보다 객관적인 연구를 위해서는 새로운 자료의 발굴이 시급히 요청된다고 하겠다. 이번에 본고에서 활용하는『신한민보』,『국민보』, 조선혁명자후원회 관련 새로운 사료들은 남자현의 민족운동을 밝히는 데 조금이나마 도움을 줄 수 있지 않을까 생각된다.

1.『조선일보』

『조선일보』1933년 6월 11일자 석간 2쪽에서는 다음과 같은 기사를 통하여 남자현의 의거에 대하여 최초로 보도하고 있다.

> **亡夫의 雪冤하고저 武藤全權 암살 미수, 20년간 ○○운동에 종사한 61세 노파 남자현. 기사 게재 금지중 7일 解禁**
>
> <하얼빈> 자기 남편의 원수를 갚기 위하여 몸에 폭탄을 품고 무등전권을 암살하고자 하다가 바로 결행할 예정의 전날인 지난 2월 29일에 하얼빈 영사관 경찰에 붙들린 금년 61세 나는 노파 남자현에 관한 암살미수 사건은 그동안 기사게재금지 중이던 바, 지난 7일에 해금되었다.
> 남자현이란 노파는 지금으로부터 20여 년 전에 XX운동자인 자니 남편이 일본인의 손에 죽은 것에 한을 품고, 원수를 갚는다고 하여 여자의 몸으로 전후 20년 동안을 두고 조선과 만주를 걸쳐 드나들며 XX운동에 종사하던 중, 소화 2년(1927년-필자

주) 4월에는 경성에서 재등총독을 암살코저 하다가 뜻을 이루지 못하고 그 후에 만
주로 건너가 하얼빈을 근거로 하고 활동 중에 금년 봄에는 무등전권의 암살을 계획
하고 폭탄과 권총을 손에 넣게 된 후, 죽은 남편의 의복을 몸에 갖고, 단신으로 新京
(장춘－필자 주)에 잠입하여 3월 초하루날을 기하여 무등전권을 암살하고자 지난 29
일에 하얼빈을 출발코저 할 즈음에 하얼빈영사관경찰의 손에 붙들리게 된 것이라고
한다.

『조선일보』의 이 보도는[17] 남자현 여사의 활동상을 가장 선명하게 보
여주며, 감동을 주는 기사라고 판단된다. "자기 남편의 원수를 갑기 위
하여 몸에 폭탄을 품고 무등전권을 암살하고자 하다가", "죽은 남편의
의복을 몸에 갖고, 단신으로" 등이 그러하다.

2. 『동아일보』

『동아일보』 1933년 6월에는 남자현에 대한 기사는 보이지 않고 있
다. 남자현에 대한 보도로는 1934년 9월 5일자 <南慈賢女史一週忌追悼
式(新京)>, 1946년 3월 3일자 <婦女들도「피」뿌렷다 祖國光復에 暴惡
한 日帝의 銃劍>, 1946년 8월 21일자 <南慈賢女史 廿二日追悼會擧行,
광복을 위해 싸우다 해외에서 옥사> 등이 있다. 그중 1948년 3월 3일
자에는 남자현의 장남 金珪三의 회고담을 싣고 있어 주목된다. 이 기사
를 보면 다음과 같다.

61세의 노파로 무등전권의 암살을 도모

기미부인운동추도식에 멀리 만주로부터 돌아와 이날 유가족 대표로 출석한 남자현
여사의 장남되는 김성삼 씨는 아득한 그 옛날의 어머니가 조국광복에 활약하든 모습
을 다음과 같이 말한다.

---

17 그동안 이 보도는 동아일보 기사로 잘못 알려져 있었다. 착오로 판단된다.

남자현 여사의 장남 회고담

어머니는 30년간을 조선독립운동에 바치어오셨습니다. 본적은 경북 안동 구즉면 구미동에서 당시 한국의병대 소대장인 金永周 씨와 결혼한 후 興韓독립운동에 종사하다 아버지가 일본관헌에 총살당한 후 1918년 2월 26일 기미독립선언이 서울에서 있다는 소식을 접하고 서울에 와 연희전문학교 부근 교회당에서 동지와 협의한 후 시내 각 교회신자를 규합하여 3월 1일 오후 1시 조선독립선언서를 자신이 들고 다니며 배포하고 삼엄한 경계망을 벗어나 9월에 만주로 건너갔었습니다. 그 후 꾸준히 남북만주에서 다만 독립운동을 계속하여 왔습니다. 그러던 중 당시 제등총독을 암살하여 하였으나 여의치 못하여 단념하고 있다가 당시 하르빈에 도착한 국제연맹조사단에 조선독립부인운동을 보고 하였습니다. 그리고 1932년의 일본인 무등전권을 암살하려고 계획 중 하르빈 형사경찰에 체포되어 구금 중 단식 17일을 한후 8월 22일 61세로 놈들에게 귀한 목숨을 빼앗겼던 것입니다.

본 기사는 남자현의 상황을 잘 아는 장남 김성삼의 회고라는 측면에서 중요한 의미를 갖는다고 보여진다. 다만 어머니가 순국한 연도가 1933년임을 감안한다면, 15년이 지난 후의 기록이다.

그밖에 1934년 9월 5일자에서는 <남자현 여사 1주기 추도식>이라는 제목 하에,

도만 10여 년째 쓸어져 가는 조선민족사회를 위하여 항상 분투하여 오던 고 남자현 여사는 작년 가을 하얼빈 감옥에서 나오자 옥중고초의 여독으로 마침내 세상을 떠난 바, 지난 8월 22일은 여사의 1주기이므로 현재 교하에 거주하는 여사의 아들 김성삼 씨 자택에서 1주기 추도회를 거행하였다고 한다.

라고 하여, "도만 10여 년째 쓸어져 가는 조선민족사회를 위하여 항상 분투하여 오던 고 남자현 여사는"라고 하여 높이 평가하고, 1934년 8월 22일 남자현 여사의 1주기 추모행사가 있었음을 보도하고 있다.

3.『조선중앙일보』

『조선중앙일보』에서는 1933년 8월 26일자 <단식한지 9일 만에 인사불성되어 출감, 보석 출감한 武藤대장 謀殺犯 신경 남자현의 근황 / 파란중첩한 과거와>, 8월 27일자 <무등대장 모살범, 남자현(여) 遂 별세, 단식으로 극도로 쇠약한 결과, 22일 하얼빈에서……>, 8월 31일자 < 남자현 장의, 23일에 거행>, 9월 13일자 <남자현 부고 哈市 경찰이 압수>, 10월 18일자 < 故南慈賢墓 立石式> 등 다수의 기사를 제공하고 있다. 그중 남자현 여사의 항일운동에 대하여 가장 상세한 기록을 남기고 있는 것은 8월 26일자이다. 그런데 주요 내용들의 기사가 잘 보이질 않아 안타까운 마음이다. 가능한 범위 내에서 내용을 개괄적으로 정리하면 다음과 같다.

<하얼빈> 일찍이 武藤全權 암살 결행을 목전에 두고 謀의 밀고로 금년 2월 29일 道外九道街 무송도사진관에서 탐지, 일본총영사관 경찰의 손에 체포되어 취조를 받고 수감되어 있는 경북 안동군 일직면 귀미동 당년 60세 여자가 단식을 하여 오후 1시 반에 보석되었다(이하 불상).

대정 2년(1913년 필자 주) 8월경부터 5년간 본적지에서 崔英鎬, 蔡燦, 李河鎭, 南聖老, 徐錫振, 權某 등과 연락하여 00운동에 종사하던 중, 대정 8년(1919년 필자 주) 2월 26일 경성 남대문통 여자 金某로부터 3월 1일을 기하여 조선 00운동을 계획한다는 편지를 받고, 곧 상경하여 시내 연희전문학교 부근 교회당에서 협의한 후, 시내 각 교회 신자를 규합하여 3월 1일 오후 3시 조선독립선언문을 배포하고 삼엄한 경계망을 벗어나 3월 9일에 만주로 와 동월 14일에 가족을 통화현 尾洞 金起周집에 두고 자금모집과 00운동에 맹렬히 활동하다가, 대정 10년(1921년 – 필자 주) 액목현 나인구에서 00회를 조직하고 각지에 00을 한 후, 대정 11년(1922년 – 필자 주)에 참의부 중대장 백광운의 지령으로 군자금을 모집하다가 동 1?년 가을 동지에서 여자권학회를 조직하여 00사상을 고취시키다가 소화 2년(1927년 – 필자 주) 4월 동지 朴靑山, 金文居, 李靑守 등과 같이 길림성내 중국인 음식점에서 재등 당시 조선총독 암살을 약속하고, 그달 중순 김문거로부터 권총 한자루와 탄환 8알을 가지고, 경성 혜화동 28번지 高某 집에서 교회 신자로 변장하여 재등총독을 암살하려고 하다가 목적을 달성하지 못하고 교묘히 경계망을 벗어나 만주로 돌아와 00운동에 몰두하다가, 소화 7년(1932년 – 필자 주) 9월 19일에 국제연맹 리튼 경이 만주에 옴을 기화로 그녀는 왼손

무명지를 잘랐다. 국제연맹조사단은 도리중앙대가에 있는 마디얼 호텔에 들었다. 삼엄한 분위기속에서 남자현은 손가락과 혈서를 전하기 위해 안간힘을 다했다. 결국 그녀는 조사단이 머문 마디얼호텔에 드나드는 인력거꾼에게 대양 1원을 주고 그것을 리튼 측에 전해 달라고 맡겼다. 그러나 고개를 끄덕이고 사라진 중국인은 어디로 갔는지 알 수 없었다.

1933년 1월 20일 부하 鄭春奉 및 중국인 수명과 함께 모아산 시내 중국인 음식점에서 권총 한자루, 탄환, 폭탄 2개를 송부하기로 약속한 후, 2월 27일 오후 4시 남강 길림가 4호 馬技遠 집 문앞에서 붉은 천을 펄럭이면 그 때 무기가 든 과일 상자를 옮기기로 하였다. 일정이 정해진 뒤, 남자현은 2월22일 道外承德街 14호 원내 9호 권수승으로부터 대양 3원을 빌려 도외구도가 무송도사진관에 가서 최후의 사진을 찍었다. 27일 오후 변장한 뒤 길림가 4호로 가던 중 일제 경찰에 체포되었다.

위의 기사는 만주로 망명한 이후의 남자현의 행적을 가장 정확히 보여주는 기록이라는 점에서 주목된다. 만주지역에서의 활동을 복원하는데 중요한 의미를 갖는다고 볼 수 있다.

『조선중앙일보』1933년 8월 27일자에서는 남자현이 단식으로 극도로 쇠약해져 8월 22일 사망하였음을 보도했다. 이를 보면 다음과 같다.

30년 동안 남북만주를 유일한 무대로 조선00운동에 종사하던 남자현(여자)은 당지 감옥에 구금 중이든 바, 단식 9일 만인 지난 17일에 보석 출옥하였는데, 연일 단식을 계속한 결과 22일 상오(하오) 12시 반 경에 당지 조선여관에서 영면하였다.

8월 31일자에서는 남자현의 장례를 23일에 거행함을 밝히고 있다. 9월 13일자에서는 남자현의 부고를 하얼빈 경찰에서 압수했음을 보도하고, 10월 18일자에서는 10월 12일 오후 4시경에 하얼빈 외국인공동묘지에서 立石式이 거행되었음을 사진과 함께 보도하고 있다.

4. 한국독립당 기관지『진광』창간호

1933년 남자현 여사가 순국한 후 그녀의 활동은『조선일보』,『동아일보』,『조선중앙일보』등을 통하여 국내동포들에게 널리 알려졌다. 아울러 중국지역의 동포들과 중국인들에게는『진광』을 통하여 알려지게 되었다. 진광에서는 1934년 1월에 간행된 창간호에 <여걸 남자현 선생전>이라는 제목으로 그녀를 소개하고 있다.

▪ 여걸 南慈賢 선생전(『遺芳集』續稿)

이전 왜의 추장 豊臣秀吉이 조선을 침범하였을 때 많은 여걸들이 애국적 행동을 보여 역사를 빛나게 하였다. 義妓 金蟾과 愛香은 나라를 위해 자기 몸을 아끼지 않았다. 鍊光亭의 桂月香, 矗石樓의 論介는 혹은 비분강개의 충정으로 적장을 죽이고, 혹은 적장을 안고 물에 뛰어들어 나라를 위해 한 몸을 바쳤다. 후인들은 연약한 아녀자의 몸으로 대의를 위해 죽음을 두려워하지 않은 이들을 기념하여 그 행적을 금석에 새겨 길이 보전하였다. 청 태조가 이끄는 청나라 군대가 조선을 침범하였을 때에는 순절한 아녀자가 70여 명에 이르렀다. 사람들은 그들의 이름을 史册에 남겨 영원히 기념하고자 하였다.

경술국치 이후에는 비록 김섬・애향・계월향 같은 의기가 나오지 않았지만, 신혼의 여운을 버리고 조국을 위해 의병을 조직하여 국내와 만주를 돌며 백절불굴의 정신으로 적과 맞서 수십 년을 일관되게 투쟁한 여걸이 출현하였다. **이 여걸을 중국의 문단에서는 '혁명의 어머니'라 칭하였고, 적의 신문에 게재된 평론에서는 '전율할 노파'라 하였다. 그가 바로 근대 한국의 여걸로 손꼽히는 남자현이다.**

선생의 성은 남이요 휘는 자현이니 한국 경상북도 출신이다. 명망 있는 유학자 집안에서 태어난 선생은 비교적 여유로운 어린 시절을 보내고 18세에 동향의 청년과 혼인하였다. 선생이 결혼한 지 1년여가 지난 무렵, 적의 세력이 날로 창궐하여 조국은 적들의 차지가 되고 합방조약이 체결되었다. 당시 19세였던 선생은 비분강개하여 눈물을 흘리며 남편에게 "나라가 무너지면 집안도 온전할 수가 없을 것입니다. 나라가 불구덩이에 있어 저는 죽음으로 나라의 원수를 갚기로 결심하였습니다. 우리 지하에서 만납시다"라는 말을 남기고 집을 나가 뜻 있는 인사들을 규합하여 의병을 조직하였다.

당시 의병과 일본군 사이에 수 없이 많은 전투가 발생하여 적지 않은 의인 열사들이 희생되었다. 선생의 남편도 의병에 참여하여 적군과 수 십 회의 교전을 하다가 적병의 총탄에 맞아 장렬히 전사하였다. 남편의 사망 소식을 들은 선생은 큰소리로 "나라의 적이 이제는 나의 원수가 되었다. 불구대천의 원수를 반드시 갚겠다"고 맹서하고는 의병대장을 자임하여 적들과 치열한 전투를 벌였다. 적들과의 전투에서 선생이 이끄는 의병대가 여러 차례 승리를 거두자 왜적들은 선생을 '한국의 *女婢將*'이라고 칭하였다.

선생이 국내에서 5~6년간 각지를 전전하며 의병활동을 벌이는 사이 적의 기세는 날로 높아갔다. 이에 선생은 하는 수 없이 압록강 건너로 활동무대를 옮기기로 결심하고 만주로 진출하였다. 선생보다 앞서 만주에 망명한 한인 지사들은 큰 뜻을 품고 한국독립군을 조직하고 있었다. 기미년(1919) 3월 대한독립이 만천하에 선포되자 전국 각지에서 독립을 외치는 총궐기가 있게 되었다. 국내외의 호응 속에 건국 개원을 주장하는 목소리가 울려 퍼졌다. 이 소식을 들은 선생은 "때가 되었다"고 기뻐하며 부하들을 국내에 잠입시켜 독립운동을 고취하고 각지에서 왜적과 혈전을 벌이도록 하였다. 이로부터 몇 년 뒤 요녕성 통화현으로 근거지를 옮긴 선생은 이곳에 여학교를 설립하여 교장에 추대되었다. 이곳에서 선생은 *女義軍*이 될 인재를 양성하는 한편 한국임시정부를 독립운동의 최고기관으로 자리 잡게 하는데 힘을 다하였다.

만주 일대에서 활약하고 있던 독립운동가 간에는 의견의 불일치로 총화가 이루어지지 못하고 때로는 시기와 공격으로 반목하는 일이 많았다. 한국임시정부의 위상이 흔들리고 있던 이때 선생은 한국임시정부가 독립운동의 최고기관이 되어야 한다는 신념으로 "통합적인 영도기관이 없이 어찌 적을 물리칠 수 있겠는가. 독립운동가들은 마땅히 모두가 한마음으로 힘을 합쳐 역량이 분산되지 않도록 해야 한다"고 주위를 설득하였다.

1925년 4월 선생은 암살단을 조직하여 단장에 추대되었다. 단원 4명과 함께 폭탄과 권총을 감춰 경성에 잠입한 선생은 일제총독 *齋藤*을 암살하고자 계획을 세웠다. 그러나 함께 경성에 잠입했던 동지 4명이 4월 6일 적에게 체포되고 무기마저 압수되자 선생은 어쩔 수 없이 총독암살계획을 접고 겨우 몸만 피해 다시 만주로 돌아갔다.

간도 용정촌의 깊은 산에 들어간 선생은 이곳을 근거지로 삼아 신출귀몰한 전술로 병력을 운용하여 적에게 큰 타격을 가하였다. 선생의 활동근거지를 탐지한 적은 대군을 출동시켜 근거지를 파괴하고자 하였다. 이에 맞서 선생은 한인 남녀 6백여 명으로 의군을 조직하여 피나는 항전을 계속하였다. 결국 용정촌의 근거지를 떠난 선생은 *樺田縣*으로 옮겨 한국독립당 기관의 요직을 맡아 실력배양에 주력하였다. 독립당 대회에서 연단에 오른 선생은 독립운동가 진영의 단결을 호소하다 심한 고심 끝에 소매에서 칼을 꺼내 자신의 식지를 잘라 '*誓死救國*' 4자의 혈서를 써 독립운동계의 단결을 호소하였다. 선생의 충정에 감복한 대회 출석자들은 자신도 모르게 모두 자리에서 일어나 만세를 외치며 단결을 약속하였다.

1932년 국제연맹조사단의 리튼경 일행이 하얼빈에 도착했다는 소식을 듣자 선생은 주변 사람들에게 "내가 대표단을 만나 왜적이 세운 위만주국의 괴뢰성과 배후의 흑막을 폭로하겠다" 하고 단신으로 하얼빈에 갔다. 리튼을 만난 선생은 눈물로써 왜적의 교활함과 적들의 침략으로 인한 한중 두 나라 백성의 참상을 알리고 우리의 독립을 호소하였다. 말을 마친 선생은 왼손 무명지 두 마디를 잘라 그 흐르는 피로 혈서를 써서 결사항일의 뜻을 표시하였다.

이른바 위만주국이 만들어진 뒤부터 결사항일에 대한 선생의 의지는 더욱 굳어지고 그에 따라 선생의 실제행동도 훨씬 강력해 졌다. 1932년 3월 1일 선생은 홀로 폭탄 3발과 권총 한 자루를 휴대하고 장춘에 잠입하여 武藤 등 왜적 수뇌부를 해치우고자 하였다. 그러나 워낙 적 경찰의 경비가 삼엄하여 거사를 실행에 옮기지 못하였다. 또 한 차례 좌절을 겪었지만 이에 굴하지 않고 선생은 흑룡강성에 머물며 중한연군 총사령을 맡아 중국·러시아·한국의 경계지역을 무대로 활동하며 적에게 큰 타격을 가하였다. 1933년 3월 1일, 곧 위만주국 건국 1주년 기념일을 거사일로 정한 선생은 재차 홀몸으로 다량의 폭탄을 휴대하고 위만주국의 수도로 잠입하기 위해 하얼빈에 도착하였으나 적병에게 잡혀 길림의 감옥에 갇히고 말았다.

『진광』에서는 남자현을, "중국의 문단에서는 '혁명의 어머니'라 칭하였고, 적의 신문에 게재된 평론에서는 '전율할 노파'라 하였다. 그가 바로 근대 한국의 여걸로 손꼽히는 남자현이다"라고 하여 높이 평가하고 있다. 다만 일반인들에게 민족의식을 고취하기 위하여 작성된 글인 만큼 일부 현재적 시각에서 볼 때 검토의 여지가 있는 부분들도 있어 보인다. 예를 들어 보면 다음과 같다.

> 1. 몇 년 뒤 요녕성 통화현으로 근거지를 옮긴 선생은 이곳에 여학교를 설립하여 교장에 추대되었다. **이곳에서 선생은 女義軍이 될 인재를 양성하는 한편 한국임시정부를 독립운동의 최고기관으로 자리 잡게 하는데 힘을 다하였다.**
> 만주 일대에서 활약하고 있던 독립운동가 간에는 의견의 불일치로 총화가 이루어지지 못하고 때로는 시기와 공격으로 반목하는 일이 많았다. 한국임시정부의 위상이 흔들리고 있던 이때 선생은 한국임시정부가 독립운동의 최고기관이 되어야 한다는 신념으로 "통합적인 영도기관이 없이 어찌 적을 물리칠 수 있겠는가. 독립운동가들은 마땅히 모두가 한마음으로 힘을 합쳐 역량이 분산되지 않도록 해야 한다"고 주위를 설득하였다.

필자가 남자현이 한국임시정부를 독립운동의 최고기관으로 자리잡게 하는데 힘을 다하였던 인물로 묘사한 점은 기관지 발행처인 한국독립당의 입장을 남자현을 통하여 강조하고자 하는 의도가 있는 것이 아닌가 한다. 사실 남자현은 대한민국임시정부의 산하단체인 참의부 소속으로서 활동한 인물임에는 틀림없다.

> 2. 리튼을 만난 선생은 눈물로써 왜적의 교활함과 적들의 침략으로 인한 한중 두 나라 백성의 참상을 알리고 우리의 독립을 호소하였다. 말을 마친 선생은 왼손 무명지 두 마디를 잘라 그 흐르는 피로 혈서를 써서 결사항일의 뜻을 표시하였다.

남자현은 사실 기록에 따르면 리튼을 만나지 못한 것으로 알려져 있다. 이점은 민족의식 고취를 위하여 작성된 것으로 보인다.

> 3. 또 한 차례 좌절을 겪었지만 이에 굴하지 않고 선생은 흑룡강성에 머물며 중한연군 총사령을 맡아 중국·러시아·한국의 경계지역을 무대로 활동하며 적에게 큰 타격을 가하였다.

흑룡강성지역 중한연구 총사령을 맡았다는 부분에 대하여도 검토의 여지가 있는 것 같다. 당시 북만주의 경우 지청천, 김창환 등이 중요한 역할을 담당하고 있는 상황이었다.

5. 미주 『신한민보』

『신한민보』는 1909년 2월 10일 미국 샌프란시스코의 교민단체인 국민회의 기관지로 창간되었다. 『신한민보』에는 남자현에 대한 흥미로운 기사가 실려 있다. 1928년 3월 15일자 <길림여자교육회 부흥>이라는 제목 하에,

> 길림에 있는 유지부인 제씨는 적막한 길림여성계를 위하여 봉화를 들고 일어났다. 길림에 있는 여성을 한 깃발아래 뭉치고 모르는 것을 알게 하고, 여성운동의 역할을

> 다하기 위하여 길림여자교육회를 부흥시켰다. 1월 15일 길림교당에서 부흥총회를
> 열고 , 남자현 씨의 사회 하에 의미 깊은 취지 설명과 각종 결의가 있는 후 회원 제씨
> 는 금후의 발전을 위하여 많은 기대와 축복을 하며 당선된 간부 제씨는 적극적으로
> 활동한다.

라고 하여 남자현이 길림교당을 중심으로 길림여자교육부흥회를 부흥
시켜 적극적으로 노력하고 있음을 알 수 있다. 무장투쟁에 주로 관심을
기울인 남자현의 여성과 교육에 대한 애정과 노력을 살펴볼 수 있는 귀
한 자료가 아닌가 한다. 또한 기독교인으로서의 남자현의 일면도 살펴
볼 수 있는 대목일 것이다. 당시 이 지역에는 손정도 목사가 길림의 기
독교를 이끌고 있었다. 따라서 손정도와 남자현과의 상호관계도 앞으
로 검토할 필요가 있을 것 같다. 손정도는 평안남도 강서 출생으로, 평
양 숭실전문학교를 졸업한 뒤, 1910년에 선교사로 동삼성에 파견되었
을 때 독립운동에 종사할 것을 다짐하였다. 1912년 하얼빈에서 조선총
독 데라우치(寺內正毅)의 암살모의에 가담했다는 혐의로 일본경찰에 붙
잡혔다. 1922년 2월 23일 대한적십자회 총회에서 회장으로 추대되었다.
같은 해 吉林으로 가서 선교사업을 전개하였다.

6. 해방 후 미주 『국민보』

『국민보』는 1913년 8월 1일 호놀룰루Honolulu에서 국민회가 발행하
던 『新韓國報』를 게재하여 발행한 신문이다. 『국민보』에서는 1959년 5
월 20일, 동월 27일 두 번에 걸쳐 <애국투사>라는 제목으로 남자현 여
사를 소개하고 있다. 5월 20일자, 27일자를 보면 다음과 같다.

> 나라가 어찌 하루에 생기겠으며 민족이 어찌 순식간에 나겠느냐 (이사야 二十六장

八절) 이 말씀을 볼 때마다 우리나라와 민족을 생각하지 않을 수가 없다. 五천년의 유구한 역사 페이지에는 통쾌한 일도 많거니와 반면에 비애와 원통한 일도 이루 헤아릴 수 없는 중 근대에 이르러 을사년 七개조약이나 경술년 八개조약을 읽어보면 눈에서 피눈물이 나올 지경이다. 이러한 국난에 처하였을 때 어느 누가 애국심이 없으랴마는 그중에도 애국애족의 한 (여투사)가 있었으니 그가 곧 (남자현)여사이다.

남 여사는 一八七二년 경북 영양군 석보면 유가의 석학이신 (남연학) 씨의 둘째 딸로 출생하여 천재와 총명이 특출하였으니 八九세 때부터 제대로 전통적인 여자본직이라고 할 수 있는 침선 방직 외에 한문을 학득하여 시나 글에 능통하여 그 성취는 사람들을 놀라게 하였다.

十九세때 같은 마을 김영주 씨에게 출가하였으나 불행하게도 四년만에 남편 김 씨의 상을 당하고 말았다. 외롭고 슬픈 가운데 유복자를 양육하여 시어머님을 지성껏 효양하다가 청운에 뜻한 바 있어 여사는 남만주로 이거하여 건국독립단체를 찾아서 적극 활동하게 되었다.

한국동포의 농촌을 개발하며 건국독립정신을 고취하였고 다시 북만주로 가서 활동하던 중 어느 날 우연히 전도사를 만나서 토론하던 차에 마침내 기독 신도자가 되기로 하였다. 남 여사는 열심히 신앙생활을 하는 중 북간도에서 교회를 十二 개소나 설립했고 여성 계몽운동으로 十 처소에 여자교육회를 조직하여 지도와 양성에도 노력하였다.

그러는 중 여사는 一九二五년 (이○○) 씨와 함께 계몽 총독을 제거하기로 계책하고 서울 (혜화동)을 근거삼고 진행하다가 뜻을 못 이루었으며 그 후 길림으로 옮겨갔다. (계속)

만주에 있는 동안 일본경찰에서 우리 독립운동기관에 대하여 정찰취체가 강화되어 애국투사들의 행동이 불리하게 되자 다행히 여자들의 행동에는 감시를 소홀이 함으로 남 여사는 의복을 남루하게 차리고서 시베리아에 강한 바람과 찬 눈보라를 맞는가 하면 대륙성의 삼복더위를 견디면서 백절불굴의 정신으로 침식을 잊고 독립운동에 동부서주하였다.

一九二八년 김동삼 씨와 안창호 씨의 三十七 인이 경찰에게 검거되었을 때에도 성심으로 간호하며 석방운동에 전력을 다하였다.

一九三一년 김동삼 씨가 하얼빈에서 체포되자 탈환을 계획하였으나 뜻을 이루지 못하였다. 一九三二년에는 국제연맹조사단이 하얼빈에 도착하자 자기의 무명지 손가락을 잘라서 피를 흘려 (조선독립 청원서)라 써 가지고 자기 명주치마 속에 싸서 국제연맹조사단장 (릿튼)경에게 수교하였던 것이다. 一九三四년의 일이었다. 치마 속에 무기를 감추고 왜신 (무등)을 제거하고자 숙소인 영사관 구내에까지 당도하였으나 거사 일보직전에 불행히도 탐정의 밀고로 무기는 압수되고 여사는 감방에 몸이 되고 말았다.

여사의 자용자지와 호련한 자세는 당시에 임장한 왜경찰들도 탄복하였다. 옥중에서 여사가 단식으로 생명이 위태하되매 가출옥이 된 후 一九三四년 八월 二十二일에 마침내 六十二세를 일기로 투사 남 여사는 세상에서 고요히 잠이 들었다.

(남자현) 여사의 애원하던 독립은 그 후 十二년만인 一九四五년 八월 十五일 해방과 동시에 이루었고 겨레와 더불어 여사가 바라던 건국은 그가 간 지 十五년만에 이루어지고야 말았다. (끝) (윤권서)

『국민보』에서는,

나라가 어찌 하루에 생기겠으며 민족이 어찌 순식간에 나겠느냐 (이사야 二十六장 八절) 이 말씀을 볼 때마다 우리나라와 민족을 생각하지 않을 수가 없다. 五천년의 유구한 역사 페이지에는 통쾌한 일도 많거니와 반면에 비애와 원통한 일도 이루 헤아릴 수 없는 중 근대에 이르러 을사년 七개 조약이나 경술년 八개 조약을 읽어보면 눈에서 피눈물이 나올 지경이다. 이러한 국난에 처하였을 때 어느 누가 애국심이 없으랴마는 그중에도 애국애족의 한 (여투사)가 있었으니 그가 곧 (남자현)여사이다.

라고 하여, 애국심이 강한 투사로서 남자현을 높이 평가하고 있다. 특히 『국민보』에서는 그녀의 기독교적인 측면에 주목하고 있는 것이 아닌가 한다. 첫 머리에 "나라가 어찌 하루에 생기겠으며 민족이 어찌 순식간에 나겠느냐이사야 二十六장 八절"라고 언급하고 있고, 아울러

한국동포의 농촌을 개발하며 건국독립정신을 고취하였고 다시 북만주로 가서 활동하던 중 어느 날 우연히 전도사를 만나서 토론하던 차에 마침내 기독 신도자가 되기로 하였다. 남 여사는 열심히 신앙생활을 하는 중 북간도에서 교회를 十二 개소나 설립했고 여성 계몽운동으로 十 처소에 여자교육회를 조직하여 지도와 양성에도 노력하였다.

라고 하여, 남자현이 신앙생활을 열심히 하였으며, 북간도에 교회를 12개소나 설립하였다고 하고 있다. 이 부분에 대하여도 앞으로 검토할 부분이 있다. 남자현이 주로 활동한 지역은 남만주와 북만주로 추정되기 때문이다.

7. 일본정보보고에 보이는 남자현: 조선혁명자후원회 발기인

『일제경찰 심문조서』1927.2.14 <朝鮮革命者後援會ノ發起二關スル件> 이란 기록이 있다. 이에 따르면 남자현은 감옥에 투옥되어 있는 독립운동가들과 그의 가족들을 돌보는 조선혁명자후원회의 발기인으로 기록되어 있다. 기록을 보면 다음과 같다.

朝保秘第一五二號 昭和二年(1927) 二月 ○日 朝鮮總督府警務局長

조선혁명자 후원회의 발기에 관한 건
작년 12월 7일 중국 길림성 磐石에서 鮮匪團 정의부, 한족노동당, 남만청년총동맹의 간부 및 그 밖에 유지자가 회합해 조선혁명자후원회라는 것을 조직하기로 협의한 결과, 창립주비위원으로서 金尙德, 朴根植磐石●●委員長●●團, 宋寒石, 高豁信, 金亮勳 다섯 명을 선거해 그 안에서 책임서기로서 김상덕을 선택했다. 창립총회까지의 사무를 일임하기로 하고 좌기사항을 결의해 별지 역문과 같이 발기문을 인쇄하고 각 방면에 배포했지만 그 서명자는 남만주지방의 각 파 불령조선인이 주가 되어 ●●하고 있어 차후의 추이에 대해서는 상당히 주의를 요할 것으로 사료된다.
1월 28일부 경성 발행 『동아일보』지상에 본 건에 관한 기사가 있어 치안을 방해하는 것으로 인정해 차압처분을 했지만 오른쪽은 그 관계자로부터 같은 신문사에 직접 통신한 것으로 판단된다.

左記
1. 발기대회의 장소: 길림성 반석
2. 대회기일: 금년 3월 1일
3. 회원의 자격: 반혁명자를 제외하고 수를 불문하고 입회할 것
4 입회금: 大洋 십전
5. 1년 회비: 대양 20전 이상
6. 회원 모집: 각 관계단체에서 모집선전을 할 것

조선혁명자후원회 발기문
조선민중이여! 오늘 우리들의 혁명운동이 더욱 성숙해지고, 조직화, 군중화됨에 따라 우리들의 원수인 강도 일본제국주의자의 경계 및 압박은 한층 혹독해지고 있다. 그리고 자신들의 이익을 옹호하기 위해 만든 銃槍劍戟은 우리 혁명군중들을 가차없이 학살, 또는 폭행하고 있다.

감옥 내에서 일제는 우리들 혁명 투사들을 굶기고 얼어 죽게 하여 그들의 그 건전한 육체와 정신은 결국 폐인이 되고 말았다. 그리고 그 가족들은 비참하고 불행한 처지에 놓이게 되었다. 이에 우리는 더 이상 침묵하여서는 안 된다.

아아! 어찌 열렬히 동정을 하지 않을 수 있으랴. 우리들과 같은 혁명적 해방 운동을 진행하는 세계의 여러나라들에서는 이미 혁명자후원회를 조직하여 정신적, 물질적으로 위하는 숭고한 사업을 해 오고 있다.

일어나라! 우리 민중들이여. 이 사업에 어찌 주저할 것이냐. 우리들도 이 숭고한 사업을 개시해야만 한다! 그리고 이미 희생되고 감금되어 있는 혁명자 및 그들의 비참한 가족을 구원해야만 한다!

이 기관 및 사업을 세계적으로 혁명자후원회라고 칭하고 의기 있는 여러 동지의 찬성을 구하여 이 글을 널리 알린다.

조선혁명만세! 세계 피압박 민중해방 만세!!
기원 4259년(1926) 12월 7일, 발기인(무순) 92명

權進華, 金應燮, 金尙德, 朴根植, 朴哲奎, 金元植, 吳東振, 高齡信, 金東三, 玄益哲, 吳在杰, 康濟河, 宋寒石, 金光民, 朴凡祚, 李東林, 金烈, 文彬, 金學善, 金亮勳, 李俊, 玄宇星, 尹明熙, 朴昌彬, 金景達, 南一東, 姜南鎬, 孫晉洙, 朴正祚, 沈東熙, 李乃弘, 李興一, 李相慶, 徐復初, 李哲, 崔浩, 金履大, 曹秉澈, 金鐵, 玄正卿, 李震山, 洪起龍, 金濟民, 金カリカ, 李沕, 南慈賢, 李寬獜, 李良淑, 韓明錫, 鄭吉星, 黃秀玉, 鄭華實, 梁起鐸, 韓鎭, 朴炳熙, 宋仁燮, ●●●, 李康華, 孫景浩, 朴熙東, ●●植, ●●●, 朴起白, 吳尙憲, ●…●, ●●, 金●●, 金宗濟, ●…●, ●●, ●●●, ●●●, ●●, 金●容, 朴健, 楊虎, 李承一, 李瀚, 李櫓淵, 鄭學文, 金觀聲, ●星海, 崔炳模, 宋憲, 安道洽, 李英琯, 金聲震, 金載禹, 朴庚濟, 李健, 權寧煥, 朴熙東

위의 기록에 따르면, 남자현은 이관린, 이양숙 등 여성운동가들과 함께 조선혁명자후원회에서 활동하고 있음을 알 수 있다. 특히 남자현은 金尙德, 高齡信, 李光民위원장, 李寬麟, 權進華, 金保國, 朴根植, 朴東初, 金球 등과 함께 중앙집행위원으로 활동하였다.[18] 이관린은 광복군총영 경리부장으로 활동하였으며, 1921년 말 국내로 들어가 신민회 간부였던 梁起鐸을 안내해 건너오도록 하는 등 활발한 항일투쟁을 전개한 인물이다.[19] 이양숙은 정의부 총사령관인 만주지역의 대표적 항일운동가

18 『동아일보』 1927년 12월 10일자, ○○○후원회.
19 『동아일보』 1922년 6월 4일, 광복군 내무부 기밀부장 김진준은 검사국에.

오동진의 부인이 아닌가 한다.[20]

8. 남자현의 손자 김시련의 증언(『경향신문』 2005년 4월 11일)

『경향신문』 2005년 4월 11일자『다시쓰는 독립운동열전』 남자현 친손자「日警이 준 음식 거부 2주 단식」에는 다음과 같은 내용이 있다.

> 남자현의 친손자 김시련 옹(82)은 그의 임종을 기억하는 유일한 생존자다. 당시 11살이었다. 할머니와 함께 무장투쟁을 하던 아버지를 따라 만주 교하에서 살고 있던 때다.
>
> "신의주에서 일을 보시던 아버지 마음속에 왠지 집으로 빨리 돌아가야겠다는 생각이 들더라는 거야. 그때 집에는 일경으로부터 할머니가 위독하다는 전보가 10여 통 와 있었지. 아버지는 오시자마자 그 길로 만주 적십자 병원에 입원해 계시다는 할머니를 모시러 갔어." 김 옹은 아버지와 함께 가겠다고 떼를 썼다. 어쩌면 할머니를 다시는 못 볼지도 모른다는 생각이 불쑥 들어서였다.
>
> 남자현은 일경에 체포된 뒤 그들이 주는 음식을 거부했지만 가족을 만나기 전까지는 숨을 거두지 않기 위해 안간힘을 쓰고 있었다. 14일 단식 끝에 죽음을 눈앞에 둔 그는 아들 김성삼과 보고 싶던 손자 김 옹의 모습을 보자 굵직한 눈물을 떨궜다. 김 옹은 "할머니가 '이제는 됐다'며 그날로 즉시 한국인 여관으로 옮겨줄 것을 일경에 요구, 일경도 이를 수락했다"고 회고했다.
> 그날 저녁 여관은 남자현의 동료들이 가득 메웠다. 여러 무리가 다녀간 후 남자현은 조용히 아들과 김 옹을 불렀다. "할머니가 행낭에서 249원 50전을 꺼내시더니 200원은 조선이 독립이 되는 날 정부에 독립 축하금으로 바치고 그 일부는 나를 대학까지 공부시키라고 하셨어."
> 남자현은 "자는 데 깨우지 마라"며 눈을 감았다고 한다. 이튿날 점심 때까지 곤히 자던 남자현은 결국 다시 일어나지 못했다.
> 당시 김옹네는 지린성 교하에서 독립운동가들의 집합소인 여관을 운영하다 금성상회라는 잡화점을 차렸다. 남자현의 뜻에 따라 만주 신흥무관학교를 나온 부친 김 씨는 자금조달을 하는 남자현을 도와 물심양면으로 독립운동 세력을 지원했다. 김 옹은

---

20 『동아일보』 1928년 2월 11일, 오동진 부인 회견기.

"할머니 얼굴을 보는 것은 하늘의 별따기였다. 집에 들어오시는 날은 1년 중 손에 꼽았다. 자다 깨면 따뜻한 눈으로 바라보시던 모습만이 선하다"고 떠올렸다. 그는 만주 보통학교에서 한인들 사이에 인기가 대단했다. '남선생님 손자'라는 이유에서였다.

남자현 서거 후에도 부친 김성삼은 일본 헌병에게 끌려가 숱하게 맞았다고 한다. 언젠가 어린 김 옹까지 고문실에 끌려갔다 부친만 남긴 채 풀려나기도 했다. 김 옹은 "지금도 천장에 달려있는 무자비한 고문기계를 떠올리면 소름이 끼친다"고 치를 떨었다.

할머니의 유언대로 만주에서 하루빈농대를 나온 김 옹은 23살 되던 해 만주 공주령 농사시험장에서 해방을 맞이했다. 46년에야 그의 가족들은 서울 왕십리에서 눈물의 상봉을 했다. 김 옹의 부친 김성삼은 육사 8기 특차로 한국전쟁에 참전, 포로로 잡혔다가 1차 포로교환 때 송환돼 중령으로 제대했다.

김 옹은 당초 2녀 1남 중 막내이자 4대 독자로 태어났으나 김 옹의 모친이 동생을 낳다 돌아가신 뒤 아버지가 재가해 남동생 셋과 여동생 둘이 더 생겼다. 해방 후에도 만주를 떠나지 못한 누님들이 10년 전 유명을 달리하는 등 현재는 이복동생인 김시복 전 보훈처 차장을 비롯해 4남매만 남았다.

김 옹은 만주에서 농사 관련 업무를 봤던 경력을 살려 전라도 순천농림고 교사가 됐다. 하지만 한국 땅을 밟은 지 8년 만인 53년 부산 다대포 앞바다에서 여객선 창경호가 침몰, 229명이 익사한 참사때 6살과 8살된 아들·딸과 아내를 모두 잃었다. 그는 순천을 떠나 대구로 이전해 3년을 비탄 속에 독거하다 친척의 소개로 지금의 아내 이영자 씨(72)를 만났다.

대구 농고, 김천 농고 교감, 대구 농고 교감, 경북 영덕중·고 교장, 안동 길원여고 교장 등을 두루 거쳐 88년에 정년퇴임한 그는 현재 선열유족회 이사로 있다. <심희정 기자>

Ⅳ. 결어: 만주지역 항일운동에서의 남자현의 역사적 위상

만주지역 항일운동에서 남자현이 차지하는 위치는 여러 측면에서 살펴볼 수 있다.

첫째, 남자현은 경북 출신으로 만주에서 항일투쟁을 전개한 혁명가이다. 그녀는 경북 영양 출신이다. 만주에서 독립운동을 전개한 광복군 총영의 이관린 등 여성독립군들은 대부분 평안도, 함경도 출신들이 다수를 점하고 있다. 현재까지 만주지역 항일독립운동으로 포상받은 남자현 외 여성 12명의 이름과 출신지역, 훈격 등을 보면, 다음과 같다.

안경신(평남 강서, 독립장), 이애라(충남 아산, 독립장), 김마리아(서울, 애국장), 오항선(황해도 신천, 애국장), 차경신(평북 선천, 애국장), 김숙경(함북 경원, 애족장), 김온순(함북 학성, 애족장), 이인순(함남 단천, 애족장), 장태화(함남 고원, 애족장, 2013), 최예근(충남 서산, 애족장), 박신원(평북 선천, 건국포장), 김죽산(함남 함흥, 대통령표창, 2013)

위에서 보는 바와 같이, 12명 중 평안도 출신이 3명, 함경도 출신이 5명, 충청도 출신이 2명, 황해도 1명, 서울 1명 등이다. 즉, 경상도 출신으로서는 남자현 여사가 유일하다.

경북 출신 여성들은 식민지 시대에 적극적으로 항일투쟁에 참여하였다. 다만 그 운동 양상이 타 지역과는 다른 차이점을 보이고 있다. 경북 여성들은 자신의 내조를 통하여 남편과 아들이 독립운동가로서 활동하도록 하는 내조에 주로 힘을 기울려왔던 것이다.[21]

현재 적극적 참여자로 독립유공자로 알려진 분은 경북 여성은 남자현을 포함하여 모두 10명 정도이다. 3·1운동에 참여한 분으로는 김낙안동, 임봉선칠곡, 신분금영덕, 윤악이영덕 등을, 광복군으로는 민영숙, 전월순상주, 김봉식경주 등을, 국내 항일로는 유인경상주을, 미주 하와이에서 활동한 여성으로는 이희경대구를 들 수 있다.

앞으로 경북 출신이면서 독립운동에 참여했던 여성항일운동가들에 대한 발굴 작업도 지속되어야 할 것 같다. 출생지 또는 본적지가 경북이면서 수형자카드가 있는 서대문형무소에 수감되었던 여성은 총 10명인

---

21 경북 안동 출신 독립운동가들의 아내들의 내조와 독립운동에 대하여는 다음 것들이 도움이 된다.

김희곤, 「가족들의 희생과 고난」, 『안동사람들이 만주에서 펼친 항일투쟁』, 지식산업사, 2011. 『만주를 품은 안동여인들, 광복의 꽃이 되다』, 만주망명 100주년 특별기획전, 안동독립운동기념관, 2012.

것으로 나타나고 있다. 이들의 이름과 출생연도, 본적지 또는 출생지를 보면 김계향1909년생, 경산, 김모개1898, 경산군 하양면 보리 16번지, 남영실1913, 대구, 남인희1914, 예천, 문상옥1903, 김천, 백선옥1913, 예천, 이경희1920, 성주, 이원봉1909, 김천, 이화순1910, 대구, 이효정1914, 봉화 등이다.

둘째, 남자현은 40대 후반에 만주로 망명하여 항일투쟁을 전개한 인물로 주목된다. 그녀는 1872년생이다. 1910년 47세의 중년의 나이에 항일투쟁을 위하여 만주로 망명하였던 것이다. 더구나 남자현은 한 사대부 집안의 며느리였고, 의병투쟁가의 미망인이었던 것이다. 만주지역의 경우, 젊은 나이의 시절 또는 남편과 함께 항일운동을 전개하는 경우가 일반적인 경우인 점을 고려할 때 주목된다. 전자의 경우로는 오항선, 김숙경1886년생, 이인순1893, 최예근1924, 차경신1892, 김죽산1891, 후자의 경우로는 이애라남편 이규갑, 김숙경황병길, 김온순김광희, 이인순정창빈 등을 들 수 있다.

셋째, 남자현은 기독교 민족주의자였다. 『독립혈사』에 나오는 「헌사」의 다음과 같은 기록도 그녀가 기독교인임을 짐작하게 한다.

"독립만세"로 聖書의 몇장을 물들였던고?
북만천지 열두곳에 예배당을 이룩하고
그리운 고국을 아득한 눈물로 기도하던
봄비 오는 밤이여, 눈 내리는 아침이여

飢寒과 고독과 공포의 異域 동포끼리
그래도 작은 파벌로 슬피 싸울량이면
지극한 정성으로 화해붙이던 사랑의 사도
分散운동을 정의부로 통합시킨 최초의 별
여성문맹도 독립정신으로 밝히던 교사
김동삼 47동지를 간호한 철창의 천사
그리고 동족의 捕吏까지 誨改시킨 마리아

남자현은 경북 안동 유교문화권 출신이다. 그럼에도 불구하고 기독교를 신앙하고 교회 설립에 적극적이었으며, 길림여자교육회를 주도하는 등 애국계몽운동의 지도자로서 역량을 보여주고 있다. 남자현이 기독교인이었던 점은 유교문화에 젖어있던 일반적인 경북 여성들과는 다른 적극적인 행동양식을 보여주는 밑거름이 된 것이 아닌가 추정된다.

넷째, 남자현은 서로군정서, 참의부 등 주로 무장독립운동단체에서 활동하고 있다. 특히 1927년에는 사이토 총독을, 1933년에는 武藤의 암살을 시도하고 있다. 이러한 남자현의 의열투쟁은 여성들의 투쟁사에서는 좀처럼 찾아보기 힘든 경우이다. 단지를 행한 것이나, 혈서를 쓴 점, 의열투쟁을 전개한 점 등을 보면 안중근과 유사함을 보이고 있다. 그러므로 남자현은 여성 안중근으로 불리울 만한 인물로서 평가된다.

다섯째, 남자현은 무장투쟁의 현장에서 뿐만 아니라, 독립군의 간호, 투옥된 독립운동가들의 가족들을 돌보는 일에도 힘을 기울였다. 조선혁명자후원회의 중앙집행위원으로 활동하는 모습을 보여주고 있는 것이다. 즉, 남자현은 독립운동가이면서도, 독립군들의 따뜻한 동지요, 어머니로서의 역할을 다하였던 것이다.

여섯째, 남자현의 가장 위대한 점은 그녀가 50, 60대의 "노파"임에도 불구하고 항상 청년 같은 마음으로 현장에서 동료들과 함께 끝까지 일제에 저항하는 모습을 보여주고 있다는 점이다. 그녀는 음지에서 독립군을 지원하는 한편 현장의 투사로서도 그 역할을 다하고 있는 것이다.

일곱째, 남자현은 1931년 만주사변 이후 일제가 만주국을 세워 극심한 탄압을 가하는 가운데, 일제에 체포되었음에도 불구하고 1933년 여러 날 동안 단식하여 조선 여인이, 조선인이 살아있음을 일본인들에게 분명히 보여주고 있으며, 순국 이후에도 『진광』 및 신문 보도 등을 통하여 민족의식 고취에 크게 기여하여, 만주뿐만 아니라 한국독립운동사상 큰 기여를 한 인물로서 평가된다.

끝으로 『독립혈사』에 나오는 헌사를 기록하는 것으로 글을 맺고자
한다.

통정대부 아버님은 영남의 석학
薰下의 高弟 70인 모두 의병의 선봉
낭군 또한 왜적에게 전물한 청년의사
그 거룩한 사랑에 사모친 꽃한송이
어찌 이땅 위에 풍기어 향기되지 않으랴

낭군의 원한겹친 원수의 일편단심
통검을 무릅쓴 여장부의 혈전 10년에
3.1聖戰 끝에 만주로 영원한 망명생활
아─섬섬옥수의 손가락 잘른 피는
"독립만세"로 聖書의 몇장을 물들였던고?
북만천지 열두곳에 예배당을 이룩하고
그리운 고국을 아득한 눈물로 기도하던
봄비 오는 밤이여, 눈 내리는 아침이여

飢寒과 고독과 공포의 異域 동포끼리
그래도 작은 파벌로 슬피 싸울량이면
지극한 정성으로 화해붙이던 사랑의 사도
分散운동을 정의부로 통합시킨 최초의 별
여성문맹도 독립정신으로 밝히던 교사
김동삼 47동지를 간호한 철창의 천사
그리고 동족의 捕吏까지 誨改시킨 마리아

일제 발악이 만주를 통삼키던 폭풍속에서
국제연맹 릿톤경이 할빈에 조사왔을 때
"韓國獨立願" 다섯자의 혈서와 함께
두마디 잘른 무명지를 세계에 호소한 아픔이여

마침내 倭魁武藤을 정의로 天誅하려고
괴뢰국 만주의 기념일을 기다리고 密計中
할빈 정양가 큰길에서 아깝게도 체포된
폭탄을 간직한 中國服의 걸인노파여
17일 동안이나 단식한 놀라운 옥중투쟁에

오히려 世紀에 울리는 鐵石의 음성으로
오직 "한국독립"만을 외치고 눈감은 평생이여?
아- 할빈 外人묘지의 풀빛이 지금 어떤고?

제4장

독립운동가 후손 면담: 國民府 參士 金振聲의 아들 金世龍

만주지역을 답사하다보면, 많은 독립운동가 후손들을 만나게 된다. 그들과의 만남을 통하여 잊혀진 독립운동의 생생한 역사를 새롭게 복원하게 된다. 이번에 소개하는 국민부 참사 김진성의 5남 김세룡과의 만남 역시 필자를 살아있는 독립운동의 처절하고 생동감 넘치는 현장으로 안내한다. 그러나 김진성이 평양복심법원에서 재판을 받았기 때문에 비록 중차대한 활동을 전개하였지만 기록이 없어 이를 복원하는데 일정한 한계가 있다. 더욱 안타까운 것은 김진성과 함께 활동한 6명의 동지들에 대한 자료를 찾을 수 없다는 것이다. 비록 자료가 없다고 하더라도 이름 없이 죽어간 수많은 항일열사들의 활동상을 우리는 수집 정리하고 이를 역사 속에 생생히 기억해야 하지 않을까.

Ⅰ. 심양학술회의

2010년 8월 14일 오전 중국 심양에서 개최되는 학술회의에 참여하기 위하여 3박 4일 일정으로 심양으로 향했다. 이 학술회의는 9·18역사박물관과 무순시 사회과학원이 공동주최 하는 학술회의로 우리 측에서는 전 국가보훈처 보훈선양국장인 이선우와 필자가 참여했다. 회의는 8월 15일 오전 9시부터 많은 청중들이 참여한 가운데 9·18역사박물관에서 개최되었다. 본 회의에서는 다음과 같은 주제들이 발표되었다.

민족항전과 세계반파쇼전쟁————무순시 역사학회 상무부회장 杜成安
요동항전과 중화민족의식의 각성——무순시 사회과학원 당사연구실 주임 王平魯
의병정신과 무장항일————————전 국가보훈처 보훈선양국장 李善雨
3·1운동 이후 남만주지역 한인독립운동과 군자금 모집—『本邦人在留禁止關係雜件』을 중심으로—수원대학교 교수 朴桓
중국항전의 역사적 의의와 항전사의 연구방향—요녕대학 역사문화학원 교수 焦潤明
동북항일통일전선 발기인과 조직자—楊松——요녕성 당학교 교수 郭化光
중국 인민항일전쟁과 세계 반파쇼전쟁의 기점과 종점———9·18역사박물관 연구실 주임 高建
총결—————무순시 사회과학원 원장 傅波

본 학술회의에서 필자는 「3·1운동 이후 남만주지역 한인독립운동과 군자금 모집—『本邦人在留禁止關係雜件』을 중심으로—」를 발표하였다.

학술회의 후 필자는 9·18역사박물관을 관람하였다. 몇 년 전에 다녀간 적은 있지만 이 박물관에는 만주사변 이후 동북인민의 항쟁과 일제의 만행 등에 대하여 상세히 전시되어 있었다. 특히 중국 측 항일열사들의 사진과 연길 등 조선인들의 집단부락, 목단강에 있는 팔녀투강비의 옛 모습 등은 큰 도움이 되었다. 아울러 독립군 기지를 복원한 모습은 더욱 생동감이 있어 보였다. 관람하면서 만주지역의 항일운동을 연구하는 데 있어서 그동안 간과하였던 중국인사들과 국민들, 지역적 환경 등에 대한 검토가 아울러 이루어졌으면 하는 생각이 들었다.

II. 국민부 독립군 김진성에 대한 다양한 기록

1. 국가보훈처 작성 『독립유공자공훈록』

이번 학술회의 동안 심양에 거주하고 있는 김세룡 Inter Dragon 회장의 도움을 많이 받았다. 그는 요동지역 한인독립운동 유족회 회장으로서 한인독립운동에 큰 관심을 가지고 독립운동관련 학술회의는 물론 한인독립운동관련 유관 행사들을 많이 지원해 주고 있었다. 특히 이번에 학술회의는 물론 신빈지역의 항일유적지 답사에도 동행하여 많은 배려를 해 주었다. 김세룡 씨를 통하여 부친 김진성에 대하여 상세히 알 수 있는 기회가 되어 필자에게는 큰 도움이 되었다.

부친 김진성은 1968년 국가보훈처로부터 독립장을 수여받은 애국지사이다. 『독립유공자공훈록』에 그의 항일업적에 대하여 다음과 같이 기록하고 있다.

김진성(金振聲) 1914.4.16(음)~1961.7.31 이명:왕진기(王雲起)

황해도(黃海道) 곡산(谷山) 출신이다.
1920년 부친 김정일(金正一)을 따라 중국으로 건너가 유하현(柳河縣)의 동창학교(東昌學校)를 졸업하였다. 1932년 6월에 국민부(國民府)에 가입하여 제2중대 참사로 무송(撫松)·안도(安圖)·신빈(新濱)·통화(通化)·집안(輯安) 등지에서 활동하였다.
1934년 음력 7월에 집안현 외차구에서 김창화(金昌化)·김병하(金炳河)·강성채(姜成彩)·정종준(鄭宗俊)·김승호(金承浩)·이봉영(李峯英) 등과 함께 일본 밀정인 김용환(金龍奐)을 처단하고 피체되었다. 김용환은 전직 위원군(渭原郡) 순사로서 집안현 유수림자(柳樹林子) 강구(江口)에서 국민부의 상황을 일경에 밀고하여 교민들이 군자금을 납부하지 못하도록 방해공작을 하던 자이다.
1935년 7월 5일 신의주지방법원에서 소위 치안유지법, 살인 등 7개의 죄명으로 무기징역을 받고 동년 9월 13일 평양복심법원에서 형이 확정되어 경성형무소에서 옥고를 치르다가 광복으로 출옥하였다.
출옥 후 1946년 초에 부모를 찾아가 길림성(吉林省) 통화현(通化縣)으로 돌아갔다가 심양(沈陽)에서 병사하였다. 장남 김세걸(金世杰)은 현재 심양시에서 의사로 활동하고 있다.

정부에서는 고인의 공훈을 기려 1968년에 건국훈장 국민장(현 독립장)을 추서했다.

出典: 『大韓民國 獨立有功者 功勳錄』第 10卷, 國家報勳處, 1993年, 403~404쪽.
註 ・身分帳指紋原紙
・韓民族獨立運動史資料集(國史編纂委員會) 別集 第3輯 3面
・東亞日報(1934.12.8, 12.29)
・每日申報(1935.6.30)
・本人自傳書(1958.6.16 作成)
・獨立運動史資料集(國家報勳處) 第14輯 909面

2. 김진성 자신이 작성한 『자전서』

김진성의 이력에 대하여는 그가 남긴 『자전서』에 보다 상세하다. 그러나 아들 김세룡에 따르면, 자전을 작성하던 시기인 1958년은 중국공산당 시절이므로 구체적인 사실을 나열하는 데 어려움이 있었으므로 간단히 작성되었다고 한다. 아울러 국민부가 우파 성향의 단체이므로 동북항일연군이었다고 강조할 수밖에 없는 아픔이 있었다고 증언하였다. 김성진이 1958년 작성한 자서전을 보면 다음과 같다.

自 傳 書

金 振 聲

(1958.6.16)

于1912년 4월 16일 生在朝鮮 黃海道 谷山郡 上圖面 希葉里 灰洞, 父親 金正一 母親 白正華. 因生活因難 1920年冬季 搬到中國樣子哨. 1921年 春期에 吉林省 柳河縣 樣子哨 東昌小學校에 入學하여 1926年 冬期에 上記學校를 卒業하고 1927年 봄부터 父母任을 幇助하여 農業에 從事하였는데 其時에 吉林省 輝南縣에 居住하다가 1932年 3月에 抗日聯軍에 參加하여 撫松, 安圖等地에서 活動하다가 1934年에 新濱, 通化, 輯安等地로 移動活動하다가 1934年10月에 輯安縣 外岔溝에서 朝鮮 楚山郡 日本警察에게 逮捕되었다(西塔街 民族北里 桂萬後, 金花仙, 通化 東江鄉 黃炳哲, 林昌奉). 그리하여 新義州法院에서 死刑判決을 받고 平壤復審法院에가서 無期徒刑의 判決을

받고 朝鮮 京城刑務所에 投獄되어 木工場에 服刑하다가 8.15解放되어 釋放되어 京城
漢江通 二丁目에서 木工所를 經營하고 木工業을 하다가(1945.9~1946.2) 1946年
陰正月에 父母任을 차저 吉林省 通化縣에 와서 農業에 從事하기로 하고 1946年 冬
期에 朝鮮 楚山郡 龍岩洞에 있는 李小玉 女性과 結婚하여 如前이 東江鄉에 農業을
하다(西塔街 民族北里 桂萬後, 朴文涉, 金花仙).
1947年 4月부터 仝年 8月까지 東江鄉政府에서 富村長의 工作을 하였으며 1948年 7
月부터 1949年 10月까지 太平村政府에서 財糧工作을 하였으며 1952年 2月에는 身
病으로 本市 北市區 石玉溫里 朴文涉 집에와서 一年間이나 休養하였으며 1951年 冬
期에 또다시 東江鄉에 도라가 農業에 從事하였는데 副業的으로 木工을 하였으며
1952年 1月부터는 1956年 東江鄉 水利副主任으로 工作하며 同時에 2年間 民師工作
을 擔任하였음(西塔街 民族北里 蘆仁英, 桂萬後, 東江鄉黨支書 金昌官).
1957年 1月에 本市에 遷移하여 朝鮮機修社에서 2個月間 臨時工으로 木型及木工을
工作하다가 1957年 10月붙어 大陸汽車修配社에 가서 1958年 1月까지 木工作業을
하다가 4月붙어 新興에서 臨時工으로 木型을 하다.
解放以來로 오늘까지 土改, 鎭反運動, 肅反, 三反, 五反, 反右派, 合作化高潮, 總路線
各期各項運動을 經過하면서 學習하고 覺悟한바는 오직 社會主義社會를 建設하는
데 全心全力으로 貢獻하여아만 世界平和와 人類幸福의 目的을 達成할 富强한 祖國
을 建設할 것입니다.

김진성은 자신의 자서전에서 식민지 치하에서의 항일운동과 해방 이
후의 상황을 기술하고 있다. 그런데 아쉽게도 해방 이전 부분에 대해 소
략하게 작성하고 있다. 아마도 주변상황이 녹록치 않았을 것이다. 후학
의 입장에서는 매우 아쉬운 부분이다. 특히 마지막 부분에 상투적으로
적혀 있는 "오직 社會主義社會를 建設하는 데 全心全力으로 貢獻하여야
만 世界平和와 人類幸福의 目的을 達成할 富强한 祖國을 建設할것입니
다"라는 부분은 노 애국지사의 안타까운 마음을 전해주는 듯하였다.

자서전 가운데 특별히 주목되는 부분은 유하현 동창소학교이다. 아
마도 이 학교에서의 교육을 통하여 김진성은 민족의식이 형성된 것 같
기 때문이다. 그러나 기록상에는 유하현의 동창소학교는 나타나지 않는
다. 환인현에 만들어진 동창학교와 유사한 계열의 민족학교가 아닌가
추정된다.

3. 김진성의 「신분장 지문원지」와 신문의 보도내용

한편 김진성의 「신분장 지문원지」에 따르면, 그의 항일운동은 다음과 같이 기록되어 있다.

> 김진성의 죄명: 대정 8년 제령 제7호위반, 치안유지법위반과 방화, 주거침입, 살인, 불법체포, 감금, 공갈
>
> 범죄사실:
> 피의자 김진성은 金昌化, 金炳河, 姜成彩, 鄭宗俊, 金承浩(情?), 李峯英 등 7명은 집안현 유수림자에 이주한 조선인 金龍奐, 그는 원래 위원군에 근무한 순사였다. 그는 국민부 상황을 조선 측에 비밀리에 전달하고, 이주선인을 교사하여 국민부에 의무금을 내지 못하도록 방해함에 가족 모두를 살해할 것을 결의하였다. 이에 김진성 등 7명은 1934년 음력 7월 7일 오후 11시 반경에 동인집에 침입, 가족 4명에게 권총을 난사하여 김용환의 장남과 장녀 2명을 즉사시키고, 김용환에게는 4발을 발사하고, 그의 처 김 씨에게는 10발을 발사해 각각 관통하여 총상을 입혀 거의 빈사상태에 이르렀다.

신분장 지문원지의 경우 앞서 살펴본 『독립유공자공훈록』, 『자서전』 등 보다 김진성의 활동을 구체적으로 언급하고 있다. 즉 김진성은 국민부의 독립군으로서 친일파인 전직 평북 위원군 순사 및 그의 가족을 처단하였던 것이다.

당시 『동아일보』는 이 사건을 대서특필했다. 1934년 12월 8일자에서

> 國民府參士
> 金 振 聲 被捉
>
> 즙안현 외차구에 잠복하였다가 目下楚山署에서 嚴調中
>
> (신의주) 초산(楚山)경찰서에서는 저간 만주 집안현 외차구(輯安縣外𡶍溝) 이주조선인 김택규(金澤奎)방에서 동방에 잠복중이든 국민부원一명을 검거하여다가 목하 엄중취조 중인데 피검된 국민부원은 본적 황해도 곡산군 상화동 히득리(谷山郡上畵洞希得里) 주소부정 국민부 제二중대 참사(參士) 왕운기(王雲起)라는 김진성(金振聲)

(二一)으로서 그는 소하 七년 六월 국민부 제二중대에 가입하야 조선 ○○운동에 활
동하여 왔는데 특히 금년 七월 이래 외차구를 중심으로 살인, 강도, 방화 등 다수의
범죄를 지었다고 추문된다.

라고 하여 김진성이 1932년 6월에 국민부 제2중대에 가입했으며, 1934
년 당시 국민부 제2중대 소속이며 계급이 참사였음을 확인할 수 있었
다. 아울러 집안현 외차구 이주선인 김택규집에서 체포되었음을 알 수
있다. 또한 체포 이후 평북 초산경찰서에서 엄중 취조당하였음도 짐작
해 볼 수 있다.

또한 『동아일보』에서는 1934년 12월 29일 다음과 같은 제목과 기사
로 사건의 중대함을 보도하고 있다.

國民府金振聲
八罪名으로 豫審에
事件內容은 매우 重大하여
楚山署에 잡힌事件

(신의주지국전화) 이달 초순에 평북 초산경찰서楚山警察署에서 검거한 국민부(國民
府) 제二중대 三사 김진성(金振聲(二一)은 지난 二十四일에 신의주지방법원 검사국
에 송국 되엇든바, 二十八일에 드디어 제령위반(制令違反) 치안유지법위반(治安維持
法違反) 거주침입(居住侵入) 살인(殺人) 불법공포감금(不法恐怖監禁) 공갈(恐喝) 등
의 죄명으로 예심에 회부되었는데 사건 내용은 매우 중대하다고 한다.

4. 김진성의 아들 김세룡과의 면담

필자는 만주벌에서 20대에 항일투쟁을 치열하게 전개하다 무기징역
을 선고받은 김진성의 아들 김세룡과 면담을 가졌다. 그의 항일투쟁은
가열찬 것이었으나 그의 이름은 우리 모두에게 잊혀져 있기에 새롭게 그

를 부활시키고 싶었기 때문이다. 김세룡과의 면담 내용을 정리하면 다음과 같다.

> 김진성은 1914년 음력 4월 16일 황해도 곡산에서 출생하였다. 그의 부친과 조부는 고향에서 서당과 한의원을 경영하는 가난한 선비였다. 특히 그는 13남매였으므로 경제적으로 어려움이 있었다고 한다. 1922, 1923년경 김진성은 생존을 위해 장사를 하기 위해 만주로 갔다가 그곳에서 독립운동가들을 만나 항일운동을 전개하게 되었다고 한다.
>
> 1930년대에는 통화 집안, 신빈 등지에서 항일운동을 전개하다가, 1934년 무송현 이차구에서 일본군에 의해 체포되어 무기징역을 살다가 해방후 석방되었다. 그 후 김진성은 서대문 감옥에서 목공일을 배웠으므로 친구들과 함께 먹고살기 위하여 서울 노량진에 목공소를 구입하였다. 그 후 서울에 1년간 머물다가 통화에 가서 부모님을 모시고 서울로 와서 살고자 하였다. 그래서 평북 초산을 거쳐 부모님이 계시는 통화로 오다가 감옥 친구의 소개로 알게 된 이소옥 여사(1928년생)와 결혼하게 되었다.
>
> 통화에 도착하여 부모님을 만났으나 국민당과 팔로군의 전쟁 때문에 서울로 돌아오지 못하고 통화현 이도강 평화촌에서 촌장으로 일하였다. 낮에는 국민당이, 밤에는 공산당이 세력을 장악하였으며, 김진성은 국민당 파라고 하여 공산당에게 심하게 두들겨 맞았다고 한다. 그 후 1957년 탈출하여 심양으로 와 長江社라는 자동차공업소에서 일하였다. 1961년 심양 병원에서 사망하였다.

5. 김진성과 그의 동지들

金昌化, 金炳河, 姜成彩, 鄭宗俊, 金承情, 李峯英 등은 김진성과 함께 활동한 인물들이다. 이들 가운데 김창화, 김병하의 경우는 『국외용의조선인명부』에 다음과 같이 기록되어 있다.

> 김창화(金昌化)
>
> 생년월일 1908년 2월 6일
> 출신지: 平安北道 楚山郡 西面 舞鶴洞(본적)
> 현주소: 奉天省 寬甸縣地方
> 경력 및 활동: 1924년 7월 조선인 비적이 조선내로 침입했을 때 이에 가담하여 도주.

이후 반일행동을 감행.

김병하(金炳河)

생년월일: 1898년 9월 11일
출신지: 平安北道 渭原郡 西泰面 蓮豊洞(본적)
현주소: 奉天省 通化縣 哈泥河
경력 및 활동: 1919년 4월 대한독립단에 가입하여 동지와 함께 渭原郡에 침입하여
군자금을 강탈, 도주했다. 1927년 6월 참의부 제1중대 제7소대장이 되어 활동했다.

한편 김병하의 경우 동명인으로서 다음과 같은 인물이 있다.

김병하(金炳河)
사망년월일 :(양)1936년 10월 9일
운동 계열 만주방면 소속 및 지위: 朝鮮革命軍 3中隊 小隊長
활동지역: 滿洲 輯安縣, 寬甸縣

공적개요: 朝鮮革命軍 제3중대 소대장으로 滿洲 輯安縣, 寬甸縣 일대에서 활동하다
1936년 10월 9일 申鍾三 등 4명을 이끌고 平北 碧潼警察署 魯章駐在所를 습격해 일
본 경찰과 전투를 벌여 일본인 순사 등 4명을 사살한 사실이 확인됨.

김창화와 김병하 등은 모두 평안북도 출신들이다. 거주지는 압록강
대안지역으로 파악되고 있다. 1898년생 김병하와 1936년에 사망한 김
병하가 동일인인지는 확언할 수 없다. 다만 활동단체, 활동지역, 활동시
기 등이 동일하므로 동일인이 아닌가 생각해 볼 수 있을 것 같다.

강성채 · 정종준 · 김승호 · 이봉영 등 다른 이들에 대한 기록은 어디
에서도 찾아볼 수 없다. 아마도 행적을 알 수 없는 독립군들도 국민부
제2중대 병사들로서 평안도나 황해도 출신들이 아니었을까 추정된다.
그들의 이력과 경력은 어떠하며, 재판 당시 몇 년 형을 받았는지, 그 후
의 행적은 어떠한지 궁금하다. 김세룡 회장 역시 이들의 행적을 찾고 싶
어 하고 있다.

4편

만주지역 독립운동단체의 국내 군자금 모금 활동

제1장
북만주 신민부의 국내 군자금 모집활동

Ⅰ. 서언

　1928년 만주지역에는 참의부, 정의부, 신민부 등 여러 독립운동단체들이 항일운동을 활발히 진행하고 있었다. 그러나 이들 단체들에게 가장 부족한 것은 항상 군자금이었고 이는 자신의 관할에 있는 재만동포들과 국내의 동포들에게서 구할 수밖에 없는 상황이었다. 참의부, 정의부와 마찬가지로 신민부 역시 그러하였다. 그러나 특히 국내에서 멀리떨어져 있는 북만주지역에 위치한 신민부의 경우 국내에서 군자금을 모집한다는 것은 더욱 어려운 실정이었다. 그럼에도 불구하고 국내의여러 동지들의 노력으로 신민부의 군자금 모금 활동은 활발히 이루어지고 있었다. 그중 경상북도지역의 군자금이 대표적인 것인데『동아일보』1928.8.15에서도 다음과 같이 대서특필하여 세인의 주목을 끌고 있음을 알 수 있다.

　　－ 獵銃들고 活動 3년 新民府에 資金調遠, 鍾路 大邱 倭館等 三署가 聯合活動, 孫鳳鉉 等 4名은 全部檢事局에 送致, 變死한 申鉉圭關係事件 －
　　길림 방면으로부터 권총을 휴대하고 조선안으로 들어와서 남도 각지에서 군자금을 모집하고 있다는 정보를 얼마 전에 들은 시내 종로경찰서 고등계에서는 대경실색하여 즉시 수색에 착수한 결과 시내 여관에 유숙 중인 孫鳳鉉 이하를 지난 7월 30일에 인치하고 취조한 결과 그들은 최근에 중국 길림으로부터 돌아온 사람으로 남도에 있는 수명의 동지와 서로 연락하여 가지고 **전후 3년 동안에 수천 원의 자금으로 모집하여 그것을 길림에 있는 신민부로 보낸 사실이 발각되어 종로서 형사가 대구에 출장하여 사건 관계자 대부분을 체포하는 동시에 그동안 엄중한 취조를 계속하여 오던 중 돌연히 그 피의자 신현규의 變死 사건까지 발생하여 세인의 일대 주목을 일으키어** 오는 종로서 사건의 피의자 4명(그중 신현규 사망)은 지난 13일 일건 서류와 함께 검사국으로 송치하는 동시에 사건 내용의 일부에 대하여는 14일 아침 경기도 경찰부에서 발표하였는데 그동안 본사에서 조사한 바를 대개 보도하면 다음과 같다.

− 大邱某事件도 被告들이 關聯, 신민부와 연락하야 활동, 思想專門檢事取調 −

별항 사건의 관계자로 종로경찰서의 손을 거쳐 방금 검사국에 넘어가서 사상전문 검사의 손에 취조를 받는 사람은,

　본적 慶南 密陽郡 府北面 舞鳶里 318

　주소 大邱府 南山町 42

　尹昌善(28) (이외 명단 생략)

　위의 기사에서 보는 바와 같이, 신민부 군자금 모금 활동은 1920년대 중후반 국내에서 활발히 전개되었던 것이다. 그리고 신민부에 군자금 모금 활동을 전개하던 손양윤 무기징역, 이병묵과 손호는 징역 10년, 윤창선 징역 5년, 손봉현과 김홍규는 각각 징역 2년을 언도받았던 것이다.[1]

　그럼에도 불구하고 이러한 사건들이 학계에는 그동안 알려지지 않아 신민부 군자금 모금의 실체를 제대로 밝히지 못하고 있다. 그런데 국사편찬위원회에서 이와 관련된 신문 조서 등을 수집하여 자료집으로 간행하였다.[2] 그러므로 필자는 이 자료들을 근간으로 하면서 다른 관련 자료들을 수집 정리하여 신민부의 국내 군자금 모집의 일단을 밝혀보고자 한다.

---

1 『중외일보』 1929년 9월 26일, 『동아일보』 1929년 9월 26일.
2 『한민족독립운동사자료집』 40, 41, 국사편찬위원회, 1999~2000.

II. 군자금 모금의 중심인물들

1. 참여인물

1) 대한광복회 출신 손양윤과 신현규

군자금 모금 활동을 추진한 인물들은 몇 그룹으로 나누어 볼 수 있을 것 같다. 우선 1910년대 가장 대표적인 독립운동단체 가운데 하나였던 대한광복회에서 활동한 인물들이다. 孫亮尹과 申鉉圭가 그러하다. 그중 손양윤孫伯見, 1878~1940은 『中外日報』 1928년 8월 15일자에 <극비밀리에 전개되던 종로서 중대사건 정체 秘使 孫鳳鉉의 逮捕로 사실 露顯 慶北一帶의 부호에게 軍資募集, 元義兵隊長이 중심인물>이라고 하고 있듯이, 군자금 모금의 중심인물이다. 손양윤의 인적사항에 대하여는 그의 신문조서3에 비교적 잘 나타나 있다. 손양윤은 경북 달성 출신4으로 어려서 20년 정도 한문공부를 한 인물이다.5 아울러 그는 "강도죄로 公州지방법원에서 징역 12년에 처해지고, 京城복심법원에 공소하여 징역 10년 처해졌다. 西大門형무소나 大田형무소에서 복역한 적이 있다"다고 밝히고 있다. 이는 그가 구한말에는 鄭煥直 의병의 영향으로 경남 창녕군 읍내에서 의병대장으로서 활동을 전개하다 1907년 12월 체포 되었다가 석방6된 것과, 1910년대 국내 최대 비밀결사조직인 대한광복회에서 활동하다 투옥된 것을 언급한 것이다. 1924년경 출옥한 손양윤은 1년 동안은 관망하며 치밀한 준비를 하였다.7 그 후 1926년 봄 동지

---

3 『한민족독립운동사자료집』 40, 손양윤 경찰신문조서 (1), 115~116쪽.
4 위의 책 40권. 손양윤 공판조서에 따르면, "주거는 慶尙北道達城郡城北面西邊洞一一三二번지, 본 적은 위와 같음, 출생지는 同道 同郡 壽城面 壽城里"로 되어 있다.
5 피의자 손양윤 소행조서, 176쪽.
6 『융회 원년 폭도에 관한 편책』(전라, 경상, 청도) 2, 1907년 12월 29일 손양윤 체포의 건.
7 경찰신문조서 손양윤(제3회) 40권, 121쪽.

인 신현규를 만나 "북간도로 이주하자, 그 준비자금을 조금 모집하자구나"라고 권유하고 이를 위한 계획을 추진하였다. 그러나 실행할 무기가 우선 선결과제였다. 이에 강원도 인제사람 金鐥을 만나 총과 폭탄 5개[8] 등을 인제 백담사 밑에서 입수하였다. 김선은 북간도를 왕래하는 인물이었다.[9]

손양윤은 결국 1929년 9월 26일 경성지방법원에서 무기징역형을 받았다가 동년 12월 2일 경성복심법원에서 20년형이 확정되어 옥고를 치렀다.[10] 10여 년간 옥고를 치르다가 1940년 말에 중병으로 가석방되었으나 10여 일만에 순국하였다고 한다. 장례식에는 본인의 유언에 따라 "朝鮮江山 萬古忠臣"이란 조기를 앞세워 발인하여 일본인들을 경악하게 하였다고 전한다.[11]

신현규申陽春, 1889~1928는 충북 槐山郡 文光面 출신이다. 어려서 2년간 한문공부를 하였다. 1918년경 경북 문경에서 광복단원 손양윤을 만나 대한광복회에 가입한 후 군자금 모금 활동을 전개하다가 체포되어 1920년 6월 대구지방법원에서 강도 傷人罪[12]로 징역 7년을 선고받고 옥고를 치렀다.[13] 신현규는 구한말 손양윤이 의병활동을 전개할 때부터 알고 있었다. 그는 그 후 1928년 8월 신민부 군자금 모금 활동 중 종로경찰서에 체포되어 8월 12일 그곳에서 사망 순국하였다.[14]

---

8 경찰신문조서 손양윤(제2회), 40권, 120쪽.
9 경찰신문조서 손양윤(제3회), 40권, 121쪽.
10 판결문(1929.12.2 경성복심법).
11 손양윤 공적조서, 1977년 4월 17일 아들인 孫熙鉉 작성(1917년생).
12 『신양춘 형사사건부』 1920년 5월 10일, 대구지방법원, 『신양춘 판결문』 1918년 10월 19일, 『예심종결결정서(신양춘)』.
13 『한민족독립운동사자료집』, 국사편찬위원회, 40권, 경찰신문조서 신현규, 112쪽, 의견서, 151쪽.
14 『동아일보』 1928년 8월 15일자, 8월 21일자 사망에 대한 구체적인 내용은 『한민족독립운동사자료집』(국사편찬위원회) 40권, 유치인 사망에 관한 건, 149~150쪽 참조.

2) 신민부에서 파견된 인물들 – 윤창선, 윤홍선, 이병묵, 손호

다음으로 주목되는 인물들은 만주 신민부에서 군자금 모금을 위하여 국내로 파견된 인물들이다. 윤창선 · 윤홍선 · 이병묵 · 손호 등이 그들이다.[15]

윤창선尹在善, 金光魯, 1901~1972은 경남 밀양군 府北面 출생이다. 그의 부친은 참의부 참의장 尹世茸이다. 작은 아버지는 대종교 3대 교주 尹世復이다. 그는 1913년 桓仁縣에 있는 민족학교인 東昌學校를 졸업하였다. 학문적 능력은 한자를 조금 해독하고 보통 문사를 독해할 정도이다라고 일본 측은 파악하고 있다.[16]

尹弘善尹弼漢은 윤세복의 아들로, 윤창선의 4촌 형이다. 그는 吉林省 寬甸縣[17]에서 농사에 종사했다. 국내와 만주와의 연락을 담당하고 있었으며 윤창선의 4째 형 尹遇善이 신민부의 주요 간부로 일하고 있었다.[18]

孫澔孫振顯 1897~1936는 경남 密陽郡 山內面 출신이다. 17세 시 밀양 追城소학교에 입학하여 2년간 공부하였다. 1919년 6월 도박죄로 벌금 50원을 추징당하였다. 그는 1927년 이병묵, 윤창선 등과 함께 군자금 모금을 위하여 신민부에서 파견한 인물이었다.[19] 가족은 처자녀 모두 5명으로서 처가 떡장사를 하며 겨우 살고 있었다.[20] 그리고 부동산 1,000원 가량을 소유하고 있다.[21] 1929년 9월 25일 경성지방법원에서 소위 강도 등의 죄명으로 징역 10년형을 받고 경성형무소에서 옥고를 치르다가 모진 고문과 옥고로 1936년 8월 23일 옥사 순국하였다.[22]

---

15 신현규 신문조서 참조.
16 40권, 피의자 윤창선 소행조서, 175쪽.
17 40권, 시국표방강도사건 피의자 발견에 관한 건, 109쪽.
18 『중외일보』 1928년 8월 15일자.
19 경찰 의견서 손양윤, 154~156쪽.
20 경찰신문조서 손호, 41권, 15쪽.
21 검사신문조서 손호 2, 41권, 23쪽.

李丙黙李丙, 李景濤, 1900~1931[23]은 전남 潭陽 출생이다. 전남 昌平공립
보통학교와 경성 서대문정 기독교회의 영어과를 졸업하였다. 그 후 휘
문의숙에 입학하여 2학년 때 중퇴하였다.[24] 그러므로 이병묵은 신학문
에 능통한 인물이었다고 보여진다. 그는 그 뒤 부친 李敬秀를 따라 奉天
오늘날 심양으로 망명하였다. 그리고 桓仁縣 大雅河 城頭甸子에 거주하였
다. 1927년 12월 27일 국내로 잠입하여 대구로 왔다.[25] 그는 자작농으
로서 생활에 곤란을 받지 않는 정도의 생활을 하고 있었다.[26]

---

22 수형인명표폐기목록(1983.3.11 山內面長發行), 제적등본(1936.8.23 경성형무소에서 사망).
23 『독립운동사』 7권, 548~549쪽에서는 이병묵(李丙黙)은 가병(假名)을 이경수(李景濤)라고도
   하였는데 1900년 8월 14일 서울 종로구 계동(桂洞)에서 출생하였는데 소년 시절부터 항일
   애국의 굳은 투지를 가지고 있었다. 국내에서 중등 학교나마 마치고 해외로 나아가 조국 광
   복에 활약하겠다는 포부로 서울중앙학교(中央學校)에 입학하였다. 이 때 사립학교에도 일
   인 교사가 점차 많이 들어와 식민지 노예 교육을 실시하게 되었는데, 이병묵은 여기에 항거
   하여 이미 만주로 망명하여 독립운동에 종사하고 있던 친형 병욱(丙旭)과 비밀 연락 아래 항
   일 운동 상황 연락 임무에 종사하던 중, 이 사실이 일경(日警)에 탐지되어 동교 3학년을 중퇴
   하고 만주로 망명하였다. 이리하여 참의부(參議府) 참의장(參議長)이던 빙부 윤세용(尹世茸)
   의 휘하에서 활약하였다.
   그 뒤 통의부(統義府) 환인(桓仁) 흥경(興京) 지방총관소(總管所) 총관(總管)으로 있으면서 소
   학교를 설립하고 교포 자녀들의 육영 사업에 힘쓰는 한편, 독립군을 압록강변의 초산(楚山)
   벽동(碧潼) 등지에 파견하여 국경 지대의 일제의 수비 경찰 초소를 습격하도록 하고 일경의
   사살, 적 기관의 파괴, 무기 탈취, 망명 항일 투사의 길 안내, 군자금 모집 등 각 방면에서 활
   동하였다.
   그 후 이병묵은 신민부로 가입하여 상술한 바와 같이 1927년 4월 신민부 중앙 위원장 김좌
   진의 지령을 받아 신현규(또는 신석암)·손호·손봉현·윤창선 등과 더불어 신민부 공작
   원으로 국내로 잠입하여 대구 지방에서 활약하다가 체포되었다.
   체포된 이들은 남은 동지들의 안전을 위하여 말할 수 없는 악독한 고문을 견디고 참다가 드
   디어 신현규는 취조 중 순사하고, 이병묵과 손호·손봉현은 1929년 9월 경성지방법원으로
   부터 각각 10년 내지 20년의 징역을 언도받았다. 이들은 경성 형무소에서 복역하였거니와
   이병묵은 극심한 고문과 옥고로 1931년 2월 26일 31세를 일기로 순국하고 말았다"라고 있
   다. 그러나 그가 재학한 학교, 언도형량 등에 대하여는 재검토의 여지가 있다.
24 『독립운동사』 7, 549쪽에는 중앙학교 3년 중퇴로 되어 있다. 예심신문조서 이병묵(2회),
   214쪽.
25 윤창선 경찰신문조서 2회, 40권, 128쪽.
26 이병묵 검사신문조서 2회, 41권, 35쪽.

이병묵과 관련하여 주목되는 점은 두 가지이다. 첫째는 그가 1920년 대 중후반 압록강 대안에서 활동한 대표적인 독립운동단체인 참의부 참의장 尹世茸의 사위라는 점이다. 그는 윤세용의 딸 尹末弼과 혼인하였다.[27] 신민부 국내 군자금 활동에서 함께 활동하는 윤세용의 아들 尹昌善尹在善의 매형이 된다는 것이다. 한편 윤창선은 이병묵과 의형제처럼 지내는 사이였다.[28]

둘째는 이병묵의 친형인 李丙旭 역시 항일운동가라는 점이다. 이병욱은 이병묵이 활동할 당시에는 감옥에 투옥상태였다. 그는 1920년 1월 윤세용의 지휘를 받아 무기를 국내로 운송 중 발각되어 신의주 지방법원에서 징역 2년을 언도받았다.[29] 석방된 후에도 다시 만주로 망명하여 1924년에는 大韓統義府에서 활동하다 1924년 金東三의 명령에 따라 입국하여 군자금 모금과 친일파 처단을 진행 중 체포[30]되어 징역 10년을 받고[31] 서대문형무소에서 투옥 중이었다. 그 후 1931년 10월 석방 후 재차 만주로 망명하여 지하활동을 전개하였다.[32]

3) 밀양 출신 무극교신앙 인물들—손봉현, 윤치백, 김홍규

다음은 밀양 부호 김태진의 아들 김병연으로부터 군자금을 마련하기 위해 활동했던 주변 인물들에 대하여 살펴보도록 하겠다. 우선 주목되는 인물은 孫鳳鉉이다. 손봉현1894~1969은 中外日報1928.8.15에

---

27 경찰신문조서 윤창선(5회), 40권, 138~139쪽.
28 경찰신문조서 윤창선(5회), 40권, 139쪽.
29 『동아일보』 1924년 1월 13일자.
30 『동아일보』 1924년 11월 13일자.
31 1925년 5월 23일 서대문형무소에서 강도 공갈 대정 8년 제령 7호위반으로 징역 10년을 언도받았다.
32 이병욱 공적조서(국가보훈처 소장).

> 종로경찰서 고등계에서는 7월 31일에 吉林방면으로부터 모 중대 사명을 띠운 밀사가 비밀히 조선내지에 침입하였다는 정보를 받고 엄중 경계를 하던 끝에 우연히 단서가 잡히게 되어 동일 밤에 시내 太平通에 있는 三通旅館에 잠복하여 있던 밀사 孫鳳鉉을 체포하자 드디어 모든 사실이 발각되는 동시에 이면 활기를 띠우고 동서에서는 가장 활동이 민활한 梅野, 柳承雲의 양 형사가 대구에 출장하여 대구경찰서와 倭館경찰서의 응원을 얻어가지고 활동을 개시하여 南鮮 각지의 부호를 협박하여 거대한 자금을 얻어가지고 모종의 중대 재○을 하던 이 사건의 정체가 그만 발각되어 그들의 일파 25명이 검거되어 이래 엄중한 취조를 받다가 드디어 취조가 끝남에 따라 13일에 일건 서류와 함께 검사국으로 넘어가는 동시에 사건의 일체 내용을 14일에 경기도경찰부에서 발표하였는데 사건의 전말은 아래와 같으며 그중 申鉉圭는 기보한 바와 같이 12일 새벽 4시경에 종로서에서 돌연 사망하였다더라.

라고 있듯이, 손병현이 체포되면서 군자금 모금 활동이 실패하게 되었음을 알 수 있다. 그는 경남 밀양군 上東面 출신이다. 어려서 향리에서 7년간 한문공부를 하였다. 그 후 밀양의 부호 金泰鎭의 딸과 결혼하였다. 그의 처남은 金秉淵金龍出이다. 손봉현은 尹致伯과 함께 어려서부터 알고 있었고, 무극교를 함께 신앙했다.[33] 손병현의 경제적 어려움에 대하여는 다음과 같은 그의 가출옥 서류를 통해서도 짐작해 볼 수 있다.[34]

> 출감 후에 보호자의 주소, 씨명, 직업, 소행, 생활 상태 및 보호자와 본인의 관계: 密陽郡 上東面 佳谷里 220번지 金台同(38년) 이는 본인의 처로 친척 이민의 원조를 얻어 소작농업을 하여 의식이 궁함. (중략)

> 尹致伯은 1920년 정도 부터 밀양에서 密城商會 라는[35] 포목점을 경영하였다.[36] 손봉현과 어려서부터 아는 사이었다. 손병현과 함께 무극교를 신앙했고, 해원교를 신앙했고 밀양지부장이었다. 손봉현은 밀양지부 통신원이었다.[37] 윤치백의 용모에 대하여 일본 측은 다음과 같이 언급하고 있다.
> 사기법인 압류의뢰의 건

---

33 『韓民族獨立運動史資料集』40, 국사편찬위원회, 孫鳳鉉 경찰신문조서, 102~105쪽.
34 경찰신문조서 손봉현, 40권, 102쪽.
35 사기범인 압류의뢰의 건, 40권, 105쪽.
36 예심신문조서 김홍규, 198쪽.
37 경찰신문조서 손봉현, 104쪽.

주소: 밀양읍내 밀성상회(포목상)

무직, 당 34세 정도

인상: 키 5척 4촌 5푼 정도, 얼굴 긴편, 턱이 뾰족함, 관골 돌출, 눈 언저리 움푹 얼굴

빛 흰편, 코끝이 뾰족, 수염 없음 항상 한복 입음[38]

金弘圭1889~1951는 김병연의 자금을 받아내는 데 일익을 담당한 인물이다. 그는 경남 밀양 丹陽面 泗淵里출생이다. 김태진의 먼 친척이며,[39] 대종교인이다.[40] 어려서부터 한글을 습득하는 정도의 교육을 받았다.[41] 재산은 동산 부동산 합하여 5,600원 정도이다.[42] 그는 무극교를 신앙하였으며, 15년 전부터 손봉현과 아는 사이었다.[43] 1928년 8월 종로경찰서에 체포되었다. 이때 김홍규는 1929년 7월 16일, 경성지방법원에서 유가증권 사문서 위조, 사기, 제령 7호 위반, 강도, 상해죄 등으로 징역 2년을 받고 옥고를 치렀다.[44] 그의 신문조서에는 그의 신상과 가족 상황에 대하여 잘 나타나 있다.

> 문: 피고의 경력과 가정 형편은 어떤가.
>
> 답: 나는 21세 때 부친을 사별한 탓으로 한 집을 짊어지고 홀로서서, 유업인 농사에
> 종사해 왔다. 가족은 처자식 모두 9인 가족이며 재산이래야 동산과 부동산 모두
> 500원 정도 밖에 없고, 생계의 곤란을 겪고 있다.[45]

한편 李相規는 경북 고령출생이다. 8세부터 16세까지 사숙에서 9년간 한문공부를 하였다.[46] 형 李相義는 사립서당에서 교편을 잡고 있으

---

38 사기범인 압류의뢰의 건 40권, 105~106쪽.

39 예심신문조서 김홍규, 200쪽.

40 독립유공자공훈록 김홍규.

41 경찰신문조서 김홍규, 41권, 3쪽.

42 검사신문조서 김홍규 2, 41권, 9쪽.

43 경찰신문조서 손봉현 (2), 111쪽.

44 『東亞日報』(1929.7.16, 9.26).

45 예심신문조서 김홍규, 198~201쪽.

46 경찰신문조서 이상규 (1), 130쪽.

며,[47] 다소 재산을 가졌으므로 그는 무위도식하고 처, 자식 모두 형에게 생계를 의지하고 있다.[48] 그의 신상에 대하여는 경찰신문조서 이상규에 잘 나타나 있다.[49]

나이는 43세, 신분은 양반, 직업은 농업

주거: 경상남도 창녕군 桂城面 계성리 47

본적은 경상남도 고령군 고령면 內上洞 32

이상규는 경찰신문조서 (1)에서 언급하고 있는 바와 같이, 윤창선과 인연으로 이 사건에 개입하게 된 것 같다.

답: 나는 尹昌善과 1925년 여름, 大邱府 西城町에서 李順伊가 경영하는 여관에서 함께 투숙했던 인연으로 알게 된 이래 친하게 지냈다. 孫亮尹, 李丙孫詡, 孫鳳鉉 등은 면식도 없는 생면부지의 사람이었다.[50]

이상규는 孫亮尹 등이 慶尙北道 漆谷郡 若木面 觀湖洞의 張仁煥, 同道 慶山郡 南山面 慶洞里의 金斗南 집에서 군자금을 모집할 때, 미리 張仁煥과 金斗南의 자산 상태를 탐지하여 孫亮尹 등에게 통보해 주었다.[51]

2. 참여인물의 특징

군자금 모금에 참여한 인물들의 나이를 보면, 1928년 당시, 손양윤이 51세로 제일 연장자임을 알 수 있다. 김홍규는 40세, 손봉현, 손호는 35세, 32세, 윤창선과 이병묵은 28세, 29세였다.[52]

손봉현 · 윤창선 · 손봉현 · 김홍규 · 윤치백 · 이상규 등은 모두 경상

47 경찰신문조서 이상규 신문조서, 131쪽.

48 경찰신문조서 이상규 (1), 130쪽.

49 경찰신문조서 이상규, 130쪽.

50 경찰신문조서 이상규, 131쪽.

51 경찰신문조서 이상규 (2), 135~137쪽.

52 1929년 형공 제 674호 판결문(송봉현 등).

도 출신이며, 특히 윤창선, 윤홍선, 손봉현, 윤치백, 김홍규 등 밀양 출신이 많은 것이 특징이다. 중심인물 가운데 손양윤은 경북 달성, 이병묵은 전남 담양이며, 신현규는 충북 괴산이다. 이를 통해 볼 때, 신민부의 군자금 모금 활동은 경상도지역을 중심으로 이루어졌으나 그 출신지역은 경상, 전라, 충청 등 삼남지역에 걸쳐 이루어졌다고 볼 수 있다.

학력을 보면 대부분 한학을 공부하였으며, 이병묵은 휘문의숙을 다니는 등 신학문을 공부하였다. 윤창선은 윤세복 등이 만주 환인현에 설립한 민족학교인 동창학교 출신인 점이 주목된다.

종교를 보면, 밀양지역에서 신종교라고 할 수 있는 무극교, 해원교를 신앙한 인물들이 주목된다. 손봉현 · 윤치백 · 김홍규 등이 그들이다. 해원교에 대하여는 손봉현의 신문조서[53]에서 파악할 수 있다.

신민부 군자금 모집 활동의 특징 가운데 하나는 대종교인인 윤세용 1868~1941, 윤세복 두 형제의 혈족들이 깊이 관여하고 있다는 점이다. 앞서 언급한 바와 같이 윤세용의 아들인 윤창선, 사위인 이병묵, 윤세복의 아들인 윤홍선 등이 그들이다. 윤세용은 대종교 3대 교주인 윤세복의 친형이다. 그는 尹世斗 · 尹聖佐 등으로 불리기도 하였다. 그의 자는 庠文, 호는 舜可, 白菴이며, 세용으로 개명하여 동생 윤세복과 함께 만주에서 항일운동을 전개하였다. 그는 숙부인 청도 김씨를 일찍 사별하고, 후처 밀양 박씨 사이에서 6남−英善, 壽善, 章善, 遇善, 昌善, 貞善과 3녀를 두었다.[54] 윤세용은 1912년 만주로 망명한 후 환인현에 윤세복과 함께 동창학교를 설립하고 교민자녀들이 민족의식 고취에 노력하였다. 3 · 1운동 이후에는 한교공회, 대한독립단, 대한통의부 등에서 활동하였다. 1925년 고마령전투에서 참의장 최석순이 순국한 후 참의부가 일

---

53 『韓民族獨立運動史資料集』 40, 국사편찬위원회, 102~105쪽. 손병현 경찰신문 조서. 해원도에 대하여는 검사신문조서 손병현(2회)에도 기록이 있다.
54 조준희, 「단애 윤세복의 민족학교 설립 일고찰」, 『선도문화』 8권, 94쪽.

시 혼란에 빠지자 1925년 8월 제1회 행정회의를 열고 윤세용을 참의장으로 영입하였다. 윤세용은 1927년 3월 하얼빈에서 소집되는 제3공산당 연합대회에 참가하기 위하여 참의장을 사임하였다.[55]

윤세복1881~1960은 경남 밀양에서 가선대부를 지낸 尹憘震의 차남으로 태어났다. 본관은 茂松이며, 본명은 世麟, 자는 庠元이다. 그는 6세때인 1886년 봄 고향마을에 있는 凝川齋서에 입학하여 21세까지 한학을 공부하였다. 윤세복은 응천재에 다니면서 10대에 혼례를 치러 1남 1녀를 두었다. 아들 弘善1896~?, 딸 蘭岳1899?~1955이다. 1903년 밀양 신창 소학교에서 교사로 활동하였다. 1906년에는 대구로 가서 5월부터 대구부 토지조사국 측량과에 입학하여 3년간 측량기술을 습득하였다. 한편 1907년에 개교한 대구 협성학교 교사로 1년간 활동하였다. 그 후 대구에서 대동청년단에서 활동하였다. 1910년 음력 12월 홀로 서울 간동에 있는 대종교를 찾아가서 羅喆을 만난 훈도를 입고 입교하였다. 1911년 3월 29일 시교사에 임명된 후, 간도 환인현에 대종교 시교사 자격으로 파견되어 1911년 5월에 동창학교를 설립하고 민족교육과 시교활동에 매진하였다. 그러나 이 학교는 1912년부터 일제에 의하여 그 동향이 탐지되어 오다가 1914년에 이르러 강제폐교를 당했다. 만주로 망명 당시 윤세복은 자식들은 국내에 남겨두었다. 후일 자녀들은 모친을 여위고 만주 무송현에 있는 부친을 찾아갔다. 윤홍선은 尹弼漢이라는 이름으로 독립운동을 도왔다. 그리고 딸 윤낙악은 부친을 봉양하며 倧經과 한학에 달통하였다.[56]

---

55 김병기, 『참의부연구』, 2005년 단국대학교 박사학위 청구논문, 49~52쪽.
56 조준희, 「단애 윤세복의 민족학교 설립 일고찰」, 93~97쪽.

III. 군자금 모금 활동

1. 신민부와의 연계

군자금 모금 활동은 신민부와 연계되어 이루어졌다. 『동아일보』1929년 6월 26일자에,

재만신민부와 연락 십수 처에서 군자금 모집
재만신민부와 연락
손양윤 등 공판 금일에 개정
*종로서에서 변사한 신현규와 공범
광복단 시대부터 활동
작년 8월에 주범 신현규(40)를 종로서 유치자엥서 사별하고 공범 일곱명이 검사국으로 넘어간 손양윤(49), 이병묵(30), 손호(30), 윤창선(28), 이상규, 김홍규 등에 대한 대정 8년 제령 제7호 위반 유가증권위조행사, 강도 등 사건 공판은 기보와 바와 같이 금 26일 경성지방법원에서 개정하게 되었다. 사건 내용은 전기 손양윤은 일찍부터 조선 ○○사상을 가지고, 지금부터 14년 전에 지금까지 길림에서 신민부의 수령으로 있는 김좌진의 부하가 되어 조선 안에서 군자금을 모집하다가 발각되어 일직 장기의 감옥살이를 한 조선 ○○운동자로 그는 광복단 사건으로 감옥살이를 하다가 출옥한 신현규와 공모하고 대정 15년 6월 13일에 칠곡군 米田精一의 집에 흉기를 가지고 침입하여 그 집에 있는 산양총 두 자루를 빼아서다가 그의 총부리를 잘라 단총을 만들어가지고 **작년 4월까지 전후 12처에서 군자금 수천 원을 모집하여 신민부로 보내었다는 것이라는 바** 사건 공판의 결과는 자못 주목된다더라.

라고 있고, 『동아일보』1928.8.15에서도 "獵銃들고 活動 3년 新民府에 資金調遠"이라고 대서특필하여 세인의 주목을 끌고 있음을 알 수 있다.

한편 군자금 모금과 신민부와의 관련은 대한광복회 출신으로 군자금 모집에 앞장섰던 <신현규의 신문조서>를 통하여도 살펴볼 수 있다. 이를 보면 다음과 같다.

여기서 피의 사건을 고하고, 그 사건에 관하여 진술하겠는지를 물었던 바, 피의자는

다음과 같이 응답하다.

문: 강탈한 금전은 어찌하였는가.

답: 慶山의 金斗南에게서 뺏은 800원은 孫亮尹이 80원, 내가 80원, 尹昌善이 100원, 孫潽, 李丙이 140원씩으로 각각 분배하여 생계비로 쓰고, **400원은 중국조선독립단 新民府 앞으로 보낸다고 李丙이 갖고 갔다.** 그리고 李以뮴의 것 二八五원은 李丙 孫亮尹, 孫潽, 尹昌善 및 나 五명으로 고르게 분배했다. 李相琦 집의 一〇〇원은 전술한 五명에게 의복 한 벌씩을 맞추어 주고 나머지는 각원의 잡비로 썼고, 그 외의 곳에서 받은 돈도 모두 골고루 분배하여 사용했다.[57]

문: 이것은 무슨 목적으로 금전을 강탈했는가.

답: 시작한 동기는 작년 음력 九월경, 尹昌善 집에서 尹昌善에게 들으니 尹弘善, 孫亮尹, 尹昌善 등이 공모하여 조선의 독립운동가금을 징수한 다음 尹弘善을 통하여 **新民府의 金佐鎭과 연락을 취하고 자금을 송금하여 조선 독립무관학교를 설립하고, 독립군의 교양을 이룩함과 동시에 자금을 더 많이 징수한다면 滿洲로 옮겨서 운동하기로 한다는 포부 아래, 尹弘善을 滿洲로 파견키로 되어있다고 들었다.**

문: **尹弘善은 新民府의 무슨 직분인가.**

답: **그것은 모르나 尹弘善의 부친은 新民府의 간사로 新民府員이었고, 독립운동을 한 탓으로 징역을 치르고 출옥한 자이다.**

문: 그럼 李丙 孫潽는 어떤 사람인가.

답: 그 둘도 **新民府**에서 자금 모집운동 차 입선한 자이다.

문: 그래서 慶山에서 강취한 八〇〇원 중의 四〇〇원은 李丙이 **新民府**로 보낸다고 갖고 갔는가.

답: 그렇다.[58]

즉, 이들은 조선의 독립운동가금을 징수한 다음 尹弘善을 통하여 新民府의 金佐鎭과 연락을 취하고 자금을 송금하여 조선 독립무관학교를 설립하고, 독립군의 교양을 이룩함과 동시에 자금을 더 많이 징수한다면 滿洲로 옮겨서 운동하기로 한다는 포부를 가지고 군자금 모금을 진행하였던 것임을 알 수 있다.

신민부의 군자금 모금 활동은 처음에는 손양윤과 신현규에 의해 추진되었다. 이들은 옛 친구이자 동지였다. 1910년대 대한광복회에서 활

57 경찰신문조서 신현규 (1), 114쪽.
58 경찰신문조서 신현규 (1), 114~115쪽.

동하다 투옥되었다. 이때 손양윤이 더 중심적인 역할을 한 것으로 보인다. 그는 구한말에는 의병투쟁을, 1910년대에는 대한광복회에서 활동하는 등 일제에 굴하지 않고 20년에 가까운 생애를 항일투쟁에 힘을 기울인 인물이었기 때문이다. 1920년대 중반 석방 후에도 손양윤 등은 굴하지 않고 새로운 활로를 모색하였다. 아울러 새로운 동지들의 규합에도 힘을 기울였을 것이다. 바로 이러한 때에 신민부에서 온 특파원 이병묵을 만나 이후 여러 동지들과 힘을 합하여 신민부로 보낼 군자금 모금 활동을 보다 활발히 추진하였던 것이다. 손양윤 등의 이러한 계획은 일제가 조사한 <손양윤 의견서>에서 짐작해 볼 수 있다.

> 1927년 8월경 大邱에서 尹弘善의 소개로 滿洲의 불온단체 新民府에서 자금징수 차 입선 중인 李丙 尹昌善, 孫澔 등과 알게 되어 서로 왕래했다.
> 상 피의자 申鉉圭와 최초 결의한 취지를 실토하여 다시 협의 결의하고 계속 자금 강탈을 위해 노력하는 동시에 한편으로 상 피의자 尹弘善을 먼저 滿洲 新民府로 파견하여 연락을 취하게 하고, 뒤로 점차 자금을 송금하기로 결의했다.[59]

라고 있듯이, 손양윤 등은 1927년 8월경 대구에서 윤홍선의 소개로 만주 신민부에서 군자금 모집 차 온 이병묵 · 윤창선 · 손호 등을 소개받고 서로 왕래하였다. 윤홍선은 대종교 3대 교주 윤세복의 아들이었으므로 손양윤과는 독립운동선상에서 서로 아는 사이였을 것으로 보인다. 특히 윤홍선이 자기의 사촌 동생인 윤창선, 윤세용의 사위인 이병묵 등을 소개하였음으로 손양윤도 이들을 깊게 신뢰하였을 것으로 짐작된다. 특히 손양윤은 군자금을 모집하여 만주와 연대를 갖고 항일투쟁을 전개하고자 하였음으로 그에게도 이들과의 만남은 좋은 기회로 인식될 수 있었을 것이다. 이에 손양윤 · 신현규 등과 윤홍선 · 윤창선 · 이병묵 · 손호 등은 힘을 합쳐 군자금 모금에 전력을 기울이게 된다. 한편 윤

---

59 『한민족독립운동가료집』 40, 경찰 의견서 손양윤, 155쪽.

홍선을 먼저 만주 신민부로 파견하여 연락을 취하도록 조처하였다. 신민부의 국내 군자금 모금 활동을 시기순으로 살펴보면 다음과 같다.

2. 군자금 모금 활동

1) 慶北 漆谷郡 北三面 吾坪洞 의거: 1926년 6월 13일

손양윤 등은 신민부에 보낼 군자금 마련을 위한 사전 준비활동으로서 경북 칠곡 의거를 준비하였다. 군자금 마련을 위해서는 무엇보다도 무기가 필요했던 것이다. 손양윤 등은 칠곡에 있는 일본인 집에 무기가 있음을 파악하고 우선 무기입수 및 군자금 모금을 위한 자금 확보를 위해 진력하였다. 이에 손양윤은 신현규 등 여러 동지들과 함께 1926년 6월 13일에 慶北 漆谷 北三面 吾坪洞 幾田精一이란 일본사람의 집에 침입하였다. 그리고 권총으로 위협한 후 현금 105원과 엽총 두자루를 압수하였다. 『中外日報』1928.8.15 <극비밀리에 전개되던 종로서 중대사건 정체－秘使 孫鳳鉉의 逮捕로 사실 露顯 慶北一帶의 부호에게 軍資募集 元義兵隊長이 중심인물>에 이 의거가 잘 나타나 있다.

> － 잠입 후 初着手로 漆谷日人家 掩襲 － 권총으로써 협박한 다음
> 현금과 엽총 등을 奪去
> 본적 慶北 達城郡 城北面 西邊洞 주거불정(전과 1범) (무직) 孫亮尹(49)
> 본적 忠北 槐山郡 文光面 玉城里 주거 大邱市 德山町 277의 6(전과 1범) 무직 申鉉圭
> 申陽春(41)
> 본적 慶南 密陽郡 府北面 舞鳶里 318 주거 大邱府 南山町 42 무직 尹昌善(28)
> 본적 慶南 密陽郡 上東面 佳谷里 220번지 주거부정 孫鳳鉉(36) 외 1명
> 전기 5명 중 사건의 중심인물은 孫亮尹으로서 그는 일찍이 의병대장으로 시국에 불
> 평을 품고 남북만주 방면으로 다니면서 ○○운동자와 서로 연락을 취하여 가지고
> ○○운동을 하던 터인데 ○○운동을 하자면 자금이 있어야 하겠다는 생각을 가지
> 고 다시 그 자금운동을 하기 위하여 조선 내지에 침입한 후 申鉉圭 등 여러 동지를 규

합하여가지고 1926년 6월 13일에 慶北 漆谷 北三面 吾坪洞 幾田精一이란 일본사람
의 집에 침입하여 권총으로 위협한 후 현금 105원과 엽총 두자루 기타 다수 물품을
뺏어 가지고 운동자금을 삼은 후 비로소 한 비밀결사를 조직하여 해외의 동지들과
연락을 취하는 동시에 만주에 있는 新民府와도 연락을 하여 오던 것이다.

위의 기사를 통해 볼 때, 이 의거를 주도한 인물은 손양윤 · 신현규 ·
윤창선 · 손병현 외 1명임을 알 수 있다. 손양윤 등은 현금 105원과 엽
총 2자루를 획득하였다.[60] 이는 차후 군자금 모금의 토대가 되었다.

손양윤과 신현규는 옛 친구이자 대한광복회에서 함께 활동한 동지였
다. 출옥 후 이들은 1926년 5월 조선의 독립을 달성하기 위하여 그 준비
로서 국내 각지 부호에게서 자금을 모아 滿洲의 新民府로 송금하는 한
편, 동지들과 좀더 연락을 취하고 대대적으로 감행하여 군자금을 다수
얻은 뒤에 滿洲에 이주하여 계속 조선의 회복을 위해 운동할 것을 결의
하고 있었다. 바로 이러한 계획을 보다 효율적으로 추진하기 위하여 그
일 단계 작업으로서 현금과 무기, 엽총 두 자루를 얻었던 것이다. 즉, 손
양윤 신현규 등은 군자금 모금의 첫 작업으로 총기입수가 필요하였던
것이다. 이에 이들은 일본인 집에 현금과 총이 있음을 탐지하고 의거를
진행하였던 것이다.

2) 경북 칠곡군 李以昌의 집에서의 군자금 모금: 1927년 5월 7일과 8월 30일

1927년 5월쯤 손양윤 · 신현규 등은 경북 칠곡군 왜관면 매원리 李以
昌의 집에 밤 11시에 들어가 현금 230원을 모금하였다. 이 사건은 『동
아일보』 1927년 5월 15일에 <식도와 곤봉을 들고 칠곡 일대 횡행>라
는 제목으로 기사화되었으며, 『중외일보』 1928년 8월 15일자에서는 다

---

60 『한민족독립운동가료집』 40, 증인 幾田精一 신문조서, 223~225쪽.

음과 같이 모호하게 기사화하고 있다.

이에 대하여는 각 인물의 <의견서>에 구체적으로 잘 나타나 있다. 한편 손양윤 · 신현규 · 이병묵 등은 1927년 8월 30일 경북 칠곡군 이이창의 집에 재차 들어가 현금 270원을 모금하였다. 이 군자금 모금은 <이병묵 의견서>에서 상세히 살펴볼 수 있다. 1927년 8월 30일 손양윤, 신현규는 이병묵과 함께 이이창의 집에서 현금 270원을 모금하였다. 그리고 이중 금 100원을 대구에서 만주 신민부 앞으로 우송하였다.

3) 칠곡군 倭館面 梅院里의 李壽延 집에서의 군자금 40원 모금: 1927년 8월 30일

1927년 8월 30일에 있었던 손양윤, 신현규, 이병묵 등의 경북 칠곡군 왜관읍 매원리 이수연 집에서의 군자금 모금은 <손양윤 의견서>를 통하여 짐작해 볼 수 있다.

<의견서> 손양윤

소화 二년(1927년) 八월쯤 倭館面 梅院里의 李壽延 집에 申鉉圭, 李丙과 3인이 함께 먼저 숨겨 두었다가 꺼내온 총 一정과 식칼 한 자루, 곤봉을 각자 가지고 오후 一一시경 침입했다. 주인과 가족들에게 폭행 협박을 가하여 현금 40여 원을 강탈 도주하던 중, 같은 동네의 李以昌 집에 또 침입하여 전번과 같은 수단 방법으로 현금 270여 원을 강탈한 다음, 大邱로 돌아와서 강탈금 중 100원은 李丙으로 하여금 大邱에서 우편으로 滿洲의 新民府로 송금하게 하고, 잔금은 상 피의자 등과 함께 분배, 소비하였다.[61]

---

61 경찰 의견서 손양윤, 155쪽.

라고 있듯이, 1927년 8월 30일 倭館面 梅院里의 李壽延 집에서 오후 11시경 침입, 주인과 가족들에게 현금 40여 원을 모금하였다.

한편 1928년 2월 말쯤 梅院里 李壽延 집에 밤 11시경, 손양윤은 신현규와 이병묵과 함께 각기 총, 식칼, 폭탄을 갖고 침입했으나 주인 부재로 목적을 달성 못하였다.[62]

4) 밀양 부호 김태진의 아들 김병연으로부터 군자금을 모금: 1927년 12월 및 1928년 1월 초

신민부 국내 군자금 모금 활동 가운데 가장 큰 것은 300석 가량 토지를 소유하고 있는 밀양 부호 김태진[63]의 아들 김병연으로부터 군자금을 모금한 것으로 보인다. 즉, 아들 김병연을 통하여 만주에서의 개척지 구입을 빙자하여 부친인 밀양 부호 김태진으로부터 3,000원을 징수한 것으로 파악하고 있다.

이 사건에서 김병연과 직접 접촉한 사람은 그와 인척관계에 있던 손봉현이다. 상대방이 신뢰를 가질 수도 있고 접근 역시 자연스러웠기 때문일 것이다. 그리고 이 계획을 적극적으로 추진한 인물은 윤치백·윤창선 등으로 보인다. 윤창선은 김태진·김병연과 12촌되는 인척이었다.[64] 손봉현의 신문 조서를 통하여 보면, 손봉현이 김병연에게 접근하여 군자금을 마련하기 위하여 어떠한 행동들을 하였는지에 대하여 알 수 있다. 손봉현의 진술에 따르면, 손봉현은 윤치백의 방문과 그의 권유, 윤치백의 윤승한·윤홍선(윤필한)의 소개, 그리고 윤창선·김홍규 등 여러 동지들이 구체적인 행동을 실천하여 김병연으로부터 군자금을

---

62 손양윤 의견서, 신현규 의견서 참조.
63 검사신문조서, 김홍규 2, 41권, 9쪽.
64 『한민족독립운동가료집』 40, 공판조서(손양윤 3)중 윤창선에 대한 신문에서 나오는 내용.

모금한 것으로 되어 있다. 이를 손봉현의 신문조서를 통하여 살펴보면
다음과 같다.

孫鳳鉉 신문조서
답: 있는 대로 진술하겠다. 작년 음 8월경인데, 密陽읍내 시장에 尹致伯이 나를 방문
해 와서 나에게 「解怨道의 1호 간사가 와 있으므로 그 사람과 함께 金秉淵을 이
끌어 내어서, 解怨道 본부 있는 곳에 데리고 가도록 꾀어 나오너라」고 말하므로,
나는 「그럼, 그 사람을 나에게 한번 면회시켜 다오」라고 했다. 그리고서 며칠 뒤
에 나는 尹致伯과 함께 大邱로 왔다. 大邱 시내 順天여관에서 1호 간사라는 사람
과 처음으로 초면 인사를 했다. 그 사람은 尹承漢이라는 자였다.[65]

라고 하여 손봉현은 밀양읍내 시장에 있는 윤치백이 자신을 방문하여
해원도 1호 간사가 와 있으므로 김병연을 데리고 오라고 했다고 진술하
고 있다. 즉 이를 통하여 손봉현은 처음에 윤치백 · 윤승한 등과 접촉하
였음을 알 수 있다. 손병현은 다음에 윤치백의 권유로 보다 적극적으로
김병연을 접촉하였다. 즉,

답: 그리고 나는 귀가했으나, 尹致伯이 재삼 내방하여 金秉淵을 어서 끌어내라고 하
므로, 나는 金秉淵에게 解怨敎라는 교가 있는데, 그 교를 믿으면 무엇이든지 다
되고, 또 그 교의 본부에 가면 학업도 충분히 할 수 있으니까 함께 가보자하며 권
유했다. 이에 앞서 尹致伯이 나에게 金秉淵을 데리고 京城에 가면, 尹弘善(尹弼
漢)이 京城府 仁寺洞 三成旅館에 묵고 있으니 인도 하고, 데리고 가도록 해 달라
고 말했다. 그래서 나는 金秉淵을 꾀어서 작년 음 11월께라고 생각하는데, 京城
에 와서 仁寺洞의 三城旅館에서 묵고 있는 尹弘善에게 金秉淵을 데리고 가도록
했다.[66]

라고 있는 바와 같이, 尹致伯이 재삼 내방하여 金秉淵을 어서 끌어들이
라고 하므로, 손봉현은 金秉淵에게 解怨敎라는 교가 있는데, 그 교를 믿

---

65 경찰신문조서 손봉현, 102~103쪽.
66 경찰신문조서 손봉현, 103쪽.

으면 무엇이든지 다 되고, 또 그 교의 본부에 가면 학업도 충분히 할 수 있으니까 함께 가보자하며 권유했던 것이다.

아울러 손봉현은 "金秉淵에게 解怨道 본부는 仁川 부근의 한 섬 중에 있었으나, 지금은 滿洲로 이전해서 尹弼漢은 그 본부의 1호 간사이므로, 이 사람을 따라서 중국에 가라고 했다." 그리고 나서 손봉현은 김병연을 윤필한에게 인도하고 2박한 뒤 향리로 돌아왔다.

한편 손봉현 신문조서에는 김병연의 부친 김태진에게 돈을 받아내는 과정이 상세히 기록되어 있다.[67] 김태진은 1927년 12월 말경 1,500원을 大邱로 갖고 가서 윤창선金光魯에 지급하고, 나머지 반액은 10일간 연기를 간청한 후, 1928년 1월 초에 그 잔액 1,500원을 갖고 가서 지급했다고 하고 있다.[68]

한편 윤홍선은 김병연을 만주로 데리고 가 군자금을 확실히 모금하고자 하였다. 김병연은 윤홍선과 함께 만주로 갔으며, 그 후 손봉현이 하얼빈에서 그를 찾아 같이 귀국했음을 알 수 있다.

5) 경북 칠곡군 왜관읍 매원리 이상기 집에서 군자금 모금: 1928년 1월 19일

李相規는 경북 漆谷郡 倭館面 梅院里 부호 李相琦의 집에서 군자금을 모금하기 위하여 집안 사정과 근황을 조사하였다.[69] 이상규의 보고를 바탕으로 1927년 12월 상순쯤 손양윤은 신현규, 손호와 더불어 오후 10시 넘어 漆谷郡 倭館面 梅院里 李相琦 집에 침입하여 각자 가진 총, 식칼과 폭탄 1개를 사용하여 가인들과 동민에게 현금 140여 원을 모금하였

---

67 『韓民族獨立運動史資料集』40, 국사편찬위원회, 예심신문조서 손봉현, 177~180쪽.
68 증인 김태진 신문조서.
69 경찰 의견서 이상규, 157~158쪽.

다.[70] 손호의 경우 1927년 8월 중 대구에서 윤창선 · 손양윤 · 신현규 · 이병과 왕래 중 조선독립운동을 목적으로 한 新民府와 연락하고, 각 부호로부터 운동자금을 모금할 방안을 협의하는 것에 참가하고 결의한 다음 이를 실천하였다.[71]

이상기 집 군자금 모금의 경우 <손호의 신문조서>에 비교적 상세하여 이를 보면 다음과 같다.

> 문: (一) 피고는 尹昌善, 孫亮尹과 공모하고, **소화 三년(1928년) 1월 19일 밤**에 慶尙北道 漆谷郡 倭館面 梅院里의 李相琦 집에 흉기를 휴대하고 강도로 침입하여 가인을 협박하고 돈을 강탈한 것이 아닌가.
> 답: 그렇다. 틀림없다.
>   그러나 尹昌善은 우리와 행동을 함께 하지 않았다.
> 문: 그러면 그 전말을 상술해 보아라.
> 답: 나, 孫亮尹, 申鉉圭 三명은 부호 李相琦 집을 습격하여 강도를 하기로 공모하고, **소화 2년 음 12월 27일(소화 三년 1월 19일)** 오전 九시경, 大邱역 출발의 기차로 大邱에서 龜尾역에 이르러 그 곳에서 도보로 가는 도중 시간을 보내려고 주막에서 쉬면서 장난을 하다가 동일 오후 七시경 각자 흉기를 들고 漆谷郡 倭館面 梅院里 李相琦 집에 쳐들어가서 나는 그 집 대문 앞 도랑에서 망을 보았다. 손양윤, 신현규는 모두 집 안으로 들어가서 가인을 협박하여 현금 140여 원을 강탈했고, 일동은 서로 전후하여 각자 자택으로 퇴거했다.[72]

6) 경북 칠곡군 장일환 집에서의 군자금 모집: 1928년 3월 24일

1928년 3월 21일 신현규의 발의로 이병묵 · 손양윤 · 손호는 경상북도 의성군의 부호 李모 집에서 군자금을 모금하고자 하였다. 그리하여 동일 오전 중에 서로 전후하여 기차로 大邱역을 출발, 若木역에서 하차한 후, 李모 집을 향하여 출발했다. 그러던 중 일차적으로 신현규와 손양윤은 이모집의 내부 사정을 탐지하러 가고, 손호와 이병묵은 義城郡

---

70 경찰 의견서 손양윤, 155~156쪽.
71 경찰 의견서 손호, 156쪽.
72 예심신문조서 손호 (1), 201~202쪽.

張師斗 집에 숙박하여 동지들이 돌아오기를 기다렸다. 그러나 이 계획은 이모가 부재중이었으므로 계획은 실현될 수 없었다.

계획이 실패하자, 손양윤·이병묵·신현규 등은 여기까지 왔는데 빈손으로 돌아갈 수 없다고 판단하고 3월 24일 밤 張日煥 집에 잠입하여 군자금을 모금하였다.[73] 즉, 漆谷郡 若木面 觀湖洞의 장일환이 현금 수입이 있다는 사실을 탐지하고, 손양윤은 오후 9시경 신현규·이병묵, 손호로 하여금 총과 식칼, 폭약탄 一개를 주어 張에게서 돈을 모금하도록 지시, 실행[74]시켜 현금 370원을 모금하였다.[75]

7) 경북 경산군 자인면 남산동 김두남의 집에서 군자금 모집: 1928년 4월 15일

이상규는 이상기와 절친한 사이이며, 16촌 일가인데 윤창선의 요청으로 그의 집안 상황과 김두남의 집에 대하여 살폈다.[76] 윤창선은 1928년 음 2월에 대구로 돌아와서 계속 손양윤·신현규·손호·이병묵과 왕래하며 이들이 군자금을 모금하는 것을 도왔다. 그러던 중 1928년 음 三月 말경 李相規를 시켜서, 慶尙北道 漆谷郡 倭館面 梅院洞 부호 李相琦와 慶山郡 慈仁面 南山洞 부호 金斗南의 근황 내정을 정탐하게 하고, 이를 손양윤에게 보고하였다. 한편 윤창선은 金斗南 집에 사전 탐색 여비로써 이상규에게 금 6원을 제공하였다.[77]

윤창선이 이상규를 통하여 얻은 정보를 바탕으로 손양윤·신현규·이병묵·손호 등은 1928년 4월 15일경에 협의하여 부호 김두남 집을 습

---

73 예심신문조서 손호 (1), 203쪽.
74 경찰 의견서 손양윤, 156쪽.
75 손호, 이병, 신현규 경찰 의견서 참조.
76 검사신문조서 (2) 이상규, 165쪽.
77 경찰 의견서 윤창선, 153쪽.

격하여 군자금을 모금하기로 하였다. 그리하여 동일 오전 중 이들은 기차로 대구역을 출발하여 慶山역에 하차했다. 오전 10시경 돈 830원을 모금하고 일동은 흩어져 각자 귀가했다.[78] 모금한 군자금 중 400원은 이병묵이 新民府로 송금하고, 나머지는 손양윤 · 윤창선 · 신현규 · 이병묵 · 손호 등이 함께 분배하였다.[79]

IV. 결어: 신민부 국내 군자금 모금의 특징

1920년대 중후반에 있었던 신민부의 군자금 모금의 특징은 다음과 같이 요약할 수 있을 것 같다.

우선, 군자금 모집에 해원교라는 종교가 관련이 있는 듯하다. 해원교는 근심을 풀어준다는 뜻으로 당시 경남 밀양지역의 사람들이 식민지 치하에서 얼마나 사회적 개인적 근심을 갖고 있었는가를 반증해 주는 것이라고 볼 수 있다. 밀양지역의 경우 태을교 신자들도 다수 있었다고 하는데 앞으로 민중종교와 밀양지역에 대한 보다 심층적인 연구가 필요할 것 같다. 한편 신민부의 경우 대종교신자들이 많았던 것으로 알려져 있는데 대종교와 해원교 등과의 상호관계 부분도 검토의 여지가 있을 것 같다.

군자금 모집과 종교와의 관계는 정의부의 경우에서도 살펴볼 수 있다. 정의부도 전라도지역에서 유행하고 있던 보천교의 지원을 받은 것으로 알려지고 있다. 앞으로 국내의 민중종교와 1920년대 중후반 만주지역 독립운동단체와의 상호관계는 보다 구체적인 검토가 필요할 것 같다.

---

78 예심신문조서 손호 (1), 204쪽.
79 경찰 의견서 손양윤, 156쪽.

둘째, 경상도지역의 군자금 모금의 중심인물들은 동일단체 또는 혈연 또는 인척관계를 중심으로 이루어지고 있음을 알 수 있다. 군자금 모집의 핵심인물인 손양윤과 신현규는 1910년대 대한광복회에서 활동한 인물들이다. 이러한 점에서 볼 때, 신민부의 군자금 모금은 대한광복회의 연장선에서 볼 수 있는 특징이 있다. 아울러 윤창선·윤홍선·이병묵 등은 서로 인척관계이다. 윤창선은 참의부 참의장이었던 윤세용의 아들이다. 윤홍선은 윤창선의 사촌 형으로 윤세복의 아들이다. 이병묵은 윤세용의 사위이다. 김병연의 군자금 모금의 주역인 손봉현의 경우 그의 장인이 김태진이며, 처남이 김병연인 것이다. 손봉현과 밀접한 관련이 있는 인물이었음으로 속내를 잘 알고 있어 군자금 모금의 대상이 되었던 것이다. 그리고 김홍규의 경우도 김태진과 친척이었다. 1920년대 중반의 경우 사회주의 계열은 혈연·지연 등 보다는 이념을 중심으로 이루어지고 있음을 볼 때, 비교되는 특징이라고 할 수 있다.

셋째, 신민부의 국내 군자금 모집이 북만주 독립운동 단체인 신민부와 연계된 것은 당시 윤세복 등이 북만주 영안에서 활동 중이었기 때문이 아닌가 한다. 윤세용의 경우 참의부 참의장을 역임하였으나 갑자기 참의부와 인연을 끊고 타 운동 세력과 연대하게 되었기 때문이 아닌가 한다.

넷째, 중심인물들의 출신지를 보면, 경북 밀양을 중심으로 충북 괴산, 전남 담양 등 다양한 출신지를 가지고 있다. 그러나 대부분 밀양 출신이 다수를 이루고 있다. 중심인물인 손양윤은 경북 달성 출신으로 의병 및 대한광복회 출신으로 연장자일 뿐만 아니라 항일투쟁경력도 많은 인사였다.

다섯째, 신민부 군자금 모집은 1926년부터 1928년까지 3년동안 총 10회에 걸쳐 경상도지역을 중심으로 성공적으로 이루어졌다. 이것은 군자금 모집 사례 가운데 상당히 성공적 사례가 아닌가 보여진다. 1926년에는 경북 칠곡군 북상면에서 준비작업으로 추진되었다. 1927년부터 군자금 모금이 본격적으로 이루어졌다. 1927년 5월에는 경북 칠곡 이이창 집에서, 1927년 8월에는 칠곡 이수연 집, 이이창 집, 김태진 집에서 군자금을 각각 모집하였다. 1928년에는 칠곡 이상기 집, 이수연 집, 장일환 집, 경산군의 김두진 집 등에서 군자금을 모금하였다. 즉 3년 동안 칠곡, 경산, 밀양 등지에서 군자금을 모금하였던 것이다. 신민부의 군자금 모금 대상인 이이창 · 이수연 · 이상기 · 장일환 · 김두남 등이 지주 자산가임은 짐작이 가나 이들 각인에 대한 보다 구체적인 검토 작업이 이루어져야 할 것 같다.

여섯째, 군자금 모금은 밀양의 김태진에게서 모금한 액수가 3,000원으로 제일 큰 액수였다. 그밖에 幾田精一105원, 이이창 집230원, 270원, 이수연 집40원, 이상기 집140원, 장일환 집270원, 김두남 집800원 등이다. 그중 김태진 집의 것 중 600원이 신민부로 전해졌으며, 이이창 집 100원, 김두남 집 400원 등이 신민부로 보내진 것으로 알려져 있다. 그러나 여기서 우리가 주목할 점은 모금액 전부가 신민부로 전해지고 있지 않다는 점이다. 이점은 당시 군자금 모금 후 그 사용내역과 관련하여 문제가 제기될수 있는 부분이 아닌가 판단된다. 군자금 모금과 그 사용, 그 성격에 대한 검토가 앞으로 연구될 필요가 있을 것 같다.

일곱째, 군자금 모금에 중추적인 역할을 한 인물은 물론 참여자 모두이다. 그중 김병연으로부터 얻은 자금 3,000원의 경우 손봉현 · 윤창선 · 윤치백 등이 중심적인 역할을 담당하였다. 만주와의 연락은 윤홍선이 담당하였다. 그밖에 손양윤 · 김홍규 등이 역할을 다하였다. 다른 지역의 군자금 모금은 의병과 대한광복회에서 활동 경험이 있는 손양윤과 신현규 등이 중요한 역할을 하였다. 모든 군자금 모금은 이들이 실천적인 역할을 담당하였다. 기전정일, 이이창 집의 경우는 손양윤·신현규 두사람이 일을 처리하였다. 이수연·이이창 집 군자금의 경우는 이들 외에 이병묵이 함께 하였다. 손양윤·신현규·이병묵·손호 등이 장일환, 김두남 등의 집 군자금 모금을 주도적으로 담당하였으며, 이상기 집은 윤창선이 몸이 안 좋아 사전조사를 담당하였으며, 이상규에게 조사를 하도록 하였다. 그리고 손양윤·신현규·손호 등이 실행하였다. 김두남의 집의 경우도 윤창선·이상규 등이 사전조사와 망을 보았다. 손양윤·신현규·손호·이병묵 등이 행동대로서 실천하였다.

윤창선·손호·이병묵 등은 김병연의 부친 김태진으로부터 1927년 말과 1928년 1월 초 각각 1,500원씩 돈 3,000원을 을 입수한 후 1927년 음력 12월 초에 만주로 갔으며 1928년 음력 2월 20일경 귀국하였다. 그러므로 윤창선·손호·이병묵 등은 그 기간 동안은 손양윤 등과 함께 활동하지 않고 있다.

지금까지 살펴본 바와 같이, 신민부는 국내 특파원들을 통하여 1926년부터 1928년까지 경상북도지역에서 군자금을 모집하고 있다. 이것은 신민부 국내 군자금 모금의 한 부분이라고 생각된다. 사실 신민부의 주요 구성원인 김혁·김좌진 등이 경기도와 충청도지역 출신인 점을 감안한다면 신민부의 국내 군자금 모집은 경기도, 충청남도 등지에서 보다 활발히 전개되었을 가능성도 크다. 앞으로 이들 지역에서의 군자금 모집 활동 또한 살펴볼 필요가 있을 것 같다.

본 연구를 통하여 만주지역에서 활동하던 독립운동 단체들의 국내 군자금 모금 방법 및 내역 등이 보다 구체적으로 밝혀지기를 기대해 본다.

제2장

남만주 참의부 국내 특파원 李壽興의 의열투쟁과 군자금 모집

Ⅰ. 서언

한국독립운동 사상 수많은 의열투쟁이 있어 왔다. 그 가운데 김구와 김원봉의 한인애국단과 의열단이 그 중심적인 위치를 차지하며 널리 알려져 왔다. 그러나 국내의 의열투쟁은 만주에 본부를 두고 있던 독립운동 단체들에 의해서도 많이 이루어졌음에도 불구하고 그러한 사례들은 그동안 주목받지 못한 경우들이 다수였다. 본고에서 살펴보고자 하는 이수흥의 경우도 그 대표적인 사례 가운데 하나가 아닌가 생각된다. 이수흥은 그의 공판조서에서,

> 나 개인의 생각으로 특무정사의 직도 사임하고 저 안중근과 같이 행동을 조선에서
> 할 생각으로 혼자 온 것이다[1]

라고 안중근을 본받아 개인적인 의열투쟁을 전개하고자함을 밝히고 있는 것이다. 그리고 이러한 의열투쟁을 전개하기 위하여 군자금 모금을

---

[1] 국사편찬위원회, 『한민족독립운동사자료집』 40, 1999, 공판조서, 78쪽.

추진하였던 것이다.

　이수흥의 국내 의거는 식민지 시대에도 독립운동가들에 의해 높이 평가받았다. 그리하여 趙素昻은 그의 저서『소앙선생문집』遺芳集 열전에 「이수흥 유택수전」을 두어 그들의 항일운동을 높이 평가하고 있다. 또한 宋相燾도 그의 저서『騎驢隨筆』에서 이수흥의 활동은 헤이그 3밀사 가운데 한 사람인 이준 열사와 안중근에 비견되는 것이라고 평가하고 있다. 아울러『동아일보』1928년 7월 15일자에서는 이수흥은 사형을 언도받고도 태연자약하였음을 밝히고, 법정이 생긴 이후 사형선고를 받고도 공소하지 않은 사람은 許蔿·姜宇奎·이수흥 세 사람뿐이었다고 그의 당당함을 높이 평가하고 있다.

　특히 이수흥의 경우 1928년 4월 24일 옥중에서 담당 변호사 李宗聖 앞으로 보낸 편지는 더욱 우리를 감동하게 한다. 편지 내용은 다음과 같다.

> 엎드려 우옵니다.
> 그런데 못난 제가 이미 한일에 대해선 당연히 할일을 한 것뿐이니 변명이 필요 없다.
> 혹시 살 수 있는 길이 있다고 해도 이 오탁한 세상에 생명을 보존한다는 것은 치욕일 뿐이니, 차라리 단두에 위에 피를 뿌려 영혼이 나마 깨끗이 보존할 생각이다.

라고 하고 이어서,

> 제 일에 대한 구차한 변명은 제 스스로가 원하는바 아니오나, 그러나 택수와 남수 두 형제가 공연히 옥을 당하는 것이 실로 민망하니, 이들을 불쌍히 여겨 극력 변호하여 준다면 구천으로 간 혼 이라도 반드시 은혜에 보답하겠다.
> 저의 마지막 구차한 소원을 저버리지 마시고 보살펴 주십시오. 그렇게 해주시면 죽은 혼이라도 반드시 깊은 은혜에 보답할 생각입니다.

라고 하여 동지들에 대한 배려를 잊지 않고 있음을 보여주고 있다.

이수홍은 이처럼 1920년대 중반 만주의 참의부에서 파견되어 국내에서 일본 고관을 암살하려다 실패하기는 하였으나 1926년 6·10만세 이후 국내 동포들에게 민족의식을 고양시키는 데 큰 기여를 한 것으로 보여진다. 그리하여 일찍부터 그의 고향인 경기도 이천을 중심으로 기념사업회가 결성되어 그의 활동에 주목하여 이수홍의 활동에 대하여 많은 부분이 밝혀지게 되었다.[2] 아울러 최근에는 만주지역 독립군 단체의 국내 군자금 모금이라는 관점에서 이수홍에 주목하기도 하였다.[3] 그런데 최근 국사편찬위원회에서 그의 신문조서와 공판조서가 간행[4]되어 이수홍의 활동을 보다 심층적으로 밝히는 데 도움을 주고 있다. 이에 본고에서는 이수홍의 의열투쟁에 대하여 살펴보고자 한다. 본고에서는 특히 그의 민족의식의 형성과정, 만주에서의 활동, 국내에서의 활동 등에 특별히 주목하고자 한다.

II. 이수홍의 민족의식 형성

1. 이수홍의 집안: 어머니의 가출과 성장기의 어려움

이수홍은 1905년 9월 11일 이천군 邑內面 倉前里 224번지에서 지역 양반인 유학자 李日瑩1847~1926의 외아들로 출생하였다. 부친의 호는 雪山이다. 이수홍은 만주에서는 成檀이란 이름을 사용하였다.[5] 또는 돌림자를 딴 초명은 佐聖라고도 알려져 있다.[6] 이수홍은 조상대대로 이천

2 이수홍의사기념사업회, 『이천의 자랑 순국선열 이수홍』.
3 김주용, 「1920년대 만주 독립군단체와 군자금」, 『군사』 52, 국방부군사편찬연구소, 2004.
4 국사편찬위원회, 『한민족독립운동사자료집』 39, 40, 1999.
5 『한민족독립운동사자료집』 40, 공판조서.
6 『동아일보』 1926년 11월 17일자 호외, 이인수, 『이천의 인맥』, 이천문화원, 1997, 48쪽.

창전리 東村에 살고 있었고, 조상의 묘도 이천에 있다.[7]

이수흥은 연안 이씨[8]로 부친이 오랫동안 자손이 없다가 1897년 51세에 19살 처녀에게 장가를 들어 7년 만에 낳은 금지옥엽 같은 자식으로 알려져 있다.[9] 이수흥의 출생과 관련하여 여러 기록들이 있다. 그중 송상도의 『기려수필』에 자세히 기록돼 있어 이를 인용하면 다음과 같다.

> 부친 일형은 결혼을 세 번했지만 아들이 없고 다만 슬하에 딸만 둘을 두었는데 또 상처를 하게 되었다. 일형은 다시 부인을 얻으려고 했으나 이미 나이가 50에 가까웠으므로 마땅한 상대를 구하지 못하던 중, 원주의 이 씨 댁 규수가 있음을 듣고 청혼을 하니, 이 씨 댁에서 신랑될 사람을 보기를 원하므로 일형은 다른 사람을 대신 보내어 선을 보였다. 결국 혼담이 이루어져 결혼을 하러 갈 때에는 흰머리에 물을 들이고 갔다고 한다.
> 결혼을 하여 10년이 지나 아들을 낳으니 이 아이가 바로 수흥으로 늦게서야 낳은 귀한 아들이라 심히 애지중지했으나 친척들은 제대로 대우해 주지 않았다.

양반 집안에서 출생한 이수흥은 고향에서 성장하여 이천공립보통학교에 입학하여 학업에 충실하였다. 그런데 그의 나이 11살 되는 1915년에 부친이 어머니 이 씨[10]의 요청으로 30여 석 추수한 것을 팔아서 서울 芳山町으로 이사를 하게 되었다.[11] 당시의 정황을 역시 『기려수필』을 통하여 보면 좀더 상세히 알 수 있다.

> 그 후 일형은 서울로 이사하게 되었는데 이씨 부인은 그녀의 남편이 늙었음을 매양 불만스럽게 여기던 중, 서울로 이사를 한 후로는 가정생활이 더욱 원만하지 못하니,

---

7 『한민족독립운동사자료집』 40, 유창규 신문조서, 10쪽.
8 연안 이씨는 첨사공파의 17세손인 外庵 李軾이 이천읍내로 낙향하여 그 후손들이 대대로 이천읍 동촌에 세거해 옴으로써 동촌 이씨라고 불려지고 있는 읍내의 명문이다(이인수, 『이천의 인맥』, 43쪽).
9 『동아일보』 1926년 11월 17일 호외.
10 이인수가 쓴 「이천의 자랑 순국선열 이수흥」 51쪽에 따르면, 가전에는 이천 서씨라고 전한다고 한다.
11 『동아일보』 1926년 11월 17일 호외.

당시의 상황에 대하여 이일형의 둘째 사위인 宋範壽는 "부친 이일형
은 처가 정부를 만들어 가출하고 행방불명이 되고, 재산도 처음에는 상
당히 가지고 있었으나, 어찌된 일인지 전부 없애고, 그 날의 생활에도
곤란을 받고, 이수홍도 가출하여 아무도 돌보는 사람이 없게 되어 비참
한 경우에 빠지게 되어서, 내가 부양을 하고 있었으나 마침내 1926년
음력 8월 28일 사망하였다"라고[12] 하고 있고, 첫째 사위인 姜兢周도 "아
버지인 이일형은 전에는 다소 재산을 소유하고 있었으나 동인의 처가
정부를 사귀고, 그것에 재산이 들어간 결과 정부와 도주하였으므로, 나
는 불쌍하게 생각하고 이일형은 약 1년 동안 우리 집에 기숙하게 하고,
이수홍은 그 사이에 경성에 가서 일본인의 인쇄소, 기타를 전전하고 있
었으나, 동인도 행방불명이 되고, 그 후는 송범수가 이일형은 부양하고
있던 중에 작년에 사망하였다"라고[13] 이수홍의 어머니의 바람으
로 인하여 집안이 어려움을 겪게 되었음을 밝히고 있다.

어머니가 가출한 이후 이수홍은 安城 一竹에 살고 있는 큰 누이 집에
약 1년 동안 기숙하기도 하고, 또한 서울에 가서 인쇄소 등을 전전하기
도 하였다고 한다. 그러다가 그는 가출하여 3년 동안 승려생활을 하기
도 하였다고 한다. 즉, 『기려수필』에서는 다음과 같이 언급하고 있다.

---

12 『한민족독립운동가료집』 40, 송범수 신문조서, 47쪽.
13 『한민족독립운동가료집』 40, 강긍주 신문조서, 49쪽.

게 된 것은 모두 다 내 죄이니 함께 산을 내려가도록 하자. 네가 결혼을 하고 싶다면 그렇게 해라. 또 집이라도 처분한다면 수삼만금은 될 것이니 장사를 하고 싶으면 장사를 하고, 공부를 하고 싶으면 공부를 해도 좋다" 하고 간곡하게 당부하니 수흥은 한참동안 묵묵히 있다가 응락하고 부친을 따라 집으로 돌아왔다.

이수홍이 승려생활을 한 것은 당시『동아일보』에서도 확인된다.『동아일보』1926년 11월 17일 호외에서도,

1920년 이천군 백사면 원적산에 있는 靈源庵에 들어가 2년 동안 중노릇을 하였는데

라고 언급하고 있는 것이다.

결국 부친의 간곡한 만류에 집으로 돌아오기는 하였으나, 이수홍은 삶에 대한 미련을 가질 수 없었다. 결국 그는 자살의 길을 택하기도 하였다.『기려수필』에서는 이에 대하여 다음과 같이 묘사하고 있다.

그러나 수흥은 가슴에 못이 박혀 마음이 편안하지 못하고 매사의 정을 느끼지 못하였다. 노량진에 있는 어느 집에서 고용살이도 해보았으나 역시 마찬가지여서 이와 같이 살 바에는 차라리 죽는 것만 못하다고 생각하고 자살을 결심하기에 이르렀다. 어느 날 밤 마침내 한강철교를 찾아 물로 뛰어들었는데, 때마침 순시 중이던 경관이 발견하고 즉시 구조하여 자살에 실패하고 말았다.

결국 이수홍은 비교적 넉넉한 이천지역의 양반 집에서 출생하였으나 서울로 이사 온 후 어머니의 가출로 인하여 집안이 파산하게 되었던 것 같다. 특히 어머니의 집안이 미천했던 점, 유교적인 분위기 속에서 어머니가 정부와 함께 재산을 갖고 가출한 점 등은 어린 그에게 심리적으로 큰 충격을 주었을 것으로 판단된다. 이처럼 개인적으로 어려운 시련을 겪고 있던 이수홍이 민족의식을 갖고 만주지역으로 향할 수 있었던 원동력은 무엇이었을까?

2. 이수흥의 학력과 민족의식의 형성

이수흥은 1927년 10월 11일 신문조서에서 학력 등에 대하여 다음과 같이 언급하고 있다.

> 문: 피고 경력과 가정 상황을 진술하라.
> 답: 나는 어렸을 때 利川공립보통학교 三년까지 다녔는데 한문을 배우기 위하여 퇴학하고, 고향의 서당에서 一년 가량 다니고 한문을 공부하고, 그로부터 京城의 培材소학교에 입학하고, 그 곳을 졸업하고 府內 大和町 一丁目 조선 사진통신사에 근무하다가 三개월 가량 있다가 휴가로 만주로 건너가고, 그 후는 전술한 바와 같이 만주에 있을 때에 金씨를 처로 취하여 딸 하나를 얻었으나 부모와는 사별하고, 전에는 많은 재산도 있었으나 현재는 아무 재산도 없다.

아울러 이수흥은 공판조서에서 학력에 대한 질문에 "별로 계통적으로 교육을 받은 사실이 없다"고 언급하고 있듯이, 초등학교 정도의 학력을 가졌으며, 체계적인 공부를 한 것 같지는 않다.[14]

앞에서 살펴본 바와 같이 이천에서 출생한 이수흥은 처음에 이천공립보통학교에 입학하였다.[15] 그러나 곧 한문을 배우기 위하여 퇴학하였다. 그 이유에 대하여 이수흥과 가까운 친지로서 그 시절 함께 학교를 다녔다는 李商弼 씨의 회고담에 의하면, 이수흥이 서울로 이사가기 전인 13세경, 일본식 교육에 반발하여 학교를 자퇴하고 부친에게 직접 가르침을 받았다고 하며, 이때 이미 민족의식이 싹터 어린 나이임에도 불구하고 반일감정을 담은 언사를 들어냄으로써 그때마다 어른들은 이를 은근히 걱정했다고 한다.[16] 그 후 어머니의 요청으로 서울 芳山町으로 이사하게 되었다.[17]

---

14 『한민족독립운동사자료집』 40, 공판조서, 76쪽.
15 조소앙, 『소앙선생문집』, 「이수흥, 유택수」.
16 이인수, 위의 책, 54쪽.
17 『동아일보』 1926년 11월 17일 호외.

이수홍은 1918년 4월 1일 서울 漁義洞 공립보통학교에 편입하여 19
19년 4월 8일에 퇴학하였다. 제1학기 시험은 116명 가운데 61등, 제2학
기 시험은 98명 가운데 54등으로 중간 정도 하였다고 한다. 3학기의 경
우 결석이 많아 성적을 낼 수 없을 정도였다고 한다. 이수홍은 일어, 조
선어, 한문, 체조, 창가 등을 잘 하였다고 한다.[18]

이처럼 이수홍은 비록 짧은 기간이기는 하지만, 이천과 서울에서 근
대적인 교육을 받았다고 할 수 있다. 또한 그는 유학자인 그의 부친을
통하여 유교적인 전통교육을 받았던 것으로 보여진다. 1928년 4월 24
일 옥중에서 담당 변호사 李宗聖 앞으로 보낸 한문 편지에서도 그의 한
학교육의 일면을 짐작해 볼 수 있다.

또한『동아일보』1926년 11월 18일에 "부친 이일영은 유학자로 을사
년 이후에 국가가 풍운에 있자 늙어서 얻은 귀여운 아들과 젊고 이쁜 부
인을 버려두고 단양, 昌平, 同福 등지에서 활동하였다. 이때 함께 활동
하던 동지 중 가깝게 지낸 분이 황해도 출생 蔡相憲이었다[19]"라고 있는
것을 통하여도 이수홍의 부친은 1905년 을사조약의 부당성을 인식하고
집을 떠나 의병활동을 전개한 것으로 판단된다. 부친 이일형과 함께 활
동한 것으로 알려진 蔡相憲미상~1925은 이명은 相德이고, 호는 深湖였
다. 그는 황해도 사람으로, 1895년 을미의병에 참여하였던 것이다.[20]

구국운동에 관심을 갖고 있던 이일형 역시 의병운동에 참여하였던
것으로 추정된다. 조소앙의 문집인『소앙선생문집』에,

雪山(이수홍의 아버지 이일형의 호ㅡ필자 주)은 이천 유생으로 면암 최익현에게 배
우고 스승을 따라 거의했다. 나이가 80이 되어서도 志氣가 益壯했고 아들을 대의로
써 가르쳤다.

18『동아일보』1926년 11월 19일.
19『동아일보』1926년 11월 18일.
20 국가보훈처,『독립유공자공훈록』채상덕조.

라고 하여 이일형이 최익현의 문하로서 의병운동에 참여하고 있음을 밝히고 있는 것이다. 이수흥의 부친 이일형이 의병운동에 참여한 것은 바로 1905년 을사조약 이후 1906년 최재형이 의병을 일으키고자 한 그 시기가 아닌가 추정된다.

부친의 영향으로 평소 항일의식이 있던 이수흥이 더욱 민족의식을 갖게 된 것은 일본인 밑에서 고용살이 하며 당한 차별 때문이었다고 판단된다. 『동아일보』 1926년 11월 17일자 호외에 다음과 같은 기사는 이를 짐작하게 한다.

> 1920년 이천군 백사면 원적산에 있는 靈源庵에 들어가 2년 동안 중노릇을 하였는데, 17세 되던 해 서울로 올라가 서울 大和町에 있는 安藤[21]사진통신사에서 고용사리를 하였다.[22]

이수흥은 그의 신문조서에서, "1923년 19세시 조선사진통신 사원으로 약 4~5개월 동안 근무하였다. 그곳에서 그는 集金과 사진 판매 등의 일에 종사하였다"[23]고 언급하고 있다. 이곳에서 그는 일본인 주인의 심한 차별을 받았다. 이에 분개하여 그는 자유를 찾는 데는 독립을 하여야 된다는 굳은 결심을 하고, 독립운동에 몸 바치리라 맹세한 후 19세 되던 해 봄에 경성을 출발하여 도보로 만주에 가서 寬甸縣에 이르렀다.[24]

이수흥은 만주로 망명하기 전에 분명한 항일의식을 갖고 있었던 것 같다. 공판조서에 보면,

> 문: 피고는 전술한 바와 같이 만주에 가기 전에도 어떻게 하면 조선의 독립을 계획할 것인가 생각하고, 그것을 동인(유남수)에게 이야기 하였다는데 어떠한가?

---

21 『소앙선생문집』에서는 일본인의 이름을 安藤照明이라고 밝히고 있다.
22 『동아일보』 1926년 11월 17일자 호외.
23 『한민족독립운동가료집』 39, 제2회 이수흥 신문조서.
24 『동아일보』 1926년 11월 17일자 호외.

답: 그렇다. 인간이며 남자인 관계로 우리들의 책임을 완수하려면, 국가를 위하여 활
　　동하지 않으면 안 된다고 이야기 하였다.

라고 하고 있는 것이다.[25]

　　또한 이수흥은 그의 신문조서(2회, 1926년 11월 24일)에서도[26] 만주
망명 이전에 독립에 대한 확고한 민족의식을 갖고 있음을 보여주고 있
다. 즉, 다음과 같다.

　　문: 그대가 그와 같은 생각을 갖게 된 것은 언제부터인가.
　　답: 대한민국 五·六년경부터의 일이므로 벌써 三년 전의 일이다.

　　문: 어떠한 동기에서 그와 같은 생각을 갖게 되었는가.
　　답: 일본의 조선 민족에 대한 정치는 너무 가혹하고, 그 때문에 우리 二천만 동포의
　　　　자유는 박탈당하였으며, 또 아름다운 삼천리강토도 빼앗긴 것이 분하므로 이를
　　　　탈환하고 자유의 천지를 얻기 위하여 노력하지 않으면 안 된다는 민족적 양심에
　　　　서 마침내 전술한 바와 같은 결심을 하게 되었다.

독립운동에 대한 의식을 갖고 있던 이수흥은 그의 인척이자 동지인 유남수에게 조선
독립운동에 대하여 상호간에 논의도 진행하였던 것이다. 이수흥의 신문조서(2회)에
서 그러한 사실을 확인할 수 있다.

　　문: 柳南秀와 조선독립운동에 관하여 상의한 사실이 있는가.
　　답: 있다. 그것은 대정 一三(1923년 주)년에 내가 중국에 가기 전에 紅把洞 一
　　　　五번지에서 동인과 만났을 때 그 사실에 관하여 협의를 하고 조선독립을 위하여
　　　　함께 대관의 암살 등을 하자고 하고, 중국으로 가려면 같이 가자고 하였으나 동
　　　　인은 가족 관계상 하는 수 없이 함께 갈 수가 없게 되어서 나만 먼저 갔다.

　　아울러 1927년 10월 11일 신문조서에서도 다음과 같은 내용이 있다.

　　문: 피고와 柳南秀 사이에는 전부터 조선의 독립을 계획하기 위하여 협력하고 책동

---

25 『한민족독립운동가료집』 40, 공판조서, 79쪽.
26 『한민족독립운동가료집』 39, 이수흥 신문조서 (2).

하기로 합의하였다는데 어떠한가.

답: 그렇다. 틀림없다. 柳南秀는 전에 조선총독부의 급사로 근무하고 있을 때에, 즉 대정 ——년경 나와 동인은 항상 일치 협력하여 조선의 독립을 계획할 것을 상의 하고, 내가 만주로 갈 때에도 내가 그 곳에서 조선의 독립을 계획하는 독립단에 가맹하고, 그와 같은 취지의 통지만 있다면 柳南秀도 나의 뒤를 쫓아 만주로 와 서 그것에 가입하기로 서약하였다.

III. 만주로의 망명과 의군부 총재 채상덕과의 만남

이수홍은 1927년 10월 11일 신문조서에서 만주에서의 활동의 대강 을 다음과 같이 언급하였다.

답: 나는 독립단이 北滿洲에 근거지를 두고 조선의 독립을 목적으로 활동하고 있다 는 것을 듣고, 대정 —二년(1923년–필자 주) 三월부터 그 곳을 목적지로 京城으 로 출발하여 南滿洲의 鳳凰城까지 갔을 때에 大韓統義府員 李雲奉에게 일본의 밀정으로 오인되어 체포되고 同 統義府 분대장 金龍甫에게 호송되었으나 통의 부원 蔡相德이 전에 나의 아버지 李日瑩과 친밀하게 지내고 있었다고 하면서 나 를 위하여 변명하며 노력하여 준 결과 혐의가 풀리고 동년 七월 하순경 대한통의 부에 가맹하게 되고, 해당 통의부 경영의 吉林省 鴬穆縣에 있는 新明무관중학교 에 입학하여 —년 六개월 동안 군대교육을 받고 졸업하자 대한통의부 민사부의 외무원으로 임명 되었으나 二개월 정도 있다가 사임하고, 대정 —三년(1924년– 필자 주) 七월 초순경 조선의 독립을 목적으로 조직된 大韓駐滿陸軍參議府에 가 입하고 그 곳의 제二중대 特務正士(일본의 특무조장에 해당)에 임명되어 吉林省 의 桓仁縣과 輯安縣의 경계에 있는 磊子溝에 주둔하고, 이번에 입대할 때까지 그 곳에서 내무를 관장하고 있었다.

1923년 3월 만주로 망명한 이수홍[27]은 대한통의부 제1중대 부사 金 龍甫[28]의 소개로 의군부 총재 채상덕을 만났다.[29] 이수홍의 만주 관전

---

27 이수홍은 1922년 3월 말경 만주로 망명하였다. 그리고 동년 만주에서 김 씨와 결혼하여 딸 을 낳았다. 1927년 당시 딸은 3세이다(『한민족독립운동사자료집』 40, 공판조서, 77쪽).

현으로의 이동과 김용보 · 채상덕과의 만남에 대하여 이수홍은 신문조
서[1926년 11월 24일]에서[30] 다음과 같이 밝히고 있다.

> 문: 그대는 1922년(필자 주) 三월경에 단신으로 중국에 간 사실이 있는가.
> 답: 그렇다. 安東縣에서 奉漢線으로 寬甸縣에 갔다.
>
> 문: 寬甸縣에서 元 義軍府 處長 蔡相德과 金龍甫 등과 만난 사실이 있는가.
> 답: 그렇다.
>
> 문: 만났을 때에 동인 등과는 어떠한 일을 하였는가.
> 답: 나는 중국에는 독립운동을 하기 위하여 갔으므로 金龍甫를 만나고 동인이 소속
> 한 參議府 一중대(대한통의부―필자 주)에 들어갈 생각으로 동인이 소속된 부대
> 로 갔으나 그 곳에서 蔡相德을 만난 결과 金龍甫의 중대로 가는 것을 중지하고
> 蔡相德과 악수하고 동인과 같이 조선독립운동을 하자고 말하였다.
>
> 문: 그 후 동년 七월에 吉林省 鸎穆縣의 新明학교에 입학하여 대정 一四(1925년―필
> 자 주)년 三월에 동교를 졸업하였다는데 어떠한가.
> 답: 졸업은 하지 않았으나 그 때까지 재학하고 있었다.
> 문: 그 학교의 목적은 무엇인가.
> 답: 조선의 독립운동을 할 무관을 양성하는 것이 그 학교의 목적이다.
> 문: 그 학교를 졸업하고 무엇을 하였는가.
> 답: 참의부의 제二중대에 가입하고 있었다.
>
> 문: 그 때에 蔡相德으로부터 자기는 늙고 기력도 쇠퇴하여 활동할 수 없으니 너는 장
> 래가 있는 청년이므로 크게 조선의 독립을 위하여 일하여 달라고 말하였다는데
> 어떠한가.
> 답: 그렇다. 동인은 항상 그와 같은 말을 하였으며 다른 선배들도 나에게 蔡相德의
> 뒤를 이어서 크게 조선의 독립운동을 위하여 일하여 달라고 말하였다.

만주지역에서의 이수홍의 활동과 국내활동에 큰 영향을 끼친 인물은

---

28 『조선민족운동연감』에 김용보가 1925년 참의부 경호원으로 일하고 있는 것으로 언급되고
있다.
29 『동아일보』 1926년 11월 17일 호외.
30 이수홍 신문조서 (2), 1926년 11월 24일, 『한민족독립운동가료집』 39.

채상덕이다. 그는 이수홍의 아버지인 이일형과 함께 활동한 동지였다. 이수홍은 1922년 봄 독립군 金龍甫와 알게 되어 그 집에 오래 동안 묵으면서 있던 중 채상덕이 그 집을 찾아와 만나게 되었다. 채상덕은 그를 자기가 양성하겠다고 청하여 사제지간이 되었다.[31]

채상덕은 황해도 사람으로, 1895년 을미의병에 참여하였고, 1910년 일제에 의하여 조선이 강점되자 남만주로 망명하여 기거하면서 독립운동을 위한 준비를 전개하였다. 1922년 2월에 이르러 남만주지역의 대표적인 독립운동단체인 大韓統軍府가 조직되자, 최고 책임자인 총장에 취임하였다. 이어 대한통군부가 성립된 지 얼마 안 되어서 여기에 참여하지 못했던 독립운동단체들의 통합운동이 다시 전개되어, 1922년 8월에 南滿韓族統一會가 개최되고 그 결과 大韓統義府가 조직되자 부총장으로 활동하였다.

한편 대한통의부가 1923년 2월 대한통부와 義軍府로 분열되자 의군부에 가담하였다. 광복 후에 수립될 민족국가의 형태와 이념문제를 놓고 민족독립운동가들 간에 대립이 계속되었기 때문이었다. 유학자 출신인 채상덕은 대한제국의 재건을 주장하는 의군부에 참여하였다. 채상덕은 이 의군부에서 대표자인 총장으로 활동하였다.[32]

이수홍은 당시 만주지역 복벽주의적 독립운동계의 대표적인 지도자인 채상덕의 지도 아래 독립운동을 전개하게 되었다. 당시 1923년 2월 채상덕은 의군부를 조직하고 총재로 활동 중이었으므로[33] 채상덕이 이수홍과 만난 1923년 3월은 채상덕이 의군부총재로 활동하고 있던 시기로 판단된다.

그는 혈혈단신 만주에 온 이수홍에게 채상덕은 큰 힘이 되었다. 이수

---

31 『동아일보』 1926년 11월 18일.
32 『독립운동사』 3, 『독립유공자공훈록』 채상덕조.
33 『독립운동사』 3.

홍은 채상덕을 스승 겸 친아버지로 생각하고 자신의 장래를 맡겼다.[34]

IV. 신명무관중학교 졸업 후 대한통의부와 참의부에서 활동: 고마령 참변과 스승의 죽음

채상덕은 이수홍을 독립군으로 양성하기 위하여 길림성 額穆縣의 신명무관중학교에 입학시켜 조련과 병학을 공부하게 하였다.[35] 채상덕이 이수홍을 무관학교에 입학시킬 무렵은 의군부가 해체되고 채상덕이 참의부에 참여하였던 시기가 아닌가 한다.

즉, 만주로 망명한 이수홍은 1923년 7월 하순경 대한통의부에 가입한 후, 대한통의부의 소개로 길림성 액목현에 위치한 신명무관중학교에 입학하여 1년 6개월 동안 군사교육을 받았다.[36]

이 학교는 일본 측의 자료인 「재만조선인개황에 관한 건」 1925년 7월 2일에 의하면, 1922년 3월에 액목현 新站에 기독교회에 의하여 설립되었다. 교원은 3명이며 학생 수는 30명 남 27명, 여 3명인 것으로 알려져 있다.[37]

1923년 6월에 申八均이 신빈현 汪淸門 二道溝 산중에서 사관들의 야외 연습을 실시하던 중 불의에도 중국 순경대 3백여 명의 습격을 받아 교전 중 전사하였기 때문에 전 광복군 총영장 吳東振이 다시 뒤를 이어 대한통의부 군사 부장으로 사령장을 겸임하게 되었다. 이수홍은 바로 김좌진이 아닌 오동진이 책임자로 있는 무관학교에서 무관교육을 받

---

34 『동아일보』 1926년 11월 17일자 호외.
35 『동아일보』 1926년 11월 18일.
36 『한민족독립운동가료집』 40, 공판조서, 77쪽.
37 국사편찬위원회 소장 문서.

은 것으로 추정된다. 당시 김좌진은 대한통의부와는 관련이 없는 인물이기 때문이다.[38]

그리고 신명무관중학교를 졸업한 후 대한통의부 민사부 사무원에 임명되어 주민이 내는 돈 등을 수금하는 사무를 담당하였다.[39] 한편 사관학교를 졸업한 이수흥은 아버지같이 존경하는 채상덕의 집에서 아침저녁으로 채상덕을 섬기며 그의 일거일동을 본받았다. 일 년 동안이나 스승의 감화를 받았다고 한다.[40]

이수흥은 채상덕의 권유[41]로 1924년 4월 초순경에는 참의부에 가입하여 제2중대 특무정사에 임명되었다. 특무정사는 중대의 내무에 종사하는 직책으로 중국 봉천성 환인현과 동성 집안현의 경계에 있는 磊子溝에 주둔하여 활동하였다.[42]

그러던 중 이수흥은 古馬領慘變을 겪게 된다. 이 참변은 1925년 2월 27일 만주의 집안현 산중에서 재만 독립군단인 참의부 소속독립군과 일제의 초산경찰서 소속 일경 부대간에 벌어진 전투로서, 일경의 기습공격에 의해 참의부군이 크게 패전한 전투이다. 1925년 2월 27일 이 단체의 최고 지휘관인 참의장 겸 제2중대장을 겸하고 있는 崔碩淳이 60명의 대원들과 함께 집안현 고마령 산중에서 군사회의를 개최하고 있었다. 이를 그들의 첩보원을 통해 사전에 파악한 일제의 초산경찰서 소속의 일경 1부대가 기습 공격을 가했다. 완전 무방비 상태에서 회의를 개최하고 있던 참의부 대원들은 제대로 반격도 못해보고 당해야만 했다. 불의의 기습으로 참의부 측은 참의장 최석순 이하 田昌禧 · 崔恒信 · 全德明 다수가 전사하였다. 고마령의 대패전이 참의부의 내분으로까지 퍼

---

38 『독립신문』 1924년 7월 26일자, 『동아일보』 1924년 8월 2일자.
39 『한민족독립운동가료집』 공판조서, 40쪽.
40 『동아일보』 1926년 11월 17일자.
41 위와 같음.
42 『한민족독립운동가료집』 40, 공판조서, 78쪽.

졌던 것이다. 이 사건이 있고 난 후 참의부의 세력은 크게 약화되었다. 항일 무장투쟁을 중히 여기는 독립군단으로서 수십 명에 달하는 전투원을 일시에 잃었다는 것은 다른 어떤 손실보다도 큰 것이었다.[43]

이 고마령 참변에서 이수홍은 왼쪽다리에 총을 맞아 부상을 당하였으나 부상당한 두 대원과 함께 손을 붙들고 간신히 채상덕에게 돌아와 보고를 하고 한 달 동안 병원에 신세를 졌다.[44] 놀라운 소식을 들은 채상덕은 눈물과 한숨으로 지내다가 이수홍이 완쾌된 것을 기다렸다가 앞에다 불러 앉히고 눈물을 머금고 비상한 어조로 "너는 아직 나이 어리나 의지는 굳은 청년이니 ○○○○○○○○○ 있는 터라. 내 일직부터 내 뜻을 본바들 사람을 구하였으나 아직 얻지 못하다가 너를 보매 버릴 수 없으니 ○○○○○○ 내 뜻을 저버리지 말라"고 훈계한 후에 기회를 엿보아 거사를 하되 조선인의 결함인 단체적 훈련의 부족과 배반자의 속출로 단체적 행동은 할 수가 없으니 언제든지 안중근을 본받아 개인적 행동을 하여 ○○○○○ 말을 하고 권총 2자루를 통화현 崗山 二道溝 會堂村 金雲用의 집에 있으니 그것을 차저 사용하라고 한 후에 즉시, 통곡을 하며 내 부하가 다 죽었으니 나 혼자 살아 있으면 면목이 어디 있겠느냐" 하며 이수홍이 말리는 것도 듣지 않고, 독약을 먹고 자살하였다.[45]

이수홍은 스승으로 아버지같이 섬기던 의군부 총재 채상덕이 약을 먹고 자살하자 병든 몸을 부지하여 가면서 명당을 택하여 안장을 하고, 채상덕의 유족들을 도와 생계를 보살펴 주며, 얼마동안 피척한 몸을 보양하면서 채상덕의 1년 상을 지낸 1926년 4월 중순에 통화현 강산 이도구 회당촌을 찾아 金雲用의 집에서 권총 2자루와 탄환 980발을 찾아가

---

43 『독립운동사전』, <고마령조>(채영국 집필).
44 『동아일보』 1926년 11월 17일 호외.
45 『동아일보』 1926년 11월 19일.

지고 1926년 5월 중순 경 조선으로 들어가기로 결심하였다.[46]

권총의 입수에 대하여 이수홍은 1927년 10월 11일 신문조서에서,

> 문: 권총 및 탄환은 어떠한 방법으로 입수하였는가.
> 답: 내가 신명무관중학교를 졸업하였을 때 蔡相德이 졸업을 축하하는 표시로써 金雲
>   用에 맡긴 것을 찾아서 나에게 증여한 것이다.

라고 하고 있다.

이수홍은 그때까지 참의부 제2중대 특무정사였으므로 대장의 명령
없이 단독행동을 할 수 없었음으로 중대장 김모를 찾아가서 간청하였
다. 중대장도 옛날 채상덕의 부하였고, 저 자신의 뜻도 이수홍과 일치하
였으므로 허락하였다. 그리하여 1926년 봄에 환인현 裡岔溝를 떠나 국
경을 경계하는 강안 경관들의 엄밀한 감시를 피해가며, 떠난 지 사흘 만
에 평북 어느 산골에 도착하여 산중에서 하루 밤을 보냈다. 마침 산중에
서 모젤 권총과 장총을 맨 참의부 제2중대 제1소대 부사 權永泰와 부하
4명을 만났다.[47] 그는 그들이 인도하는 대로 九龍洞이라는 어떤 농가에
서 2일 동안 묵었다. 그러는 동안 권영태는 여러 차례 함께 활동할 것을
권유하였다. 스승 채상덕의 말대로 끝까지 개인행동을 취하기로 하고
밤과 낮을 바꾸어 다시 그곳을 떠나 도보로 20일 만에 평북 운산군 北鎭
에 도착하였다. 다시 삼 주야를 걸어 맹주리에 도착한 후 2일을 쉬고 다
시 갖은 고생 끝에 평양에 도착하여 사흘 동안 산천을 구경하며 휴식을
취하였다. 다시 도보로 7월 10일에 경성에 도착하였다.[48]

---

46 『동아일보』 1926년 11월 19일자.
47 『동아일보』 1926년 11월 20일자.
48 『동아일보』 1926년 11월 20일자.

V. 이수흥의 국내활동

이수흥은 1923년 3월 말경 만주에 건너가 조선의 독립을 위하여 오동진이 주동이 되어 조직된 대한통의부에 동년 7월 말경 가입하였다. 그리고 1924년 4월 초순경 대한 임시정부의 부속 단체로서 駐滿陸軍參議府가 통의부로부터 분리 조직되자 이에 가담하였다.

이수흥은 당시 조선독립의 기세가 쇠퇴하고 있음을 유감스럽게 생각하고 이를 다시 부흥시키기 위하여 조선 내에 잠입하여 총독 및 기타 대관 등을 암살할 것을 계획하였다. 이에 사용하기 위한 목적으로 모젤식 권총 1정 동 실탄 1백 47발, '브로우닝'구식 권총 1정, 동 실탄 29발을 휴대하였다.[49]

권총과 실탄에 대하여 이수흥은 신문조서1926년 11월 24일에서 다음과 같이 언급하고 있다.[50]

> 문: 중국을 출발할 때에 권총 二정과 탄환 약간을 휴대하였다는데 그것들은 어떻게 입수하였는가.
> 답: 그것은 蔡相德이 義軍府의 처장으로 있을 당시에 通化縣의 金雲用의 집에 맡긴 것을 이번에 蔡에게 이야기를 하여서 내가 얻어 왔다.
>
> 문: 그 권총의 종류와 탄환의 수는 어떠한가.
> 답: 모젤식과 브로닝식인데 탄환은 대(大)가 150발이고 소(小)가 29발이다.

1926년 5월 26일음 4월 15일경 중국 봉천성 桓仁縣과 동성 집안현과의 경계 지점에 위치한 磊子溝를 출발하여 동월 하순경 국내로 들어왔다.[51] 그가 국내로 들어온 이유에 대하여 이수흥은 신문조서2, 1926년 11

---

49 판결문.
50 이수흥 신문조서(1926년 11월 24일).
51 판결문.

월 24일에서 다음과 같이 언급하고 있다.[52]

> 문: 금년 음력 四月경에 중국 桓仁縣 裡溝를 출발하여 雲山, 北鎭 등을 경유하여 平
> 壤에 도착한 것은 틀림없는가.
> 답: 틀림없다.
>
> 문: 이번에 조선으로 돌아온 목적은 무엇인가.
> 답: 대관 암살과 임기응변의 기회만 있으면 일본의 정치를 교란시키는 대사업을 하
> 기 위하여 왔다.
>
> 문: 대관이라 함은 누구를 말함인가.
> 답: 특별히 지정된 것은 아니나 조선에서는 우리 조선 사람에 대하여 가혹한 정치를
> 하고 있는 총독을 암살하고, 또 기타 총독부의 대관도 암살할 생각이었다.

이수홍은 총독 암살은 유남수가, 자신은 권총으로 다른 활동을 전개
하고자 하였다. 역시 신문조서를 보면, 이를 알 수 있다.

> 문: 어찌하여 권총 二정을 휴대하고 귀국하였는가.
> 답: 一정은 柳南秀에게 주어 조선총독을 암살시키고, 1정은 내가 소지하고 있다가
> 사업을 할 작정이었다.
>
> 문: 그대는 총독을 암살할 의사가 없었는가.
> 답: 나에게도 그런 의사는 있었으나 총독을 살해하는 것은 총독부의 급사인 류남수
> 에게 실행시키게 하는 것이 이루어질 수가 있었으므로 그와 같이 생각하였다.

아울러 1927년 10월 11일에 있었던 신문조서에서 이수홍은 보다 구
체적으로 조선에 들어온 목적에 대하여 언급하고 있다.

> 문: 피고는 언제, 어떠한 목적으로 조선에 들어왔는가.
> 답: 내가 근래에 와서 조선독립의 기운이 쇠미하여지고 전연 진척이 없었으므로 개
> 탄하기 짝이 없었으므로 柳南秀와 협력하여 총독, 기타의 대관을 암살하고 총독

---

52 이수홍 신문조서 (2), 『한민족독립운동가료집』 39.

부, 기타 관아의 건물을 파괴한다든가 하여서 이 침체된 조선독립의 기분을 선동하여 조선의 독립을 계획할 생각으로 잘 알고 있는 朴東初에 간청하여 23원의 돈을 조달하여 그것을 여비로 하여 1926년 음력 4월 15일경 모젤식 권총, 브로닝식 권총 각 1정과 탄환을 휴대하고 磊子溝를 출발하여 음력 4월 하순경 이것을 조선 내로 반입하고 京城 樂園洞의 鄭씨의 집을 방문하고 柳南秀의 거처를 물었더니 동인은 총독부의 급사를 사임하고 고향으로 간 뒤였으므로 利川郡 邑內面 中里로 그를 방문하고 조선으로 들어온 목적을 고하고 일치 협력하여 책동할 것을 협의하였다.

국내에서의 이수흥의 활동을 몇 가지로 나눠 살펴보면 다음과 같다.

1. 황해도 평산군 안성면 발참리 의거

이수흥은 의열투쟁을 감행할 목적을 달성하기 위하여 부호등으로부터 군자금을 모금할 계획으로 1926년 7월 6일 밤 황해도 평산군 安城面 發站里 59번지 金商烈 집에 들어갔다. 그는 김상열에게 '모젤'식 권총을 들이대며 조선독립 관원인데 군자금 5백 원을 제공하지 않으면 사살하겠다고 하였다. 그러나 김상렬이 돈을 소지하고 있지 않기 때문에 그 목적을 달성하지 못하였다.[53]

이수흥은 신문조서1926년 11월 24일에서 다음과 같이 보다 구체적으로 언급하고 있다.[54]

문: 七월 六일 저녁에 위 發站里 앞 철도선로의 부근에 있는 가옥에 침입하여 군자금
　　의 제공을 강요한 사실이 있는가.
답: 그렇다.
문: 그 때의 상황을 진술하라.
답: 간단하게 말하면 처음에 나는 조선독립운동을 하는 사람인데 너도 二천만 동포

---

53 1927년 9월 12일 이수흥 신문조서에서는 이에 대하여 허위진술이라고 부인하고 있다.
54 이수흥 신문조서(1926년 11월 24일).

의 一분자이므로 그에 상당한 군자금을 내라고 말하였더니, 자기는 타인의 묘를 지키고 있는 사람인데 돈은 없다고 말하기에, 그렇다면 밥이라도 달라고 말하였더니 밥을 주기에 먹으면서 동네에 부자가 없는가라고 물었더니 咸聖鎬라는 사람이 부자라고 말하기에, 그렇다면 그 집을 안내하여 달라고 말하였더니 16.7세 되는 아이가 안내하여 준다고 말해서 식사 후에 그 집을 나와서 그 아이의 안내로 咸의 집으로 가서 문 안으로 들어갔더니 37.8세 가량의 남자가 있었으므로, 네가 함성호냐고 물었더니 그것은 자기의 아버지라고 말하기에, 그러면 아버지가 있는 곳으로 안내하라고 말하고 안으로 들어갔더니 그 아버지 되는 사람은 없고 뒤편에서 사람들이 떠들고 있는 것으로 생각되어서 뒤로 돌아갔더니 함성호로 보이는 사람의 모습은 보이지 않고 그 집의 여자들이 도망치고 있었으므로, 다시 밖으로 나왔더니 많은 동네의 사람들이 도망치고, 함성호의 아들도 도망치기에 그 곳에 서 있는 한 사람의 남자에게 함성호의 소재를 물었으나 모른다고 말하였지만 이미 사실이 발각되었으므로 위혁하여 추적을 못하도록 지면을 향하여 소지한 권총을 一발 발포하고 그대로 철도 선로를 따라서 京城 방면으로 향하여 도망쳤다.

2. 서울 동소문 순사 덕영 사살 의거

황해도 평산에서 7일 밤에 피신한 후 이수흥은 京義綿을 따라서 정거장 3개 정도를 京城 방면으로 와서 산 속에서 노숙을 하고, 그 후 계속하여 京城 방면을 향하여 걸어서 開城, 長湍 등을 경유하여 독립문에 도착하였다. 그날 그는 樂園洞의 유남수의 인척집인 李喜台의 집을 방문하였다. 그것은 이수흥이 만주로 갈 때 柳南秀가 총독부의 급사로 있었으나 지금도 급사로 있는지 없는지를 알기 위해서였다. 그로부터 그는 유남수가 이미 급사를 그만두고 利川의 자택으로 돌아갔다는 사실을 알게 되었다. 이수흥은 원래 총독부에서 급사일을 보는 유남수를 통하여 조선총독을 암살하고자 하였는데 그가 그만두었다는 소식에 크게 낙담하였다. 일단 이수흥은 이천으로 가 그를 만나보고자 하였다.

光熙門을 통과하여 가는 것이므로 東小門에서 三山坪을 경유하여 廣津의 도선장으로 나와서 이천으로 가는 편이 좋겠다고 생각하였다. 東

小門으로 향하여 가던 중에 그날 밤 10시 50분 경 德永순사가 파출소로부터 이수홍의 뒤를 따라왔다. 이수홍은 이상하여 즉시 복부에 숨겨 가지고 있던 권총을 살펴보니 총신의 二·三寸 가량 옷 밖으로 나와 있었다. 이에 혹시 德永순사가 그것을 보고 나를 따라 오는 것이 아닌가 생각하였다. 이수홍은 어두운 곳에 위치하고 있는 술집까지 가서 권총을 꺼내어 오른손에 휴대하고 뒤를 보았다. 그 때 순사는 파출소를 향하여 걸어가고 있었다. 이에 이수홍은 본서에 자신에 대하여 보고하기 위하여 전화를 걸러 가는 것이 아닌가 판단하였다. 이수홍은 그냥 두어서는 안 되겠다고 생각하고 그의 뒤를 쫓아가서 파출소의 입구의 밖에 서서 야—라고 소리를 질렀더니 무엇이냐고 대답하기에 독립단이라고 말하고 그 순사를 향하여 권총을 발사하였다.[55] 순사는 그 장소에 쓰러지고 포복을 하면서 안으로 들어갔다. 이에 계속하여 6발을 순사를 향하여 발포한 후에 사립 崇正학교 앞을 지나서 산 속으로 들어가서 그날 밤은 北漢山에 올라가서 산 속에서 하룻밤을 보냈다. 다음날 산에서 지내고 해가 지기를 기다려 牛耳洞으로 내려와서 성명 불상의 조선인의 집으로 들어가서 밥을 얻어먹었다. 그리고 그날 밤에 廣津의 도선장까지 가서 그 곳에서 밤이 새기를 기다려 도선장을 건너서 廣州郡으로 들어가서 廣川의 舊邑을 지나서 조금 간 곳에 있는 빈집에서 하룻밤을 보냈다. 그리고 다음날 오후 6시경 利川읍내의 柳南秀의 집에 도착하였다.[56]

---

55 이 사건은 1926년 7월 12일부터 16일까지 계속해서 그리고 7월 26일, 8월 12일 등에 『동아일보』에 보도되는 등 세간의 깊은 관심을 끌었다.
56 이수홍은 1927년 9월 12일에 있었던 신문조서에서는 동소문 사건에 대하여 일체 부인하고 있다.

3. 안성군 일죽면 동리 박태병 사살 의거

1) 친척이며 동지인 유남수와 유택수와의 만남

유택수와 유남수는 柳昌珪의 3남 2녀 중 2남과 3남이다.[57] 유창규의 부친과 이수흥의 부친인 이일형은 외사촌간이다.[58]

유창규[59]은 한학자로 이천읍내에서 서당훈장을 하는 한편 잡화상을 운영하였다.[60] 장남은 柳潼秀이다. 유동수가 조선총독부 濟生院에 근무하면서 고아의 교육을 담당하고 있었는데, 그것을 그만두고 귀향하였다. 1926년 당시에는 경기도 포천군의 광산사무소에서 사무원으로 일하고 있었다.[61]

柳南秀는 1926년 당시 22세이다.[62] 柳淳秀라고도 한다.[63] 본래 경성부 靑葉町 二丁目 23에서 살다가 1919년 이천군 읍내면 中里 137번지로 이사하였다. 유남수의 학력과 가정상황은 신문조서에서 잘 살펴볼 수 있다. 1927년 10월 15일 京城지방법원에서,[64]

> 문: 피고의 경력과 가정의 상황은 어떠한가.
> 답: 나는 利川공립보통학교에 입학하고 三년 간 통학하다가 가정 형편으로 퇴학하
> 고, 그 후 대정 ―년(1922년―필자 주) 7월 초순경 조선총독부의 급사가 되어
> 대정 ―三년(1924년―필자 주) 11월 하순경까지 그 곳에서 근무하다 사직하고
> 그 후는 조선일보의 利川지국의 기자로 근무하는 한편 잡화점의 일을 거들고 가
> 사를 도와주고 가족은 부모, 장형, 차형, 누이동생 기타로서 7명이 있고 재산은
> 없고, 아버지가 소송대리를 보고, 장형 류동수는 포천의 금광에서 일을 하고, 차

---

57 『한민족독립운동사자료집』 40, 유창규 신문조서, 10쪽.
58 『한민족독립운동사자료집』 40, 유창규 신문조서, 10쪽.
59 柳昌珪, 『한민족독립운동사자료집』 40, 신문조서, 증인 유창규 신문조서, 9쪽.
60 『동아일보』 1926년 11월 17일자 호외.
61 『한민족독립운동사자료집』 40, 공판조서 86쪽.
62 1926년 11월 16일자 유남수 신문조서.
63 『한민족독립운동사자료집』, 공판조서, 84쪽.
64 1927년 10월 15일 유남수 신문조서.

형 柳澤秀는 京原자동차조합의 운전사로 근무하며 생활하고 있다.

라고 하고 있다.

즉, 유남수는 이천보통학교를 다니고, 1922년부터 1924년까지 조선 총독부 식산국 급사로 일하다가 그 후 얼마동안 집에서 있었다. 1926년부터 4월부터 동년 9월까지 『조선일보』 이천지국 기자로 일하였다. 이수흥과는 죽마고우로 특별히 친분이 있어서 만주에 건너가서도 여러번 나오라는 권유를 받았다.[65]

1926년 11월 24일 京城지방법원 검사국에서 있었던 유남수 신문조서에서,[66]

> 문: 그대는 李壽興과는 언제부터 알고 있는가.
> 답: 5·6년 전부터 알고 있다.
> 문: 李壽興이 2·3년 전에 중국에 간 사실을 알고 있는가.
> 답: 알고 있다.
> 문: 무엇을 하려고 중국에 갔는가.
> 답: 중국에 있는 독립운동단체에 가입하기 위하여 간다는 것과, 나도 함께 가자고 권유를 받았으나 나는 가지 않았다.

그리고 1927년 12월 3일 京城지방법원에서 있은 유남수 신문조서에서,[67] 유남수는

> 문: 피고는 조선의 독립을 희망하지 않는가.
> 답: 그와 같은 희망은 나에게는 없다.

라고 답하고 있다. 유남수는 신문에서 시종일관 자신의 항일운동을 부

---

65 『동아일보』 1926년 11월 17일 호외.
66 1926년 11월 24일 유남수 신문조서.
67 1927년 12월 3일 유남수 신문조서(『한민족독립운동가료』 40).

인하고 있다.

이수흥은 안성 의거를 인척인 유남수의 형 유택수와 함께 추진하였다. 유택수는 동생만큼 사상은 깊지 못하였으나 행동이 범같이 민첩한 것으로 동네에 알려져 있었다. 일정한 직업이 없이 지내다가 1925년부터 이천 자동차부에서 일하였다.[68] 유택수는 이천군 읍내면 창전리의 잡화상 박노헌의 집에 고용되어, 각 자동차집에 휘발유를 가져다주는 일도 하였다.[69]

이수흥은, 1926년 11월 24일에서 유택수와 독립운동에 관하여 다음과 같이 의논하였다고 밝히고 있다.

> 문: 동인(유택수－필자 주)과 조선독립운동 등에 관하여 상의한 일이 있는가.
> 답: 동인에게 安城에 갈 때에 나는 조선독립을 위하여 노력하고 있다는 것을 말하고, 너도 조선 민족의 一분자로서 함께 일할 의사가 없는지, 만약에 있다면 나와 행동을 같이 한다면 이번에 安城에 가서 湖南銀行을 습격하여 은행의 돈을 탈취할 생각이므로 그 돈으로 너는 먼저 중국에 가서 독립운동단체에 가입하도록 하여 주겠다고 하였더니, 동인도 이에 동의하고, 그렇다면 함께 가겠다고 말하고 安城에 동행하게 되었으나 그 때까지는 아무 것도 말한 사실이 없다.

이수흥은 독립운동에 대하여 생각이 깊은 유남수와 주로 상의하였던 것 같다. 또한 그의 충고도 들었던 것으로 판단된다. 다음의 신문조서 내용은 그러한 점들을 보여주고 있다.

> 문: 그 이전에 柳澤秀와 조선독립운동에 관하여 상의를 한 사실이 있지 않은가.
> 답: 그런 사실은 없다. 柳澤秀는 원래 배우지를 못하여 아무 것도 모르는 사람인데, 나는 다만 일시적으로도 동인을 이용할 생각으로 安城에는 동행하였으나 독립운동에 관하여 깊은 상의를 한 사실은 없다.

---

68 『동아일보』호외 1926년 11월 17일.
69 『한민족독립운동가료집』40, 유창규 신문조서, 10쪽.

문: 7월 13일 柳南秀의 집에 도착하였을 때에 柳南秀에게 東小門 사건의 이야기를
하였더니 동인은 어찌하여 그와 같은 작은 일을 하였는가. 대관의 암살이라도 하
면 좋을 것이 아니냐고 말하였는가.

답: 어찌하여 그와 같은 조그만 일을 하였느냐고는 말하였다. 그것은 권총이 발견되
어서 부득이한 일로써 좋아서 한 일은 아니라고 말하였더니, 그와 같은 사소한
일에 관계하여 체포되면 대사를 이룰 수가 없지 않겠냐고 하였다.

2) 안성군 일죽면 동리 박태병 사살 의거

1926년 9월 4일음력 七월 二八일 이수홍은 柳南秀의 집에서 그의 형 柳
澤秀에게, 나는 독립단원인데 조선의 독립운동에 열중하고 있다. 독립
단에 가입하여 함께 운동에 종사하면 어떻겠느냐고 하였다. 柳澤秀가
승낙하였으므로 이수홍은 그와 함께 경기도 안성의 부호인 朴承六[70]의
집에가 독립운동가금을 제공받고자 하였다.[71] 특히 이수홍은 박승육의
아들 朴泰秉이 자선 사업에 노력하고 있고, 그의 동생 朴衡秉은 사회주
의자이며,[72] 그 동생 朴崇秉은 중국 북경 등지에서 민족운동에 참여하
고 있었으므로[73] 자신의 제안에 동의해 줄 것으로 판단하였다.[74]

---

70 박승육은 안성지역의 부호로 1928년 1월 31일 안성면 동리 517번지에 동아인쇄를 설립하
였다. 이 회사는 자본금 50,000원이었다(『해방 전 회사자료』). 박승육은 1927년 4월 안성공
립보통학교에 400원을 기증하였다(『동아일보』 1927년 4월 28일자). 그는 1934년 2월 4일
병으로 사망하였다(『동아일보』 1934년 2월 7일자).
71 1927년 9월 12일 이수홍 신문조서.
72 박형병(1897~)은 일본 와세대대학을 유학한 인물로 1920년 3·1운동 1주년 기념시위운동
을 벌이다가 일본 경찰에 검속되어 15일간 구류를 살았다. 1923년 1월 북성회에 참여하여
간부가 되었다. 그 후 귀국하여 조선공산당에 가입하였으며, 해방후에는 남로당에서 활동
하였다(강만길, 성대경 엮음, 『한국사회주의운동 인명사전』, 창작과비평사, 1996, <박형
병>조. 안성에서의 박형병에 대하여는 「1920년대 안성지역의 사회경제상연구-『안성기
략』(1925)을 중심으로-」, 이기만, 중앙대학교 석사학위논문, 2004)에 자세히 나와 있다.
73 『용의조선인명부』에 따르면, 박숭병은 1916년 중국으로 망명하여 북경 등지에서 독립운
동을 전개하였다. 별명은 趙澗松, 趙光壁 등이다. 박숭병의 형인 朴華秉은 1926년 6월 안성청
년회 위원으로 활동하였다(『중외일보』 1927년 6월 11일자). 또한 1928년 1월 31일 부친 박
승육이 안성에 세운 동아인쇄의 전무이사로 일하였다(『해방 전 회사자료』).
74 『한민족독립운동사자료집』 40, 공판조서, 81쪽.

그리하여 다음날 이천에 있는 柳南秀의 집을 출발하여 이수홍의 매부인 水原郡 楊甘面 松山里 七三八번지 宋範壽의 집에서 2박하였다. 그리고 동월 7일 아침에 그 집을 나와서 오후 3시경에 安城郡 一竹面 東里 四八五번지 朴承六의 집에 도착하여, 그의 아들 朴泰秉을 만났다. 그 집에는 마침 약 20명이 넘는 인부가 있어서 건물을 건축하는 데 한참이어서 기회가 좋지 않아 이수홍은 우리들은 東亞日報의 기자인데 그대에게 밀담을 할 일이 있어서 왔는데 바쁜 모양이니 후에 다시 오겠다고 말하였다. 그 집을 나와서 동네의 이발소에서 머리를 깎고, 중국 음식점에서 음식을 먹으면서 시간이 지나는 것을 기다리다가 동일 오후 7시 30분경에 다시 그 집을 방문하고, 인부를 통하여 朴泰秉을 만날 것을 요청하였다.

朴泰秉은 이수홍 등을 사랑방으로 가도록 하였는데 사랑방에는 4~5명의 손님이 있고, 또 그 부근에 인부도 있는 것 같아서 이수홍은 나는 밀담이 있으니 조용히 만나고 싶다고 말하였다. 朴泰秉은 사랑방을 나와서 건축 중인 건물 옆으로 이수홍 등을 안내 하였다.

이수홍은 朴泰秉에게 우리들은 독립단 參議府員인데 조선의 독립운동을 하기 위하여 조선으로 들어왔다. 독립운동가금이 없어서 곤난을 받고 있는데, 귀하의 명성은 전부터 듣고 알고 있으므로 그 명성을 존경하고 귀하의 원조를 받으려고 방문하였으니, 응분의 협조를 바란다고 하였다. 이에 박태병은 동생들이 독립운동에 참여하고 있어 경찰의 주목을 받고 있으므로 그런 것은 할 수 없다고 거절하고 안방으로 달아났다. 따라서 이수홍은 그를 살려 두었다가는 반드시 우리들의 음모를 누설할 것이 틀림없다고 생각하였을 뿐만 아니라 우리들 동지에 대하여 냉대를 하는 일반 사회의 부호에 대한 징계를 하기 위하여도 그를 사살하는 것만 같지 않다고 판단하였다. 사살을 결심하고 허리에 찬 브로닝식 권총을 꺼내어 朴泰秉의 뒤를 쫓아갔다.

박태병은 동문의 오른쪽 안에 숨어서 쪼그리고 있었으므로 이수흥은 그와 二間 가량 되는 곳으로 다가가서 귀하는 韓日合倂 당시는 한국의 귀한 자리에 앉아 있었으므로 진충보국하는 성심을 가지고 우리 조선 민족을 위하여 노력하지 않으면 안 된다. 그와 같은 무거운 책임이 있음에도 불구하고 생명을 버리고 탄알이 비 오듯 하는 사이를 달려가면서 조선 민족을 위하여 그 독립을 모색하는 우리들을 냉안시하고, 더욱이 순수한 우리들의 요구를 거절한다는 것은 망국 분자의 한 사람이다. 우리 민족을 대신하여 천벌을 가한다고 호령하면서 권총을 그의 흉부에 겨누고 2발을 쏘았다. 그 때 다수의 인부가 권총 소리를 듣고, 혹자는 곤봉을 휴대하고 달려와서 이수흥을 포위하고 체포하려는 기세를 보이므로 이수흥은 도주로를 만들기 위하여 인부를 향하여 권총 2발을 발사하여 인부 2명을 쓰러뜨리고, 겁에 질린 다수의 인부가 흩어지는 순간에 이수흥은 그 집을 도망쳤다.[75] 한편 신고를 받은 안성서에서는 수십명의 경관을 파견하여 수사를 전개하였다.[76]

이수흥은 안성 의거 후 방문예정인 스웨덴 황태자를 사살하고자 하였다. 1927년 9월 12일 이수흥 신문조서에 따르면 다음과 같다.

> 문: 피고 및 柳南秀는 朴承六의 집을 도망쳐서 어디에 몸을 숨겼는가.
> 답: 우리들은 朴承六의 집에서 북방의 산 속으로 도주하고, 산을 따라서 뛰어 安城郡의 陽城 및 振威郡의 振威를 통과하여 8일 정오경에 나의 매부 되는 宋範壽의 집에 몸을 숨기고 있었으나 언제까지나 이곳에 함께 숨어 있어서는 관헌의 혐의를 받게 되므로 협의한 후 柳澤秀는 2일째인가 되는 날에 京城을 우회하여 귀가하고, 나는 또 三일 가량 체재한 후에 瑞西황태자가 입경하면 그 틈을 이용하여 단신으로 전하를 저격할 각오로서 동월 13일경 출경하여 조선호텔 앞에서 망을 보고 전하의 동정을 엿보았으나 아직 입경 전이었고, 또 경관이 무장하고 비상경계

---

75 1927년 9월 12일 이수흥 신문조서.
76 『동아일보』 1926년 9월 11일자.

에 돌입하고 있었으므로, 나는 다시 柳南秀의 집에 몸을 숨기고 다시 거사의 기회를 엿볼 생각으로 부내의 仁寺洞의 조선극장 앞에서 유리상을 경영하는 李惠聖을 방문하고 그 집에서 一박하고 다음 一四일경 그에게 一○원을 채용하여 그것으로 여비를 하여서 도보로 柳澤秀의 집으로 향하는 도중에서 一박하고 다음 一五일경 자동차에 편승하여 그날 오후 12시 30분경 柳澤秀의 집에 도착하여 그 집에 숨어 있었다.

한편 유택수는 안성 의거 상황을 다음과 같이 언급하고 있다.[77]

문: 피고는 李壽興과 공모하고 安城郡 一竹面 東里 八五번지 朴泰秉에 대하여 군자금의 제공을 강요하고, 동인이 그것을 거절하였으므로 권총으로 사살하고, 인부 金春明, 林光日에 부상을 가하였다는데 틀림없는가.

답: 그렇다. 틀림없다.

문: 그렇다면 그 전말을 상술하라.

답: 李壽興이 1926년 9월 4일 아침에 우리 집에서 나에게 滿洲에는 조선의 독립을 목적으로 조직된 독립단이라고 부르는 단체가 있고 다수의 단원을 가지고 있으며, 단원은 모두 그 목적을 관철하려고 활약하고 있다. 자기도 그 단체의 일원으로서 금후에 총독, 기타의 대관들을 암살하고, 총독부, 기타 관아의 건물을 파괴하고, 조선의 독립운동을 하기 위하여 조선으로 잠입하였는데, 그 운동자금이 없어서 곤란을 받고 있으니 너도 우리 민족을 위하여 반드시 이에 가담하여 운동자금을 모집하고 그 운동을 일키자고 종용하였다.

그러나 나는 처음에는 무서워서 동의를 하지 못하고 거절하였는데 李壽興은 인간은 한 번은 죽지 않으면 안 되는 것이므로 같이 죽는다 할지라도 민족을 위하여 싸우다가 죽는다면 그것이 바라는 것이고, 또 사회의 이목을 움직일 수 있는 일을 한다면 이름도 후세에 남길 것이 아니냐고 하면서 재삼 그것을 촉구하였다. 나도 마침내 그것을 할 생각이 나서 동의를 하고, 李壽興의 발의에 따라서 安城郡 一竹面 東里의 부호 朴承六의 집을 습격하고 독립운동가금을 제공하게 할 것을 협의하고, 모젤식과 브로닝식 권총 및 탄환 등을 준비하고 즉일 우리집을 출발하여 도중에 李壽興의 친척인 同郡 同面 和谷里 姜兢周의 집에 비가 오는 관계로 二박을 하고, 동월 七일 아침에 그 집을 출발하고, 朴承六의 집에 도착하였다. 그 집에서는 마침 건물을 신축 중이고 다수의 인부들이 혼잡을 이루고 있었는데 李壽興은 나를 문전에 세워 놓고 단신으로 그 집을 방문하고 동인의 아들인 朴泰秉과 회견하고 나와서 서 있는 나에 대하여 인부가 많이 있어서 혼잡을 이루고 있으므로 지금 결행하면 형편이 좋지 않겠으니 나중에 다시 와서 방문하기로 약

77 1927년 10월 13일 유택수 신문조서.

속하였다고 말하고, 나와 함께 마을의 이발소로 가서 이발을 하기로 하고, 중국 요리점에서 음식을 먹기도 하면서 시간을 보냈다.

그날 밤 7시 30분경에 재차 그 집을 방문하고 朴泰秉의 면담을 요구하였더니, 동인은 우리들을 사랑방으로 초청하려고 하였으나 우리는 운동화를 신고 있었으므로 방에 들어가지 않겠다고 핑계를 대고 있었는데 李壽興은 그 곳으로부터 왼쪽으로 약 三間 가량 떨어진 신축 중의 장소로 동인을 유인하고 서로 무엇인가의 밀담을 하고 있었는데, 중간에 朴泰秉은 돌연히 안방 방면으로 도주하고, 李壽興은 허리에 차고 있던 모젤식 권총을 꺼내어 동인을 추적하므로 나도 왼손에 브로닝식 권총을 들고 그 뒤를 따라 갔는데, 나는 돌에 걸려서 넘어졌으나 그 때 李壽興은 朴泰秉을 저격한 것으로 보이는 쾅하는 1발의 총소리가 났었는데 나는 다시 일어나서 뛰어 가려고 하였더니 李壽興은 중문으로부터 뛰어 나와서 도망치라고 하므로 나는 동인의 뒤를 따라서 도망치려고 하였다.

그러자 다수의 인부가 우리들을 포위하고 체포하려고 모여 드는 것 같아서 李壽興는 그들을 향하여 권총을 2발 발사하였더니, 동인들은 모두 도망쳤으므로 우리는 그 틈을 타서 밖의 문으로 도주하였다.

4. 이천 의거

이수홍은 1926년 9월 28일 오후 3시경 驪州郡 興川面 外絲里 李敏應[78]의 집에 가서 처음에 나는 독립운동을 하는 사람인데 군자금을 제공하라고 말하였다. 그가 돈 4원을 냈기에 이수홍은 "나는 거지가 아니다. 돈이 없어서 내지 못한다면 할 수 없으나 100만 원의 재산을 가지고 있으면서 그런 소액의 돈을 내는 것은 나를 모욕하는 것이다"라고 말하였다. 이에 이민응은 자기도 조선 민족을 위하여 玄方식산주식회사를 설립하여 다수의 빈민을 구제하는 데 노력하고 있으므로 결코 조선 민족을 생각하는 것은 타인에 양보하는 사람이 아니라고 말하여서 이수홍은 그것은 감탄할 바이며, 비록 방법이 달라도 모두 조선 민족을 위하

---

78 이민응은 『여주군사』 <문화계몽운동과 문화투쟁>에 여주지역의 대표적인 자선사업가로 높이 평가되어 기록되어 있다. 앞으로 어떠한 것이 진실인지에 대하여 보다 객관적이고 신중한 평가가 요망된다.

여 일하는 것은 같은 것이므로 이제부터 크게 노력하도록 하여 달라고 말하고 그대로 아무 것도 받지 않고 돌아왔다.

그 후 이수흥의 그의 말이 진실인지 확인하여 보았다. 그런데 알고 보니 빈민 구제라는 것은 거짓말이며 이민응 등이 전문적으로 영리를 위한 회사라는 것을 알아내고 이수흥은 매우 화가 나서, 동 회사는 주로 李敏應이 출자 경영하고 있는 것이라고 하기에 동 회사를 습격하여 금고의 돈을 전부 탈취하여 군자금에 충당할 생각으로 19일 동 회사 앞으로 갔다.

시간이 지난 후였으므로 그 다음 20일 재차 동 회사 앞까지 갔더니 10여 명이 집무하고 있어서 이수흥 혼자서 돈을 탈취하려고 하여도 그 중에 한 사람이라도 뛰어나가서 주재소에 보고하여 순사가 총을 가지고 온다면 도저히 대항할 수 없으므로 먼저 주재소로 가서 순사를 사살하고 식산회사를 습격하면 몇 사람이 있다할지라도 용이하게 목적을 달성할 수가 있다고 생각하였다. 주재소에 갔더니 순사 2명이 있었으므로 그들을 사살할 생각으로 권총을 순사를 향하여 발사하려고 하였는데 불발로 끝나고, 다시 1발을 발사하려고 하였지만 또 불발로 끝났으므로 탄환을 갈아 끼우고 있을 때에 2명의 순사는 어디인가로 도망을 하였다.

식산회사로 갔더니 이미 시간이 경과하여 모두 퇴근한 뒤였다. 그래서 부득이 일본 정부의 말단기관인 면사무소를 습격하여 징수한 세금 등의 공금이 있으면 이것을 탈취하여 잠시 해외에 갔다가 잠잠하여 질 때를 기다려서 재차 조선으로 들어와서 목적을 달성하려고 생각하였다.79 도중에 일본인 보통학교장의 처가 길을 가로막아 방해하므로80

---

79 이수흥 신문조서 2회, 1926.11.20.
80 이수흥 신문조서 3회.

큰일을 하려는데 여자가 앞에 서 있음은 불길하다고 생각하고 그 사람을 향하여 총 2발을 발사하였으나 명중하지 않았다.

그 후 바로 백사면사무소로 갔으나 宋天義라는 조선 사람 면서기 한 사람이 있어서, "가지고 있는 공금 전부를 제공하라. 나는 조선독립운동을 하고 있는 사람인데 그 군자금에 필요하다"고 말하였다. 宋은 이수홍을 돈이 있는 곳으로 안내하는 것처럼 가장하고 이곳저곳을 안내하면서 틈을 살펴 도주하면서 강도라고 큰 소리를 질렀다. 이수홍은 자신이 2천만 동포가 자유롭게 해방될 것을 기원하고 몸을 희생하여 노력하고 있는데, 강도라고 부르는 것은 괘씸하다고 생각하고 도망치는 宋天義의 뒤에서 소지하고 있는 권총으로 二발을 발포하여 즉사하게 하였다. 그 후 玄方을 떠나서 利川邑으로 들어가서 柳南秀 집에 가서 玄方에서 일어난 사건을 이야기하고 그날 밤에 安城郡의 姜兢周의 집으로 가서 숙박하였다.[81]

VI. 이수흥의 체포와 투옥, 사형

이수홍은 1927년 10월 11일 이수홍 신문조서에서 체포에 대하여 다음과 같이 언급하고 있다.

> 답: 내가 柳南秀의 집에서 기식하고 있다는 것은 利川 사람들은 대개 알고 있었으므로 언제까지나 그 집에 잠복한다면 신변이 위험하다고 생각하고 柳南秀와 상의하고 야간을 이용하여 11시경에 그 집을 나와서 安城郡 一竹面 姜兢周의 집에 다음날 새벽에 도착하고 그 집에서 2박했는데, 그러는 중 水原의 누이로부터 아버지의 부고를 접하고 상을 입고, 水原郡 楊甘面 松山里 宋範壽의 집으로 가서 3·4일 동안 체재하고, 다시 그 곳에서 京城으로 나와서 府內 社稷洞 李謙聖의 집에

---

81 이수홍 신문조서 2회.

서 2박하고, 府內 樓下洞 李軒聖의 집에서 1박하고, 행선지를 감추고 있었는데 李俊聖에게는 전에 400원 가량 돈을 빌려 주었으므로 그것을 받아서 어딘가로 도망치고 서서히 재기를 엿볼 목적으로 利川郡 邑內面 倉前里의 李俊聖를 방문해 그 집에서 一박하였던 바, 그 다음날 오전 10시경 관헌에게 발각되어 체포되었다.[82]

이수홍은 경찰에 밀고한 자는 그의 6촌 형 李俊聖이다. 그는 이수홍을 이천경찰서에 밀고하여 체포하게 한 장본인이다. 그는 해방 후 시내 인사동 자택에서 李鳳植 조사관이 지휘하는 특경대의 손에 의하여 체포되어 麻浦형무소에 수감되었다.[83]

한편 체포된 이수홍·유택수·유남수 등은 1928년 7월 10일 경성지방법원에서 이수홍과 유택수는 사형, 유남수는 징역 2년을 언도받았다.[84] 이수홍은 사형을 언도받고도 공소를 포기하여 사형 당하기를 자청하였다. 이는 강유규와 의병장 허위 등의 사례에서 살펴볼 수 있다.[85] 이수홍과 유택수는 1929년 2월 27일 사형이 서대문형무소 교수대에서 집행되었다.[86] 이수홍은 사형 당하기 전날 한시 한수를 남기고 아울러 수백페이지에 달하는 감상문을 横田 형무소 소장에게 맡겼다고 한다. 아울러 형장에 가기전에 平塚 일본인 교회사에게 장시간 자기 가슴에 품은 민족주의적 연설을 하였다고 전한다.[87] 25세의 젊은 나이에 형장의 이슬로 사라지는 한 젊은이의 애달픈 마음을 읽을 수 있다.

이수홍의 유골은 1930년 5월 13일 매부 강긍주의 도움으로 안성시 일죽면 화곡리 土谷山에 안장되었다.[88]

---

82 1927년 10월 11일 이수홍 신문조서.
83 反民者罪狀記, 高等警察 金基와 그 一行들.
84 『동아일보』 1928년 7월 11일자.
85 『동아일보』 1928년 7월 15일자.
86 『동아일보』 1929년 2월 28일자.
87 『동아일보』 1929년 3월 1일자.
88 『동아일보』 1930년 5월 15일자.

Ⅶ. 결어

지금까지 참의부 독립군 이수흥의 국내에서의 의열투쟁과 군자금 모금에 대하여 살펴보았다. 이를 통하여 이수흥의 항일투쟁이 갖는 역사적 의미에 대하여 알아보도록 하겠다.

이수흥은 1920년대 중반 만주지역의 독립운동단체인 참의부의 특파원으로서 국내에 파견되어 의열투쟁을 전개하기 위하여 군자금 모금을 전개한 인물이다. 그의 이러한 활동은 만주지역에서 국내에 파견된 많은 독립운동가의 활동 사례를 알려주는 의의를 갖는다고 판단된다. 특히 참의부는 대한민국임시정부 산하기관이므로 그의 파견은 임시정부의 군사활동의 한 부분으로서 더욱 주목된다.

둘째, 만주지역 독립군의 국내파견은 3·1운동 이후와 1931년 만주사변 이후에 주로 이루어졌다. 그런데 이수흥은 1926년 6·10만세운동 이후에 이루어진 국내활동으로서 특별히 주목된다. 특히 그는 스웨덴 황태자의 국내 방문 시 그를 암살함으로써 세계의 주목을 끌고 일제의 탄압을 폭로하고자 하였다.

셋째, 이수흥의 군자금 모금 활동은 주로 경기도지역에서 이루어졌다. 안성, 여주, 이천 등지가 바로 그곳이다. 이러한 그의 활동은 그의 연고지가 이천이었기 때문일 것이다. 그가 의거를 해안 대상인 안성의 박승육의 집, 홍천면의 이민응에 대해선 앞으로 보다 심도 있는 연구가 이루어져야 할 것 같다. 박승육의 경우는 그 자신이 안성지역의 대표적인 자산가로서 안성학교에 기부금을 희사하는 등 많은 기여를 한 인물로 알려져 있다. 또한 자식들 가운데 독립운동을 전개한 박형병 등 두 아들이 있다. 이민응은 여주지역의 대표적인 자선사업가로 알려져 『여주군사』 등에 상당부분 그의 공적이 기록되어 있는 인물들이기 때문이다.

넷째, 이수홍은 근대적인 교육을 받은 인물이기는 하나 그의 기저에는 유교적인 사상이 그 바탕에 깔려 있는 것 같다. 특히 부친으로부터 받은 유교적 사고와 충군 애국 사상은 만주에서 만난 부친의 친구 채상덕에 의해 더욱 강화된 것이 아닌가 한다. 또한 만주에서의 스승 채상덕의 자결과 고마령 참변에서의 동지들의 죽음은 그에게 더욱 강한 민족의식을 심어주었던 것으로 판단된다.

결국 이수홍은 경기도 이천 출신으로 만주지역으로 망명하여 군사교육을 받은 후 1920년대 중반 국내에 파견되어 활동한 대표적인 독립운동가라고 할 수 있겠다.

<읽을 거리 1>

삼천리 제3권 제10호 (1931년 10월 1일)
제목: 名探偵과 新聞記者 競爭記
필자: 記者 洪鐘仁, 金科白, 朴尹錫 기자 홍종인, 김과백, 박윤석

李壽興 死刑執行日의 探報, ―檢事局에서 알기까지의 苦心 競爭記―
C 新聞記者 朴尹錫

　千遍一律의 비애와 고민상의 병적 사회의 『뉴스』이나마 그 보도를 빨니하야 다른 社보다 하로 먼저 발표하게 되는 소위 『특종』 재료를 어느 신문사에서든지 존중하고 또 기자를 독려하는 것은 사실이다. 언론의 자유가 업고 정치와 경제 방면에 임의로 筆鋒을 運轉할 수 업고 그 본능을 다 발휘할 수 업는 조선의 신문은 항상 시대적 불우와 제도 결함의 一面相인 암흑가를 향하야 범죄상만 탐색 취재하고 그것을 기사로 발표하기까지에는 실로 적지 안흔 고심과 노력을 하고 잇는 것이다.

　各 社의 기자들이 매일 外勤處의 기자실에서나 경쟁선에서 曾合하면 서로서로 그 敏腕과 지능을 뽐내고 또 각자 사명과 공명적 호기심에 끌려서 더욱 白熱한 경쟁이 비롯한다. 그리하야 일사건을 다른 신문보다 먼저 쓰게 되면 필자의 자신이 유쾌한 것도 사실이나 다른 경쟁사의 기자와 개인간의 정의상으로는 다소 미안한 적도 업지 안흔 것이다.

　경우에 딸아서는 전연 異流新聞(大阪朝日新聞, 大阪每日新聞 기자)과 피차 연락을 취하는 바도 잇스나 우리는 今日 조선의 특수정세를 여실히 보도하려느니 만큼 언제든지 독립, 獨步로 나 자신의 실력과 수단의 미치는 곳까지 활동하고 또 한 거름 나아가 일주일에 평균 3건 이상 특

종의 재료를 탐색하지 못하면 독자 대중에 미안할 뿐 아니라 불쾌하기 짝이 업는 것이다. 언제든지 학교의 시험 보듯 한 긴장된 기분으로 苦心焦慮하든 가지가지 회고담을 쓰기로 하자.

어떠한 사건에든지 크나큰 실패는 업섯다그 생각한다. 경찰서, 재판소, 警務局 등 기사 중 그 주요한 부분을 차지하고 잇는 범죄상의 취재라든지 탐색처름 어려운 것은 업다. 外勤기자로서 그들 官憲을 상대로 하야 활동하는 수완 여하로 소위 기자적 재능을 발휘할 수 잇다고 하고 또 사실상 어려운 때와 쓰라린 苦勞를 직접 음미하고 잇는 것이다.

일잘이 재판소를 擔當區로 마터 출입할 때에 가장 인상 깁푸게 남은 것은 일시 조선 삼천리강산을 驚駭케 한 권총 사건의 주인공 李壽興 등의 最終幕을 닷치는 이약이다.

나는 당시 C사 사회부의 일원으로 사건의 자초종말을 담당 탐색 하엿슴다. 於焉世事는 변천되고 덧업시 흐르는 세월은 그 사건 잇슨지 4, 5星霜이라. 그 관계자도 또한 靑山의 한주먹 흙으로 고요히 잠들어 잇는 그들(李壽興, 柳澤秀)의 원한 깁흔 원혼을 새삼스러히 홍분케 하는 늣김도 업지 안흔 것 갓다.

1심에서 사형의 판결을 바든 그대로 (柳澤秀는 控訴만 하고 上告까지 아니하엿슴) 控訴나 再審을 더 요구하지 안코 태연히 압날의 짧은 운명을 쇠사실 찬 그대로 무서운 絞首臺 우에 아츰 이슬 가티 살아지게 할 바이야 예사로 생각할 수 업슬 뿐아니라 사형수로 전무후무한 대담한 일이다. 당시 某某신문지에는 『御大典特赦로 사형수 李壽興은 감형될 것이라』고 大字特書로 기사를 취급하야 바야흐로 세인의 주목은 거이 초점에 달하엿다. 이것을 취급 안흔 나도 그들이 정치적 범죄이니까 그리나 되기를 기대하고 십헛다.

그러나 아모리 생각하고 조사 연구하여 보아도 그들의 사형은 결정적인 듯하고 행히나 살어나올 것 갓지 안헛다. 그리하야 문제의 시비에 대하야 기자실에서도 늘 논쟁이 계속 되엇스나 나는 최초 직감된 그래도 오즉 시기만 기다리며 추측되는 방면으로 경계를 게을니 하지 안헛다. 당시 사회부장 R형도 이번 기사(감형설)의 실수만을 힐난하야 나 자신의 입장을 오르지 곤란케 하엿스나 때가 이르기까지 무엇으로 변명할 수가 업섯다.

法務局을 비롯하야 高等, 覆審, 地方의 세 檢事局에서 기회 잇는대로 恩典範圍 여하를 탐색하엿스나 그들은 의연 시침을 뚝 따면서『혹은 免死 될는지도 알수 업지요』한다. 생사의 기로에서 배회하는 그들의 前途는 결정적으로 좌우를 속단할 수 업고 또 재판소를 매일 출입하는 관헌의 고등 탐정들도 이 문제만은 정확을 잘 알지 못하는 모양 가타엿다. 未知의 압날 운명은 과연 어떠케나 결정될 것인지? 신이 아니면 누가 판단할 수 잇섯스랴?

아즉도 기억에 새로운 1929년 2월 27일! 仁旺山 저편에서 사정업시 불어오는 겨울 삭풍은 완연히 살을 여일 듯 하고 철매(煤煙) 실은 검은 연기는 저기압과 아울러 사람의 기분조차 몹시 탁하게 한다. 前日이나 다름 업시 침울한 재판소 3층 우에 覆審檢事局을 향하야 층계 우에 발길을 옴기는 나는 이날 이상히도 무슨 사건이 잇스리라 예감이 떠돈다. 굿세게 닷친 이 세상 염라국 가튼 검사국문을『녹크』하고 들어서면 까닭업시 얼골을 찌푸리든 執行係 M서기와 검사실의 W검사는 모다 간 곳이 업고 그들『테불』우에는『治安維持法違反 及 殺人 등』죄명 하에『李壽興, 柳澤秀 외 1인』表紙씨인 8천여 枚를 넘치는 7, 8册의 대기록이 노여 잇다. 이미 재판과 사형의 선고를 바든 未知數(幸히 감형의 특전도 잇슬 듯 하엿슴)의 압날만 기다리는 그들의 기록이 엇지하야 나왓나? 무슨 까닭일가? 나는 의심이 더욱 깁허진다.

바야흐로 긴장된 검사국 공기에 나의 第六感도 흔들니기 시작한다. 오늘에야 李, 柳의 두 사람은 아츰에 교수대 우에서 살어지는 것이나 안닌가 하엿다.

누구나 신문 기자의 질문이라면 까닭업시 실허하는 N서기장에 대하야

『오늘 M집행계서기와 W검사는 어듸로 갓슴니까?』 날카로운 질문에 그는 태연히 『모르겟소』한다. 나는 말을 니어 『西大門刑務所에 갓겟지요?』 그래도 의연히 그들의 거취를 비밀에 부치며 『자기들의 볼일이 잇서 일즉들 나간 것이지요』 부인하는 데는 더 알 길이 업섯다. 하는 수 업이 얼룬 화제를 밧구어 『문제의 李壽興, 柳澤秀 등은 정치범이니까 다른 사형수도 감형되는 자 잇는 터인즉 그들도 혹 사형 쯤은 면하지 안흘가요?』 이에서 그의 안색은 돌연 변해지며 우물주물한다. 다시 『데블』 우에 노힌 방대한 기록을 지시하며 『혹 감형청원이나 수속을 하엿슴니까?』고 뭇는 말에는 『아…… 무슨 참고할 바 좀 잇섯소』 하며 급사에게 그 기록을 치우라는 벽력가튼 소리로 호령한다.

재판소 검사국에서 사형집행처름 극비밀에 붓치는 것은 더 업슬 것이다.(보통은 집행 후 일주일만에 자연 알게 되는 것) 이날 N서기장의 前後態度를 종합하야 보아서 그들 두 사람은 30세 미만을 일기로 이날 天候조차 흐린 仁旺山 알에 교수대 우에 살아지는 것을 민감하게 되엿섯다. 그러나 확답을 엇지 못한 나는 다시 형무소에 전화 걸고 W검사의 유무를 물엇더니 방금 와서 잇다고 함으로 사회부장 R형에 急報하야

李, 柳 두 사람의 살어잇든 날의 面影과 필적 등을 찻게 하고 해외로부
터 국경의 철옹성 가튼 경계망을 돌파하야 조선 內地에 들어와서 전후
7, 8회로 대담무적한 행동과 권총으로 富豪 등을 습격하야 幾多의 血을
남기고 利川邑인 그들의 鄕村에서 범인수색 상황을 전망하며 마즘내 체
포되어 공판과 극형의 선고를 바들 때까지 행동의 槪要를 비롯하야 사
형언도 바든지 近 8朔餘 짭지 안흔 동안 獄中에서는『吟詩獨自娛』하든
근황까지 써보내고 집행 갓든 검사와 서기 돌아오기를 기다리엿다.

　편집시간(오후 2시)은 이미 지나엿고 다른 社의 기자들은 한 번 돌아
歸社한지 올래이다. 할 일 업시 上下層 검사국과 思想檢事室, 豫審廷 등
門前으로 배회하든 憲兵隊 思想係高等探偵 Y特務軍曹는 나의 이상한
기색에 까닭업시 긴장되어 재료교환을 懇願한다. 이것은 벌서 결정적
사실임으로 그에게 개요를 알려주고 W검사와 N서기의 귀청을 기다려
그들 뒤를 추격하며
　『오늘은 어듸들 갓다오심니까?』
　예의 검사투로 무엇 좀 볼일이 잇서 잠시 어듸 좀 다녀오는 길이라고
하며 우물주물 한다.
　『西大門刑務所에 갓섯다는 말을 들엇는데……』
　하고 뭇는 말에는 그들도 피할 길에 업섯든지 엇지 알엇느냐?고 반문
한다.
　『그래서 李, 柳의 사형집행은 몃 시부터 시작되엿슴니까?』
　단도직입적으로 追及하자 검사는 그제야 말고가 터지며
　李는 2시 10분경부터 柳는 同 30분경부터 각각 집행하엿는데 立會者
는 법무국에서도 오고 所長과 例의 敎誨師 등이 列席하엿섯다고 솔직하
게 대답한다.

『그러면 대개 멧 분만에 絶命하든가요?』

 뭇는 말에 자기의 입으로 선고하고 또 집행하고 돌아온 W검사도 기자와 가티 은연히 悲恨한 안색을 띄우며

『그저 14분 내외이엿소.』

『그들이 집행하려는 때에 무슨 悲鳴이 업섯나요?』

『그런 사람들이야 이미 죽을 것을 각오한 사람들이니까 다를 강도살인 등 죄에 걸닌 사형수와는 다른 것이다.』

 오즉 최후까지 태연자약하야 운명하엿섯다고 말한다.

 減刑免死說로 세인의 話頭에 오르내리든 李, 柳 두 重罪囚는 이날로 最終幕을 교수대 우에서 마치엇다. 눈물 자아내는 이 비장한 기사의 궁금히 하든 그들 사건은 처음부터 긋까지 다른 社에 지지 안흔 것을 자신한다. (긋)

<읽을 거리 2>

삼천리 제4권 제5호(1932년 5월 1일)
제목: 死刑前 마즈막 본 얼골 李壽興의 一瞥
필자: 山外山人

朝鮮劇場에 찻푸링 활동사진을 보고 밤 10시 반이나 하여 파하여 도라나오든 여기자 崔恩喜씨는 무심코 종로경찰서 압흐로 지나올 때에 夜市보든 사람들도 모다 놀나서 눈을 뚱그릴 만치 경찰서 압헤는 경적을 울니고 동대문 방면으로 질주하는 경찰 자동차가 분주히 출동하엿다.

자동차에 탄 경관들은 모다 삐스톨을 찻섯다.

신문 기자의 육감은 崔恩喜씨의 머리를 번개가치 따리고 지나갓다. 최 기자는 그길로 곳 줄다름질을 하여 당시 편집국장으로 잇는 閔泰瑗씨 집으로 달려가서 지금 중대사변이 돌발한 것을 알렷다.

즉시 민완의 외근기자의 대활동이 개시되고 신문사 편집실에는 밝은 전등불이 방방에 켜지고 그리고 벌서 공장의 윤전기는 돌기 시작하고 그리고 그로부터 약 10분 후에는 배달부의 손으로 장지가튼 호외가 비빨치듯 서울의 거리거리에 뿌리어 지엇다.

이 호외가 李壽興이 처음 창덕궁 압 수은동의 전당포에 나타나 주인에게 총을 노코 금품을 강청한 서막이엇다. 全市에는 철옹성가튼 비상선이 무장경관들 손으로 벌니어젓다. 當夜 동원한 경관 수천 2백 명!

바람으로 화하여 골목으로 빠젓는지 구름으로 화하여 하늘로 올넛는지 그러케 비범한 경계망을 뚤고 범인의 정체는 사라지고 마러서 30만 시민의 불안과 경관의 초조가 자심하여가는 그 뒤 사흘되는 날.

동소문 안 경찰관 파출소에서 망을 보는 경관 두 명을 삐스톨로 사격하여 중상을 입히고 또 종적을 감추어 버렷다는 제2 호외가 돌 때에 일반 世人은 그 신출귀몰에 가슴을 서늘히 하엿다.

세월이 如流하여 다시 종적이 묘연하다가 하로는 京畿道 龍仁의 東拓 출장소와 주재소를 습격하여 중상자를 내인 사건이 또다시 제3차로 돌발하엿다. 全道의 경관이 범인이 도주하더라는 산을 포위하고 수색을 개시한 것은 물론이다.

이 대담한 범인은 그 뒤 천행만고 끗헤 잡고 보니 滿洲로부터 무슨 사명을 띄고 드러온 李壽興이다. 그의 고등법원의 최후의 공판을 余는 M 신문 기자로서 보앗다.

그 때의 李壽興은 얼골이 옥고로 여위엇고 웃수염이 꺼뭇꺼뭇하게 나섯고 머리도 좀 길엇다. 다만 눈빗만 炯炯하여 사람을 쏘앗다.

재판장 압헤서 그는 조곰도 숨김업시 범행사실을 일일히 시인하엿다. 그리고 재판장이 상고를 기각하고 1심 판결대로 사형을 선고할 때에도 그는 울지도 웃지도 안엇다. 平然하엿섯다.

몃칠 뒤 형무소로 돌연히 출장하엿다가 도라온 B검사의 입으로부터 나는 이런 이야기를 들엇다.

사형을 집행하려고 하야 죄수에게 무슨 할 말이 업느냐 하니까 그는 고개를 설네설네 흔들며 아모 할 말이 업다고 하엿다.

제3장

1930년대 조선혁명군의 국내 군자금 모금 활동
―李先龍의 동일은행 장호원지점 권총 의거를 중심으로―

Ⅰ. 서언

1931년 만주사변 이후 일본은 대륙침략을 본격화하였다. 이에 대항하여 만주지역의 독립운동단체들은 조선혁명군, 한국독립군 등 운동조직을 무장독립운동단체로 전환하면서 항일무장투쟁을 보다 본격화하였다. 아울러 중국 관내에서는 김구가 한인애국단을 결성하여 윤봉길 의거, 이봉창 의거, 유상근·최홍식 의거 등 의열투쟁을 통하여 일제를 응징하는 한편 국내외에 한인독립운동가들이 건재함을 과시하여 민족의식 고취에 크게 기여하였다. 이러한 시기인 1932년 3월 30일에는 조선혁명군 병사 이선룡이 국내에 파견되어 동일은행 장호원 지점을 습격함으로써 국내의 국민들에게는 민족의식을 고취함을 물론 일본경찰들을 초긴장 상태로 몰아갔던 것이다. 그리하여『동아일보』1932년 4월 4일 호외에서는 당시의 사건에 대하여,

> 경기, 강원, 충북 등 3도를 걸타고 넘나들며 신출귀몰하는 권총범인은 (중략) 백주에
> 권총을 들고 은행을 습격하아 강원, 경기, 충북 등 3도 경관의 단잠을 못 자게 하든
> 이 범인은

라고 대서 특필하였던 것이다. 아울러 신문뿐만 아니라『삼천리』,『동광』,『제일선』등[1] 여러 잡지에도 특집으로 이선룡의 활동상을 실어 국내의 동포들에게 만주에서 항일무장단체들이 활발히 움직이고 있음을 간접적으로 알리는 데 크게 기여하였던 것이다. 또한 일제 경찰은 조선총독부의 경무국장이 직접 독려에 나섰을 뿐만 아니라 경기·강원·충청 3도 경찰이 대거 출동[2]하여 연인원 6천 명과 비용 2만여 원을 투입한 큰 사건이었다.

본고에서 다루고자 하는 이선룡의 동일은행 장호원지점 권총 의거는 조선혁명군의 군자금 조달과정의 한 예라고 할 수 있다. 남만주지역에서 조직된 조선혁명군은 1932년 초 梁世奉을 사령관으로 하여 체제를 정비하는 한편 중국의용군과 함께 활발한 무장투쟁을 전개하였다. 아울러 국내에도 1932년 한 해 동안 16차에 걸쳐 101명의 대원을 국내로 침투시켜 군자금의 모집과 일제기관의 습격, 친일파 처벌 등의 투쟁을 벌였던 것이다.[3]

이선룡의 동일은행 장호원지점 권총 의거는 지금까지 만주 독립군의 국내 군자금 모금 활동과는 공통점과 차이점을 보이고 있다. 공통점은 일단 파견원의 출생지 또는 성장지에서 군자금을 모금하였다는 사실이다. 이점은 특파원이 친인척 및 친구 등의 토대를 갖고 있을 뿐만 아니라 지리적으로 지점들을 잘 알고 있고, 누가 부호인지도 파악하고 있었기 때문일 것이다. 차이점이라고 한다면 이선룡이 지주나 자산가를 방문하여 군자금을 모금하고 있는 것이 아니라 백주 대낮에 은행을 습격

---

1 『조선일보』,「권총청년 이선룡주연 활극이야기」(1932.4.7~4.13 연재);「장호원 권총청년 후일담―그때 일기를 겸하여」,『삼천리』, 1932년 5월; 공권생,「홀드 엎 장호원 권총청년 추적기」,『동광』1932년 5월 33호;「대사건과 신문 기자―이선룡범죄실기」,『제일선』, 1932년 5월.
2 『동아일보』1932년 4월 4일자에서는「장호원 범인 탈주 제5일, 3도 경관 혈안 활동, 수색과 추적만 반복, 시내에서 선발 경관 급파」라고 보도하고 있다.
3 장세윤,『중국 동북지역 민족운동과 한국 현대사』, 명지사, 2005, 229~230쪽.

하였다는 점이다. 당시 그의 성장지인 장호원의 경우 300~400호 정도
가 사는 작은 중소 상업지였기 때문에 적당한 곳으로 선택하였을 것으
로 보인다.

이선룡의 동일은행 장호원 지점 습격 의거는 그 중요성에 비하여 별
로 주목을 받지 못하였다. 특히 일제 시대에는 "홀드 엎! 장호원 권총청
년 후일담", "권총청년 백주의 은행 습격", "서부 활극에서나 볼 수 있는
괴청년의 활약" 등 흥미본위로 독립군의 의거를 다루고 있다. 다만 19
80년대 후반에 들어 이인수에 의하여 지역 차원에서 그의 활동이 본격
적으로 주목받고 있을 뿐이다.[4] 본고에서는 이선룡의 사례를 통하여 만
주 독립군의 국내 군자금 모금사례라는 관점에 주목하여 그의 의거에
대하여 밝혀보고자 한다. 아울러 당시 잡지 등에 실린 그의 의거에 대한
전문을 소개함으로써 그의 의거가 갖는 역사적 의미에 대하여도 주목
해 보고자 한다.

또한 본 의거가 특별히 주목되는 것은 의거 관련 사진이 다수 언론에
보도되어 있다는 점이다. 『동아일보』 1932년 4월 1일자에는 동일은행
장호원 지점, 절단된 전화선과 은행 내부, 장호원주재소 사진과 장호원
위치도 등이, 『동아일보』 4월 4일자 호외 <장호원 권총범인 문막로변
에서 피체>에는 이선룡의 탈주로가 그려져 있는 지도가 실려 있다. 4
월 5일자 호외에는 이선룡의 본가와 그가 장호원보통학교 재학시절 사
진이 있다. 아울러 4월 6일자에는 이선룡이 체포되기까지 경로가 기사
화되어 있다. 또한 주목되는 것은 이선룡의 체포당시 모습, 이선룡의 외
조부모, 森 순사부장을 저격한 장소, 이선룡의 본가, 도주 제2일 아침에
밥 사먹은 곳, 체포된 현장, 이선룡의 가족, 이선룡이 가쳐 있던 원주경

---

4 이인수, 「장호원 동은지점 습격 사건과 이선룡의사」, 『설봉문화』 2, 1989. 이천문화원이 대표
적인 선구적 업적이다.

찰서, 충북수사본부 등, 그리고 4월 11일에는 호송 광경 등이 보도되었다. 그리고『중외일보』4월 15일자에서는 送局 광경을 보여주고 있다. 3월 31일에 장호원 의거를 최초 보도한『조선일보』도 동년 4월 1일자에서 장호원 지점, 은행창구, 수사본부가 있는 장호원주재소, 장호원 위치도를 화보로 보여주고 있다. 또한 4월 6일자에서는 권총청년 이선룡, 이선룡과 강원도 경찰부 수뇌부, 원주 문막주재소와 군중, 이선룡이 잠적한 李桂花집, 崔瓊熙와『조선일보』박 기자, 의거 후 최초로 은거한 九龍洞 여인숙 鄭長成 집 등이 실려있다. 이들 사진들을 통하여 당시 의거를 보다 실감나게 영상적으로 재복원해 볼 수 있을 것이다. 식민지 시대 독립운동 국내 의거 가운데 사진을 통하여 항쟁을 재구성해볼 수 있는 몇 안 되는 대표적인 사례로서 주목된다.

II. 이선룡의 민족의식 형성과 조선혁명군 참여

1. 민족의식의 형성과 만주로의 이동

이선룡은 1910년 8월 20일 여주군 江川面 江川里에서 출생하였다.[5] 그의 어린 시절은 불우하였던 것 같다. 아버지 李順敬은 어머니 柳貞順과 그가 한살 때 이혼하였다. 그 후 어머니 유정순은 경기도 이천군 淸渼面 長湖院里 63번지[6]에 살고 있는 李漢周에게 재가하였다. 그러나 이선룡의 실부는 이선룡이 9살 때, 양아버지인 이한주는 11살 때 사망하였다. 그리고 그의 나이 14세시에는 그의 어머니마저 사망하였다. 졸지

---

5 국사편찬위원회,『한민족독립운동사자료집』별집 6, 이선룡 신분장 지문원지.
6 경기도 이천군 청미면 63번지 이선룡의 본가사진이『동아일보』1932년 4월 5일자 호외에 실려 있다. 집모양으로 보아 당시 평범한 농가로 보인다.

에 고아가 되어 의탁할 곳이 없었던 이선룡은 양아버지의 부친인 李殷植과 모친인 박 씨에 의해 양육되었다. 그러나 의붓 할아버지와 의붓 할머니 입장에서 보면, 이선룡은 친손자가 아니었으므로 그리 달갑지 않은 존재였음은 자연스러운 일이었을 것이다. 즉 그는 어릴 때부터 학대를 받고 자랐던 것이다.[7]

결국 이선룡은 1922년 장호원 공립보통학교[8]에 입학하였다.[9] 이 학교는 장호원에서 처음으로 설립된 학교로 1911년 7월 14일에 개교했다. 1922년 당시 이 학교에는 훈도가 6명이었다.[10] 장호원에서는 처음으로 설립된 학교였다. 1924년 3학년 때 이선룡은 이 학교를 가정 사정으로 퇴학[11]하고 자활의 길로 들어설 수밖에 없었다.[12] 재학시절 이선룡의 성적은 그다지 좋지 않았고 싸움을 잘했던 것으로 보도되고 있다.[13]

가정형편과 집안사정이 복잡했던 이선룡에게 있어서 가장 큰 문제는 수업료였을 것이다. 당시 보통학교 수업료는 적지 않은 부담이 되었다. 학교와 군 당국의 수업료 수납방식은 매우 강압적이었던 것 같다. 1926년 이천군청은 수업료를 내지 않으면 강제 재산 차압에 들어간다는 독촉장을 보낼 정도였다.[14] 후일 공부를 위해 요녕성 무순으로, 또는 길림성 장춘으로 간 이선룡의 행동을 보면 그는 향학열에 불탔으며 사회경제적 약자였으므로 공부를 계속 할 수 없었던 것이다. 그때 그가 느낀

---

7 『동아일보』 1932년 4월 4일 호외.
8 『동아일보』 1932년 4월 5일자 호외에 이선룡의 보통학교 재학시절 사진이 실려 있다. 차분하고 침착한 모습이다.
9 판결문.
10 『이천시지』, 자연과 역사, 375쪽. 이천에서 처음 설립된 이천공립학교(소재지: 이천면 창전리)는 1911년 5월 17일에 개교하였다.
11 『중앙일보』 1932년 4월 6일자.
12 판결문.
13 『동아일보』 1932년 4월 4일자 호외 「싸움만 잘하야 학교성적불량」.
14 『동아일보』 1926년 12월 18일자.

비애감을 자연히 추론해 볼 수 있다. 아울러 1925년 10월 장호원의 김창헌, 김백운 등의 유지가 모여 장호원에 노동야학을 개설하고자 한 점[15] 등을 미루어보아도 당시 이 지역의 상황을 이해할 수 있다. 불가피하게 공부를 접고 삶의 현장에 나선 그는 장호원 자동차 부조수로 일하였다.[16] 당시 이천의 경우 1910년 수원 −이천간 및 안성가도의 개수와 1913년 이천 강릉간 도로 완성, 횡성가도, 경부가도의 개수 등에 힘입어 도로교통 및 자동차 운송이 급격히 발달하면서 기존의 수로에 의한 물류수송을 대체하게 되었다. 이천은 바로 이 승합자동차선의 교차점에 위치하게 되며 물류의 집산지로 변화하였다.[17] 특히 이천군 내에서 장호원이 그 중심지였다. 한편 의붓 큰 형은 장호원에서 당시 자전거포를 하고 있었다.[18]

어린 나이에 부모를 잃고 생업 전선에 나선 사춘기의 이선룡에게 일본의 조선지배와 빈곤에서 오는 고달픔 등은 그에게 민족의식을 갖게 하고 조선의 독립을 꿈꾸게 하였다. 이러한 환경 속에서 그가 민족의식을 갖게 된 구체적 계기가 무엇인지에 대하여는 앞으로 보다 심층적인 연구가 필요할 듯하다. 그 계기에 대하여는 다만 판결문의 다음과 같은 내용을 통하여 짐작해 볼 수 있을 뿐이다.

> 구차한 환경에 자극되어 이미 15.6세때부터 빈부의 격차가 심한 현 사회 경제조직에 대한 불만을 품고, 그때부터 조선의 독립을 희망하였다.

고향에서의 어려움은 젊은 그에게 외지로 탈출하고자 하는 강한 충동을 일으켰을 것이다. 그의 만주행은 새로운 세상으로 나가고자 하는

---

15 『동아일보』 1925년 10월 26일자.
16 『동아일보』 1932년 4월 4일 호외.
17 『이천시지』 2, 436~437쪽.
18 위와 같음.

이선룡에게 큰 계기가 되었을 것은 분명하다.

2. 정의부, 국민부의 사령부 통신원 그리고 조선혁명군 병사로

이선룡은 18세시 만주 봉천, 무순으로 가게 되었다. 새 아버지인 이한주의 큰며느리와 동생을 무순까지 데려다 주어야 하였기 때문이다.[19] 그런데 그의 만주행은 그가 독립운동에 참여하는 계기가 되었다.

1927년 2월 당시 만주 요녕성 무순에 거주하고 있던 이한주의 장남 李瑢琪가 의뢰하여, 이용기의 처와 함께 무순으로 가서 그곳에서 약 1년여를 지내게 되었다.[20] 당시 형이 무순에서 애련자동차부에서 일하였으므로 장호원에서 경험이 있던 그도 자동차부 견습생으로 일하였다.[21]

그 후 이선룡은 1928년 1월 27일 공부할 목적으로 요녕성 신빈현으로 갔으나 소지한 돈이 없어 공부할 수 없었다. 이에 이선룡은 당초 마음먹었던 대로 희망하던 조선의 독립운동을 위해 종사할 것을 결심하였다. 그리하여 1928년 4월경 만주 길림성에 본거지를 두고 신빈현까지도 세력 하에 두고 있던 정의부에 가입하여 사령부 통신원으로 활동하였다.[22] 이선룡은 처음 2개월 동안은 일본 밀정이 아닌가 하여 감시를 당하였다. 그러다가 정의부 4중대장 安洪鴻의 소개로 입회가 허락되었다.[23] 안홍1890년생은 서울 출신으로 1926년 정의부 軍民代表會議 시절에는 헌병대 대표로 활동하였으며, 동년 말에는 柳河, 海龍, 光輝 지방을 관할하는 제6중대장으로 활동하였다. 그리고 1927년 2월에는 사

---

19 판결문, 『중앙일보』 1932년 4월 6일자.
20 판결문.
21 『동아일보』 1932년 5월 17일자.
22 판결문.
23 『동아일보』 1932년 5월 17일자 심문조서.

령장 오동진의 부관으로, 1927년 12월 오동진 체포 이후에도 사령장 李靑天의 부관으로 정의부 의용군의 중책을 맡고 있었다.[24]

정의부는 1924년 11월 24일 중국 동북지역인 滿洲의 樺甸縣에서 성립된 독립운동단체이다. 최초로 확정되어 발표된 정의부 중앙조직의 부서와 간부의 명단을 보면 중앙행정위원회 위원장 李沰, 중앙행정위원 玄正卿 · 池靑天 · 李振山 · 金容大 · 金履大 · 尹秉庸 · 吳東振 · 金東三 등이었다. 그리고 이선룡이 소속된 사령부의 경우 의용군 사령장 지청천, 부관 金昌鉉, 경리 權德根 등이었다.[25]

정의부는 중앙본부를 처음에는 유하현 삼원보에 두고 참의부의 세력권인 관전현, 집안현, 桓仁縣, 통화현 등 4개현의 일부를 제외한 지역에 10개의 地方總管所를 설치하였다. 정의부는 이후 본부를 柳河縣 三源堡에서 樺甸, 吉林의 新安屯, 盤石 등으로 옮기면서 1926년 말 경에는 17개 지방총관소를 설치하고 奉天省과 吉林省에 살고 있는 한인 1만 7천여 호, 8만 7천 명을 관할하였다.[26]

한편 정의부는 중앙행정위원회에 군사부를 두고 사령관 아래 중대와 소대를 두었다. 이들 군사부는 일본 육사 출신의 지청천 또는 대한제국군대 출신의 金昌煥, 그리고 오동진 등의 지휘를 받았으며, 정이형 · 문학빈 · 양세봉 등 평안도 출신들이 주로 중대장과 소대장의 직책을 맡았다.

정의부의 군대활동은 국내에서의 군자금 모집활동, 독립선전공작, 주구 암살, 일본 관리의 사살, 적기관 방화공작 등이었다. 한편 정의부는 부내의 모든 장정에 대하여 의무병제를 실시하였으며, 상비군으로서는 8개 중대와 民警隊를 두었고, 1927년에는 700명 이상의 병력을 가

---

24 채영국, 『한민족의 만주독립운동과 정의부』, 국학자료원, 2000, 140~146쪽.
25 채영국, 「정의부」 항목, 독립운동사사전(독립기념관 발행).
26 변승웅, 「정의부」, 『한민족독립운동사』 4, 243쪽.

지고 모젤과 뿌로닝 권총 그리고 소총 등으로 무장하고 있었다. 한편 농촌에는 군사보급회를 설립하여 모든 장정과 재향군인들에게도 군사훈련을 실시하였다.[27]

정의부는 성립 초기 어느 정도의 무장활동을 전개하기도 하였지만, 관할민에 대한 교육과 산업에 치중할 수 있는 기반 마련에 중점을 두고 활동하였다. 그러나 중기 이후로 가면서는 무장활동도 중시하여 국내 진입전의 시행은 물론이고 만주 내에서도 많은 전투를 치루었다. 국내 진입전의 경우 정의부 소속의 독립군들은 진입대 총 규모가 10명이 되든지 20명이 되든지 간에 일단 2~3명으로 한 조를 짜, 소규모의 여러 조가 분산되어 국내에 진입토록 하는 방법을 이용하였다. 파견대의 총 규모는 총 사령부에서만 알 수 있었고, 같이 파견되는 같은 조들도 전체 규모는 알지 못하고 출발하였다. 이들 각 조는 국내에 들어와 사령부에서 지시 받은 날짜와 장소대로 도착하면 다른 조들과 합류가 될 수 있는 그런 체제였던 것이다. 이는 어느 조가 일제의 감시망에 발각되어 피체되더라도 그 조만 피해를 입는 데 그치게 하기 위해서였던 것이다.

이와 같이 진입한 국내진입대가 펼친 무장활동을 살펴보면 다음과 같다. 1925년 3월, 정의부 의용군의 伍長 崔貞雲·金敬甫 등 유격대는 평북 초산지역으로 진입하였다. 유격대원들은 벽동·삭주·창성·구성 등을 돌아다니며 군자금을 모집한 후 태천군에 있는 양화사에 잠복하였다. 이후 이 사찰을 근거로 단독으로 혹은 조를 구성하여 활동을 펼치던 유격대원들은 박천군의 송천리에서 대규모의 일경들과 교전을 벌이다가 피체 또는 전사하였다.

이같이 남만주의 한인사회를 기반으로 자치활동 및 항일무장투쟁을 펼치던 정의부는 1927년 초부터는 민족유일당운동에 동참, 독립운동

---

27 채근식, 『무장독립운동비사』, 137~138쪽.

세력을 하나로 통일시키는 데 노력하였다. 하지만 만주의 통일운동은 1929년 4월 남만주지역을 중심 근거로 한 國民府, 1928년 12월 북만주 지역을 중심근거지로 한 韓國獨立黨을 성립시키고 끝났다. 따라서 정의부의 간부 및 조직원들도 이들 두 단체에 나뉘어 각자 가입함으로써 이 단체는 해체되었다.[28]

한편 이선룡은 정의부가 자신과 동일한 목적을 가진 신민부 참의부와 연합하여, 본거지를 신빈현에 두고 동일한 목적을 갖는 결사조직인 국민부를 만들자, 동부의 통신원으로 이어서 1년 동안 활동하였다. 그후 공부를 위하여 국민부를 그만두고 장춘으로 갔다.[29]

이선룡이 활동한 국민부는 1928년 9월부터 11월 사이에 있었던 3부 통합회의가 실패한 후, 동년 12월 신민부 군정파, 정의부 탈퇴인사, 참의부 주류 세력들이 혁신의회와 유일독립당재만책진회를 조직하자 정의부를 주축으로 하여 참의부 심용준파, 신민부 민정파 등을 중심으로 하여 1929년 4월 1일 정의부, 참의부, 신민부의 해체를 선언하였고, 새로운 단체를 조직한 것이다.[30]

국민부에서는 1929년 5월 28일 중앙집행위원회를 구성하고 중앙집행위원회의 위원을 결정하였는데, 이들은 다음과 같다.[31] 중앙집행위원장 현익철, 민사위원장 김이대, 경제위원장 張承彦, 외교위원장 崔東昨, 군사위원장 李雄, 교육위원장 高而虛崔容成, 법무위원장 玄正卿, 교통위원장 金敦 등이었다. 그리고 이선룡이 소속된 사령부의 경우는 사령관 李雄, 1중대장 梁世奉, 2중대장 尹桓, 3중대장 李泰馨, 4중대장 金昌憲, 5중대장 張喆鎬, 6중대장 安鴻, 7중대장 車用睦, 8중대장 金保國, 중앙

---

28 채영국, 「정의부」.
29 위와 같음.
30 조범래, 「국민부의 결성와 활동」, 『한국독립운동사연구』 2, 독립기념관 한국독립운동사 연구소』, 1988, 416쪽.
31 채근식, 『무장독립운동비사』, 149쪽.

호위대장 文時映亨淳 등이었다. 이선룡은 정의부시절 자신이 밀정으로 오인 받았을 때 그를 변호하여 추천해준 제6중대장 안홍과 친밀관계를 유지하였을 것으로 보인다. 한편 국민부는 동년 6월 본부를 吉林에서 요녕성 신빈현으로 이전하였다. 길림성내에 거주하는 한인들의 이반현 상이 심하여 독립운동가금을 조달하기 어려웠을 뿐만 아니라, 일제 주구배의 극성과 삼시협정 이후 중국 관헌의 취체가 심화되었기 때문이었다.[32]

국민부는 1929년 9월 20일부터 수일간에 걸쳐 그 근거지인 요녕성 신빈지방에서 제1회 중앙의회를 개최하여 장래의 방침에 대하여 제반 결의를 하고, 3부통일회의에서 제정한 강령 및 헌장의 일부를 개정하였다. 즉 혁명사업을 민족유일당조직동맹에 위양하고 국민부는 재만조선 인의 자치기관으로서 자치 부분만을 담당하기로 하였던 것이다.[33]

1929년 12월 20일 조선혁명군이 결성되자, 조선혁명군은 선언서에서 "국민부로부터 엄연히 분립하여 혁명운동에 대한 군사적 역할을 전적인 임무로 한다"고 발표하였다.[34] 아울러 1) 조선혁명군은 독립하여 혁명사업에 종사하고 무기는 혁명군인만이 휴대케 한다. 2) 혁명군의 지도기관으로 각 대에서 대표자를 뽑아 군사위원으로서 군사위원회를 조직케 하는데 위원수는 14명으로 한다. 3) 군사위원회에서는 책임자 3명을 선출한다. 그 명칭을 혁명군 총사령, 부사령 참모장이라 한다고 규정하였다. 이 규정에 근거하여 총사령에 李辰卓(李鐸), 부사령에 梁世奉, 참모장에 李雄이 임명되고 종전에 10개 부대로 편성되어 있던 각 지방군은 7개대로 개편하였다.[35]

---

32 조범래, 앞의 논문, 417쪽.
33 독립운동사편찬위원회, 『독립운동사자료집』 10, 444~445, 469쪽.
34 독립운동사편찬위원회, 『독립운동사자료집』 10, 459쪽.
35 독립운동사편찬위원회, 『독립운동사』 5, 592~593쪽.

또한 조선혁명군은 창립선언서에서 현 단계에서의 자신의 임무에 대하여,

1. 재만한국인 대중에게 혁명의식을 주입하고 군사학술을 보급시켜 혁명전선의 기본진영을 확립하고 2. 정치학식과 군사기능이 실제 단체의 정치운동에 적임될 수 있는 기간 인재를 양성하고 3. 국내 국외에서 일본제국주의에 대한 정치적 경제적 건설을 파괴하고, 그 주구 배의 기관을 청소하여 기타 일체 반동적 악 세력을 박멸하기로 하고 용감하게 전진하여 대중의 당면 이익을 옹호하여 강력한 투쟁을 전개하고저 한다.

라고 하였다.[36] 이러한 조선혁명군은 1930년 8월 8일 개최된 조선혁명당 중앙집행위원회에서 개편되어, 제1중대장 김보안, 제2중대장 양세봉, 제3중대장 李允煥, 제4중대장 김문거, 제5중대장 李鍾洛 등이 임명되었다. 그리고 이와 같은 조직체계를 갖추었던 조선혁명군은 1931년 만주사변 이후 한중연합전선을 결성, 일제와 투쟁을 전개하였다.[37]

바로 이러한 시점인 1930년 5월경 이선룡은 본부를 신빈현에 둔 조선혁명군에 가담하였다. 그리고 조선혁명군의 한 병사[38]로서 독립운동을 위한 여러 가지 군사 훈련을 받았던 것이다.[39]

1932년 1월 하순 조선혁명당 · 군의 주요간부들은 만주사변 이후 당면한 현안문제를 논의하기 위해 신빈현에서 회의를 개최하다가 일경과 중국 관헌의 습격을 받고 대거 체포되는 불상사가 일어났다. 이 때 조선혁명당 중앙집행위원장 李浩源 등 10명이 피체되었고, 이후 3월 초까지 계속된 일경의 검거로 국민부 · 조선혁명당 · 군 등은 9개 현에서 83명이 체포되는 치명적 타격을 받고 말았다. 그러나 국민부와 조선혁명당 ·

---

36 독립운동사편찬위원회, 『독립운동사자료집』 10, 459~460쪽.
37 독립운동사편찬위원회, 『독립운동사』 5, 594~595쪽.
38 당시 이선룡은 하사관급인 참사 정도가 아니었을까 추정된다.
39 판결문.

군은 高而虛 · 양세봉 · 梁荷山 등 피신한 간부들에 의해 곧 재건되었다. 이 신빈사태 이후 국민부 중앙집행위원장에 양하산, 당의 중앙집행위원장은 고이허, 당의 총사령은 양세봉이 맡게 되었다.[40] 이러한 시점에 군사훈련을 마친 이선룡은 군자금 모집 및 선전활동을 위해 양세봉에 의해 국내로 파견되었던 것이다. 그가 발탁된 배경에는 조선혁명군의 병사들의 상당수가 평안도 출신임에 반하여 그는 경기도 출신인 점이 또한 고려의 대상이 된 것이 아닌가 추정된다.

III. 이선룡의 국내로의 잠입과 장호원 동일은행 권총 의거

1932년 2월 12일 이선룡은 조선혁명군 사령관 양세봉으로부터 비밀리에 조선에 잠입하여, 은행 또는 금융조합 등지로부터 군자금을 징발토록 하라는 명령을 받았다. 그리고 함께, 모젤식 십연발 권총 1정, 동탄환 150발을 지급받았다.[41] 이선룡이 모젤 권총 1정과 탄환을 지급 받은 경위를 당시 조선혁명군이었던 계기화 옹은 다음과 같이 증언하고 있다.[42]

> 역시 1930년 1월경 양세봉(梁世奉) 부사령(副司令)이 이선룡(李善龍)(23세 청년(靑年))을 대동(帶同)하고 통화현(通化縣) 입봉촌(砬石逢村) 계윤항(桂允恒)(필자(筆者)의 부(父)친)가(家)에 도착(到着)하여 이 사람을 군자금(軍資金) 모집차(募集次) 국내(國內)에 파견하여야 되겠는데 권총은 모두 공산당(共産黨)놈들을 경계하면서 휴대하고 없으니 계형(桂兄)이 중국형제(中國兄弟)들게 부탁하여 시일(時日)이 좀 걸리더라도 모젤 1정만 구하여 주어 보내시요 하고 양사령(梁司令)은 귀대(歸隊)하고, 필자

---

40 장세윤, 「조선혁명군 연구」, 『한국독립운동사연구』, 1990.
41 판결문.
42 계기화, 「삼부 국민부 조선혁명군의 독립운동회고」, 『한국독립운동사연구』 1, 독립기념관한국독립운동사연구소, 1987.

(筆者)의 부(父)친이 백방(百方)으로 중국작의형제(中國作義兄弟)들께 부탁(付託)하여 모-젤 1정에 탄환 사십(四十)발을 부쳐서 백이십원(百二十圓)을 주고 구입(購入)하였는데

이어서 계기화는 이선룡이 압록강을 건너 국내로 이동하는 과정 역시 다음과 같이 생생하게 구술하고 있다.[43]

이 청년(靑年)이 충청도(忠淸道) 장호원(長湖院)사람으로 흥경현지방(興京縣地方) 자기(自己) 친척집에 방문차(訪問次) 왔다가 기부락(其部落)에 잠복(潛伏)해 있던 조혁군(朝革軍)에 입대(入隊)하였기 때문에 중국어(中國語)를 초보(初步)도 통(通)하지 못함으로 청년(靑年)으로서 무기(武器)를 휴대하고 압록강변(鴨綠江邊) 통행(通行)이 가능성(可能性)이 없어 양사령(梁司令)에게 통신(通信)을 보내어 사실(事實)을 보고한 결과, 즉시(卽時) 양사령(梁司令)이 필자(筆者)의 집에 와서 필자(筆者)의 부(父)친과 상의(相議)한 결과 중국어(中國語)를 잘 구사하는 계형(桂兄)이 무기를 휴대하고 안동현(安東縣)까지 수고하여 주서야지 타도(他道)가 없습니다 함으로 부득기(不得己) 허락(許諾)하고 환인(桓仁) 관전(寬甸)은 우리 세력권이니 관전현방면(寬甸縣方面)까지만 가놓코 보자는 심산(心算)으로 계씨(桂氏)는 중국인(中國人)으로 변장하고 동월(同月) 입일(廿日)경 집을 떠나 이백리(二百里) 가량(可量) 청년(靑年)을 뒤에 떠러저 오게 하고 환인현(桓仁縣) 만룡배(灣龍背) 농가(農家)에서 자고 입월(笠月) 산로(山路)로 직행(直行)하여 석양(夕陽)에 관전지방(寬甸地方) 중앙대의원(中央大議員) 강모씨(姜某氏)(이름 기억못함)택(宅)을 찾어드니, 웬일이냐면서 반가워 입방(入房)하여서 주인(主人) 강씨(姜氏)말이 또 무슨 일이 있구만 중국(中國)놈이 된 것을 보니 함으로, 안동(安東)까지 가야되겠는데 말을 하면서 모든 사정(事情)을 귀뜸하니 저녁겸 주회(酒會)를 하면서 안동(安東)까지 가는 문제는 걱정말라며 지금(至今) 이곳에서는 중한인(中韓人)간에 안동(安東)에 백미(白米)와 대두(大豆)장사 마차(馬車)가 매일(每日) 수십대식(十臺式) 내왕(來往)하며 내일(來日) 아침 사시(四時)에 옆집에서 백미(白米)를 싣고 가니 더욱 잘되었다면서 밤이 늦도록 주회(酒會)를 하다 잠이 좀 들었는데 마차(馬車)가 짐을 다실었으니 나와서 타라고 하여 백미(白米) 마차(馬車)를 타고 밤 구시(九時)경에 안동(安東) 구시가(舊市街) 중국마차점(中國馬車店)에 도착(到着)하여 자고 익일(翌日) 아침 구시(九時)경에 시내마차(市內馬車)를 타고 일본시가(日本市街)로 넘어가서 압록강(鴨綠江) 제방에 올라서 본즉, 수풍(水豊)땜이 건설되기 전이여서 결빙(結冰)이 잘되여 국경빙상대회(國境冰上大會)를 하면서 안동(安東)에 서 강심(江心)으로 가는 사람, 신의주(新義州)에서 건너오는 사람, 인파(人波)가 붐빔으로 잠입기회가 좋아서 아모 지장없이 국내(國內)로 건너서는 것을 보고

---

43 위와 같음.

계씨(桂氏)는 기차편(汽車便)으로 봉천(奉天)을 거처서 흥경현(興京縣) 왕청문(旺淸
門)에 도착(到着)하여 양사령(梁司令)에게 복명하고 귀가(歸家)하였는데,

이선룡은 압록강변에서 개최된 국경빙상대회를 이용하여, 2월 20일
새벽에 만주 안동현에서 압록강 얼음 위를 건너 조선 내로 잠입하였
다.[44] 강을 건널 때는 총은 복부에 차고, 총알은 옷속에 두었다.[45] 2월
20일 도보로 이동하여 경의선 良策驛에서 기차를 타고 22일 경성역에
하차하여 그날 저녁 도보로 가서 광주에서 10리 정도 떨어져 있는 주막
에서 숙박하였다. 다음날 동월 23일 장호원 본적지로 돌아와,[46] 義祖父
인[47] 이은식의 집에 머물면서 비밀리에 군자금 모집 장소를 물색하였
다.[48] 처음에 이선룡은 충주방면에서 군자금을 모금하고자 하였으나 여
의치 않자 장호원을 택하였다.[49] 장호원은 경기도 이천군 청미면의 면
소재지로 동으로 충주, 서로는 안성, 서북으로는 이천, 북으로는 여주로
가는 길이 있는 사통팔달하는 교통의 요지였다. 당시 장호원은 400여
호 되는 크지도 작지도 않은 상업 지역이었다.[50]

이천군 내에는 모두 5개 시장이 있었다. 이중 이천시장과 장호원 시
장의 규모가 비교적 컸는데, 20년대까지는 장호원 시장이 가장 큰 시장
이었다. 이 시장의 경우 이천군 남쪽 지역을 비롯하여 음성군 감미면,
거곡면, 생동면, 무극면과 충주군 복성면, 노은면, 신니면, 여주군 점동
면, 가사면 등에 물품을 공급하였고, 안성군 제천군 진위군 충주군 경성
부 원주군 등지에서 물품을 공급받았다.[51]

---

44 판결문.
45 『동아일보』 1932년 5월 17일자 심문조서.
46 『동아일보』 1932년 5월 17일자 심문조서.
47 위와 같음.
48 판결문.
49 『동아일보』 1932년 5월 17일자 심문조서.
50 『조선일보』 1932년 4월 7일 「권총청년 (1)」.

3월 30일은 장호원 장날이었다.[52] 이선룡은 3월 30일 오전 11시에 일차적으로 '동일은행'을 답사했다.[53] 다시 오후 1시 30분경, 군자금을 마련하기 위해 탄환 10발을 장전하여 혁대식 케이스에 넣고, 탄환 140발을 옷 속에 감추었다. 그리고 장호원리 소재 주식회사 東一銀行 장호원 지점에 이르렀다.[54] 동일은행은 자본금 4,000,000원, 불입금 2,775,000원, 적립금 730,000원의 주식회사로 1906년 8월 8일에 설립되었으며, 1931년 당시 대표는 閔大植이었다. 중역전무이사은 成樂憲이며, 이사는 尹炳 · 吳建泳 · 金星權, 감사는 李升雨, 白南復 등이었다. 주식상황을 보면 주식 수는 40,000이며, 주주 수는 379명이었다. 대주주는 徽文義熟 2,623 · 李寶應1,347 · 閔奎植1,265 · 閔大植1,072 · 閔中植1,030 · 申珏熙 1,000 · 金箕福955 등이었다. 본점은 경성부 남대문통 1정목 1에 있었으며, 지점은 강경, 경성 남대문, 경성 관훈동, 경성 동대문, 경성 서대문, 군산, 원산, 함흥, 금화, 천안, 예산, 안성, 홍성, 장호원, 대천, 홍성 지점 광천 파출소 등에 있었다.[55] 동일은행이 친일인사들이 참여한 은행인 점을 고려한다면 이선룡의 활동은 친일파 및 친일기관에 대한 타격이라는 맥락에서 살펴볼 수 있다.

이선룡은 은행의 입구로 들어가, 객실과 영업실 문턱을 넘어, 오른쪽으로 전방 약 10보쯤 떨어진 영업실 안에서 집무 중인 동 지점 지배인 尹時榮을 향해 권총을 들이대었다. 그리고 은행 안에 있는 행원 및 외래객 등 10여 명에 대하여[56] "모두 꼼짝 말고 손들어" 하고, 다시 "나는 강

51 『이천시지』 2, 435쪽.
52 『동아일보』 1932년 4월 1일자.
53 1932년 5월 17일자 심문조서.
54 판결문.
55 『朝鮮銀行會社組合要錄』, 1931년판.
56 『동아일보』 1932년 4월 1일자에서는 지점장 이하 은행직원 5명, 손님 2명으로 보도하고 있다.

도가 아니고 만주로부터 온 혁명군인이니 움직이지 말고 있는 돈을 모두 내어놓으라고 하면서, 만약 움직이거나 돈을 남겨 놓을 때에는 모두 사살하겠다" 하였다.[57] 한편 그는 나 외에 50명이 함께 왔다고 하여 은행원들이 달려들지 못하게 하였다.[58]

그리고 지배인으로부터 은행에 있던 일본은행 및 조선은행권 지폐와 50전 은화 등 합계금 12,175원을 보자기에 쌌다. 그리고 다시 "만약 30분 이내에 경찰에 신고하면 가족 모두를 사살하겠다" 하고 책상 위에 전화선을 끊고, 들어왔던 출입구를 통해 피신했다.[59] 그 후 그는 淸美川을 동쪽을 타고 이동하여 산으로 가 옷을 갈아입고 충주방면으로 갔다.[60]

30분 후 곧 은행 직원들은 이 사실을 장호원주재소에 신고하였으며, 장호원주재소에서는 이천서에 신고하였다. 이에 千葉서장을 비롯하여 모든 순사들이 수색에 착수하였다. 이 사건에 대하여 동일은행 頭取인 閔大植은 "宛然한 活動寫眞을 보는 듯하다. 意外千萬의 事實임을 고하고 중역회를 열어 대책 세울 것이라고 하였다. 아울러 池田 警務局長은 사건의 중대성을 인지하여 경기도 警察部長 上內를 방문하고 속히 검거하도록 지시하였다. 이에 상내 경무부장은 고등과장 수사과장 등을 동원하여 검거에 총력을 기울였다.[61]

다음날인 31일 오후 4시 30분경, 강원도 원주군 貴來面 雲南里 관내 도로에서 원주 방면을 향해 가던 중 원주경찰서 귀래 경찰관주재소 북방 약 10리 지점에서 장호원 강도 범인수사를 목적으로 통행하던 原州署 근무 道巡査 森武雄과 金鳳仁 두 사람을 만나게 되었다. 이에 김순사가 "여보" 하고 부른 후 어디 사는 누구냐고 묻자, 이선룡은 즉시 몸을

57 판결문.
58 『동아일보』 1932년 4월 1일자.
59 판결문.
60 1932년 5월 17일자 심문조서.
61 『동아일보』 1932년 4월 1일자.

날려 길 아래 동쪽방향으로 피신하였다. 두 순사가 즉시 뒤를 추격하자 쫓는 자들을 사살하고 그 장소를 탈출하기로 결심, 약 5미터 내지 10미터 거리에서 森 순사에게는 좌측 흉부에 관통상을 입혔다.[62] 그 후 이선룡은 돈과 권총을 감추어 두었다.[63]

3일 밤 원주 귀래면 미륵산에서 자고 다음에 이선룡은 철옹성 같은 경계망을 뚫고 외조부 柳景弄 내외가 살고 있는 문막리로 왔다. 그곳에서 장호원에서 어릴 때 같이 자라다 몇 년 전에 문막리로 이사 온 崔桂雲을 찾아갔다. 외조부집에 경관이 있을까 염려해서였을 것이다. 그러나 그는 얼마 전에 사망하였고 그의 부인 孫千山 역시 출타 중이었다. 아이 간난이만 있어 이선룡은 아이에게 물을 달라고 하여 발을 씻고 30일 이후 신문을 부탁하였다. 간난이는 집에서 경영하는 동아상점에 신문을 가지러 가서 점원 이인구에게 신문을 달라고 하면서 이선룡이 낫을 들고 있다고 말하였다. 이에 이인구가 문막주재소에 밀고하여 이선룡이 체포되는 계기가 되었다. 보고를 접한 문막주재소에서는 원주서에 보고하고 응원대를 요청하는 한편, 종을 쳐서 소방대원 등 모든 인력을 동원했다. 이에 이선룡은 눈치를 채고 문막리에 있는 봉명산으로 피신했다. 결국 이선룡은 동년 4월 4일 1천여 명의 경찰대를 곤란하게 하다가 경계망 돌파 6일 만에 원주군 建登面 磻溪里에서 체포되었다.[64]

이선룡의 활동과 체포 소식은 조선혁명군에도 알려지게 되었다. 그의 체포소식을 접한 독립군들은 이를 안타까워하였다고 한다. 계기화

---

62 판결문, 『동아일보』 1932년 4월 2일자.

63 1932년 5월 17일자 심문조서.

64 『동아일보』 4월 4일자 호외 <장호원 권총범인 문막로변에서 피체> 이 호외에는 이선룡의 탈주로가 그려져 있는 지도가 실려 있다. 아울러 4월 6일자에는 이선룡이 체포되기까지 경로가 기사화되어 있다. 아울러 주목되는 것은 이선룡의 체포당시 모습, 이선룡 외조부모, 森순사부장을 저격한 장소, 이선룡의 본가, 도주 제2일 아침에 밥 사먹은 곳, 체포된 현장, 이선룡의 가족, 이선룡이 갇혀있는 원주경찰서, 충북 수사본부 등의 사진이다.

옹은 다음과 같이 회상하고 있다.

동년(同年) 사월(四月)경 충북(忠北) 장호원(長湖院) 동일은행(東─銀行)을 백주(白晝)에 습격하여 일만이천(─萬二千) 원을 탈취하는 데 성공하였으나 충청(忠淸) 경기(京畿) 강원(江原) 삼도(三道) 경계망을 탈출치 못하고 월(月)여간 피신하다가 안성(安城) 어느 절에서 체포되여 동아(東亞), 조선(朝鮮), 개벽 등 신문잡지에 사진과 같이 게재된 것을 보앗으며, 이 기사(記事) 본 계윤항(桂允恒)은 그러케 잘하여 보냈는데 불행(不幸)히 되였으니 청년(靑年)의 신세가 가린하다면서 나 역시 고생한 보람이 없으며 우리도 마음놓코 살 인생(人生)살이가 아닌 이상(以上) 언제 그와 같이될지 남의 일 같지 않다면서 낙루(落淚)하였음.[65]

이선룡은 1932년 5월 23일, 경성지방법원에서 징역 15년에 처해졌다.[66] 그 후 1941년 11월 16일 경성형무소에서 출옥하였다.[67] 그러나 그의 행방은 알려지지 않고 있다.

IV. 장호원 동일은행 권총 의거에 대한 국내 언론의 보도와 인식

1932년 3월에 결행되었던 이선룡의 동일은행 장호원지점 권총 의거 군자금 모금 의거는 시대적 상황으로 보아 당시 국내에 큰 파장을 일으킨 것 같다. 그러므로 일제는 그를 체포하기 위하여 혈안이 되었으며, 당시 『조선일보』, 『동아일보』, 『중외일보』, 『매일신문』 등 여러 신문 기자들이 초미의 관심을 기울였던 것이다. 특히 『동아일보』는 강도범이 아니고, <권총범인>, 『조선일보』는 <권총 청년> 등으로 지칭함으로

---

65 계기화의 회고글.
66 판결문.
67 『한민족독립운동사자료집』 별집 6, 195쪽.

써 독립군의 활동임을 분명히 하고 있다.

당시 대표적인 잡지인 『삼천리』 제4권 제5호, 1932년 5월 1일자에 실린 『조선일보』 洪鍾仁 기자68의 <長湖院拳銃靑年後日譚, 그때 日記를 兼하야>는 날짜별로 사건 이후의 일본경찰의 동향을 세밀하게 보여주고 있어 홍미롭다. 아울러 당시 신문들의 독립운동에 대한 관심의 척도를 보여주고 있다고 생각된다. 1931년 9월 만주사변 이후 만주국의 건국 등으로 들떠있던 일본에게 뒤통수를 친 사건으로 국내동포들에게 만주의 독립군이 살아있구나 하는 큰 감동을 주었을 것으로 판단된다. 당시 일본 측 수사본부의 동향 등을 사실적으로 보여주기 위해 약간 길지만 본문을 그대로 전제하면 다음과 같다. <별첨 1>

위의 글을 통하여 일차적으로 알 수 있는 사실은 이선룡을 체포하기 위하여 장호원에 설치된 일본경찰 수사본부의 동향이다. 기자의 눈으로 바라본 이 동향은 지금까지는 별로 알려지지 않은 부분이어서 흥미롭다. 아울러 위의 글을 통하여 1930년대 신문 기자들의 취재 상황 및 방법에 대하여 살펴볼 수 있다.

그리고 3월 30일 글을 통하여 경기도 일대에 검문검색이 이루어지고 있으며, 경기도 경찰 주요 과장들이 모두 장호원 주재소에 모인 것으로 보아 사건의 중대성을 짐작해 볼 수 있다. 또한 3월 31일 글을 통하여 조선총독부 경무국이 기사게재를 제한하고 있음을 알 수 있으며, 이선룡을 체포하기 위하여 서울에서 정복 경관 38명이 출동하였고, 경무국장까지 현장을 순시하였음을 알수 있다. 4월 2일 글을 통하여는 "범인"이 이천군 장호원리 63번지에 거주하고 있는 이선룡이라는 사실을 살

---

68 『조선일보』에서는 1932년 4월 7일부터 13일까지 7회에 걸쳐 『권총청년』이란 제목으로 장호원 의거를 연재하였다. 글쓴이는 홍종인 기자로 보인다.

퍼볼 수 있다. 결국 본 기사를 통하여 이선룡의 활동이 얼마나 큰 영향을 끼쳤으며, 일본 경찰의 추적과정과 초조함을 짐작해 볼 수 있다.

한편 『동광』 제33호1932년 5월 1일에서는 空拳生이 「홀드·엎!, 長湖院 拳銃青年追跡記」이라는 제목으로 기사를 싣고 있다. 필자는 다음과 같이 이 사건이 세상의 주목을 끌었다고 언급하고 있다.

> 그런데 이번 장호원(長湖院) 사건도 그만큼 주목을 끌만한 요소는 다 가추엇섯다. 즉 사건이 그처럼 세상의 주목을 끌엇다는 것은 삼백여 명의 경관대가 겹겹이 싸고도는 틈에서 전후 일주일간 동안 동에 번쩍 서에 번쩍 상산조자룡?이 격으로 신출귀몰하엿다는 점에도 세상의 주목을 끌기에 넉넉하엿을 것이나 그 범인이 조선에선 처음 보는 「홀드·업」─백주은행습격격으로 일만이천여 원이 날아낫다는 점에 그는 활극 배우로 인기(?)가 좀더 백수십 「퍼센트」쯤 붓적 올라 갓든 것이 아닐까. 그러고
> 「나는 만주에 잇는 유력한 단체에서 왓소……」
> 하는 이 한 말에 물론 사건 자체의 중대성이 더해지고 세상의 관심도 더 커젓든 것이 사실이다. 이같이 하야 재작년 십이월 김선학이가 주재소 무긔를 훔처냇든 사건으로 어지간히 이름이 낫든 장호원은 이번 리선용이 사건으로 다시 한층 더 유명해젓다.

즉, 이선룡이 300여 명의 경관대의 포위망을 일주일 동안이나 우롱한 것이나, 백주에 있었던 은행 사건이라는 점, 만주에서 온 독립군이라는 점 등이 세상의 이목을 집중시켰던 것이다. 그러나 필자는 무엇인가 본 의거를 희극적인 측면에서 보는 것 같아 1930년대 전반기 조선인들의 독립운동에 대한 인식의 한 단면을 보는 듯 하다. 필자의 글을 통하여 장호원 의거 사건의 진상을 보면 다음과 같다. <별첨 2>

본 글은 장호원 권총 의거를 가볍고 경쾌한 영화의 한 장면처럼 그려내고 있다. 제목은 「권총청년 이선룡」. 작자는 이선룡을 백주 내낮에 은행을 턴 일개 범인으로 인식하고 있다. 이것이 아마도 이 시대 대부분의 조선인의 인식인지 검토할 필요가 있을 것 같다.

V. 결어: 장호원 의거의 역사적 의의

지금까지 이선룡의 동일은행 장호원 지점 권총 의거에 대해 살펴보았다. 이 의거의 역사적 의의를 언급함으로써 결어에 대신하고자 한다.

첫째, 장호원 의거는 만주사변 이후 국내외의 항일운동이 침체기에 들어선 시기에 일어난 의거라는 점에서 일차적인 의의가 있다고 생각된다. 1931년 만주사변 이후 일본은 대륙침략을 본격화하였다. 이에 대항하여 만주지역의 독립운동단체들은 조선혁명군, 한국독립군 등 운동조직을 무장독립운동단체로 전환하면서 항일무장투쟁을 보다 본격화하였다. 아울러 중국 관내에서는 김구가 한인애국단을 결성하여 윤봉길 의거, 이봉창 의거, 유상근·최흥식 의거 등 의열투쟁을 통하여 일제를 응징하는 한편 국내외에 한인독립운동가들이 건재함을 과시하여 민족의식 고취에 크게 기여하였다. 이러한 시기인 1932년 3월 30일에는 조선혁명군 병사 이선룡이 국내에 파견되어 동일은행 장호원 지점을 습격함으로써 국내의 국민들에게는 민족의식을 고취함은 물론 일본경찰들을 초긴장 상태로 몰아갔던 것이다.

이선룡 의거는 백주 대낮에 은행에서 일으킨 의거로서 신문 등에 호외로서 보도됨으로써 1931년 만주사변 이후 위축되었던 동포들에게 우리의 독립군이 살았음을 보여주는 분명한 쾌거였다고 생각된다. 따라서 이 의거는 일본제국주의의 대륙침략에 경종을 울린 의거로서 그 역사적 위상이 재정립되어야 할 것으로 판단된다.

둘째, 장호원 의거는 위기에 처한 조선혁명군이 자신의 위상을 재정립하기 위해 전개한 국내특공작전의 일환이었다. 1932년 1월 하순 조선혁명당·군의 주요간부들은 만주사변 이후 당면한 현안문제를 논의하기 위해 신빈현에서 회의를 개최하다가 일경과 중국 관헌의 습격을 받고 대거 체포되는 불상사가 일어났다. 이 때 조선혁명당 중앙집행위원장 李浩源 등 10명이 피체되었고, 이후 3월 초까지 계속된 일경의 검거로 국민부 · 조선혁명당 · 군 등은 9개 현에서 83명이 체포되는 치명적 타격을 받고 말았다. 그러나 국민부와 조선혁명당 · 군은 高而虛, 양세봉, 梁荷山 등 피신한 간부들에 의해 곧 재건되었다. 이 신빈사태 이후 국민부 중앙집행위원장에 양하산, 당의 중앙집행위원장은 고이허, 당의 총사령은 양세봉이 맡게 되었다. 이러한 시점에 군사훈련을 마친 이선룡은 군자금 모집 및 선전활동을 위해 양세봉에 의해 국내로 파견되었던 것이다.

이선룡과 같은 조선혁명군의 국내작전은 1932년 한 해 동안 16차에 걸쳐 이루어졌다. 이후 조선혁명군정부에서는 국내 독립운동 세력을 규합하는 기관으로 '조선내공작위원회'를 설치하고, 1935년 7월과 10월에 柳光浩와 尹永配를 파견하여 농민과 노동자 대중을 포용하는 비밀공작을 추진하는 등 조선혁명군의 국내 활동은 지속화되었다.[69]

넷째, 이 의거는 만주지역의 독립운동단체인 조선혁명군의 국내 군자금 모금 작전의 일환으로 이루어진 점이 주목된다. 당시 국민부와 조선혁명군 등은 만주사변 이후 주민들로부터 군자금을 모금하는 데 상당한 어려움이 있었던 것 같다. 국민부의 세금 부과는 재만한인들에게 상당한 부담이 되는 것이었다. 물론 어려운 생활 가운데서도 자진하여 국민부에 지원금을 내는 한인들도 적지 않았다. 그러나 일부 한인들은 세금부과에 반발하여 중국 측 당국에 신고하기도 하고 국민부의 납세를 거부하기도 했다. 이 경우 국민부는 조선혁명당의 무력인 조선혁명군을 동원하여 강제로 세금을 거두기도 하였다. 예를 들면 이 해 조선혁명군 제5중대장 양세봉은 5명의 부하를 거느리고 撫順 시내에 있는 協

---

69 장세윤, 『중국 동북지역 민족운동과 한국현대사』, 명지사, 2005, 238쪽.

濟公司 李尙賢家에 잠입하여 그를 협박하는 한편, 설득을 병행하여 마침내 국민부 의무금을 징수하였던 것이다. 특히 중국 동북지역의 도회지 번화가에 있는 유력 한인 상공업가들에게는 일정한 비율의 납부세를 부과하고 자진납부를 종용하였으며, 이에 응하지 않을 경우는 위에서 본 것처럼 무력을 동원하여 강제로 징수하였다. 또한 농촌에서도 세금부과에 반대하는 농민들은 조선혁명군을 동원하여 강제로 징수하였는데, 이러한 행태는 자연 상당수 한인들의 반발을 초래하게 되었다. 이러한 시대적 절박한 상황 속에서 양세봉은 이선룡을 근거지인 장호원에 파견하여 군자금을 모금하고자 하였던 것이다.

<별첨 1>

長湖院 東一銀行 門前에 突現한 犯人

1. 3월 30일, 날은 맑엇스나 바람은 차다.

長湖院으로 長湖院으로! 더거덕거리는 낡근 자동차에 몸을 실고 서울을 떠나기는 저녁 햇발이 인왕산 등으로 누엿누엿 넘어가든 때이엇다. 長湖院의「홀드·업」을 머리 속에 이 모양 저 모양으로 그려 보기에 자못 흥분하엿다. ─범인은 누구일까! 어데로 갓슬가. 경관대와 이제 충돌이 안당하엿나! 이런 생각으로 내 머리는 무거워젓섯다. 마음은 밧벗다. 권총! 권총! 권총이, 헌긔症난 사람 모양으로 얼린거리엇다.

자동차부에 暫間 들럿슬 때 거기에는 두 세명 刑事가 잇섯다.「올치 長湖院서 오는 승객을 점검하는구나!」벌서 경찰의 수사대는 안다은 곳 업시 버러저 잇는 것을 알 수 잇섯다. 왕십리를 지나「광나루」를 건너갈 때도 경관의「스탑」이 잇섯다. 이가치 도중에는 몃 번인가 路傍에서 경계하는 무장경관의 점검을 바들 때마다 경관을 붓들고「아직 안잡히엇소」하고 물으며 사건의 其後를 조금이라도 더 알기에 힘썻다.

그런데 이런 때에도「欲速不達」이라 함이 맛당하다 한런지 몰으나 中路, 바람찬 벌판에서 자동차의 고장이 생기어 2, 30분 式이나 떨며 기다리게 된 때에는 칩기도 하엿스려니와 밧분 마음이 안타갑기란 이를 때 업섯다. 밤 11시반 경 長湖院에 다앗다. 내 신경은 머리끗까지 긴장하엿섯다. 駐在所의 현관문을 여니 거기 별실에는 京畿道 警察部 首腦部 佐伯 高等課長 野村 刑事課長 三輪 警部二見 警部 등 斯界의 권위가 모다 모이엇다. 이 때에 三輪경부가 맛낫다 나오면서「잠간 밧분데……」

하고 끌고 나오니 「사건은 오후 1시 40분 경 東一銀行지점에 어떤 청년이 권총을 들고 들어와 위협하고 현금 12,175원을 빼서 가지고 전화까지 급사에게 명하여 끈코 달아낫다… 이 이상 여기서는 더 말할 수 업소… 市中에 가면 조흔 재료는 얼마던지 잇슬테니…이만하지요」 하고는 총총히 되들어 가고 문 안에 한 걸음도 들어보내지 안엇다.

나는 하는 수 업시 곳 거기에서 지국장 趙成玫씨를 차저 그간 경과를 들엇다. 청계천을 건너 梅山으로 梧甲山을 넘어 범인은 江原道 방면으로 간 듯 하다는 등. 또한 도주 당시에 변장햇다는 등…… 그러고 은행관계자에게도 전화로 멧마데 물엇다. 당시 범인이 자기는 滿洲에서 온 사람이라고 햇다는 말이며 영업 관계에 관한 말 등 재료는 상당히 어덧다.

나는 곳 본사로 전화를 걸엇다. 석간에 극히 간단한 보도 뿐이엇슴으로 나는 續報號外를 계획하지 안을 수 업섯다. 이가티 하야 내일을 대개 마치고 돌아왓슬 때에 每申의 劉君은 벌서와서 일을 다 하고 이발하고 오는 길이라고 유유히 여관에 돌아오고 잇섯다. 그리고 새벽 3시경에 東亞의 李君이 왓다. 모다 駐在所 압집 湖南여관에 들엇다. 「중대한 일거리가 잇슬 내일」을 꿈귀며 잠들긴 4시 경이엇다.

2. 3월 31일, 날은 맑엇스나 역시 쌀쌀하엿다.

자는 듯 마는 듯 저마다 서둘러 일즉 이러낫다. 간밤에 어떤 사건이나 잇지 안엇나? 하는 궁금증이 컷다. 駐在所ㅡ 수사본부에서는 헛소리로 이런 말 저런 말만 하고 좀처럼 속들은 말은 하지도 안을 뿐더러 들어오지도 말라는 것이다. 문안에서 손질을 해서 쫏는다.

조반 후에 거리를 돌아보앗다. 가는 곳마다 주재소 총기도난 사건의 李先龍이 이야기로 시작해서 이번 이야기에 모도들 수근수근하게 뒤끌른 모양이엇다. 東亞의 李君과 현장과 은행을 한밧귀 돌아서는 근방 지리를 살피고 다시 지리관계를 자세히 물엇다. 엇떤 가가의 노인 말이 梧甲山 넘어가면 「아홉사리고개」란 큰 고개를 넘는 한 길 밧게 업는데……한다. 「아홉사리고개!」 우리는 이 고개 일홈이 보통 지명과 판이한 점에 큰 흥미를 늣기며 이 「아홉사리고개」란 일홈을 엇떠케 하여야 기사에 실리겟느냐고 서로 우스며 머리를 기웃거리엇다. 괴상한 고개 일홈 하나가 큰 발견가텃다. 그러나 其時의 정보가 좀처럼 손에 안들어 왓다. 몃 번인가 수사본부 문을 두다렷스나 실패. 이 때에 딴 방법 딴 길로 정보의 한 끈을 잡엇다. 범인은 예측대로 아홉사리고개를 넘어 江原道 原州郡 富蹄面으로 한강 상류를 건넛다는 것이엇다. 그러나 본사에 전화를 걸엇슬 때는 경무국의 기사게재 제한이 심하여 모처럼 어든 재료—아홉사리고개 일홈도 써 먹을 도리가 업섯다.

정오 때 中央의 李君까지 왓다. 朝鮮文 신문사 기자는 모다 모이엇다. 서로 친하게 련락을 취하여 각히 「好成績」을 도웁는 듯도 십흐나 거긔에는 은연히 서로 경계하며 경쟁하는 듯한 일말의 암운이 휩싸여 잇슴을 발견할 수 잇섯다. 생각하면 우습다. 아지 못할 소위 滿天下 독자의 흥미 본위인 消息欲을 차우기 위하야 기계화한 현대 쩌나리즘의 첨단에서 날뛰는 「로봇트」이거니 하고 생각할 때 저윽히 생활의 공허와 환멸을 늣기지 안을 수 업섯다.

그러나 긴장은 되여 잇섯다. 오후 三輪 경부가 宮地형사와 수근거리더니 주재소로 들어가 곳 現在 명부를 뒤적거리는 것이 창밧그로 뵈엿다! 올타! 「지명수배」! 범인의 신원이 판명되여 가는고나 생각되엿다. 지명수배에 착목할 것을 주의하기로 햇다.

2시경 京城서 다시 正服 경관대 38명 來着. 駐在所 문전은 완연 전시 경찰 상태이다. 그러고 석양녁에는 池由경무국장까지 와서 현장을 巡

廻. 어두워서 귀경. 長湖院 시중은 한층 더 소란스러웟다.

밤 9시 경 수사본부 前은 아연 대혼잡이다. 범인 추격 체포— 이런 것을 생각하지 안을 수 업섯다. 자동차는 경찰이 모다 점령하다시피 한다. 이 때에 우리 일행도 자동차 한 대를 잡아노코 출발 준비를 하엿다. 경관대는 수사의 중심지가 되여잇는 忠州 卽 牧溪로 가는 것이엇다. 그리고 忠州엔 忠北 수사본부가 잇다는 것이엇다. 우리들도 범인이 나타난다는 현장 갓가운 곳의 공기를 볼 필요도 잇고 또 長湖院 수사본부에서 도저히 재료를 수집하기 곤란하니 그곳으로 가보자는 의향도 만엇다. 그러든 차에 大部隊의 경관이 출동되니 경관에게 자동차를 빼앗기기기 전에 우리도 시각을 옴기지 말고 그리고 가보자는 것이엇다.

오후 9시 반 출발! 警官隊追擊! 어두운 밤길은 거츨엇다. 겸하여 자동차 고장엔 머리살이 압헛다. 간신히 60리 길 되는 牧溪에 가기는 11시 반. 어두운 밤이나 두루 살피니 그곳은 江畔에 잇는 극히 한적한 촌락인 것을 알 수 잇섯다. 주재소에서 들으니 여긔도 亦 소동이다. 그러나 적확한 정보는 여기서는 별로 업는 듯하엿다. 밤길로 다시 忠州行. 밤은 칩고 졸리엇다. 멧번이나 자동차 고장을 맛나며 50리 길을 3시간여에 새벽 3시반 도착. 忠州 경찰에서도 뜻가튼 수확은 업섯다. 경찰의 호의로 여관에선 업는 방을 억지로 어더까지고 불과 두세 시간 잣다. 다음 날은 다시 長湖院으로!

3. 4월 1일, 날은 무척 명랑하엿다.

7시 반 경 기상. 경찰에 가서 昨夜 8시 橋洞에 출현 변장 등의 정보가 잇섯스나 역시 숨기는 터이라 자세히 알기는 힘들엇다. 8시 출발 쾌속력으로 달리엇다. 아츰 길에는 한동안 쉬이다가 신학년 첫날을 당하야 등교하는 어린 학생들이 신작로에 얼린 것이 눈에 띄웟다. 한가한 풍경이엇다. 長湖院에 오니 역시 수사본부는 경계 엄중하야 발을 부칠 길이 업섯다. 간밤에는 범인이 출현, 순사저격 云. 여기에는 특히 내의 실패가 컷슴과 전화연락이 조치 안엇슴을 몃번이나 후회하엿다. 장소는 알고보니 昨日 오후 4시 原州郡 貴來面 雲南里에서 순사저격(但 부상 뿐) ─同 8時, 同面 橋洞 某 喪家에 출현 2원 주고 옷 밧구어 입고 도주.

경관대는 사방으로 드나든다. 우리도 5만분지1 지도를 노코, 범인의 행방과 경관의 수사방법을 퍽 연구하고 잇섯스나 정보를 엇기는 여간 힘들지 안엇다. 궁금증에 동이 텃다. 담배만 하로에 서 너갑식 피이며 駐在所 부근을 배회하엿다. 입설이 모다 탓다.

이날도 現住 명부를 열심히 뒤적이는 것이 뵈엿다. 역시! 경찰에서 지명수배에 힘쓰는 것이 틀림 업섯다. 밥은 자정 지나 3시경 취침.

4. 4월 2일, 쾌청.

이 날은 맥이 풀리엇다. 본사에 전화를 거니 범인에 대한 정보는 본사에서 더 빨리 알엇다. 그것은 忠北과 江原道 수사대의 보고가 경무국에 빨리 들어 가는 것이엇다. 그리고 본사에서는 春川 특파원 朴君이 原州까지 와서 맹렬히 활동하고 잇고 범인은 강원도 방면으로 간 듯 십허 내 존재 ─ 長湖院에 잇다는 것은 필요가 업서지는 듯 십헛다. 오후, 6시 경 東亞 李君과 每申 劉君은 다시 牧溪로 간다고 한다. 牧溪가 확정이 나을 것이어서 忠北의 수사본부가 그곳에 이동되여 그곳서 정보 수집하는 것이 長湖院보다 쉬울 것은 물론이엇다. 長湖院서는 수사본부 압헤 파수까지 우리들도 그 근처에 서지도 못하게 하고 잇서 활동하기에 곤란한 것은 다시 말할 여지가 업섯다. 우리들은 모다 투덜거리고 잇섯든 것이다. 그때 나도 牧溪로 갈가해서 본사에 전화를 걸엇더니 범인은 原州郡 貴來面의 某 喪家에 출현 發砲라. 原州 朴君의 특보가 잇섯스니 그 까지 갈 필요는 업섯다는 것이다.

이날 오후는 수사본부에서 現住 명부를 들추는 것이 안 뵈엿다. 지명수배가 된 듯 십헛다. 나는 李劉 兩君이 牧溪로 간 뒤에 이 점을 밝히기에 애썻다. (中央 李君은 오후 귀경) 과연 지명수배는 오후에 되엿든 것이다. 利川郡 淸溪面 長湖院里 63 李先龍! 나는 윤곽을 붓잡고 혼자 아는 듯이 깁버 뛰엿다. 여기까지에는 나도 두 가지 말 못할 모험을 햇다.

그러자 밤 자정 경에 牧溪 갓든 李君이 돌아왓다. 고등과장에게 曰.

「당신네들이 그처럼 모든 것을 비밀히 하야 우리에게 하등 편의를 안 주나 그처럼 비밀히 한다는 지명수배가 수배한 지 불과 한두 시간에 高城서 먼저 터저나왓스니 그러케 비밀히 할 것 가트면 우리에게도 좀 편의를 보아 주구려.」

한다. 알고보니 지명수배는 오후 6시 반경 서울서 長湖院에 東亞 李君에게는 벌서 역수입이 되엿든 것이다. 기사게재 제한만 업섯드면 나는 다시 무서운 실패를 하엿슬 것을 알엇다. 요행 뒤느즌 대로 나도 지명수배는 알엇스니 딸아갈 수 잇섯슴을 젓윽히 안심하엿다. 여기에 놀랜이는 수사본부이다. 기색이 달러젓다. 그러나 할 수 업섯슬 것이엇다. 고등과장은 「편의라고 특별히 보아 준대야 確報가 들어오는 것을 알려 준다는 것이겟스나 사실이 불명확한 정보를 알려주어 신문에만 내인다면 무엇하느냐. 그리고 정보를 바더가지고 그 정보를 재조사하야 확실하는 것을 알기까지는 7, 8시간 내지 10여 시간을 걸리어 우리의 고통도 적지 안타. 그리고 알지 못할 정보가 하로에도 4, 5건식 잇스니 이것을 처리하는 것만도 큰 일이다…고 수사에 곤란하는 이야기로 우리들의 불평에 대답하엿다. 이것은 사실이엇다. 深山窮谷이라 정보만으로서는 범인의 행방을 알기 힘들엇다. 차라리 발포햇다기 전에는 (前記 喪家에 범인이 나타나 발포햇다는 것은 추후 장소가 달은 곳이엇고 발포은 안햇든 것이 판명) 그리고 이 밤에 京城과 근방에서 다시 50여 명의 경관을 모아 왓다. 수사는 持久的이엇다. 대부분은 밤으로 출동 일부교대 일부는 대기.

5. 4월 3일, 日曜. 晴快, 명랑. 따뜻하야 참 조흔 날이엇다.

날은 따뜻하고 고요하엿다. 淸溪川 말근 물에는 아즘 안개가 보드랍게 떠들고 잇섯다. 범나븨 힌나븨를 본 것도 이날이 처음이다. 그처럼 소란스러워 보이든 수사본부도 春風暢한 감이 업지 안엇다. 잇따큼 오트바이 자동차의 연락원이 달리나 모다 피로한 빗이 뵈이엇다. 우리들도 퍽 피뢰하엿다.

나는 「사건은 미궁에…」라고 본사에 전화하엿다. 그리고 오후에는 곳 귀경할 준비를 하고 잇섯다. 이가치 본사와 의논이 되여 가지고 다시 여관으로 가는 길에 三輪警部가 4, 5명의 경관을 더리고 자동차부로 가는 것이 뵈이엇다. 본부는 긴장하엿다. 野村 형사과장이 거리에 나서서 경관대를 소집하며 한편엔 장총까지 껴내이고 잇섯다. 범인은 근방에 나타난 듯 십헛다. 나종에 들으니 범인은 原州 文幕에 나타낫다는 것이다. 우리들은 다시 머리털 끗까지 긴장하야 본부 문전을 직히고 잇섯슬 때 정보는 뒤를 이어왓다. 오후 3시 반에 범인 체포. 본부 수뇌자들도 자동차로 모다 文幕行이다. 이 때 일주간동안 긴장에 또 긴장으로 피뢰하엿든 본부가 번개가 지난 듯이 한 번 뒤벅이다가 범인 체포란 전화 한 통에 푹 한숨을 내쉬고 맥을 눗튼 광경은 각각으로 공기가 변하야 돌아가는 주마등을 보는 듯 십헛다. 폭풍우가 一過한 듯 십헛다. 글자 그대로 風靜浪息. 萬事完了이엇다.

시중도 다시 한 번 요란럇다. 범인─李先龍 체포. 先龍이! 先龍이! 저마다 입에 先龍이를 불으며 전날의 先龍이를 이야기하고 잇섯다.

나도 지난 일을 생각하니 꿈가텃다. 전화 통화수를 헤이니 약 50여 통화 그동안 약 1시간 반을 전화통에 부터서 날은 셈이다. 오후에 劉君은 文幕으로 가고 牧溪서 東亞 李君도 돌아왓다. 나는 사건의 其後는 春川의 朴君에 맛기기로 되여 이날밤은 마음껏 잣다. (끗)

<별첨 2>

홀드 · 엎!, 長湖院 拳銃靑年追跡記(홀드 · 엎!, 장호원 권총청년추적기)
空拳生
「홀드 · 업」 –꼼짝말고 손들어라……

이것은 확실히 현대적이다. 능률(能率)이 올르는 장사다. 우리들이 활
동사진에서 늘 보는 바와 마찬가지로 권총을 담뱃지갑같이 마음대로
차고 단니는 저 서양사람–그중에도 천생 작난꾼같은 성격을 많이 타고
난 미국 사람들 세상에는 이런 일이 예사로 잇는 모양이다. 말하면 소위
「깽」패들도 하는 일이요 정조의 위협을 당하게 된 부녀들도 하는 일이
요, 탐정들도 하는 일이오 못난 연석은 싸홈 끝에 욕설을 뿜고 도망할
때도 하는 일이다. 가장 간단하고도 효력이 나타나는 연극이다.
「손들어……」
하고 고함만 치면 춘풍에 날신거리는 버들가지같은 어린 여자 앞에
서라도 황소같은 장정들이 손을 들고 눈이 멀진멀진해진다. 금시에 몸
이 돌미럭같이 굳어진다. 이것은 그들 사회에서는 일종의 예절같이 「홀
드 · 업」이 불문율(不文律)로나 되어잇는 셈 같다. 그리고 이것은 백주
가 아니면 흥행가치(興行價値)가 퍽 떨어지는 모양이다.

그런데 이번 장호원(長湖院) 사건도 그만큼 주목을 끌만한 요소는 다
가추엇다. 즉 사건이 그처럼 세상의 주목을 끌엇다는 것은 삼백여 명
의 경관대가 겹겹이 싸고도는 틈에서 전후 일주일간 동안 동에 번쩍 서
에 번쩍 상산조자룡이 격으로 신출귀몰하엿다는 점에도 세상의 주목을
끌기에 넉넉하엿을 것이나 그 범인이 조선에선 처음 보는 「홀드 · 업」

―백주은행습격으로 일만이천여 원이 날아낫다는 점에 그는 활극 배우로 인기(?)가 좀더 백수십「퍼센트」쯤 붓적 올라 갓든 것이 아닐까. 그러고

「나는 만주에 잇는 유력한 단체에서 왓소……」

하는 이 한 말에 물론 사건 자체의 중대성이 더해지고 세상의 관심도 더 커젓든 것이 사실이다. 이같이 하야 재작년 십이월 김선학이가 주재소 무긔를 훔처냇든 사건으로 어지간히 이름이 낫든 장호원은 이번 리선용이 사건으로 다시 한층 더 유명해젓다.

그러면 V번식 외이고 남은 이애기나마 다시 한번 사건의 경과「홀드 · 업」의 장면을 대략 적어보기로 하자.

拳銃靑年銀行에 出現

때는 삼월 삼십일 마츰 장호원 장날이엇다. 이날은 봄일긔로는 바람은 찻으나 날이 맑기 때문에 아츰부터 물밀 듯 모여드는 장꾼네는 거리에 부펏다. 바로 한시 사십분경 장꺼리에서도 흥정이 가장 바쁜 때엿거니와 문제의 동일은행지점―거리서 북편 집도 성기게 잇는 곳―에서도 한참 바쁜 시간이엇다. 길이 사간반 폭 삼간반 되는 조그마한 지점에는 창문안에 지배인, 부지배인, 행원 세 명, 급사 소사 두 명, 손님 두 명, 창살 밖에 손님 또 두 명. 모다 주고받는 거래이애기에 여념이 없엇을 때 로동자 같은 청년 한명이 현관문을 들어섯다. 청회색 직공복에 누런 양복바지를 입고 일본「찌가다비」를 신꼬「도리우찌」모자를 푹 눌러쓴 이십이삼 세의 청년이엇다. 급사가 창살 안에서 용건을 물으려고 그에게 고개를 돌릴 때 그는 돌연 머라고 소래를 질럿다.

「…손들어 꼼짝 말고 손들어…」

은행안엣 사람들은 영문을 몰랏다. 무슨 일인가 하고 모다 고개를 기웃거리고 잇을 때 그는 날카로운 목소래로 다시 소래를 질럿다.

「손들어… 꼼짝하면 쏜다… 쏜다…」

이제야 「쏜다」 소래가 귀에 바로 들리엇다. 그러고 보니 현관출입구를 등지고 잇는 그 청년은 창살 구멍으로 권총을 내대이고 잇섯다. 총구멍은 바로 단 하나 밖에 없는 은행뒷 쪽문을 등지고 현관을 맞바라 보고 앉앗든 지배인에게 겨누고 잇섯다. 지배인의 얼굴은 금시에 해말숙하니 피가 내리엇다. 부들부들 떨리는 손을 들엇다. 방중엣 사람들도 모다 손을 들엇다. 청년은 고개를 흘깃 돌리면서 창살 문 밖에 자기 가까이 서잇는 두 사람에게

「저편 가서 잇어…」

하고 소리치면서 한모통이에 몰아세윗다.

그러고

「금고 안에 잇는 돈을 잇는 대로 다 가저와… 그러치 안으면 쏜다…」

호령은 찍어내리는 칼날같이 날카로윗다.

지배인은 바뻣다. 경황을 못 채리엇다.

「야 어서 내다드려라 어서…」

급사는 지폐를 몇 뭉치 손에 잡히는 대로 가저다 그 앞에 놓앗다. 헤이자면 일이천 원에 불과하엿다. 그때 청년은 다시 소리를 높히 하엿다.

은행돈이 요것 뿐이야?

은행에 돈이 요것 뿐이야. 내가 들어가보고 돈이 남아 잇거던 모다 쏘아 죽인다. 잇는대로 다 가저와… 쏜다… 쏜다…」

금방 총알이 튀어나오는 듯 하엿다. 「쏜다… 쏜다」 소래가 그의 입으로 연거퍼 나올 때마다 그 안엣 사람들은 어한이 내려 앉군하엿다. 급사는 다시 지폐 묵금을 무둑이 그의 앞에 갓다 놓앗다. 그러나 그는 그래도 부족타고 호령이다.

「마자 다 가저와, 다 가저와, 그러치 안으면 쏜다… 쏜다…」

급사는 다시 동전 은전 백동전 주머니까지 그 앞에 갓다 놓앗더니 그는

「어느 것이 오십 전 짜리냐」

고 뭇고는 주머니 안의 은전 한 닙을 헌겁 밖으로 만지며 은전 변두리를 손톱으로 흘터까지 보고나서 그 돈을 보에 싸라고 급사에게 명하엿다. 그러고 한 손에 돈보를 들고 나서야 그는 말투를 고치어 가지고

「나는 보통 강도가 아니요. 만주에 잇는 유력한 단체에서 나온 사람인데 나와 같은 동지가 오십 명이 같이 나왓소. 이 돈도 유용히 쓸 터이요. 그런데 만일 내가 간 뒤에 삼십분 이내에 경찰에 고발한다면 여기 잇는 사람들의 얼굴은 다 아니까 가족까지라도 몰살시킬테니 그리 알우」

하고 최후의 마치같은 한 마데를 한번 더 나려두다렷다. 그러고는 잇엇든 것을 생각한 듯이 급사에게 전홧줄을 끊으라고 하야 전홧줄을 끊는 것을 보고 그때야 권총을 허릿〈66〉옆에 꼿고 현관을 나섯다. 그러고 나갓다가 다시 한 번 문을 열어 제치고 방안을 들여다보고 그는 유유히 평보로 은행 앞 논두렁 길로 걸어나갓다. 그러고 약 삼십 간 가서 집모통이를 돌아서면서야 달음질을 하엿다. 그동안의 시간은 불과 오분 내외 그가 나간 뒤에는 은행안 사람들은 잠긴 혼 빠진 사람들처럼 멍하니 입도 발도 못떼이고 잇엇다. 그가 들고 나간 돈은 일만이천여 원. 마치 초상난 집 같앗다. 그때 금방 나간 범인과 거진 엇밖위어 정거장의 젊은 역원 한 사람이 들어왓다. 이 광경을 보고 어쩐 일이냐고 물엇더니 그때야 비로소 은행원들도 나갓든 혼을 되로 잡아넣은 듯이 황겁하야 강도가 들어와 돈을 가저 갓으니 곳 전화를 걸어달라고 야단하엿다. 그 역원은 주재소로 전화를 걸려고 정거장으로 뛰어나갓다. 행원 한 사람도 뒷문으로 머뭇거리다가 뛰어나갓다. 은행 안 공기는 흔들리워 뒤범벅

이 되엇다. 이것이 「권총청년 리선용」의 첫막 「홀드 · 업」의 장면이다.

警備電話는 全鮮에 울리다

경비전화는 간단없이 울리웟다. 장호원－리천－경긔도－경무국－각도－각경찰－이같이 하야 불과 한두 시간 내외에 경계망은 각처에 느리워젓다. 그리고 한편에 장호원서는 야단이다. 각처에서 'ps(ㅁ)若?경관대 그 소방대 등이 이산 저산으로 뒤볶이엇다. 그새에 정보는 범인은 개를 건너서 변장하고 오갑산을 넘어갓다는 것이다. 동릿 로인들은 고개를 끄떡거리엇다.

「가기는 잘 갓다. 오갑산 아홉사리 고개만 넘어서서 강을 건너서면 강원도 산줄기니 산으로만 들어선다면 잡을 수 잇을라구…」

과연 지도를 보니 그 방향은 험산준령이 첩첩히 싸이어 잇고 동리라고는 찾아볼 곳이 없엇다. 더군다나 주재소가 잇을리 만무하엿다. 뒤를 이어 경관대의 동원은 범위가 넓어젓다. 충청도, 강원도, 경긔도, 삼도의 경관대 삼백여 명이 충북, 강원 양도 경게지로 'ns潔畢? 그러나 범인은 좀처럼 잡히지 안엇다. 이산 저산으로 넘어 단니면서 밥을 사먹고 옷을 얻어 입고 성큼성큼 자최를 감추엇다. 그동안 몇 가지 주목을 끌은 것은

1. 31일 오후 네시경 강원도 귀래면 운남리에서 원주 경찰서 순사부장을 쏘아 부상케 한 것.

一. 그날 밤 동면 교동이란 곳 화전민 민가에 나타나서 권총을 내대이고 위협한 후 옷을 빼서 입고 돈 이원을 주고 달아난 것.

一. 사월 일일 충북 충주군 엄정면 원곡이란 곳 어떤 상갓집에 나타나서 술과 떡을 얻어먹고 옷을 바꾸어 입고 가려다가 그대로 간 것.

一. 그 밤 아홉 시경 그면 류봉리 농가에 나타나 한밤을 자고 아츰에

십원주고 지게를 얻어지고 나간 것.

이외에도 몇 곳 나타낫든 곳도 잇다. 그러나 이런 정확한 정보도 수사본부란 곳에 들어오기는 사오 시간 내지 칠팔 시간을 요하엿다. 그러고 정보는 이외에도 하로에 사오 찻식 여기저기서 나타낫섯다는 것이나 알아보면 헛소문 뿐이엇다. 공연히 경관대들만 여기저기 몰리운 때가 한두 번이 아니엇다. 겸하여 련락은 취하고 잇엇다 하나 서로 지휘가 달은 세도의 경관대가 뒤범벅이는 터이라 그 가운데는 「넌센쓰」극도 이따금 잇다.

束手無策?

그동안에 경관들도 상당히 피로하엿다. 다리를 껄면서 돌아오는 것도 잇엇다. 수사본부에서는 사건 발생 후 삼사일만엔 인원의 교대를 하면서 지구전을 계획하고 잇엇다. 경관대는 「범인이 잽히기까지」가 한이엇으나 글세 언제나 잽힐는지는 의문이엇다. 그러나 경긔도 수사본부에서는 범인의 신원을 조사하야 범인이 산에서 내려온다면 찾아감측한 친척지인의 집마다 형사를 배치하여 놓고 긔회를 기다리는 것이 수사상 큰 기대 중의 하나이엇다.

追擊 또 追擊 劇的 場面演出

범인은 장호원리 륙십삼번지 리모의 손자 리선용(李先龍) 수믈세 살, 그는 부모도 없엇다. 네 살 때 재가한 어머니를 따라 장호원에 와 살고 잇든 중 십년 전에 양부가 죽고 팔년 전에 어머니가 죽고 그의 생부는 별로 만나본 일도 없엇든 모양인데 그역 죽엇다는 것이다. 그래서 조부한테서 길러나다가 오년 전 봉천(奉天) 방면으로 갓다가 약 일 개월 전에 돌아왓섯다. 바로 사건이 잇은 날 아츰밥을 먹고 그의 친척이라고는 하나밖에 없는 원주군 문막(文幕)의 조부를 찾아간다고 나가서 그 범행을 햇다는 것이다. 수사에 지리하여진 경찰에서는 이왕 산중에 범인을 두고 못잡을 바에는 강원도로 몰아 보내어 혹여 문막으로라도 들리게 하엿으면 하고 잇엇든 때 사월 사일―범행 제육일에 그도 보통 범죄자들이 쪼끼어 시달린 남아엔 가장 가까운 친척집을 찾아가듯이 그는 홀연 문막에 나타낫섯다. 권총도 돈도 안가지고 이같이 하야 등대햇든 경관들은 추격 두 시간에 과히 어렵지 않게 체포하엿다. 최후 체포당시의 추격이 완연 활동사진같이 쫓기고 달리고 야단을 하엿섯으나 그가 권총을 안가지어 저항할 여지가 없엇다. 요행 사상도 없어 막은 평범히 닫기엇다.

問題의 人物

그러면 문제의 범인은 어떤 인물이엇든가. 어렷을 때부터 역운에서 긔구한 살림을 해왓고 학력은 보통학교 삼학년까지 자동차 운전수견습―만주표랑. 평소에 술담배는 안 먹고 운동을 질가고 만주 갓다 와서는 말이 없는 사람이 되엇섯다 등등. 그러나 이것만으로서는 그가 그러한 범행을 하기까지의 어떤 배경이나 동기는 알 수 없다. 단 한 가지 그가 그처럼 대담 포악한 듯 븨엿으나 사실은 마음이 보통 인정을 가춘 유약한 어린 청년이엇다는 것을 엿볼 수가 잇엇다. 문막서 잡혀서 첫 취조에 그는 순사에게 먼저 물엇다.

「내 총에 맞앗든 순사가 죽엇소?」

그는 쫓겨단니다가 막다드는 순사를 쏘기는 쏘앗으나 그가 죽엇는지 살앗는지 산중으로 피해 단니면서도 퍽 마음에 걸리윗든 모양이다.

「아니 살엇서…」

말을 듣고 그는 한숨을 푹 내쉬엇다. 그는 사람을 아직 살해해 보지 못한 청년이엇다. 그리고 계획적으로 사람을 죽이기까지에는 확실히 마음이 유약한 편이엇든 것이다.

5편

만주지역에서의 한인독립운동과 한인 희생

제1장

1920년대 만주지역 무장투쟁에 대한 회고와 전망

Ⅰ. 서언

1920년대 만주지역의 독립운동은 3·1운동 이후 청산리·봉오동전투 등 활발한 무장투쟁의 전개, 일본군의 간도 출병과 한인의 수난, 독립운동단체의 러시아로의 이동과 만주로의 회귀, 독립군의 재편성과 삼부(정의부, 참의부, 신민부)의 정립, 공산주의 사상의 수용과 조선공산당 만주총국의 설립, 민족유일당운동의 전개와 삼부통합운동, 통합운동의 실패와 국민부와 한국독립당의 성립 등으로 요약할 수 있을 것 같다. 아울러 이시기는 주도 세력 측면에서는 민족주의 운동 세력이 역동적으로 활동하였던 때인 동시에 공산주의 세력이 점차 대두하여 본격적인 운동 세력으로 등장을 준비하던 시기였다고 할 수 있으며, 이념적인 측면에서는 민족주의 노선에서 공산주의와 무정부주의 등 새로운 이념이 대안으로 등장하던 시기이고, 투쟁노선상에서는 무장투쟁노선이 강조되다가 무장투쟁노선과 자치노선이 갈등과 조화를 이루어가던 시기이며, 조직면에서는 以黨治國의 원리를 수용 고려혁명당, 한국독립당, 조선혁명당, 귀일당 등 독립운동정당이 조직되는 일면 한족총연합회, 생육사, 한족자치연합회 등 자치단체가 조직되는 시기이기도 하였다.

이러한 1920년대의 만주지역에 관하여 학계에서는 일찍부터 관심을 가져 1969년에 윤병석이 삼부정의부, 참의부, 신민부에 대한 논문을 발표한 이래 박영석·박환·윤병석·장세윤·신주백·채영국·황민호에 의해 여러 권의 저서가 간행되는 성과를 이루었으며, 개별논문도 다수 발표되었다. 특히 1990년대 들어서는 한중 간에 국교가 수립되면서 현장답사 및 중국 측 자료 입수의 길이 열리게 됨에 따라 다수의 논문들이 집중적으로 발표되었다. 그중에는 조선족 학자들이 국내에서 발표한 것들도 포함되어 있다. 이들 연구성과들을 중심으로 회고와 전망 그리고 앞으로의 연구과제 등에 대하여 알아보도록 하겠다.

II. 기존 연구의 특징

기존 연구의 특징은 첫째, 이 시기에 조직되었던 독립운동단체들에 대하여 깊은 관심을 보이고 있다는 점이다. 그 결과 대한국민회송우혜·박환·박창욱, 북로군정서신재홍·신용하·박환, 서로군정서박환, 대한독립단박환, 신흥무관학교박환, 대한신민단신용하, 대한청년단연합회박환, 광복군총영정원옥·채영국, 대한독립군비단채영국, 대한통의부정원옥·한상도·박걸순, 정의부정원옥·박영석·황유복·유병호, 신민부박환, 참의부정원옥·유준기·변승웅·유병호, 고려혁명당김창수, 한족총연합회박환·유영구 혁신의회박영석, 한국독립당박환 한국독립군장세윤, 국민부정원옥, 조범래, 조선혁명군장세윤·황용국·박창욱, 만주공청그룹임경석 등 주요 단체들에 대한 연구가 대체로 이루어져 이 분야 연구에 큰 활력소가 되었다.

이들 연구의 공통점은 우선 각 단체의 조직 배경, 조직, 활동 등에 대하여 많은 관심을 기울였다는 점이며, 그 결과 상당한 진척이 있었던 것이 사실이다. 그럼에도 불구하고 기존의 연구들은 단체의 이념, 주도 세력, 공산주의 운동, 만주지역 운동과 주변지역 운동과의 관계 등에는 크게 주목하지 못하였다. 따라서 이들 문제 등을 중심으로 살펴보도록 하겠다.

우선 이념 부분을 보면, 독립운동가들이 만주벌판에서 투쟁했던 궁극적인 목적이 해방후 건설할 국가상이 무엇이었는가 하는 점에 있다면 그들이 추구한 이상사회에 대한 관심이 무엇보다도 중요시 다루어져야 한다고 생각된다. 이러한 점에 유의해 볼 때, 박영석의 민주공화정체를 중심으로 정의부를 다룬 논고는 주목된다. 앞으로 만주지역의 주요 단체를 1920년대 초반기까지는 공화주의와 복벽주의의 시각에서, 1920년대 초반 이후는 민족주의, 공산주의, 무정부주의 시각에서 운동 단체를 정리하는 것이 필요하다고 생각된다. 아울러 이들 이념단체를 연구할 때 그 지역의 사회 경제적 변화, 한인의 지위 변화, 각 단체의 헌정 및 규약 등에 대한 면밀한 검토가 요청된다.

다음으로 주도 세력 부분을 보면, 단체연구에 있어서 대부분의 연구는 각 단체의 주도 세력을 면밀히 분석하고 있지 못하다. 사실 1920년대의 만주지역 독립운동단체는 그 단체를 주도해간 주도 세력의 성격에 따라 단체가 추구한 이념이나 활동의 성격이 규정되므로 이 부분에 대한 연구는 필수적이라고 생각된다. 이점에 착안한 박환의 신민부연구는 주도 세력을 신분, 학력, 지연, 경제적 지위, 연령 등 여러 가지 기준으로 나누어 살피고 있다는 점에서 선구적인 연구성과라고 생각된다. 앞으로 공산주의단체의 주도 세력들에 대한 검토가 병행되기를 기대한다.

아울러 공산주의 운동단체에 관한 부분을 보면, 1920년대 만주지역의 운동사를 주도적으로 이끌어 나간 세력은 민족주의 세력이었다. 그러나 1926년 조선공산당 만주총국이 성립된 이후 특히 북만주와 동만주를 중심으로 공산주의 세력이 급속도로 확산되었으며, 많은 공산주의 단체들이 조직되기도 하였다. 그럼에도 불구하고 조선공산당 만주총국, 적기단 등 주요 공산주의단체들에 대한 연구는 거의 없는 실정이다. 이러한 시점에서 임경석과 신주백이 이 지역의 공산주의 단체와 운동론의 변화에 주목한 점은 높이 평가된다.

　끝으로 만주지역의 독립운동단체와 대한민국임시정부부와의 관계에 주목하고 있지 못하다는 사실이다. 이러한 시점에서 박영석이 국민대표회의와 만주지역의 독립운동단체의 참여, 그리고 이상룡의 임시정부 국무령 취임과 관련하여 만주와 임시정부와의 상호관계를 다루고 있는 점은 후학들에게 시사하는 바가 크다. 앞으로 만주지역의 독립운동 단체들, 대한청년단연합회, 광복군총영, 참의부 등이 임시정부와 밀접한 관련을 맺고 있는 단체들의 임정과의 관련에 대한 보다 면밀한 검토가 요망된다. 아울러 한 걸음 더 나아가 만주지역의 단체들과 국내, 중국 관내, 러시아, 미주 등지의 단체들과의 연결고리에도 주목하므로서 운동사 전체의 유기적인 구조 파악은 물론 운동사 전체 속에서 만주지역 운동이 차지하는 비중을 파악하려는 노력이 절실히 요청된다.

　둘째는 봉오동, 청산리전투 등 전투사를 중심으로 한 연구성과이다. 이러한 연구성과는 김택청산리전투, 신용하청산리전투, 윤병석청산리전투, 봉오동전투, 장세윤한국독립군의 항일무장투쟁, 정원옥한국독립군의 독립전투, 황용국조선독립군 등에 의하여 주로 이루어졌다. 특히 이중 신용하는 청산리전투의 경과, 참여 부대 등에 대하여 아주 상세히 밝히고 있어 큰 도움을 주고 있다. 또한 청산리전투에서 김좌진 외에 홍범도도 역시 큰 역할을 하였음이 송우혜, 김택 등에 의하여 새롭게 알려지기도 하였다. 그러나 이러한 연구성과에도 불구하고 이 부분에 있어서는 약간 미진한 부분이 있는 것 같다. 다름이 아니라 독립운동사의 연구는 전투사의 기술에 그쳐서는 안 된다는 것이다. 물론 전투의 내용도 중요하지만 이러한 전투들이 가능했던 토대들에 대한 연구가 보다 심화되었으면 한다. 아울러 이러한 전투들이 어떠한 목적을 위해 전개되었는가 하는 부분에 좀더 관심이 집중되어야 하지 않을까 한다.

셋째는 민족교육에 대한 부분이다. 민족교육은 무장투쟁과 더불어 만주지역 독립운동에 있어서 차지하는 비중이 매우 크다. 1920년대의 민족교육에 대하여는 서중석의 신흥무관학교에 대한 집중적인 연구, 박주신의 간도민족교육에 대한 연구 등이 이명화와 홍종필의 개괄적인 논고 등이 있다. 앞으로는 성동사관학교 등 무관학교는 물론 각 독립운동단체들이 세운 민족학교 등에 대한 사례연구 등도 이루어져야 할 것이다.

넷째는 독립운동의 주체가 되었던 재만동포들의 객관적 조건에 대한 연구이다. 이와 관련하여서는 농민들의 경제상황(권혁수), 사회적 실태(오세창, 황유복), 농민들의 이민사(이영찬, 홍종필), 상조권 · 귀화 · 소작관습(홍종필) 등에 관한 연구들이 보인다. 오세창과 이영찬의 연구를 제외한 이들 연구들을 재만동포들의 주변 환경에 대한 본격적인 연구라기보다는 개괄적인 연구성과이다. 앞으로 이 부분에 대한 연구가 기대된다. 왜냐하면 만주지역의 항일운동은 주변의 상황을 극복하면서 전개되었으며, 아울러 이들 상황을 토대로 전개되었기 때문이다. 특히 1920년대 운동의 변화상을 이해하는 데 있어서 이 부분에 대한 이해는 필수적이다.

다섯째는 공산주의운동에 관한 연구이다. 공산주의 수용과 관련하여서는 연변대학의 김태국의 연구가 있으며, 임경석은 1920년대 중국 동북지역의 조선인 만주공청그룹에 주목하고 있다. 또한 신주백은 1920년대 후반의 간도지역 공산주의 운동에 주목하면서 그들의 반일독립운동론과 방향전환에 대하여 천착하고 있다. 이러한 연구성과들을 토대로 1920년대 만주지역 공산주의 사상의 수용과 그 전개에 대하여 일부분이나마 밝혀지게 된 것은 반가운 일이다. 그러나 이들 연구성과들은 간도지역에 집중된 감이 없지 않으며, 특히 민족주의 세력과의 연계 속에서 파악되고 있지 못하다. 따라서 앞으로 이 분야에 대한 연구는 재만동포들의 사회 경제적 상황의 변화와 러시아의 영향 등과 관련하여 공산주의 사상의 수용부분이 밝혀져야 할 것이며, 아울러 민족주의자들이 공산주의자로 변모하는 모습들이 보다 구체적으로 검토되어져야 할 것이다. 더불어 지역적으로는 남만, 북만지역의 공산주의단체들에 대한 연구 또한 활성화되어야 할 것으로 믿는다.

여섯째는 친일단체에 대한 연구를 들 수 있다. 이에 대하여는 그 중요성에도 불구하고 오세창, 김태국의 조선인민회에 대한 선구적인 업적 외에 없다. 그러나 사실 독립운동의 실상, 재만동포사회에 대한 이해를 위해서도 친일단체에 대한 연구는 선결되어야할 과제라고 생각된다. 특히 이 분야 연구에 있어서는 만주국 시절의 협화회, 러시아지역의 친일한인단체와의 비교 검토가 요청된다.

일곱째, 재만한인을 둘러싼 중국과 일본의 정책을 들 수 있다. 만주지역에서 전개된 한인독립운동은 중국동북군벌의 재만조선인에 대한 정책에 크게 영향을 받고 있다. 또한 중일간에 맺은 조약에 의해서도 상당히 좌우된다고 할 수 있다. 그 대표적인 것으로서 삼시협정을 들 수 있다. 그럼에도 불구하고 학계에서는 중국과 일본의 대조선인정책에는 크게 주목하지 못하였다. 그런 가운데 이 분야에 대한 길잡이로서 추헌수의 1920년대 재만한인에 대한 중일의 정책은 주목된다.

여덟째, 독립운동에 있어서 종교의 역할에 주목한 논고를 들 수 있다. 1910년대부터 1920년대에 걸쳐 만주지역의 독립운동단체들은 종교와 밀접한 관련을 맺고 있다. 특히 북로군정서, 신민부, 흥업단 등은 대종교와 깊은 연관을 맺고 있으며박영석, 대한국민회는 기독교와서굉일, 대진단조성윤은 원종교와 그러하다. 그러므로 이 시기의 운동단체를 이해하기 위해서는 종교와의 관련성에 주목할 필요가 있다. 그러나 종교와 독립운동과의 관계는 1920년대 중반 이후에는 점차 약화되어 이 자리를 민족주의, 공산주의, 무정부주의 등의 이념으로 대체되게 된다. 앞으로 이 분야에 대한 관심이 요망된다.

III. 연구과제

지금까지 1960년대부터 이 분야의 연구성과를 개략적으로 살펴보고 그에 대한 약간의 비판을 가하였다. 이를 토대로 앞으로 이 분야 연구에 있어서 밝혀져야 할 몇 가지 과제에 대하여 알아보도록 하겠다.

첫째, 우선 이 시기에 주도적인 역할을 한 독립운동단체들에 대한 연구들이 보다 심층적으로 밝혀져야 한다. 물론 많은 독립운동단체들에 대한 연구가 이루어졌다. 그러나 그렇다고 하여 모든 부분들이 밝혀진 것은 아니다. 주도 세력에 대한 분석이라든가, 각 단체가 추구한 이념이라든가, 각 단체가 관할하고 있는 지역의 사회 경제적인 문제, 독립운동단체와 관할 주민과의 관계, 재만한인과 중국동포들과의 관계, 중국의 공공기관과 한국인과의 관계, 인접해 있는 독립운동단체들과의 관계 등 수 많은 문제들이 아직 해결되어 있지 않는 것이다.

둘째, 특히 1920년대 중반 이후에 조직된 민족주의단체와 공산주의

단체들에 대한 연구는 새로운 시각에서 재조명되어야 할 것이다. 즉 민족주의단체는 공산주의 운동과의 관련성속에서, 공산주의단체는 민족주의 운동 세력과의 관계 속에서 그 역사적 성격이 재조명되어야 한다는 것이다. 그럴 때만이 각 단체가 갖는 역사적 의미를 파악할 수 있으며, 운동을 정적이 아니라 동적인 차원에서 역동적으로 분석해 낼 수 있을 것으로 본다. 과거 기성학자들이 민족주의의 안목에서만 역사를 서술했다면, 신진학자들은 또 다른 안목에서 역사를 바라보는 우를 범하고 있는 것이다. 이제는 이들을 객관적으로 바라보는 시점에서 운동단체들에 대한 조망이 이루어져야 할 것이다. 그럴 때만이 운동사의 실체를 밝힐 수 있을 것이다.

셋째, 1920년대 전반기 만주지역의 독립운동은 독립운동단체들의 러시아지역으로의 이동, 공산주의 사상의 수용, 무기의 구입, 독립운동단체들의 재편성 등과 관련하여 러시아와의 관련성에 특별히 주목할 필요가 있다. 만주와 러시아는 국경을 접하고 있다. 그리고 그들은 빈번하게 러시아와 밀접한 관련을 맺고 있다. 그러므로 만주지역의 독립운동은 러시아를 생각하지 않고는 이해될 수 없다. 뿐만 아니라 국내와의 관련성 또한 밀접하였다. 그러므로 만주지역의 운동은 국내와 러시아와의 관련성을 항상 염두에 두고 다루어져야 할 것이다.

넷째, 만주지역 독립운동단체들의 통합의 움직임이다. 일반적으로 통합운동하면 민족주의 세력과 공산주의 세력과의 통합운동에만 주목하고 있다. 물론 1920년대 후반에 있어서는 좌우익의 연합이 중요한 의미를 갖는다. 그러나 20년대 전반기에는 민족주의 세력들끼리의 통합 또한 그에 못지않게 중요하다고 생각된다. 그러므로 20년대의 북로군정서, 대한국민회 등의 통합운동, 대한통군부의 결성, 대한통의부의 결성, 정의부, 참의부, 신민부의 결성을 민족주의단체들끼리의 통합운동

차원에서 재조명할 필요가 있다고 생각한다. 이러한 바탕위에서 민족유일당운동과 삼부통합운동 또한 검토되어야 할 것이다.

다섯째, 지금까지는 독립운동단체의 무장투쟁에만 관심을 기울여온 면이 적지 않다. 앞으로는 이와 더불어 각 독립운동단체들이 재만동포들의 민정기관, 자치기관으로서 전개해온 대민활동들에 대하여 보다 관심을 기울여야 할 것이다. 1920년대 전반기 독립운동단체들은 무장투쟁에만 치중한 나머지 동포들의 대중적 지지 기반을 점차 상실하는 면을 보이고 있다. 이와 때를 같이하여 만주지역에서는 공산주의 이념과 무정부주의 이념이 확산되고 있는 것이다. 뿐만 아니라 북만주의 대표적인 민족주의단체인 신민부의 경우 민정파가 대두하여 재만동포들의 생존문제를 주장하므로서 무장투쟁파 즉 군정파와 대립 갈등을 보이는 양상을 보이고 있는 것이다. 따라서 각 독립운동단체의 자치운동에 대한 연구는 곧 각 독립운동단체의 이념 및 노선의 변화를 추적하는 실마리를 제공해줄 것이다.

여섯째, 조선인민회와 같은 친일기관 및 일본총영사관 및 영사관 분관 등에 대한 검토가 이루어져야 할 것이다. 지금까지의 연구는 만주지역에 살았던 사람들이 모두 독립운동을 전개한 것처럼 되어 있다. 그러나 항일의식을 가진 사람들이 친일파들의 감시 속에서 독립운동을 전개했다고 하는 것이 사실일는지도 모른다. 운동사는 이들의 상호 관계 속에서 검토될 때 사실적으로 그리고 생생하게 묘사될 수 있을 것이다.

일곱째, 만주지역의 사회 경제적 토대에 대한 연구와 더불어 재만한인을 둘러싼 중국과 일본의 정책에 대한 연구 또한 이루어져야 할 것이다. 전자와 관련하여서는 자료의 발굴과 더불어 1920년대 만주지역에 거주하였던 동포들과의 면담 작업 또한 추진되어야 할 것이다.

여덟째, 거시적으로는 1920년대 세계사의 전체적인 조류와 약소민족의 민족해방운동 속에서, 미시적으로는 1920년대 한국독립운동사 속에서 만주지역의 독립운동의 특징을 잡아내려는 노력이 부단히 이루어져야 할 것이다. 특히 한국독립운동과 관련하여서는 국내와 만주, 중국관내, 러시아, 미주지역운동을 하나로 놓고 그 높낮이를 평가하는 작업이 제대로 이루어질 때만이 만주지역 독립운동의 전체상이 객관적으로 조망될 수 있을 것이다.

끝으로 1920년대 운동사연구는 만주지역 현장 답사와 동포들과의 면담, 자료발굴 창구의 단일화, 연구 방법론에 대한 새로운 모색 등이 전제될 때만이 진일보할 것으로 기대된다.

제2장

1920년대 후반 만주지역 독립군의 항일무장투쟁과 그 향배

Ⅰ. 서언

1920년대 滿洲地域의 독립운동은 1920년대 전반기의 靑山里·鳳梧洞전투 등 무장투쟁, 일본군의 간도 출병과 경신참변, 독립군의 러시아령으로의 이동, 자유시사변과 독립군의 만주로의 회귀, 독립군의 재편성, 1920년대 후반기의 參議府, 正義府, 新民府 등 3부의 정립과 조선공산당 만주총국의 설치, 민족유일당운동과 3부통합운동의 전개, 통합운동의 실패와 革新議會와 國民府의 성립 등으로 요약될 수 있다. 이 중 본고에서는 1920년대 후반 부분에 대하여 살펴보고자 한다.

이 시기는 민족주의단체인 참의부, 정의부, 신민부 등이 남만주와 북만주지역을 중심으로 활발한 활동을 전개하던 때인 동시에 동만주지역을 중심으로 새롭게 공산주의 세력이 등장하여 1926년에는 조선공산당 만주총국이 설치되는 등 공산주의 세력이 점차 자신의 영역을 확대해가는 시기이기도 하였다. 아울러 국내외에서 좌우합작운동이 활발히 전개되는 것과 발맞추어 만주지역에서도 이들 양 세력 사이에 민족유일당운동이라는 통합운동이 전개되던 시기이기도 하였다. 민족유일당운동의 실패 이후 민족주의단체들끼리의 통합운동인 3부통합운동 역시 뜻대로 이루어지지 않자, 독립운동단체들은 혁신의회와 국민부 등으로 분리되었다가 다시 혁신의회는 韓族總聯合會와 韓國獨立黨으로, 국민부는 국민부, 朝鮮革命黨, 朝鮮革命軍으로 각각 재정비되는 시기이기도 하였다. 이처럼 민족주의단체와 공산주의단체가 병존하면서 새로운 운동을 모색해 가던 때였다. 한편 대외적으로는 중국동북정권과 조선총독부의 三矢協定의 체결로 독립운동단체들이 위축되면서 적극적인 대일투쟁보다는 재만동포들을 중심으로 자치운동을 전개하려는 움직임이 강했던 때이기도 하였다. 그 결과 기존의 운동노선인 무장투쟁노선을 주장하던 세력들과 자치를 강조하던 세력들과의 갈등도 존재하던 시기이며, 공산주의에 대처하기 위하여 민족주의계통에서 무정부주의 등 새로운 이념을 수용함으로써 운동의 주도권을 장악해가려는 때이기도 하였다.

1920년대 중·후반기 만주지역의 독립운동에 대하여는 정의부, 참의부, 신민부, 고려혁명당, 혁신의회, 한족총연합회, 국민부, 한국독립당 등 민족주의단체를 중심으로 한 연구가 다수를 이루고 있으며,[1] 간도

---

[1] 대표적인 연구성과로서는 다음의 논문들을 들 수 있다.

김창수, 「고려혁명당의 조직과 활동-1920년대 중국동북지방에서의 항일독립운동-」, 『산운사학』 4, 1990; 박영석, 「정의부연구-민주공화정체를 중심으로-」, 『일제하독립운동사연구』, 일조각, 1984: ____, 「해외독립운동의 기본구조-1920년대 후반 만주지역 혁신의회를 중심으로-」, 『한국사학』 8, 1986; 박창욱, 「조선혁명군과 요령민중항일자위군의 연합작전」, 『박영석교수화갑논총』, 1992; 박환, 「신민부」, 『만주한인민족운동사연구』, 일조각, 1991: ____, 「한족총연합회」, 앞의 책: ____, 「재만한국독립당」, 앞의 책; 유기철, 「만주지역 한인민족운동의 성격 변화에 관한 연구-1920년대 후반을 중심으로-」, 연세대석사학위논문, 1986; 유병호, 「1920년대 중기 남만지역의 반일민족운동에 대한 연구-참의부와 정의부의 반일근거지를 중심으로」, 『박영석교수화갑논총』, 1992; 윤준기, 「1920년대 재만독립운동단체에 관한 연구-참의부를 중심으로」, 『한국민족운동사연구』 2, 1988; 윤병석, 「참의, 정의, 신민부의 성립과정」, 『백산학보』 7, 1969: ____, 「1928, 9년에 정의 신민 참의부의 통합운동」, 『사학연구』 21, 1969; 장세윤, 「한국독립군의 항일무장투쟁연구」, 『한국독립운동사연구』 3, 1989; 정원옥, 「재만정의부의 항일독립운동」, 『한국사연구』 34, 1981; 조범래, 「국민부의 조

지역을 중심으로 한 공산주의 세력의 등장과 그들의 반일독립운동론과 방향전환론에 대하여는 최근에 일부 연구가 이루어지고 있는 정도이다.[2] 이들 연구를 통하여 각 독립운동단체의 성립배경, 성립, 조직, 구성원, 활동 등에 대하여 많은 부분이 밝혀지게 되었다. 그렇다고 모든 부분이 알려진 것은 아니다. 각 조직의 구성원에 대한 분석, 구성원들이 추구한 이념, 각 단체의 자치활동, 중국과 일본의 각 단체에 대한 대응, 조선공산당 만주총국 등에 대하여는 아직까지 연구가 미진한 것이 사실이다.

본고에서는 이러한 점을 감안하면서 기존의 연구성과들을 토대로 3부의 성립과 독립군 항쟁에 대하여 살펴보도록 하겠다. 우선 참의부, 정의부, 신민부 등 3부의 성립과 활동에 대하여 알아보고, 이어서 민족유일당운동과 3부통합운동 실패 이후 조직된 혁신의회, 한족총연합회, 한국독립당, 국민부 등에 대하여 밝혀보고자 한다.

II. 참의부의 성립과 무장활동

1. 참의부의 성립

1919년 국내에서 3·1운동이 전개된 후 그 영향으로 만주지역에서도 만세운동이 활발히 전개되었다. 이에 국내의 치안을 우려한 일본제국주의자들은 만주지역의 독립운동을 말살하고자 계획하였으며, 그 결과 1920년 간도 출병을 단행, 독립군은 물론 무고한 재만동포들까지 학

직과 활동」, 『한국독립운동사연구』 2, 1988.

2 이 부분은 신주백, 임경석 등에 의해 이루어지고 있다. 대표적인 성과로는 신주백, 「1926~1928 년 시기 간도지역 한인사회주의자들의 반일독립운동론 ─ 민족유일당 운동과 청년운동을 중심으로 ─」(『한국사연구』 78, 1992)를 들 수 있다.

살하는 '경신참변'이라는 만행을 저질렀다. 이에 독립군들은 청산리전투 등 여러 전투를 통하여 일본군과 전투를 전개하는 일면 후일을 위하여 러시아지역으로 이동하였다. 특히 당시 레닌정부에서는 약소민족의 해방을 주창하고 있었고, 볼세비키들은 시베리아에 출병한 일본군과 전투를 벌이고 있었다. 그러므로 독립군들은 러시아로 이동하여 볼세비키들과 함께 일본군을 격퇴한 다음 볼세비키의 후원으로 조선의 독립을 이루어야 하겠다고 생각하였다. 그러나 이러한 독립군의 원대한 계획도 뜻대로 이루어질 수 없었다. 그 까닭은 이른바 '자유시사변'을 겪게 되었기 때문이었다. 이 사건을 계기로 재만독립군의 주력 부대가 속한 대한의용군은 러시아적군에 의해 무장해제를 당하고 말았다. 하는 수 없이 독립군들은 1922년부터 다시 만주지역으로 복귀하여 만주지역에 남아있던 독립운동단체들과 힘을 합하여 통합을 추진하기에 이르렀다. 그 결과 1922년 2월에는 서로군정서, 대한독립단 등 각 독립운동단체들이 寬甸縣에 모여 南滿統一會議를 개최하고 大韓統軍府를 조직하였으며, 1922년 8월에는 이를 기반으로 여기에 참여하지 못했던 독립운동단체들과 통합운동을 다시 전개하여 大韓統義府를 조직하기에 이르렀다.[3]

그러나 통의부는 조직 초에 간부들 사이의 이념과 인선, 조직상의 이견으로 분열의 조짐을 보이기에 이르렀다. 그중 가장 중심적인 문제는 해방 후 건설할 국가상을 공화주의로 하느냐 복벽주의로 하느냐 하는 문제였고, 이를 중심으로 공화주의 계열은 통의부를 그대로 유지했고 복벽주의 계열은 義軍府를 조직하여 독립했다. 그러나 그 후에도 그들은 계속 서로를 비방하였다.[4]

의군부와 통의부가 서로 반목하자 중립적인 태도를 견지해 온 통의

3 박걸순, 「대한통의부연구」, 『한국독립운동사연구』 4, 1990, 224~227쪽.
4 김승학, 『한국독립사』, 통일문제연구회, 1972, 369~370쪽.

부 의용군 내 제1·2·3·5중대는 1923년 8월에 이르러 항일운동의 새로운 방향을 모색하였다. 그리하여 그들은 숙고 끝에 독립운동의 총괄은 역시 상해에 있는 대한민국임시정부가 맡아야 한다고 결론짓고 임시정부 군무부 산하의 군사단체를 조직하여 활동하는 것이 옳다고 생각하였다.[5]

이와 같이 결정한 그들은 蔡燦·趙能道·朴應伯·金元常·趙泰賓 등 대표 5인을 상해에 있는 임시정부에 파견하여 그간의 전말을 보고하고 前光復軍司令部의 계통을 계승하여 임시정부의 직할 아래에 군단을 특설할 것을 요청하였다. 이에 임시정부에서는 쾌히 이를 승락하고 곧 독립신문사의 사장 金承學과 임시정부 요인 李裕弼을 파견하여 군정부 조직에 적극적으로 협력하게 하였다. 그 결과 대한민국임시정부 陸軍駐滿參議府가 1923년 8월경 수립되었으며, 그 관할 구역은 압록강 연변 지역인 輯安, 撫松, 長白, 安圖, 通化, 柳河縣 등지였다.[6]

2. 참의부의 조직과 구성

참의부는 1923년 조직된 이후 3번에 걸쳐 조직을 발전적으로 개편하였는데, 먼저 창설 당시의 조직 및 간부 명단을 보면 다음과 같다.[7]

참의장겸 제1중대장 채찬(백광운)
제2중대장 崔碩淳
제3중대장 崔志豊
제4중대장 金昌彬
제5중대장 金蒼大

---

5 『독립신문』 1924년 5월 31일자.
6 독립운동사편찬위원회, 『독립운동사』 5, 1973, 458~459쪽.
7 독립운동사편찬위원회, 『독립운동사』 5, 460쪽.

훈련대장 朴應伯
독립소대장 許雲起
중앙의회의장 白時觀
민사부장 김소하(張基礎)

이를 통하여 볼 때, 참의부는 창립초기에 군사부분에 중심을 두었음을 알 수 있다. 이것은 참의부 조직의 주도 세력이 통의부의 무장 세력을 중심으로 이루어졌으므로 자연스러운 현상이라고 생각된다. 아울러 이 점은 앞으로 참의부가 재만동포들의 자치와 교육, 산업활동 등 대민활동보다는 군사활동에 비중을 두고 활동을 전개하고자 함을 예시하고 있는 것이라고 할 수 있다.

한편 참의부는 조직된 이후에 대한통의부 및 의군부와 갈등과 반목이 있었으며, 심지어는 이들과 유혈사태가 발생하기도 하였다. 그중 대표적인 것은 참의부의 설립 주체이며 참의부의 대표인 참의장 겸 제1중대장이었던 채찬이 1924년 겨울 통의부 유격대 文學彬 휘하의 白炳俊, 白世雨 등에게 참살당한 사건이었다.[8] 이 사건으로 참의부는 큰 타격을 입었으며 조직을 개편할 수밖에 없는 상황에 이르렀다. 이에 참의부에서는 체제를 정비하고자 하였다. 그 결과 다음과 같은 진용을 마련하였다.

참의장 겸 제2중대장 최석순
제1중대장 金旅風
제3중대장 朴應伯
제4중대장 金昌彬
제5중대장 金蒼天
독립소대장 金宇根
훈련대장 박응백
민사부장 김소하[9]

---

8 채근식,『무장독립운동비사』, 대한민국공보처, 1949, 132쪽.

즉 참의부에서는 기존체제를 그대로 두고 조직의 임원만을 개선하였다. 즉 채찬 대신 기존에 제2중대장이었던 최석순이 참의장을 겸임하게 되었던 것이다. 이러한 참의부의 조직 개편은 조직 당시와 마찬가지로 참의부가 군사활동 중심의 체제를 그대로 이끌고 나가겠다는 의지를 표명한 것이라고 볼 수 있다.

참의부의 근본적인 조직 개편은 일제가 중국 동북 정권과 한인독립운동을 탄압하기 위하여 체결한 삼시협정, 그리고 1925년에 독립군의 주요 간부들이 피살당한 古馬嶺事件 등을 계기로 이루어지게 된다. 즉 참의부에서는 이를 계기로 표면적인 군사활동보다는 자치활동에 기반을 둔 군사활동을 전개하고자 하였으며, 인원 구성에 있어서도 지도부에 尹世茸, 김승학 등을 영입하여 운동의 발전을 추구하게 된다.

먼저 1926년 봄에 있었던 조직 개편의 직접적인 계기는 고마령 사건에 의해서였다. 이 사건은 1925년 3월 16일에 집안현 고마령에서 독립군 간부 다수가 희생당한 참변이었다. 즉 당시 참의부에서는 이 지역 산림 계곡에서 국내의 적을 섬멸하기 위한 군사회의를 개최하고 있었는데, 이때 평안북도 楚山郡 적 경찰대에게 불의의 습격을 받아 군간부 등 29명이 전사하는 막대한 희생을 당하게 되었다.[10] 이에 참의부에서는 1925년 8월 제21회 위원회를 열고 종전까지의 체제를 탈피하여 조직을 정비하기 시작하였다. 그 결과 1926년 봄[11]에 군사와 민정을 아울러 통괄하는 새로운 군정서로서의 면모를 갖추게 되었다. 이를 보면 다음과 같다.[12]

---

9 독립운동사편찬위원회, 『독립운동사』 5, 461쪽.
10 채근식, 앞의 책, 133쪽.
11 유준기, 「참의부」, 『한민족독립운동사』 4, 국사편찬위원회, 1988, 213쪽.
12 김승학, 앞의 책, 350쪽.

참의장 尹聖佐(尹世茸)
행정위원 李觀鎭, 桂擔
경무주임 李春
교통주임 金又一
사법주임 宋南亨, 趙仁煥
학무주임 金伯憲
학무편집 金炳祚
군법 겸 헌병대장 金學鳳
재무주임 金昌彬
외무주임 李春
군수주임 김소하
사령장 박응백
훈련장 金志燮
제1중대장 김선풍
제2중대장 김창빈
제3중대장 梁鳳濟, 沈龍俊
제4중대장 金志燮, 洪碩浩
제5중대장 朴大浩
독립소대장 許雲起
유격대장 김창천

위에서 보는 바와 같이 참의부에서는 참의장 아래 경무, 교통, 사법, 학무, 재무 군수 등을 신설하며 재만한인 사회의 안전과 발전을 도모하였으며, 아울러 외무 등을 두어 타 단체와의 교섭 등에 주력하였고, 군법과 헌병 등을 새로이 설치하여 군대의 기강을 세우는 한편 경무, 사법 등도 두어 치안의 안정에 노력하는 등 기존의 군사적인 역할과 더불어 재만한인의 자치를 위해 노력하였다.

또한 1927년 3월에는 윤세용에 이어 김승학이 참의장에 임명되었다. 김승학은 기존의 참의부 체제를 위원제로 개편하여, 참의장 밑에 군사, 민사, 재무, 법무, 교육 등 5개 위원회를 두고 각 위원회에 위원장을 설치하였다. 아울러 재만동포들의 의견을 수렴하기 위한 기구로서 중앙의회를 두는 한편 지방에 중앙의 명령이 효과적으로 전달되게 하기 위하여 지방을 7개 행정구역으로 나누고 각 구에는 3인의 행정위원을 두어 지방통치에 관심을 집중시켰다. 1927년 당시 개편된 조직과 담당자를 보면 다음과 같다.

참의장 김승학
군사위원장 馬德昌(본명 李鍾赫)
민사위원장 김소하
재무위원장 韓義濟(본명 朴熙彬)
법무위원장 桂擔(秋岡)
교육위원장 梁基瑕
중앙의회 의장 白時觀
제1행정구위원장 金永甸, 제2행정구위원장 朴宗秀, 제3행정구위원장 양기하(겸임)
제4행정구위원장 裵學瑞, 제5행정구위원장 金璇風, 제6행정구위원장 李己述
제7행정구위원장 崔志豊, 매구행정위원 3인
제1중대장 김소하
제2중대장 朴熙坤
제3중대장 梁鳳濟
제4중대장 崔天柱
제5중대장 朴大豪
중앙호위대장 車千里[13]

이처럼 참의부가 위원제를 도입하고 아울러 재만동포의 자치부분에 역점을 둔 것은 1926년 조선공산당 만주총국의 설치 이후 공산주의 사상이 확산됨으로서 이를 제어하고 재만한인의 기관으로서 거듭나기 위한 시도의 일단이라고 생각된다. 아울러 1925년 6월 삼시협정의 체결 이후 독립운동이 위축되는 상황에서 표면적으로는 자치기관을 표방하면서 독립운동을 실천하기 위해서였다고 볼 수 있다. 그렇다고 하여 참의부가 군사활동을 포기한 것은 물론 아니다. 참의부에서는 군사위원장 마덕창 휘하에 5개 중대의 무장 부대와 중앙호위대장을 둠으로써 무

---

13 독립운동사편찬위원회, 『독립운동사』 5, 463쪽.

장독립운동단체로서의 면모를 과시하였다.

이처럼 활발한 조직개편으로 체제를 안정시켜 나가던 참의부는 19
28년 12월 하순 吉林에서 삼부통합으로 발전적 해체를 하였다.[14]

3. 참의부의 독립항쟁

참의부는 1923년부터 1925년까지 대체로 무장활동을 중심으로 활동
을 전개하였다. 참의부의 이러한 활동은 참의부 조직의 주도 세력이 통
의부의 1 · 2 · 3 · 5중대의 군사 세력이었던 점, 초창기의 조직 또한 군
사조직으로 이루어져 있던 점, 관할지역이 조선의 국경과 접해 있는 압
록강 대안지역이었던 점 등과 상호 밀접한 관련이 있었던 것이 아닌가
한다.

그러나 참의부의 이러한 활동도 삼시협정의 체결로 독립운동의 위
축, 고마령 사건 등으로 인한 지도부의 피살, 공산주의 세력에 대한 효
과적인 대응 및 재만동포들의 자치에 대한 관심 등으로 1926년 이후에
는 대체로 자치기구의 성격과 군사적인 성격을 동시에 지닌 조직상의
특성을 갖고 재만동포의 자치활동에 많은 관심을 기울이게 된다.

참의부의 군사활동은 제1중대장 백광운과 제2중대장 최석순에 의해
활발히 전개되었다. 그러나 백광운이 피살된 후에는 최석순이 참의장
겸 제2중대장으로 있으면서 군사활동을 주도하였다.[15]

참의부의 군사활동은 국내진격전으로 대표된다. 참의부는 압록강유
역과 접하고 있다는 지리적인 이점을 최대한 활용하여 국경을 넘어 일
본군 초소를 습격하는 등 활발한 대일항쟁을 전개하였다. 『독립신문』

---

14 유준기, 앞의 논문, 216~217쪽.
15 독립운동사편찬위원회, 『독립운동사』 5, 479쪽.

1924년 7월 26일자에 실린 통계만 보더라도 참의부군대는 1924년 4월부터 7월 16일까지 20차례 정도 국내에 진격하여 군자금 모금 및 무장활동을 전개하였던 것이다. 물론 계절적으로 독립군이 자연을 이용하여 대일투쟁을 하기 가장 좋은 시절이라는 점을 감안하더라도 이것은 상당히 많은 숫자라고 하겠다. 아울러 이 통계에 따르면 독립군들은 평안도 의주군, 초산군, 강계군, 선천군, 영변군, 위원군, 태천군, 용천군, 자성군 등 평안도지역을 중심으로 활발한 활동을 전개하고 있다. 이처럼 지역적으로 평안도지역이 많은 것은 압록강 대안이 평안도지역이라는 지역적인 이점 외에 참의부의 주민과 독립군 병사들 가운데 평안도 출신이 많아 이곳 지리에 밝았으므로 효과적인 게릴라전을 수행할 수 있었기 때문이기도 하였다.

참의부의 무장활동 중 가장 대표적인 것은 역시 당시 조선총독인 齊藤實을 암살하고자 한 것을 들 수 있다. 1924년 5월 19일 아침 9시경, 참의부 2중대 제1소대는 조선총독이 국경 순시차 경비선을 타고 압록강 중류의 馬嘶灘을 통과할 때 사격을 가하였다. 그러나 배가 지나가는 곳이 사격지에서 너무 멀었고 또 재등의 경비선이 전 속력으로 도망쳐 명중시키지 못하였다. 그러나 이 소식이 퍼지자 만주 동포사회는 물론 상해의 독립운동거리에도 연일 통쾌한 보도가 나붙었다. 『독립신문』에서는 "재등실의 永送宴"이란 제목 하에, 그리고 대한통의부의 기관지인 『경종』에서는 "왜총독 재등 사격 쾌보", "왜총독 저격 사건을 聞하고"라는 기사를 싣고 소상히 보도하였다.[16] 더구나 재등실은 그해 6월 개최된 국회에서 한국통치의 업적만을 설명하려고 하였던 차에 이 전투의 경위를 설명하지 않으면 안 되는 곤경에 처하기도 하였다.[17]

16 독립운동사편찬위원회, 『독립운동사』 5, 473~475쪽.
17 윤병석, 『독립군사』, 지식산업사, 1990, 254쪽.

이처럼 1924년 5월 일제의 조선총독 재등이 압록강 순시 중 독립군의 공격을 당해 크게 자극된 일제는 일면으로는 東三省 특히 奉天省 당국자와 외교교섭을 펴면서 다른 한편으로는 일제 영사관 경찰을 동원하여 독립군 토벌에 경주하였다. 독립군도 일제의 이러한 동향에 주목하면서 1924년 겨울 최석순 참의장을 중심으로 대책 수립에 부심하였다. 그러던 중 1925년 3월 16일 집안현 고마령에서 국내 진입을 위한 작전회의를 하고 있을 때 일제 경찰의 기습을 받아 최석순 이하 29명혹은 42명이 전사하는 참변을 겪게 되었던 것이다.[18] 이 고마령참변은 참의부 전투 사상 최대의 참변이었고, 최대의 타격이었다. 조직 자체도 재정비하지 않으면 안 되었으나 뒤 따라 삼시협정의 영향도 받게 되어 점차 쇠운을 면치 못하였다.[19]

참의부에서는 군사활동과 더불어 독립군의 양성에도 관심을 집중하였다. 그리하여 훈련부에서 이 사업을 전개하였으며, 유망한 청년들을 모스크바와 중국의 廣東政府에 파견하여 유학하게 하였다. 그리하여 중국 雲南講武堂, 또는 광동의 황포군관학교, 그리고 모스크바의 국제사관학교에 유학한 청년들이 군사교육을 담당하기도 하였다.[20] 특히 蒙江縣에는 무관학교를 설립하여 일본 육군사관학교 출신 마덕창과 운남 강무당 출신의 金剛, 金泰文 등을 초빙하여 군간부 양성에 주력하는 한편 『正路』라는 기관지도 발행하였다. 또 정규군 외에 참의부에서는 재향군인단도 두어 농촌 청년들에게 군사교육을 실시하는 한편 병역의무제도 실시하여 한인 장정이면 모두 독립군이 되도록 하였다.[21]

한편 참의부에서는 군사활동 외에 재만동포들을 위한 자치활동도 전

18 김승학, 앞의 책, 372~373쪽.
19 독립운동사편찬위원회, 『독립운동사』 5, 481쪽.
20 독립운동사편찬위원회, 『독립운동사』 5, 464~465쪽.
21 윤병석, 앞의 책, 253쪽.

개하였다. 자치활동 중 가장 대표적인 것으로는 동포자제의 교육을 들수 있다. 참의부에서는 행정구마다 3개 이상의 소학교(보통교육)를 설치하여 교육향상을 도모하고자 하였다. 아울러 동포들의 중등교육을 위하여 중국인 학교와 교섭하여 중국 중학교에 한인과를 부설하는 데 성공하였다.[22]

III. 정의부의 조직과 활동

1. 정의부의 성립

대한통의부가 의군부, 참의부 등으로 분열된 뒤 통의부는 새로운 방향을 설정하지 않으면 안 되었다. 金東三을 비롯한 대한통의부의 중진들은 1923년 상해에서 개최된 국민대표회의를 통하여 항일독립운동의 대통일을 이룩하려던 꿈이 깨어지고 오히려 서간도지역의 통합 세력인 대한통의부마저 재분열하기에 이르자 만주지역만이라도 재통합을 이루고자 하였다. 그리하여 김동삼, 李震山 등 수십 명은 吉林에서 각 단체의 통합을 도모하였으나 실패하고 말았다.[23] 한편 국민대표회의에서 임시정부를 전면부인하고 새로운 정부를 만들고자 했던 창조파인 尹海, 申肅, 文昌範 등은 북만주 寧安縣 寧古塔에 모여 독립운동단체의 통합을 역시 꾀하였으나 그 뜻을 이루지 못하였다. 이러한 과정에서 외적으로는 張作霖의 봉건군벌과 이에 결탁한 일본 영사관 측의 탄압이 가중되고 있었다.[24]

---

22 독립운동사편찬위원회, 『독립운동사』 5, 464쪽.
23 경상북도 경찰부, 『고등경찰요사』, 1934, 111쪽.
24 박영석, 「정의부연구」, 『일제하 독립운동사연구』, 일조각, 1984, 65쪽.

이러한 때에 통의부를 탈퇴한 梁起鐸이 길림지역의 유력자인 李章寧과 朴觀海·지청천 등을 설득하여 찬성을 얻은 후 全滿統一會議籌備會를 열기로 하고 이장녕을 주비회장으로 추대하고 준비한 결과 1924년 7월 10일 길림에서 주비발기회를 개최하기에 이르렀다. 당일 7개 단체가 참가하였는데 다음과 같다.[25]

> 군정서 대표 이진산, 李光民
> 길림주민회 대표 李旭
> 대한광정단 대표 金虎 尹德甫
> 대한독립단 대표 이장녕, 尹覺
> 대한통의부 대표 김동삼, 李鍾乾
> 노동친목회 대표 崔明洙
> 義成團 대표 承震

이들 7개 단체는 동년 9월 25일 길림에서 본회의를 개최하기로 결의하고 남북만주 각 단체에 참가하도록 통지를 하였다. 그 후 10월 18일부터 본 회의를 개최하였는데 당시 참가 단체와 대표는 다음과 같다.[26]

> 대한통의부 대표 김동삼, 高豁信 외 4명
> 서로군정서대표 이진산, 李光民 외 3명
> 光正團 대표 김호 외 4명
> 義成團 대표 승진
> 길림주민회 대표 최명수
> 노동친목회 대표 李承範
> 卞論자치회 대표 尹河振
> 固本契 대표 辛亨奎
> 대한독립군단 대표 이장녕(임시정부 옹호문제로 도중 탈퇴)
> 학우회 대표 金鐵(회명 보존 문제로 도중 탈퇴)

---

25 경상북도 경찰부, 『고등경찰요사』, 117쪽.
26 경상북도 경찰부, 『고등경찰요사』, 117쪽.

이상 10개 단체 대표 25명은2개 단체는 중도 탈퇴 대한통의부의 책임자이며 상해에서 개최된 국민대표회의의 의장을 역임했던 김동삼을 의장으로 선출[27]하고 회의를 거듭하여 12월 25일 독립운동단체의 통합을 의결하고, 단체의 명칭을 정의부라고 명명하였다.[28] 아울러 지방치안유지를 위해서 무장대를 둘 것, 정의부의 구역은 당분간 하얼빈, 額穆, 북간도의 선을 劃하고 그 이남의 만주 전부를 포용할 것, 유지비로서 매호에서 해마다 6원과 별도로 소득세를 부과할 것 외 3개항을 의결하고 헌장 및 선언을 발표하였다. 또한 중앙행정위원으로 이탁 · 吳東振 · 玄正卿 · 金履大 · 尹德甫 · 金容大 · 李震山 · 金衡植 · 지청천 등을 선임하여 정의부 조직을 완료하였다.[29]

또한 정의부를 끌고 나갈 분과위원도 선임하였는데, 자치분과위원 이진산 · 孟喆鎬 · 최명수, 군사분과위원 이장녕 · 조성환 · 김철, 교육분과위원 李昌範 · 고활신 · 김동삼, 재정분과위원 김호 · 윤덕보, 승진, 생계분과위원 朴正祚 · 金定濟 · 白南俊 등이었다.[30] 아울러 府令으로 명칭공포식, 창립기념일, 紀元年號, 公農制度, 행정위원회 규칙, 칭호법, 기관보 및 교과서 발간, 행정위원회 결의사항 등을 공포하였다.[31]

그리고 정의부는 중앙본부를 처음에는 유하현 삼원보에 두고 참의부의 세력권인 관전현, 집안현, 桓仁縣, 통화현 등 4개현의 일부를 제외한 지역에 10개의 地方總管所를 설치하였다. 정의부는 이후 본부를 柳河縣 三源堡에서 樺甸, 吉林의 新安屯, 盤石 등으로 옮기면서 1926년 말경에는 17개 지방총관소를 설치하고 奉天省과 吉林省에 살고 있는 한인 1만 7천여 호, 8만 7천 명을 관할하였다.[32]

---

27 경상북도 경찰부, 『고등경찰요사』, 118쪽.
28 정원옥, 「재만정의부의 항일독립운동」, 『한국사연구』 34, 1981, 120쪽.
29 경상북도 경찰부, 『고등경찰요사』, 118쪽.
30 경상북도 경찰부, 『고등경찰요사』, 118쪽.
31 국사편찬위원회, 『한국독립운동사』 4, 1968, 803쪽.

2. 군민대표회와 헌장 공포

1) 정의부의 내분과 군민대표회

정의부가 발족된 지 수개월 후인 1925년 말부터 정의부 자체에 심한 내분이 발생하였는데 그것은 정의부 지도자 李相龍의 臨政國務領 취임 문제 때문이었다. 임시정부에서는 1925년 7월 4일 임시의정원에서 개정한 헌법에 따라 국무령제를 신설하고, 국무령에 이상룡을 선임하였다. 이에 이상룡은 1925년 9월 24일 국무령에 취임하였으며 10월에 내각을 조직하였다. 조직 명단을 보면 만주지역 주요 단체의 지도자들이 총망라되었다. 예컨대 이유필참의부·이탁·오동진·김동삼·윤병용·尹世茸정의부·金佐鎭·玄天黙·曹成煥신민부 등이 그들이었다. 이상룡의 이러한 계획은 뜻대로 이루어질 수 없었다. 왜냐하면 당시 일제의 삼시협정, 일소간의 국교 수립 등으로 만주지역의 독립운동계가 상당히 난관에 봉착해 있었기 때문이었다. 더구나 만주독립운동계 지도자들이 대한민국임시정부를 재만독립운동단체의 상위기관으로 인식하고 있지 않았다.[33]

이러한 상황에서 1925년 12월 樺甸縣에서 개최된 정의부의 제2회 중앙의회에서 이 문제를 갖고 갑론을박하다 결국 이상룡을 추선한 중앙행정위원회에 대한 불신임을 결의하였고, 이에 중앙행정위원회에서는 1926년 1월 중앙의회의 해산을 선언하게 된다.[34] 태가 여기에 이르자 행정위원인 간부들은 행방을 감추고, 다만 前 중앙의회 상임위원장 李海龍만이 남아 1926년 1월 비상수단으로 비상의회격인 軍民代表會를 개최하였다.[35]

---

32 변승웅, 「정의부」, 『한민족독립운동사』 4, 243쪽.
33 박영석, 「정의부연구」, 앞의 책, 75쪽.
34 경상북도 경찰부, 『고등경찰요사』, 118쪽.

군민대표회에서는 전만통일회에서 제정된 기존의 헌장을 폐지하고 1926년 1월 24일 鄭伊衡・梁世奉 등 의용군 대표 6명과 이해룡 등 지방 대표 11명, 玄益哲 등 중앙民意대표 3명 등 대표회원의 연서로서 결의 사항을 포고하고 58조로 된 새로운 헌장을 제정하여 동월 26일부터 시 행하기로 하는 등 정국의 안정을 위해 노력을 경주하였다.[36]

포고내용을 보면 정의부의 명칭을 그대로 두고 중앙의회의 성립을 볼 때까지 대임위원 및 중앙행정위원을 선거하였는데, 代任代表會 위원 으로 李海龍・玄益哲・姜濟河를, 후보위원으로 宋學天・李觀實・李東 國을 선출하였다. 이들은 행정당국을 감사하고 당국의 필요한 요구를 승인하고 행정위원회를 개최할 수 없을 때에는 그 사무를 대행하는 역 할을 담당하였다. 그리고 중앙행정위원으로 고활신・金學善・金鐸・ 金正濟・吳大永 등을 선출하였고, 정무원에는 송학천・김성진・이정 일・崔炳模・李寅根・宋德仁・金時雨・李采江・이관실・金光澤・金 文七・元有逸・金濟雨・白寬 등을 선출하였다.[37]

군민대표회에서 선출된 이들은 주로 지역적으로는 평안도파, 투쟁노 선에 있어서는 무장투쟁론자, 연령별로는 청년층이 그 중심을 이루었 다. 그 결과 영남파, 자치파, 장년층은 소외되게 되었다.[38]

한편 정의부 창설의 원로급 인사들인 양기탁・고활신・현정경・오 동진 등은 1926년 4월 길림에서 국내의 천도교 혁신파 대표, 형평사 대 표, 공산주의자를 포함한 노령지역의 대표 등과 회합하고 高麗革命黨을 조직하였다.[39] 그리고 경상도 출신 김동삼・김원식・이광민 등은 김응 섭이 주도하는 한족노동당, 재만농민동맹 등에 참여하였다. 정의부 창

---

35 독립운동사편찬위원회, 『독립운동사자료집』 10, 1976, 387쪽.
36 독립운동사편찬위원회, 『독립운동사자료집』 10, 377쪽.
37 독립운동사편찬위원회, 『독립운동사자료집』 10, 378~379쪽.
38 독립운동사편찬위원회, 『독립운동사자료집』 10, 387쪽.
39 김창수, 「고려혁명당의 조직과 활동」, 『산운사학』 4, 1990, 165쪽.

설 당시의 원로급 인사들의 이와 같은 움직임은 정의부의 주도권이 이 상룡 파동으로 평안도, 황해도파과 중에서 신진청년들 중 무장단체 출신에게 돌아가게 된 것과 관련이 있는 듯하다.[40]

그러나 정의부의 이러한 내분과 지도부의 이탈은 결국 정의부의 역량을 약화시키는 것이었다. 그러므로 정의부는 1926년 10월 24일부터 11월 9일까지 17일간 길림성 반석현에서 제3회 중앙의회를 개최하고, 金履大를 의장으로 朴範祚를 부의장으로 선거하고 의사를 진행하였다. 이 회의에서 정의부는 다시 헌장을 개정하는 한편, 중앙위원을 5명에서 11명으로 증원시키는 동시에 위원을 개선하였다. 즉 고활신, 김학선평안도파 등은 재선되고, 구간부인 오동진 · 현익철평안도파 · 김동삼경상도파 · 김용대함남파 등도 선출되고, 이광민 · 金元植경상도파 · 康濟河 · 金鐵 · 李旭강원파 등을 새로이 선출함으로써 종래의 내분과 대외분쟁을 일소하고 각파 합동으로 세력을 만회하고자 하였다. 아울러 중앙에 군사령부를 설치하여 사령장에 오동진을 선임하였다.[41]

그러한 가운데 1927년 2월 안창호를 비롯한 40여 명이 길림에서 일제의 계략에 말려 검거된 사건이 발생하였고, 1927년 12월에는 吉長線興隆山驛에서 일제 주구의 유인에 의하여 정의부 군사위원장 오동진이 체포되는 등 사태가 극도로 악화되었다.[42] 이러한 과정에서 정의부는 1928년 8월 제5회 중앙의회를 열고 3부통합운동과 민족유일당운동을 전개하기로 결의하였다.[43]

40 변승웅, 「정의부연구」, 앞의 책, 245쪽.
41 국사편찬위원회, 『한국독립운동사』 4, 856~860쪽.
42 채근식, 『무장독립운동비사』, 141~143쪽.
43 독립운동사편찬위원회, 『독립운동사』 5, 504~505쪽.

2) 정의부 헌장의 성격

정의부 창립당시의 헌장은 현재 찾아 볼 수 없다. 다만 1926년 1월 26일 군민대표회의의 이름으로 공포된 것과 1926년 11월 20일 공포된 것이 남아 있다. 전자는 군사정권에 의하여 개헌된 것이고, 후자는 민정이 복구되어 개헌 공포된 것이다.[44]

우선 1926년 1월 26일에 군민대표회 대표 23명의 이름으로 발표된 정의부 헌장을 보면, 전문은 6장 58조로 나누어져 있는데 , 제1장은 제1조에서 6조까지로 총론으로 되어 있고, 제2장은 7조, 8조로 인민의 권리 및 의무를 명시하였고, 제3장은 9조에서 23조까지로 입법기관에 대하여 명시하였으며, 제4장은 제24조에서 47조까지로 행정기관에 대하여 명시하였다. 제5장은 48, 49조로 사법기관에 대하여, 제6장은 50조에서 54조까지로 제정에 대하여 언급하고 있으며, 부칙은 54조로부터 58조로 되어 있다.[45]

우선 제1장에서는 정의부는 인류평등의 정의와 민족生業의 정신으로 광복대업을 이룸을 목적으로 하고 있음을 밝히고 있으며, 중국 영토 내에 거주하는 한민족으로 조직하되 중국 영토 이외의 지역에 거주하는 한인도 정의부에 籍이 있을 때에는 정의부의 인민으로 한다고 하여 정의부의 구성지역과 자격을 명시하였다. 그리고 정의부의 일체 주권은 정의부 전체의 인민에게 있고, 그 행사권은 행정위원회에 위임한다고 되어 있다. 또한 정의부의 기관을 입법, 행정, 사법으로 3분하였으며, 행정조직은 구, 지방, 중앙의 3급으로 구분하였고, 구는 100호이상, 지방은 1,000호 이상으로 하되 지리적 여건을 감안하여 신축성 있게 조정하였고 독립구를 설치하여 중앙에서 직할케 하였다.

---

44 독립운동사편찬위원회, 『독립운동사』 5, 496쪽.
45 독립운동사편찬위원회, 『독립운동사자료집』 10, 381~386쪽.

제2장에서는 인민의 권리와 의무를 명시하였는데 먼저 권리보다는 의무를 강조하였다. 즉 국가에 충성을 다하여 조국광복을 달성하기 위하여 계속적인 투쟁의 의무를 지며, 그 의무를 수행하기 위해서는 병역의 의무를 진다는 것이다.

제3장에서는 입법기관에 대하여 논하였다. 입법부는 구의회, 지방의회, 중앙의회로 구성하며, 구, 지방, 중앙에 각 의회제와 지방자치제를 실시한다고 규정하고 있다.

제4장에서는 행정조직은 구, 지방, 독립구, 중앙에 각각 행정위원회를 설치하고 행정을 집행하도록 하였다. 특히 그중 중앙집행위원회가 주목되는데 중앙집행위원회에는 내무, 군무, 교육, 산업, 재무 등의 부서를 설치하여 부의 일을 집행하도록 하였다.

제5장에서는 사법기관에 대하여 언급하고 있는데, 삼심제를 채택하여 구사판소, 지방사판소, 중앙사판소를 두고 민·형사 사건을 재판하며, 각 사판소에는 판사와 검사를 배치, 민·형사의 소송을 전담하게 하였다.

제6장에서는 재정에 대하여 언급하고 있는데, 정의부의 경비는 인민의 부담과 특별한 수익금으로 하고 회계년도는 1월 1일에서 12월 말일까지로 하며 재정의 염출은 인민의 부담과 특별한 독립운동가금으로 충당한다고 하였다.[46]

위에서 살펴본 정의부 헌장의 특징을 보면, 항일독립운동전선의 자치정부준국가로서의 면모를 보여주고 있는 점, 민주적인 근대 헌법의 체제를 갖추고 있는 점, 엄격한 3권분립체제, 내각책임제, 지방자치제 등을 표방하고 있는 점 등을 들 수 있다.[47]

---

46 박영석, 「정의부연구」, 앞의 책, 79~83쪽.
47 독립운동사편찬위원회, 『독립운동사』 5, 496쪽.

다음에는 1926년 11월 20일에 공포된 헌장의 내용 중 동년 1월 26일에 발표된 것과 다른 점을 살펴보면 다음과 같다. 첫째, 혁명운동을 촉진하고 주민의 생활 향상과 안녕질서 유지에 노력한다는 점, 둘째, 의원의 면책 특권을 삭제한 점, 셋째, 의원의 피선거권의 연령을 2~3세 낮춘 점, 넷째, 행정위원회의 명칭을 집행위원회로 고치고 구에는 3명, 중앙에는 11명으로 증원시킨 점, 다섯째, 중앙행정위원회의 위원 반수는 部務를 분담하고 반수는 지방을 순회하고 外務를 관리케 한 점, 여섯째, 중앙집행위원회에 내무부, 군무부, 교육부, 산업부, 재무부를 신설한 점, 일곱째, 정무원 대신 사무위원을 두어 각부 집행위원을 보좌하고 복무를 처리하게 한 점, 여덟째, 연말에 재정에 관한 文簿를 없앨 때는 필히 상임대의원회의 검사를 받아야 한다는 점 등이다.[48] 이 개정된 헌장을 구헌장과 비교해 보면 개정헌장은 비교적 독립운동단체의 현실적 여건을 고려한 것이라고 하겠다.

3) 정의부의 활동

정의부는 1924년 조직 이후부터 1925년 말까지는 자치활동에, 그리고 1926년 초 군민대표회의가 조직되어 무장파가 득세하였을 때는 군사활동을, 그리고 1926년 말 다시 民政으로 이양되었을 때부터 1929년 3월 해체될 때까지는 자치활동에 좀더 비중을 두었다.

정의부는 조직 당시부터 자치활동에 비중을 두었다. 그러므로 정의부에서는 실업증진, 교육·선전활동, 재정기반의 확대 등에 일찍부터 관심을 기울였다. 먼저 정의부의 식산흥업 부분에 대하여 알아보면, 정의부는 흥업실업사를 설립하여 경농과 정미업을 개시하였고, 중국 당국과의 협상을 통하여 동포의 농사자금 마련과 농사의 지도, 장려에 힘

---

48 독립운동사편찬위원회, 『독립운동사자료집』 10, 393~398쪽.

썼다.49 뿐만 아니라 농민조합과 같은 민간단체인 農民互助社를 설치하는 등 활발한 활동을 전개하였다.50

교육에 있어서도 초등교육을 의무화하여 각 마을마다 소학교를 세웠으며, 중등교육을 위하여 興京縣 旺淸門에 化興中學校, 유하현 삼원보에 東明中學校, 길림성 화전현 城內에 華成義塾, 유하현 왕청문에 南滿洲學院 등을 설치하기도 하였다.51 특히 정의부의 이러한 교육은 중국 동북정권이 신교육령을 제정 반포하여 재만한인들에게 중국본위의 교육을 요구하는 가운데 이루어졌다는 점이 주목된다.52

정의부에서는 선전활동을 위하여 잡지와 신문도 간행하여 재만동포의 민족의식 고취에 노력하였다. 1926년 9월에는 선전기관으로서 대동민보사를 설치하고 정의부의 기관지로서『大東民報』를 1926년 9월 15일부터 발행하였다.53 아울러 정의부에서는 대동민보사 발행으로 1927년 1월 1일부터『전우』라는 국한문 혼용의 잡지도 간행하였다.54

한편 정의부의 지도자 현익철은 1927년 겨울『재만조선인구축문제강구회』를 조직, 동북 각성 및 북경 정부에 대표를 파견하여 교섭하게 한 결과 한인구축 문제를 완화시키는 성과를 거두었다.55

한편 정의부는 중앙행정위원회에 군사부를 두고 사령관 아래 중대와 소대를 두었다. 이들 군사부는 일본 육사 출신의 지청천 또는 대한제국 군대 출신의 金昌煥, 그리고 오동진 등의 지휘를 받았으며, 정이형·문학빈·양세봉 등 평안도 출신들이 주로 중대장과 소대장의 직책을 맡았다.

---

49 정원옥,「재만 정의부의 항일독립운동」,『한국사연구』34, 133~134쪽.
50 채근식,『무장독립운동비사』, 141~145쪽.
51 채근식, 위의 책, 136쪽.
52 변승웅,「정의부」, 앞의 책, 257쪽.
53 『齋藤實文書』 2권, 345쪽.
54 『齋藤實文書』 2권, 345~347쪽.
55 독립운동사편찬위원회,『독립운동사자료집』 10, 630쪽.

정의부의 군대활동은 국내에서의 군자금 모집활동, 독립선전공작, 주구 암살, 일본 관리의 사살, 적기관 방화공작 등이었다. 한편 정의부는 부내의 모든 장정에 대하여 의무병제를 실시하였으며, 상비군으로서는 8개 중대와 民警隊를 두었고, 1927년에는 700명 이상의 병력을 가지고 모젤과 뿌로닝 권총 그리고 소총 등으로 무장하고 있었다. 한편 농촌에는 군사보급회를 설립하여 모든 장정과 재향군인들에게도 군사훈련을 실시하였다.[56]

IV. 신민부의 조직과 활동

1. 신민부의 성립과 구성원의 특징

1) 신민부의 성립

1924년 7월에 吉林에서 개최된 全滿洲統一會議籌備會의 결과 남만주지역을 통괄하는 통일체인 정의부가 성립되었다. 이에 북만주지역의 독립운동단체들도 독립운동단체의 통합을 위하여 1925년 1월 穆陵縣에 모여 扶餘族統一會議를 개최한 결과 동년 3월 10일에 寧安縣 寧安城 내에서 新民府를 조직하게 되었다. 창립총회 때 서명한 단체와 지역 대표의 명단을 보면 다음과 같다.[57]

단체대표
대한독립군단: 金佐鎭, 南星極, 崔灝, 朴斗熙, 劉賢
대한독립군정서: 金赫, 曹成煥, 鄭信

---

56 채근식, 『무장독립운동비사』, 137~138쪽.
57 국사편찬위원회, 『한국독립운동사』 4, 1968, 808쪽.

민선대표
중동선 교육회장 尹瑪鉉
東賓 朴世晃
烏吉密 金奎鉉, 崔愚
葦沙河 李周鉉
石頭河 金泰善
九江浦 朴正德
海林 金有聲
牧丹江 李根
新安鎮 李東天
沙河子 于璣衡
사사도 劉應鎭
磨道石 崔秀完
九站 姜壽君
穆陵縣 黃公三
笑秋風 李英伯
東寧縣 金鼎鉉
涼水泉子 鄭錫俊

　이외에 국내 10개 단체의 명단이 있으나 모두 단체의 명칭과 그 대표자의 이름이 숨겨져 있다. 이것은 일제에 대하여 신민부가 단체의 전력을 과장하기 위한 점과 더불어 재만동포들에게 신민부의 위상을 높이기 위하여 그런 것으로 짐작된다.[58]

　즉 신민부는 이상에서 보는 바와 같이 대한독립군단과 대한독립군정서, 중동선 교육회 및 16개 지역의 민선대표, 10개의 국내 단체들의 대표가 참가한 가운데 결성되었던 것이다. 그러나 실제 신민부 결성이 중추적인 역할을 한 것은 과거 북로군정서 출신들이 조직한 대한독립군단과 대한독립군정서였다.[59]

　신민부의 1차 정기총회는 1925년 10월 14일 동빈현 오길밀하 烏珠

---

58 독립운동사편찬위원회,『독립운동사』5, 160~169쪽.
59 박환,「신민부」,『만주한인민족운동사연구』, 일조각, 1991, 160~169쪽.

한인학교 내에서 개최되었다. 이 회의에는 김혁·김좌진·이원일·문
우천 등 16명이 참석하였다. 경과보고, 각 부서의 사업보고가 있은 다음
임원 개선이 있었는데 집행위원장 김혁, 군사위원장 김좌진 등이었다.
경비, 군사교육, 교육 등에 관한 논의가 있었으며, 지방조직 및 그 간부
등에 대하여 상세히 언급하고 있다. 해림, 밀강, 영안, 철령하, 동구, 육
점, 구점, 석두하자, 삼차구, 모아산, 오주지방 등이 그곳이다.

명단을 보면, 韓奎範海林地方 總辦, 趙尙玉書記, 沈湖燮西部區長, 許準警司
課長, 金在哲東部區長, 金道景密江地方 總辦, 金文燮書記, 金澤第一區長, 李文
元第二區長, 全恭善第三區長, 方國成敎育課員, 方武彦交通課員, 鄭致黙交通課
員, 文時英保安課長, 玄貞漢保安課員, 高泰山保安課員, 金淵元寧安地方 總辦,
朴雲集書記, 朴永超警司課長, 金碧洙鐵嶺河地方 總辦, 金官書記, 許日昌東溝地
方 總辦, 李英伯六站地方 總辦, 黃公三九站地方 總辦, 劉春雷石頭河子地方 總辦,
吳相瑞三岔區地方 總辦, 李春甫帽兒山地方 總辦, 崔灝烏珠地方 總辦, 李東植烏
珠地方 書記 등이다.60

2) 신민부 구성원의 특징

신민부의 조직은 3권 분립제도로서 중앙집행위원회행정기관, 검사원
사법기관, 참의원입법기관 등으로 이루어져 있다. 그러나 검사원은 대한
민국임시정부와 정의부에서도 그랬던 것처럼 실제 운영할 수는 없었다.
또한 참의원도 독립전선에서는 유명무실하였다. 따라서 중앙집행위원
회에 모든 권력이 집중되어 있었다.61 당시의 중앙집행위원회 위원들을
보면 다음과 같다.

---

60 불령단관계잡건 재만주 <신민부 제1차 정기총회에 관한 건>.
61 독립운동사편찬위원회, 『독립운동사』 5, 514쪽.

중앙집행위원장 金赫

민사부위원장 崔灝

군사부위원장 金佐鎭

참모부위원장 羅仲昭

외교부위원장 曺成煥

법무부위원장 朴性泰

경리부위원장 俞正根

교육부위원장 許斌

선전부위원장 許聖默

연락부위원장 鄭信

실업부위원장 李一世

심판원장 金燉

총사령관 김좌진

보안사령관 朴斗熙

제1대대장 白鍾烈

제2대대장 吳祥世

제3대대장 文宇天

제4대대장 朱赫

제5대대장 張宗哲

별동대장 文宇天

　이들 주요 구성원을 신민부 가입 이전 가맹단체, 종교, 학력, 신분, 출신지역 등 몇 가지 기준에 의해 살펴보면, 출신단체로는 북로군정서 출신이, 종교적으로는 대종교 신자가, 학력상으로는 무관학교 출신들과 전통적인 한학을 공부한 인물들이, 출신지역 별로는 경기도, 충청도, 함경도 출신 등이 다수였다.[62]

　한편 신민부는 1927년 12월 25일 石頭河子에서 개최된 총회에서 軍政派와 民政派로 양분되었다. 분열의 발단은 그해 2월에 일본경찰과 중국군 1개 중대의 습격으로 중앙집행위원회의 위원장인 김혁과 경리부위원장인 유정근, 그리고 본부 직원인 金允熙 · 朴敬淳 · 韓慶春 · 南重熙 · 李正和 · 南極 등이 체포된 데서 시작되었다.[63]

---

62 박환, 앞의 논문, 169~176쪽.

이에 대한 대책의 숙의에서 군사부위원장 겸 총사령관인 김좌진이 이러한 희생을 계기로 보다 적극적인 무장투쟁을 주장했다. 반면에 민사부위원장 최호는 이에 반대하였다. 그는 우선 교육과 산업을 발전시켜야 한다고 주장한 것이다. 이때 의견의 마찰로 신민부는 김좌진을 중심으로 한 군정파와 최호를 중심으로 한 민정파로 각각 분열되어 나름대로의 조직을 갖고 각기 자신들의 조직이 신민부임을 주장하였다.[64]

군정파의 주요 간부는 김좌진중앙집행위원회 위원장, 군사부위원장, 黃學秀참모부위원장, 정신경리부위원장, 선전부위원장, 유현실업부위원장, 백종렬보안 제1대대장, 오상세보안 제2대대장, 장종철보안 제3대대장, 주혁보안 제4대대장, 金宗鎭보안 제5대대장, 군사부위원, 林堈별동대장서리, 박두희군사교육위원장 등이다. 그리고 영안현의 密江 新安鎭에 본부를 두고 葦河縣 석두하자, 寧安縣 海林 密山, 東寧縣 등지를 세력 범위로 하였다.[65]

민정파의 주요 간부는 최호책임비서, 김돈차석, 이일세사법부장, 문우천경리부위원, 獨孤岳연락부위원, 崔學文선전부위원, 宋相夏정치부위원, 李敎彦조직부위원 등이었다. 본부는 同賓縣의 小亮子河 農坪에 두고 珠河縣, 동빈현, 賓縣 등을 관장하였다.

2. 신민부의 이념

1) 大倧敎的 民族主義

신민부의 주요 구성원의 대부분은 대종교인이었다. 따라서 이들이 신봉하였던 대종교 이념이 신민부의 주요한 이념 가운데 하나였을 것

---

63 『동아일보』 1927년 1월 28일, 2월 1일자.
64 林堈, 『北滿新民府』, 1945, 필사본, 15~16쪽.
65 국사편찬위원회, 『한국독립운동사』 4, 877~878쪽.

으로 생각된다. 이러한 대종교 이념은 조선인의 민족정신, 단군을 중심으로 한 민족정신을 배양하여 이상국가인 배달국을 지상에 재건하는 것이었다.66

신민부의 주요 구성원인 대종교 민족주의자들의 이상국가인 배달국의 구체적인 모습은 어떠한 것이었을까. 우선 단군의 자손을 구성원으로 하였을 것임에는 틀림이 없을 것이다. 영토는 한반도의 전 지역과 만주지역을 그 대상으로 하였다. 그 범위 속에 신민부가 관할하던 북만주지역 역시 포함된다. 이곳은 과거에 발해가 있던 지역이다. 이 점은 북만주지역에서 독립운동을 전개하고 있던 신민부의 대종교적 민족주의자들에게는 중요한 사실이었다. 그들은 이곳을 우리의 영토로서 인식하게 된 것이다. 이러한 대종교인의 영토관념은 이 지역에 거주하고 있던 북만주 동포들에게 정신적 위안이 되었을 것이며, 신민부에 대한 신뢰를 확보하는 계기가 되었을 것이다.

신민부가 위치한 북만주지역에는 공산주의자들이 많이 거주하고 있었다. 1917년 러시아혁명 이후 만주지역에는 지속적으로 공산주의 사상이 전파되어 1926년 5월에는 조선공산당 만주총국이 북만지역의 영안현에 설치되었다. 그리하여 재만한인사회와 민족주의진영에 속하는 민족운동단체에도 공산주의 사상이 더욱 강하게 전파되었다. 특히 북만주지역은 지리적으로 소련과 직접 맞닿아 있어서 다른 지역보다 공산주의자들의 활동이 더욱 활발할 수 있었다.

부득이하게 북만지역에 병존하고 있던 신민부의 대종교적 민족주의자들은 대결의 양상을 보이게 되었다. 대종교적 민족주의자들은 민족보다 계급을 강조하는 공산주의에 동조할 수 없었다. 이들은 철저히 민족을 강조하고 있었기 때문이었다. 또한 그들은 1921년에 있었던 자유

---

66 대종교총본사, 『대종교 중광 60년사』, 동진출판사, 1971, 503~504쪽.

시참변 때문에 공산주의자들에게 증오심을 갖고 있었다. 게다가 그들의 출신이 양반이었으므로 무산자의 독재를 주장하는 공산주의자들과 연합할 수 없었던 것이다. 결국 그들은 공산주의자들의 침투를 저지하고 대종교적 민족주의 이념을 계몽하고자 하였다. 아울러 별동대에게 공산주의자들의 제거를 위한 모든 책임을 일임하고 있었다.

이러한 신민부와 공산주의단체사이의 갈등은 남만지역의 정의부와 참의부가 공산주의단체와 겪은 것보다 훨씬 심하였다. 그 근본적인 원인은 신민부가 대종교적 민족주의에 입각하고 있었기 때문이 아닌가 한다.[67]

그러나 신민부가 공산주의자들에 대하여 항상 적대적인 것만은 아니었던 것 같다. 신민부에서는 군자금을 얻기 위하여 1926년 박두희를 블라디보스토크에 파견하여 金海昌 등과 함께 러시아공산당과 연락을 취하며 활동을 전개하였다. 또한 『신민보』에서 활동하던 崔昌益은 코민테른 본부로부터 선전비를 얻기 위하여 2월 말경 모스크바에 갔다가 돌아오기도 하였다. 한편 신민부에서는 중국인 공산당원 孔某 등과도 연계를 갖고 있었다.[68]

또한 삼시협정 이후 김좌진은 김하구 등과 함께 1926년 10월 상순 블라디보스토크 고려부 李永善, 김만겸 등과 만나 러시아 측의 양해 하에 니코스리크 부근 솔밭관으로 근거지를 옮기고자 하였다.[69]

2) 大倧教的 共和主義

대종교적 민족주의자들이 주요 구성원이었던 신민부에서 추구하던

---

67 박환, 「신민부」, 앞의 책, 183~185쪽.
68 불령단관계잡건 재만주 <鮮匪團新民府의 財政狀態 및 共産黨과 提携說에 關한 件, 1926년 3월 30일>, <선비단 신민부와 공산당과의 제휴설에 관한 건>.
69 불령단관계잡건 재만주 <불령 신민부 이전에 관한 건, 1926년 10월 29일>.

정치형태는 어떠한 것이었을까. 그것은 장차 세워질 배달국의 구체적인 정치형태이기도 할 것이다.

배달국은 공화주의를 추구하였다.[70] 이것은 신민부가 공화주의를 政體로서 채택하고 있던 대한민국임시정부의 연호인 '민국'을 연호로 사용하고 있는 점에서도 알 수 있다. 즉 주권은 국민에게 있다는 사상을 견지하고 있었던 것이다. 또한 배달국은 위원제도와 당제도 등도 실현하고 있었다.

우선 위원제의 구체적인 모습을 보면, 중앙집행위원회는 신민부의 최고기관으로서 여기에는 군사, 교육, 선전, 법무, 실업, 민사, 외교, 교통 등을 담당하는 여러 부서가 있었고 각 부에는 위원장과 위원을 두어 사무를 처리했다. 이러한 위원제의 채택은 구의회, 지방의회, 중앙의회 등을 통하여 오로지 민의에 의하여 모든 일을 결정하고자 하는 바람의 소산이라고 하겠다. 신민부의 이러한 위원제는 당시 남만주지역에 있던 정의부와 참의부에서도 거의 꼭 같이 시행되고 있었다.[71]

두 번째 주목되는 것은 당제도이다. 신민부는 1926년 9월에 韓國歸一黨을 조직하여 정당활동을 통한 신민부의 운영을 지향하였다. 귀일당은 본부를 영안현 영고탑에 두었고 당원은 천 명이나 되었다. 주요 간부는 김좌진, 정신, 유현 등으로 이들 구성원의 대부분은 대종교인이었다. 한국귀일당은 대종교적 민족주의자들을 주요 구성원으로 하고 대종교적 민족주의를 이념으로 표방하는 이념정당이었던 것이다.[72]

신민부의 대종교적 민족주의자들에 의한 위원제도와 당제도의 실현은 괄목할 만한 것이었다. 왜냐하면 지금까지 대종교인이 중심이 되어 조직하였던 重光團, 正義團, 興業團, 北路軍政署 등에서는 찾아볼 수 없

---

70 국사편찬위원회, 『한국독립운동사』 4, 760쪽.
71 국사편찬위원회, 『한국독립운동사』 4, 757쪽.
72 박환, 「신민부」, 앞의 책, 187~188쪽.

는 양상이었기 때문이다. 대종교적 민족주의자들이 이러한 제도를 수용하게 된 이유는 무엇이었을까. 이에 대한 정확한 해답은 내릴 수 없지만 1926년 조선공산당 만주총국 설치를 전후한 시기의 공산주의 사상의 침투에 효과적으로 대응하고 異國인 만주지역에서 독립운동을 전개함에 있어 무엇보다도 재만동포의 의사를 최대한 수용할 수 있었기 때문이 아닌가 한다.73

3. 신민부의 활동

신민부는 무장독립운동단체인 대한독립군단과 대한독립군정서가 주축이 되어 이루어진 단체였다. 그러므로 신민부의 독립운동의 방법론은 자연히 무장투쟁을 우선으로 하였을 것이다. 이와 함께 신민부에서는 농촌의 계몽, 교육 및 산업의 보급과 발전 등의 자치활동을 통한 재만동포의 생활 향상에도 전력할 필요가 있었다. 무장투쟁을 위해서는 무엇보다도 지속적인 인적 물적 자원의 공급이 있어야 했기 때문이다.

1) 무장투쟁

(1) 군자금의 모집과 독립군의 양성

신민부는 무장투쟁을 전개하기 위하여 무엇보다도 군자금이 필요했다. 군자금은 무기의 구입, 독립군의 양성, 무장활동을 위해서 절대적이었다. 신민부는 군자금의 대부분은 관할구역에 거주하는 재만동포의 의무금에 의존하고자 하였다. 그러나 이러한 계획은 순조롭게 이루어

---

73 박환, 위의 논문, 188쪽.

지지 못하였다. 우선 당시 북만동포의 대부분이 소작농으로서 경제사정이 좋지 못하였다. 여기에 더하여 북만청년동맹 등 공산주의단체의 조직적인 반대공작이 있었던 것이다.

한편 신민부에서는 모연대를 조직해 군자금을 마련하고자 하였다. 이들의 활동지역은 신민부가 관할하고 있지 않은 만주지역과 국내였다.[74]

신민부에서는 일제와의 무장투쟁을 위해 지휘관을 양성하고 군인의 질적 향상을 위해 목릉현 소추풍에 城東士官學校를 설립하여 연 2기의 속성 교육을 실시하였다. 이 학교의 교직원 명단을 보면 다음과 같다.[75]

> 교장 김혁
> 부교장 김좌진
> 교관 오상세, 박두희, 백종렬 외 5인
> 고문 이범윤, 조성환

신민부의 사관학교 교육은 성공적이었다. 본교를 졸업한 학생 수는 500여 명에 달하였으며, 이들은 신민부 군인의 근간으로 활동하였다.

신민부는 軍區制를 실시하고자 하였다. 즉 관할구역 내의 만 17세 이상, 만 40세 이하의 남자를 군적에 기록하여, 이를 바탕으로 대오를 편성하여 독립군을 양성하고자 한 것이다. 그런데 일시에 독립군을 수용할 만한 兵舍가 없었으며 또한 군량도 큰 문제였다. 그러므로 평소에는 농업에 종사하다가 농한기에 훈련을 받도록 하고 유사시에 정규군에 편입시키려 한 것이다. 그러나 군구제의 실시는 계획대로 이루어지지 못하였다. 일본의 하얼빈 영사관의 방해가 심하였기 때문이다.[76]

신민부는 아울러 屯田制도 실시하고자 하였다. 훈련을 받으며 농사

---

74 국사편찬위원회, 『한국독립운동사』 4, 809쪽.
75 채근식, 『무장독립운동비사』, 108쪽.
76 채근식, 위의 책, 109~110쪽.

도 지어 자급자족하고자 하였던 것이다. 둔전지역으로 신민부에서는 密山을 택하였다. 이곳은 서일, 김좌진 등이 중심이 되어 대한독립군단을 결성하였던 곳으로 독립운동이 활발하였던 지역이었다. 그러므로 신민부에서는 1926년 5월에 심판원장인 김돈과 그의 비서 겸 수행원으로 李康勳을 파견하였다. 그러나 이 지역의 상황이 과거와 달라져 계획은 실패로 돌아가고 말았다.[77]

(2) 무장투쟁 및 교육 · 홍보활동

신민부가 추구했던 무장투쟁의 기본 목표는 무장투쟁을 통하여 일제로부터 국권을 회복하는 것이었다. 이것은 국내진입작전을 전개함으로써만이 가능한 것이었다. 그러나 당시 신민부의 무장수준으로서는 실현 불가능한 일이었다. 530여 명의 군인을 보유하는 정도에 지나지 않았기 때문이다. 그러므로 국내진입을 수행하기 위한 예비공작은 1927년 8월에 군사부위원장인 김좌진에 의해 추진되었다. 이중삼 등 특수공작대를 국내에 파견하여 함경도, 강원도, 경상도, 전라도지역의 작전지도 작성과 일본주재소의 위치 등을 파악하였다. 이 공작대의 임무는 성공적이었다고 할만한 것이었다.[78]

한편 신민부에서는 국내에 사람을 보내 齋藤實의 암살을 기도했다. 1925년 3월에 김좌진은 姜某 등 신민부원에게 수십 개의 폭탄과 권총을 제공하고 총독의 암살을 지령하였다. 이 계획은 실패하고 말았는데 그 구체적인 이유는 알 수 없지만 신민부가 만주지역의 활동에만 집착하지 않고 국내에까지 침투하여 총독을 암살하고자 한 것은 주목할 만한 일이라고 하겠다.[79] 또한 신민부에서는 북만주지역의 친일파의 제거

---

77 임강, 「북만신민부」, 18~21쪽.
78 채근식, 『무장독립운동비사』, 115~116쪽.
79 『諺文新聞差押記事輯錄』(『시대일보』, 『중외일보』), 1932, 103쪽.

에도 주력하였으며, 일제와의 항쟁을 위해 중국국민당과의 연합도 시도하였다.[80]

신민부는 교육활동에 적극적이었다. 교육은 북만주지역에 생활하는 모든 동포들이 가장 갈망하는 것이었고, 그들로부터 독립운동 및 민족주의 진영에 대한 적극적인 호응을 얻을 수 있는 방법이었기 때문이다. 또한 교육활동은 청년들에게 항일민족의식 및 민족주의 사상을 심어줄 수 있는 좋은 기회였다. 따라서 신민부에서는 1925년 3월에 개최된 창립총회에서 이에 대해 천명하고 있다. 즉 100호 이상의 마을에 1개의 소학교를 설치할 것, 교육을 통일하기 위하여 교과서를 편찬할 것, 기관에서 학교의 관리방법을 제정하여 교수의 자격을 정하고 노동강습 및 通俗講習에 진력할 것 등이 그 주요 내용이었다.[81]

또한 신민부는 대종교적 민족주의와 공화주의를 재만동포들에게 고취시키기 위한 선전활동을 전개하고자 하였다. 왜냐하면 신민부의 주위에는 赤旗團과 북만청년총동맹 등 공산주의단체와 친일단체인 保民會, 朝鮮人民會, 勸農會 등이 신민부에 대한 파괴활동을 행하고 있었기 때문이었다. 구체적인 실천방안으로써 기관지인 『신민보』를 순간으로, 선전문을 부정기로 간행하고자 하였다.[82]

중동로 석두하자 한인촌에서 발행한 『신민보』의 1호에서는 <제15회 국치일을 당하여>라는 논설을 통하여 민족의식을 고취시키고 있으며, <대동청년회 조직>에서는 1925년 6월경 중동선 철령하에서 조직된 대동청년회의 취지와 각 부서를 소개하고 있다. <吊靑年會의 産出>에서는 중동로 오길밀에서 조직된 이 단체의 취지와 집행위원장 등 간부 명단을 수록하고 있다.[83] 한편 신민부에서는 독립운동을 격려하기

---

80 애국동지원호회, 『한국독립사』, 1956, 325쪽.
81 국사편찬위원회, 『한국독립운동사』 4, 809~810쪽.
82 박환, 「신민부」, 앞의 책, 190~192쪽.

위하여 각 지역에 선전문을 배포하였다.[84]

(3) 산업활동과 재정, 농장경영

신민부의 독립운동 및 사상운동은 재만동포의 세금으로 이루어졌던
만큼 산업의 발전에 대한 관심은 일찍부터 있어 왔다. 이러한 관심은
1925년 3월에 개최된 창립총회에서 구체적인 방안으로 실체화되었다.
토지의 매매와 租押은 기관의 지도하에 할 것이며, 각 인은 勞動力作을
부지런히 할 것, 공농제를 실시해 공동농지를 경영할 것, 식산조합을 둘
것, 부업을 장려할 것, 필요한 지방에 소비조합을 설치할 것 등이다.[85]

이러한 계획을 효과적으로 추진하기 위하여 신민부에서는 실업부를
설치하고 위원장에 이일세를 임명하였다. 또한 1926년 11월에 개최된
총회에서는 실업의 확장과 개선을 결의하기도 하였다.[86]

1926년 1월 이래 신민부에서는 주민들의 곤궁 문제를 해결하기 위하
여 부심하였다. 그리하여 신민부에서는 영고탑에 거주하는 朴燦翊을 통
하여 중국 북경당국과 교섭, 밀산현 미간지를 조차하고자 하였다. 신민
부의 이러한 노력은 성공을 거두어 밀산현에 황무지 600일경을 5년간
무상으로 개간경작을 허락받았다. 이에 신민부에서는 경영비 마련을 위
하여 김좌진의 부하인 보안대원들이 해림 권농회 이사집을 습격하여
4천여 원을 수집하였다. 또한 5월 중순에는 러시아와 중국국경지대에
군대를 파견하여 모연을 추진하기도 하였다.[87]

신민부의 재정상황은 구체적으로 알려진 바가 없었다. 1925년도 신

83 불령단관계잡건 재만주 <불온신문『신민보』기사에 관한 건>(1925년 10월 9일).
84 불령단관계잡건 재만주 <신민부의 선전문 배포에 관한 보고>(1925년 11월 13일).
85 경상북도 경찰부,『고등경찰요사』, 120쪽.
86 박환, 앞의 논문, 190~198쪽.
87 불령단관계잡건 재만주 <신민부의 농업경영과 군자금 모집을 위한 조선내지 침입계획에
   관한 건>(1926년 6월 21일).

민부 세입 세출예산표를 보면 다음과 같다. 일년 총수입은 16만 5,800원이다. 구체적으로 살펴보면, 경성 및 각 지방 회원 연 賦收入 5,800원, 영안지부 1만 원, 목릉지부 5천 원, 액목지부 1,500원, 돈화지부 1천 원, 안도지부 1,500원, 무송지부 1,500원, 화전지부 2천 원, 밀산지부 1,500원, 간도지부 1만 원, 훈춘지부 2천 원, 중동선 2만 3천 원, 러시아 2만원, 嶺西지부 1천 원 등이다. 1년 지출 내역은 다음과 같다. 본부경비 3만 5천 원, 군대경비 3만 5천 원, 모험대 경비기밀비 5만 2천 원, 각 통신비 3,800원, 선전비 25,000원, 예비비 1만 5천 원 등 16만 5,800원이다.[88]

4. 신민부의 해체와 발전

신민부의 군정파는 1928년 2월 3일에 영안현에서 개최된 민족유일당운동에 참가하였다. 1928년 12월에는 군정파를 해체하고 참의부의 주류인 김승학 · 김소하 및 정의부의 간부인 김동삼, 이청천 등과 함께 혁신의회를 조직하여 이에 일시 참가하였다.[89] 그러나 이 의회의 성격이 공산주의적인 면이 있었으므로 곧 탈퇴하고, 1929년 7월에 한족총연합회를 조직하여 활동하였다.

한편 1929년 3월에 해체된 민정파는 국민부를 조직하였다. 국민부는 민정파 외에 참의부의 沈龍俊派, 정의부의 현익철 · 고활신 등의 계열이 합류한 단체이다.[90]

즉 신민부의 군정파는 한족총연합회의 초석이 되었고, 나아가 민족주의진영에 속하는 단체인 한국독립군과 한국독립당으로 발전하였다.

---

88 불령단관계잡건 재만주 <鮮匪團新民府의 財政狀態 및 共産黨과 提携說에 關한 件>(1926년 3월 30일).
89 박영석, 「혁신의회연구」, 『재만한인독립운동사연구』, 일조각, 1988, 197쪽.
90 윤병석, 「1928, 9년에 정의 · 신민 · 참의부의 통합운동」, 『사학연구』 21, 1969, 161~168쪽.

반면 민정파는 남만지역의 대표적인 민족주의단체인 국민부에 참여하여 조선혁명군과 조선혁명당으로 발전하였다.[91]

V. 혁신의회와 국민부

1. 혁신의회와 민족유일당재만책진회

1926년 北京에서 한국독립유일당북경촉성회가 조직된 이래 만주지역에서도 민족유일당운동이 개최된 결과 그 조직 방략상에 있어서 개인본위조직론과 단체본위조직론이 대립하여 유일당 조직운동은 실패로 끝나고 말았다.[92]

이에 정의부는 3부만의 통합이라도 추진하고자 했다. 그리하여 1928년 7월 신민부와 참의부에 3부통일회의의 개최를 제의하고 대표의 참가를 권유하였다. 그러나 이 회의 역시 정의부의 주도권 장악에 대한 신민부, 참의부 측의 반대, 신민부 군정파와 민정파간의 대표권 인정 문제로 인한 양파의 대립, 참의부 대표의 소환 문제 등으로 인하여 정식회의를 개최하지도 못하고 3부통일회의는 실패로 돌아가고 말았다.[93]

이러한 가운데 1928년 12월 하순 길림에서 신민부와 참의부가 각 단체의 명의를 취소하고 여기에 정의부 탈퇴파를 합쳐 새로이 과도기적 임시기관으로서 혁신의회를 조직하였다.[94] 단체는 신민부 군정파가 주도한 것으로 그 존속기간을 1년 이내로 하였다.

아울러 혁신의회는 다음과 같은 사업을 주요 과제로 의결하였다.

91 박환, 「신민부」, 앞의 책, 198~200쪽.
92 정원옥, 「재만 항일독립운동단체의 전민족유일당운동」, 『백산학보』 19, 1975, 190~202쪽.
93 독립운동사편찬위원회, 『독립운동사자료집』 10, 407~408쪽.
94 박영석, 「혁신의회연구」, 앞의 책, 197~198쪽.

1. 대당사업의 적극적 幇助
2. 군사善後 및 敵勢의 침입방지
3. 합법적 중국지방 자치기관(동향회) 조직
4. 잔무처리[95]

또한 혁신의회에서는 임원을 결정하였는데, 의장에 김동삼, 중앙집행위원장 김원식, 위원은 이청천 등 16명, 군사위원장 黃學秀, 민정위원장 김승학 등이었다.[96]

한편 혁신의회에서는 자신들의 통치구역을 잠정적으로 설정하기 위하여 南一區, 中一區, 北一區 등 세 구역으로 크게 나누었다. 남일구는 참의부의 관할구역, 중일구는 정의부에서 탈퇴한 김동삼, 지청천 등의 관할 구역, 북일구는 신민부의 관할 구역이다.[97] 이 같은 혁신의회의 행정구역은 잠정적인 것으로 앞으로 1년 후에 조직될 군정부를 위한 터전이라고 할 수 있겠다.[98]

혁신의회가 수행할 중요한 과제 중 하나는 대당촉성의 적극적 봉조였다. 그러므로 혁신의회에서는 그 실현을 위하여 민족유일당재만책진회를 결성하였던 것이다. 이 유일독립당재만책진회는 중앙집행위원장에 김동삼, 위원에 김좌진 · 全盛鎬 등을 선출하고 표면기관인 혁신의회와 표리 호응하여 유일당 촉성을 기하기로 하고 다음과 같은 방침을 의결하였다.[99]

1. 일반구성분자를 독려하여 당의 集成土臺에 분투 진출하게 할 것
1. 한국의 혁명에 대한 이론을 전개시켜 만주운동의 내재적 모순을 정리하고 대당 결성의 준비에 노력할 것

---

95 독립운동사편찬위원회, 『독립운동사자료집』10, 409쪽.
96 채근식, 『무장독립운동비사』, 151쪽.
97 위와 같음.
98 박영석, 「혁신의회연구」, 앞의 책, 200쪽.
99 독립운동사편찬위원회, 『독립운동사자료집』10, 409~410쪽.

혁신의회는 유일독립당재만책진회를 결성하고 다음에 그 존속만기인 1929년 5월 이전에 군정부를 조직해야만 했다. 그런데 1929년 4월 1일 길림지방에서는 정의부가 신민부 군정파와 참의부의 심용준파와 함께 국민부를 조직하였다. 이러한 가운데 혁신의회는 1929년 5월 1년 만기가 되어 자연 해체되고 유일독립당재만책진회만 남게 되었다.

그런 가운데 김좌진 등은 북만주로, 김승학은 남만주로, 지청천은 五常縣으로 떠나 책진회는 정의부에서 탈퇴한 김동삼, 김원식, 金尙德 등만이 지키게 되었고, 세력 만회를 위하여 노력하였으나 뜻대로 되지 못하였다.[100]

2. 한족총연합회의 결성과 무정부주의 사회의 추구

1) 한족총연합회의 결성과 조직

혁신의회에서 신민부 군정파 출신인 황학수는 군사부위원장, 정신은 중앙집행위원으로 일하였다. 한편 군정파 출신들은 혁신의회가 새로운 독립운동단체의 구심점이 될 유일당 조직을 위하여 유일독립당재만책진회를 조직하자 여기에도 가담하였다.

그러나 신민부 군정파 출신들은 혁신의회와 유일독립당재만책진회에서 자신들의 독립운동에 대한 이상을 실현할 수 없었다. 왜냐하면 이두 단체가 모두 좌우합작의 성격을 띠고 있었으므로 군정파 출신들이여기에 가담하고 있던 공산주의자들과 대립하였기 때문이다.

---

100 독립운동사편찬위원회, 『독립운동사』 5, 581~582쪽.

이처럼 공산주의자들과의 갈등 때문에 혁신의회 및 유일독립당재만 책진회에서 자신들의 이상을 실현할 수 없었던 신민부 군정파 출신들에게 1929년 3월 길림에서 국민부가 조직되었다는 소식은 충격적이었다. 이 단체는 3부통합회의에서 그들과 의견을 달리하였던 신민부의 민정파 출신들과 정의부의 현익철·고활신·이탁 그밖에 참의부의 심용준 등에 의하여 조직되었기 때문이었다.[101]

따라서 신민부의 군정파 출신들은 국민부와 공산주의자들에게 대항하기 위하여 유일독립당재만책진회를 떠나 자신들의 관할구역이었던 북만으로 이동하였다. 그리하여 1929년 봄에는 길림성 오상현에서 홍진·김좌진·지청천·황학수·이장녕 등이 중심이 되어 生育社라는 비밀결사를 조직하는 한편[102] 동년 7월에는 한족총연합회를 조직하였다. 이 한족총연합회의 특징은 신민부 군정파가 在滿朝鮮無政府主義者聯盟의 무정부주의 이념을 수용하여 조직하였다는 데 있다. 본부는 寧安縣 山市驛 前에 두었다.[103]

그리고 동년 8월 선언, 강령, 사업정강 등을 발표하였는데, 한족총연합회에서는 선언문에서 "과거에 연출된 만악의 원인과 복잡한 제 현상을 청산 배제하고 우리 민중의 생활 향상과 혁명전선의 진전을 도모하는 자주 자치적 생활조직을 기초로 해서 전민중적으로 연합조직을 완성해야 한다"고 하여 권력의 중앙 집중을 부정하고 자주적 조직의 연합체를 지향하는 아나키즘 사회를 지향하고 있다.[104]

아울러 한족총연합회에서는 다음과 같은 강령과 사업정강을 제시하였다.

101 박환, 「한족총연합회」, 앞의 책, 203~207쪽.
102 국사편찬위원회, 『한국독립운동사』 5, 1983, 745~746쪽.
103 박환, 「한족총연합회」, 앞의 책, 203~207쪽.
104 堀內 稔, 「韓族總連合會について」, 『조선민족운동사연구』 9, 청구문고, 1993, 51~52쪽.

<강령>
1. 본회는 국가의 완전한 독립과 민족의 철저한 해방을 도모한다.
1. 본회는 민족의 생활 안정을 도모하고 동시에 혁명적 훈련의 철저를 기한다.
1. 본회는 혁명 민중조직완성의 실현을 기한다.

<사업정강>

<혁명>
1. 파괴, 암살, 폭동 등 일체 폭력운동을 적극적으로 진행한다.
1. 일반민중을 혁명화하고, 혁명은 군사화할 것
1. 내외를 불문하고 합법운동과 기회주위자를 박멸할 것
1. 반민중적 정치운동이론을 철저히 배척할 것
1. 파벌을 청산하고 운동선을 완전히 통일할 것
1. 운동선 전국면에 友宜단체와의 친선을 도모할 것
1. 세계사조와 보조를 동일히 할 것

<산업>
1. 주민의 유랑생활 방지
2. 토지공동租得장려
3. 共農制의 적극적 실시
4. 산업에 대한 기능 보급
5. 부업 적극 장려

<행정>
1. 지방자치체 확립
2. 각 지방자치체와 상호 연락
3. 민중의 被治的 노예적 습성 개선
4. 지도계급 先制행동방지

<교육>
1. 실생활에 적합한 교육정책 실시
2. 교육 자격 선택
3. 교과서와 학제통일
4. 중등교육기관 적극 설치
5. 여성과 청년운동의 지도 장려
6. 비현대적 인습 타파

<경제>

1. 공동판매, 공동소비조합설치에 적극 장려
2. 농촌식산금융조합설립
3. 농민창고 설립[105]

강령에는 무정부주의적 요소가 보이지 않으나 정강에서는 共同, 互助, 地方自治라고 하는 무정부주의적 요소를 전면에 드러내고 있다.

이처럼 한족총연합회가 무정부주의 사상을 추구한 이유는 무엇일까. 그것은 신민부 군정파의 관할구역에 거주하고 있는 재만동포들이 대종교적 민족주의자들이 배타시 하고 있던 공산주의 사상에 공명하기 시작하였기 때문이 아닌가 한다. 당시 북만주지역에 위치한 농민조합과 북만청년동맹 등 공산주의단체들은 재만동포들에게 신민부에 반대하도록 선동하였다. 이에 재만동포들은 또한 여기에 동조하기 시작하였던 것이다.

사태가 여기에 이르자 신민부 군정파의 지도자인 김좌진과 정신 등은 공산주의자들의 침투에 대한 효과적인 대처를 위하여 부심하였다. 그 해결 방안으로서 재만조선무정부주의자연맹과 연합하여 무정부주의 이념을 제공받고자 하였던 것이다.

한편 한족총연합회는 조직된 후 다음과 같이 간부를 임명하였다.

김좌진(위원장), 權華山(부위원장), 韓奎範(조직 선전, 농무부 위원장), 鄭信(조직, 선전, 농무부 위원장), 姜石泉(군사부 부위원장), 閔武(중앙간부), 劉賢(중앙간부), 金宗鎭(조직 선전, 농무부 위원장), 李鵬海(군사부 위원장), 李鍾柱(중앙간부), 李乙奎(교육부위원장), 李達, 金野蓬, 金野雲, 李德載,嚴亨淳(차장) 朴耕天(교육부 부위원장), 李白虎(군사부 별동대 제3중대장), 朴燦順(경제부 위원장)[106]

---

105 『外務省警察史』滿洲 / 部(외무성문서 SP 205-4) 12826-12830. 이 문서를 제공해 준 堀內稔 선생님께 감사드립니다.
106 이을규, 『시야김종진선생전』, 1963, 92쪽.

즉 김좌진 · 정신 등 신민부 군정파 출신들과 김종진 · 이을규 · 이붕해 등 재만조선인무정부주의자연맹 등이 그 중심을 이루고 있는 것이다.

2) 한족총연합회의 활동

한족총연합회는 무정부주의 이념을 추구하였다. 이를 추구하던 간부들은 상호부조와 자유연합이라는 무정부주의사회의 조직 원리를 기반으로 한족총연합회를 구성하고자 하였다. 아울러 그들은 공산주의에 반대하였다. 그들에게 공산주의는 "강권적 노예적이며 사대주의적 독재 사상"으로 보였던 것이다.

독립운동과 반공운동을 효과적으로 전개하기 위하여 한족총연합회에서는 무정부주의사회를 건설하고자 하였다. 그 일환으로 우선 농촌자치조직으로 農務協會를 만들고자 하였다. 이 조직은 농민자신들이 자신들의 필요에 의하여 자신들 스스로가 상호 단결하여 조직한 자발적인 것이었다.[107]

한족총연합회에서는 이러한 농촌자치조직의 결성을 위하여 노력하였다. 김종진을 필두로 하여 각 지역에 배치된 동지들을 동원하여 각 부락을 돌아다니며 순회강연을 하는 한편, 순회 연극 공연도 실시하여 농민들에게 이 조직의 필요성을 적극 강조하였던 것이다. 아울러 한족총연합회에서는 학생 및 재만동포들에게 무정부주의 이념을 고취시키기 위하여 학교 교육과 순회강연 등도 실시하였다.

한족총연합회에서는 효과적인 무장투쟁을 전개하기 위하여 군자금의 모집과 독립군 양성을 위한 계획도 수립하였다. 군자금의 모집은 농촌자치조직을 통하여, 또는 국내에서의 군자금 모집에 의존하고자 하였다. 그리고 재만동포들에 대한 군사훈련과 단기 군사훈련반을 통하

---

107 堀內 稔, 앞의 논문, 53~54쪽.

여 독립군을 양성하고자 하였다. 이들을 바탕으로 한족총연합회에서는
일제와 공산주의자들의 퇴치에도 노력하였다.

한족총연합회의 이러한 무정부주의 활동도 1930년과 1931년에 연이
어 핵심간부인 김좌진 · 김종진의 암살과 李乙奎의 체포 등으로 위축되
어 갔다. 이 사건을 계기로 신민부 군정파의 대종교적 민족주위자들과
재만조선무정부주의자들 간의 대립이 시작되었기 때문이다. 결국 한족
총연합회는 대종교적 민족주의자들이 이 단체를 이탈함으로써 1931년
여름에 해체되게 되었다.108

한족총연합회에서 이탈한 대종교적 민족주의자들은 홍진, 지청천 등
과 함께 한국 독립당, 한국독립군 등 민족주의단체를 조직하여 활동하
였다.109 한편 무정부주의자들은 중국 상해로 이동하여 그곳에서 南華
韓人靑年聯盟을 조직, 계속 무정부주의운동을 전개하였다.110

3. 한국독립당의 성립과 활동

1) 한국독립당의 성립과 구성원의 특징

1927년부터 만주지역에서는 민족운동을 하나의 당을 중심으로 전개
하자는 민족유일당운동이 활발히 추진되었다. 그러나 이러한 움직임은
당을 조직하는 방법론에 대한 의견의 차이로 실패하고 말았다. 기성단
체를 부정하고 개인을 중심으로 당을 조직하자는 인물들은 전민족유일
당촉성회를, 기성단체를 중심으로 조직하자는 사람들은 전민족유일당
협의회를 각각 결성하였던 것이다. 그 가운데 전자는 혁신의회와 민족

---

108 박환, 「한족총연합회」, 앞의 책, 214~226쪽.
109 박환, 「재만한국독립당」, 앞의 책, 229~233쪽.
110 박환, 「남화한인청년연맹의 결성과 그 활동」, 『박영석교수화갑기념논총』, 1993, 954~958쪽.

유일독립당재만책진회를 조직하여 계속 유일당의 결성에 진력하였다. 하지만 이러한 노력은 각 단체의 이해관계의 상충으로 말미암아 뜻대로 이루어질 수 없었다. 이에 따라 이들 단체에 가담하였던 김좌진·지청천 등은 각각 북만주지역으로 이동하여 한족총연합회와 생육사를 조직하고 활동하고 있었다.[111]

그러나 당시 북만주지역에는 공산주의 세력이 상당히 성장하여 이들 민족주의단체들은 심한 위협을 받게 되었다. 이러한 가운데 1930년 1월 24일 한족총연합회의 위원장인 김좌진이 공산주의자에게 암살당하는 사태가 발생하였다. 이 사건은 북만지역의 민족진영에 큰 충격을 주었다. 김좌진은 한족총연합회의 가장 핵심적인 인물이었으며 반공주의자였기 때문이었다. 이와 같은 김좌진의 암살을 계기로 북만주지역에서 활동 중이던 민족주의자들은 공산주의자들의 위협에 보다 효과적으로 대처하기 위한 방안을 모색하게 되었다. 그리하여 1930년 7월에 中東線 철도 東部線의 연변인 葦河縣街에 위치한 金光澤의 집에서 한국독립당을 결성하였던 것이다. 이때 참가한 인물로는 생육사의 洪震·지청천·황학수·이장녕·신숙, 한족총연합회의 정신·閔武·南大觀, 同賓縣住民會의 최호·朴觀海 등을 들 수 있다.[112]

한편 한국독립당의 결성과 함께 黨綱도 채택하였다. 그 내용을 보면,

1. 民本政治의 실현
2. 勞本經濟의 조직
3. 人本文化의 건설

등이었다.[113] 이러한 한국독립당의 당강은 정치, 경제, 문화의 측면에서

---

111 박환, 「재만한국독립당」, 앞의 책, 229쪽.
112 『外事警察報』 124(1932년 11월), 74쪽.
113 신숙, 『나의 일생』, 일신사, 1963, 94쪽.

인간중심의 체제를 건설하고자 하는 것이었다. 여기서 "민", "인"의 구체적인 실체는 당시 북만주지역에 거주하는 대부분의 한국인이 농민이었던 점을 고려할 때 농민을 의미하는 것이다. 따라서 한국독립당에서는 농민위주의 정치, 경제, 문화를 추구하였다고 하겠다.

한국독립당에서는 당강과 아울러 당규를 통과시킨 후 중앙에 중앙당부를 조직하고 주요 간부를 임명하였다. 이를 보면 다음과 같다.

> 고문 呂準, 李倬, 尹復榮, 金昌煥, 金東三
> 위원장 洪震
> 부위원장 李振山, 黃學秀, 李章寧, 金奎植
> 군사부위원 지청천, 閔武, 吳光鮮, 김청농, 李鵬海, 崔晩翠, 孫武英
> 총무부위원 金東鎭, 鄭信, 李寬一
> 민정부위원 全盛鎬 김해강
> 조직부위원 公昌俊 鄭藍田 申肅 朴觀海
> 조사부위원 李圭輔 沈萬浩 慶惠春
> 훈련부위원 崔岳 呂運達
> 선전부위원 南大觀 朴明鎭 김영호 趙擎韓[114]

즉 한국독립당은 중앙의 고문 아래에 위원장, 부위원장을 두고 아울러 군사부, 총무부, 민정부, 조직부, 조사부, 훈련부, 선전부 등 7부를 두었다. 또 지방의 북만주 각 지역에 支(縣)黨部와 區黨部 등을 두어 지방을 관리하였다.

한국독립당의 주요 임원을 분석해 보면 한국독립당 가담 이전에는 한족총연합회, 생육사, 동빈현주민회 등에서 활동하였으며, 학력은 무관학교 출신들이 많으며, 신분은 과거 양반 출신들이 주류를 이루고 있고, 출신지는 경기, 충청 등 기호 지방 출신이 다수를 이루고 있으며, 종교면에서는 대종교 신자가 주종을 이루고 있다.[115]

---

114 조경한,『백강회고록』, 한국종교협의회, 1985, 90~91쪽.
115 박환,「재만한국독립당」, 앞의 책, 235~241쪽.

2) 한족자치연합회와 한국독립군의 결성

한국독립당은 북만주지역에서 조직된 민족진영의 독립운동단체였다. 따라서 이 단체에서는 독립운동을 전개하는 외에 이 지역의 공산주의 단체들에 대항하고자 하였다. 이러한 목적을 효과적으로 수행하기 위하여 1930년 7월 당의 결성과 함께 표면적인 기관을 조직할 것을 결의하였다. 그들은 "조선민족의 생활 안정, 自治體의 완성을 기할 것"을 표면의 목적으로 하는 합법적인 단체를 만들 것을 결의하였던 것이다. 그 결과 1931년 2월에 珠河縣 烏吉密河에서 韓族自治聯合會라는 단체가 성립되었다. 그리고 주요 간부를 선임하였는데, 책임간부 崔松悟, 군사부 白雲峰 · 지청천 · 박관해, 실업겸 재무부 신숙, 교육부 申明善, 조직겸 선전부 李靑山, 집행위원 홍진 등이었다.[116]

이 한족자치연합회는 자치활동을 하는 지방주민회의 연합체였다. 한국독립당의 결성에 주요한 세력의 하나로 참여하였던 동빈현주민회와 그 밖에 珠河縣 주민회와 阿城縣 주민회 등도 여기에 가담하였다.

그러나 한족자치연합회는 단순히 자치활동만을 하는 단체는 아니었다. 지청천 · 박관해 등을 중심으로 군사활동도 전개하고자 하였던 것이다. 그러므로 한족자치연합회에서는 군사부, 실업부, 재무부, 교육부, 조직부 등을 두어 군사 및 자치활동을 효과적으로 수행하고자 하였다. 이러한 한족자치연합회는 한국독립당에 의하여 지도 육성되었다. 즉 한국독립당은 한족자치연합회라는 군사 및 자치기관을 지도 육성하는 정당인 것이다. 이러한 한국독립당의 성격은 조선혁명당과 비교된다. 조선혁명당은 당군으로서 조선혁명군을, 그리고 표면적인 자치기관인 국민부를 지도 육성하는 정당이었던 것이다.[117]

---

116 『在支滿本邦警察統計及管內狀況報告雜纂』(1932), 36~37쪽.
117 박환, 「재만한국독립당」, 앞의 책, 241~242쪽.

한족자치연합회의 군사부에 이어 한국독립당에서는 당의 군대인 한국독립군을 조직하였다. 이것은 지청천과 신숙 등이 1931년 11월에 아성현 大吉河에서 남대관·權秀貞 등과 함께 결성하였던 것이다. 그리고 주요 간부를 임명하였는데 이를 보면 다음과 같다.[118]

총사령관 지청천
부사령장관 남대관
참모관 신숙
재무겸 외무장관 安也山
의용군 훈련대장 李光雲
의용군 중대장 오광선
의용군 소대장 李春正
암살대대장 李禹正
별동대대장 韓光彬
헌병대대장 襄成雲
통신부장 겸 검사장 申元均
구국군후원회장 권수정
서기장 홍진
先戰隊 겸 결사대장관 沈重根
고문 겸 구국회 회장 徐日鳳

한국독립군은 한국독립당의 군대로서 당의 지도를 받았다. 이러한 한국독립당의 당군의 조직은 조선혁명당의 조선혁명군의 조직과 일치하는 것이다. 한편 한국독립군은 총사령과 부사령 밑에 의용군 및 암살대, 선전대, 결사대, 별동대, 헌병대 등을 두어 효과적인 대일항쟁을 추구하였다. 이와는 별도로 당내에 구국군후원회라는 것을 조직하여 군자금을 모집하는 동시에 항일운동도 전개하였다.[119]

한국독립당의 활동은 북만주 및 동만주지역에서 행해진 일제와 한국

118 『재지만본방경찰통계급관내상황보고잡찬』(1932), 84~86쪽.
119 박환, 「재만한국독립당」, 앞의 책, 243쪽.

독립군의 무장투쟁으로서 대표될 수 있다. 大甸子嶺戰鬪는 그 대표적인 예라고 할 수 있다. 한국독립군이 행한 대부분의 전투는 한·중연합군에 의한 것이었다. 그 이유는 중국군과 연합전선을 형성하면 중국군으로부터 보급지원을 받을 수 있었기 때문이었다. 또한 대일전에서 승리했을 경우 강화회의를 통하여 독립할 수 있을 것으로 확신하였기 때문일 것이다.

한국독립당은 1933년 10월 하순 해체의 위기에 봉착하였다. 함께 연합전선을 전개하던 중국군이 공산주의자들의 이간책에 말려 한국독립군을 무장해제 시켰기 때문이었다. 한국독립당원들은 1933년 말에 만주지역을 떠나 중국본토로 이동하였다. 그 후 북경을 중심으로 당세의 확장에 노력하는 일면 중국 중앙군관학교의 洛陽分校에 설치된 한국군사간부 훈련반에서 교관 및 생도로서 활동하였다. 그리고 1934년에는 한국혁명당과 제휴하여 동년 4월에 신한독립당으로 발전하였다.[120]

4. 국민부의 성립

1) 국민부의 성립

1928년 9월부터 11월 사이에 있었던 3부통합회의가 실패한 후, 동년 12월 신민부 군정파, 정의부 탈퇴인사, 참의부 주류 세력들이 혁신의회와 유일독립당재만책진회를 조직하자 정의부를 주축으로 하여 참의부 심용준파, 신민부 민정파 등을 중심으로 하여 1929년 3월부터 새로운 군정부를 조직하기 위한 회의가 吉林省에서 개최되었는데 이 때 참석자는 다음과 같다.

---

120 박환, 앞의 논문, 241~253쪽.

정의부 대표: 현익철 李東林, 高而虛 고활신 崔東旭 李鐸
참의부 대표: 심용준, 林炳武, 劉光屹
신민부 측 대표: 李敎元[121]

　이들은 3부의 통합을 결의하고 1929년 4월 1일 정의부, 참의부, 신민부의 해체를 선언하였고, 국민부라는 새로운 단체를 조직하였다. 국민부는 군정부나 유일당의 결성을 목적으로 하는 민족유일당조직동맹의 주도로 조직된 것이었다.[122]

　국민부에서는 1929년 5월 28일 중앙집행위원회를 구성하고 중앙집행위원회의 위원을 결정하였는데, 이들은 다음과 같다.[123]

중앙집행위원장 현익철
민사위원장 김이대
경제위원장 張承彦
외교위원장 崔東旿
군사위원장 李雄
교육위원장 高而虛(崔容成)
법무위원장 玄正卿
교통위원장 金敦
중앙집행위원 金鎭浩, 沈龍俊, 李一世, 李東林, 黃起龍, 高豁信
사령관 李雄
1중대장 梁世奉
2중대장 尹桓
3중대장 李泰馨
4중대장 金昌憲
5중대장 張喆鎬
6중대장 安鴻
7중대장 車用睦
8중대장 金保國

---

121 국사편찬위원회, 『한국독립운동사』 5, 730쪽.
122 조범래, 「국민부의 결성와 활동」, 『한국독립운동사연구』 2, 독립기념관 한국독립운동사연구소, 1988, 416쪽.
123 채근식, 『무장독립운동비사』, 149쪽.

한편 국민부는 동년 6월 본부를 吉林에서 遼寧省 新賓縣으로 이전하였다. 길림성내에 거주하는 한인들의 이반현상이 심하여 독립운동가금을 조달하기 어려웠을 뿐만 아니라, 일제 주구배의 극성과 삼시협정 이후 중국 관헌의 취체가 심화되었기 때문이었다.[124]

2) 국민부의 개편과 조선혁명당

국민부는 1929년 9월 20일부터 수일간에 걸쳐 그 근거지인 요녕성 홍경지방에서 제1회 중앙의회를 개최하여 장래의 방침에 대하여 제반 결의를 하고, 3부통일회의에서 제정한 강령 및 헌장의 일부를 개정하였다. 즉 혁명사업을 민족유일당조직동맹에 위양하고 국민부는 재만조선인의 자치기관으로서 자치 부분만을 담당하기로 하였던 것이다.[125]

한편 1929년 4월 국민부를 조직한 이후 중앙의회의 결의를 거쳐 재만한인의 자치기관으로 국민부를 결성한 민족유일당조직동맹은 재만한인의 염원인 유일당의 결성에 주력하여 1929년 12월 마침내 유일당으로서 조선혁명당을 결성하였다.[126] 조선혁명당은 국민부를 지지, 영도하는 정당으로 창립된 것이다. 즉 국민부와 조선혁명당의 관계는 以黨治國의 원칙에 의한 유일당과 행정부의 관계였던 것이다.[127]

조선혁명당의 기본 임무는 민족적 대당을 형성하여 혁명사업을 수행하는 일인데 당시 현실적 과업으로는 국민부와 조선혁명군을 지도 육성하는 일이었다. 그러므로 조선혁명당, 국민부, 조선혁명군은 서로 임

---

124 조범래, 앞의 논문, 417쪽.
125 독립운동사편찬위원회, 『독립운동사자료집』 10, 444~445, 469쪽
126 독립운동사편찬위원회, 『독립운동사자료집』 10, 477쪽.
127 조범래, 앞의 논문, 420쪽.

무의 범위와 성격을 달리하는 동일체였으며 국민부와 조선혁명군은 조선혁명당의 정치적 지도 아래 있었다. 이와 같은 조선혁명당은 재만독립전선의 민족진영에서 처음 만든 민족정당이기도 하였다.[128]

조선혁명당은 국민부 중앙집행위원장인 현익철이 혁명당 위원장에 취임하는 한편[129] 독립 선언문에서 일본제국주의의 박멸을 주장함과 아울러 독립 후 건설할 국가상을 다음과 같이 제시하였다.

1. 노동민주정권을 확립하는 것
2. 대기업 기관을 몰수하여 국유로 함
3. 대토지소유를 몰수하여 농민에게 분여
4. 일체 노력생활의 평형 발달을 도모[130]

즉 조선혁명당은 대기업을 국유로 하고, 농민에게 농토가 돌아가는 노동민주정권을 만들고자 하였던 것이다.

그런데 1930년 8월 8일부터 신빈현에서 개최된 중앙집행위원회에서 결의한 결의사항을 놓고 조선혁명당은 진통을 겪게 되었다. 중앙집행위원회에서 결의된 사항은 국민부의 적극 유지, 혁명군대의 개편, 국민부의 의무금, 국민부 사무원 보수 등에 관한 것이었는데, 이 문제에 대하여 민족주의계와 사회주의계 사이에 의견 충돌이 발생하였던 것이다. 민족주의 계열인 현익철·양세봉·고이허·金文擧·梁基瑕 등은 결의사항에 찬성하였으나, 사회주의 계열인 현정경·고활신·김석하·李辰卓·이웅·李成根·李東林 등은 국민부와 조선혁명당은 이미 민심을 떠난 반동기관이므로 이를 해체하고 공산주의조직을 만들어야 한다고 주장하였다. 이들 양파는 이를 계기로 분리되어 상호 비방하는 한편

---

128 독립운동사편찬위원회,『독립운동사』5, 589쪽.
129 독립운동사편찬위원회,『독립운동사자료집』10, 477쪽.
130 국사편찬위원회,『한국독립운동사』5, 737쪽.

무장투쟁도 전개하였던 것이다.[131]

그 후 조선혁명당은 현익철 등 민족주의 계열 인사들에 의하여 재정비되었는데 그러다가 1931년 8월 현익철이 일제 주구배의 밀고로 체포된 후 조선혁명당은 점차 위축되었다.[132] 이를 극복하기 위하여 1931년 12월 17일 신빈현 河北에 있는 한인 徐世明의 집에서 국민부와 조선혁명당의 간부들이 모여 회의를 개최하였다. 그 결과 조선혁명당과 국민부를 단일조직으로 재정비하여 일제에 대항할 것을 결의하였다. 당시의 조직을 보면, 중앙집행위원장 李浩源, 정치부위원장 梁基瑕, 군사부위원장 金輔安, 교육부위원장 李時說, 조직부위원장 張世用, 선전부위원장 고이허, 재무부위원장 張承彦, 보안부위원장 李鍾乾 등이었다.[133] 그러나 이 회의는 일제에 탐지되어 회의에 참석하였던 이호원 등 다수의 지도자가 체포되어 조선혁명당은 큰 타격을 입게 되었다.[134] 이에 조선혁명당은 양기하를 국민부 중앙집행위원장으로 그리고 양세봉을 부위원장으로 선임하여 조직을 재정비하였다.[135]

3) 조선혁명군의 성립

1929년 12월 20일 조선혁명군이 결성되자, 조선혁명군은 선언서에서 "국민부로부터 엄연히 분립하여 혁명운동에 대한 군사적 역할을 전적인 임무로 한다"고 발표하였다.[136] 아울러 1) 조선혁명군은 독립하여 혁명사업에 종사하고 무기는 혁명군인만이 휴대케 한다. 2) 혁명군의 지도기관으로 각 대에서 대표자를 뽑아 군사위원으로서 군사위원회를

---

131 독립운동사편찬위원회, 『독립운동사자료집』 10, 476쪽.
132 독립운동사편찬위원회, 『독립운동사자료집』 10, 628~631쪽.
133 독립운동사편찬위원회, 『독립운동사자료집』 10, 590~592쪽.
134 앞의 책, 656~657쪽.
135 조범래, 앞의 논문, 421~423쪽.
136 독립운동사편찬위원회, 『독립운동사자료집』 10, 459쪽.

조직케 하는데 위원수는 14명으로 한다. 3) 군사위원회에서는 책임자 3명을 선출한다. 그 명칭을 혁명군 총사령, 부사령 참모장이라 한다고 규정하였다. 이 규정에 근거하여 총사령에 李辰卓李鐸, 부사령에 梁世奉, 참모장에 李雄이 임명되고 종전에 10개 부대로 편성되어 있던 각 지방군은 7개대로 개편하였다.137

또한 조선혁명군은 창립선언서에서 현단계에서의 자신의 임무에 대하여,

> 1. 재만한국인 대중에게 혁명의식을 주입하고 군사학술을 보급시켜 혁명전선의 기본진영을 확립하고
> 2. 정치학식과 군사기능이 실제 단체의 정치운동에 적임될 수 있는 기간 인재를 양성하고
> 3. 국내 국외에서 일본제국주의에 대한 정치적 경제적 건설을 파괴하고, 그 주구배의 기관을 청소하여 기타 일체 반동적 악 세력을 박멸하기로 하고 용감하게 전진하여 대중의 당면 이익을 옹호하여 강력한 투쟁을 전개하고저 한다.

라고 하였다.138

이러한 조선혁명군은 1930년 8월 8일 개최된 조선혁명당 중앙집행위원회에서 개편되어, 제1중대장 김보안, 제2중대장 양세봉, 제3중대장 李允煥, 제4중대장 김문거, 제5중대장 李鍾洛 등이 임명되었다. 그리고 이와 같은 조직체계를 갖추었던 조선혁명군은 1931년 만주사변 이후 한중연합전선을 결성, 일제와 투쟁을 전개하였다.139

---

137 독립운동사편찬위원회, 『독립운동사』 5, 592~593쪽.
138 독립운동사편찬위원회, 『독립운동사자료집』 10, 459~460쪽.
139 독립운동사편찬위원회, 『독립운동사』 5, 594~595쪽.

VI. 결어

지금까지 1920년대 중반부터 1930년 초까지 만주지역에서 활동하였던 참의부, 정의부, 신민부 등 3부와 혁신의회, 한족총연합회, 한국독립당, 국민부 등에 대하여 살펴보았다. 이를 토대로 이 시기 독립운동의 특징을 정리하는 것으로 맺음말에 대신하고자 한다.

첫째, 만주지역에서 민족주의운동이 가장 활발하였던 시기인 동시에 공산주의 운동이 그 세력을 점차 확장해 가던 시기였다고 할 수 있다. 그리고 1930년대는 공산주의 활동이 활발하였던 반면 민족주의운동은 쇠퇴해가던 때였다고 할 수 있을 것이다.

둘째, 민족진영의 운동단체들이 헌장을 제정하여 준 국가로서 근대적인 민주헌법의 체제를 마련해갔던 시기이다. 특히 정의부의 헌장은 해외에서 조직된 독립운동단체의 헌장으로서는 그 체제나 내용면에서 높이 평가할 수 있는 것이다.

셋째, 만주지역에 공산주의운동단체가 점차 세력을 확장하여 민족진영단체와 공존하면서 서로의 세력 확대를 위해 투쟁하는 일면 민족유일당운동 등을 통하여 좌우통합이 시도되던 시기이다.

넷째, 민족진영의 독립운동단체인 신민부가 공산주의단체에 효과적으로 대처하기 위하여 무정부주의 이념을 수용하는 등 민족주의단체들이 적극적인 자기 변신을 추구하던 시기이다.

다섯째, 투쟁노선에 있어서 무장투쟁노선과 더불어 재만동포들을 위한 자치가 그 이전 시대보다 강조되던 때였다고 할 수 있다. 이러한 움직임은 공산주의 사상의 전파를 통한 민중의 강조, 재만동포들의 무장투쟁노선에 대한 반발, 삼시협정에 의한 독립운동의 어려움 등 내외적인 환경의 변화에 기인하는 것이라고 할 수 있다.

일제의 대륙 침략과 만주지역에서의 한인 희생

Ⅰ. 서언

중국에서의 한인 희생은 1860년대부터 한인들이 만주로 이주하면서 시작되었다. 그 후 1910년 일제의 조선 강점으로 인하여 정치, 경제적 이유로 많은 한인들이 만주와 중국본토 지역으로 이주하게 되고, 중국 지역을 중심으로 활발한 독립운동이 전개되는 가운데 한인들이 희생을 겪게 되었다. 또한 1931년 만주사변 이후에도 일본군의 항일무장 세력의 토벌과정에서도 다수의 한인이 희생되었던 것이다. 이와 같은 중국 지역에서의 한인 희생은 크게 두 가지로 나눌 수 있을 것 같다. 첫째는 1910년대부터 1940년대까지 일본에 의하여 한인들이 희생당한 경우이다. 1920년 일본군대가 만주로 출병하여 한인들을 무참히 살해한 경신참변1920, 만주지역에서 독립운동을 전개하던 중 일제와의 교전 중 사망한 인물, 만주사변 이후 항일투쟁 중이거나 이를 지원하던 중 희생된 경우 등을 들 수 있다. 둘째는 중국에 의하여 희생당한 경우이다. 이 경우는 만주 용정지역의 3·13만세 시위, 만보산 사건, 삼시협정 이후 지방관리의 탄압 등을 들 수 있다. 본고에서는 이들 중국지역에서 1910년

부터 1945년까지 희생당한 한인의 역사에 대하여 개괄적으로 소개하고
자 한다.

II. 일본에 의한 한인 희생

1. 훈춘 사건

1) 훈춘 사건의 내용

일제는 1920년 5월부터 7월까지 세 번에 걸친 중국 奉天에서의 회의
와 8월의 京城 회의에서 독립군 토벌에 대한 사전 모의를 하였다. 즉
1920년 5월 초 조선총독부 경무국장 赤地, 봉천 총영사 赤塚, 길림독군
고문 齋藤 그리고 봉천 독군 고문 町野 등은 봉천을 비롯한 간도지역 독
립군 검거를 실시할 것을 협의하고 이를 동삼성 순열사 장작림에게 강
압적으로 요구하였던 것이다. 아울러 일제는 동년 5월 29일과 7월 16일
에도 계속해서 제2차, 3차 봉천회의를 개최하고, 이어서 8월 15일에는
경성에서 회의를 열어 중국의 협조를 얻어 간도지역 독립군들을 토벌
하고자 모의하였던 것이다.[1]

그런 가운데 1920년 9월 12일 오전 5시경 중국마적 3백 명의 1단이
훈춘시가를 습격하여 가옥 40여 호를 소각하고 인질을 납치하여 오전
8시지나 동쪽으로 철수하였다. 또한 1920년 10월 2일 오전 4시경에도
마적단 약 400여 명그중 러시아인 수명, 조선인 약 100명, 중국관병 수십 명을 혼
합이 또다시 훈춘현성을 공격하여 일본영사관 및 이에 부속한 관사를
방화하였다.[2]

---

1 독립운동사편찬위원회, 『독립운동사자료집』 10, 1976, 161~168쪽.
2 위의 자료, 169~170쪽.

훈춘 사건이 발생한 그날 오후 조선군 제19사단장은 일본인의 생명을 보호한다는 미명하에 慶源수비대 장교 이하 80명을 훈춘에 파견하였고, 3일 오후에는 安部소좌가 거느리는 1개 대대의 병력이 훈춘에 도착, 그 후 보병 76연대의 제3대대를 중심으로 하는 보병 제1대대를 편성하고 거기에 기병, 포병 등 각 1중대씩 배치하여 훈춘에 침입시켰다.3

2) 훈춘 사건의 피해 현황

(1) 1920년 9월 12일의 피해 현황

가. 중국 측 자료: 『吉長日報』1920년 9월 16일자

납치자 중국인 80여 명, 한인 6명, 상부지의 가옥 가옥피해 200간 소실, 약탈재물 1,500만 조.

나. 『일본 측 자료』조선총독부경무국, 『고등경찰관계연표』, 39~40쪽

40여 채의 가옥이 불탔고, 중국인 30명과 한인 6명이 납치당했다. 일본인은 전부 영사관에 수용되어 있었기에 다만 여자 1명이 부상을 입었다.

(2) 1920년 10월 2일의 피해 현황

가. 일본 측 자료 — — 『독립운동사자료집』 10, 170쪽

일본인의 피해 — — 사망자 14명한국인 순사 1명 포함 중경상자 30여 명

한국인과 중국인의 피해 — — 영사관에 구금돼있던 한국인 3명과 중국인 1명.

---

3 김동화, 중국동북조선족과 훈춘사건, 『박영석교수화갑논총』, 탐구당, 1992, 353쪽.

나. 중국 측 자료

ㄱ. 『길장일보』1920년 10월 8일자

일본 경찰 1명, 일본인 11명, 한인 6명을 총살. 불태워버린 상점은 6개소, 납치되어 간 자는 200여 명.

ㄴ. 『時報』(상해)1920년 10월 14일자

연길도윤은 친히 훈춘에 가서 피해 상황을 조사하였는 데, 그는 조사 보고에서 日兵 1명, 韓兵일헌병보조 1명, 日商 11명이 죽고, 일인 10명, 한인 10수명이 부상을 입었다고 보고하였다.

ㄷ. 훈춘 사건에서의 한인 피해 현황

중국 측 기록과 일본 측 기록을 통하여 종합해 볼 때 한인 6명 정도가 희생당한 것으로 추정됨.

2. 경신참변

1) 경신참변의 내용

일제는 만주지역에 근거하여 국내에 진공하고 있는 한국독립군 세력을 제거하기 위하여 1920년 8월 간도 내 한인들을 몰살하기 위하여 『間島地域不逞鮮人剿討計劃』을 수립하였다. 이 같은 계획 하에 일제는 간도침입의 구실을 만들기 위해 1920년 10월 2일 王四海 등을 두목으로 한 중국 마적을 매수하여 그들의 훈춘 영사관 분관을 습격하도록 하였던 것이다. 이를 구실로 일본정부는 영사관 및 거류민 보호를 위한다는 미명하에 1920년 10월 7일 급속히 군대를 간도로 출병시켰다.

출동지구는 제1 훈춘방면, 제2 왕청방면, 제3 용정방면, 제4는 도문강 대안 부근이었다. 훈춘방면은 磯林소장이, 왕청방면은 大村대좌가, 용정방면은 東少將이, 도문강 대안은 경찰관 헌병 및 수비대에서 수시로 강을 건너 진출하여 독립군을 소탕할 계획이었다.

기림지대는 처음에는 10월 14일부터 훈춘 河谷 및 훈춘 북방 산간지대를, 다음에는 10월 22일에 제11, 13사단의 부대와 연락하여 老黑山 및 나자구 부근을 공격하였다. 그리고 목촌지대의 경우는 10월 22일 저녁 온성으로부터 강을 건너 왕청현 서대포 및 십리평 부근을 공격하고 독립군의 사관학교 및 그 부근 부락을 소각하였다. 그리고 이어 왕청현 大坎子 부근을 공격하였다. 그리고 東支隊는 10월 16일에 용정촌에 도착하여 보병 74연대 제2대대2중대 결여와 기관총 1소대, 그리고 보병 제73연대 3대대2중대 결여는 두도구 방면을, 보병 제73연대 제2대대2중대 결여는 천보산 방면을 각각 공격하였다. 또한 산전 부대의 보병 제28여단은 10월 16일 내지 10월 20일 러시아 연해주 포시에트에 상륙하여 10월 18일 내지 11월 4일에 훈춘에 도착하였다. 그리하여 본 연대(1대대 결)는 기림지대의 노흑산 부근의 공격과 후방 연락선의 보호를 담당하였다. 그리고 28여단의 일부는 10월 25일 용정촌에 도착하여 동지대의 후방 연락선의 경비를 담당하였다.[4]

즉 일본은 동쪽에서는 블라디보스토크 파견군인 제11, 13, 14사단의 6,000여 명, 서쪽에서는 관동군의 보병과 기병을 합한 1,200여 명, 남쪽에서는 조선군 제19사단에서 9,000여 명, 제20사단에서 700여 명, 북쪽에서는 북만주에 파견 되었던 안서지대의 1,000여 명의 병력 등 합계 약 18,000명에서 20,000명으로 추정할 수 있는 병력을 사방에서 침입시켰다. 이들 침략군들은 1920년 10월 12일부터 간도를 향해 4면에서 포위해 들어왔다.

---

4 독립운동사편찬위원회, 『독립운동사자료집』 10, 225~236쪽.

일본군은 이 작전에서 별 실효를 거두지 못하자 그에 대한 보복 행위로 독립군의 모체인 한인사회와 항일단체, 학교, 교회 등에 대한 초토화 작전을 실시하여 『경신참변』이라 불리는 간도지역의 한인 참살을 감행하였던 것이다.5

2) 경신참변 당시 한국 측이 주장하는 희생자 내역

(1) 경신참변 시 한인 희생자 일람

1920년 일본군의 간도 출병으로 희생된 한인수에 대하여 우리 측에서 제시하는 내역을 도표로서 작성하면 다음과 같다.

〈표 1〉 만주지역 각 현별 한인 희생자 일람표

현명	피살자	피포자	강간	마을수	주요 마을명
훈춘현	249			6개	頭道溝(175명 피살)
왕청현	336	3		8개	서대포(230)
화룡현	670	傷 1		32개	청산리(409, 전멸)
연길현	1,525	42	71	47개	完溝(451)
유하현	43	125	미상	1개	삼원보(43)
홍경현	305		미상	1개	왕청문(305)
관전현	495	1	1	6개	철령과 관전사이(480)
총 계	3,623	170	71		독립운동의 중심지

* 『독립신문』 1920년 12월 19일 및 동년 12월 19일자 기사를 참조하여 작성하였음.

위의 <표 1>을 통하여 우리는 다음과 같은 사실을 알 수 있다.

첫째는 일제의 간도토벌로 인하여 훈춘현, 왕청현, 화룡현, 연길현, 유하현, 홍경현, 관전현 등 7개 현에서 조사된 한인 희생자 수는 모두 3,623명에 이른다는 사실이다. 그러나 이러한 통계는 7개 현의 통계이

---

5 채영국, 「1920년 훈춘 사건 전후 독립군의 동향」, 『한국독립운동사연구』 5, 1991, 324~325쪽.

므로 한인의 희생자 수는 이보다 훨씬 많을 것으로 추정된다.

둘째, 피살된 한인수는 연길현이 가장 다수를 이루고 있으며, 다음으로는 화룡, 관전, 왕청현, 홍경, 훈춘, 유하현 등의 순이다.

셋째, 서북간도로 나눌 때는 북간도에서는 연길현에서, 서간도에서는 관전현의 사망자가 다수를 이루고 있다.

넷째, 통계의 내용 중 미상인 경우에는 보다 구체적인 확인 작업이 필요할 듯하다.

다섯째, 서술에 있어서 각 현 및 각 지역의 희생자 수에 대한 파악은 있으나 희생자의 인명이 나오는 경우가 없어 희생 장소는 파악이 되나 희생자의 신원을 알 수 없다.

(2) 경신참변 시 각 현별 희생자 일람표

가. 북간도지역

ㄱ. 훈춘현지역

훈춘현지역의 피살자는 249명이며, 6개 촌에서 피살자가 발생하였다電線村, 大荒溝, 頭道溝, 東溝 등. 그 가운데 頭道溝의 경우 175명의 피해자가 발생하여 최우선 순위이며, 전선촌5명, 子10명, 대황구7명, 두도구175명, 동구42명, 촌10명 등에서 피해자가 발생하였다.

ㄴ. 왕청현지역

왕청현의 경우 8개 촌에 336명의 피살자가 보이고 있다. 그중 북로군정서의 사관학교가 있던 서대포의 경우가 230명으로 가장 많으며, 大洞36명, 大甸子40명, ?營溝36명, 瑟琶洞0명 등이다. 미상인 지역도 3개 지역에 해당된다. 始塘, 牧丹川, 鳳梧洞 등이 그러하다.

ㄷ. 화룡현지역

화룡현의 경우 29개 지역에 걸쳐 613명의 피살자를 보이고 있다. 그 후 『독립신문』1920년 12월 19일자에 57명이 추가되어 670명의 피해자가 속출하고 있다. 그중 청산리전투가 벌어졌던 청산리의 경우 409명의 피살자가 났으며, 正東은 未詳이다.

화룡현지역의『독립신문』에 보이는 구체적인 한인 희생의 예를 보면 다음과 같다.

> 『독립신문』1921년 2월 5일자「간도참상별보 剝皮生燒의 참극, 왜병이 도처 잔악, 1월 20일 간북 통신」
> 1. 馬氏의 慘禍――1920년 11월 4일 북간도 화룡현 彰洞에 사는 馬龍河의 집 등 소실
> 2. 剝皮한 肉魂――徐仁鳳의 가족 2인과 마용하의 부인과 자부 2인 및 소아 1명 합 4명과 박피한 鄭基善을 아울러 결박해서 실내에 가두고 방화, 마씨 가족만 삶.

ㄹ. 연길현지역

연길현의 경우는 39개 지역에서 1,428명이 피살되었으며, 1920년 12월 19일자에 97명이 추가되어 총 1,435명이 피살되었다. 그중 100명이상이 피살된 지역을 보면 4개 지역을 들 수 있는 데, 藥水洞271명, 大馬洞117명, 小營子166명, 完溝451명 등이다. 그리고 미상인 지역은 漁郞村, 土門子, 會寧村, 小洞, 平康, 神仙洞, 九戶村, 柳樹河 등을 들 수 있다. 이중에는 어랑촌 등 북로군정서가 일제를 물리친 주요 마을이 들어 있는 것으로 보아 이들 마을 사람들도 다수 사망한 것으로 짐작된다.

나. 서간도지역
ㄱ. 유하현지역

유하현의 경우는 43명이며 모두 삼원보의 경우이다. 삼원보는 대한독

립단, 신흥무관학교 등 서간도지역 독립운동의 근거지이다. 그러므로 일제는 이들 마을에 있는 한인들을 다수 살상하였을 것으로 짐작된다.

『독립신문』에 보이는 구체적 한인 희생의 사례를 보면 다음과 같다.

> 「독립신문 1921년 1월 21일자, 학교직원과 회원의 참살, 서간도통신」
> 음력 9월 23일 서간도 한족회 자치구역에 있는 통화현 서반납배는 20호의 동포가 거주하는 조그마한 촌락, 일본군대가 와서 동지역의 배달학교 직원 3명과 자치회원 4명을 학살, 학교의 기구 전부를 소실, 피살자 명단은 다음과 같다. 배달학교 교장 趙庸錫(64), 교감 金基善(33), 교원 趙東鎬(21) 자치회원 承大彦(47), 承昞均(28), 崔贊化(26), 金基畯(26)

ㄴ. 홍경현지역

홍경현의 경우는 305명이 피살되었으며, 이들은 모두 汪淸門의 사람들이다. 왕청문 역시 독립운동의 중심지로서 알려진 곳이다.

『독립신문』에 나타난 한인 희생의 구체적인 사례를 보면 다음과 같다.

> 『독립신문』 1920년 12월 18일자, 旺淸門 부근의 慘狀, 11월 30일발
> 1920년 10월 31일 소위 天長節 축일이라는 명의하에서 소환한 후 포박하야 留置하였던 왕청문 교회 李根眞 장로, 黃長老, 金道俊 영수, 李鳳奎집사, 기타 李時恒, 池夏榮, 崔亨球(학교 직원), 田啓道, 林寬浩 등 제씨를 고적한 산중으로 압거하여 拔劍打殺하다. 동시에 왕청문 西堡교회당 江南교회당과 三成학교를 連해 毁破하여, 其外 山路로 들어가면서 통화현의 金斗적, 落半拉背와 유하현의 삼원보 방면과 江山 2도구 여러 지방에서 尸山血河를 이룸

ㄷ. 관전현지역

관전현의 경우는 495명이 피살되었는데, 그중 480명은 鐵嶺과 寬甸 사이에서 사망하였다.

지금까지 『독립신문』에 나타난 한인 희생에 대하여 각 현별 특징을

살펴보았다. 이를 토대로 얻을 수 있는 몇 가지 사항을 지적하면 다음과 같다.

첫째, 북간도지역의 경우 서간도지역에 비하여 인적인 면에서 큰 손실을 입었다. 특히 연길현, 왕청현의 경우 큰 피해를 입었다. 이들 지역은 독립운동의 근거지가 많았기 때문이기도 하였다.

둘째, 북간도지역에서도 특히 연길현의 피해가 컸다. 39개 지역에서 1,435명이 사망하였는데, 주요지역은 完溝, 藥水洞, 小營子, 大馬洞 등이다.

셋째, 독립운동으로 유명한 지역이 특히 큰 피해를 입었다. 훈춘현의 경우 두도구, 왕청현의 경우 서대포, 화룡현의 경우 청산리, 연길현의 경우 완구, 약수동, 소영자, 유하현 삼원보, 홍경현 왕청문, 관전현 철령과 관전 사이 등이 그러하다.

넷째,『독립신문』의 통계에 나오지 않는 한인 희생에 대한 구체적인 검토작업이 요청된다고 하겠다.『독립신문』의 경우에는 다음의 예들에서 보는 바와 같이『독립신문』의 통계에 나오지 않는 희생당한 한인들에 대한 기록이 산견되고 있다.

① 목릉현의 경우-『독립신문』1921년 1월 15일자 <倭皆殺人强盜>
목릉현 小石頭河 한인촌에서 張伯逸 외 3인을 체포 총살, 시체를 3단으로 割去, 그 후 다시 장, 김 양성의 농민을 납치 살해 시도하였으나 張씨만 사망
② 장백현의 경우-
1:『독립신문』1921년 2월 25일자 <장백현의 倭匪>왜적이 토비와 합세하여 한인 70여 명을 참살
2:『독립신문』1921년 4월 2일 <장백현 동포의 참상>

3:『독립신문』1921년 4월 2일 <장백현통신>

(3) 일제에 체포된 한인에 대한 분석

일본군에 체포된 한인은 왕청현 3명, 화룡현 1명, 연길현 42명, 유하현 125명 등 총 170명이다. 체포된 인물의 경우 유하현이 125명으로써 전체의 대다수를 차지하고 있고, 유하현의 경우 모두 삼원보 거주 인물인데 삼원보는 서간도 독립운동의 가장 중요한 근거지였다.

(4) 강간당한 인물에 대한 분석

일제에 강간당한 한인의 수를 각 현별로 나누어 보면 훈춘현 0명, 왕청현 0명, 연길현 71명, 화룡현 0명, 유하현 미상, 홍경현 미상 등으로, 연길현에서만 강간이 행해진 것으로 나오나 기타 지역에도 있었을 것으로 생각된다. 한편 연길현의 경우 8개 지역에서 강간이 행해진 것으로 나오는 데 이들 각 지역을 보면, 小營子 25명, 許門 8명, 依蘭溝 2명, 完溝 20명, 0幕洞 4명, 6道溝 2명, 大農洞 6명, 00河 4명 등이다.

(5) 피소물 통계

일제에 의해 파괴당한 한인들의 민가 및 학교, 교회당, 곡류 등을 도표로 작성해 보면 다음과 같다.

<표 2> 被燒物 통계일람표

현명	민가	학교	교회당	곡류
훈춘현	457	1		9,825
왕청현	1,046	4	2	5,070
화룡현	361	15	2	8,320

연길현	1,344	19	7	30,050
유하현	미상	미상	미상	미상
홍경현	미상	3	3	미상
관전현	1			150
총 계	3,209	36	14	54,045

*『독립신문』1920년 12월 18일 및 19일의 관련기사 참조하여 작성.

위의 <표 2>를 통하여 민간의 피해는 연길현, 왕청현, 훈춘현의 순으로 많이 입었으며, 학교는 연길, 화룡, 왕청현이 순으로, 교회당은 연길, 홍경현의 순으로, 곡류는 연길, 훈춘, 화룡의 순으로 많은 피해를 입었음을 알 수 있다. 이와 같은 내용을 통해 볼 때 만주지역 중 연길현의 경우가 사살, 체포, 피소물 등 여러 면에서 가장 큰 피해를 입었다.

3) 경신참변 시 일본 측이 주장하는 희생자

(1) 일본 측이 주장하는 희생자 내역

한편 일본 측이 경신참변 시 살해한 한인수에 대한 보고는 한국 측의 기록과 많은 차이를 보이고 있다. 일본 측은 연길, 화룡, 훈춘 등지에서 모두 522명의 한인을 살해하였다고 보고하고 있는 것이다. 이를 부대별, 지역별로 보면 다음과 같다.

〈표 3〉 경신참변 시 한국인 사망자일람표(1921년 2월 25일 조사)

부대명	사망자 수	주요 담당지역
보병 73연대	64	연길현, 화룡현
보병 75연대	106	화룡현
보병 76연대	136	연길, 훈춘
보병 78연대 3대대	7	훈춘현 춘화향
기병 27연대	65	화룡현 어랑촌

야포병 25연대	16	훈춘현
보병 28여단	24	연길현 장암동
총 계	522	

* 19사단 사단사령부 작성.

* 강덕상,『현대사자료』28 참조하여 작성하였음.

위의 <표 3>을 통해서 볼 때 1921년 2월 현재 한인의 사망 수는 총 522명이다. 그러나 이러한 통계는 간도지역의 것이며, 서간도지역의 것은 제외된 한계를 보이고 있다. 다만 이 일본 측 기록은 희생자의 사망 연월일, 사유, 주소, 성명, 연령 등에 대한 기록을 어느 정도 갖추고 있다. 즉 성명 확인 가능자는 총 사망자수 522명 중 280명이다.

다음에는 한인들이 주로 사망한 지역, 일시 및 장소, 사망 사유, 전거, 일본인 부대 등을 순서대로 살펴보면 다음과 같다. 전거는 강덕상,『현대사자료』28이다.

1. 청산리(1920년 10월 21일 화룡현 청산리에서 전투 중 사망, 10명, 강덕상 523, 보병 73연대)

2. 회령 대안 鶴栖洞(1920년 10월 27일, 10명, 김희구, 김도현, 허진세, 오녀옥, 허주경, 정병락, 김군화, 정중포, 최문칠, 유경화, 강덕상 524, 보병 74연대)

3. 연길현 北一兩溝(1920년 10월 20일, 24일, 10명, 의군단원의 주류――이동근, 김길사, 이종흡?, 김덕산, 윤남극, 강량성, 김해룡, 김순문, 김낙세, 이붕재, 강덕상 524, 보병 74연대)

4. 연길현 북일랑구(1920년 11월 3일, 11명, 국민회원으로서 기부금 모집에 종사, 국민회원이 다수, 이국화, 이일재, 이명초, 이종란, 이종눌, 이여익, 이여일, 이여락, 이여국, 이병재, 허익, 강덕상 538-539, 보병 76연대)

5. 연길현 일랑구(1920년 11월 5일, 11명, 독립가옥에 있으면서 아군을 보자 도주, 최병우, 최우익, 이을, 홍정필, 이하 불명, 강덕상 539, 보병, 76연대)

6. 연길현 두도구(1920년 11월 2일, 10명, 국민회원――김기준, 여문청, 문화순, 최승하, 신경준, 김열호, 김운기, 이진수, 이경일, 박춘서, 강덕상 526, 보병 74연대)

7. 연길현 사도구(1920년 11월 4일, 9명, 국민회원――이종만, 박상도, 박용수, 김병현, 안용택, 강태일, 윤기현, 송태화, 이만흥, 강덕성 526-527, 보병 74연대)

8. 연길현 張仁社 東京洞(1920년 11월 3일, 8명, 신민단원--한양도, 최창섭, 최성년, 오석흥, 한경서, 최병옥, 조보경, 오도연, 강덕상 529, 보병 75연대)

9. 화룡현 四茂社 松壇洞(1920년 10월 19일, 8명, 토벌대에 저항, 김상일, 김상윤, 김칠형, 임학상, 지용방, 김상원, 박용훈, 불명, 강덕상 531, 보병 75연대)

10. 연길현 依蘭溝 西部 太陽村(1920년 11월 4일, 11명, 독립군에게 군자금 지원, 이명초, 이주항, 이일재, 이석란, 이여실, 이석눌, 이여일, 이여락, 이여옥, 이여재, 이수락, 강덕상 534, 보병 제76연대)

11. 연길현 십리평(1920년 10월 22일, 27명, 독립단에 소속되어 식량공급 가옥 건설에 종사, 김입법, 김도화, 김병우, 엄재현, 최준천, 신현락, 윤재원, 신순수, 신태근, 한순규, 김성환, 조사원, 원재용, 한재원, 최일원, 이경적, 한이순, 방인수, 신태영, 한순규, 최학천, 최학순, 신순호, 조달원, 장일, 박팔봉, 강덕상, 535-537, 보병 76연대)

12. 연길현 십리평(1920년 10월 22일 3명, 독립단에서 통신업무 및 모금에 종사, 지창?, 지안도, 지영수, 강덕상, 537, 76연대)

13.연길현 십리평(1920년 10월 22일, 일본군과 전투 중 사망, 7명, 이름 불명, 강덕상 540, 보병 76연대)

14. 주하현 석두하자(1920년 10월 22일, 13명, 독립단 소속, 채남?, 김원삼, 유기봉, 이경원, 송화여, 김천사, 유치순, 이영학, 김성인, 최오석, 이성실, 이춘실, 한현백, 강덕상 537, 보병 76연대)

15. 화룡현 어랑촌(1920년 10월 22일, 60명, 김좌진의 부하로서 교전 중 사망, 북로군정서 군인, 강덕상 541, 기병 제27연대)

16. 화룡현 어랑촌(1920년 10월 22일, 2명, 대한독립단 사관연성소 졸업, 이름 불명, 강덕상 542, 아포병 제25연대)

17. 연길현 細鱗河(1920년 10월 28일, 6명, 독립운동단체 소속, 김명세, 김병은, 이기석, 최충보, 孫姓, 최익봉, 강덕상 542, 야포병 25연대)

18. 연길현 장암동(현재의 용정시 동성용향 동면촌 일대, 한국어로 노루바위골(1920년 10월 30일, 24명, 독립운동단체, 이름 불명, 강덕상 455-457, 보병 제28여단)

(2) 일본 측 기록의 특징

일본 측 기록의 특징을 보면 다음과 같다.

첫째, 간도지역에서 희생된 한인들만 기록하고 있다. 그러나 사실 일본군에 의한 한인 희생은 만주 전역에 걸쳐 이루어졌으므로 이에 대한 검토 또한 이루어져야 할 것이다.

둘째, 이와 관련하여 주목되는 것은 서간도지역 및 장강호 마적의 한인 살해에 관한 부분이다. 이에 대한 검토가 이루어져야 할 것이다.

셋째, 일제 측의 기록에는 한인 희생자의 사망연월일, 사망 사유, 주소, 직업, 성명, 연령 등에 대한 기록이 있으므로 희생자 파악에 큰 도움이 된다.

넷째, 일본 측에 의하여 희생당한 한인의 총수는 일본 측 기록에 따르면 총 522명이나 이 중 성명이 확인 가능한 자는 280명 정도이다.

3. 서간도지역 마적단의 한인 습격 사건

1) 장강호 사건의 내용

1919년 11월 조선총독부는 중국, 조선의 국경 밖에 있는 독립군을 토벌하기 위하여 마적을 이용하고자 하였다. 그리하여 총독부에서는 만주 장춘 一東社 지사장 中野天樂에게 이에 대한 협조를 요청하였고, 이에 중야천락은 당시 길림성 몽강현에 있는 長江好본명: 張魁武에게 이를 전달하였다. 이에 장강호는 이를 승낙 하였다.

중야와 장강호 두 사람은 1920년 7월 초 한국의 경성으로 들어와 조선총독부 사무관 山口 고등과장과 丸山 鶴吉 참사관과 독립군 토벌에 대하여 논의하고 산구 고등과장의 협조하에 경성 명치정에 있는 총포점으로부터 소총탄 2천여 발 및 권총 등을 구입하고 또 독가스용 재료를 약방 天祐堂으로부터 구입했다. 그리고 1920년 9월 하순 몽강현으로 돌아왔다. 이에 장강호는 1919년 10월 하순 부하 1,400명 중 정예 요원 500여 명을 선발하고 잔여의 부대는 몽강현에 머무르게 하여 대기하게 하였다. 중야와 장강호는 선발한 1대의 직접 지휘를 담당하고 불령선인을 토벌하기 위하여 몽강현 靑江崗을 출발하여 안도현으로 향하였다.[6]

---

6 독립운동사편찬위원회, 『독립운동사자료집』 10, 204~209쪽.

이와 같이 만반의 준비를 한 장강호 마적단은 중야와 함께 서간도지역을 무대로 한 본격적인 독립군 근거지 습격 및 한국인 학살을 자행하였다. 이들은 1920년 10월 하순 안도현 乳頭山의 한국인 배일부락을 습격하면서부터 만행을 시작하였다. 이곳은 40여 호의 조선인과 3호의 중국인으로 이루어진 부락으로서 배일부락이었다. 그들은 이 부락을 습격하여 가옥 40여 호를 소각하고 광복단 연병교관 및 제2대장, 외교부장 및 동부원조선인으로부터 금품을 징발하는 부원 3명 아울러 구장, 부구장, 광복단 병졸총기 휴대자 등 10여 명을 독가스를 사용하여 살육하였다.

이후 장강호 마적단은 1920년 11월 5일 아침 전 부대를 동원하여 장강호와 천락의 지휘 밑에 안도현성으로 향하였다. 동 6일 미명 공격을 개시하여 현성을 점령하고 4일간 동성에 체류하면서 성내 및 부근에 있는 독립군을 소탕하고자 하였는데, 이때 광복단 외교부원 및 병졸 등 27~28명을 죽이고 증거서류를 압수하였다.

다음 장강호 마적단은 국경을 넘어 함경남도 갑산군 寶泰洞 胞胎里로 근거지를 옮겨 국경지방의 중국 直洞장백현 24도구에 있는 한국인 부락을 습격하였다. 이 부락은 무장한 한국 독립군이 국내 진입을 위해 도착하면 국경을 넘어 한국까지 독립군을 안내해주는 임무를 하던 부락이었다. 장강호 마적단은 이 부락을 습격, 17세 이상의 남자는 모두 살해하고 부녀자와 노인, 어린이는 한국의 獨山里 주재 일본 경찰에 넘겼다.

이후 장강호 마적은 중국 국경지역 한국인 마을인 장백현의 22도구, 23도구 등을 차례로 습격하여 조선안 가옥 수호를 소각하고 십수 명을 총살 또는 교살하였다. 그리고 동월 하순 한국인 약 30호와 중국인 약 3호로 되어 있는 21도구 강안에 있는 부락과 항일학교인 征蒙학교를 습격하여 학교, 민가 등을 소각하고 불령선인 27명을 독가스로 살육하였다. 이어서 20도구, 19도구에 이르러 불령선인 가옥 수호를 소각하고

동 지방에서 불령선인 단장 崔鎭國 이하 17명을 체포하여 24도구로 데리고 가서 이를 감금하였다. 그리고 그 후 최진국과 그의 부하 구장 2명을 총살하고, 이어서 24도구에서 최진국의 부하 14명을 총살하였다.[7]

2) 장강호 마적에게 희생당한 한인의 수

장강호마적에 의해 한국인들은 대부분 청장년들로만 총 200여 명이 목숨을 잃었고, 120여 호의 가옥을 소실당했다.[8]

4. 항일투쟁 중 순국한 독립군

1) 민족주의 계열 독립군 순국자

(1) 독립군의 주요 전투 내용

1910년 일제의 조선 강점 이후 1930년대 중반 민족주의 계열 독립운동이 만주지역에서 거의 그 세력이 약화될 때까지 만주지역에서 일제 및 중국군과의 전투 중 순국한 독립군의 경우를 각 단체별로 살펴보면 다음과 같다.

가. 대한독립단 독립군의 순국

대한독립단은 1919년 4월 15일 박장호·조맹선 등이 중심이 되어 유하현 삼원보 서구 대화사에서 결성된 무장독립운동 단체다. 이 단체의 중심인물은 도총재 박장호, 부총재 백삼규, 참모장 윤덕배 등이었다.[9]

대한독립단은 국내활동은 물론 만주지역에서도 활발한 대일투쟁을

---

7 독립운동사편찬위원회, 『독립운동사자료집』 10, 212~217쪽.
8 독립운동사편찬위원회, 『독립운동사자료집』 10, 218쪽.
9 박환, 대한독립단, 『만주한인민족운동사연구』, 일조각, 1991, 8~19쪽.

전개하였다. 특히 1920년 7월에는 유하현 향양진에서 박건두 등 10여명의 독립단 단원이 일본 및 중국 경찰대와 교전하여 박건두 등 단원 3명이 전사하였다.[10]

나. 홍범도 부대 등의 봉오동전투

봉오동전투는 1920년 6월 일본군과 홍범도 부대 등이 봉오동에서 벌인 전투이다. 독립군 부대들의 국내 진공작전으로 말미암아 여러 차례 패배를 맛본 일본군 수비대는 1920년 6월 초 두만강을 건너 독립군을 추격하였다. 이들은 간도의 삼둔자에 이르러 재만동포들을 학살하였다. 이에 독립군들은 삼둔자 서남방에 잠복하여 기다리고 있다가 이들을 섬멸하였다. 이것이 곧 삼둔자전투이다.

함경도 나남에 사단 본부를 두고 있던 제19사단은 이 패전에 크게 분개해서 安川 소자에게 월강추격대대를 편성하여 두만강을 건너 독립군을 섬멸하고 돌아오라고 명령하였다. 그리하여 봉오동 꼴짜기에서 대한북로독군부 부장 최진동, 사령부장 홍범도가 이끄는 한국독립군과 전투를 벌이게 되었다.[11] 이 전투에서 일본군은 대패하여 전사 157명, 중상 200명, 경상 100명에 이르렀다. 한편 한국독립군 측은 전사 4명, 중상 2명의 경미한 피해를 입었다. 한편 일본 측의 기록에 따르면 6월 4일 이래의 전투에서 적측의 전사 1명, 부상 1명이며, 독립군 측의 피해는 유기시체 30, 포로 6명이라고 밝히고 있다.[12]

---

10 독립운동사편찬위원회, 『독립운동사』 5, 1973, 261쪽.
11 신용하, 독립군의 봉오동전투와 청산리전투, 『한국근대민족운동사연구』, 일조각, 1988, 254~258쪽.
12 독립운동사편찬위원회, 『독립운동사』 5, 362쪽.

다. 의군부 독립군의 순국

1920년 8월 의군부 독립군 150명이 노야령에서 일본군에 합류하는 중국지방군과 접전, 崔友塀, 李乙 등 10여 명이 전몰하였다.[13]

라. 청산리대첩

1919년 3 · 1운동 이후 만주지역에서의 독립운동이 활발하자 일제는 1920년 10월 7일부터 간도에 침략하기 시작하였다. 그리하여 磯林支隊는 10월 14일에 훈춘하 골짜기로 출동하였으며, 木村支隊는 10월 17일에 왕청방면으로 출동하였다. 그리고 東支隊는 10월 15일에 용정에 도착한 후 10월 18일에 삼도구에 있는 홍범도 부대를 찾아 출병하였다.

일본군 동지대는 1920년 10월 20일 포병 약 5천 명의 병력으로 이도구와 삼도구를 포위하여 김좌진 부대와 홍범도의 지휘를 받고 있던 대한독립군, 국민회군, 의군부군, 한민회군, 광복단군, 의민단군, 신민단군 등을 섬멸하고자 하였다.

독립군은 처음에는 병력과 화력의 열세를 고려하여 직접적인 충돌을 피하였다. 그러나 일본군이 독립군을 추격해 들어오면서 한국인 마을들을 불지르고 선량한 동포들을 닥치는 대로 학살하는 것을 목격한 후부터는 결정을 바꾸어서 일본군을 공격하기로 하여 청산리전투가 시작되었던 것이다.[14]

청산리전투 중 한인들의 희생을 전투별로 살펴보면 다음과 같다.

ㄱ. 백운평전투

백운평전투는 청산리전투의 최초의 전투로 김좌진이 이끄는 북로군

---

13 위의 책, 674쪽.
14 신용하, 독립군의 청산리독립전쟁연구, 『한국민족독립운동사연구』, 을유문화사, 1985, 498~502쪽.

정서 독립군이 1920년 10월 21일 일본군을 청산리 골짜기인 백운평 부근에서 섬멸한 것이다. 당시 적의 전사는 1,000여 명인데, 독립군의 피해는 전사 20명, 중상 3명, 경상 수십 명이라고 한다.[15]

ㄴ. 천수평전투

북로군정서군에 의한 천수평전투1920.10.22로 적의 기마중대 120명이 거의 전멸을 당하였다. 독립군의 피해는 전사 2명, 경상 17명이었다.[16]

ㄷ. 어랑촌전투

1920년 10월 22일 어랑촌 서남방 표고 874고지 남측에서 김좌진 부대와 홍범도 연합 부대가 공동으로 일본군을 섬멸한 전투이다. 이 전투에서 적측은 연대장 加納 이하 장병 1천여 명의 전사자를 내었으며, 우리 측에서도 전사 1백여 명, 실종 90여 명, 부상 200여 명이었다.[17]

마. 서로군정서원들의 순국

서로군정서는 3 · 1운동 이후 1919년 4월 만주 서간도 유하현 고산자에서 성립된 군사정부이다. 이 단체의 주요 간부는 독판 이상룡, 부독판 여준, 참모장 김동삼 등이었다. 군정서는 의용대를 두어 활발한 대일투쟁을 전개하였는데 그러는 가운데 많은 병사들이 희생되었다.[18]

1922년 8월 서로군정서 의용대 본부에서는 총 지휘관 이하 군 간부의 회합으로 그동안 순국한 의용대 장병들의 영혼을 위로하는 추도식을 가졌는데 이때까지 순국한 장병의 명단은 다음과 같다.

---

15 『독립신문』 1921년 3월 1일자.
16 『독립신문』 1921년 3월 12일자.
17 독립운동사편찬위원회, 『독립운동사』 5, 392쪽.
18 박환, 서로군정서, 『만주한인민족운동사연구』, 28~39쪽.

신광재 · 이창덕 · 이병봉 · 주문하 · 김영춘 · 김홍수 · 김영하 · 박
형봉 · 송문주 · 이영근 · 고영신 · 김기현 · 김병성 · 김병룡 · 황영래 ·
김계하 · 김희록 · 하찬린 · 조봉오 등 19명이다.[19]

바. 한족회원의 순국

서로군정서의 이면 단체인 한인자치기구 한족회의 회원들이 1920년
4월 1일부터 1921년 2월 16일까지 일제에 의해 함병일 · 권기일 · 신중
화 · 김헌림 · 안일룡 · 조종령 · 박병하 · 김세탁 등 34명이 사살되었다.[20]

사. 대한통의부 독립군의 순국

1923년 8월 25일 통의부 의용대 15중대 참교 柳世振이 중국 보갑군
과 충돌하여 전사하였으며,[21] 1924년 2월 23일 金宗浩 · 李宗芳 · 朱尙
日 등 의용군 1중대 부사가 고산진 부근 청산리에서 일경과 교전 중 모
두 전사하였다.[22] 그리고 동년 1924년 3월 4일 통의부 의용대원 柳錫貞
이 봉천 일경에게 취조 받다 사망하였고, 동년 7월 2일 통의부 군사부장
신팔균이 중국군의 습격을 받고 전사하였다.[23]

아. 참의부 독립군의 순국

1920년대 중반 만주의 통화, 유하 등 압록강 연안지역을 관할 구역으
로 하는 대한민국임시정부 육군 주만참의부가 성립되었다. 창립당시 주
요 간부를 보면 참의장 겸 제1중대장 채찬백광운, 제2중대장 최석순, 제
3중대장 최지풍, 제4중대장 김창빈, 제5중대장 김창대, 훈련대장 박응

---

19 『독립신문』 1922년 8월 29일자.
20 독립운동사편찬위원회, 『독립운동사자료집』 14, 1983, 963~964쪽.
21 『독립신문』 1923년 10월 13일자.
22 『독립신문』 1924년 5월 31일자.
23 『동아일보』 1924년 8월 1일자.

백 등이었다.[24]

1924년 5월 10일 참의부원 姜京根, 桂東化 등이 집안현에서 중국 보갑대와 교전하여 전사하였다. 그리고 동년 4월 9일에는 金萬秀·崔炳浩·柳基東 등이 하얼빈에서 일경, 중경과 교전 중 전사하였다.[25]

자. 참의부 고마령전투

참의부의 활동은 국내진격전을 많이 수행했다는 점이 괄목할 만하다. 국내진격전은 특히 제1중대장 백광운과 제2중대장 최석순에 의하여 활발히 전개되었는데, 백광운이 피살된 이후에는 최석순이 참의장 겸 제2중대장으로 있으면서 항일전투를 지휘하고 있었다.

1924년 5월 일제의 조선총독 재등이 압록강 순시 중 독립군의 공격을 당해 크게 자극된 일제는 한편으로 동삼성 특히는 봉천성 당국자와 외교교섭을 펴면서 일면 그들의 경찰을 동원하여 독립군 토벌에 전력을 경주하고 있었다.

독립군도 삼엄한 형세에 주의하면서 1924년 후반기에 계속 국내 진격을 감행하였다. 그리고 그해 겨울에는 최석순 제2중대장이 참의장을 겸하여 새로운 전투태세를 정비하고 있었다. 그러던 중 1925년 3월 16일 輯安縣 古馬嶺에서 국내진입을 위한 작전 회의를 개최하고 있을 때, 일제 경찰의 기습을 받아 혈전 끝에 참의장 최석순이 육박전을 하다가 결국 전사했다. 그 외 田昌禧·崔恒信·全德明·安貞吉·金用武·金鶴松·潘昌炳·崔吉星·白明浩·張鏡煥 등 29명혹은 42명도 전사하였는데 이를 고마령 전투라고 한다.[26]

---

24 독립운동사편찬위원회,『독립운동사』 5, 458~466쪽.
25 독립운동사편찬위원회,『독립운동사자료집』 14, 936쪽.
26 애국동지원호회,『한국독립운동사』, 1956, 351쪽.

차. 혁신단원의 순국

1927년 11월 13일 혁신단원 韓益 · 金江 · 林七虎 · 方俊 · 鄭七明 · 朴德彦 등 6명이 용정에서 일본군과 교전 중 전사하였다.[27]

카. 순국한 조선혁명군 명단

조선혁명군은 원래 국민부 산하의 군대였다. 그런데 1929년 9월 20일 국민부 중앙의회에서 혁명군을 당시 민족유일당조직동맹조선혁명당의 전신의 소속으로 이관하기로 결정함에 따라 지휘처가 변경되었던 것이다. 그리고 그해 12월에 민족유일당 조직동맹이 발전하여 조선혁명당으로 개편되자 조선혁명당 소속이 되었다. 이때 조선혁명당에서는 산하 혁명군을 조선혁명군으로 정비하고 독립시켰던 것이다. 아울러 조선혁명군의 조직을 완료하였는데, 당시 총사령은 이진탁, 부사령은 양세봉, 참모장은 이웅이었다.

이러한 조선혁명군은 1931년 만주사변 이후 반만 항일투쟁을 전개하였는 데, 이때 사망한 것으로 추정되는 인물은 조선혁명군은 총 44명에 이르렀다. 그들의 명단은 다음과 같다. 그러나 앞으로 개개인의 사망 여부에 대하여는 신중한 검토가 이루어져야 할 것이다.

양세봉 · 양기하 · 이호원 · 고이허 · 전운학 · 조화선 · 김광욱 · 김성해 · 최창해 · 윤일파 · 장명도 · 김일룡 · 이해천 · 김보안 · 박석원 · 이시열 · 장세용 · 장승언 · 이종건 · 이규성 · 서세명 · 차용륙 · 김추상 · 최석용 · 김관웅 · 박치화 · 최윤귀 · 정봉길 · 장동훈 · 장신국 · 홍익선 · 임필순 · 김명암 · 이상관 · 홍심원 · 이동훈 · 장철호 · 유광흘 · 이윤환 · 김문봉 · 조웅걸 · 권영조 · 안봉 · 김경근[28]

---

27 『동아일보』 1927년 11월 26일자.
28 독립운동사편찬위원회, 『독립운동사』 5, 641~642쪽.

타. 기타(21명)

장백현에서는 1921년 3월 3일 동포 김우정 · 박홍수 · 김치삼 · 노한석 · 정명옥 · 김창순 · 김영모 · 김이천 · 김순옥 · 하승천 · 조승무 · 구성문 · 박기춘 외 11명이 독립운동 협의로 일경에게 사살되었고,[29] 1922년 2월 17일에는 鄭士興이 용정에서 일경과 교전 중 전사하였다.[30] 그리고 1923년 3월 12일에는 黃河淸이 군자금을 모집하다 봉천에서 일경에게 사살되었고,[31] 동년 6월 3일에는 천마대원 金俊彦 · 朴俊赫 · 梁昌乙 등이 전사하였다.[32]

1923년 8월 25일에는 李芝茂가 압록강 연안에서 일경에게 살해당하였으며,[33] 1923년 11월 8일에는 李如春이 군자금을 모집하다가 일경 습격으로 전사하였고,[34] 1925년 1월 8일에는 대한독립단 2연대 3대대장 신도홍, 장빈삼 등이 연길현에서 일경과 교전 중 전사하였다.[35]

(2) 독립군의 희생자 수

지금까지 검토한 바에 하면 독립군의 희생자 수는 총 310명 정도이다.

2) 만주사변 이후 희생된 사회주의 계열 독립군

(1) 내용

1930년대 중국 만주지역에서의 항일무장유격대의 활동은 일본제국주의의 대륙침략정책의 수행에 커다란 위협을 주었다. 그리하여 일제

---

29 독립운동사편찬위원회, 『독립운동사자료집』 14, 960~961쪽.
30 『동아일보』 1922년 2월 23일자.
31 『독립신문』 1923년 4월 4일자.
32 『독립신문』 1923년 7월 21일자.
33 『독립신문』 1923년 9월 19일자.
34 『동아일보』 1923년 11월 16일자.
35 『동아일보』 1925년 1월 19일자.

는 만주국 군경과 함께 모든 수단을 동원하여 항일유격대를 소탕하고자 하였다. 1932년 일제는 「관대한 용서는 없다. 조선인이 있으면 닥치는 대로 잡아 죽여야 한다」고 공언하면서 죄 없는 조선인들에게 무차별 학살을 감행하였다.

1932년부터 일제는 국경지대의 경비를 강화하는 한편 40~50만으로 만주파견군을 증강하였다. 그리고 경비도로와 경비통신망을 신설, 확장하고 항일유격대에 밀정을 침입시키는 한편 「집단부락」을 건설하여 내부 분열을 유도하였다. 그리고 항일유격대에 대한 공격을 감행하였다. 한편 일제는 항일유격대를 파괴하기 위하여 유격대와 유격대를, 유격대와 민중간을 이간, 분열시키기 위하여 「민생단」1932년, 「협조회」1934년 등을 조직하였다.

또한 일제는 1934년 9월부터 1935년초에 걸쳐 동만주지역의 반일운동 근거지에 대한 제3차 포위공격을 개시하여 「초토화작전」, 「각개격파작전」 등을 구사함과 동시에 전술한 바와 같은 집단부락을 설치해 보갑제, 오가작통, 십가연좌법 등으로 일반 농민들과 항일유격대와의 접촉을 저지하려고 하였다. 그리고 이어서 1935년 9월 중순에는 관동군을 중심으로 「추계치안숙정공작」을 감행하였다. 아울러 「동계숙정공작」도 1936년 3월까지 실시하였다.

관헌자료에서는 이 「추·동계숙정공작」의 결과, 조선인 중국인 합쳐 5,999명을 사살하였고, 5,431명을 부상시켰으며, 1,429명을 체포하였고, 5,281명을 귀순시켰다고 한다.

일본제국주의와 관동군은 이어 반일운동 세력을 완전히 제거하기 위하여 1936년 4월부터 1939년 3월까지 3개년 계획으로 「만주국 치안숙정계획요강」을 마련하였다. 이에 따라 통화현에 북부동변도 치안공작위원회를 설치하고 반일 세력에 대한 무력토벌을 실시하였다. 아울러

1939년 겨울, 1940년 봄, 겨울의 토벌에서는 수십만의 병력을 동원하여 반일 세력에 대한 전면적인 공격을 감행하였다. 그리하여 만주지역의 유격대는 큰 피해를 입게 되었다.[36] 상황을 보면 다음과 같다.

1932년의 사망자는 7,591명, 1933년 8,728명, 1934년 8,909명, 1935년은 13,338명, 1936년은 10,713명, 1937년은 7,663명, 1938년은 3,693명, 1939년은 3,168명, 1940년은 2,140명이다.[37] 1932년부터 1940년까지 만주지역에서 사망한 항일 세력은 총 65,871명인 것이다. 그러나 이들 가운데 한인의 수는 파악할 수 없어 앞으로 이에 대한 검토가 요청된다.

한편 1930년부터 1945년까지 연변지역에서 항일투쟁을 전개하다 사망한 공산주의자들에 대하여는 연변인민출판사에서 1989년에 간행한 『연변인민의 항일투쟁』자료집에 잘 나타나 있다. 여기에 따르면 연길시에서 사망한 사람은 총 517명이며 이 중에 조선족은 512명으로 나타나고 있다. 그중 남자는 434명이며, 여자는 78명이다. 돈화시에서는 총 25명의 항일열사가 있으며 그중 한국인은 18명이다. 그중 남자는 17명, 여자는 1명이다. 다음 도문시의 경우는 총 188명의 혁명열사가 있는데 그중 한국인은 185명, 중국인은 3명이다. 용정현은 총 817명이며, 조선족은 809명, 한족은 8명이다. 화룡현은 287명이며 그중 조선족은 283명이고 한족은 4명이다. 안도현은 총 83명이며 그중 한국인은 78명, 왕청현의 경우는 총 566명 가운데 한국인이 531명, 훈춘현은 358명 가운데 한국인이 353명이다. 따라서 1930년부터 1945년까지 연변지역, 즉 연길시, 돈화시, 도문시, 용정현, 화룡현, 왕청현, 훈춘현 등에서 일제와의 싸움에서 숨진 한인은 모두 2,769명이라고 할 수 있겠다.

---

36 박경식,『일본제국주의의 조선지배』, 청아, 1986, 535~546쪽.
37 만주국치안부 경찰사,『만주국경찰사』상권, 1942, 821쪽.

(2) 한인 희생자 수

일본 측의 통계에 의하면 1932년부터 1940년까지 만주에서 희생된 항일 세력은 총 65,871명으로 기록되고 있다. 그러나 이 수는 한국인과 중국인을 합한 숫자이므로 그중 몇 명이 한국인인지는 현재로서는 정확히 파악할 수 없다. 다만 연변지역의 경우는 2,769명의 한인이 희생되었음이 확인되고 있다.

5. 1931년 만주사변 이후 일제에 의해 희생된 민간인

1) 학살 사건의 내용

(1) 仁河洞 참안(1931.10.30)

1930년 초에 훈춘현 哈達門鄕 인하동에는 100여 호의 동포들이 살고 있었다. 1931년 10월 28일 김시준·박금주·최인숙 등 반일단체의 책임자들은 인하동 학교에 모여 ≪饑民투쟁≫을 일으켜 일제를 제거할 문제를 토의하였다. 이를 눈치 챈 일제주구 원대순은 훈춘 일본영사관 분관에 이를 고발하였다.

10월 30일 이른 아침에 일본경찰들은 인하동을 포위하고 김시준 등 11명을 체포하고 살해하였다.[38]

(2) 來豊洞 학살 사건(1931.11)

내풍동 학살 사건은 1931년 음력 11월에 발생하였다. 내풍동은 지금의 화룡현 동성향 몽풍촌에서 서남쪽으로 4km 되는 산골짜기에 있었다. 1931년 10월 7일 중국공산당 공비암 지부의 지도 밑에 있던 염기순,

---

[38] 훈춘문사자료편찬위원회,『훈춘문사자료』2, 1987, 78~79쪽.

염학순, 심중국, 김문명 등은 적위대와 함께 동성 용남촌에 가서 용정주재 간도 일본총영사관의 주구인 차두균을 처단하였다. 이 일을 안 일본영사관에서는 음력 11월 2일 200여 명의 군경을 동원하여 염기순·염학순·심중국·김문명·최현국·문경팔 등을 체포하여 내풍동에 있는 북일 소학교의 기둥에 동여맨 후 참혹하게 사살하였다. 결국 이로써 6명의 사망자가 발생하였다.[39]

(3) 大坎子 학살사건(1932년 봄)

대감자 학살사건은 왕청현 신흥향 경내 대감자에서 1932년 봄에 발생한 사건이었다. 1932년 봄 중국공산당 대감자 지부에서는 신흥, 대감자 일대의 농민 대중들을 동원하여 기세 높은 춘황투쟁을 전개하였다. 시위대가 대감자촌 북쪽에 이르렀을 때 대감자공안국의 순경들이 공격을 해 1명이 살해당하였다. 뒤이어 일본군 토벌대가 도착하여 30여 명을 살해하였다. 같은 해 4월에 백초구 주재 일본영사관 분관에서는 무장 부대를 파견하여 또다시 대감자에 대한 토벌을 감행하여 홍두주 등 8명을 살해하였다. 이로 인하여 결국 대감자에서는 대감자공안국 순경 및 일본 영사관 경찰 등에 의하여 총 39명의 사망자를 내었다.[40]

(4) 金谷 참안(1932.3~1933.1)

금곡촌은 연길현 德新鄕에 있는 산골마을로 만주사변 이후 ≪장총대≫라는 항일무장조직을 조직하여 활동하고 있었다. 이에 일제는 1932년 4월 5일 이 마을을 습격하여 김정숙 등 5명을 사살하였다. 그 후 1932년

---

39 김동화·김철수·리창역·오기송 편저,『연변당사 사건과 인물』, 연변인민출판사, 1988, 91쪽.
40 위의 책, 92~92쪽; 왕청현 문물지편찬위원회,『왕청현문물지』, 1983, 90쪽.

4월 21일에는 역시 금곡촌을 습격 이기춘·송죽송 등을 사살하였고, 5월 18일에는 원동학교 교원 김창활과 농민 김하룡 등 4명을 살해하였다. 그리고 이해 10월에도 역시 이 마을을 기습하여 농민 9명을 죽였던 것이다. 즉 일제는 1932년 3월부터 1933년 1월에 이르기까지 금곡촌에 대소 36차의 토벌을 단행하여 동포 44명을 살해하고 가옥 18채를 불태웠다.[41]

(5) 三洞 참안(1932년 봄)

圖們市 月晴에 자리하고 있는 삼동과 岐豐峴은 1920년대부터 항일운동의 근거지였다. 일제는 1932년 봄에 이 지역을 포위하여 한경철·김응규·정태호·김백기 등을 체포하고 40여 호의 주택에 불을 질렀다. 그리고 일본군 토벌대는 그중 11명을 총살하는 한편 이어서 다시 마을의 노인, 부녀자, 어린이 10여 명을 잡아다가 생매장하였다.[42]

(6) 永昌洞 참안(1932년 봄)

1932년 봄에 왕청현 제5구 영창동지금의 도문시 석현진의 동포들은 일제주구인 서시호와 이경운을 체포하여 그들의 죄악을 비판하였다. 이 소식에 접한 석현 경찰서에서는 오중옥·유세룡·방영석·윤용삼·김하룡 등을 체포하여 사살하였다.[43]

(7) 德源里 학살 사건(1932.4.6)

덕원리 학살 사건은 1932년 4월에 발생하였다. 이곳은 지금의 왕청현

---

41 연변문사자료편찬위원회, 『연변문사자료』 4, 1985, 60~61쪽.
42 도문시문물지편찬위원회, 『도문시문물지』, 1985, 75~76쪽.
43 위의 책, 76~77쪽.

동진향에서 서북쪽으로 2km 떨어진 남류수하자골 어구에 있었다. 30년대 초 덕원리 대중들은 중국공산당의 지도 아래 농민협회, 청년단, 적위대 등 혁명단체들을 조직하고 여러 가지 형식으로 항일투쟁을 전개하였다. 이리하여 친일주구와 일본 경찰은 덕원리에 대하여 항상 감시하고 있었다. 그러던 중 1932년 4월 6일 아침, 일본 영사관 경찰은 백초구에서 서위자를 거쳐 덕원리를 공격하였다. 그리하여 무고한 농민들을 닥치는 대로 사살하였으며, 덕원리 일대는 일시에 폐허가 되고 말았다.[44] 덕원리 학살 사건에 대하여는 구체적인 사망자 명단이 파악되고 있지 않다. 추후 사망자에 대한 조사가 이루어져야 할 것으로 기대된다.

(8) 柳亭坪 참안(1932.4.11)

1930년 8월 이래 훈춘현 板石鄕 유정평촌에 살고 있던 동포들은 김장훈, 신용빈의 지도하에 일제의 주구 황화학 등을 처단하였다. 이에 일본영사관 분관은 1932년 4월 11일 일본경찰과 자위단을 파견하여 김장훈·신용빈·황응길·김로관·최병률·김동훈·박종현 등 8명을 체포하여 총살하였다.[45]

(9) 南陽村 학살 사건(1932.4)

남양촌은 지금의 용정현 의란향 경내에 위치해 있었다. 1932년 4월 말 중국공산당 의란구 구위에서는 5월 1일 국제 노동절 자축 모임을 가지기로 하였다. 이일을 남양촌의 한병렬 등 6명의 친일주구들이 알게되었다. 이들은 이일을 구룡평지금의 의란향 소재지 경찰 분주소에 고발하였다. 이 소식을 접한 연길 주둔 일본군 수비대에서는 40여 명의 보병과

---

44 『연변당사사건과 인물』, 93~94쪽.
45 훈춘문사자료편찬위원회, 『훈춘문사자료』 2, 1987, 77~78쪽.

20여 명의 기병들을 파견하여 연집구의 신암, 의란구의 명흥, 서구, 계림, 귀암, 남양촌, 위자구지금의 용정현 장안진의 구산, 백가, 룡가, 맹지장 등지를 공격하였다. 일본군들은 주구를 앞잡이로 데리고 다니면서 하루 오전에 90여 명의 반일운동가들을 체포하였다. 의란구위와 남양촌, 서구, 귀암, 동구, 신암 등 촌의 당원 14명을 체포하여 남양촌의 장운심 집에 가두어 놓고 산채로 불에 태워 죽였다. 그리고 16명의 동지들은 연길 감옥에 압송하였다.[46] 결국 이 사건으로 14명이 사살당하였다고 할 수 있겠다.

(10) 해란강 학살 사건(1931.10~1933년 초)

이 사건은 일본군이 연변에서 행한 학살 사건 중 규모가 가장 큰 것이다. 1930년대 초에 중국공산당 동만의 당조직에서는 해란강과 부르하통강의 합수목 동북쪽에 있는 화연리에다 중국공산당 해란구위를 조직하였다. 1931년 만주사변 후 해란구의 농민들은 중국공산당의 지도하에 유격대를 조직하여 적극적으로 항일투쟁을 전개하고 있었다. 이에 일본군들은 부대를 파견하여 해란강지역에 대한 토벌을 전개하였다.

1932년 음력 8월 7일 일본군 수비대와 만주국 자위단 70여 명은 3정의 중기관총과 경기관총, 1문의 포를 가지고 9호의 주민 밖에 없는 화연리 유정촌을 포위하였다. 그리고 그들은 집집마다 돌아다니며 불을 놓고 눈에 띠는 사람마다 살해하여 당원 28명과 20여 명의농민이 학살당하였다. 일본군은 아이들도 가만히 놓아두지 않고 총창으로 찔러 죽였다. 항일유격대가 주둔했던 이삼달 집에서는 10여 명의 식구가 살해되었다. 그 가운데에는 2살 난 어린애가 있었을 뿐만 아니라 70여 세 되는 할머니도 있었다. 일본군들은 무차별 학살을 감행하였다. 이리하여 유

---

46 『연변당사 사건과 인물』, 94쪽, 『용정현문물지』, 1984, 150쪽.

정촌은 피바다가 되었다. 이것이 바로 화연리의 <8 · 7 학살 사건>이다.

같은 해 음력 섣달 12일, 연길현 하동의 만주국 자위단과 연길에 주둔하고 있는 일본군 수비대와 만주국 경찰은 화연리에 또 한 차례의 토벌을 감행하였다. 그들은 장티푸스에 걸려 치료를 받고 있던 5명의 항일유격대를 체포한 후 불에 산채로 태워 죽였다.[47]

1945년 일제가 패망한 후 연변에서는 1946년 10월에 해란강 대학살 사건의 청산대회를 열고 동포들에게 죄를 지은 당사자들을 재판하고 처단하였다.[48]

1946년 11월 2일자 중국공산당 길림성위의 기관지인 인민일보조선어판의 기재에 따르면 1932년부터 1933년까지 일본군은 총 94차례의 토벌을 가하였으며, 선후하여 1,700명의 당원과 농민을 학살하였다고 기록하고 있다.[49]

(11) 鄭文權 社長의 피살(1932.1)

1930년대 화룡현 四光社는 두만강 북안의 光德, 光鍾, 光昭, 光豊 등 4개사가 합쳐 이루어진 큰 회사로, 사장은 정문권이었다. 그는 중화민국의 하급관원이었으나 민족의식이 강한 인물이었다. 이에 1932년 1월 일본영사관 산하의 남양평 경찰서정 이 林炳祿 등 2명을 파견하여 그를 암살하였다.[50]

---

47 『연변당사 사건과 인물』, 95~96쪽, 연변일보 1962년 8월 20일자.
48 『연변당사 사건과 인물』, 187~190쪽.
49 연변문사자료편찬위원회, 『연변문사자료』 1, 1982, 58~64쪽, 『경향신문』 1995년 9월 21일자, 피로물든 해란강.
50 『연변문사자료』 4, 1985, 62~65쪽.

(12) 피유동 참살 사건(1932.3.15)

훈춘현 피유동은 함경북도 하여평과 두만강을 사이에 둔 마을로서 이 마을 우리 동포들은 1920년대부터 항일투쟁을 전개하여 왔다. 1931년 만주사변 후에는 이 마을의 절대 다수의 농민들이 항일유격대에 가입하였다. 이에 1932년 3월 15일 용정에서 파견되어 온 일본군 토벌대는 이 마을을 습격하여 김규용 · 김규선 · 김경진 · 김정남 · 김남선 · 김치익 등 6명을 총살하였다.[51]

(13) 大麻子溝 참안(1932.2)

훈춘현 인하동구 대마자구촌은 만주사변 전부터 항일투쟁을 전개하던 곳이었다. 1932년 2월 어느 날 반일단체 책임자들이 회의를 할 때 일제의 밀정이 이를 훈춘 주재 일본영사관 분관에 밀고하였다. 그리하여 이튿날 일본 경찰들은 이 마을을 습격하여 박홍근 · 김양석 · 박승걸 · 김진용 · 유명룡 · 김하선 · 채승관 · 김원석 · 박정근 등 농민 11명을 사살하였다.[52]

(14) 丘山사형장(1932~1933)

1932년 3월 구국군이 이 지역의 동포들의 협조 하에 화룡현 이도구의 경찰분주소를 습격하여 경찰 2명을 사살하였다. 이에 이 경찰분주소에서는 일본군경을 파견하여 구산촌을 습격하고 동포 20여 명을 살해하였다. 또한 음력 11월에도 이 마을을 습격하여 김극준 등 3명을 구산촌에서 처형하였다.[53]

---

51 『훈춘문사자료』 2, 1987, 79~80쪽.
52 『훈춘문사자료』 2, 74~75쪽.
53 『화룡현문물지』, 1984, 113쪽.

(15) 石建坪 참안(1932.5.3)

1932년 봄에 화룡현 開山屯區 昌新洞과 岐豊峴의 동포들은 일제주구인 김석 등 2명을 처단하였다. 이에 1932년 5월 3일 일본경찰과 자위단은 신창동을 습격하였으며, 이때 오덕윤·김동진·최기철·황금송 5명을 체포하여 석건평 산으로 끌고 가 처형하였다.[54]

(16) 전선촌 燒殺 사건(1932.8.21)

훈춘현 馴子鄕 전선촌에는 이태윤이라는 일본 밀정이 있었다. 그는 훈춘 영사관 분관의 中島警部와 밀접한 관계를 가지고 이 마을의 동태를 살피고 있었다. 1932년 8월 21일 새벽에 전춘·김창건·이진섭·석장철 등 항일운동의 핵심인물들이 김창건의 집에서 회의를 하고 있을 때, 중도경부는 10여 명의 경찰을 거느리고 와서 회의 장소를 포위하고 이들을 체포, 살육하였다.[55]

(17) 동흥진 학살 사건(1932.10)

1932년 10월에 훈춘현 춘화향 동복쪽에 위치한 동흥진에서 발생한 학살 사건이다. 당시 이곳에는 구동북군 보병 제678단 산하 제3영인 왕옥진 부대가 주둔하고 있었다. 만주사변 후 왕옥진 부대는 항일구국군에 참가하고 있었다. 1932년 10월 춘화 일대의 농민들은 대지주 양락도를 몰아내려고 하였다. 이에 양락도는 왕옥진에게 달려가 농민들을 진압해 달라고 간청하였다. 이에 왕옥진은 군대를 풀어 엄용춘·신일·김성봉·정춘백·최덕룡·김용순·권성준 등 7명의 체포하여 동흥진으로 압송, 이들을 작두와 기병도로 잔인하게 학살하였다.[56] 동흥진 학

---

54 『도문시문물지』, 1985, 77~78쪽.
55 『훈춘문사자료』 2, 81~82쪽.

살 사건을 통하여 7명의 조선인이 학살당하였던 것이다.

(18) 藥水洞 학살 사건(1932.12.1)

약수동 학살 사건은 1932년 음력 11월에 발생하였다. 약수동은 현재 화룡현 용문향경내에 위치하고 있다.1932년 음력 11월 4일 새벽, 일본군 수비대와 만주국 경찰들로 구성된 200여 명은 약수동을 포위하였다. 그리고 그들은 약수동 부녀위원이며 공산당원인 김순희, 호제회 회장이며, 공산당원인 정태준, 적위대 부대장인 정태경, 적위대 반장인 이덕길, 소선대 대자인 김득봉, 그리고 황익두 등 8명을 정태준 집의 마당에 압송하였다. 그리고 그들을 집안에 가두어 놓고 불을 지른 후 기관총을 난사하여 사살하였다. 이 사건을 통하여 약수동에서 8명이 사망하였다.[57]

(19) 敬信참변(1933.3)

1932년 봄부터 훈춘현 경신향의 4도구, 5도구, 6도구, 回龍峰, 金塘 등 각 지역의 동포들은 항일유격대를 조직하여 활동하고 있었다. 이에 일제의 토벌대는 1933년 3월 4일 회룡봉을 습격하여 김성남, 김남선, 김치익 등을 체포하고 살해하였다. 계속하여 일제 토벌대는 오도구, 육도구 두개촌도 습격하여 홍용득·김창렬·김두만·김용기 등을 체포하여 그들을 태워 죽였다. 그 이튿날 사도구와 금당 마을을 습격하여 농민 김형찬·유병협·김병국·박인국 등을 체포하여 즉석에서 사살하였다. 결국 경신참변을 통하여 11명이 사망하였다.[58]

---

56 『연변당사 사건과 인물』, 97쪽.
57 위의 책, 98쪽, 『화룡현문물지』, 112~113쪽.
58 『연변문사자료』 4, 61~62쪽.

(20) 대황구 13열사(1933.9)

대황구는 지금의 훈춘현 영안향 북쪽에 위치하고 있다. 당시 항일유격근거지였던 대황구는 훈춘현 항일유격대들이 늘 주둔하던 곳이자 적들이 늘 진공하는 주요한 목표의 하나였다. 1933년 9월, 원래 동년현성 전투에 참가하려고 훈춘현 항일유격대에서 선발한 유격대 정위 백일평, 제3중대장 박진홍, 소대장 오빈 등 27명의 유격대원들은 흑룡강성 노흑산 일대를 거쳐 동년현성을 향해 진군하였다. 그러나 이때는 전투가 이미 끝난 뒤였다.

그리하여 그들은 다시 대황구로 향하여 10월 7일 대황구에 도착하였다. 그런데 적들은 당시 2갈래로 길을 나누어 대황구를 습격하였다. 한 갈래는 훈춘토벌대로서 하다문 인화동을 거쳐 대황구 동골에 덮쳐들어 거기에 있는 피난민 18명을 학살하였다. 다른 한 갈래는 일본군 수비대와 밀강 만주국 무장자위단 약 40여 명이 변절자인 배일원의 길 안내에 의해 청수동을 거쳐 대황국를 공격하였다. 그리하여 박진홍 · 오빈 · 김용학 · 박영신 · 양태성 · 김시천 · 주병갑 · 이홍국 · 배송립 · 고진준 · 김장협 · 김길룡 양씨성을 가진 만족 전사 도합 13명이 전사하였다.[59] 그리하여 결국 대황구 사건에서는 민간인 18명과 군인 12명 등 도합 30명의 한인이 죽음을 당하였다.

(21) 四道河子 학살 사건(1935.2.18)

이 사건은 1935년 음력 정월 15일에 왕청현 나자구에서 서남쪽으로 10여 키로미터 떨어진 사도하자 일명 상방자에서 벌어진 사건이었다. 1934년 말 서일남이라고 부르는 건달이 당지의 반닝회에서 그를 술만 먹고 항일운동은 하지 않는다고 비판하자 만주군에게 가서 사도하자에

---

59 『연변당사 사건과 인물』, 147~148쪽.

는 공산당이 많다고 고발하였다. 이에 만주군은 1935년 음력 정월 15일 새벽 사도하자를 포위하였다. 그리고 45명을 사살하고 집들을 모두 불태워 버렸다.[60] 이 사건으로 45명이 학살되었음을 알 수 있다.

(22) 凉水泉子 15열사 학살 사건(1935.2.18)

이 사건은 1935년 2월에 발생한 사건으로 양수천자는 과거 훈춘현 서부에 위치해 있었으나 현재는 왕청현에 위치하고 있다. 1930년대 초에 양수천자의 남대동, 수남 등지의 군중들은 중국공산당의 지도하에 혁명운동을 벌였다. 이에 일본군은 이들의 항일운동을 탄압하기 위해 고심하였다.

1935년 2월 3일 저녁, 양수천자의 만주국 경찰은 친일주구 박동훈 등 7명의 가짜 반일회원들을 시켜 남대동에 가서 반일삐라를 산발하게 하였다. 이튿날은 음력 설날이었다. 일본군들은 이것을 구실로 대량의 경찰과 만주국 자위단을 남대동과 수남촌에 파견하여 반일회 회원들을 체포했다. 당시 체포된 인물은 김죽송·김만송·김봉만·김성만·김정길·김수길·한창유·한창수·한창선·신봉유·이응률·정홍길·양윤혁·양창립·양인혁 등 15명이었다. 이들은 2월 18일 양수천자 갈밭골로 압송되어 처형당하였다.[61]

(23) 響水河子 참안(1935년 여름)

1935년 여름 일제는 조선혁명군이 활동하던 新賓縣 향수하자를 습격, 박성식·윤두칠 등 도합 130여 명을 체포하였다. 그리고 그중 70여 명을 살해하였다.[62]

---

60 위의 책, 161쪽,『연변문사자료』2, 118~120쪽.
61『연변당사 사건과 인물』, 161~162쪽,『훈춘현문물지』, 142쪽.

(24) 新賓縣城 北山 도살 사건(1936.7)

1936년 5월 신빈현 주둔 일본 경찰 분서 분서장인 小林未果는 수십 명의 일제경찰을 거느리고 조선혁명군의 근거지인 신빈현 왕청문에 와서 농민 30여 명을 체포하는가 하면, 7월 달에는 농민 20여 명을 체포하여 사살하였다.[63]

(25) 東金溝 사건(1937)

1936년 10월 일제의 동변도 지구에 대한 공격이 가해지는 가운데, 1937년 1월 신빈현 동금구에 대한 공격이 있었다. 이때 일제는 ≪비적 내통자≫라고 하여 동포 6명을 체포하여 즉석에서 사살하고, 계속하여 농민 500여 명을 체포하여 縣城으로 압송하였다. 일제는 동포들에 대한 고문 끝에 200명을 석방하고, 나머지 300명을 몇 번으로 나누어 총살하였다.[64]

이외에도 만주지역에서는 일제에 의한 다수의 한인 학살 사건이 있었다. 그 대표적인 예와 한인들의 사망수를 보면 1932년 4월에 있었던 화룡현 용문골 학살사간희생자−4명, 동년 동월의 개산툰구 월청사 창신동에 대한 일본군의 학살만행5명, 1932년 5월 1일에 있었던 연길시 남화연리의 학살 사건15명, 1932년 8월 7일부터 1933년 2월까지 약 10개월 동안 연길현 화연리 학살 사건150명, 1932년 8월에 있었던 훈춘의 김용철 살해 사건, 1932년 9월에 훈춘현에서 있었던 산림대의 만행15명, 1932년 10월 27일의 해란구 이화동, 평두산 학살 사건7명, 1932년 용정

---

62 조문기,『압록강변의 항일명장 양세봉』, 1990, 190쪽.
63 위의 책, 190~191쪽.
64 위의 책, 191쪽.

현 덕신향 금곡에서의 학살 사건15명, 1932년 10월 화룡현 평강구의 대토벌로 인한 한인의 살해2명, 1932년 겨울 개구 자동 채수골에서의 한인 30명 살해 사건30명, 1933년 2월의 훈춘현 금구에서 11명의 살해 사건11명, 1933년 3월부터 1934년 4월까지의 일본군 대토벌에 의한 학살 사건88명 등을 들 수 있다. 그리고 1933년 4월 후동 수레바위골에서의 사건25명, 1933년 8월의 장봉한 등 반제동맹원 12명이 부동골 뒷산에서 총살당한 사건12명 등도 들 수 있다.[65]

2) 한인의 희생자 수

지금까지 한인의 학살 사건에 대하여 중국 측의 기록을 중심으로 살펴보았다. 여기에 따르면 한인의 희생자 수는 총 2,775명 정도로 추정된다. 앞으로 일본 측 기록과 생존자들과의 면담작업을 통하여 보다 정확한 통계가 이루어져야 할 것으로 기대된다.

III. 중국에 의한 한인 탄압

1. 3 · 13만세운동

1) 3 · 13만세운동의 내용

1919년 국내에서 만세운동이 전개되자 그 영향으로 만주지역에서도 3 · 1운동이 전개되었다. 즉 3월 13일 정오에 용정에서 임민호 등 두 소년이 용정 천주교당 종루의 종을 치는 것을 시발로 운동이 전개되었다.

3 · 1운동 집회는 독립운동가이며 예수교 목사인 김영학의 사회로 시

---

65 『연변문사자료』 1, 2에 근거하여 작성하였음.

작되었다. 그는 대회를 선포함과 동시에 독립선언포고문을 읽고 이어 공약 3장을 발표하였다. 이 때 등사한 삐라들이 대회장 상공에 뿌려졌다. 포고문과 공약 3장을 다 읽자 대중들은 목이 터지도록 만세를 불렀다. 그러한 와중에 유예균, 황지영 등의 연설이 있었다.

연설이 끝나자 명동중학교 320명의 교사와 학생들을 중심으로 조직된 충열대가 선두에 서서 시위 행진을 하였으며, 대열은 일본 총영사관으로 향하였다. 시위대가 시내로 들어서자 일본군대와 중국군 맹부덕 부대는 군중들을 진압하려고 하였다. 이에 굴하지 않고 학생들이 계속 만세운동을 전개하자 당황한 맹부덕은 병사들에게 사격 명령을 내렸다. 이에 학생 13명이 숨지고 30여 명이 부상을 입는 사건이 발생하고 말았다. 부상자들은 제창병원으로 옮겨졌으나 그중 6명은 병원에서 사망하고 말았다.66

2) 희생된 한인의 수

3·13만세운동 시 13명이 사망하였으며 그 외 6명이 추가되어 모두 19명이 희생된 것으로 알려져 있다. 이들 한인 희생자에 대하여는 연변 지역의 조선족들과 한국인들이 힘을 합하여 이들의 묘소를 단장하는 한편 기념비를 세우는 작업 등을 추진하였다.

2. 중국정부에 의한 한인 탄압

1) 중국정부에 의한 한인 탄압의 내용

중국인과 중국정부의 한인 탄압은 한국인이 중국으로 이주하면서부

---

66 김동화·김철수·리창역·오기송 편저, 『연변당사 사건과 인물』, 7~11쪽.

터 시작되었다. 중국인의 한인 탄압 배경을 보면 첫째, 재만한인은 일제의 대륙침략의 전위가 되어 일제에게 이용되고 있다는 중국인들의 오해를 들 수 있다. 둘째는 중국은 인구가 조밀한 지역인 양자강 유역의 중국남방민을 만주로 이주시켜 중국인으로 하여금 이 지역을 개척하고자 하였는데, 중국 측에서는 바라지도 않던 한국인이 만주에까지 이주하여 일제의 앞잡이 노릇을 한다고 인식한 점을 들 수 있다. 셋째, 재만한인에 대한 치외법권 문제를 들 수 있다. 1915년에 중일 간에 맺어진 불평등조약인 「남만주 및 동부 내몽고에 관한 조약 및 교환공문」에 의하면 일본 측은 만주에서 발생한 재만한인에 대한 사건을 중국 법률에 따르지 아니하고, 일본 영사관 재판권으로 다루었다. 중국 측에서는 이를 주권 국가에 대한 모독으로 이의 철폐를 요구하였다. 또한 재만한인 중의 일부는 일제의 비호 하에 아편의 밀매 등 불법적인 행위를 자행하고, 중국법규에 복종하지 않았던 것이다.

이와 같은 이유에서 중국관헌은 재만한인을 탄압하는 경우가 많았다. 그러나 1925년 이전은 한인의 사건 분규 등을 둘러싼 중일간의 대립 속에서도 중국 측은 재만한인을 단속할 법적인 근거가 없었다. 그러나 그 이후는 사정이 달랐다.[67]

중국정부의 한인 탄압은 1925년 奉天全省 경무국장 于珍과 조선총독부 경무국장 三矢宮松 사이에 맺은 삼시협정으로 본격화되었다. 이 삼시협정의 내용을 보면 다음과 같다.

> 1. 중국재류의 한국인은 중국관헌에서 淸鄕章程에 의하여 戶口를 엄사하여 牌를 편성하여 서로 보증케 하고 연대 책임을 부담시킴
> 2. 중국관헌은 각 현에 시달하여 재류한국인이 무기를 휴대하거나 한국에 침입하는 것을 엄금한다. 범하는 자는 그를 체포하여 한국관헌에 인도할 것

---

67 김기봉, 시대하라와 다나까의 외교−삼시협정, 『간도사신론』 하, 서굉일 동암 편저, 우리들의 편지사, 1993, 57쪽.

3. 불령선인 단체를 해산하고 소유한 총기를 수색해 그를 몰수하고 무장을 해제할 것

4. 한국인 소유의 총기 화약(단 농민이 소유한 鳥獸 구축용 총기는 제외함)은 당해 관서에서 수시로 엄중 수색하여 그를 몰수함

5. 한국관헌이 지명하는 불령단 수령을 체포하여 한국관헌에 인도할 것

6. 중일 양국 관헌은 불령선인 취체의 실황을 상호 통보할 것

7. 중일 양국 경찰은 마음대로 월경 할 수 없다. 만일 필요한 경우에는 상호통보하여 대신 처리방법을 청구할 것

8. 종전의 현안은 쌍방 성의를 가지고 기한을 전하여 해결할 것

중화민국 14년 6월 11일

대정 14년 6월 11일

봉천 교섭서에서

조선총독부 경무국장 삼시궁송

봉천전성 경무처장 우진[68]

삼시협정의 주요 내용을 보면 중·일 양국경찰은 한국독립운동을 방지하고 중국당국이 한국독립운동가들을 체포하여 조선총독부에 인계하며, 한국독립운동가의 명단을 조선총독부에 통보하여 준다는 것이다. 중국 측의 동삼성 당국은 이 협정을 수행하기 위하여 동삼성 관청에 명령 지시하고 중국동북 지방의 한국독립운동을 금지하는 한편 일본영사관 경찰과 합동 또는 단독으로 독립운동가들을 체포하였다.

그러나 이 협정으로 말미암아 조선총독부 당국이 생각하지 못한 부작용이 발생하였다. 그것은 종래에는 재만한인에 관계되는 사건은 일본영사관 관할에 속하였으나 이 협정이 체결된 이후부터는 동삼성 당국이 한국독립운동가들을 체포한다는 구실로 재만한인을 단속의 대상으로 삼게 되었다. 그리하여 재만한인들은 일본영사관 경찰과 중국관헌으로부터 이중의 압박을 받게 되었다. 특히 과거에는 일본영사관의 행정력이 미치지 않던 오지의 경우 이제는 중국관헌이 단속할 수 있게 되어 한국인의 피해가 커졌다.

---

68 독립운동사편찬위원회, 『독립운동사』 5, 531~534쪽.

결국 삼시협정으로 인하여 일본 정부는 중국당국에게 재만한인을 탄압하고 구축할 수 있는 법적인 구실을 제공하게 되었다. 그 결과 1925년 이후 중국인에 의한 한국인에 대한 탄압과 구축 사건이 빈번히 발생하였다. 특히 중국인 가운데 일부는 한국인을 일본인의 대륙침략의 앞잡이로 인식하는 경우도 종종 있어 중국에서의 재만한인의 생활은 더욱 위축되었다. 그리하여 자연히 만주지역에서의 독립운동도 어렵게 되어 일부 독립운동가들은 만주지역을 떠나 중국본토로 이동하는가 하면, 운동의 경향성도 점차 변하는 양상을 보이게 되었다.

삼시협정 체결 이후의 중국인에 의한 한인의 탄압을 보면, 첫째, 적지 않은 체포자와 희생자가 출현하였다. 예를 들면 1925년에 봉천당국에 의한 희생자 수가 23명이었으며, 1926년의 희생자 수는 12명이었다. 그리고 삼시협정으로 인하여 피해가 가장 큰 지역은 집안현이었다. 1925년에 사살 15명, 체포 4명, 1926년에는 사살 12명, 체포 15명, 그리고 일본 측에 인도한 사람의 수효가 8명이었다. 이시기에 체포된 자는 76명이었고, 압송자는 38명이었다.[69]

둘째, 일반 조선인에 가해진 압박 건수를 보면 교육 10건, 거주 9건, 교민거주증서 6건, 소작 4건, 상조건 1건 등이었다. 압박이 거주와 교육에 집중된 것은 새로운 이주자를 제한하고 중국인 지주의 토지가 귀화한 조선인에게 또 일본인에게로 수매되는 경로를 막기 위해서였다.[70]

삼시협정 이후 일어난 압박은 1927년, 1928년에 이르러 고조를 이루었으며, 압박구축 사건으로 발전하였다. 직접적 계기는 동방회의와 임강 사건이었다. 일제는 1927년 2월 다나카 내각이 조직된 후 만몽에 대한 적극적인 정책을 취했다. 그들은 6월 27일 동방회의를 소집하고, 만

---

69 김기봉, 앞의 논문, 59쪽.
70 위의 논문, 61쪽.

몽을 중국본토로부터 분리시킬 음모를 획책, 일본은 한인을 동북침략의 도구로 삼으려고 하였다. 1927년 5월 다나까 내각은 이러한 목적 하에 임강 영사관 설치를 도모하였는데, 이에 대하여 임강현 각계 인사들이 반대하였다. 동방회의 후 동북에서의 반일운동을 더욱 고조되었다. 이러한 형세 하에서 임강현 지사는 조선인에 대한 구축명령을 반포하고 임강현 팔도구 한인 110호에 대하여 구축명령을 내렸다. 잇달아 7월에는 집안, 관전, 환인현 등 38개현 지사들이 모두 구축 명령을 내리고 조선농민들에 대한 전부의 토지를 회수할 것을 명령하였다. 이로써 압박은 고조기를 이루고 전 요녕지구를 휩쓸고, 9월부터는 길림지구에까지 확대되었다. 그리고 동년 11월에는 그 절정에 달하였다.[71]

그리고 이시기의 재만한인에 대한 압박내용을 남만주 철도주식회사의 통계를 통하여 보면, 1927년부터 1928년 1월까지의 압박건수는 170건이고, 1927년부터 1929년 10월까지는 181건에 달하였다.

한편 장학량정부의 재만한인에 대한 압박정책은 장작림 폭사 사건과 만주에서의 적화운동의 발발 등의 직접적인 계기가 되었다. 1930년 9월 봉계군벌 정부는 길림에 防共辦事處를 설치하고 공산주의운동을 탄압하였다. 그리하여 1930년 중국관헌으로부터 입은 조선인의 피해를 보면, 중국군대에 의해 살해된 자 76명, 보위단에 의하여 살해된 자 7명 등이었다.[72]

2) 희생된 한인의 수

삼시협정 이전과 이후에 중국정부 및 중국인들에 의하여 희생된 한인의 수에 대한 정확한 통계는 없다. 다만 지금까지 살펴본 바와 같이

---

71 방향, 「동북군벌정부의 조선인 압박추방정책」, 『간도사신론』 하, 142쪽.
72 이훈구, 『만주와 조선인』, 숭실전문대학출판부, 1932, 251쪽.

현재 알려진 숫자는 총 118명 정도이다. 앞으로 희생자에 대한 내역 등에 대한 검토가 더 이루어져야 할 것이다.

3. 만보산 사건

1) 만보산 사건의 내용

일제가 만주에 대한 야욕을 실현하려 하면서 흉계를 써서 만주에 거류하는 한국민족과 중화민족을 이간하려고 온갖 음모를 다해 오고 있었다. 그러던 중 일제는 중국인 학영덕을 비밀리에 매수하여 일제의 자금으로 長農稻田公司를 설립하게 하고, 지배인이 되게 하였다. 그리하여 학영덕은 1931년 4월 16일 이통하 동쪽 삼성번 일대 소한림 등 12호의 황지 500상: 약 15만평을 租地 계약하였다. 그런데 이 계약의 조항 중에는 "이 조지계약은 장촌현 정부의 허가를 받아야 하며 만약에 현 정부의 허락을 받지 못하게 되면 무효"라고 명시하였다. 그러나 학영덕은 현정부의 허가를 받기 전에 한국인 이승훈 등에게 재계약을 함으로써 위약으로 분쟁의 소지를 마련하였다.

이승훈 등이 만주 각처에 흩어져 있는 재만한농을 만보산 농장으로 불러들이자 180명이나 모여들게 되었다. 그리고 이들 순수한 한인농민들로 하여금 이통하를 절단하게 하고 불법으로 계약한 토지와 이통하 사이에 수로를 개척하게 하였다. 이 때문에 중국인 지주들과 분쟁이 야기되게 되었다.

그러나 일본 장춘 영사관 경찰의 보호아래 수로개척을 강행하여 6월 말에는 거의 완성될 단계에 이르렀다. 이에 이통하의 범람을 우려한 중국인 지주와 현지 주민 약 400명은 여름철이 닥쳐오자 7월 2일 수로공사 현지로 달려와 개척한 수로를 매몰하였다. 따라서 현장에 있던 한인 농민, 일본 영사관 경찰과 중국인 지주와 경찰 사이에 일대 충돌이 일어나 중일 양국 경찰이 서로 증원되고 약간의 총격전도 벌어지게 되었다. 그러나 다행히도 피해자가 발생하지 않은 채 중국인 지주와 주민들은 일단 철수하였다.[73]

이에 일본군은 장춘 영사관 측을 이용하여 『조선일보』 장춘 지국장 김이삼을 유인, 만보산 사건에 대한 거짓 허위 특보를 제공하여 본사로 지급 통전하게 하였다. 이로 인하여 한국 내에서는 중국인에 대한 대대적인 배척 사건이 발생하게 되었다. 즉 1931년 7월 3일 부터 인천, 서울, 평양을 비롯한 중국인이 많이 거주하는 곳에는 무고한 재류중국인을 박해하여 140명을 살해하고 중국인의 상점, 음식점 등을 파괴 소각하여 다액의 물질적 손해를 주었다.

이에 중국국민들도 한인들에 대한 감정이 격화 되었다. 그리하여 만주의 일부 지역에서는 중국학생들이 재만한인을 다수 살상하고자 하였다. 실제로 만주 벽지 몇 곳에서는 중국군인을 포함한 폭한들에게 무참하게 학살당한 한국인 수도 다수 있었다.[74]

2) 희생된 한인수

중국의 오지에서 만보산 사건과 관련하여 다수의 한인의 희생된 것으로 알려져 있다. 그러나 그 구체적인 내용에 대한 검토는 현재로선 알려진 것이 없다. 앞으로의 연구가 기대된다.

---

73 박영석, 『만보산 사건 연구』, 아세아문화사, 1978 참조.
74 독립운동사편찬위원회, 『독립운동사』 5, 605~606쪽.

IV. 결어

지금까지 1910년부터 1945년까지 중국지역에서 희생된 한인들에 대하여 살펴보았다. 그들은 서언에서 언급한 바와 같이 일본에 의해 희생된 경우, 중국에 의하여 희생된 경우 등으로 크게 나누어 살펴보았다. 그리고 다시 일본에 의하여 희생된 경우는 훈춘 사건, 경신참변, 장강호 마적에 의한 희생, 독립군이 전투 시 사망한 경우, 1931년 만주사변 이후 만주지역에서 일제에 대항하다 희생된 항일 세력 등으로, 그리고 중국의 경우는 3·13만세운동 시 희생된 경우, 중국정부 및 관리들에 의하여 희생된 경우, 만보산 사건 등으로 나누어 알아보았다.

그러나 이들 한인 희생에 대하여 살펴보는 가운데 가장 어려웠던 점은 한인 희생에 대한 정확하고 구체적인 자료가 없다는 점이다. 일본 측의 기록 같은 경우는 사망 장소, 사망 이유, 사망 일시 등을 기록한 경우 등이 있으나 살상 또는 희생자 수에 대한 전체적인 기록을 남기고 있지 않은 문제점을 갖고 있다. 그리고 우리 측 기록은 희생에 대한 사실은 밝히고 있으나 정확한 인원 통계 등이 나와 있지 않다. 그러므로 중국지역에서 있었던 한인 희생의 경우 중국지역의 답사를 통한 현장 확인과 면담, 그리고 일본 측과 중국 측의 자료 발굴 및 검토 등이 총체적으로 이루어질 때 한인 희생의 전체적이고 구체적인 모습이 밝혀질 수 있을 것으로 보인다.

다만 본고에서는 지금까지 검토를 통하여 밝힌 한인 희생의 수를 각 사안별로 정리하면서 결론에 대신하고자 한다.

일본군에 의한 한인 희생의 경우 훈춘 사건 시 6명, 경신참변 시 3,623명, 장강호마적의 한인 습격으로 200명, 독립군의 전투 시 310명, 1931년 만주사변 이후 반일활동 시 사망한 군인 65,871명중국인 포함, 민간인

2,775명 등을 들 수 있다. 그리고 중국에 의해 희생된 경우로는 3·13만 세운동시 19명, 삼시협정 등으로 인한 중국인 및 관리들에 의해 희생된 경우 118명 등을 들 수 있다.

그러나 이러한 숫자는 불확실한 통계이며, 사실 한인들의 희생 숫자는 이보다 훨씬 상회할 것으로 보인다. 단적으로 통계에 잡히지 않은 중국의 오지 등지에서의 한인 희생 등은 모두 빠져 있으며, 또한 일제에 의해 은폐된 숫자 또한 여기에는 포함되고 있지 않기 때문이다.

6편

만주지역 한인민족운동을 생생히 보여주는
자료들

제1장

독립군의 수기 – 대한독립군비단 姜宇鍵과 姜相震, 북간도 15만 원 의거 崔鳳卨

Ⅰ. 서언

1910년 일제에 의하여 조선이 강점된 이후부터 1945년 해방이 될 때까지 만주와 러시아 등에서는 일제를 구축하기 위한 활발한 독립운동이 전개되었다. 그러므로 학계에서도 일찍부터 이에 주목하여 이 지역의 운동에 대한 많은 연구성과들이 이루어져 왔던 것이 사실이다. 그러나 불행하게도 이러한 연구성과들 중 일부는 일본 측의 첩보기록과 재판기록 등에 의존한 바 컸다. 더구나 만주와 러시아지역의 경우는 생존독립운동가들이 미수교국인 중국과 러시아에 살고 있는 경우가 있었으므로 자료수집과 면담 등이 불가능하여 독립운동의 실상을 밝히는데 큰 장애가 되었던 것이다. 그런데 주지하는 바와 같이 양국과 국교가 수교되면서 이 지역에 있는 자료가 공간되고 있는 점은 다행한 일이라고 하겠다.

이러한 가운데 국가보훈처에서는 러시아지역을 방문하여 1920년대에 만주와 러시아지역에서 활동했던 姜宇鍵·姜相震·崔鳳卨崔溪立 등의 독립운동수기를 입수하였다. 강우건이 1930년 3월 30일과 1949년 2

월 1일에 작성한 「아들 일리야에게 주는 수기」, 강상진이 1967년 3월 29일에 작성한 「군비단 관계 수기」, 간도 15만 원 사건의 주역 최봉설이 1959년 정월에 작성한 「간도 15만 원 사건에 대한 40주년을 맞으면서」 등이 그것이다. 이 자료들은 당시 실제 독립운동의 주역으로서 활동한 인물들이 자신의 체험담을 수록하고 있다는 점에서 지금까지 알려지지 않았던 만주, 러시아지역 항일운동의 새로운 면을 밝히는 데 큰 도움을 줄 것으로 기대된다. 특히 강우건과 강상진의 경우는 만주에서 조직된 대한독립군비단에서 활동하다가 러시아로 이동한 인물들이므로 그들의 수기는 대한독립군비단의 만주와 러시아에서 활동을 생생히 복원시켜줄 수 있다는 측면에서 주목된다. 더구나 강상진의 경우는 1920년대 러시아의 혁명전쟁에 직접 참가하였고, 당시의 체험과 더불어 민족관에 대한 의견도 피력하고 있어 그 자료적 가치를 더해주고 있다. 아울러 최봉설의 수기도 간도 15만 원 탈취 의거를 주도한 철혈광복단의 실체와 3·1운동 직후 전개된 국내진공작전의 준비과정을 밝히는 데 큰 도움을 줄 것으로 생각된다.

따라서 본 해제에서는 이들 자료에 대한 보다 심층적인 파악을 위하여 강우건과 강상진이 활동한 대한독립군비단에 대하여 우선 살펴보고, 이어서 강우건과 강상진의 수기 내용과 그 자료적 가치에 대하여 각각 검토해보고자 한다. 아울러 간도 15만 원 사건의 내용과 최봉설의 항일역정에 대하여 알아보고 최봉설이 작성한 문건의 내용과 그 성격에 대하여도 밝혀보고자 한다. 이러한 검토를 통하여 1919년 3·1운동 이후 만주와 러시아지역에서 전개된 항일독립운동의 잃어버린 부분들을 생생하게 복원시키는 계기가 되었으면 한다.

II. 대한독립군비단 강우건과 강상진의 수기

1. 대한독립군비단의 성립과 활동

대한독립군비단은 1919년 3월 만주지역에서 3·1운동이 전개된 후 동년 5월 함경남도 惠山鎭 對岸 長白縣에서 함경남도 출신의 李熙三·李東白 등이 중심이 되어 조직한 독립운동단체이다. 이 단체는 동년 10월 상해 대한민국임시정부에서 李泰杰·梁玄卿·金正益 등 7명이 파견되자 지금까지 함경도 인사 중심의 조직을 재정비하고 군비단의 約章, 지단규칙 등을 발표하여 독립군단으로서의 면모를 새롭게 하였다.

1919년 10월에 발표된 <대한독립군비총단약장>에서 대한독립군비단은 임정을 지지하는 단체임을 천명하고 무장투쟁을 추구하는 단체임을 밝히고 있다. 아울러 동년 11월 1일에는 간부진을 임명하였는데, 단장 이태걸, 부단장 金東俊, 총무장 金燦, 재무장 이동백, 경무부장 李光拉(일명 李爵), 참모장 徐丙鎬 등이었다.

또한 대한독립군비단에서는 1920년 2월, 운동을 보다 활발히 전개하기 위하여 조직을 보다 확대 개편하였는데 단장 李殷鄕, 副長 李泰杰, 군사부장 李東白, 재무부장 尹德甫, 참모부장 金燦, 경찰부장 鄭三星, 文事부장 金宗基, 외교부장 趙勳, 소집부장 金鼎益, 工廠부장 金振武 등이었다. 그리고 1921년에 두 번의 조직 개편이 있었는데, 1921년 6월의 경우는 총단장 이희삼, 총무 朴東奎, 군사부장 趙元昌, 재무부장 金長煥, 참모부장 姜興, 법무부장 朴敬信, 통신부장 李晋, 훈련부 교장 李漢虎, 무기감수수령 金鐸, 週察부장 李承泰, 경호부 검사 尹東鮮, 통신사무국장 이동백 등이었고, 1921년 11월의 경우는 총단장 윤덕보, 총무장 韓基鎬, 비서부장 韓東礎, 재무부장 李光春, 통신부장 李顯寅, 향군부장 李在華, 소집부장 張基善, 의용부장 林克烈, 경호부장 林炳極 등이었다.

한편 대한독립군비단에서는 지단 조직도 활발히 전개하였다. 그중 가장 대표적인 것은 1919년 11월 1일에 조직한 장백현 17도구의 장백지단이었다. 아울러 국내에도 지단 조직을 확대하였는데, 그 조직망은 대개 중심인물들의 원적지인 함경남도지역이었다. 대표적인 지단으로는 함경도 단천지단과 북청지단 등을 들 수 있다.

대한독립군비단에서는 국내외에 지단을 조직하는 한편 러시아로부터 무기구입을 추진하기도 하였다. 또한 활발한 대일투쟁도 전개하였는데 대표적인 활동으로는 1921년 7~8월경에 유격대장 李永稙 등이 厚昌, 長津 등지에서 전개한 전투와 동년 9월에 의용대 분대장 金秉黙 등이 갑산, 삼수 등지에서 벌인 전투 등을 들 수 있다. 이영식 등은 총 7회에 걸친 유격전을 펼쳐 일본군 및 경찰을 170명이나 사살하고 다수의 장비를 노획하는 성과를 거두었다.

대한독립군비단은 주변의 독립운동단체들과 연합하여 대규모의 독립운동을 전개하고자 하기도 하였다. 이 계획에 따라 1921년 1월에는 장백현 주변에서 독립운동을 전개하고 있던 太極團, 大震團, 光復團, 興業團 지부 등의 대표 50여 명이 장백현 16도구 德水 西谷里에 있는 대진단 지부 사무소에 모여 연합회를 조직하고 임시회장 이희삼군비단 총단장, 法團 白南虎광복단 제1결사대장, 서기 趙晋玉흥업단 통신국장, 총판 趙來元대진단 총무, 사찰 李昌元태극단 총무 등을 선정하였다.

나아가 군비단에서는 1921년 10월 각 단체를 합하여 임시정부를 지지하는 대한국민단을 조직하였다. 그 간부를 보면 회장 尹世復, 재무부장 姜鍊翔강우건, 서무부장 石桂, 군사부장 김찬, 경호부장 韓昌彦 등이었다. 그리고 이러한 연합적인 활동을 보다 효과적으로 하기 위하여 연합후원기관인 농민회를 조직하기도 하였다.

한편 대한독립군비단에서는 독립군을 효과적으로 양성하기 위하여

1921년 군사부를 러시아령 이만으로 이동시켰다. 그리고 이 군사부는 1921년 10월경 馬天龍 · 崔起鶴 등 대한국민회 군사부와 힘을 합쳐 大韓義勇軍事會를 조직하여 러시아 백군과의 전투에 참여하였다.

만주에 남아 있던 대한독립군비단은 1921년 중에는 대한국민단을 구성하는 등 통일에 주력하던 바 다시 1922년 8월경 장백현에서 군비단, 흥업단, 태극단, 광복단 등과 통합단체인 大韓匡正團을 조직하였다. 단장은 김호, 총무장 윤덕보, 군무장 姜鎭乾, 재무장 金寬用, 비서장 張承彦 등이었다. 광정단은 1923년, 1924년 중에도 윤세복과 김호를 고문으로 하고 윤덕보 · 강진건 등이 직접 일을 집행하여 무기의 구입, 독립군 양성 등을 추진하는 한편 함경북도 대안지역에 대한 활동도 적극적으로 전개하였다. 이처럼 활발한 활동을 전개하던 광정단은 1924년 11월에 대한통의부를 비롯한 남만주지역의 독립운동 대표들과 吉林에서 각 독립운동단체의 통합을 결의하고 正義府를 조직할 때 김호를 파견하여 정의부 조직에 참여하였다.

2. 강우건의 「아들 일리야에게 주는 수기」의 내용과 자료적 가치

강우건1884~1949의 수기는 같은 내용 2개로 구성되어 있다. 앞의 것은 강우건이 1930년 3월 30일과 1949년 2월 1일에 각각 직접 작성한 것이고, 뒤의 것은 1967년 2월 26일 카자흐스탄 잠불에서 강상진이 강우건이 작성한 것을 등사한 것이다. 강우건과 강상진은 대한독립군비단에서 함께 활동한 동지이며, 1927년부터 1942년까지는 러시아의 같은 농촌조합에서 일한 인물이다. 그런 강상진이 같은 내용의 강우건의 글을 다시 등사한 이유는 무엇일까. 강상진은 강우건의 수기 87면 「등서자의 말」에서,

라고 그 이유를 밝히고 있는 것이다.

강우건의 수기는 자신의 아들 일리야에게 집안 내력과 그의 항일운동의 기록을 전하기 위하여 작성된 것이다. 그런데 일리야는 부친이 사망한 후 카자흐스탄의 침켄트시에서 1남 5녀의 아버지로서 처 황율라와 함께 농업기사로 일하면서 살다가 1973년 9월 맏딸과 함께 교통사고로 사망하였다. 그 다음해에 황율라도 사망하였다. 이에 강우건의 처는 일리야의 아들이 너무 어리므로 이 수기를 동지이며 친척인 강상진에게 보냈는데 그도 사망하여 강상진의 아들인 강서종이 이를 보관하고 있었다.

강상진은 강우건의 아들 일리야에게 이 수기의 중요성에 대하여,

이에 당신이 자필하신 원고와 내가 등사한 사본을 한데 묶어 돌려 보내나니 만약 일리야 자신이 조선글 힘이 모자라서 못보더라도 없애지는 절대로 말고 일리야 손으로 영원히 잘 보관해주오. 후에 필요한 때가 꼭 있을게요.
금덩이보다 더 귀중히 걷어두오. 아주 잘 보관해두오. 충심을 다해서 충고하는 바오.
1967년 2월 26일 등사자 강상진
잠불시에서

라고 하여 금덩이보다 더 소중하게 이 수기를 보관해 줄 것을 강력히 절규하고 있는 것이다. 이처럼 소중하게 생각했던 강우건의 수기 내용은 무엇인가.

강우건의 수기는 크게 2부로 나누어져 있다. 1부는 아들 일리야에게

주는 유서이며1949년 2월 1일 작성, 89쪽 중 14쪽, 2부는 1930년 3월 30일 군
비단에서 활동한 김덕은 · 김찬 · 박동규 · 윤덕보 등의 도움으로 만주
지역에서 군비단 활동과 러시아지역으로 이동 후의 혁명전쟁에 참가한
군비단의 활동 등 만주와 러시아지역에서의 독립운동에 대하여 서술한
것이다89쪽 중 75쪽에 해당.

이를 좀 더 상세히 보면 1부에서는 다시 필자 자신의 약력과 더불어
아들 일리야에게 주는 글, 강우건의 원적지, 이름, 이력, 족보, 조부, 백
부, 부친, 처가 등의 사적에 대하여 일일이 기록하고 있다. 이처럼 강우
건이 자신의 이력과 집안 내력에 대하여 설명하고 있는 이유에 대하여
강우건은 아들 일리야에게 주는 글에서 이를 분명히 밝히고 있다. 즉,

> 일리야 네가 이 글을 자주 보며, 잘 보관하여라. 이 글은 친족을 찾는데 지침이다. 친
> 족관은 인생관의 첫 조건이다. 우리의 친족들이 어떠한 성분의 사람들이며, 어떠한
> 곳에들 사는가? 이것을 잘 알아야 할 것이며, 또는 찾아 보기를 힘써야 할 것이다. 그
> 리하자면 이 글이 가장 좋은 재료이다 .이에 먼저 나의 시작부터 말하려 한다.

라고 하고, 아울러 1편의 끝 <마지막>에서도,

> 이 위에 쓴 글이 비록 소홀한 듯하나, 일리야 네게는 귀중한 문건일 것이다. 네가 좋
> 은 기회를 얻어서 고국으로 나간다면 친족을 찾아야 되겠고, 친족을 찾자면 이 글이
> 지침이다.
> 우리 (함경도)홍원에 도착하여 보면 어떤 곳이던지 강가가 없는 촌이 없다. 강가라면
> 누구를 막론하고 족보는 다 있다. 이 글을 그 족보에 맞추어 보면 조금도 의심없이 알
> 게 될 것이다. 그리 알고 잘 보관하여라.

라고 있듯이, 강우건은 아들 일리야가 민족의식을 갖고 국내에 가서 친
족을 찾을 수 있도록 하기 위해 이 글을 작성하였던 것이다. 더구나 이
글이 그가 사망하기 몇 달 전인 1949년 2월 1일에 작성된 점을 미루어

보면 강우건의 민족애와 동족관념이 얼마나 강하였는지 단적으로 알수 있다.

1부의 내용에 따라 강우건의 집안 내력과 그의 항일역정을 살펴보면다음과 같다.

강우건은 1884년 10월 27일 함경남도 홍원군 학천면 풍산리에서 출생하여 1949년 6월 중앙아시아 카자흐스탄에서 사망하였다. 아명은 복바위, 자는 봉집, 이름은 姜錫呂・姜鍊翔 등이었으며 만주로 망명하여서는 姜鍵으로, 그리고 소련에서는 강우건이란 이름을 사용하였다.

아버지 강신포1851~1911, 어머니 장 씨1850~1891 사이의 셋째 아들로태어난 그는 7세 되던 1890년에 어머니가 사망한 이후 아버지가 새장가를 들어 할머니와 형수 밑에서 성장하였다. 8세부터 13세까지 서당에서 한문 공부를 하였으며, 18세부터는 야학에 다니면서 공부하여 어느정도 지식을 습득하게 되었다. 그 후 홍원사립학교에 입학하여 신학문을 공부하였고, 21세 때에는 홍원의 차상리에 큰 서당을 차리고 70여명의 학생들에게 한문을 강의하였다. 또한 그 후 6개월간 측량강습소를 이수하기도 하였다.

1919년 서울에서 3・1운동이 전개되자 그는 동년 3월 16일 홍원군의만세운동을 주도하였으며, 그해 여름에는 서울 서대문 감옥에 미결수로 있는 홍원군 인사들을 후원하기 위하여 동지 박주섭과 함께 서울에서 활동하였다. 그 후 동지들이 판결을 받은 후 동년 8월 만주로 망명하였다.

1919년 9월 10일 중국 奉天省 長白縣에 도착한 그는 이곳에서 홍원시위운동을 주도한 윤덕보와 상봉하였다. 그리고 그와 함께 대한독립군비단을 조직하였으며, 중앙집행부 재무부 주임을 맡았다. 대한독립군비단이 홍업단 등과 연합하여 대한국민단이 되었을 때는 동서남북 4

부 중 남부부장으로 일하였고, 광정단을 조직하였을 때는 부단장으로 일하였다.

한편 1924년 정의부가 조직되어 광정단이 해체되었을 때는 정의부에서 선전부장에 임명되었으나 취임하지 않고 군비단에서 함께 활동했던 윤덕보·김용대 등과 함께 러시아로 망명하였다. 러시아로 들어간 그는 러시아 농촌 꼴호즈에서 일하였으며 1931년부터 1941년까지는 꼴호즈 검사위원회 회장으로 일하였고, 1941년부터 1947년까지는 꼴호즈 검사위원으로 일하였다. 그는 1937년 카자흐스탄으로 강제이주당하였으나 이 부분에 대하여는 언급하고 있지 않다.

2부는 항일 독립운동에 대한 부분인데 모두 2편으로 구성되어 있다. 제1편은 다시 3기로 나누어져 있는데, 1기는 군비단, 2기는 국민단, 3기는 광정단, 정의부 등이다. 제2편 역시 3부분으로 나누어져 있다. 1기는 군비단 군사부의 사업 2기는 의용군대 군사의회의 전사, 3기는 라불류 노동대의 사업 등이다. 이 중 우선 주목을 끄는 것은 1편이다. 왜냐하면 강우건은 1919년부터 1924년 군비단이 완전히 해산될 때까지 만주지역에서 군비단의 간부로 활동한 인물이기 때문이다. 즉 자신이 직접 참가하여 체험한 부분을 수록하고 있기 때문이다.

1편의 내용 가운데 우선 대한독립군비단과 관련하여 주목되는 점을 보면 다음과 같다. 첫째, 대한독립군비단의 조직시기에 관한 것이다. 학계에서는 지금까지 군비단의 조직시기를 1919년 5월경으로 파악하고 있다. 이에 대해 강우건은 1919년 9월 9일에 이희삼·김찬·김덕은·윤덕보·박동규·염학보·강건·박주섭·박지윤·박춘근·김용대·김탁·김종기·김정익·이동백 등 15인이 장백현 17도구 삼림 중에서 장백현과 임강현에 거주하고 있는 조선인 6천여 호와 3만 명의 동포를 대상으로 조직되었다고 밝히고 있다. 이 부분에 대해서는 강우건의 수기가 주목된다. 지금까지의 대한독립군비단의 성립시기에 대한 언급은 1919년 11월 19일자로 대한독립군비총장 이희삼의 명의로 경상도 지방인사들에게 보내는 글 중에서 "본단은 건국사업을 최후까지 목적하여 설립된지 6개월에"라고 있는 데 근거하고 있었다. 그러나 이 내용 중 이희삼의 주장 역시 확실하다고 보기 어려울 것 같다. 왜냐하면 독립운동단체들 가운데에는 자신들의 조직이 보다 역사와 전통이 있음을 밝히기 위하여 성립시기를 앞세우는 경우가 종종 있기 때문이다. 앞으로 이 자료의 발굴을 계기로 성립시기에 대한 검토가 좀더 이루어져야 할 것으로 기대된다.

둘째, 본 자료에서는 대한독립군비단 약장에 의거하여 총무부에 이희삼·김덕은·윤덕보·김탁·김찬, 이사부에 김용대·김정부·박주섭, 재무부에 강건·조성극·박지윤, 군사부에 김찬·한창언·김정익·김대현·윤동선, 문화부에 이재연·한종숙·김일수·김종지, 서무부에 박동규·이병률·염학모·임사찬·김병묵 등 간부 명단을 새로이 제시하고 있다. 이들 부서와 간부의 명단은 새로운 것으로서 우리에게 시사하는 바가 크며, 앞으로 기존자료와의 검토가 더욱 요망된다.

셋째, 대한독립군비단의 지단에 대한 새로운 사실들을 밝혀주고 있다. 지금까지는 장백현지단과 단천지단, 북청지단 등이 알려져 있었는데, 이 수기에서는 갑산, 삼수, 단천, 북청, 홍원, 후창, 이원, 함흥, 신흥, 성진 등 함경도지역의 국내조직과 만주지역의 부여, 임강현 7도구, 임강현 13도구, 8도구 등의 조직과 담당자 명단을 밝히고 있다.

넷째, 1919년 9월 12일에 있었던 대한독립군비단 제1차 책임자 회의부터 1922년 1월 25일에 있었던 제5차 회의까지의 내용을 새롭게 밝히고 있다. 1차 회의에서는 민주공화국 건설, 민족의식의 고취와 청년들에게 군사훈련 실시, 의용대와 경호대 조직, 군자금 모집 및 무기 구입 등을 결의하고 있다. 2차 회의1920년 11월에서는 러시아 연해주로 군사부의 이전을 결의하였으며, 3차 회의1921년 6월 5일에서는 지방경호대에 군사훈련을 실시할 것, 단체와 단체 사이에 의사 충돌이 발생하였을 경우에 본단은 평화를 주장할 것, 농민 야학교를 설치할 것 등을 결의하였다. 4차 회의1921년 7월 5일에서는 군비단 주최로 태극단, 대진단, 홍업단, 광복단 등의 합동전선에 대한 결의를 밝히고 있다. 1922년 1월 25일의 5차 회의에서는 단체의 통일에 주력할 것을 결의하였음을 알려주고 있다.

이 중 특히 1920년 11월 15일의 2차 회의에서는 대한독립군비단의 러시아로의 이동부분에 대하여 밝히고 있는데 이 점은 주목된다. 이 회의에서 군비단에서는,

> 남북만에 전선을 늘이고 있던 각 단체는 일본 군벌의 횡포 밑에서 사업상 진전이 마비되었고, 조선안에는 소위 치안유지법이라는 것이 소생하여서 투사들의 행동이 용이치 못한 이때에 있어서 사업의 방향을 소극점에 부착한다면 망하고 말 것이다. 그러므로 우리는 사업의 발전지대를 혁명자의 대본영인 연해주로 정하고 의용청년들을 모집, 파송하여 혁명적 기분과 전투적 학술을 교수하기로 하자.

라고 결의하고 이를 실행하기 위하여 의용청년의 모집과 의연금과 모연금 모집에 진력하기로 하였던 것이다. 아울러 그 간부도 임명하였는데, 군사부장 김찬, 군무장 김덕은, 군사부원 김탁 · 이순조, 향무국장 박동규, 무기국장 박춘근, 통신국장 이동백, 위생국장 강현춘 등이었다. 이어서 군비단에서는 1921년 2월에는 연해주를 시찰하기 위하여 김탁 · 이동백 · 정태 · 윤태형 · 장만갑 등을 파견하였다.

다음에는 대한독립군비단이 대한국민단으로 변한 이후의 상황에 대한 새로운 사실들에 주목해보자.

첫째, 지금까지 알려진 대한국민단의 간부는 1921년 10월 당시 회장

金虎, 부회장 이은향, 총무 윤병용·윤덕보, 비서 金容大, 의사부장 尹世復, 재무부장 姜鍊翔, 서무부장 石桂, 군사부장 김찬, 경호부장 韓昌彥 등이었다. 이에 대하여 본 수기에서는 1922년 2월 3일 당시의 각 부서와 담당자를 다음과 같이 기록하고 있다.

> 총무부 : 이희삼, 김호, 윤덕보, 한운섭
> 이사부 : 김용대, 윤세복, 강진건
> 재무부 : 강건, 김여진, 조성극
> 서무부 : 석기만, 김화성, 이백현
> 경호부 : 이한평, 한창언, 최진용
> 군사부 : 강진건, 정철호, 김재풍
> ※ 군사부는 이만에 있는 전 군비단 군사부를 그대로 승인하므로 부원만 두기로 함.
> 문화부 : 김관용, 이재연, 강인구
> 위생부 : 김경묵, 김진열, 송병걸
> 통신부 : 이병율, 최광수, 이종규
> 외교부 : 김정부, 서경래, 조덕묵, 김병윤

이 부분은 지금까지 알려지지 않은 사실들로 앞으로 다른 자료들과의 검토가 요망된다.

둘째, 1922년 2월 5일에 개최된 대한국민단 책임자 대회에서 작성한 사업계획안을 알려주고 있다. 당시 대한국민단 단장은 이희삼이었으며, 서기는 한운섭이라고 되어 있다. 설계안의 주요 내용을 보면 앞으로의 운동을 보다 계획적으로 추진할 것, 국민개병제의 실시, 특파원 선택은 총무부에 전임할 것, 모연과 파괴사업에 전념할 것, 문화사업을 장려할 것 등이다.

다음에는 대한광정단에 관한 강우건의 언급에 대하여 살펴보기로 하자.

첫째, 1922년 4월에 조직된 광정단의 간부 명단을 새롭게 밝히고 있다. 총무부 김호·윤덕보·한운섭, 이사부 김용대·윤세복·석기만, 재무부 강건이태걸·신덕신·최진용, 문화부 김연생·이재연·강명화, 서무부 이병률·김화성·김병국, 통신부 최진용·이종규·최광수, 위생부 김진열·김경무, 외교부 서경태·김정부·최순소·조덕묵 등이었다. 그러므로 이 부분은 광정단의 구성원과 조직을 이해하는 데 크게 도움이 될 것으로 생각된다.

둘째, 광정단의 모연대 활동을 상세히 수록하고 있다. 정태성·노봉우·오평국 등의 삼수에서의 활동, 최광수·강재구·김재풍 등의 함남 혜산진에서의 활동 등 많은 활동을 기록하고 있다. 그러므로 이 부분은 광정단의 활동을 이해하는 데 큰 도움을 줄 것으로 기대된다.

셋째, 광정단의 정의부 참가에 대하여 언급하고 있다. 즉 1922년 10월 25일 광정단에서는 단체통합운동에 참가하고자 결정하였으며, 그 책임을 윤덕보와 김호에게 맡기기로 하였다는 점, 1923년 4월 길림성 내에서 단체통합회의에 대표로 윤덕보·김호·김관융 등 3인을 파견하였다는 사실 등을 밝히고 있어 정의부 조직에 대한 광정단의 참여와 관련하여 주목된다.

한편 2부 1편에서 특별히 중요하다고 생각되는 것은 47쪽에 대한독립군비단에서 광정단까지의 재정통계표를 제시하고 있다는 점이다. 즉 수입통계표와 재정통계표를 제시하고 있는데 이 점은 군비단에서부터 광정단에 이르기까지 재정을 담당하였던 인물인 강우건에 의하여 작성되었다는 점에서 그 자료적 가치가 크다고 하겠다. 더구나 지금까지 만주지역 독립운동단체의 대차대조표가 한번도 발견된 적이 없다는 측면에서 이 자료가 가지는 의미는 더욱 크다고 하겠다. 왜냐하면 이 대차대조표를 통하여 대한독립군비단, 대한민국단, 광정단 등의 활동 내역을 짐작해 볼 수 있기 때문이다. 수입표를 보면 수입은 단원 입단금과 의무금, 의연금, 증모금 등으로 구성되어 있다. 지출통계표를 보면 지출은 사무비, 피복비, 폭탄구입비, 탄환구입비, 권총구입비, 장총구입비, 이만 파송군인 여비, 외교비, 모연대 출장비, 내외지 각 단체 연락비, 이만에 있는 군사부의 경비 등으로 이루어져 있다. 항목 중 권총 425정과 장총 450정 구입 금액, 폭탄과 탄환구입비 등이 총액의 대부분을 차지하고 있는 점으로 보아 대한독립군비단에서부터 광정단에 이르기까지 독립운동단체들이 무기구입에 얼마나 많은 심혈을 기울였는가를 짐작해 볼 수 있다. 아울러 이만 파송군대에게도 계속 경비를 보내고 있음을 알 수 있다. 즉 만주지역과 국내에서 얻은 자금을 러시아에 있는 군대에 보내어 효과적인 대일투쟁을 전개하도록 하였던 것이다.

지금까지 검토한 바와 같이 강우건의 수기 2부 1편은 학계에 알려지지 않았던 대한독립군비단, 대한국민단, 대한광정단의 조직, 간부, 활동 내역 등에 대하여 많은 새로운 사실들을 제공해 주고 있다. 앞으로 만주지역 항일독립운동사연구에 크게 기여할 것으로 보인다.

제2편의 내용은 대한독립군비단의 러시아로의 이동과 그 후의 러시아에서의 혁명전쟁 활동에 관한 것이다. 이 내용 중 학계에 지금까지 알려지지 않은 내용들을 소개하면 다음과 같다.

첫 번째로 주목되는 새로운 점은 대한독립군비단원의 러시아로의 이동에 관한 것이다. 그 계기는 무기구매에 전력하던 홍파의 주선으로 이루어졌다. 그리고 1921년 4월 3일 군사부장 김찬과 비서 김탁은 군사부의 위치를 이만으로 내정하고 군대를 密山에 주둔시킨 다음 이만에 주둔하고 있던 적위군 제6연대 군정위원과 교섭하여 사업의 장래에 협의하기로 하였다고 한다.

둘째, 고려혁명의용군 조직에 관한 것이다. 1921년 7월 13일 대한독립군비단 군사부는 대한국민회 군사부에서 활동하던 마용하 · 서상용 등과 함께 고려혁명의용군을 조직하고, 제1중대장 윤동선, 제2중대장 오동명, 제3중대장 김일수 등으로 하고, 각 중대 밑에 3개 소대를 두었다. 그리고 교관에 김명덕을 임명하고, 각 중대 밑에 3개 소대를 두었다. 그리고 교관에 김명덕을 임명하고 하사 13명을 두었으며, 헌병대장은 유세홍, 헌병소대장은 강상진이며, 헌병 10명도 두었다. 그리고 각 군대에 무기를 공급하고, 교련하는 동시에 공산주의를 선전하고 주민의 농사일을 의무적으로 도우며, 마적방어에 힘쓰기로 하였다. 아울러 1921년 8월 20일에는 연흑룡주 도간부 고려당 책임비서 朴英이 공산주의를 선전하는 한편 야체이카를 조직하였다. 정당원은 임표·박인두·서상용·김덕은이었으며, 후보당원은 김찬·마용하·박동규·김탁·박춘근·박춘욱·김희열·임응두 등이었다.

셋째는 대한의용군사의회에 관한 것이다. 1921년 9월 25일 고려혁명의용군을 해체하고 이만 와구통촌에서 대한의용군사의회를 조직하였다. 부서로는 비서부, 사령부, 재무부, 문화부, 서무부, 외교부 등을 두었으며, 정당원에 마용하·임표·이용·김찬·김덕은·최중천·강재관, 후보당원에 박춘근·윤동선 등을 두었다. 아울러 1921년 10월 25일에는 제5차 회의를 열고 위원장에 마용하, 비서 임상춘, 사령관 이용, 사령부관 박춘근, 참모장 임표, 부원 한운용·김홍일, 재무부장 김덕은, 문화부장 최중천, 부원 최태열, 서무부장 김찬, 외교부장 강재관 등을 임명하였다. 특히 여기서 주목되는 것은 1921년 10월 간부 임명 건의 경우「조선민족운동연감」1921년 10월條의 내용과 거의 완벽하게 일치하고 있는 점으로 보아 강우건 수기의 신빙성을 더욱 높여 주고 있다. 또한 중요하게 여겨지는 점은 학계에서는「조선민족운동연감」의 기록에 근거하여 대한의용군사회가 1921년 10월에 조직된 것으로 파악하고 있으나 이 수기에 따르면 1921년 7월에 조직된 고려혁명의용군이 동년 9월 25일 해체된 후 대한의용군사회가 되었다고 밝히고 있는 점이다. 그리고 1921년 10월은 대한의용군사회의 간부 등을 임명한 날짜임을 알려주고 있다. 즉 우리는 강우건의 수기를 통하여 대한의용군사회의 성립과정에 대한 새로운 사실들을 알게 되었다고 하겠다.

한편 대한의용군사회에서는 사관학교를 설립하였다. 교장에 이용, 교육장에 한운용, 학도대장에 김홍일 등이었다. 그리고 사관학교의 위치는 이만 양허재뉴까눕로로 정하고 교사를 구입하기로 하였으며, 교수 기간은 6개월로 하고, 학생 수는 50명 정도이며, 교과서는 일본, 러시아, 중국 각국의 병서를 구입하여 사용하기로 하였다.

아울러 1921년 10월 제6차 회의에서는 책임자를 보선하였다. 서무국장 김찬이 병으로 사임함에 따라 서상용을, 사령부관에 박춘근 대신 김탁을, 위원 임표 대신에 박춘근을 각각 보선하였다. 최태열은 군정위원으로 김규면은 위원회의 고문으로 선거하였다. 즉 강우건의 수기는 대한의용군사회의 사관학교 및 간부 보선에 대하여도 이와 같은 새로운 사실을 알려주고 있다.

넷째, 대한의용군사회가 러시아 赤軍을 지원한 이유에 관한 것이다. 이 부분은 대한의용군사회의 성격을 이해하는 데 크게 도움을 줄 것으로 기대된다. 1921년 12월 1일 백군이 우수리강 입구로 쳐들어오자 대한의용군사회는 7차 회의를 열어 다음과 같은 입장을 정리하고 러시아 백군과의 전쟁에 참가할 것을 결의하였다. "첫째, 일본군이 적위군과 우리 의용군을 대상으로 연합전선을 꾸미었다. 그러므로 왜적의 사주를 받는 백군은 적위군에 대항하는 동시에 우리에게도 도발할 놈이니 저항할 것이요"라고 하고, 이어서 "둘째는 전세계 노동자와 식민지 민족이 제3공산당에 결속하여 자본주의를 타도하고 있는 이 때 우리도 적군을 응원하여야 하며, 동시에 이 길이 우리의 활로를 개척하는 길이다"라고 인식하고 있었던 것이다. 또한 "셋째, 백군들이 최후의 발악으로 고려혁명군을 만나면 모조리 학살하거나 일본군에게 압송할 것이므로 싸워야 한다는 것"이며, "넷째, 일본군이 마적을 이용하여 연해주에 사는 고려인을 학살했던 것처럼 백군도 이것을 모방하여 우수리 연안에 나타나 그런 짓을 할 지 모르므로 결사 항전하여야 한다"는 것이다. 즉 대한의용군은 일본군에 대항하기 위하여 그리고 백군의 한인들에 대한 탄압에 대비하기 위하여 적군과 연합하여 백군과 싸워야 한다고 생각하였던 것이다.

다섯째, 대한의용군의 편성과 대한의용군이 행한 백군과의 전투에 관한 것이다. 1921년 12월 2일에 이용 사령관은 참전을 결정하고 동원을 내린 후 전 군인을 3개 중대로 편성하였다고 한다. 즉, 제1중대장 임표, 1소대장 김동명, 2소대장 이빈, 제2중대장 한운용, 1소대장 강신우, 2소대장 마춘걸, 3소대장 박흥, 제3중대장 김홍일, 1소대장 조경호, 2소대장 이성춘, 3소대장 마진 등이었다. 그리고 이어서 제2중대 한운용 중대의 용전1921년 12월 4일, 베낀부근 전투12월 6일, 이스크에서의 대승전12월 23일, 볼로차에프 전투1922년 2월 15일 등에 대하여 서술하고 있다. 특히 1921년 12월 4일에 있었던 한운용 부대의 전투와 1922년 4월 6일에 성대히 거행된 이들의 장례식 행사모습을 상세히 소개하고 있다.

여섯째, 혁명전투가 마무리 된 후 대한의용군의 향배에 관한 것이다. 1922년 5월 1일 노동절에 의용군은 제8차 회의를 열고 건강한 군인으로 노동대를 편성하여 이만 라불유놀리허로 보낼 것을 결의했다. 아울러 군대안에 수족동상자, 신병자들에게는 요양휴가를 주었다. 군사당국은 둔전방침을 세우고 농사에 착수하는 동시에 문맹퇴치운동도 전개했다. 또한 동년 5월 20일에는 공산주의 선전에 전력을 다할 것을 결의하였다. 그 후 1922년 11월 시베리아주둔 일본군이 철수하고 정세가 안정되자 러시아정부는 빨치산의 해산을 명령했으며 이에 의용군도 해산되었다.

일곱째, 대한독립군비단 군사부 때부터 대한의용군사의회가 해산될 때까지의 재정수지표에 관한 것이다. 이러한 자료는 처음 공개되는 것으로 독립운동단체의 활동을 이해하는 데 큰 도움을 주고 있다. 수입표를 보면 재정을 어떻게 충당했는지를 알 수 있다. 그들은 장백본단으로부터 가장 많은 재정지원을 얻었으며, 이만 각 농촌과 이만의 상인계로부터 각각 일정한 지원금을 얻었고, 또한 사령관 이용의 희사금도 있었다. 지출 내역을 보면, 장총 495정, 권총 15정, 탄환 1,030발 등 무기 구입에 많은 비용을 지출하고 있다. 그 밖에 군수잡비, 위생비, 출장비, 사무실비, 교제비, 피복비, 학교비 등으로 지출되었던 것이다.

지금까지 강우건의 수기를 통하여 대한독립군비단의 러시아로의 이동과 그 후의 활동 중 학계에 처음 공개되는 내용 등을 중심으로 살펴보았다. 이러한 새로운 사실들은 러시아지역 한인독립운동사를 밝히는 데 매우 소중한 것들이라고 생각된다. 아울러 톰스크에 있는 러시아 극동 문서보관소에 보관되어 있는 이 부분에 관한 러시아 측 자료들과 대한의용군으로 활동했던 金弘壹의 「大陸의 憤怒～老兵의 回想記」文潮社, 1972 등과의 대조 작업이 요청된다.

3. 강상진의 「군비단 관계 수기」의 내용과 자료적 가치

이 자료는 1919년부터 러시아혁명내전이 종식을 고하는 1922년까지 만주지역에서는 대한독립군비단 단원으로, 러시아지역에서는 고려혁명의용군대와 고려특립연대 등에서 활동한 강상진이라는 한 개인의 항일운동의 여정을 통하여 살펴볼 수 있다는 데 그 일차적인 의의가 있다. 아울러 주목되는 것은 대한독립군비단이 러시아령 이만으로 이동하여 고려혁명의용군대로 변화하는 과정, 고려혁명의용군대의 성립 및 주요 간부, 고려혁명의용군대 사관학교 성립과 임원, 고려혁명의용군대의 백군과의 전투, 고려특립연대의 조직, 러시아혁명 성공 후의 한인빨치산 부대의 해산과 그 후의 향배 등에 대하여 처음으로 학계에 그 구체적인 면모를 밝혀주고 있다는 점이다. 특히 당시 한인들이 연해주의 올가지역, 수청지역, 추풍지역, 포시에트지역, 우수리스크지역, 홍개호지역 등 연해주와 아무르지역에서 빨치산 활동을 하고 있었는데 이 자료는 연해주 북부지역인 이만지구를 중심으로 활동한 한인 빨치산의 실체를 분명히 보여주고 있다는 특징을 갖고 있다.

이 자료는 강상진이 1967년 3월 29일 카자흐스탄 잠불에서 자신이 항일투쟁을 회상하면서 작성한 것이다. 강상진은 앞서 살펴본 강우건의 수기 말미의「등서자의 말」에,

> 이 유고의 필자인 강우건은 1919년 조선의 3·1운동 후 해외독립운동단체인 장백현 군비단 활동 때부터 아는 나의 전우이다. 소련와서도 27~42년까지 한 농촌조합에서 같이 일하였다.
> 그 후 생활은 나는 깜까스, 우건은 카자흐스탄에 여러해를 갈라 놓았다. 우리는 전우인 동시에 족인이면서도 나는 그이가 세상 떠나는 때에 곁하지 못했다. 그이가 작고한 지 18년만인 금년에야 내가 카자흐스탄에 오게 되어 그이의 아들(일리야)을 만나서 그이의 유고가 있다는 말을 들었다. 나는 그의 혁명가적 풍부한 정열과 실생활을 잘 아는 소질을 알고 있기 때문에 그의 유고를 한번 보기를 원했다. 나는 이 유고를 얻어 보게 된 기회를 매우 기뻐했다. 이는 내가 그이를 우리 대열에서 지사로서 잊지 못하는 기억으로써 추모하기 때문이었다.

라고 있듯이, 1967년에 깜까스에서 잠불에 온 강상진은 강우건의 유고를 보았다. 그리고 그는 자기의 원고를 잠불에서 1967년 3월 29일 탈고하였던 것이다. 이 점으로 미루어 보아 강상진은 강우건의 수기에 미진한 부분을 기록하고자 하였을 것이다. 특히 강상진은 자기가 일찍부터 러시아에서 활동했으므로 러시아의 부분에 대하여 언급하고 싶어했을 것이다.

강상진의 회고의 전체분량은 48쪽이다. 그중 앞의 7면까지는 장백현의 상황과 대한독립군비단의 조직 등에 관한 것이며, 그 다음 40쪽 정도는 군비단원의 러시아로의 이동과 러시아 이만에서의 활동, 백군과의 전투 상황 등 러시아에서의 활동을 다루고 있다. 이 점을 통해 볼 때 필자인 강상진이 러시아지역에서의 활동에 중점을 두고 집필하였음을 짐작하게 한다.

강상진의 수기를 통하여 우리가 일차적으로 새롭게 알 수 있는 것은 필자인 강상진의 항일역정이다. 이는 지금까지 학계에 알려진 바 없으며 우선 살펴보는 것이 그의 수기를 이해하는 데 도움을 줄 것이다. 그는 여기서 만주지역의 독립운동단체인 대한독립군비단의 단원인 자신이 어떠한 과정을 통하여 러시아로 이동하였으며, 러시아로의 이동 경로는 어떠하였고, 러시아로 이동한 다음에는 어떠한 전투에 참여하였으며, 그 이후에는 어떠한 생활을 하였는가를 밝히고 있다.

강상진은 1897년 10월 11일 함경남도 이원군 남면 수항리 농민의 가정에서 출생하였다. 고향에서 한학을 공부하던 그는 신식학교인 협성학교에 입학하여 18세 때 졸업하였으며, 1919년 봄 고향에서 3·1운동에 참가한 후 滿洲 長白縣으로 망명하였다. 그리고 그곳에 미리 조직되었던 대한독립단 장백지단의 유일우 부대에 참여하였다. 그러나 그는 사병이었던 관계로 그가 회고하듯이 "조선독립단 단장이란 유일우 씨도 공식적으로 뵈온 적이 없었다"라고 하고 있는 것이다. 대한독립군비단에 가입한 그는 군비단이 군사부를 러시아로 이동시킬 때 2번째 부대의 책임자로 1921년 3월 3일 밤에 장백현을 떠나 러시아령 이만으로 향하였다. 떠날 때에는 정단원 36명과 자금 120원을 갖고 출발하였으며, 군사참모부 김용대가 지은 「행군요략」 1부와 두세 갈래로 된 노정지도도 받았다. 그것은 정세에 따라 길을 바꾸어야 했기 때문이다.

이만으로 이동하는 길에는 일본군뿐만 아니라 일본군의 사주를 받은 중국군인, 마적 등이 장애가 되었기 때문에 그들의 길은 험난하였다. 그는 장백을 떠나 撫松, 樺甸, 安圖를 지나 敦化에 이르렀고, 이때 돈화현에서 대한국민회회장이었던 具春先과 馬晉 등도 만났다. 다시 그들 일행은 태성, 密山 등으로 향하였다. 밀산에서는 안내책임자인 이동백·김정익 등을 만나기로 하였으나 그들은 나타나지 않았다. 밀산에서 두 달 정도 머물면서 뒤에 오는 김찬을 만났다. 5월까지 5차에 걸쳐 대한독립군비단원들이 밀산에 도착하였으며, 사령관인 임표, 군사부원 김탁·박동규, 위생국장 강현춘도 왔다. 대한독립군비단은 40여 정의 무기로 무장하고 이만으로 이동 중 소만국경지대인 虎林縣 용연포에서 중국 육군에게 포위되어 무기를 빼앗기고 빈손으로 이만으로 오게 되었다. 당시 이만은 러시아 적군과 백군의 분계선이었다. 그리고 1921년 6월 자유시사변이 끝난 이후였다. 그러한 이만에서 그들은 이만지역의 신농평, 와구통, 싸인발, 짜작 등 한국인 마을에 분산되어 교육훈련을 받았다.

그리고 1921년 7월 러시아 군부와의 긴밀한 관계속에서 이만 싸인발촌에서 군비단군대의 명칭을 고려혁명의용군대로 개명하였다. 당시 고려혁명의용군대의 일차적인 과제는 사관양성이었다. 그러한 때에 이용·한운용·김홍일 등이 이만에 도착하였다. 고려혁명의용군대는 이들을 맞아 군대를 재정비하는 한편 사관학교를 설립하였다. 이때 강상진은 사관학생의 일원으로 고려혁명군사의회의 헌병대장으로 활동하였다.

1921년 12월 초에 우수리철교 이남에 집결하고 있던 백군이 이만을 공격해오는 것을 필두로 강상진 등 고려혁명의용군대 대원들은 적군과 연합하여 백군과의 전투에 참여하게 된다. 그들이 연합한 적군은 제6연대였으며 전선사령관은 이용, 제1중대장 한운용, 1소대장 강신우(강위), 2소대장 박홍, 3소대장 마춘걸, 제2중대장 임표, 1소대장 김동명, 2소대장 이빈, 3소대장 미상, 제3중대장 김홍일, 1소대장 마건, 2소대장 오동명, 3소대장 이성춘, 군정위원 강재관·박춘일, 특정정교 유영태, 기관포장 한진철·강훈 등이었다. 강상진은 사령부와 2중대, 3중대와 함께 활동하였다. 그리하여 그는 1921년 12월 4일 이만 쇠다리목에서부터 우수리강 사이에 산개되어 이만시를 점령하고 쳐들어오는 백군과의 전투를 시발로 베낀, 노치꼬전투 등을 수행하였다. 그리고 꼬치크라는 작은 역에서 한국독립군을 돕기 위하여 나온 하바로프스크군대를 만나서 합세하였다. 하바로프스크에 와서는 이 도시를 지키기 위하여 노력하다가 1921년 12월 21일경 후퇴하였고, 흑룡강을 건너와서는 사할린의 용상운, 중대장 염동걸, 소대장 구영팔(표도르), 백수동 등이었으며, 인원은 70명 정도였다.

강상진의 연합 부대는 이만에서 19일 만인 12월 23일경 인스크 역에 도착하였다. 그리고 여기서 1921년 12월 25일부터 26일까지 백군의 대공격이 있었다. 이 전투에서 적군 천여 명을 사살하는 대승리를 거두었다.

인스크전투 후, 1922년 1월 28일경에 원동공화국 야전참모부가 인스크에 도착하여 전투 준비를 대대적으로 전개하였다. 당시의 구호는 "적의 소굴 웨로차엠쓰크를 격파하고 하바롭쓰를 탈환하자, 하바롭쓰크는 반드시 붉은 도시가 될 것이다. 하바롭쓰크는 연해주 해방의 열쇠다. 연해주 해방을 위하여 앞으로" 등이었다.

고려혁명의용군대는 1922년 2월 5일 볼로차예프를 공격하기에 앞서 올리꼭트를 점령하였고 이어서 1922년 2월 10일 볼로차예프전투에 참여하였다. 치열한 접전 끝에 2월 11일 전투에서 승리하였고, 2월 14일에는 하바로프스크에 입성하였다.

그 후 한국독립군은 인스크지역으로 퇴각하였고, 이 전투가 승리로 끝난 다음에는 1922년 1월 말 러시아 적군의 신임하에 고려특립연대를 편성하여 인스크~보꼬롭까 정거장 사이를 수비하였다. 이 고려특립연대에는 기존의 부대 외에 한국인 천여 명이 증원되었다. 그리고 최봉설 · 오동명 · 방국춘 · 이백송 · 최학천 등이 중대장으로 영입되었다. 인스크에서 군단장이 참여하는 관병식에 참여한 후 볼로차예프전투에서 전사한 전우들의 장례를 마치고 1922년 4월 무렵 고려특립연대는 하바로프스크로 이동하였다. 여기서 빨치산 해산령이 내렸고, 한국인과 중국인 빨치산도 해산되었다.

1923년 제대한 강상진은 1930년까지 연해주 스파스크 쏘야기노촌에서 농사를 지으며 생활하였으며, 1931년부터 1933년까지는 블라디보스토크 12호 학교와 8호 학교에서 교원으로 활동하였다. 1933년 여름부터 1935년 말까지 캄차카에서 어업에 종사하였고, 1936년부터 1937년까지는 하바로프스크시 국영출판사 중국부에서 인쇄공으로 일하였다. 그 후 1937년 여름 하바로프스크 교외에 있는 "적동" 꼴호즈에서 조합원으로 일하였으며, 그해 중앙아시아 카자흐스탄으로 강제이주 당하였다. 1942년부터 1948년까지는 노동전선에 동원되어 노력대원으로 일하였으며, 노력대에서 제대한 후에는 꼴호즈에서 일하다가 1956년 병으로 퇴직하고 연금생활을 시작하였다. 그 후 깝까즈에서 살다 1967년 카자흐스탄 잠불에 온 후 1973년에 사망하였다.

강상진의 군비단 관계 수기는 몇 가지 점에서 우리의 주목을 끈다. 강상진의 수기는 만주 부분은 소략하다. 그러나 자신이 직접 체험한 러시아령으로의 이동, 러시아에서의 전투 부분에 대하여는 지금까지 알려지지 않은 많은 새로운 사실들을 밝혀주고 있다. 이를 보면 다음과 같다.

우선 첫째, 대한독립군비단이 노령과 접촉하게 되는 계기를 잘 설명해주고 있다. 대한독립군비단에서는 무장투쟁을 그 목표로 삼고 있었으므로 무기구입에 분주하였다. 처음에 군비단에서는 무기구입을 奉天, 吉林 등지에서 하였다. 그러나 그 구입량이 소량이어서 욕구를 충족시키지 못하는 상황이었다. 그러던 중 1919년 8월 박춘근이 폭탄 4개와 단총 2정을 갖고 장백 본부에 도착하였으며, 노령에서 무기 구입이 용이하다고 보고하였다. 박춘근의 보고에 의하여 1920년 4월 군사부장 김찬, 군사부원 김덕은·박춘근·이승·엄관호 등이 무기 구매를 위하여 블라디보스토크로 가게 되었던 것이 그 시발이었던 것이다. 이로부터 봉천, 길림 방면에서의 무기구입은 중단되었다.

둘째, 대한독립군비단이 이만으로 이동하는 계기에 관한 것이다. 대한독립군비단의 군사부장 김찬과 군사부원 박춘근은 1920년 말 러시아령 이만을 시찰하고 돌아왔다. 그리고 그들은 군인 양성을 이만에서 할 것을 결정하였다. 그들이 이만을 선택한 것은 당시 이만이 적군과 백군의 분계선으로 임시 빈공간이었고, 조선인 농촌이 많은 것을 이용하고자 하였던 것이다. 특히 그들은 무기구입과정을 통해서 러시아의 공산주의 사상도 수용하고 있었던 것이다. 무기구입과정을 통해 독립군이 공산주의 사상을 접하게 된 점을 지금까지 간과해 온 새로운 사실이라고 하겠다.

셋째, 대한독립군비단이 1921년 봄부터 9회에 걸쳐 이만을 향하여 이동한 이동 규모와 책임자 등을 밝히고 있는 점이 주목된다. 제1회부터 9회까지 각 시기의 인솔책임자는 윤동선[1], 강상진[2], 조경호[3], 김동명[4], 김일수[5], 박춘욱[6], 김기태·김종수[7], 임병극·승명선·윤태호[8], 배영숙·조덕진·이영선[9] 등이다. 인솔병력은 1회 35명, 2회 96명, 3회 48명, 4회 45명, 5회 56명, 6회 33명, 7회 63명, 8회 150명, 9회 158명 등이었다. 이상 9회에 걸쳐 장백현에서 이만으로 무려 500명 정도의 병사가 이동하였던 것이다.

넷째, 러시아 이만에서 1921년 7월에 조직된 고려혁명의용군대에 대하여 언급하고 있다. 강상진은 우선 대한독립군비단이 러시아로 이동하여 1921년 7월 상순 고려혁명의용군대로 개칭되었다는 사실을 밝혀주고 있다. 아울러 그는 고려혁명의용군대의 주요 구성원에 대하여도 밝혀주고 있다. 즉 고려혁명의용군대의 군사부장은 김찬, 사령관 임표, 출전시에는 사령관이 이용이었다. 군정위원은 박춘일·강재관이완, 재정부 김덕은·한동휘, 위생부 강현춘·김학수·이순조·한구, 무기부 방규한, 문화부 최태열·최중천·임상춘·유세홍, 연락조직 박춘근·장도정·이승·최동욱 등임을 밝히고 있다. 또한 고려혁명군사의회 의원으로는 박춘일·마용하, 고문격으로 말기에 김규면이 활동하였다. 그리고 헌병대장은 유세홍·강상진 등이었고 보병중대장은 윤동선·임표·임병극, 소대장은 오동명·조경호·이성춘·강신우·이빈·김동명·이영신·박춘욱·김일수·조독진·김기태·김종수·승면신·윤태호 등이 담당하였던 것이다.

아울러 강상진은 고려혁명의용군대의 사관학교 설립에 관하여도 밝히고 있다. 그는 당시 고려혁명의용군대는 당면 과제가 사관양성이었으므로 이 문제를 해결하기 위하여 만주에 있는 김좌진·이범석·오상세·김승빈 등을 초청하고자 하였다. 그러나 주도권 문제로 이 문제가 난항에 봉착하였을 때 이용·한용운·김홍일 등이 이만에 온 것을 계기로 사관학교를 설립하게 되었다. 이용을 사령관 겸 교장으로 하였고, 교육장에 한운용, 학도대장에 김홍일을 임명하였다. 6개월 속성과정이었고, 그해 8월부터 양허재촌에 교사도 동네에서 제일 큰 집을 사서 수리하였다. 사관생도 40~50명이었는데 이 중에는 외부에서 온 방국춘·최봉설 등도 있었다.

지금까지 살펴본 바와 같이 강상진은 고려혁명의용군대의 성립과 임원, 사관학교 등에 대하여 강우건의 수기보다 좀 더 구체적인 새로운 사실들을 밝혀주고 있다. 그러나 여기서 더욱 주목되는 것은 강우건의 수기에는 고려혁명의용군이 1927년 9월에 명칭을 대한의용군사회의로 개칭한다고 되어 있으나 강상진은 계속 고려혁명의용군대의 명칭을 그대로 사용하고 있다는 점이다. 이 점에 대하여는 앞으로 검토가 요망된다.

다섯째, 1921년부터 1922년까지 강상진 등 고려혁명의용군대가 이만지역을 중심으로 참여한 전투에 대하여 소상히 소개하고 있다. 이 부대는 민족혁명군 제6보병연대에 편입된 한국군들이었다. 강상진은 자신이 참여했던 전투인 이만 쇠다리목 척후전, 노치꼬전투, 하바로프스크 위수전, 인스크에서의 전투, 올리꼭트전투, 볼로차예프전투 등 뿐만 아니라 자신이 직접 참여하지는 않았으나 같은 부대원들이 참여한 이만에서의 한용운 중대의 처참한 최후, 김홍일 중대의 블라디미롭까전투, 보꼬롭까전투 등에 대하여도 상세히 기록하고 있다. 이 지역에서의 한인독립군의 활동을 생생히 이해하는 데 도움 되는 바가 크다. 지금까지 이 부분에 대하여는 러시아 측의 간단한 기록이 있었을 뿐인데 직접 참여했던 강상진이 상세히 기록하고 있어 러시아지역 한인운동을 보다 구체적이고 생생하게 밝히는 데 일조할 것으로 생각된다.

여섯째, 고려특립연대에 대한 것이다. 즉 혁명전쟁이 어느 정도 승리로 기울자 1922년 1월 말에 연해주지방 무장 유격 부대 본부가 조직되었다. 본부에서는 고려특립연대를 편성하여 인스크에서 보꼬롭까 정거장 사이를 수비케 하였다고 한다. 이 고려특립연대에는 이만에서부터 활동한 고려군 3개 중대 외에 천여 명이 증원되었다. 부대가 확대되면서 지휘부는 변동이 없었으나 마건·최봉설·오동명·방국춘·이백송·최학천 등이 새로이 중대장으로 영입되었다. 이러한 한인들의 활동에 대하여 러시아 측 기록에는 간단히 언급하고 있다. 모스크바에서 1958년에 간행된 구불만이 지은 「소비에트 극동을 위한 투쟁」 266쪽에서, 블라디보스토크와 이만 사이의 철도노선에 무장 유격 부대 본부 직속의 2개 지하그룹이 활동했다. 한인 무장 유격 부대도 본부에 배속되었다고 쓰여져 있는 것이다.

일곱째, 당시 러시아혁명 전에 한인들이 참가했던 이유를 단적으로 보여주고 있다. 1921년 초 어느 정도 적군을 물리친 후 고려혁명의용군대는 인스크에서 군단장이 참여하는 열병식에 참여하였다. 이 열병식에 참여한 강상진은 다음과 같이 회고하고 있다. 즉,

> 유쾌한 승리의 감상은 우리에게 흠뻑 안겨주는 이 열병식은 동시에 용기도 적지않게 돋우워 주었지만 반면에 조선독립, 해방에 대한 의제가 아니라 기분이 저으이 꺾어지었다. 몇 천 명되는 까뻴리 때문에도 저렇게 준비되고도 여기까지 퇴각해 오면서 긴 겨울 내내 고생하였는데 이 관병식에서는 새끼 뗌이만도 못해 보이는 전화줄! 부수따지만도 못해 보이는 장총! 몇 자루나 얻어메고서 그래도 강국이라고 자칭하는 왜놈드을 모조리 잡겠다는 우리의 의도는 너무도 어리석은 망상이 아니던가라는 느낌이 이 직관적 사정이 자아내게 하였다. 때문에 우리의 사업은 어떻게 해야 완성될 것인가. 자 이제부터 남는 문제였다. 어쨌든 단독으로는 못한다. 지지와 연계를 위하여 붉은 기를 사수하자!

라고 하고 있는 것이다. 이 글을 통하여 우리가 알 수 있는 주요한 내용은 강상진 등 독립군들이 백군과의 전투 속에서 일본이 얼마나 強軍인가를 인식할 수 있었다. 따라서 바로 조선의 해방은 붉은 러시아의 지지와 연계가 있을 때만이 가능하다고 생각하고 이를 위해서 즉 조선의 독립을 위하여 붉은 기를 사수하고자 하였던 것이다. 바로 이러한 점에서 이 자료는 당시 고려혁명의용군의 러시아 적군에 대한 인식과 한국독립운동의 전개방향에 대한 인식을 살필 수 있는 좋은 자료라고 생각된다.

여덟째, 고려혁명의용군대의 해산 후의 활동에 관한 것이다. 이 부분

에 대하여 강우건의 수기보다도 자세히 언급되어 있다. 임표 인솔 부대는 이만의 라불유에서 1년 정도 둔병식으로 생활하다가 해산하여 각자 행동하게 되었다. 그리고 일부는 고향으로 돌아갔으며, 대부분은 러시아에서 정착하였다. 그리고 일부는 혁명전선에서 계속 활동하였는데, 예를 들면 이용 · 최동욱 · 마건 · 이승 · 최봉설 · 김철 · 김일수 · 장철 · 박건 등은 적기단을 조직하여 만주와 조선에서 활동하였고, 강상진 · 김경협 등은 북만주 중국공산당 활동에 참여하였다. 김용배와 박영 등은 황포군관학교에 갔다 농민전쟁에서 전사하였다고 한다.

지금까지 강상진의 수기에 대하여 살펴보았다. 이 수기 중 강상진의 러시아지역에서의 활동 내용의 일부는 강우건의 수기와 중복되는 부분이 있다. 그러나 강우건의 수기보다 대한독립군비단의 러시아로의 이동, 러시아지역에서의 혁명전쟁에서의 참여, 고려혁명의용군대의 해산 후의 향배 등에 관하여는 새로운 사실들을 많이 소개하고 있다. 그것은 강상진이 대한독립군비단의 일원으로서 러시아로 이동하였고, 직접 혁명전쟁에 참여한 인물이었기 때문일 것이다. 더구나 강상진은 강우건의 수기를 1967년에 본 후 자신의 수기를 썼으므로 강우건의 수기 중 부족한 면들을 보완하고자 하였을 것이기 때문이다.

결국 강우건의 수기와 강상진의 수기는 1920년대 전반기 만주와 러시아지역에서 전개되었던 항일독립운동을 밝히는 데 크게 기여하리라 생각된다. 특히 만주와 러시아와의 관계 속에서 항일운동사를 밝히는 데 도움을 줄 것으로 기대된다.

III. 북간도 15만 원 의거의 주역 최봉설의 수기

1. 북간도 15만 원 의거의 내용과 최봉설의 항일역정

최봉설의 호는 以鵬이고, 별명은 崔溪立이다. 최봉설은 1897년 11월 6일 延吉縣 지인향 와룡동(오늘날의 연길시 소관향 민흥촌)의 가난한 농민 崔文若의 장남으로 출생하였다. 1904년 4월부터 1912년 3월까지 8년동안 향리에 세워진 민족학교인 昌東學校에서 학창시절을 보낸 그는 1916년 10월에는 明東村에 있는 애국지사 金河奎의 다섯째 딸인 金信姬(1899~1973, 문익환 목사의 어머니 金信默여사의 언니)와 결혼하였다.

1919년 3·1운동 이전 李東輝가 파리에 대표를 파견할 목적으로 자금을 모집할 때 최봉설은 북간도 연길현 局子街 臥龍洞 지방의 모금위원으로 선정되어 적극적으로 활동하였다. 1919년 3월 13일 龍井에서 만세운동이 전개되자 여기에 참여하였으며, 또한 3·1운동 후 具春先 등이 중심이 되어 조직한 大韓國民會와 그 외곽단체인 간도청년회에도 참여하였다. 이 무렵 그는 鐵血光復團에서도 활동하고 있었다. 그러던 중 1920년 그는 그의 항일운동 중 가장 주목받는 15만 원 탈취 사건을 전개하였는데, 그 주요내용은 다음과 같다.

1919년 9월 초 간도청년회 조직을 위하여 최봉설이 활발히 활동할 때 최봉설은 노령 대한국민의회에서 활동하고 있던 金夏錫으로부터 독립운동가금 모집을 위한 요청을 받았다. 그리고 동년 12월 초 露領에서 金夏錫이 직접 북간도지역으로 와 이 사업을 추진하였다. 1920년 1월 최봉설은 尹俊熙·韓相浩·林國楨·朴雄世·金俊 등과 함께 일제의 조선은행 회령지점에서 동 은행 용정출장소에 보내는 송금을 탈취하기로 결의하고 회령 지점원인 金洪變을 포섭하여 송금노선과 일자를 파악하였다. 1920년 1월 4, 5일경에 돈 15만 원을 용정으로 송금할 것이라는 전홍섭의 연락이 오자 4일에 윤준희·김준·박웅세가 같은 조가 되고, 최봉설·한상호·임국정 등이 한 조가 되어 무기를 휴대하고 용정에서 약 10리쯤 떨어진 東良입구에 매복하여 기대하고 있었다.

그러던 차 윤준희조는 일경의 호위하에 현금을 싣고 오는 일행과 마주쳤다. 이에 윤준희·박웅세·김준 등은 권총 10여 발을 발사하여 일본경찰 長友嘉相次을 사살하였다. 그리고 현금 5원권 10만 원과 10원권 5만 원 합계 15만 원을 탈취하였다.

최봉설은 윤준희·한상호·임국정·김하석 등과 함께 동월 23일 돈을 갖고 블라디보스토크 신한촌에 도착하였다. 그리고 독립전쟁을 위한 구체적인 계획에 착수하였다. 그러나 불행하게도 윤준희·임국정·한상호 등은 1월 31일 밤 블라디보스토크 주재 일본헌병대에 체포되어, 1921년 8월 25일 서대문 형무소에서 사형당하였다.

한편 최봉설은 부상을 입은 채로 탈주에 성공하여 동지들의 구원으로 희생하였다. 그 후 그는 최계립이라는 이름으로 러시아지역에서 혁명활동에 종사하였다. 이만에서 조직된 大韓義勇軍事會에서 설립한 사관학교에 입교하여 군사훈련을 정식으로 받은 후 소대장, 중대장 등으로 활동하면서 러시아 백군과의 전투에서 많은 공로를 세웠다. 특히 1922년 2월 10일에 시작된 볼로차예프전투에서 任彪와 함께 큰 공을 세우기도 하였다. 혁명전쟁이 끝난 후 그는 1923년 2월 만주 寧安縣 寧古塔에서 赤旗團을 조직하여 단장으로 활동하기도 하였다. 1925년 1월 적기단이 해체되자 러시아로 돌아가 연해주 추풍지역에 있는 그라데고보에서 안드레이예브카 꼴호즈 회장으로 일하였다. 그러다 스탈린의 한인 강제이주 정책에 의하여 1937년 중앙아시아에 있는 우즈베크공화국의 호레즘 갈대밭으로 이주 당하였다. 그 후 그는 그리스챤지역의 꼴호즈 회장, 카자흐스탄 크질오르다 꼴호즈 부회장 등으로 활동하다가 말년에는 우즈베크의 침켄트시에서 연금 생활 중 1976년 사망하였다. 그의 5男 최다니엘1937년생, 러시아 연해주 우수리스크 거주에 따르면 최봉설은 죽기 전에 "서울 형무소에 죽은 임국정 · 윤준희 등과 함께 죽어 그들과 함께 묻혔으면……" 하고 숨을 거두었다고 한다. 현재 최봉설의 묘소는 침켄트시에 있으며 후손들은 한국으로의 봉환을 기대하고 있다.

2. 최봉설의 「간도 15만 원 사건에 대한 40주년을 맞으면서」 내용과 자료적 가치

최봉설은 1959년 정월 「간도 15만 원 사건에 대한 40주년을 맞으면서」라는 모두 40쪽으로 구성된 회고기를 작성하였다. 이 글은 15만 원 사건의 전모에 대하여 자세히 밝히고 있다. 지금까지 학계에서는 일제 측 기록인 임국정 · 윤준희 등의 재판기록을 통하여만 이 사실에 대하여 알고 있었다. 그런데 사건의 주역이었던 당사자가 작성한 이 회고기의 발견은 신선한 충격을 주기에 충분한다. 특히 이 글에서는 지금까지 알려지지 않았던 자신이 속했던 철혈광복단의 조직과 활동, 15만 원 사건 후의 향후 계획, 일제에 의한 동지들의 체포 등에 대하여 소상히 소개하고 있는 것이다. 그럼 이들 새로운 사실들에 주목해 보기로 하자. 우선 언급할 것은 최봉설이 속했던 철혈광복단의 조직과 활동에 관한 것이다.

철혈광복단은 제1차 세계대전이 발발하자 이 전쟁이 종식될 경우 조선의 독립이 가능하다는 판단 하에 독립을 준비하기 위해 조직된 단체였다. 결사동맹의 비밀단체인 이 조직은 최봉설의 고향인 북간도 와룡동에 있는 창동학교에서 진창헌 · 정기선 등과 광성학교에 있는 숯ㅡ ·

이홍삼 등이 주도가 되어 조직되었다. 그들은 조직시 왼쪽 무명지 손가락을 베어 피로써 년, 월, 일, 성명, 철혈광복맹서라고 쓰고 단원과 단원 사이에 서로 알기 위하여 "友竹"선생이란 암호를 사용하였다고 밝히고 있다.

이어서 최봉설은 철혈광복단의 활동에 대하여도 밝히고 있다. 단원 70명은 북간도에 있는 나자구 사관학교를 졸업하고 당시 각 학교에 체조교사로 있으면서 학생들에게 군사교육을 진행하였다. 그러던 중 단원 염재권의 경우는 훈춘 영사관에 발각되어 사형을 당하기도 하였다. 또한 「아령실기」의 저자로 널리 알려진 桂奉瑀의 경우도 사관학교를 후원한 사실이 밝혀져 3년 동안 강화도에 구금되었다고 밝히고 있다. 뿐만 아니라 철혈광복단 단원들은 간도 龍井지역에서 3월 13일에 있었던 만세운동에도 적극 참여하여 활동하다가 단원 朴文浩·蔡昌憲·崔益善 등이 총살당하는 비운을 겪기도 하였다. 또한 철혈광복단 단원 중 일부는 간도에서 맹호단을 조직하여 일본순사 등의 암살을 추진하기도 하였다.

한편 철혈광복단에서는 여자단원들도 300여 명 있었으며, 대표적인 인사로는 명동의 우봉운, 용정의 전신태, 와룡동 김신희, 왕청 김선희, 블라디보스토크 채계복·온순명 등을 들 수 있다. 이들은 간도지역에서 여학생들을 모집하여 간호부교육을 블라디보스토크에서 실시하고자 하여 12명이 블라디보스토크로 오기도 하였다.

다음으로 주목되는 새로운 사실은 최봉설 등이 15만 원을 갖고 러시아 블라디보스토크로 온 후의 철혈광복단의 향후 계획이다. 자금이 마련된 철혈광복단은 단장 전일의 지도하에 단원 30명과 이동휘 李鏞·蔡英·韓養用·張基永 등도 참가한 비밀회의를 개최하였는데 이 회의에서 다음과 같은 문제를 의논하였다.

1. 전일의 사업보고
2. 무기구입, 군인모집, 군대편성, 사관학교 설립문제
3. 임원의 개선

2, 3번째 문제에 대하여 이동휘는 다음과 같은 의견을 제시하였다. 그는 사관학교는 수청현재의 파르티잔스크지역에 설치하고 장기영·채영 등이 교관을 담당하며, 고급장교반은 3개월 교육기간으로 하고 인원은 100명으로, 하급 장교반은 1개월로 하며, 한반에 100명씩으로 하자고 제의하였다. 아울러 사관학교의 교재는 이용과 한운용이 담당할 것을 제의하였고, 제1사령부는 노령, 제2사령부는 북간도, 제3사령부는 서간도에 각각 설치하자고 하였다. 그리고 제1사령부는 노령에서 목선으로 청진 근방에 상륙하여 청진, 나남에 주둔하고 있는 일본군대와 전투하기로 하고, 제2사령부는 경흥부터 무산까지, 제3사령부는 만주의 장백현에서 신의주까지 담당하기로 하고 총사령은 "정도령"이라고 이름하자고 제의하였다. 그 이유로는 아직도 조선에는 미신을 믿는 사람이 많으므로 정도령이 海島 중에서 나온다하면 군중들이 용기를 더욱 낼 수 있을 것이라고 하였다.

전쟁 시기는 학생들이 사관학교를 졸업하는 시기로 생각하였다. 그리고 전쟁이 시작될 때 조선 국내에 있는 동포들에게 조선 전체 각 지방에 있는 군인과 순사들을 전멸시키라고 명령하고 민중들이 3월 1일 만세운동 때처럼 거족적으로 봉기하면 즉시 독립할 것이라고 인식하였다. 그리고 남한지역의 경우는 무장운동을 전개하도록 하자고 하였다. 무기구입은 임국정·한상호·최봉설 등이 담당하고 단장, 서기, 재무 등의 일은 윤준희가 맡도록 하자고 하였다. 그리고 단체의 명칭인 철혈광복단을 줄여 철광단이라고 하기로 하였다.

최봉설 등이 마련해 온 자금을 바탕으로 구체적인 사업이 진행되었

다. 우선 이동휘의 의견에 따라 독립전쟁을 전개하기로 한 철혈광복단은 일차적으로 사관학교 설립을 준비하고자 하였다. 이를 위하여 이용의 의견에 따라 블라디보스토크에 있는 백산학교 자리를 3천 원에 구입하였다. 이 건물을 임시사무실과 사관학교 교재의 출판을 위하여 사용하기로 하였다. 이어서 장기영과 채영은 수청지역으로 사관학교의 부지를 살펴보기 위하여 출발하였으며, 임국정은 만주 東寧지역으로 가 무기구입을 시도하였다.

지금까지 검토를 통하여 최봉설 등이 소속되었던 철혈광복단의 조직과 그 활동, 그리고 15만 원을 바탕으로 철혈광복단에서 추진하고자 한 계획과 그 실행 등에 대하여 살펴보았다. 지금까지 학계에 알려진 사실은 일제의 재판기록을 통한 사건의 전말 정도였다. 그러므로 이 자료의 의미는 사건을 주도한 담당자의 체험 수기라는 데 그 일차적인 의의가 있다. 아울러 지금까지 알려지지 않았던 몇 가지 새로운 사실을 우리에게 알려주고 있다는 점에서 각별히 주목된다. 즉 15만 원 사건을 주도한 철혈광복단의 조직과 활동, 향후 계획 등에 관한 것이 그것이다. 아울러 1919년 3·1운동 이후 만주와 러시아지역에서 활동하고 있던 독립운동단체들의 국내진공작전에 대한 새로운 면모를 보여주고 있다. 그러므로 이 수기는 일제하 만주, 러시아지역의 항일독립운동의 전체상을 보다 객관적으로 밝히는 데 큰 도움이 되리라 기대된다.

IV. 결어

지금까지 러시아지역에서 발굴된 강우건·강상진·최봉설 등의 항일독립에 관한 수기의 내용과 그 자료적 가치에 대해 검토해 보았다.

그리고 그 자료들이 해외항일독립운동사의 전체상을 밝히는 데 크게 기여할 수 있음을 알게 되었다. 앞으로 이러한 자료들을 토대로 만주와 러시아지역의 항일 운동사의 진실이 보다 객관적으로 밝혀져야 할 것이다.

 아울러 이 자료의 간행을 계기로 러시아지역에서 활동했던 많은 항일운동가의 수기 등이 더 많이 학계에 제공되어야 할 것이다. 최봉설·홍파의 「전기단략사」, 김낙현의 「니항사변전말」, 김규면의 「회고록」·「이만전투실록」, 홍파 자서전, 박청림의 「혈성단략사」, 강호어의 「수청의병대연혁」, 박소순 회상기, 정태 회상기, 김승빈 회상기 등은 그 대표적인 것들이다. 아울러 모스크바, 페테부르크, 톰스크, 블라디보스토크, 하바로프스크 등지의 각 문서보관소에 있는 한국인 관계자료들도 입수되어 공간될 때 러시아지역 한인민족운동사, 나아가 한국독립운동사의 실상이 정확히 복원될 수 있을 것이다.

제2장

일제의 만주지역 한인독립운동 동정보고 자료:
『不逞團關係雜件 在滿洲』(1910~1926)

I. 총론

자료명: 불령단관계잡건 조선인의 부 재만주 44권
형태: 마이크로필름
수량: 43롤(총 17,827컷트)
소장처: 일본 외무성사료관, 국사편찬위원회

<내역>
권1(1910.8.14~1912.3.6) 432컷트,
권2(1912.7.5~1913.11.22) 434컷트,
권3(1913.11.27~1914.8.14) 347컷트,
권4(1914.8.26~1915.8.23) 397컷트,
권5(1915.9.4~1916.12.31) 424컷트,
권6(1917.1~1918.5.27) 510컷트,
권7(1918.5.29~1918.10.24) 338컷트,
권8(1918.11~1919.3) 361컷트,
권9(1919.4.1~4.30) 281컷트,
권10(1919.5.1~5.30) 352컷트,
권11(1919.6~8) 207컷트,
권12(1919.9~10.20) 448컷트,
권13(1919.10.21~11) 266컷트,
권14(1919.12~1920.2) 369컷트,

권15(1920.3.1~3.31) 253컷트,
권16(1920.4.1~4.30) 298컷트,
권17(1920.5.1~5.31) 296컷트,
권18(1920.6.1~6.30) 444컷트,
권19(1920.7.1~7.31) 348컷트,
권20(1920.8.1~8.31) 303컷트,
권21(1920.9.1~9.30) 421컷트,
권22(1920.10.1~10.31) 293컷트,
권23(1920.11.1~11.30) 460컷트,
권24(1920.12.1~12.31) 243컷트,
권25(1921.1.1~1.31) 420컷트,
권26(1921.2~4) 333컷트,
권27(1921.2~4) 285컷트,
권28(1921.5.1~7.31) 571컷트,
권29(1921.8~9) 294컷트,
권30(1921.10~12) 455컷트,
권31(1922.1~2) 306컷트,
권32(1922.3~5) 485컷트,
권33(1922.6~9) 452컷트,
권34(1922.10.1~12.31) 322컷트,
권35(1923.1~4) 532컷트,
권36(1923.5~10) 524컷트,
권37(1923.11~1924.1) 406컷트,
권38(1924.2~4) 427컷트,
권39(1924.5~8) 588컷트,
권40(1924.9~1925.3.10) 832컷트,
권41(1925.3~12) 887컷트,
권42(1926.1~5) 475컷트,
권43(1926.5~11) 444컷트,
권44(1926.11~12월) 264컷트

본 자료는 일본외무성에서 만주지역에서 활동하고 있는 한인독립운동가들을 탄압하기 위하여 각 지역으로부터 받은 비밀문건이다. 이 자료들에는 1910년 8월부터 1926년 12월까지의 문서들이 들어 있어 일제의 조선강점을 전후한 시기부터 1920년대 3부(정의부, 참의부, 신민부)의 활동시점까지의 만주지역의 항일운동을 이해하는 데 도움을 주는 새로운 내용들이 들어 있어 학계발전에 크게 기여할 것으로 보인다. 본 자료에서 있어서 주목되는 특징은 다음과 같다.

1. 시기적으로 1910년 일제의 조선강점기부터 1920년대 중반 정의부, 참의부, 신민부 등 3부가 정립된 시기까지를 다루고 있다. 이것은 이 자료가 갖는 특징이자 한계라고 할 수 있다. 만주지역의 경우 1900년대 중후반부터 1937년 중일전쟁까지도 항일투쟁이 활발히 전개되었던 지역이기 때문이다.

2. 본 자료는 항일투쟁, 즉 불령선인의 항일운동을 중심으로 시기에 따라 자료가 배열되어 있다. 따라서 일부 사회경제적 측면을 파악할 수 있는 보고 등이 있기는 하나 운동사를 전체적으로 파악하는 데는 어려움이 있다.

3. 본 자료 중 3·1운동 이전의 부분과 1920년대 중반 부분의 경우 학계에 공개되지 않은 자료들이 다수 있어 이 분야 연구에 큰 도움을 줄 수 있을 것으로 보인다. 그러나 3·1운동 이후 만주지역의 무장투쟁에 관한 자료는 기존에 간행된 것들과 중첩되는 경우도 많아 신선미가 떨어진다고 할 수 있다.

4. 1910년대의 경우 간민회 관련 자료는 특히 도움이 된다. 지금까지 중국 당안자료들이 주로 이용되고 있었기 때문이다. 러시아에서 조직된 권업회와 만주와의 관련성에 대한 자료도 만주와 러시아의 상호관계를 이해하는 데 크게 기여하고 있다. 그러나 서간도지역의 대표적인 단체인 부민단 등에 대한 자료는 별로 없어 아쉬운 감이 든다.

5. 1910년대 특히 민족학교 관련 자료들은 큰 도움을 주고 있다. 명동학교, 대전학교, 소영자학교 등 주로 북간도지역에 위치하고 있는 것들

이다. 교사 및 학생들 명단이 수록되고 있는 점은 특히 신선함을 더해 주고 있다.

6. 1910년대 자료 중 지역적으로는 훈춘지역의 자료들이 많음은 흥미를 자아내기에 충분하였다. 기독교인, 총기소지, 일본의 회유정책 등 훈춘지역에 대한 다양한 면모를 파악할 수 있었다. 1910년대 훈춘지역 민족지도자들에 대한 일제의 회유정책 역시 흥미롭다.

7. 3·1운동 이후의 경우 서로군정서, 참의부, 통의부, 신민부에 대한 여러 새로운 자료들을 살펴 볼 수 있었다. 특히 참의부의 명칭 변경, 신민부의 러시아에서의 여러 활동, 공산당과의 관계 등에 대한 부분은 이들 단체들을 새롭게 바라볼 수 있도록 해주고 있다.

결국 전체적으로 볼 때, 본 자료는 만주지역 독립운동사 연구를 한 단계 더 발전시킬 수 있는 귀한 것이라 생각된다.

II. 주요 내용

1. 1910년대 만주지역 독립운동

1) 간민교육회

간민교육회는 1909년 9월 만주에서 고조된 신학운동의 붐을 타고 간도지역에서 최초로 만들어진 교육기관이다. 李同春의 발기로 건립된 간민교육회는 중국지방당국의 지지와 협조로 사무실을 東南路觀察使屬내에 설치하고 한인들의 교육사무를 처리하였다. 또한 월보를 간행하여 이주민의 신학활동을 추진하였으며, 학교를 중심으로 청소년들에게 민족의식을 고취시켰다.[1] 그런데 간민교육회에 대한 자료는 중국 당안관 자료 외에는 남아 있는 것이 없었다. 이번에 일본 측 기록들이 나타나 이 분야 연구에 도움을 주고 있다.

간민교육회는 표면상 회장은 朴平其이며, 실질 회장은 이동춘이다. 부회장은 박찬익과 윤해이다. 이 단체의 중심인물은 이동춘, 박찬익, 윤해 등이다. 간민교육회의 설립을 발기한 이동춘은 1911년 당시 39세로, 20년 전에 간도로 이주하여 토지를 소유하고 있으며, 중국어에 능통한 인물이다. 주민들로부터 추대되어 간민교육회 회장이 되었다. 박찬익은 28~29세로 서울 출신이다. 10년 전에 간도로 이주하여 현재 국자가의 동쪽 끝 천주교회당 동쪽에 거주하고 있다. 집에 <연길동남로간민교육회연구회>라는 간판을 걸고 이주조선인의 교육을 권유하고 있다. 이동휘와 밀접한 관련을 갖고 있다. 윤해는 25세로 함남 영흥출생이다. 1910년 8월경 간도로 와서 박찬익집에 동거하며 활동하고 있다. 간민교육회의 회원수는 120~130명 정도이다. <교육회 수령 등의 행동에 관한 건, 1911년 5월 10일>

간민교육회 회원들은 기독교를 신앙할 것과 신학문을 연구할 것을 강조하였다. 아울러 일반 조선인들에게 치발역복을 권유하였다. <1911년 6월 21일 교육회원의 행동에 관한 건>

한편 1911년 7월 중국의 연길지부 彭樹棠은 국자가에 설립된 조선인교육회의 회장 李鳳雨를 불러 본회의 설립을 금하고 본인으로 하여금 국자가를 떠나도록 했다. 이에 이봉우는 러시아 우수리스크에 가 거주하고 있다. <1911년 7월 26일 국가자에 있는 조선인교육회 해산의 건>

그러나 팽 知府의 후임으로 簾慈가 오자 그는 교육회에 대하여 긍정적인 입장을 표하였다. 그는 조선인들에 대하여 음으로 보조하는 입장을 취하였다. 이에 조선인들은 자주 모임을 갖고 교육회 일을 추진하였

1 김춘선, 「간민회연구」, 『조동걸선생정년기념논총』, 나남출판, 1997.

다. <간도청국관헌의 조선인에 대한 상황, 1911년 10월 12일>

간민교육회에서는 1911년 9월 20일 국자가교육회관에서 회의를 개최하고 다음 사항을 결의하였다.

> 1. 간민모범학당 교원의 경질의 건
> 교육회에서는 기존의 교원이었던 洪範泰, 姜國興을 평의원인 吳詳根, 朴相煥으로 교체하였다.
> 2. 간민교육회원 중 청국관원교섭원 선정의 건

간도는 청국의 주권하에 있으므로 교섭위원은 대단히 중요하다. 교섭원으로 총무인 윤해가 선출되었다. 이어서 회장 이동춘의 연설이 있었다. <1911년 10월 19일 간도의 배일선인단체인 간민교육회의 행동>

2) 간민회

1910년대 북간도지역에서 활동하던 가장 대표적인 단체인 간민회에 대하여는 지금까지 중국 측 당안관 자료를 제외하고 일본 측 기록은 거의 전무한 상태였다. 그러므로 간민회를 연구한 연변대학의 김춘선 교수의 경우도 역시 당안관 자료에만 의존하고 있는 것이다. 이번에 새로이 조망되는 이 자료들을 토대로 간민회에 대한 보다 깊이 있는 검토들이 이루어질 수 있을 것으로 보인다.

기존의 연구 결과에 따르면, 간민회는 1913년 4월에 조직되어 1914년 3월에 해체된 간도지역 최초의 한인자치단체이다. 1913년 2월 이동춘·김약연·김립 등은 간민교육회를 토대로 간민회 건립을 결의하고, 26일 간민회 건립에 대한 청원서와 간민회 草章을 작성하여 중국 측에 제출하였다. 그리고 동년 4월 26일 국자가에서 간민회 성립대회를 개최하였다. 한편 간민회 성립에 반대하는 농무계가 1913년 6월 29일 연길현에서 조직되었다. 이 두 단체는 갈등과 대립이 있었으며, 해체 후에는 1914년 5월 18일 獎業會를 함께 조직하여 활동하였다.

1913년 1월 13일 이동춘, 정안립 등 25명은 발기인이 되어 <간민회 조직 총회 소집통지서>를 발행하였다. 본 자료에는 원문도 첨부되어 있어 당시의 모습을 생생히 느껴볼 수 있다. 원문은 현재 독립기념관 수장고에도 보관되어 있다. 이 자료를 통하여 1913년 1월에 이미 간민회 조직을 생각하였음을 알 수 있다. <선인집회에 관한 보고, 1913년 1월 27일>

간민회 총회는 1월 13일 국자가에서 개최되었다. 당시 상황은 <간민회 조직 총회에 관한 건, 1913년 3월 25일>에 잘 나타나 있다. 회의는 국자가 모범학당에서 200명이 참가한 가운데 개최되었다. 중국 당국에서는 순사 1명, 순경 5명을 배치하였다. 회의 당시 임시의장은 鄭載冕 · 사찰은 方基龍 · 李振降 · 黃京生 · 蔡天極, 姜모 등이었다. 김립은 임시의장 대리로서 연설을 하고 곧이어 중앙총회를 열고 임원진을 선출하였다. 중앙총회회장 김약연, 부회장 장기영, 조기영, 백옥보, 의사부장 김병흡, 민적조사부장 김립, 법률연구부장 남공선, 재정부장 조영하, 교육부장 박상복 등이다. <간민회조직 총회에 관한 건, 1913년 3월 25일>

간민회에 대하여는 간민회 임원, 길림동남로잡거구역 간민회 초장, 길림도독에게 올리는 글, 길림도독이 내리는 비문, 간민회 세칙 등이 있다. 특히 간민회 세칙의 경우 처음 발견된 것으로 이 분야 연구에 크게 도움이 될 것으로 보인다. <조선인 간민회에 관한 건 보고, 1913년 6월 5일>

간민회에서는 1913년 7월 20일 간민회교육회관 개관식을 성대히 개최하였다. 당시 상황은 <간민회 회관 개관식상황>에 잘 나타나 있다. 간민회 회장 이하 300명이 참여하였고, 또한 중국 측 인사도 다수 참여하여 축하하였다. 김약연 회장의 사회로 진행되었으며, 김립의 연설이 있었고, 중국 측 대표로 관찰사 陶彬의 축사가 있었다. 이어서 7월 21일 회장 이하 300명이 모인 가운데 임시총회를 개최하였다. <선인 간민회 회관 개관식과 임시총회에 관한 건, 1913년 7월 25일>, <선인 간민회의 근상 보고의 건, 1913년 9월 22일>

1914년 1월 이후 간민회와 농무계의 갈등과 대립은 날로 첨예화되고 있다. 그러므로 일본 측 기록들도 대부분 여기에 집중되고 있다. 대표적인 것을 들면 다음과 같다. <북간도선인 소요의 건, 1914년 1월 8일>, <간민회 반대파의 선인 방면에 관한 건>, <이동춘 면직의 건>, <농무계원의 재청원에 관한 건>, <대랍자에 모인 간민회원 해산의 건>, <간민회와 농무계의 그 후의 상황, 1914년 2월 16일> 등 다수가 있다. 이러한 갈등으로 결국 간민회는 해산된다. 관련자료로는 다음의 것들이 있다. <간민회의 인가취소와 지나관헌 선인정책 실패의 건>, <간민회 해산에 관한 건, 1914년 3월 18일>, <자치기관과 간민회, 농무계 해산에 관한 건, 1914년 3월 26일>

간민회는 해산된 이후 동일한 목적으로 同濟會를 조직하였으나 중국 측에 의하여 다시 해산되었다. 1915년 2월 23일 吉林東南路道尹은 동제회 前會長 南公善에게 동제회 規則書와 會員名簿 差出하게 하는 등 中國官憲들은 동제회 집회에 대하여 엄중한 감시를 하고 있다. <배일선인의 행동에 관한 건, 1915년 2월 22일>, <배일선인의 행동 관한 건 回答 1915년 3월 1일>, <同濟會 處分에 관한 건, 1915년 3월 24일>

3) 간도 소영자 중학교

간도 소영자 중학교는 간민교육회 소속으로서 1910년대 대표적인 민족학교로서 주목받고 있다. 그런데 이 학교에 대하여는 항일적인 창가집 정도가 알려져 있을 뿐이다.[2] 이번 자료에는 소영자 중학교에 대한 여러 자료들이 있어 이 학교를 이해하는 데 도움을 주고 있다.

소영자 중학교에서는 군가를 통하여 민족의식을 고취하였다. 군가 제목을 보면 <睦仁의 討罪>, <昌險歌>, <回國歌>, <병식보행가>, <안중근에 대한 노래> 등이 있다. <1912년 6월 19일, 재간도 소영자 중학교에 관한 건>, <재간도 소영자 중학교에 관한 건 회답, 1912년 8월 9일>

소영자 중학교는 1912년 5월 5일 오전 9시 예배를 마치고 교사 鄭鉉尙외 3명이 학생 58명을 데리고 연길 지부아문을 방문하였다. 여기서 창가와 체조를 하고 격려를 받은 다음 사진 촬영을 하였다. 이는 당시 중국 당국과 간민교육회 상호간의 친선 관계를 보여주는 것이라 생각된다. <소영자 중학교 교사 생도 일동 연길지부아문 방문과 기념사진 촬영의 건, 1912년 6월 18일>, <1912년 11월 26일 국자가에 있는 배일선인 가택수색 결과의 건>

4) 大甸學校

대전학교는 1910년대 독립군 양성기관으로 학계의 주목을 일찍부터 받아왔다. 특히 윤병석·반병률 등의 연구에 의하여 그 실체의 전체적인 모습이 밝혀지게 되었다.

윤병석의 연구에 따르면, 1914년 8월 연해주로부터 나자구로 옮겨온 이동휘는 현지의 유지들인 최정구·염재권·권의준 등과 합의하고 蘇洞大甸子楡芬甸子에 무관학교를 세웠다. 학교 건물과 학생 기숙사는 주민들의 추렴과 노력을 동원하여 세웠고, 학교 운영비는 이종호가 담당하였다. 교장은 이동휘였고, 김립·김규면·장기영·오영선·김영

---

2 국가보훈처, 『최근 창가집』, 1996.

학 · 김광은 · 강성남 · 한흥 · 김하정 등이 교관이었다.

외형상 대전학교라 부르던 이 무관학교의 교육내용은 군사학 교과서와 실습용 무기의 부족으로 군사기술의 연마는 미흡한 점이 없지 않지만, 조국을 광복하려던 독립군 사관으로서의 정신교육은 철저하였다. 대전학교의 존속기간은 1년을 넘지 못하고 만 것 같다. 1915년 말경 일본영사관의 강박에 의하여 중국 당국이 폐쇄조치를 내린 것이다. 이때 무관학교 학생들은 면학의 뜻을 이루지 못하고 해산하게 되었으나, 그 가운데 40여 명은 고학을 하더라도 면학을 계속할 결심으로 집단적으로 새 방도를 찾아 나서기로 하였다. 세계대전 발발 후 노동자를 대거 모집하던 우랄지방의 벨림이 대공장으로 가 노임을 벌어서 수학을 계속할 결심으로 그 공장을 찾아가 일하게 된 것이다. 그밖에도 상당수 학생들은 1917년 1월 훈춘 大荒溝의 北一中學校에 입학, 공부를 계속할 수 있었다.

대전학교에 대한 연구는 일본 측 기록과 더불어 회상기 등에 많이 의존하고 있다. 그런데 이번 문건에는 대전학교에 대한 일본 측 기록들이 좀 더 보여 대전학교에 대한 내용들을 조금이나마 더 보완할 수 있지 않을까 한다.

1915년 4월 이동휘의 노력으로 왕청현 수분대전자일명 나자구에서 중국 고등학교가 설립되었다. 이 학교는 청년들을 대상으로 군사교육을 담당하는 독립군 양성기관이다. 교사는 총 4명으로 한국인 장, 오, 김 등 3명과 중국인 왕 씨 등으로 구성되어 있다. 학생은 20~30세이다. 처음에 학생 수는 70명 정도였으나 1916년에는 80명이다.

학교 개설 당시 연길도윤이 3천조를, 삼차구의 이종호가 1,000루블을 지원하였으며, 이동휘가 동분서주하여 러시아 연해주에서 400여 루블을 기증받았다. 교사는 무보수로 일하고 있다. 교사, 학생의 옷과 음식은 학교에서 제공하고 있어 근근히 조선인들의 기부금에 의해 유지되고 있는 형편이다. <수분대전자 불령선인 학교경영에 관한 건, 1916년 2월 2일>

1916년 3월 현재 임원명단을 보면, 교장 王煥長중국인, 교사 吳永善 · 金星南 · 高慶宰 · 장기영, 총무 이동휘 · 全二根 · 池進 등이다. 학생은 총 54명이며, 학비는 매월 700루블이다. 첨부자료에는 학생명단과 나이 등이 모두 기록되어 있어 도움을 주고 있다. <왕청현에 불령선인이 설립한 학교 직원과 생도 명부에 관한 건, 1916년 3월 11일>

대전학교는 1916년 3월 경제난으로 일시 폐교하였다. <왕청현에 불령선인이 설립한 학교 폐쇄에 관한 건, 1916년 4월 12일> 그러나 하바로브스크에 거주하고 있는 독립운동가 李文七이 3천 루블을 기부하여 학생들에게 연락하여 1916년 5월 5일 다시 학교의 문을 열게 되었다. <왕청현에 불령선인이 설립한 학교재개에 관한 건, 1916년 5월 2일>

5) 명동학교 졸업생 명부

명동학교는 일제에 의하여 서전서숙이 폐교된 후 김약연, 鄭載冕 · 朴禎瑞 등이 중심이 되어 명동촌에 明東書塾으로 설립되었다. 이 학교는 북간도지역의 대표적인 민족학교로서 항일독립운동가 배출의 산실이었다. 이 명동서숙은 1909년 4월 명동학교로 교명을 변경하였으며 1910년에는 중학부를 증설하였다. 그리고 1911년에는 여성 교육의 필요성을 절감하고 북간도에서는 처음으로 명동학교 내에 여학부를 신설하였다.

명동학교는 민족주의 교육을 실시한 항일학교였으므로 3 · 1운동 당시 맹호단 등 독립운동단체를 결성하기도 하였다. 이에 1920년 10월 일본군이 출병하자 이 학교를 소각시키고 말았다.

자료에 따르면 3·1운동 후 명동학교를 중심으로 조직된 맹호단은 1919년 6월경 러시아로부터 단총 32정을 구입하였다. 이처럼 명동중학교 및 그 출신자들은 동창으로서의 단결력을 통하여 항일운동을 전개하였다. 이에 일본은 명동중학교 교사, 재학생 및 졸업생에 대하여 깊은 관심을 기울였다. 자료에는 1919년 당시 교직원 명단이 있다. 교장 김약연, 교감 최기학, 학감 박경철, 교사 金永彦·朴兒燮·朴景喆·崔起鶴·趙克·李圭植·呂鳳甲·崔信鶴·尹永錫·宋昌禧·羅憲 등이다. 1916년에 정한 동창회규칙이 상세히 기록되어 있다. 명동학교 동창록에는 중학교 제1회1911년 7월 2일, 제2회1913년 4월 3일, 제3회1914년 4월 7일, 제4회1915년 4월 6일의 명단과 주소, 졸업 후 향배 등이 적혀 있다. 이어서 소학교 제1회 졸업1912년 1월, 제2회 졸업1914년 4월, 제3회 졸업1915년 4월 6일, 제4회 졸업1916년 4월 6일 명단, 주소, 향배 등이 기록되어 있다. 이어서 중학교 1, 2, 3학년 재학생 명단이 수록되어 있다. 명동학교는 민족학교인 만큼 이들 134명의 명단은 북간도지역 독립운동을 이해하는 데 중요한 자료가 될 것이다. <1919년 6월 10일 조선독립운동에 관한 정보 송부의 건>

6) 권업회의 만주지부 조직 및 토지구입자료

박환의 권업회 연구에 따르면, 1910년 일제에 의해 조선이 강점된 후 망국민이 된 러시아 연해주지역의 동포들은 재러동포들의 권익과 조선의 독립을 위하여 1911년 12월 19일러시아력 12월 6일 블라디보스토크에서 勸業會를 조직하였다. 이 단체는 한인들이 러시아에서 러시아당국의 공식인가를 받고 조직한 최초의 한인단체로서, 1911년부터 1914년까지 4년 동안 연흑룡주지역의 대표적인 재러한인의 권익옹호기관이자 독립운동단체로서 활동하였다.

권업회에서는 중앙조직 외에 지방조직도 두고자 하였다. 그것은 회칙 제7조에 지회는 연해주 각 지방에 설립할 수 있다는 규정에 의한 것이었다. 권업회에서는 지방지회의 조직을 위하여 1912년 9월 16일러시아력에는 이종호, 엄인섭, 박영빈 등 3명을 파견하였다. 그리고 동년 9월 30일러시아력에는 니꼴라예브스크 지회를, 10월 14일러시아력에는 하바로브스크 지회를, 10월 27일러시아력에는 추풍 영안평 지회를 각각 설립하였다. 아울러 권업회에서는 권업신문 1913년 3월 13일자 포고를 통하여 권업회 지방 지회 설치 규정을 작성 포고하는 등 지방 지회 조직에 있어서 치밀성을 보여 주었다.

지금까지 학계에서는 권업회와 만주지역의 상호관계에 주목하지 못하였다. 그런데 이번에 이들 관계에 대하여 살펴볼 수 있는 자료들이 나타나 이 분야 연구에 큰 도움을 줄 것으로 생각된다.

1912년 4월 19일경 윤해는 간민교육회 대표로서 블라디보스토크의 권업회의 중심인물인 이종호를 회견하고자 하였다. 그 목적은 국자가에 권업회 지회를 설치하기 위해서였다. 한편 권업회 총대 金立 역시 간도 소영자에 와서 소영자 학교에서 성대한 환영을 받았다. 또한 소영자 학교 졸업시험을 통과한 12명에게 권업회 이름으로 졸업장을 수여하기도 하였다. 이를 통하여 볼 때에도 권업회와 만주관계를 살펴볼 수 있다. <배일선인 행동에 관한 건, 1912년 5월 13일>

또한 권업회에서는 왕청현 나자구지역에 토지를 구입하여 농장을 설치하고자 회원 4~5명을 소영자에 파견하기도 하였다. 김립 · 金河錫 · 全義根 · 黃彦五 등이 그들이다. 이들은 돈 5천여 원을 소지하고 토지구매를 위하여 왔던 것이다. 또한 권업회에서는 土門子(훈춘 동방 22~23리)에도 토지 121일경을 구입하였다. 명의는 토문자에 거주하는 권업회 회원 윤락서로 하였다. 가격은 1,500루블. 권업회는 만주 각지에도 이처럼 토지를 구입하여 농장을 건설하고, 한인들을 초모하여 이들을 중심으로 독립운동을 전개하고자 하였다. 특히 이들은 일본이 미국, 러시아, 중국 등과 전쟁을 할 경우에 대비하고자 하는 독립전쟁을 위한 기지건설의 면모를 보여 주고 있다. <배일선인 행동에 관한 건, 1912년 5월 13일>

지금까지 학계에서는 만주지역의 독립운동 기지 건설과 관련하여 한흥동, 유하현 삼원보 등이 언급되어 왔다. 이번 권업회 자료는 러시아쪽에서 결성된 독립운동단체가 중소국경의 중국지역에 독립운동 기지를 건설하여 독립전쟁에 대비하고자 하는 모습을 보여주는 자료로서 주목된다. 특히 시기적으로도 1912년 4월경으로서 권업회가 조직된 지얼마 안 된 시점이라는 점에도 관심을 기울일 필요가 있다고 생각된다.

7) 훈춘지역 독립운동

훈춘지역은 만주, 러시아와 접하고 있는 곳으로서 일찍부터 항일운동이 활발히 전개되었다. 특히 3·1운동과 더불어 그 이후 무장투쟁이 활발했던 대표적인 지역이다. 그럼에도 불구하고 이 지역은 학계의 큰 주목을 받지 못하였다. 더구나 3·1운동 이후 항일운동의 배경이 되는 1910년대의 활동의 경우 더욱 그 실체가 파악되지 못하였다. 그런데 이번 자료에는 그동안 미진했던 훈춘지역 운동사에 대하여 살펴볼 수 있는 좋은 내용들이 다수 포함되어 있다.

먼저 1915년 당시 훈춘지역에 거주하는 조선인 중 총기 소지자와 총기의 종류 등에 대하여 소상히 밝히고 있다. 총기 소지자는 거주지, 인명, 연령, 총의 명칭 등을 기록하고 있다. 조선인의 경우 총 57명이 총 60정을 소유하고 있다. 지역적으로는 춘인사 거주 28명, 춘의사 2명, 춘신사 27명 등이다. 총기의 종류는 양포, 별립구창 등 16종에 이르며, 양포와 별립구창이 다수를 이루고 있다. <훈춘현 관내 조선 중국인 총기 소지자에 관한 건, 1915년 12월 7일>

일본 측에서는 조선인의 총기소유에 대하여 그 문제점의 심각성을 인식하고 1916년 2월에 훈춘전역을 중심으로 총기소유현황을 재조사하였다. 조사지역은 숭례향 보형사, 동포태, 춘화향 춘혜사 태평천, 춘신사 태평구, 초모정자, 사도구 신흥촌, 간구자, 장유자, 번가천, 초평, 남별리 등 전역에 걸치고 있다. 소유 인원은 총 143명으로 1915년보다 90명 정도 증가세를 보이고 있다. 총기 수는 총 162정으로 1915년보다 102정이 많음을 알 수 있다. 주목되는 점은 황병길은 다양한 종류의 총 10정을 보유하고 있는 점이다. <훈춘현내 조선인 소유 총기, 1916년 3월 20일>

한편 1915년 일본과 중국의 교섭이 절박한 때를 맞이하여 왕청현에 거주하는 李光이 대한광복군임시군정부 정도령이라고 칭하고 각 지역에 군사령관을 임명하였다. 훈춘지역은 황병길, 연길, 화룡, 왕청은 장지영, 봉천, 안동, 장백 등지는 김보이를 각각 사령관으로 하였다. 황병길에게 준 임명장을 보면 檀帝 4248년 5월 8일로 되어 있다. 아울러 훈춘의용대직원 48명의 성명, 직명, 연령, 현재 거주지, 직업, 성질, 비고 등을 기록하고 있다. 이 자료에 따르면, 대대장 김광빈, 군수관 조원선, 중대장 오병묵 · 최덕준 · 김동한 · 이명순 등이며, 소대장은 진창한 · 이규섭 · 김동현 · 윤동철 · 김영근 · 안태호 등이다. 앞으로 본 자료는 1914년 러시아에서 조직된 대한광복군정부 등과 연계하여 깊이 있는 검토가 요망된다. <훈춘의용대 조직에 관한 건, 1915년 12월 17일>

1915년 당시 훈춘지역 종교 특히 기독교에 대하여 살필 수 있는 자료도 보이고 있다. 만주지역의 기독교에 대한 연구는 주로 간도지역을 중심으로 서광일에 의하여 연구되었다. 그러나 기존의 연구에서는 훈춘지역에 대하여 깊이 있게 검토하고 있지 못하다. 그것은 기본적으로 자료의 부족 때문이라고 할 수 있다. 그런데 이번에 이 지역의 기독교인들의 면모를 다양하게 보여줄 수 있는 자료가 발견된 것이다.

훈춘지역 기독교인들은 1913년 기독교 전파와 교육계발을 목적으로 훈춘조선인 기독교우회를 설립하였다. 이 단체는 종교단체이나 사실 주민들에게 민족의식을 고취시키기 위해 조직된 것이었다. 회원은 약 2천 명 정도라고 일컬어지고 있다. 1914년 12월 15일 간부진을 개편하였으며, 첨부자료에서는 신임간부, 전임간부, 연령, 직업, 성질, 원적, 현주소, 비고 등을 기록하고 있다.

자료에 따르면 신임간부는 회장 백규복, 부회장 이명순, 총무 이홍삼, 서기 이정악 · 최주동, 재무 김명호, 의사과장 황병길, 전도과장 김영기, 교육과장 김창훈, 강연과장 양홍훈, 교제과장 김병모 등이다. 전임간부는 회장 한규양, 부회장 백규복, 총무 김동한, 서기 문양칠 · 임국정, 재무 김명호, 의사과장 한형권, 전도과장 오경묵, 교유과장 김창묵, 강연과장 오창환, 교제과장 왕덕형 등이다. 황병길 · 이명순 · 임국정 · 한형권 등 주요 독립운동가들이 눈에 띤다. <훈춘선인 기독교우회 역원 1916년 3월 13일>

한편 1920년 6월 말에 일본 측이 조사한 <훈춘현재주 불령선인 명부> 총 44면이 있어 훈춘지역 독립운동가의 변천을 살펴볼 수 있다. 이 기록에는 씨명, 연령, 원적지, 주소, 경력 행동 등이 실려 있다.

8) 일본의 조선인 독립운동가에 대한 회유정책: 조선인시찰단 조직

일본은 조선인시찰단을 조직하여 해외에서 활동하던 독립운동가들을 회유하고자 하였다. 이에 대한 구체적인 자료들이 훈춘지역 등을 중심으로 다수 나타나고 있다. 일제는 조선이 일본의 지배를 통하여 급속한 발전을 이루었음을 보여줌으로써 독립운동가들의 전향을 추진하였던 것이다. 이들 시찰단 가운데에는 3·1운동 이후에도 항일운동에 계속 참여한 황병길 등이 보이며, 그 이후 현실 안주적인 모습을 보이는 인사들도 보인다. 이것은 결국 조선인시찰단이 일정한 성공을 거두었음을 의미한다. 또한 본 자료들을 통하여 일제가 3·1운동 이전에도 적극적이고 치밀하게 회유공작을 하였음을 알 수 있다.

조선인시찰단은 훈춘 영사관 분관에서 특히 적극적으로 추진한 것 같다. 일본 측에서는 독립운동가 중심인물들을 중심으로 모국 시찰단을 조직하여 완고한 생각을 타파하고자 기획하였다. 황병길을 단장으로 梁河龜, 金明浩 등 총 23명을 선정하였다. <1918년 4월 12일 선인시찰단에 관한 건> 그리고 이들 훈춘조선인 시찰단은 동년 5월 3일 오후 5시 20분 관민의 환영을 성대히 받았다. 그리고 4일부터 14일까지 조선총독부의 지도하에 관청과 산업시설, 학교 등을 시찰하였다. 이때 참여한 인사들의 사진은 <사진송부의 건, 1918년 5월 5일>에 있다. 자료에는 이들 시찰단의 일정표가 상세히 기록되어 있다. 시찰단은 훈춘을 출발하여 5월 3일 청진, 원산을 거쳐 의정부에 도착하였다. 5월 4일 첫날은 조선총독부, 경무총감부, 경성호텔에서 조선총독 오찬, 상품진열관, 조선은행, 경성우편국을 방문하였다. 둘째 날인 5월 5일은 일요일이고 기독교신자가 다수라 휴식하였다. 셋째날인 5월 6일에는 수원으로 가서 농림학교, 권업모범장, 수원군청, 자혜병원 등을 답사하고, 5월 7일에는 교동공립보통학교, 경성여자고등보통학교, 창덕궁, 박물관, 동물원, 조선총독부 병원, 5월 8일에는, 경성고등보통학교 및 부속 보통학교, 중앙시험소, 동아연초주식회사, 5월 9일에는 용산병영, 경복궁박물관, 총독부 신축공사장 시찰, 5월 10일에는 조선피혁주식회사, 인천부 시찰, 5월 11일에는 제생원 맹아부, 동양척식주식회사, 경성일보사, 5월 12일은 일요일, 5월 13일에는 경성감옥, 용산철도국공장, 한강철교, 인천수도, 5월 14일에는 李王職 미술품 제작소, 경성지방법원 등을 방문하고 5월 15일 훈춘을 향하여 출발하였다. <사진송부의 건, 1918년 5월 5일, 복명서> 즉 일본 측은 항일운동가들을 서울로 초빙하여 발전하는 조선의 모습을 보여줌과 더불어 일본병영, 감옥 등도 보여주며 위협도 가한 것으로 보인다.

이들 관광단의 감상에 대하여 일본 측은 깊은 관심을 기울였다. 단장인 황병길의 감상을 일본 측은 자세히 기록하고 있다. <훈춘관광단의 감상, 1918년 5월 17일> 또한 귀로에 함경북도 도청에서도 감상담을 언급하도록 하였다. 양하구·金化錫·羅正和·韓馨權·方斗元 등이 감상을 표명하였다. <함경북도청에서 행한 시찰단원의 감상담 보고의 건, 1918년 5월 30일> 그러나 시찰단원들의 공식적인 태도와 실제 태도는 일치한 것으로 보기 어렵다. <경성시찰단원의 이면의 감상 송부의 건, 1918년 5월 30일> 황병길 등이 그 후에도 계속 항일운동을 전개하는 것은 이를 반증해 주는 것이라 할 수 있다. 한편 일제 측은 시찰단의 감상을 주민들에게 크게 홍보하기 위하여 5월 26일 훈춘 조선민공회에서 감상문 발표대회를 개최하였다. <경성시찰단 감상보고서 송부의 건, 1918년 6월 7일> 또한 일제는 황병길을 연사로 훈춘지역 조선인들을 모아 6월 2일 감상문 발표회를 개최하는 등 <황병길의 경성 시찰 보고에 관한 건, 1918년 6월 8일> 이들 시찰단원들을 최대한 이용하고자 하였다. 양하구는 보고서를 한글로 8매 작성하였으며, 원본이 보존되어 있어 당시 분위기를 이해하는 데 도움을 주고 있다. <경성시찰단원 양하구의 보고서에 관한 건, 1918년 7월 1일> 일본 측의 이러한 태도에 대하여 중국 측은 불편한 마음을 드러내었다. 그리하여 중국 측에서도 중국인으로서 30명 내외를 한 단체로 구성해서 만주 봉천, 요양, 중국

관내의 북경, 천진 등을 돌아보는 관광시찰단을 조직하고자 하였다. <경성시찰단에 대한 지나 측의 대책에 관한 건, 1918년 5월 29일>

한편 조선인 독립운동가에 대한 회유책으로서 관광단 조직은 타 지역에서도 제시되었으며 <배일선인 관광단 조직 계획에 관한 건, 1918년 10월 7일>, 시행되기도 하였다. 철령에 살고 있는 張宇根의 권유로 길림과 하얼빈의 독립운동가 6명을 중심으로 관광단을 조직하여 여순 대련 등을 답사하는 한편 관동도독과 대담할 수 있는 기회를 제공하였다. 孟東田 · 李基唐 · 姜揚波 · 宋景爀 · 鄭應尙 등 6명은 10월 12일 철령에 모여 답사를 행하였다. <재만배일선인 여순대련의 관광건, 1918년 10월 24일>

9) 脣齒同濟黨, 復國党

순치동제당에 대해서는 지금까지 학계에 보고된 바가 없는 듯하다. 이 당은 1911년에 조직된 것으로 추정되며, 항일운동가들을 중심으로 조직되어 있다. 회원 가운데에는 중국인도 일부 포함되어 있으며, 거주지는 러시아 연해주, 만주, 국내 북부 등지이다. 자료에는 명부가 첨부되어 있는데 총 90여 명이다. 이들 가운데에는 김기룡 · 최기학 · 엄인섭 · 조장원 · 도성 · 백규삼 · 황병길 · 양하구 등 우리에게 잘 알려진 독립운동가들의 명단도 들어 있어 주목된다. <불령선인 명부에 관한 건, 1916년 2월 8일>

복국당은 1915년 서간도 통화현에서 복벽주의를 주장하는 인사들에 의하여 조직된 복벽주의 독립운동단체이다. 지금까지 알려지지 않은 복벽주의 단체로서 회칙, 간부 명단 등이 있어 이 분야 연구에 도움이 될 것으로 기대된다.

임원은 회장 文明潘, 총무주임 金正國, 재무주임 金錫浩, 서기 李興 등이며, 정회원은 60여 명이다. 회칙에 따르면 본회는 병기, 탄약 등을 준비하고 1개월에 2회 교련과 사격을 한다고 하고, 또한 신체가 건장한 청년을 모집해서 학술을 교수하고 장래 유사시를 대비하여 군사를 양성한다고 하여 독립전쟁을 준비하고 있음을 밝히고 있다. <재만선인비밀결사에 관한 건, 1916년 7월 12일>

10) 기타

(1) 안동지역

안동지역의 항일독립운동에 대하여는 대한청년단연합회가 박환에 의해 주목된 바 있다. 이후 이 지역의 항일운동에 대해 별반 검토가 없었다. 그런데 본 자료에서는 안동지역 항일운동가 20여 명의 본적, 주소, 직업, 씨명 등을 기록하고 있어 도움을 주고 있다. 박광 · 장기식 · 오광록 · 장이준 · 최석진 · 윤강옥 · 이시연 · 김병호 등이 그들이다. <재안동불령선인 정황, 1919년 10월 24일>

(2) 유하현지역 조사

서간도 유하현지역은 1910년대 가장 대표적인 독립운동 근거지이다. 그런데 지금까지는 운동사 중심으로 연구되어 왔다. 본 자료는 1910년대 유하현의 전반적인 모습을 이해하는 데 큰 도움을 주고 있다. 조선이민의 호구, 생활상태, 문화적 사업, 집회와 결사, 유력자, 중국인과 조선인의 관계, 주요 조선인 거주지삼원보, 대오도구, 대두자, 대황구, 지도 등이 포함되어 있다. <유하현지방 조선인에 대한 조사진달의 건, 1917년 8월 14일>

(3) 요주의인물표(1917년)

1917년 4월 말에 작성한 만주 각 지역에서 활동하고 있는 독립운동가 일람표이다. 씨명, 원적, 현주소, 비고 등을 작성하였다. 총 130여 명이다. 전반적으로 항일운동가들을 살펴보는 데 도움을 주고 있다. <요주의선인표 진달의 건, 1917년 5월 17일>

그밖에 1910년대 만주지역의 부민단, 만하회, 포수영, 유하현 부인회, 안동현부인회, 노동회, 안동현 조선인조합 등 여러 단체들에 대한 자료가 있다.

2. 3·1운동 이후 만주지역 독립운동

1) 동양학원

사립 동양학원은 1923년 3월 북간도 용정촌에서 개교하였다. 남녀공학인 이 학교는 중학교 정도의 교육기관이었다. 공산주의를 표방하고 있는 이 학교는 方漢弄 등이 중심이 되어 학생들에게 민족의식을 고취시키고자 하였다방한민에 대하여는 1923년 5월 7일 요주의선인 방한민 재경중의 행동 조사에 관한 건 참조. 그러므로 일제는 1922년 7월 이들을 검거하고자 하였다. 이에 학생들 가운데에는 다른 학교로 전학하는 일이 속출하고자 하였다. 일본 측에서는 1922년 7월 당시 이 학교에 재학하고 있는 학생들을 도별로, 1, 2학년을 학년별로 조사하여 전체 명단을 수록하고 있으며, 이 학교 경영자와 강사 기타 관계자도 조사하여 수록하고 있다. 이 결과를 통하여 당시 학교상황을 상세히 살펴볼 수 있다.

학생들의 출신지를 도별로 나누어 보면, 총 258명 가운데 함경북도 192명, 함경남도 32명, 평안남도 9명, 기타미상 13명 등으로 함경도 출신이 절대 다수를 차지하고 있음을 알 수 있다.

1학년 갑조 학생은 총 61명, 을조 학생은 143명, 2학년은 총 54명이다. 이들 가운데 주목되는 점은 여자들과 만주지역 외에 러시아 연해주 국경지대에 살고 있는 학생들도 동양학원에 재학하고 있다는 점이다. 1학년 갑조의 경우 노령거주자는 9명이며, 이중 여학생은 2명이다. 1학년 을조의 경우 노령거주자가 3명, 여학생이 9명이다. 제2학년은 노령거주자 2명, 여학생 1명이다.

동양학원경영자 및 강사를 보면, 金正琪·방한민·金鍾財·李秉雲·朴元熙·張禹範·張星南 등을 들 수 있다. <동양학원 학생 조사에 관한 건, 1923년 8월 27일>

2) 한족회, 서로군정서, 북로군정서, 대한광복군총영

1919년 3·1운동 당시 서간도지역에서는 한족회와 서로군정서가 결성되었다. 이들 단체에 관하여는 그 중요성에도 불구하고 자료들이 별로 없어 이 분야 연구에 한계를 느끼곤 하였다. 그런데 이번에 이들 단체를 새롭게 조망할 수 있는 여러 자료들이 발굴되고 있다. 이번 자료를 통하여 한족회의 경우, 독판부, 정무청, 내무사, 법무사, 재무사, 학무사, 군무사, 참모부, 사령부, 署議會, 참모처, 軍政分署를 두었음을 알 수 있게 되었다.

그리고 군정서 중앙 임원으로는 독판부 독판 이상룡, 부독판 呂準, 부관 李章寧, 정무청장 李沰, 내무사장 郭文 , 법무사장 金應燮, 재무사장 南廷燮, 학무사장 金衡植, 군무사장 梁圭烈, 참모부장 金東三, 사령관 李靑天을 임명되었으며, 또한 군정서에서는 독립군 모집을 위하여 중앙 모집위원을 두었는데, 위원장에 鄭錫熙, 총무 騰雲相, 서기관 沈常春 등이 담당하였음도 알게 되었다. 또한 선전위원은 朴一 등 19명이 맡았으며, 理財委員은 지역별로 두었는데 樺西지역은 金東滿 등 7명이, 樺東은 張宗河가 위원장으로, 海南은 金益洙, 東豊은 權鐘哲, 通北은 方李孝, 通東은 金榮根, 通南은 申基礎, 興東은 金基甸, 興西는 池炳俊, 홍남은 金錫異, 桓東은 朴致文, 집안현 朴昌善, 吉南은 李炳熙 등이 담당하였음도 밝혀졌다.[3] 지방의 경우는 제1구, 快大茂子 총장 崔汝明, 제2구 金斗北溝 區正 朴永赫, 제3구 金斗南溝 區正 林鳳喜, 제4구 英額布 구정 金景河, 제5구 雙崗溝 구정 鮮于魯, 제6구 二密 李京俊, 제7구 蛤呢河 구정 權奇, 제8구 구정 蛤螞河子 李溶錫, 제9구 구정 李應俊, 제10구 虎馬嶺 구정 李永斌, 제11구 쾌대무자 남구 구정 張弘敏 등임도 알게 되었다.[4]

한편 본 자료에서는 북로군정서가 군자금 모집 시 서두에 임시정부의 인가를 받은 단체임을 밝히고 있다는 사실도 알 수 있다. 1920년 3월 16일자 군정서 발표 제8호에,[5]

> 본서가 임시정부의 인가를 經하야 군수기계에 供하기를 위하야 일반인민에게 군자금 부담을 명함은 相應知悉할 바이라.

라고 있는 것이다.

북로군정서 총사령관 김좌진과 관련된 서신 등은 그를 이해하는 데 많은 시사점을 준다. 김좌진이 지은 시와 다조구 공민 대표 崔義敎 그리고 동지 方式, 金鉉弼이 김좌진에게 바치는 시, 김좌진의 딸 옥남이 부친에게 부친 서신 등이 그러하다. <김좌진 진중의 술회, 1921년 1월 8일> 또한 김좌진이 동지 나중소에게 보낸 편지도 있다. <김좌진의 서신에 관한 건, 1921년 10월 5일>

---

3 불령단관계잡건 재만주부 1920년 5월 24일, 불령선인단조직변경에 관한 건.
4 불령단관계잡건 재만주부 1920년 5월 1일, 보고 간도지방 불령선인의 동정.
5 불령단관계잡건 재만주부 1920년 3월 23일, 군자금 모지에 관한 건, 署發 제8호.

또한 대한광복군총영에 대한 자료도 있어 도움을 주고 있다. 1920년 6월 대한청년단연합회 · 의용대 · 대한독립단이 합류하여 大韓光復軍總營을 만주 길림성 柳河縣 花斜溝에서 조직하였다. 대한광복군총영에서는 1922년 8월 7일 오전 9시 30분 벽파군별영 본영에서 제1회 총회를 개최하였다. 이 회의에서는 총영장 오동진을 회장으로, 李弘淵을 서기로, 高學璉을 부서기로 하여 회의를 진행하였다. 본 회의에서 개회후 회장은 상해 임시정부 전권 특파원 白南俊에게 구두로 보고한 내용 등 다양한 내용을 수록하고 있다. <1922년 10월 26일 광복군총영 제1회총회 회의록>

3) 대한통의부

지금까지 1920년대 초반 만주지역에서 결성된 대한통의부에 대한 연구는 조직과 활동을 중심으로 이루어졌다. 그런데 본 자료에는 통의부의 대내적인 연락관계에 대한 자료가 있어 주목된다. <남만재주불령선인 信書수발조서>40권의 <통의부의 우편소설치>가 그것이다. 이 자료에는 우편소가 설치된 관전, 집안, 홍경, 환인, 유하, 임강, 화전현의 연락처가 일일이 기록되어 있다. 또한 <대한통의부의 지폐발행에 관한 건>40권에서는 의무금과 관련하여 지폐발행을 언급하고 있다. 이처럼 본 자료에는 지금까지 학계에서 주목하지 못했던 통의부의 다양한 부분을 살펴볼 수 있는 자료들이 있다.

(1) 대한통의부 헌장 문제

대한통의부는 1923년 1월 16일 헌장을 공포하였다. <대한통의부 헌장 1922년 11월 10일> 그런데 1924년 2월 2일 부령 제1호로서 대한통의부 개정헌장을 공포하였다. 이 헌장은 모두 5장으로 이루어져 있다.

1장 강령, 2장 부민, 3장 중앙의회, 4장 행정위원회, 5장 재장 그리고 부칙이 있다. 제1장 제조에서는 본부는 대한통의부라고 명명한다고 밝히고 있다. 제2조에서는 본부는 남만에 거주하는 일반 한족과 국내·국외로부터 본부에 納籍하는 사람들로 조직한다고 하고 있다. 제3조에서는 본부는 인류평등의 정의와 민족생영의 정신으로서 생취교육에 전력을 기울여서 광복대업을 목적으로 함을 주장하고 있고 있다. 제4조에서는 본부의 최고권은 중앙의회에 있으며, 그 행사권은 행정위원회에 위임한다고 한다.

아울러 대한통의부에서는 지방제도와 중앙직제도 보정 공포하였다. 특히 중앙직제는 총장제에서 <대한통의부 중앙직제 제정, 1923년 5월 8일> 위원제로 수정하였다. 행정위원회를 두었으며, 각 부서로는 민사, 군사, 법무, 학무, 재무, 생계, 선전부 등을 두었다. <대한통의부개정헌장 지방제도와 중앙직별에 관한 건, 1924년 10월 24일> 아울러 행정위원회는 행정위원회 규칙을 갖고 있다. <규칙 내용은 대한통의부 행정위원회 규칙 1924년 5월 6일에 있음>

(2) 대한통의부의 자위경계 조직

대한통의부에서는 1924년 8월 자위경계를 위하여 관내에 주민들을 위한 우편소를 설치하고, 조선인들이 발송하고 받는 편지들을 검열하고 있다. 통의부에서 우편소를 설치한 지역은 다음과 같다. <관전현> 寬甸縣城 同和德, 寬甸縣城 亞,新醫院,寬甸縣城 崇井書社 寬甸縣 下漏河, 福興機 寬甸縣 石柱子 河西洞 天道敎 宗理院, <집안현> 輯安縣 楡樹林子,玉增德, 輯安縣 西巨堡 荒岔溝 河新勇, 輯安縣 新開河 樺甸子 東華醫院, <홍경현> 興京縣 旺淸門 光東學校 興京縣 新賓堡 三省醫院,興京縣 永陵街, <환인현> 桓仁縣 沙光子 桓仁縣 東路 襄岔溝 永興長, <임강

현> 臨江縣 八道河子, <유하현> 柳河縣 三源浦 東明學校, 吉林省 樺甸縣 同仁醫院, 길림성 반석현 소남문 복윤장, 반석현 대남문 동창양전 등이다. <남만재주 불령선인 信書收發所調, 1924년 8월 22일>

(3) 대한통의부의 재정문제

대한통의부에서는 1922년 말부터 재정상의 어려움을 겪어 이를 극복하기 위한 방안으로 지폐를 1924년 4월부터 발행하여 조선인들에게 유통시켰다. 그리고 이를 가지고 급료 및 기타에 충당하고 조선인들로 하여금 인위적으로 사용하게 하였다. 그런데 조선인은 물자 및 기타의 대부분을 중국인들과 거래하고 있으나 이 돈은 중국인들 사이에는 유통이 되지 않으므로 문제가 발생하였다. 통의부에서는 小洋 일원, 5십전, 10전의 3종류로서 총액 소양 1만 원을 유통시켰다. 그 결과 민심은 통의부로부터 이반되는 경향이 강해졌다. <대한통의부의 지폐발행에 관한 건, 1924년 10월 13일>

한편 대한통의부에서는 <개정대한통의부재정조례>(1924년 6월 26일, 39권)를 가지고 있었다. 이 조례는 1924년 4월 3일 제4회 통상회의의 결의로 제정된 것이다. 자료에는 전문이 실려 있어 통의부 재정을 이해하는 데 도움을 주고 있다.

(4) 대한통의부와 러시아

대한통의부에서는 전술훈련을 목적으로 러시아 노농정부와 조약을 체결하여 노령 니코리스크에 있는 무기사격훈련소에 각 현 총관소 의용군으로부터 장교 3명에게 학술이 가장 우수한 인재를 발탁하여 입소하도록 하였다. 그리하여 총 33명이 1924년 3월 17일 통화현에 모여 출발을 계획하고 있다. 훈련기간은 4월 1일부터 약 2개월로 예정하고 있

다. <대한통의부로부터 전술훈련을 위한 장교파견, 1924년 3월 19일>

(5) 대한통의부 제4중대원의 명단

대한통의부 의용군 제4중대 상등병 吳明元이 귀순하여 진술한 통의부 주요 간부와 제4중대원의 명단은 다음과 같다. 이 자료는 일반 병사들을 이해하는 데 도움을 줄 수 있을 것으로 보인다.

<대한통의부 간부>

金東三(中央部 司令長), 吳東雲(財務部長), 申八均(學務部長), 文張判(敎鍊長, 義勇軍 第四中隊 第三小隊長), 白狁雲(義勇軍 第一中隊長), 崔賢豐(義勇軍 第四中隊長), 金昌洙(義勇軍 第三中隊長), 洪基柱(義勇軍 第四中隊長), 金鳴鳳(義勇軍 第五中隊長), 文學斌(遊擊隊長), 韓奎錫(地方總管), 金昌憲(義勇軍 第四中隊 第一小隊長,兼 憲兵小隊長), 車永俊(義勇軍 第四中隊 第二小隊長) 金國柱(義勇軍 第四中隊 第三小隊長), 車用陸(義勇軍 第四中隊 小隊長)

<대한통의부 4중대 대원>

金德三(正士), 申榮淑(副士), 金學山(副士), 崔成一(參士) 方承烈(參士), 金永錫(上等兵), 金明錫(上等兵), 金仁洙(上等兵), 金義馴(上等兵), 南學淸(二等卒), 金錫柱(二等卒), 金奉國(參士), 朴萬根(二等卒), 諸東燮(二等卒), 李三俊(二等卒), 朴龍溝(二等卒), 李東權(二等卒)(귀순 조선인의 진술서 송부의 건, 1924년 8월 23일)

4) 의군부

의군부는 통의부 구성원 가운데 복벽주의를 주장하는 인사들이 1923

년 2월에 통의부를 이탈하여 조직한 단체이다.

의군부에 대해서는 상세한 기록이 남아 있지 않다. 그런데 <대한의
군부 직원록, 1923년 5월 28일>에서는 이 단체의 조직 및 간부들에 대
하여 소상히 밝혀주고 있다.

총재부 산하에 도총재, 부총재, 사한장, 사한원, 서기원, 간사원 등이
있고, 도총재는 박장호, 부총재는 채상덕이 맡고 있다. 정무부는 정무부
장은 김유성이, 부감은 姜東勳이, 경무국은 朱염이, 군무부는 吳錫泳 등
이 각각 맡고 있으며, 그 외에 교통국, 재무부, 학무부, 경리국, 참모부,
대한충용군 등이 있다. 이들 각 조직의 부서와 인명도 상세히 기록되어
있다.

5) 의성단

본 자료에는 1920년대 서간도의 독립운동단체인 의성단에 대한 많
은 기록을 갖고 있다. 특히 단장인 편강열에 관한 자료가 많다. <의성
단장 편강열의 처분에 관한 보고의 건>40권, <의성단장 편강열의 체포
후에 있어서의 동단의 근황에 관한 건 정보>40권, <의성단장 편강열의
체포에 관한 보고의 건>40권, <의성단 잔당의 동정>40권, <의성단 잔
당의 동정에 대하여>40권, <의성단의 동정>40권, <의성단의 상황에
관한 건>40권 등을 들 수 있다. 특히 <의성단의 동정>에서는 의성단
고문이 양기탁 등임을 밝히고 있어 주목된다.

6) 김좌진과 보천교관계

본 자료에서는 김좌진과 보천교의 관계를 보여주는 몇몇 자료가 있
다. <김좌진일파의 행동>, <김좌진 군자금을 얻다>40권에서는 군자
금과 관련하여 보천교 교주 차경석과 김좌진의 관계를 보여주고 있다.

지금까지 학계에서는 보천교의 민족적 성격 및 군자금 제공설 등에 대하여 이론이 있어 왔다. 이러한 의문 해결에 좋은 자료가 될 수 있을 것으로 보인다.

1924년 김좌진은 군자금의 부족으로 부하들이 해산 되는 등 어려운 상황에 처해 있었는데 1924년 봄 보천교 교주 차경석과 연락이 이루어져 군자금을 지원받게 되었다. 즉 1924년 10월 초순 교주 대표가 영고탑에 와 김좌진에게 금 2만여 원을 군자금으로 제공하였던 것이다. 이에 김좌진은 부하들을 소집하여 삼차구에 근거지를 두고 무장대 편성을 추진하고 있다. <김좌진 군자금을 얻다. 1924년 11월 26일>

7) 신민부

신민부는 1925년 김좌진을 중심으로 한 북로군정서 계열의 독립군들이 결성한 민족주의단체로서 알려져 왔다. 기존 연구는 박환의 것6이 유일하며, 조직과 활동 등을 중심으로 이루어져 왔다. 본 자료에는 이들 외에 신민부를 입체적으로 살펴볼 수 있는 자료들이 다수 있다. <선비단 정의부와 신민부 타협진행상황에 관한 건>, <신민부 제1차 정기총회에 관한 건>, <신민부와 정의부의 연합군사회의 개최에 관한 건>, <신민부 민사조례에 관한 건>, <신민부 민사조례발표에 관한 건>, <영안현 입적간민호회의 신민부 배제에 관한 건>, <신민부에 대한 반대 통고문에 관한 건>, <훈춘현 춘화향 오대도구에 신민부 지회설치에 관한 건>, <신민부와 적기단의 충돌에 관한 건>, <신민부의 재정상태 및 공산당과의 제휴설에 관한 건>, <신민부와 공산당과의 제휴설에 관한 건>, <1926년 5월 중 간도 및 접양지방 치안정황>, <신민부 농업경영 및 군자금모집을 위해 조선내지 침입계획에 관한 건>

6 박환, 「신민부」, 『만주한인민족운동사연구』, 일조각, 1991.

등 신민부에 대한 새로운 자료들이 다수 있다. 이들 자료들을 토대로 신민부에 대한 보다 다양한 내용들을 서술할 수 있을 것이다.

(1) 신민부의 성립

1924년 7월에 吉林에서 개최된 全滿洲統一會議籌備會의 결과 남만주지역을 통괄하는 통일체인 정의부가 성립되었다. 이에 북만주지역의 독립운동단체들도 독립운동단체의 통합을 위하여 1925년 1월 穆陵縣에 모여 扶餘族統一會議를 개최한 결과 동년 3월 10일에 寧安縣 寧安城내에서 新民府를 조직하게 되었다.7 그리고 신민부는 1925년 창립당시 東賓 朴世晃, 烏吉密 金奎鉉, 崔愚, 葦沙河 李周鉉, 石頭河 金泰善, 九江浦 朴正德, 海林 金有聲, 牧丹江 李根, 新安嶺 李東天, 沙河子 于機衡, 사사도 劉應鎭, 磨道石 崔秀完, 九站 姜壽君, 穆陵縣 黃公三, 笑秋風 李英伯, 東寧縣 金鼎鉉, 凉水泉子 鄭錫俊 등 북만지역의 여러 지역의 대표자들이 참여하였다.

지금까지 신민부에 관해서는 정기총회에 관한 자료만 있었으나 <신민부 제1차 정기총회에 관한 건>이 있어 신민부에 대한 좀더 세밀한 사항을 밝힐 수 있다. 1차 정기총회는 1925년 10월 14일 동빈현 오길밀하 烏珠한인학교내에서 개최되었다. 이 회의에는 김혁·김좌진·이원일·문우천 등 16명이 참석하였다. 경과보고, 각 부서의 사업보고가 있은 다음 임원 개선이 있었는데 집행위원장 김혁, 군사위원장 김좌진 등이었다. 경비, 군사교육, 교육 등에 관한 논의가 있었으며, 지방조직 및 그 간부 등에 대하여 상세히 언급하고 있다. 해림, 밀강, 영안, 철령하, 동구, 육점, 구점, 석두하자, 삼차구, 모아산, 오주지방 등이 그곳이다.

명단을 보면, 韓奎範海林地方 總辦·趙尙玉書記·沈湖燮西部區長·許準

---

7 국사편찬위원회, 『한국독립운동사』 4, 1968, 808쪽.

警司課長 · 金在哲東部區長 · 金道景密江地方 總辦 · 金文燮書記 · 金澤第一區長 · 李文元第二區長 · 全恭善第三區長 · 方國成敎育課員 · 方武彦交通課員 · 鄭致默交通課員 · 文時英保安課長 · 玄貞漢保安課員 · 高泰山保安課員 · 金淵元寧安地方 總辦 · 朴雲集書記 · 朴永超警司課長 · 金碧洙鐵嶺河地方 總辦 · 金官書記 · 許日昌東溝地方 總辦 · 李英伯六站地方 總辦 · 黃公三九站地方 總辦 · 劉春雷石頭河子地方 總辦 · 吳相瑞三岔區地方 總辦 · 李春甫帽兒山地方 總辦 · 崔灝烏珠地方 總辦 · 李東植烏珠地方 書記 등이다.

(2) 신민부의 훈춘지부

<琿春縣 春化鄕 大五道溝에 不遑新民府 支會設置한 外交部員 全海雲 檢擧에 關한 處置 方向에 관한 件>1926년 1월 21일에 따르면 1925년 10월 19일 군자금 모금 및 지방조직 확대를 위하여 全海雲新民府 外交部員 · 吳根默募隊員 · 金秉學募捐隊員 · 崔浩募捐隊員 · 李鍾干募隊員 등은 훈춘에 지방조직을 만들었다. 지부는 훈춘현 춘화향 춘지사 대오도구 최경천 집에 두었다.

훈춘지부 명단은 다음과 같다. 河文擧會長 · 崔慶天軍務部長, 外交部將 兼任 · 金化錫通信部長 · 吳喆瑞財務部長 · 姜秉一總務 · 李源瑞敎育部長 · 金東學募捐部長 · 吳根默募捐隊長 · 吳秉洙書記 · 金益洙地方通信員 · 朴文天地方通信員 · 姜仕俊地方通信員 · 崔春瑞地方通信員 · 崔浩軍人 · 李鍾干軍人 · 金一三軍人 · 金萬春軍務部 書記 신민부의 훈춘지역까지의 조직확대는 북만주지역에 근거지를 갖고 있던 것으로 알려진 신민부의 새로운 면모라고 할 수 있다.

(3) 신민부의 정의부와의 관계

신민부와 정의부는 군사행동에 있어서 일치된 보조를 할 필요를 느끼고 연합군사회의를 개최하기로 하고 1925년 5월 이후 봉천성 임강현 모아산 부근에서 회의를 개최하기로 하였다. 양부의 참가대표의 경우 정의부 측은 군사부위원장 지청천, 군사위원 지병호 외 3인, 신민부 측은 군무위원장 김좌진, 군무위원 이범석 외 3인 등으로 하였다. 토의사항은 1) 정의부, 신민부의 軍制통일 연락에 관한 건 2) 모험대원 양성기관 설치에 관한 건 3) 장정의 모집과 무기 구입에 관한 건 4) 양파 이외의 모연과 군사행동 제압에 관한 사항 5) 국경지방 조선 측 주민과의 연락에 관한 건 6) 조선국경지방 침입과 소요에 관한 사항 7) 조선내에 있어서 군자금 징모에 관한 건 등이다. <정의부와 신민부의 연합군사회의 개최에 관한 건, 1925년 5월 21일>

<선비단 정의부와 신민부 타협진행상황에 관한 건>1925년 10월 5일에서는 1925년 9월 6일에 있었던 양측의 타협에 대한 사항을 기술하고 있다. 이 자료를 통해 볼 때 신민부와 정의부는 각각 조직을 완성한 후 일정한 타협속에 독립운동을 전개해 나갔음을 살펴볼 수 있다. 1925년 9월 6일 정의부 군사부 위원장 지청천은 신민부 본부를 방문하여 이 단체의 지도자인 중앙집행위원장 김혁 및 정신 등 5~6명의 간부와 일정한 타협을 하였다. 군사상 통일, 재정상의 통일, 임시정부 봉대, 정의부, 신민부 세력 구역 내에서의 모연 금지, 양 구역 외에서는 임의로 모연을 방해하지 않는다. 재만각지역에 있는 소단체는 진압 타파한다 등에 대하여 언급하고 있다. 한편 <신민부와 적기단의 충돌의 건>1926년 1월 12일에서는 신미부의 적기단 간부 체포 등에 대하여 언급하고 있다.

 (4) 선전활동

신민부는 대종교적 민족주의와 공화주의를 재만동포들에게 고취시키기 위한 선전활동을 전개하고자 하였다. 왜냐하면 신민부의 주위에는 赤旗團과 북만청년총동맹 등 공산주의단체와 친일단체인 保民會, 朝鮮人民會, 勸農會 등이 신민부에 대한 파괴활동을 행하고 있었기 때문이었다. 구체적인 실천방안으로써 기관지인『신민보』를 순간으로, 선전문을 부정기로 간행하고자 하였다. 또한 필요에 따라서는 사람을 파견하여 순회 강연을 실시하고자 하였다.[8]

<불온신문『신민보』기사에 관한 건>1925년 10월 9일에서는『신민보』제1호 기사를 싣고 있다. 중동로 석두하자 한인촌에서 발행한 이 신보에서는 <제15회 국치일을 당하여>하는 논설을 통하여 민족의식을 고취시키고 있으며, <대동청년회 조직>에서는 1925년 6월경 중동선 철령하에서 조직된 대동청년회의 취지와 각부서를 소개하고 있다. <吾靑年會의 産出>에서는 중동로 오길밀에서 조직된 이 단체의 취지와 집행위원장 등 간부 명단을 수록하고 있다.

한편 신민부에서는 독립운동을 격려하기 위하여 각 지역에 선전문을 배포하였다. 이에 대하여는 <신민부의 선전문 배포에 관한 보고>1925년 11월 13일에 자세히 기록되어 있다.

(5) 신민부의 재정

신민부의 재정상황은 지금까지 구체적으로 알려진 바가 없었다. 1925년도 신민부 세입 세출예산표를 보면 다음과 같다. 일 년 총수입은 16만 5,800원이다. 구체적으로 살펴보면, 경성 및 각 지방 회원 연 賦收入 5,800원, 영안지부 1만 원, 목릉지부 5천 원, 액목지부 1,500원, 돈화지부 1천 원, 안도지부 1,500원, 무송지부 1,500원, 화전지부 2천 원, 밀산지부 1,500원, 간도지부 1만 원, 훈춘지부 2천 원, 중동선 2만 3천 원, 러시아 2만 원, 嶺西지부 1천 원 등이다. 1년 지출 내역은 다음과 같다. 본

---

8 박환,「신민부」, 앞의 책, 190~192쪽.

부경비 3만 5천 원, 군대 경비 3만 5천 원, 모험대 경비기밀비 5만 2천 원, 각 통신비 3,800원, 선전비 25,000원, 예비비 1만 5천 원 등 16만 5천 800원이다. <鮮匪團新民府의 財政狀態 및 共産黨과 提携說에 關한 件> 1926년 3월 30일

(6) 신민부와 공산당

신민부의 주요 구성원의 대부분은 대종교인이었다. 따라서 이들이 신봉하였던 대종교 이념이 신민부의 주요한 이념 가운데 하나였을 것으로 생각된다. 이러한 대종교 이념은 조선인의 민족정신, 단군을 중심으로 한 민족정신을 배양하여 이상국가인 배달국을 지상에 재건하는 것이었다.[9]

신민부가 위치한 북만주지역에는 공산주의자들이 많이 거주하고 있었다. 1917년 러시아혁명 이후 만주지역에는 지속적으로 공산주의 사상이 전파되어 1926년 5월에는 조선공산당 만주총국이 북만지역의 영안현에 설치되었다. 그리하여 재만한인사회와 민족주의진영에 속하는 민족운동단체에도 공산주의 사상이 더욱 강하게 전파되었다.

특히 북만주지역은 지리적으로 소련과 직접 맞닿아 있어서 다른 지역보다 공산주의자들의 활동이 더욱 활발할 수 있었다. 부득이하게 북만지역에 병존하고 있던 신민부의 대종교적 민족주의자들은 대결의 양상을 보이게 되었다. 대종교적 민족주의자들은 민족보다 계급을 강조하는 공산주의에 동조할 수 없었다. 이들은 철저히 민족을 강조하고 있었기 때문이었다. 또한 그들은 1921년에 있었던 자유시참변 때문에 공산주의자들에게 증오심을 갖고 있었다. 게다가 그들의 출신이 양반이었으므로 무산자의 독재를 주장하는 공산주의자들과 연합할 수 없었던

---

9 대종교총본사, 『대종교 중광 60년사』, 동진출판사, 1971, 503~504쪽.

것이다. 결국 그들은 공산주의자들의 침투를 저지하고 대종교적 민족주의 이념을 계몽하고자 하였다. 아울러 별동대에게 공산주의자들의 제거를 위한 모든 책임을 일임하고 있었다. 이러한 신민부와 공산주의 단체사이의 갈등은 남만지역의 정의부와 참의부가 공산주의단체와 겪은 것보다 훨씬 심하였다. 그 근본적인 원인은 신민부가 대종교적 민족주의에 입각하고 있었기 때문이 아닌가 한다.[10]

그러나 신민부가 공산주의자들에 대하여 항상 적대적인 것만은 아니었던 것 같다. 신민부에서는 군자금을 얻기 위하여 1926년 박두희를 블라디보스토크에 파견하여 金海昌 등과 함께 러시아공산당과 연락을 취하며 활동을 전개하였다. 또한 『신민보』에서 활동하던 崔昌益은 코민테른 본부로부터 선전비를 얻기 위하여 2월 말경 모스크바에 갔다가 돌아오기도 하였다. 한편 신민부에서는 중국인 공산당원 孔某 등과도 연계를 갖고 있었다. <鮮匪團新民府의 財政狀態 및 共産黨과 提携說에 關한 件, 1926년 3월 30일>, <선비단 신민부와 공산당과의 제휴설에 관한 건>

또한 신민부는 삼시협정 이후 김좌진은 김하구 등과 함께 1926년 10월 상순 블라디보스토크 고려부 李永善, 김만겸 등과 만나 러시아 측의 양해 하에 니코스리크 부근 솔밭관으로 근거지를 옮기고자 하였다. <불령 신민부 이전에 관한 건, 1926년 10월 29일>

(7) 신민부의 농업경영

1926년 1월 이래 신민부에서는 주민들의 곤궁 문제를 해결하기 위하여 부심하였다. 그리하여 신민부에서는 영고탑에 거주하는 朴燦翊을 통하여 중국 북경당국과 교섭, 밀산현 미간지를 조차하고자 하였다.

---

10 박환, 「신민부」, 앞의 책, 183~185쪽.

신민부의 이러한 노력은 성공을 거두어 밀산현에 황무지 600일경을 5년간 무상으로 개간경작을 허락받았다. 이에 신민부에서는 경영비 마련을 위하여 김좌진의 부하인 보안대원들이 해림 권농회 이사집을 습격하여 4천여 원을 수집하였다. 또한 5월 중순에는 러시아와 중국국경 지대에 군대를 파견하여 모연을 추진하기도 하였다. <신민부의 농업경영과 군자금 모집을 위한 조선내지 침입계획에 관한 건, 1926년 6월 21일>

(8) 신민부의 군자금 모집, 민사조례, 석두하자

<군자금모집>

신민부는 무장투쟁을 전개하기 위하여 무엇보다도 군자금이 필요했다. 군자금은 무기의 구입, 독립군의 양성, 무장활동을 위해서 절대적이었다. 신민부는 군자금의 대부분을 관할구역에 거주하는 재만동포의 의무금에 의존하고자 하였다. 그러나 이러한 계획은 순조롭게 이루어지지 못하였다. 우선 당시 북만동포의 대부분이 소작농으로서 경제사정이 좋지 못하였다. 여기에 더하여 북만청년동맹 등 공산주의단체의 조직적인 반대공작이 있었던 것이다. 한편 신민부에서는 모연대를 조직하여 군자금을 마련하고자 하였다. 이들의 활동지역은 신민부가 관할하고 있지 않은 만주지역과 국내였다.[11]

1926년 8월 상순 신민부 재정부위원장인 최호는 중동선 동부연선 오길밀하 부근에 살고 있는 5명의 자산가에게 군자금을 요청하는 공함을 발송하였다. 본 자료에는 대한민국 8년 7월 20일 신민부 재정부위원장 최호 발행의 公函이 한글로 남아 있다. <불령선인단원 신민부원 체포에 관한 건, 1926년 8월 14일>

---

11 국사편찬위원회, 『한국독립운동사』 4, 809쪽.

한편 신민부에서는 군자금 모금 영역을 러시아 연해주지역과 훈춘현 동북 오지로 그 영역을 확대해 나갔다. 신민부의 러시아에서의 활동은 지금까지 알려지지 않은 부분이다.

신민부 중앙집행위원장 김좌진의 부하인 金一·李三應·趙京煥 등은 훈춘현 춘화향 청룡안 지방에 잠입하여 대한독립군단원과 함께 러시아와 만주지역을 왕복하며 조선인 상인으로부터 군자금을 모금하기도 하였다. 모금지역은 러시아 연해주의 황거우, 쁘질로프카, 추풍, 이도구지역 등이다. 모금액은 조 2,000푸드, 돈 3,500루블이다. 본 자료에는 대한민국 8년 9월자로 신민부 군사부위원장 김좌진이 陳義俊을 군사부군사과위원으로 임명하는 選任狀과 신민부 중앙집행위원회가 대한민국 8년 2월 10일자로 발행한 경고문, 김좌진이 대한민국 8년에 발한 공고 등이 첨부되어 있다. <훈춘현 오지 불령선인 행동에 관한 보고, 1926년 10월 27일>, <불령 신민부의 행동에 관한 건, 1926년 10월 19일>

신민부에서는 1926년 중국관헌의 탄압이 심해지자 동년 10월 상순 김좌진·金河球 등이 블라디보스토크 고려부원 李永善·金萬謙 등과 회합하여 러시아 측의 양해하에 본부를 니코리스크 인근 송전관으로 옮기고자 하는 움직임도 보이고 있다. <불령 신민부 이전에 관한 건, 1926년 10월 29일> 이점은 신민부의 러시아지역에서의 군자금 모금과도 연계되는 부분이라 생각된다.

<신민부의 민사조례>

신민부에서는 1925년 신민부 관내의 민사행정의 편의를 도모하기 위해서 조례를 만들었다. 이 조례는 제1장 총칙, 제2장 생활개선, 제3장 폐속교정, 제4장 위생 등으로 이루어져 있다. <신민부 민사조례에 관

한 보고, 1925년 6월 30일>, <신민부 민사조례발표에 관한 건, 1925년 7월 9일>이 민사조례는 재만동포들의 생활 등과 관련된 내용을 이해하는 데 도움을 줄 것으로 기대된다.

<신민부근거지 석두하자>

<석두하자 재주선인의 불령선인피해의 건, 1923년 11월 13일>37권에 석두하자지역의 마을 명, 호수, 거주자, 경지면적 등이 상세히 기록되어 있어 신민부 근거지인 석두하자를 이해하는 데 도움을 주고 있다.

8) 참의부

참의부는 1920년대 중반 압록강 대안에서 조직된 임시정부 산하 민족운동단체이다. 본 자료에서는 참의부에 대한 여러 자료를 보여주고 있다. <선비단 도독부의 개칭과 결의사항에 관한 건>에서는 참의부의 선포문, 참의부 공포 제3호, 4호, 5호 및 참의부의 참의장 이하 중앙의 회의장, 민사위원, 군사위원, 훈련위원 등을 소개하고 있다. <봉천조선정보에 관한 건>에서는 채군산·박응백·김영봉 등 참의부의 중심인물에 대하여 다루고 있다. <당 지방에 있어서 불령선인의 행동에 관한 건>에서도 참의부의 참의장, 재무, 외교, 군수위원 및 헌병대장, 중대장 등에 참의부의 부서에 대하여 밝히고 있다.

그밖에 <불령단 참의부의 근황보고>, <불령단 참의부의 상황보고>, <봉천선인정보에 관한 건>1926년 9월에서는 고위관리에서부터 일등병, 이등병까지 부원들에 대하여 상세히 기록하고 있다. 그리고 <불령단 참의부의 상황>1926년 8월에서는 사령장 심용준에 대해 살펴볼 수 있다.

(1) 참의부의 구성원

<선비단 도독부의 개칭과 결의사항에 관한 건>1925년 9월 16일에서
는 1925년 당시의 상황에 대하여 소상히 밝혀주고 있다. 우선 참의부와
督辦府와의 상호관계에 대한 것이다. <선비단독판부의 개칭과 결의사
항에 관한 건>에서는 鮮匪團 독판부는 원래 주만참의부라고 칭하였지
만 1924년 12월 상해 임시정부 간부 경질의 결과 독판부로 변경했다고
밝히고 있다. 그러다가 1925년 6월 상해 임시정부로부터 다시 주만참
의부로 변경하도록 지시를 받고, 6월 26일 중앙의회를 개최하여 다시
주만참의부란 명칭을 사용할 것을 결의하였다고 하고 있다대한민국 7년
6월 26일, 중앙의장 백시관이 발표한 공포문. 아울러 집행간부의 임명권 사무
의 분장 등에 관한 협의를 하고 이를 중앙의장 백시관의 명의로 1925년
6월 26일자로 발표하였다. 이 결의사항은 총 5항목으로 되어 있다. 첫
째는 참의부의 행정사항은 행정위원회에 위임한다. 둘째, 참의부 집행
간부의 실행임무는 좌와 같다. 셋째, 참의부의 재정상에 있어서 결산에
관한 辦法 및 收支방법은 좌와 같다. 넷째, 행정회의에 위임한 緊務事項
은 다음과 같다. 다섯째, 당선된 참의부 행정위원은 추후 임명 차제에
공포한다.

이어서 행정위원회는 1925년 8월 제1회 회의에서 참의부 직원을 임
명하였다. 이를 보면 참의장 尹誠佐, 민사위원 李寬鎭·宋南亨·朴賢
五, 군사위원 蔡君善·金學鳳·金소夏 등이다. 또한 참의부가 軍民兩政
의 기관임을 밝히고 다시 행정위원회에서 결의한 시행방침을 발표하였
다. <공포 제1호>에서는 본부의 명칭은 임시정부의 승인을 거쳐 대한
민국임시정부 육군 주만참의부라고 하고, 군정을 시행하였으나 민사행
정을 겸설하기 위해서 민국 7년 4월 중앙의회의결로서 참의부의 명칭
을 변경혜서 독판부라고 고치고, 군민양정을 해오던 터에 지난 5월 임

시정부 특사의 지시와 6월 26일 중앙의회의 의결에 따라서 다시 참의부라는 명칭 하에 군민양정의 기관을 겸설하고 이에 공포한다. 대한민국 7년 8월 임시정부 육군 주만참의부라고 하고 있다. 공포 제2호에서는 참의부 간부진을 보다 구체적으로 임명하고 있다. 참의장 윤성좌, 행정위원 이관진, 사법위원 송남형, 재무위원 박현오, 학무위원 金伯憲, 군무위원 채군선, 군법위원 金學奉, 군수위원 김소하, 훈련위원 박응백 등이다. 한편 <1925년 9월 16일 봉천조선정보에 관한 건>에는 임원 명단이 다음과 같이 보다 상세히 서술되고 있다.

尹聖佐參議長, 金南參議長 秘書, 李寬鎭行政委員, 康運甫行政委員 秘書, 鄭在明行政委員 庶務, 李春警務主任, 金龍步警護員, 白賢俊警護員, 金宇一交通主任, 宋南亨司法委員兼査判長, 朴亨五財務委員, 趙仁煥財務主任, 邊昌竹財務秘書, 金白顯學務委員, 白時亨學務委員 秘書, 蔡君仙軍務委員, 李正彬軍務委員 秘書, 朴應白司令長, 金東明司令長 副官, 劉尙燁司令長 副官, 禹承昌司令部 書記, 金學鳳憲兵隊長, 李定國憲兵隊 秘書, 金小河軍需委員, 李東錫軍需委員 秘書, 金龍澤軍令, 朴應伯訓練委員, 金東明訓練敎官, 劉尙燁訓練敎官.

지금까지 언급한 위의 내용은 새로이 접하는 부분으로서 참의부 이해에 크게 기여할 것으로 보인다.

한편 기존견해에 따르면, 1927년 3월에는 윤세용에 이어 김승학이 참의장에 임명된 것으로 되어 있다. 그런데 일본 측 보고 <당지방 독립불령선인의 동정에 관한 건>1925년 12월 17일에 따르면, 이 당시 김승학이 참의장으로 활동하고 있다. 자료에 보이는 간부 명단은 다음과 같다.

金希山김승학, 參議長, 權重永學務部 委員, 朴基洙財務部 委員, 金東淵外交部

委員, 沈龍俊司令部 委員, 金篠夏軍需部 委員, 金旋風訓練部 委員, 全東明府 憲兵隊長, 朴秉浩病院長, 金基彦審判所長, 金菅第一中隊隊長, 金龍澤第二中隊隊長, 金昌彬第三中隊隊長, 金尚浩第四中隊隊長, 金敬浩第五中隊隊長

아울러 <불령단 참의부의 근황보고, 1926년 2월 20일>에서는 1926년 1월 당시 참의부의 간부 및 병사들 명단까지 상세히 기록하고 있다.

(2) 참의부의 러시아로의 이전설

참의부에서는 일본과 중국동북당국의 삼시협정 이후 만주지역에서의 활동의 어려움을 인식하고 본부를 러시아로 이전하고자 하였다. 이를 위하여 참의부에서는 1926년 2월 중순 주만참의부 사령관 朴應伯, 군사위원 蔡君仙, 외교부장 朴泳, 헌병대장 심용준 등을 블라디보스토크 신한촌으로 파견하여 고려공산당원 李濟의 소개로 블라디보스토크 러시아 사령부와 논의하기도 하였다. 러시아당국은 5월 중 군사회의를 통하여 결정하기로 하였다. <不逞鮮人團駐滿陸軍參議部의 露領移轉計劃說에 關한 報告, 1926년 3월 17일>

(3) 참의부 장교회의

참의부는 1926년 11월 6일 환인현 황도천 포석정 김승훈의 집에서 장교회의를 개최하고 다음과 같이 결의하였다.

가. 군비제한은 1개 중대 군인 30명, 중대장 1, 소대장 2, 正士 1인으로 한다.

나. 의무병제도는 비용이 많이 들므로 앞으로는 월급제도로 고치고 장교와 병사를 구별해서 매월 小洋 20원을 지급한다.

다. 각 지역의 相助契와 李宰信 일파를 극력 토벌한다.

라. 군대의 비용은 자방민 부담으로 하고 1호당 매년 소양 20원을 춘추 2기로 징수한다.

마. 군인들은 겨울동안 조선내로 출장 가서 군자금을 모집한다.

바. 군인의 반수는 즉 각 중대 15명은 여름에는 농사에 종사한다.

사. 다음과 같은 장교회의 결의를 참의부 중앙회의에 제출하여서 앞으로 3주 이내에 중앙의회를 개최하지 않을 경우 각 중대는 위의 결의를 자의로 시행한다. <불령단 참의부의 행동에 관한 건, 1926년 12월 10일>

9) 정의부

정의부에 대하여는 채영국의 박사학위논문에서 많은 자료를 다루고 있어 중첩되는 경우를 다수 발견할 수 있었다.

(1) 자치활동

정의부는 조직 당시부터 자치활동에 비중을 두었다. 그러므로 정의부에서는 실업증진, 교육 · 선전활동, 재정기반의 확대 등에 일찍부터 관심을 기울였다. 먼저 정의부의 식산흥업 부분에 대하여 알아보면, 정의부는 흥업실업사를 설립하여 경농과 정미업을 개시하였고, 중국 당국과의 협상을 통하여 동포의 농사자금 마련과 농사의 지도, 장려에 힘썼다.[12] 뿐만 아니라 농민조합과 같은 민간단체인 農民互助社를 설치하는 등 활발한 활동을 전개하였다.[13]

<선비단 정의부의 농촌공회 통칙 기타 발표에 관한 건, 1925년 10월 29일>에 따르면, 정의부 중앙집행위원회에서는 1925년 9월 26일 임시

---

12 정원옥, 「재만 정의부의 항일독립운동」, 『한국사연구』 34, 133~134쪽.
13 채근식, 『무장독립운동비사』, 141~145쪽.

회의에서 농촌공회통칙을 통과시켰다. 통칙에 따르면 제1장은 총칙이다. 총칙에서는 농촌공회는 기본적으로 자치정신으로서 區의 행정을 보조하는 기관으로 한다고 밝히고 있다. 이어서 농촌공회는 법치적 범위 내에서 공안위생을 保持하고 산업문화자선 등의 사업을 목적으로 한다고 하고 있다. 제2장에서는 회원, 제3장 기관으로 총 28조로 이루어져 있다. 농촌공회는 정의부의 하부조직을 이해하는 데 큰 도움이 될 것으로 보인다.

한편 정의부에서는 1926년 안도, 무순 지방에 안무총관부를 설치하였는데 그 주요 간부 명단은 다음과 같다.

朴春山安撫總管部 秘書, 尹明善安撫總管部 地方行政委員, 嚴弘九安撫總管部 地方行政委員, 崔東和安撫總管部 地方行政委員, 朴世殷安撫總管部 地方行政委員, 金聖天安撫總管部 地方行政委員, 張芝弘安撫總管部 地方行政委員, 安道日安撫總管部 地方行政委員, 安道典安撫總管部 地方行政委員, 劉仲鳳安撫總管部 通信委員, 馬忠和安撫總管部 通信委員, 崔順京安撫總管部 外交委員, 羅錫天安圖縣 勸學所長, 朴春山安撫總管部 獎學部 秘書 <不逞團正義府의 安撫總管部設置에 關한 件, 1926년 4월 30일>

(2) 정의부의 선전활동

정의부에서는 선전활동을 위하여 잡지와 신문도 간행하여 재만동포의 민족의식 고취에 노력하였다. 1926년 9월에는 선전기관으로서 대동민보사를 설치하고 정의부의 기관지로서 『大東民報』를 1926년 9월 15일부터 발행하였다.[14]

창간호에는 창간사를 비롯하여 본보의 사명, 만주운동과 주민, 정의

---

14 『齋藤實文書』 2권, 345쪽.

부 의용군 밀정 이봉조 사살, 국치사요 등 다양한 내용이 실려 있어 앞으로 보다 깊이 있는 검토가 요망된다. <대동민보 발간에 관한 건, 1926년 11월 10일>

10) 적기단

적기단은 1920년대 중반 만주지역의 독립운동을 이해하는 데 중요한 사회주의 계열의 단체이다. 그러나 이 단체에 대하여 깊이 있는 연구는 없는 형편이다. 본 문건에는 적기단에 대한 새로운 자료들이 다수 있으나 성립과 성격에 대한 부분만 다루도록 하겠다.

1923년 2월 상순 영안현 영고탑에서 러시아지역에서 활동하던 崔雄烈·韓尙五·王成崙 등과 북경지역에서 온 金崗·李烈 등은 金奎植 부하 등과 함께 적기단이라는 비밀결사를 조직하였다. 동단의 목적은 조선국내의 관공서 파괴, 관공리 암살, 부호들로부터 군자금 모금 등이다. 적기단 선포문 원본이 있으며, 이 선포문에서는 말미에 <동무들이여 2천만의 동무들이여, 압박받는 세계 무산계급의 동무들이여, 同聲 相應을 바란다. 1922년 2월 1일>라고 하여 사회주의적 성향을 강하게 보여주고 있다. <1923년 3월 24일 영고탑에서 조직된 적기단에 관한 건>

적기단의 약장과 서맹서에는 적기단의 성격이 보다 잘 드러나 있다. 적기단 약장 1장 1조에서는 적기단이라 칭한다. 제2장 목적에서는 붉은 혁명을 위하여 불완전한 사회와 제도를 파괴하고 혁명의 장애인 자연인을 박멸한다고 밝히고 있다. 제3장에서는 단원에서는 공산주의를 흠모하고 비밀을 엄수하고 단을 위해 생명과 재산과 명예를 희생하고, 단의 명령은 절대복종하고, 단의 약장을 준수하는 동료에 한한다. 제4장에서는 기관, 제5장에서는 상벌 및 구제를 밝히고 있다. 적기단 단원 서맹서에서는 공산주의를 흠모하고 단의 명령을 절대복종할 것임을 맹세하고 이를 위반할 시는 사형을 당할 것을 서약하고 있다. <적기단 約章 과 誓盟書에 관한 건, 1924년 1월 11일>

11) 대종교

대종교는 1909년 나철에 의하여 중광된 것이다. 대종교의 민족운동 적 성격은 박영석 등에 의하여 지금까지 많은 부분이 밝혀졌다. 그러나 이번 재만주부에는 지금까지 알지 못했던 대종교관련 여러 자료들이 보이고 있다. 이들을 중심으로 검토하면 다음과 같다.

(1) 윤세복, 김교헌

1910년대 초 서간도지역 환인현에서도 대종교 포교가 활발히 전개 되었다. 중심인물은 3대 교주가 되는 윤세복이다. 윤세복은 朴其貞과 함께 포교에 열중하였으며, 신도는 360명 정도이다. 윤세복은 이시영 과 연락을 취하며 활동하고 있으며, 李碩大·申義秀 등과 동거하면서 활동하고 있다. 또한 윤세복 등은 현재 환인현성 동문안에 있는 중국인 가옥을 구압하여 학교를 만들어 민족교육을 실시하고 있다. <1912년 9월 19일 압록강대안 상황>

김교헌은 孫一民과 함께 1919년 10월경 왕청현 나자구 삼도하자 최 정국집에서 민족의식을 고취하였다. <배일선인 손일민·김교헌 등의 행동에 관한 건, 1919년 10월 15일>

(2) 서일이 일본에 보낸 서한

1919년 서일 등 대종교 지도자들이 일본 측에 보내는 2통의 서신이 있다. 한 통은 1919년 9월에 서일 대종사가 간도 백초구 일본영사에게

드리는 글이다. 또 한 통은 서일 · 계화 · 김붕 · 김일봉 · 정신 · 김교헌 등이 일본 내각총리에게 보내는 글이다. <배일선인행동 급보의 건, 1919년 10월 4일> 이들 자료의 분석을 통하여 당시 대종교인들의 주장을 살필수 있을 것이다.

(3) 대종교 민족운동

나철은 백두산을 중심으로 화룡현 청파호에 본사를 두고, 백두산 이남 서울에 남도본사를 본부를 두고, 북간도, 북만주 러시아 연해주 등지에 동도본사를 두고 본부를 영안현 영고탑에 두었다. 그리고 일시 교도가 2만 5천 명이나 되었다. 그리고 3 · 1운동 이후 대종교도들은 북로군정서를 조직하여 항일투쟁을 전개했다. 그 후 청산리전투의 승리 후 일제의 공격을 피해 밀산방면으로 이동하여 재기를 도모하였다. 이때 대종교 都司教 김교헌은 동교의 회복을 목적으로 본부를 영안현 영고탑에 설치한다는 뜻을 발표하고 사무를 개시하였다. 이에 각지에 산재해 있던 군정서 간부들이 본사를 방문하여 차후 방침을 논의하였다. 그 결과 본부를 하얼빈으로 옮겨 활동하자는 주장들이 다수 인사들에 의하여 제기되었다. 이들은 대종교라는 명칭은 너무 드러나 있기 때문에 일본 관헌의 주의의 대상이 되기 때문에 표면적으로 <만몽산업회>라는 명칭으로 하기로 하였다. 당시 만몽산업회를 발기한 인물은 김교헌 · 현천묵 · 조성환 · 우덕순 · 김규식 · 유정근 등 37명에 이른다. 이들의 주소, 연령, 경력 등은 자료에 상세히 적혀있다. <대종교설립계획, 1923년 4월 24일>, <대종교부흥계획에 관한 건, 1923년 4월 19일>. 그밖에 단군과 관련하여서는 <단군기념발기회 취직서, 36권>, <단군기념식에 관한 건, 1926년 11월 9일> 등이 있다. 그리고 개천절에 대하여도 개천절 경축, 축하에 관한 글도 있다. <불온 문서에 관한 건, 1923년 11

월 7일> 또한 김교헌의 사망에 대하여도 깊이 있게 다루고 있다.

한편 1923년 3월 15일 길림성 화전현 檀祖기념회관 발기회에서는 공함과 단조기념회발기취지서를 작성하여 배포하였다. 아울러 발기요지에 대한 규칙도 발표하였는데 여기에 따르면, 본회는 국내외를 불문하고 大皇祖殿을 일심 숭배하고, 遺都에 기념비를 세우고 사적을 기록해서 동족의 친목을 增篤한다. 둘째, 본회 회원은 조선 민족 남녀 17세 이상으로 한다. 중앙위치는 백두산 神市로 정한다고 밝히고 있다. 발기인은 이상훈 등 31명이다. 명단은 자료에 기록되어 있다.

일본 측의 대종교에 대한 체계적인 조사는 <선인이 신앙하는 종교유사단체인 대종교에 관한 건, 1923년 5월 21>에 나타나 있다. 여기에서는 교지 및 기원, 대종교의 기관, 대종교의 유지, 대종교와 정치 또는 사상운동 등으로 나누어 정리하고 있다.

12) 간도 및 훈춘지역 독립운동단체(1926년)

1926년 4월에 일제 측이 조사한 간도 및 훈춘지방 조선인 결사단체 보고에는 지금까지 별로 알려지지 않은 단체들과 임원명단이 상세히 기록되어 있다. 이를 보면 다음과 같다.

(1) 연길현

<간도여자청년회>

위치: 용정촌 제4구

주요 간부: 李信愛(會長), 趙惠淑(幹部), 姜仁淑(幹部), 李順熙(幹部)

<평우동맹>

위치: 용정촌 제2구 4동

집행위원: 鄭重燮, 朱埰熙, 李麟求, 李周和, 金素然, 朴載履, 李秉錫, 呂南壽, 金鳳翼, 全龍洛, 鄭聖基

<노동회>
위치: 용정촌 제4구
주요 간부: 李秉錫(會長), 任寬竹(幹部), 朴斗南(幹部)

<독서회>
위치: 용정촌 제4구 4동
주요 간부: 金宗根(會長), 金基順(幹部), 鄭成基(幹部), 趙秉三(幹部)

< 용정소년회>
위치: 용정촌 제2구
주요 간부: 金鳳翼(會長), 許珉華(幹部), 李烈(幹部), 金德洙(幹部)

<해우청년회>
위치: 용정촌 제1구
주요 간부: 申現甲, 許京虎, 金春錫

그밖에 연길현에는 기자단, 용지향 창년연합회, 기성청년회, 기양청년회, 간일청년회, 상의향 청년연합회, 조광청년회 등이 있었다.
화룡현의 경우 각 단체와 주요 인물은 다음과 같다.

金興模三道溝靑年總聯盟會 會長, 金垙幹部, 崔相宜幹部, 金精幹部, 張奎哲幹部, 趙景幹部, 朴大鎬幹部, 崔大鳳幹部, 鄭桂桓幹部, 金平震聲運動部 部長, 崔

東傑書記, 金維新東和俱樂部 會長, 崔榮根光一靑年會會長, 張益俊東勝靑年會會長 등이다.

그밖에 무산간도 유림계, 숭선유림계, 학우친목회 등이 있다.

왕청현의 경우 汪淸靑年聯合會, 百草溝靑年會, 永昌靑年會, 新農靑年會, 南北*靑年會, 新進靑年會, 新安靑年會, 農友靑年會, 天道敎汪淸靑年會, 耶蘇敎靑年會, 南監理派靑年會 등이 있으며, 훈춘현의 경우 同德靑年親睦會, 盤石溝靑年會, 南春浦夜學靑年會, 東砲臺靑年親睦會, 電線村靑年會, 滿鮮靑年會, 車大靑年會, 圖興農村靑年會, 興一親睦會, 同道會, 琿春朝鮮人親睦會, 春信靑年會, 光進靑年會, 學務會, 琿春縣 東興鎭商會 등의 조직이 있었다.

13) 고려공산당 대표회의 결의안(1924년)

본건은 제목에 <고려공산단체 中領 제3회 정기 대표회의 決案>이라고 되어 있다. 이 회의는 1924년 6월 13일부터 23일까지 개최된 것이다. 회의록에는 <시세, ○○○ 최근 결정서, 임원회 조직된 이유, 고려공산운동 통일, 선전, 현행법을 여하히 이용할까, 여하한 사업에 더욱 주력할까, 고려공산당 조직과 당원, 민족기관, 적기단, 청년회와 청년공산회, 경비, 여자운동, 종교, 교육, 의병운동, 일본과 중국정책, 한중일 공산운동 협력문제, 창립대표회 대표 선거문제, 혁신회정강 문제 등에 대하여 언급하고 있다. 1920년대 중반 한인공산주의자들의 민족문제에 대한 인식과 현시점에 대한 인식 정도 등을 알 수 있는 좋은 자료이다. <고려공산당대표회의 결의안 원문 송부의 건, 1924년 10월 4일>

14) 기타

(1) 불령선인명부(1921년)

봉천 총영사관에서 보고한 내용으로 31명에 관한 것이다. 서간도지
역에서 활동한 주요 인물들로는 지활사·김인수·잉웅해·독고욱·
변창근 등을 들 수 있다. <불령선인 명부 송부의 건, 1921년 7월 2일>

(2) 1920년대 초 간도 기독교장로파

간도 국자가 기독교교회당에서 열린 장로파 노회상황에 대한 보고이
다. 장로파의 경우 간도지역 한인독립운동의 중심 세력으로서 큰 역할
을 하였으므로 이에 대한 자료는 대단히 중요하다고 생각된다.

자료에서는 국내 및 간도지역에서 참여한 인사들의 명단을 수록하고
있다. 북한에서는 강두선 목사 등 선교사, 목사, 장로, 집사 등 총 12명
이 참여하였다. 간도 및 훈춘현에서는 박걸 선교사 등 44명이 참여하여
총 56인이 모인 가운데 노회가 진행되었다. <간도 국자가에서 열린 야
소교장로파 노회 상황에 관한 건, 1921년 6월 27일>

만주지역 한국독립운동 영역의 새로운 확대:『本邦人在留禁止關係雜件』(1915~1926)

Ⅰ. 만주지역 주요 독립운동가들의 활동 보완

본 자료집은 지금까지 제대로 알려지지 않았던 만주지역 주요 독립운동가들의 3·1운동 이전의 활동을 밝히는 데 도움을 주고 있다. 그 대표적인 인물로는 桂奉瑀·金夏錫·李鍾浩·梁起鐸 등을 들 수 있다. 이들의 주요 활동과 그 의미를 살펴보면 다음과 같다.

첫째, 계봉우의 재류금지 처분 문서에서 특히 안중근 관련 부분은 중요한 의미를 갖고 있다고 생각된다. 이 문서에서 일제는 계봉우가 처음으로 자신이 주필로 있던『大震』이란 잡지에 안중근의 '전설'을 기고한 것으로 파악하고 있다. 아울러 '檀仙'이란 필명으로 1914년 6월 28일부터 8월 29일까지『권업신문』에「만고의사 안중근전」을 집필한 인물이 계봉우임을 밝히고 있어 주목된다. 또한 안중근 전기의 집필 장소가 블라디보스토크가 아니라 왕청현 하마탕임도 분명히 하고 있다. 다음의 기록은 이를 증명해 주고 있다.

상기 인물은 1909년 당 지방에 이주한 후 약 4년간 연길현(延吉縣) 소영자(小營子)에 거주하며 그 곳 배일 조선인들이 설립한 길동기독학당(吉東基督學堂) 및 광성중학교(光成中學校)에서 교편을 잡았는데, 그동안 그는 역사, 지리, 수신, 한문 등을 담당하여 가르치면서 『최신동국사』(最新東國史)라는 역사교과서를 편찬하고 우리의 삼한정복(三韓征服) 이후 왜적의 침입을 주장하고 한일강제병합의 굴욕 등을 기술하여 학생들에게 적개심을 불러일으키는데 뜻을 기울이고, 한편으로는 배일 기관잡지 『대진』(大震)의 기자로서 안중근(安重根)의 전설을 기고하며, 혹은 시문(詩文)을 지어 위험 사상을 고취하는 데 노력하고, 그 밖에도 배일단체인 대동협회(大東協會), 동제회(同濟會), 간민회(墾民會) 등에 간여하며 언제나 배일행동을 보이고, <u>그 후에 왕청현(汪淸縣) 하마탕(蛤蟆塘)으로 옮겨 『안중근전』(安重根傳)의 편찬에 전념하여 그 일부는 1914년 6월 블라디보스톡 『권업신문』(勸業新聞)에 기재하며 미리부터 이것의 출판을 기획한 혐의가 있다.</u> (밑줄: 해제자 강조)

둘째, 러시아지역에서 3·1운동 이후 중요한 역할을 한 김하석의 1910년대 활동상도 이 자료집에서 처음 밝혀지는 내용이다. 김하석은 1910년대 러시아 연해주의 가장 대표적인 독립운동단체인 권업회 의사원 및 『권업신문』 기자로 배일 사상을 고취하였을 뿐만 아니라, 북간도지역의 대표적인 항일운동단체인 간민회의 총무로도 활동하였다. 1910년대 만주 러시아지역의 대표적인 항일운동가로서의 모습이 이번 자료를 통하여 확연히 드러나고 있다.

셋째, 본 자료를 통해 러시아지역의 대표적인 항일운동가인 이종호의 1917년 당시 상해에서의 활동상을 확인할 수 있다. 이종호는 일제의 감시를 피하기 위하여 심혈을 기울였던 것 같다.

상기의 인물(이종호)은 이제까지 배일 사상을 품고 있는 요시찰인으로 조선총독부의 의뢰에 따라 감시하고 있는 자인데, 지난 해(1916년) 12월 중 우리 지역으로 비밀리에 들어왔다는 정보를 천진총영사(天津總領事)로부터 통보받은 이래 엄밀히 감시해 오던 바, 과연 상해로 들어왔다는 흔적이 있기는 하나, 동인은 우리 관헌의 주목을 두려워하여 행동에 주의를 기울이고 <u>주도면밀하게 언제나 일정한 거주에 머무르지 않고 옮겨 다니며 그 소재를 감추고,</u> (밑줄: 해제자 강조) 은밀하게 불령선인 등과 결합하여 여러 가지 구실로 재류 조선인들로부터 부정하게 금전을 탐하고, 혹은 미국 밀행을 주선한 사실 등…(이하 줄임)

이처럼 상해에서 독립운동가금을 모집하고 한인 청년들의 미국 유학을 주선하던 이종호는 1917년 5월 일제에 의해 체포되었다. 1910년대 전반 러시아 연해주에서 중요한 활동을 한 인물이었으므로 일제는 그로부터 러시아지역의 항일운동에 대하여 정보를 수집하고자 끈질기게 취조하였으나 순조롭지 못하였던 것 같다.

넷째, 본 자료집에는 구한말부터 활동한 대표적인 독립운동가로 알려진 양기탁이 1917년 4월 출옥한 이후 만주에서의 활동상을 수록하고 있다는 점에서 큰 의미를 갖고 있다. 지금까지 양기탁의 만주와 蘇滿 국경지대인 東寗縣에서의 활동은 거의 알려진 바가 없었다. 그런데 본 자료집에 수록된 양기탁의 「재류금지 명령 집행 보고의 건」에는 그의 활동상을 구체적으로 다음과 같이 기록하고 있다.

> 상기의 인물 중 양기탁(梁起鐸)은 약 6, 7년 전 조선에서 보안법위반 및 모살미수(謀殺未遂) 피고 사건으로 인하여 처형된 바 있는데, 지난 1917년 4월 특사의 은전(恩典)을 입어 출옥한 후 간도 방면에 재류하는 불령선인 각 부락을 돌아다니며 배일 사상을 고취하는 데 전념해 온 바 있다. 이후 길림(吉林) 동녕현(東寗縣) 소분(小紛)에 본거를 구축하고 동지 장진우(張鎭宇) 기타 불령선인 수령과 기맥을 통해 모반을 꾀하고자 해 오던 차…(이하 줄임)

II. 북간도지역 3 · 1운동에 대한 재인식

본 자료집에는 북간도지역에서 전개된 3 · 1운동에 대하여 지금까지 알려지지 않았던 새로운 사실들이 수록되어 있어 이 지역 항일운동사 연구에 활력을 불어 넣은 것으로 기대된다.

우선 姜鳳羽외 5인의 「재류금지 명령 집행 보고의 건」은 龍井 지방에서 전개된 3 · 13만세운동과 국내와의 연계관계를 자세히 보여주고 있다. 지금까지 학계에서는 이 부분에 대하여 밝히지 못하고 있었다. 다음의 기록을 보자.

> 올해(1919) 2월 초순 경성(京城)에서 독립운동의 획책이 있을 것이라는 내보(內報)를 얻어 경성에 가서 친히 동지들과 의지를 교환하고 이 계획의 논의를 진행시키고, 동 3월 4일 경성을 출발, 도중에 교묘하게 경찰관헌의 시선을 피해 동 7일 해당 지역에 돌아오자마자 즉시 간도의 주요 동지에게 격문을 보내 국자가(局子街)에 소집하여 경성에서의 비밀계획을 상세히 보고하고, 동시에 간도에서의 독립운동기성회(獨立運動期成會)를 설립, 또한 그 방략을 논의한 결과, 조선 내 각지와 호응하여 크게 그 기운을 떨칠 것을 결정하고 자신이 동 기성회의 의사부원이 되어 중요사항을 계획하여 제1회 시위운동을 3월 13일 용정촌(龍井村)에서 거행하고, 이어 국자가(局子街) 기타의 상부지(商埠地)에서 속행하여 더더욱 인심의 동요를 일으켜 극력 평소의 뜻을 수행함에 노력해 왔음.

본 기록을 통해 알 수 있는 바와 같이, 강봉우는 서울로 가 동지들과 만세운동을 논의하고 직접 현장을 목도한 후 3월 4일 서울을 출발, 용정으로 향하였던 것이다. 그 후 그는 간도에서 독립운동기성회를 설립하고, 3월 13일 용정에서 만세운동을 주도하였다. 아울러 獨立決死同盟 회원 高龍煥을 비롯한 3인의 「재류금지 명령 집행 보고의 건」도 용정 3·13만세운동에 대한 지역 인사들의 참여계기와 활동 내용을 자세하게 보여주고 있다. 특히 이 문건에 수록된 頭道溝지역에서 주도적인 역할을 한 金河秀의 경우는 당시 예순의 나이에 서당교사로 구한국 고급 관료였다는 점이 주목된다. 지금까지 북간도지역의 만세운동은 기독교인을 중심으로 연구되어 왔기 때문이다. 두도구에서 3·1만세운동은 3월 16일 일어났는데 지금까지 이 부분에 대하여도 잘 알려지지 않았다.

훈춘지역 3·1운동은 梁河龜의 「재류금지 처분 보고의 건」에 상세하게 나타나 있다. 이 지역의 대표적인 항일학교인 북일학교 학생 및 교사들의 참여, 이 지역에서 활발하게 활동하고 있던 黃炳吉·李明順 등과의 상호관계 및 3·1운동에서의 역할 등도 잘 보여주고 있다. 文秉

浩·金明浩의「재류금지 처분 통고의 건」에서도 훈춘지역 3·1운동의 새로운 내용을 살펴볼 수 있다. 특히 러시아 연해주지역의 3·1운동과 훈춘지역 3·1운동의 상호관계를 잘 보여주고 있어 이 지역 만세운동 연구에 큰 도움을 줄 수 있을 것으로 기대한다.

한편 본 자료집에는 安圖縣지역 3·1운동에 대한 알려지지 않은 새로운 사실들도 수록되어 있다. 안도현 四方頂子 國民小學校 교장 李撲哲의 기록이 그러하다.

> (이규철은) 올해(1919년) 2월 러시아령 소왕령(小王嶺) 거주 이민복(李敏復)으로부터 이번 이태왕 전하 붕어(崩御)에 관하여 조선 내지의 인심이 현저히 동요하고 있으며, 또한 파리강화회의에도 독립운동, 즉 민족자결을 위해 대표자를 파견하게 되었으므로 이참에 지방 조선인을 선동 후원하도록 운운하는 내한(來翰)이 있어, 성경성(盛京省) 안도현(安圖縣) 내의 명망가 김병순(金炳淳)과 함께 발기인이 되어 음력 3월 중에 토로자(土路子)에서 약 5백 명을 모아 독립만세를 고창하고 길림에 재주하는 정안립(鄭安立)으로부터 송부해 온 약 100매의 선언서를 배포하고…(이하 줄임)

위의 자료를 통해 볼 때, 안도현지역의 만세운동은 러시아 연해주 니콜리스크(우수리스크)지역과 밀접한 관련을 맺고 있음을 알 수 있다.

이번 자료집에는 일제 순사에서 3·1운동 이후 독립운동에 투신한 인물이 있어 관심을 끈다. 그 주인공은 강원도 평창 출신으로 간도 국자가에서 활동하였던 崔應圭(당시 24세)이다. 그는 1918년 9월 25일 조선총독부 순사에서 일본 외무성 순사로 전근하여 동년 11월 국자가 분관에 부임하였으나, 간도 각지에서 전개된 만세운동을 겪으면서 심경의 변화를 일으켜 독립운동에 투신하였다. 3·1운동이 동포 순사에게 영향을 끼친 특별한 사례가 아닌가 한다. 3·1운동 당시 평화적인 만세운동을 탄압하는 데 조선인 순사 및 순사보들이 앞장섰던 일들을 상기할 때, 최응규의 사례는 중요한 의미를 갖는 것이라고 볼 수 있다.

Ⅲ. 군자금 모금의 사례

　지금까지 학계의 만주지역 민족운동사 연구는 단체 및 인물을 중심
으로 이루어져 왔다. 그런데 이들 단체의 구체적인 활동 내용과 성격을
규명하는 데 자료의 부족으로 많은 제약이 있었다. 특히 군자금 모집과
관련된 자료는 산발적으로 드러나 전체적인 규모를 파악하기 어려웠
다. 본 자료집 출간으로 3·1운동 이후 만주지역 독립운동단체의 군자
금 모집에 관한 구체적인 사례를 바탕으로 이 분야 연구가 보다 심화될
것으로 기대된다.

　우선, 臨時軍政府, 獨立義軍, 大韓義軍團의 사례를 들 수 있다. '임시
군정부'가 정확히 어떤 단체를 지칭하는지 확인할 수 없었지만, 일제가
파악한 '독립의군'과 '대한의군단'은 북간도지역을 대표하는 독립운동
단체 중의 하나인 大韓民國義民團과 大韓義軍府이다. 대한민국의민단
은 1920년 4, 5월경 연길현에서 천주교도와 의병이 중심이 되어 方雨龍
을 단장으로 조직되었다. 본 자료집에 수록된 吳芝華의 「재류금지 처분
에 관한 건」에는 대한민국의민단의 군자금 모금 사례가 아래와 같이 구
체적으로 나타나 있다.

> 1920년 5월 무렵부터 불령선인 방우룡(方雨龍) 등을 수령으로 하여 조직된 독립의군
> 이라 칭하는 비밀결사에 가맹하고 나아가 모연대원(募捐隊員)이 되어 무기 구입의
> 자금모집을 분담하여 당원 신대용(申大勇), 김일선(金一仙), 김치언(金致彦), 송영환
> (宋永煥), 이춘봉(李春逢), 김한인(金漢仁), 김중빈(金仲彬) 등과 함께 권총을 휴대하
> 고 용정촌 부근을 횡행하며 기부금 강요에 힘써 오던 중, 1920년 9월 20일 신대용 외
> 1명과 함께 용정촌 거주 안석철(安錫鐵), 임정순(任正淳) 두 명을 자택으로부터 서작
> 동(西作洞) 뒤편의 삼림 속으로 납치하고 또한 부근에 있는 동지를 모아 총을 발사하
> 여 협박하고 안석철에 대해서는 금 2,000원, 임정순에 대해서는 금 1,000원을 올해
> 12월 20일까지 조달하겠다는 서약서를 제출케 하고 귀가를 허함. 또한 용정촌 거주
> 오명언(吳明彦)에게 금 1,500원 협성용(給盛湧) 거주 박 모에게 금 500원, 하교동(賀
> 敎洞) 거주 황지화(黃芝華)에게 금 100원, 신명촌(新明村) 거주 윤치서(尹致瑞)에게

금 60원, 대교동민(大敎洞民) 전체에 금 1,000원, 대불동민(大佛洞民) 전체에 금 1,000원, 국자가 대정양행(大正洋行)에게 금 100원, 동지 유기수(柳基洙)에게 금 50원의 제공을 강박하고, 만일 이에 응하지 않을 때에는 살해하겠다는 협박장을 보냄으로써 다액의 금전을 탈취하고 우리 영사관 경찰의 엄중한 경계를 돌파하여 더욱 폭위(暴威)를 떨치고자 분주하던 중, 1920년 10월 12일 우리 영사관 경찰서에서 체포하였고⋯(이하 줄임)

본 자료집에는 국민회와 북로군정서 그리고 1923년부터 1924년까지 서간도지역에서 활동한 대한통의부의 군자금 모금 활동에 대하여도 상세히 수록되어 있다. 특히 대한통의부의 경우는 지금까지 알려진 군자금 모금 사례보다 훨씬 많고 자세한 기록을 남기고 있어 이 단체의 활동 내용을 밝히는 데 큰 도움을 줄 것으로 기대된다. 또한 朴廣濟 · 金良昊 · 金成根의 재류금지 처분 문서를 통해 봉천성 鐵嶺縣 및 開原縣지역의 군자금 모금에 대하여 살펴볼 수 있다.

아울러 본 자료집에는 정의부의 군자금 모금 사례도 수록되어 있다. 白鎭衡(일명 韓赫, 당시 19세)과 興京縣에 거주하던 盧永律이 그 경우이다. 한편 참의부의 군자금 모집과 관련하여 봉천성 通化縣에 거주하던 李東春은 "1926년 3월 무렵 참의부 通南總管에 선출되어 참의부 민사부장 黃碩弼의 명을 받고, 1926년 5월 자기의 부하인 桓仁縣 괴마자拐磨子 참의부 百家長 文永傑과 통화현 崗山 二道溝 백가장 金龍鳳, 통화현 頭道溝 백가장 李鍾郁 등 3명에게 부근 조선인 300여 호로부터 독립의무금으로 봉천 小洋 1,050元을 징수하여 참의부 민사부장에게 송부"한 것으로 자세히 기록되어 있다.

군자금 모금과 관련하여 이채로운 사례는 아편 거래를 통한 이익금을 독립운동에 사용하려고 한 경우이다. 鄭駰澤을 비롯한 4인의 「재류금지 명령의 건 보고」를 보면 아편 거래에서 생긴 돈으로 독립운동을 전개하고 여유가 있으면 상해 대한민국임시정부에도 송금하려고 기획한 것으로 나와 있다. 이들 중 한 명인 李用道는 서간도지역에서 3·1운동 이후 조직된 대표적인 독립운동단체인 韓族會의 區長을 하며 독립운동가금을 모집하였다고 기록되어 있는데, 임정과 서간도지역 독립운동단체의 연계를 보여주는 사례라고 하겠다.

이처럼 이 자료집에는 임시군정부, 대한민국의민단, 대한의군부, 대한국민회, 북로군정서, 독립의군, 정의부, 참의부 등 1919년 이후 1920년대 중반까지 만주지역 독립운동단체들의 군자금 모집의 사례가 상세하게 수록되어 있어 각 단체의 활동 내용을 보완하는 데 실질적인 도움을 줄 것으로 기대된다.

IV. 독립운동단체의 새로운 활동 사실 발굴

1. 만주지역 항일운동단체에 참여한 인물의 활동

우선 지금까지 자료 부족으로 깊이 있는 연구가 이루어지지 못한 천주교도들이 조직한 대한민국의민단에 소속된 인물의 활동 내용을 확인할 수 있다. 의민단의 모연대장으로 활동한 朴昶來의「재류금지 처분에 관한 건」에는 이 단체의 규모와 활동 근거지 등이 아래와 같이 구체적으로 조사되어 있다.

> 박창래(朴昶來)는 다른 불령선인과 같이 배일 사상에 치달아 수년 전 현 거주지에 이주하여 배일을 목적으로 하는 사립 동성학교(東盛學校)에서 교편을 잡고 시세의 변화에 따라 사상 상의 동요가 있었으나 행동에 철저함이 부족하여 형세를 관망하던 중 지난해(1919년) 3월 한 차례 한족독립운동의 기세가 오르자 동지 및 가르치고 있는 학생들을 인솔하여 같은 해(1919년) 3월 13일 용정촌(龍井村)에서 시위운동에 참가하였으나 아무런 효과가 없어, 이후 촌락에서 대한국민회파(大韓國民會派)에 속하여 불령행동을 계속해 온던 중, 올해(1920년) 2월 연길현(延吉縣) 차조구(茶條溝)에

서 동지 방우룡(方雨龍), 김연군(金演君), 허영근(許英根) 기타 천주교도를 규합하여 간도에 거주하는 신자 3,000여 명을 망라하고 더욱 적극적으로 조선에 거주하는 신도를 일단(一團)으로 하여 한족독립을 달성하고자 대한의민단(大韓義民團)이란 비밀결사를 창설하여 방우룡을 단장에 추대하고 박창래는 그 단의 모연대장(募損隊長)에 취직한 후, 올해 5월 초순 용정촌(龍井村)의 모연을 주로하고, 겸하여 남서(南西) 양 지부 개설의 용건을 가지고 당 지방을 방문하였으나 즉시 용정촌에 침입하는 것은 총영사관의 경계가 엄중함으로써 위험이 큰 탓에 당 지방으로부터 서북방 약 15 정(丁) 정도에 위치한 계곡 비암동(飛岩洞)에 잠복하고 용정촌 거주 단원 이광하(李光夏) 등을 안내역으로 용정촌 재류 상인을 강박, 비밀통신법에 의해 잠복지에 납치하여 군자금을 강요하고…(이하 줄임)

아울러 본 자료집에는 그동안 확인하지 못한 북로군정서원들에 대한 신상 정보도 수록되어 있다. 張鴻國·張義默·玄成道·黃賢範·石泰華 등이 그들이다. 또한 서간도지역에서 3·1운동 이후에 조직된 대한독립단과 한족회 구성원의 신상도 확인할 수 있다. 奉天省 柳河縣 大沙灘 鄭駟澤(대한독립단 대대장 대리), 奉天省 海龍縣 北山城子 中衛 林必東, 奉天城 海龍縣北山城子 中衛 林必東方 韓元基, 奉天城 海龍縣 北山城子 三道街 李用道(한족회 구장), 奉天省 柳河縣 二道溝 鄭東洙(한족회 구장) 등이 그들이다.

훈춘한민회 鄭昌俊의 경우도 처음 밝혀지는 내용이다. 그런데 그는 1920년 10월 일제의 간도 출병 이후 거짓 귀순한 후 독립운동을 지속한 인물로 주목된다. 지금까지 학계에서는 귀순자 명단에 기록이 있는 경우 친일한 인물로 지목하는 사례들이 있으므로 특별히 주의를 요한다.

한편 본 자료집에는 1920년대 만주지역의 대표적인 독립운동단체인 참의부吳斗泳의 건, 정의부韓赫, 신민부崔養喜 등 주요 단체에서 활동한 인물들의 신상 정보가 수록되어 있어 이 분야 연구를 보완할 수 있을 것으로 보인다. 오두영의 경우는 대한통의부를 거쳐 참의부에서 활동한 인물로 주목된다. 특히 그의 기록에는 상해에서 『독립신문』 사장이며 후

일 참의부 참의장으로 활동하는 金承學과의 만남에 대한 내용이 있어 참의부 조직과정과 활동의 이해에 도움을 주고 있다.

2. 처음으로 밝혀지는 화룡현 명주사 승려 석창수의 항일운동

본 자료집에는 간도 和龍縣 明珠寺의 승려 石昌洙의 항일운동 내용이 수록되어 있어 이채롭다. 지금까지 만주지역에서 활동한 승려의 항일운동은 전혀 밝혀진 바가 없었다. 석창수의 인적사항과 그의 항일운동 내용은 다음과 같다.

> 본적 : 江原道 通川郡 碧養面 佳也洞
> 주소 : 支那 間島 和龍縣 德化社 柳洞 仙景台明珠寺
> 석창수(石昌洙), 승려, 당 27세
>
> 위자는 지난해 승려의 몸으로 불령 의군단(義軍團)의 수괴 안무(安武)의 부하로 투신해 탁발을 가장하여 통신사무에 종사하고 간도 각지를 배회하며 군자금을 칭하고 금원(金員)을 강요하여 양민을 괴롭혔을 뿐 아니라 지금까지도 계속하여 안무와 기맥을 통하고 부근에 산재하고 있는 불령한 무리를 선동하여 불령행동에 나서게 하는 등 당지방의 안녕을 방해하고자 할 우려가 있다고 판단되어 별지 재류금지명령서 사본과 같이 1921년 10월 25일부터 향후 1년간 중국 재류를 금지하고 별지 본인의 사진을 첨부하여 보고 드림.

위 자료를 통하여 볼 때, 석창수는 안무가 지휘하는 의군단 및 대한국민회군의 일원으로 북간도지역에서 승려라는 직책을 이용하여 통상 사무와 군자금 모집에 큰 기여를 한 것으로 보인다.

3. 워싱턴회의에 즈음한 천도교청년회원들의 만세운동 추진 활동

본 자료집에는 간도 국자가의 천도교청년회 회원들이 1921년 워싱턴회의를 계기로 만세운동을 전개하고자 한 내용이 실려 있어 이 분야 연구에 큰 도움을 줄 것으로 기대된다.

일제 보고에 의하면 吳世煥 비롯한 8명은 "局子街에 天道敎靑年會라는 것을 조직하여 지덕체육 계발의 美名을 빌려 교도들에게 권유하여 세력을 키우고자 노력하였는데 마침 지난해 11월 워싱턴회의가 개최된다는 것을 듣고 독립운동을 재기할 절호의 기회가 왔다고 판단하여 지난해 8월 29일 한일강제병합기념일을 기해 천도교청년동맹회라는 비밀 단체를 조직하고, 이어 국자가를 중심으로 각지에 천도교청년회 布德所라는 것을 설치하여 독립운동 재기의 선전 및 연락기관으로 삼아, 우선 워싱턴회의 개회의 첫날을 기하여 간도 일대의 조선인으로 하여금 일제히 독립만세 시위운동을 일으킴으로써 조선독립운동의 기세를 올리고 여론을 환기시키려 획책" 하고 있다는 명목으로 이들의 재류금지 이유를 들고 있다.

4. 소래 김중건의 원종교와 대진단에 대한 새로운 자료

본 자료집에는 笑來 金中建이 중심이 되어 조직한 元宗敎와 大震團의 활동 방침을 알려주는 새로운 자료가 수록되어 있다. 김중건은 함경남도 永興 사람으로 1908년 고향에서 연명鍊明학교를 설립하고 교육활동을 전개하였으며, 1913년에는 만주로 건너가 建元학교 등을 설립하였고, 1917년에는 한때 체포되어 會寧 감옥에서 옥고를 치르기도 하였다.

김중건의 경우는 지금까지 일본 측 자료가 밝혀지지 않아 구체적인 활동을 보완하는 데 어려움이 있었다. 특히 대진단에 대한 자료는 더욱 부족하였다. 이 단체의 경우 1920년 11월, 安圖縣 興道子에서 김중건에 의하여 조직되었으며, 청년 2백 명이 러시아 보병총으로 무장하였고, 長白縣 기타 각지에 지단을 조직하였다는 정도만 알려져 있었다. 그런데 이번에 김중건을 비롯한 그 중심인물들에 대한 구체적인 설명과 대진단 비밀명령, 군자금 관계 등 자료들이 발굴되어 이 분야 연구에 큰 도움을 줄 것으로 기대된다. 이를 살펴보면 아래와 같다.

위의 네 사람(김중건, 홍윤화, 김현필, 오홍)은 김중건을 주동자로 삼아 1913년 무렵부터 원종교(元宗教)라 칭하며 이면에서 조선독립을 위한 불령행동을 고취하는 종교의 포교선전에 힘쓰는 한편으로, 이와는 별도로 아래와 같이 대진단(大震團)이라 칭하는 비밀결사를 설립하여 불법적인 의연금을 모집하여 이를 독립자금에 충당하는 등의 불령행동을 감행한 자들로, 김중건은 단장이고 다른 3명은 고굉(股肱)으로 각지에 서당을 설립하여 불령 사상 고취에 몰두한 자들로서 적확한 형사소추에 회부할만한 죄상이 없음에도 당지방의 안녕질서를 방해할 우려가 있는 자들이기에 별지 재류금지명령서 사본과 같이 김중건은 1922년 1월 20일부터 향후 3년간, 홍윤화(洪允化), 김현필(金鉉弼) 및 오홍(吳鴻)의 3명에 대해서는 1922년 1월 20일부터 향후 2년간 중국 재류금지를 명하고 별지 본인 사진을 첨부하여 보고 드림.

記
大震團 秘密令
一, 우리 敎徒는 각자 大震團의 票를 소지할 것
一, 大震團票는 同團에 의연금을 납입한 자에게 해당금액 영수증과 함께 지급할 것
一, 의연금을 낸 자는 우선 개인의 해당 금액 假領收證을 수취하고, 후일 本團으로부터 지급되는 本領收證 및 團票를 수취함과 동시에 지난 假領收證을 소각할 것
一, 의연금을 지출하였으나 本團의 領收證 및 團票를 領收하지 않은 경우에는 해당 의연금의 還付를 청구할 것
一, 敎徒이외의 자에게도 의연금을 지출하고 大震團票를 소지하여 好機가 도래할 것을 기대하도록 권유할 것
一, 의연금은 이를 三等으로 나누어, 一等 100원 이상, 二等 50원 이상, 三等은 50원이하로 하고 200원 이상은 이를 特等으로 하여 그 등급에 따라 團票를 下賜받음

본건은 극히 비밀을 지켜야 함은 물론, 본 비밀을 타인에게 누설한 자에게는 후일 日

探과 동일한 처분을 하게 됨.

다만 教徒에 한정하여 三等의 의연금을 지출했음에도 二等의 團票를 받을 수 있음.

建元 七年 八建四十五日

大震團主

다액의 의연금을 모집한 자에게는 훈장을 내림.

위의 자료를 통하여 대진단의 중심인물로 김중건 외에 홍윤화 · 김현필 및 오홍 등이 활동하였음이 처음으로 밝혀지게 되었다. 또한 대진단에서는 비밀명령을 통하여 대진단원에게 단표를 소장하게 하여 신분을 확인하고자 하였으며, 의연금의 경우 4등급으로 나누어 모금하고자 한 사실들이 밝혀짐으로서 대진단의 실체를 밝히는 데 큰 도움을 주고 있다.

5. 의성단 단장 편강렬의 새로운 활동 내용

편강렬은 황해도 延白郡 鳳西面에서 태어났다. 그는 1905년 11월 일제가 이른바 을사조약을 강제 체결하여 국권을 박탈하자, 의병운동에 참가하여 1907년에 의병장 李康秊의 휘하에 들어가서 召募將과 선봉장을 겸임하고, 전국 의병이 연합하여 十三道倡義大陣所를 결성해서 서울 진공작전을 결행했을 때 동대문 밖 30리 지점까지 진출하여 싸우다가 부상을 입고 고향에 돌아갔다.

귀향 후 국권회복을 위한 비밀결사인 신민회新民會에 가입하여 황해도 지회에서 활동하다가, 安明根의 군자금 모금 사건을 단서로 일어난 '安岳事件'에 관련되어 1910년 12월에 체포되어 징역 5년형을 선고받고 3년간 복역하였다.

1919년 3 · 1운동이 일어나자 황해도 연백군에서 시위를 주도했으며, 3·1운동 후에는 황해도 각 군의 동지들과 軍事籌備團일명 九月山籌備團을 조직하여 군자금 모금과 독립 사상 고취에 진력하다가 일제에 다시 체포되어 1년 6개월간 옥고를 치렀다. 석방 후 만주로 망명해 1923년 10월에 봉천성 懷德縣 五加子에서 독립군단체인 義成團을 조직하여 단장을 맡았다. 그의 지휘하에 의성단은 長春에 있는 일본영사관을 습격하여 적 60여 명의 사상자를 내게 한 전과를 올렸으며, 백주에 奉天 시내의 滿鐵병원을 습격하여 큰 전과를 올리기도 하였다.

이후 만주지역 독립운동단체의 통합을 위하여 분주하게 활동하던 중 1924년 8월 일제에게 체포되어 심한 고문을 받고 징역 7년형에 처해져서 신의주 감옥에서 복역하는 도중 발병하여 병보석으로 가출옥되었으나, 끝내 일어나지 못하고 서거하였다.

이처럼 편강렬은 구한말부터 1920년대 중반까지 국내 및 만주지역에서 활발히 독립운동을 전개한 대표적인 인물이다. 그의 독립운동 경력에서 의성단은 그동안 그 명성에 비하여 세부적인 활동 내용이 드러나 있지 않았으나, 이번 자료집에서 이에 대하여 다음과 같이 소상히 밝혀주고 있다.

편강렬은 (중략) 1923년 7월 중국 산해관(山海關)에서 조선독립운동을 표방하는 의성단(義成團)이란 것을 조직하여 동지 20여 명으로써 단원으로 하고 단장으로 취임하여, 점차 단원과 함께 남만(南滿)에 침입하여 지난겨울 길림성 내에 들어와 변륜 및 길림성 부근을 근거지로 삼아 부근에 거주하는 선인으로부터 독립운동가금 징집의 명목 하에 부과, 혹은 의연의 형식으로 금전, 물건을 강요함으로써 단원의 의식비 및 총기구입 등의 비용에 충당하고, 마침내 단원 휴대용으로 대소 약 30정의 권총 및 그에 필요한 탄환을 마련하여 작년 12월 이후 이번 봄 4월까지 특히 장춘(長春) 부근에서 단원을 사주하여 소지한 권총을 이용하는 등의 방법으로 거주 선인을 협박하여 조선국 독립운동이라는 미명 아래에 그 비용을 납부하라고 강요하고 장춘 동삼조통(東三條通) 18번지 매약상 황성종(黃晟鐘)의 1,500원을 필두로, 그 외 5명의 선인으로부터 합계 금 3,650원을 영득(領得)한 사실이 있을 뿐 아니라 본명은 재만 동지를 규합하여 조선독립을 목적으로 금후에도 의성단(義成團)의 범위로 삼는 개원(開原)

이북 철도 연선 부근에서 끝까지 노력하겠다는 기풍이 현저하므로 이대로 재류시킨
다면 점점 더 당지방의 안녕을 방해할 자라고 판단함.

위의 자료는 편강렬이 1923년 의성단을 조직한 이후, 길림성 부근을
근거로 하여 군자금을 마련하여 단원의 의식비 및 총기구입을 추진하
였음을 밝혀주고 있다. 아울러 이를 토대로 장춘지역을 중심으로 활발
한 군자금 모금 활동을 전개하였음을 보여주고 있다.

V. 만주 · 러시아지역 한인 사회주의운동의 다양한 사례

본 자료집에는 만주 · 러시아지역 사회주의 운동의 다양한 자료가 실
려 있어 이 분야 사상사 연구에 도움이 될 것으로 기대된다. 이와 관련
하여 주목할 만한 인물은 崔養熹일명 雲觀이다. 그는 신민부에서 활동하
다 러시아로 건너가 그곳 니코리스크에서 赤化團 一色軍에 가담하여 활
동하였다. 이곳에서 세력 확장을 위해 암살대를 조직하다가 중국 관헌
에 체포되어 일경에 인도되었는데, 체포당시에 소장하고 있던 러시아
어와 한글로 된 공산주의 관련 책자들이 주목된다. 이 책들을 통하여 당
시 한인 사회주의자들이 어떠한 분야에 관심을 기울였는지 파악할 수
있다. 한글로 된 책의 목록은 다음과 같다.

한글 서적 목록
一, 계급투쟁장 뒤의 청년
二, 압박 받는 高麗
三, 姙婦와 乳母가 알아야 할 일
四, 세계 무산자여 단결하라
五, 레닌은 어떠한 사람인가
六, 모플은 어떠한 것인가(모플이란 혁명투사원조단 국제동맹의 뜻)

또한 본 자료집에는 사회주의 활동을 한 인물들의 신상을 파악할 수 있는 내용이 수록되어 있어 한인 사회주의자들의 전체적인 모습을 살피는 데 큰 도움을 주고 있다.

우선 만주지역에서 민족주의 계열의 독립운동단체에서 활동하던 인물들이 러시아 연해주로 이동하여 사회주의단체에서 활동하는 사례를 들 수 있다. 李根善의 경우는 1919년 3월 이래 용정에서 독립운동단체에서 활동하다가, 1920년 5월 노령 추풍 송전관에 이르러 同地의 한족 공산당 지방회장 李仲執의 부하가 되었다.

다음으로는 러시아지역 한인들이 만주지역 한인들에게 사회주의 사상을 전파하기 위한 노력들을 구체적으로 보여주는 건들이 다수 보이고 있어 흥미롭다. 노령유학생 친목회 등은 그 대표적인 사례가 아닌가 한다. 용정지역의 영신학교, 동흥학교 등에 재학 중이던 학생들의 사회주의 선전 활동도 살펴볼 수 있다. 金秉善 · 李昌俊 · 邊龍濟 · 趙漢濤 · 朴膺柱 등이 그들인데, 이들은 노령 고려공산당과 연락을 취하며 용정 일대를 중심으로 사회주의 선전활동을 추진하였다. 아울러 연길현 제34학교 교원 南秉麟과 동흥중학교 교사 李能華의 활동 내용을 통하여 이들이 사회주의 사상을 받아들인 계기와 북간도지역에서 사회주의 사상 선전활동의 구체적인 내용을 확인할 수 있다. 아울러 본 자료집에서는 李恬 등 이르크츠파의 중심인물의 활동 내용도 실려 있어 이 분야 연구의 심화에 기여할 것으로 기대된다.

VI. 결어

본 자료집은 1915년부터 1920년대 중후반까지 만주지역 독립운동가들의 활동을 새로이 밝힐 수 있는 귀중한 내용들을 담고 있다는 점에서 일차적으로 중요한 의미를 갖고 있다. 본 자료집에 보이는 인물 중 양기탁 · 이종호 · 계봉우 · 김하석 · 김중건 · 강봉우 · 편강열 등은 독립운동가로 널리 알려진 인물들이다. 그러나 이들 인물들에 대한 기록도 지금까지 알려지지 않은 부분들이 많아 흥미를 자아낸다. 아울러 본 자료에 보이는 그 밖의 인물들 역시 그동안 학계에 소개된 바가 별로 없는 인물들이나, 항일운동에서 차지하는 비중이 상당하여 중국지역 항일운동사를 새롭게 조명하는 데 큰 도움이 될 것으로 기대된다. 또한 본 자료집에는 만주지역의 3 · 1운동과 그 이후 조직된 대한민국의민단 등 독립운동단체의 성격, 군자금 모집 활동, 대한통의부 및 의성단, 정의부 참의부 신민부 등의 활동을 구체적으로 밝히는 데 도움이 되는 자료들도 많이 수록하고 있어 신선미를 더해 주고 있다. 한편 러시아지역과 연계하여 사회주의 활동에 대하여도 상세히 서술하고 있다.

더욱이 본 자료집에는 언급되고 있는 인물들의 사진도 수록하고 있어 보다 생동감 있게 당시를 이해하는 데 일조할 것으로 보인다. 지금까지 학계에는 이종호 · 계봉우 · 양기탁 · 김중건 등의 사진은 알려져 있었으나 이번에 발굴된 사진들은 이들의 1910년대 당시 모습을 처음으로 보여주고 있어 더욱 큰 의미를 갖는다. 아울러 김하석·강봉우·편 강열 등 다수의 인물들의 사진은 처음으로 소개되고 있고, 나머지 인물들도 처음으로 공개된 것들이다. 지금까지 독립운동가들의 사진이 주로 수형인명부에 실린 '죄수'의 모습인 점을 감안한다면 이번 사진들의 의미는 더욱 크다고 하겠다.

결국 본 자료집은 1910년대 중반부터 1920년대 중반까지 만주 러시아지역에서 가장 활발히 독립운동이 전개되던 시기의 항일운동을 새롭게 살펴보는 데 큰 도움을 줄 수 있는 귀중한 문헌으로 평가된다. 특히 지금까지 알려지지 않은 수많은 독립운동가들의 사진은 이들의 실체를 밝히는 데 뿐만 아니라, 콘텐츠를 통한 시청각 교육에도 큰 기여를 할 수 있을 것으로 평가된다.

韓國史研究叢書 75

만주지역 한인민족운동의 재발견

| 초판 1쇄 인쇄일 | 2014년 1월 6일 |
| 초판 1쇄 발행일 | 2014년 1월 7일 |

지은이	박 환
펴낸이	정구형
책임편집	이가람
편집/디자인	심소영 신수빈 윤지영
마케팅	정찬용 권준기
영업관리	김소연 차용원
컨텐츠 사업팀	진병도 박성훈
인쇄처	미래프린팅
펴낸곳	**국학자료원**

등록일 2006 11 02 제2007-12호
서울시 강동구 성내동 447-11 현영빌딩 2층
Tel 442-4623 Fax 442-4625
www.kookhak.co.kr
kookhak2001@hanmail.net

| ISBN | 978-89-279-0375-8 *94900 |
| 가격 | 47,000원 |